QUIBERON

1795

ÉMIGRÉS ET CHOUANS

COMMISSIONS MILITAIRES : INTERROGATOIRES ET JUGEMENTS

PAR

Le Docteur G. THOMAS DE CLOSMADEUC

PRÉSIDENT DE LA SOCIÉTÉ POLYMATHIQUE DU MORBIHAN
CORRESPONDANT DU MINISTÈRE DE L'INSTRUCTION PUBLIQUE
LAURÉAT DE L'INSTITUT (MÉDAILLE D'OR)
MEMBRE CORRESPONDANT NATIONAL DE L'ACADÉMIE DE MÉDECINE
CHEVALIER DE LA LÉGION D'HONNEUR

Scripta manent.

PARIS
SOCIÉTÉ D'ÉDITIONS LITTÉRAIRES
PLACE DE L'ÉCOLE DE MÉDECINE
4 — Rue Antoine-Dubois — 4

1899

TOUS DROITS RÉSERVÉS

QUIBERON
1795

A LA MÊME SOCIÉTÉ D'ÉDITIONS

ABAUR. — Contes physiologiques	3 50
BAZALGETTE. — L'Esprit nouveau	3 50
BERNARDOT (F.). — Kiriquette. Grand in-4 de 260 pages, avec nombreuses illustrations dans le texte, de Bennet, cart.	10 »
Broché	8 »
BERTHAUT. — Quand même	3 50
BLOT. — Napoléon III (2ᵉ éd.), ouvrage honoré d'une souscription du Conseil municipal de Paris, un beau volume in-18	3 50
CONTENT. — Une spoliation. 1 vol. in-18	3 50
DATIN. — Une femme fin de siècle	3 50
— Sur la plage	3 50
— Yvonne Tasquin	3 50
DES VARENNES. — Une cause sensationnelle	4 »
DUPOUY. — Sciences occultes et physiologie psychique	4 »
FONTENAY — Occultisme. A propos d'Eusapia Paladino	6 »
GAYVALLET. — Unité ; attraction ; progrès	2 »
HUOT. — Vasanga. Étude de mœurs malgaches	3 50
LABONNE (Le Dʳ Henry), chargé de mission. — L'Islande et l'archipel des Fœroër (3ᵉ édit.), 52 fig.	4 »
LACOUR. — Chagrins d'amour	3 50
— L'Épouse	3 50
— Eva	3 50
LAUR (P.). — Le roman de l'humanité. 1 vol. in-18	4 »
LIGER. — Margalla	3 »
— Contes et Histoires	3 »
— Jeanne d'Arc, un beau vol. in-8º, illustré, de 160 pages	10 »
MALASSEZ (Mᵐᵉ). — Jacquelin ou le Petit Marchand de fagots. Cartonné	5 »
MONNIOT (A.). — Souvenirs d'un bleu, 1 vol. in-18	3 50
— Coqs et Corbeaux. 1 vol. in-18	3 50
NATTUS (J.). — Contes graves et légers. 1 vol. in-18	3 50
ÉLIA PAROT (deuxième édition). — Le devoir de demain. Pensées d'une femme à propos du mouvement néo-chrétien. — Ouvrage adopté par le Conseil municipal de Paris	2 50
PÉROT (G.). — Rêves et Folies, poésies	3 »
PLÉMEUR (J.). — Aveuglé	2 50
VIAULT (François). — Ultramar, sensations d'Amérique, Antilles Venezuela — Panama — Pérou — Cordillères — Equateur. — Un volume in-12 de 250 pages	3 50
VATEL. — Mémoires d'un garçon d'hôtel	3 50
TILLIER. — Le Mariage	7 50
TOULOUSE (Le Dʳ) — Émile Zola	3 50

QUIBERON

1795

ÉMIGRÉS ET CHOUANS

COMMISSIONS MILITAIRES : INTERROGATOIRES ET JUGEMENTS

PAR

Le Docteur G. THOMAS DE CLOSMADEUC

PRÉSIDENT DE LA SOCIÉTÉ POLYMATHIQUE DU MORBIHAN
CORRESPONDANT DU MINISTÈRE DE L'INSTRUCTION PUBLIQUE
LAURÉAT DE L'INSTITUT (MÉDAILLE D'OR)
MEMBRE CORRESPONDANT NATIONAL DE L'ACADÉMIE DE MÉDECINE
CHEVALIER DE LA LÉGION D'HONNEUR

Scripta manent.

PARIS
SOCIÉTÉ D'ÉDITIONS LITTÉRAIRES
PLACE DE L'ÉCOLE DE MÉDECINE
4 — Rue Antoine-Dubois — 4

1899

TOUS DROITS RÉSERVÉS

CHAPITRE I

DESCENTE DES ÉMIGRÉS A QUIBERON DÉFAITE

1795

Avant la descente des Émigrés. — Le débarquement.

Le traité de pacification de la Mabilais, du 1ᵉʳ floréal an 3 (20 avril 1795), consenti seulement par une partie des chefs de la chouannerie, n'avait été qu'un leurre. Puisaye, le fondé de pouvoir des Princes et du Gouvernement britannique, continuait à presser les ministres d'organiser une expédition. L'intrigant Cormatin, se qualifiant de major général des armées catholiques et royales, jouait double jeu, en trompant les deux partis.

Les districts Morbihannais, bien placés pour être renseignés sur les intentions et les mouvements des rebelles de l'intérieur, n'avaient pas vu, sans appréhension, les commissaires du gouvernement apposer leur signature au bas de ce traité de la Mabilais. Les administrateurs locaux ne cessaient de signaler le péril. Dès le mois de floréal et dans le courant de prairial (avril et mai 1795), le Directoire du département du Morbihan écrivait lettre sur lettre au général Hoche et aux représentants du peuple, pour leur exposer la situation. Le réseau de la chouannerie se reformait et enveloppait toute la surface du pays. Les attaques journalières et les brigandages se multipliaient. Des communications permanentes avaient lieu avec les croiseurs de la flotte anglaise, qui débarquaient des émigrés, des armes et des munitions. Le nombre des révoltés allait grossissant. Les jeunes gens désœuvrés des villes et des campagnes les rejoignaient, ainsi qu'une foule de militaires déserteurs, — qui devenaient les agents les plus actifs de recrutement, et auxquels incombait une grande part des atrocités commises.

Les prêtres réfractaires, couverts par l'amnistie, étaient sortis de leur retraite. Dans l'exercice de leur ministère, leurs sympathies étaient loin d'être acquises au gouvernement établi. Les chefs de chouans, qui ne s'étaient pas soumis au traité de pacification, affichaient des proclamations au nom du roi, contraignant les paysans à les suivre sous peine de mort et enlevant les approvisionnements de grains. Les faux assignats, fabriqués en Angleterre, se répandaient à profusion.

Aucune lecture n'est plus instructive que les comptes rendus de l'administration du département du Morbihan, adressés à l'Etat-Major, au Comité de Salut public et aux divers districts menacés.

Le général Hoche, dont le quartier général était à Rennes, ne se faisait pas illusion. Plus clairvoyant que les Représentants du Peuple, il se préparait aux événements, en distribuant ses troupes sur les différents points du territoire et en procédant à l'armement des côtes.

Sur ces entrefaites, un courrier de Cormatin, arrêté à Ploermel, porteur de correspondances, ouvrait enfin les yeux aux Représentants du Peuple, et ne laissait aucun doute sur les projets des rebelles. Ordre était donné immédiatement de saisir et d'incarcérer Cormatin (6 prairial, 25 mai).

On apprenait, par diverses voies, que des armements considérables se poursuivaient en Angleterre, en vue d'un débarquement sur les côtes de Bretagne. Où se ferait la descente ? On ne devait pas tarder à être fixé sur ce point.

Déjà, depuis plusieurs mois, le Directoire départemental avait en main une pièce significative, saisie sur un prêtre réfractaire, l'abbé Lomenech, ami et compagnon de Georges Cadoudal. Sur la feuille de papier, on lisait :

O Locmariaker — O pointe de Crach — O Carnac. O Locmariaker. — Pointe de Crach. Carnac, Plouharnel, Erdeven... Sussinio — une lieue de largeur, sable facile au débarquement.

Interrogé sur la provenance et le but de cette note, le prêtre avait répondu « qu'il n'avait aucune connaissance de ces remarques, ni du particulier qui lui avait porté ce papier. » (District d'Auray, an III, L.)

Le 5 messidor (23 juin), le commandant amovible de Quiberon, le citoyen Delise, adressait à son supérieur, le général Josnet, un rapport d'inspection de l'armement de la côte, conjointement avec le commandant d'artillerie et l'adjudant du génie. Les pièces de canon, envoyées depuis quelque temps, n'étaient pas encore montées. Les cartouches manquaient. Le détachement du bataillon des Antilles « *est dénué de tout ; un tiers ont de mauvaises armes.* »

Delise termine : « Je t'avoue que cela est long ; mais au besoin, nous ferons ce que de vrais républicains doivent faire, c'est-à-dire se battre, en défendant les intérêts de la Patrie. »

Salut et fraternité.

DELISE.

(Arch. départ., L. 728. Armement et défense de la côte).

Le lendemain, 6 messidor, le Directoire du département du Morbihan écrit au chef d'Etat-Major, à Vannes :

« Nous venons d'être informés, citoyen, que l'armement de la côte de Quiberon n'était pas complètement effectué.

» Les circonstances devenant de plus en plus critiques, par la présence de l'ennemi qui la menace, nous t'engageons à porter toute ton attention vers cet objet important. » (Arch. dép., id.)

Descente à Carnac

On en était là, lorsqu'on apprit presqu'en même temps la nouvelle du combat malheureux du 5 messidor (23 juin) entre notre flotte et la flotte anglaise, et l'apparition, dans les eaux de Quiberon, de l'escadre ennemie chargée d'émigrés (8 messidor).

Le lendemain 9, le débarquement avait lieu sur le rivage de Carnac. Le signal était donné aux chouans de toutes les paroisses de se mettre en marche. Le commandant Romand, qui gardait la côte, menacé d'être enveloppé, avait dû se replier sur Auray, où il était arrivé à midi, pour, de là, gagner Hennebont avec ses tirailleurs et sa compagnie mobile.

Le général Hoche écrivait, de Vannes, aux administrateurs du département :

« 9 messidor an III.

» Le voisinage de l'armée anglaise débarquée aujour-
» d'hui, et la faiblesse des moyens pour défendre la ville de
» Vannes, qui d'ailleurs n'est susceptible d'aucune défense,
» m'ont engagé à faire évacuer les munitions de guerre
» et les provisions de bouche renfermées dans les maga-
» sins, sur Ploermel, point de ralliement des troupes qui
» viennent à la défense de votre pays. D'après ce court
» exposé, j'ai l'honneur de vous représenter qu'il pourrait
» être infiniment dangereux pour vous de rester dans la
» place. Je vous invite, citoyens, à faire évacuer les caisses,

» les papiers des administrations et à suivre de vos per-
» sonnes la marche de la garnison, dans le cas où elle
» effectuerait la retraite, ce à quoi elle sera contrainte, si
» l'ennemi se présente en force.
» Salut et fraternité, HOCHE. » (L. 255, arch. dép.).

Séance tenante, le Directoire du département prenait l'arrêté suivant :

« 9 messidor, an III de la République Française
» une et indivisible.

» Faverot, Président ; Danet aîné ; Lefebvrier ; Le
» Bouhellec fils ; Kerviche ; Bellyno ; Bosquet ; le citoyen
» Boullé, procureur général Syndic.
» Vu la déclaration donnée ce soir, à 6 heures,
» au Directoire, par le général en chef Hoche, d'où
» il résulte que, dans l'impossibilité de défendre la
» ville de Vannes, il a donné ordre d'évacuer les muni-
» tions de guerre et de bouche, renfermées dans les ma-
» gasins, sur Ploermel, point de ralliement des troupes
» qui viennent à la défense du pays......
» Considérant que la déclaration du général Hoche
» ne laisse aucun doute sur l'impuissance où il se croit
» de défendre la place ;
» Considérant que l'intérêt du public commande à
» l'administration de pourvoir à la sûreté des dépôts
» précieux qui sont confiés à toutes les administrations
» et à tous les tribunaux . . . .
» Arrête que les registres, titres et papiers de l'admi-
» nistration seront évacués sur Ploermel et suivront les
» magasins militaires sous la sauvegarde de la force
» publique et accompagnés du citoyen Desbordes.
» Le Directoire déclare que son poste étant là où se
» peuvent remplir les fonctions, les membres qui les com-
» posent, ainsi que les fonctionnaires attachés à l'admi-
» nistration, se replieront sur Ploermel, si elle est forcée
» d'évacuer. » (Reg. arrêt. et délib.).

Pendant douze jours la ville de Vannes devait rester sous le coup de cet arrêté. Enfin, le 22 messidor, le chef de l'Etat-major Champeaux était chargé par le général Hoche « de prévenir le Directoire que le danger était passé et qu'on pouvait, en conséquence, déballer les papiers. »

Le jour même du débarquement des émigrés (9 messidor) le général Hoche expédiait ses ordres, de Vannes :

Au général Cherin : Envoyez-moi 4000 hommes de la division de Brest, avec 2 obusiers et 6 pièces de canon, commandés par Drut. — Enjoignez à Rey de détacher 1000 hommes de ses deux divisions et de les envoyer à Ploermel, sous le commandement de Valletaux. — Au général Chabot : Rassemblez la totalité de votre division à Quimper, afin de secourir Lorient et de couvrir Brest *que vous défendrez jusqu'à la mort.*

Une correspondance du même genre continua, les jours suivants. Hoche appelle à lui des troupes de ligne, de l'artillerie, de la cavalerie, des ingénieurs, des pionniers, des volontaires des cinq départements Bretons.

Les émigrés ne sont descendus que depuis trois jours que déjà Hoche, dominant la situation, prie le général Cherin d'écrire au Comité de Salut public pour lui dire « *d'être tranquille sur les suites du débarquement.* » (Lettre du 12 messidor an III.)

Dans la soirée du 9 messidor (27 juin), toutes les autorités constituées de Vannes avaient été convoquées au siège du Directoire du département. Là, le général Hoche avait exposé la situation.

Le lendemain, le Directoire du département écrivait aux districts :

« 10 messidor an III.

» Nous vous remettons, citoyens, la copie d'un arrêté
» au sujet de la fatale déclaration du général Hoche, qu'il
» nous arracha hier soir, en présence de toutes les auto-
» rités constituées de la commune de Vannes, convoquées
» à notre assemblée.
» Notre retraite n'est pas opérée, parce que l'ennemi n'a
» pas paru, mais nous évacuerons, avec les magasins
» militaires, les caisses et papiers de la République, si
» nous voyons ne pouvoir soutenir le choc, et dans ce
» dernier cas seulement. Cette position est cruelle, sans
» doute, mais les militaires, qui nous entourent, compri-

» ment notre courage, en nous disant nettement que les
» intérêts de la République nécessitent cette mesure. Ils
» nous représentent les pillages, les assassinats et toutes
» les horreurs qu'une résistance sans effet entraînerait.
» Déjà Auray est évacué et nous craignons bien d'être
» obligés d'en faire autant, ce qui contrarie singulière-
» ment le vœu de nos cœurs. Cependant nos espérances
» ne sont pas encore entièrement évanouies. Ce matin,
» notre garnison a battu les chouans à Pontsal et les
» a surpris, au nombre de 500, au moment où ils faisaient
» l'exercice. On les a poursuivis à une demi-lieue et plu-
» sieurs des leurs sont restés sur la place et dans les
» chemins. Nous n'avons eu que 6 blessés. Les brigands
» poussaient des cris perçants quand ils se sont vus
» chargés à la baïonnette par les républicains ; ils se sont
» retirés vers Auray. Le général Josnet s'est replié à
» Lorient tout simplement, avec les troupes qu'il avait
» conduites à Hennebont, soi-disant pour s'opposer au
» débarquement, qui s'est opéré sans obstacle. Nous
» avons encore ici 2000 hommes. Nous en attendons 1500
» ce soir, et 2000 doivent être aujourd'hui à Ploermel,
» d'après le rapport du général Hoche. Les 3500 hom-
» mes viennent de Rennes. Nous avons lieu de croire
» que des forces du Finistère ont déjà gagné le territoire
» d'Hennebont. Le général Canclaux nous promet des
» forces de Nantes. Ainsi nous espérons que, sous peu
» de jours, nous ferons repentir les Anglais et les émi-
» grés d'être venus souiller notre territoire. Les périls
» et toutes les horreurs de notre position ne ralentiront
» point notre zèle pour la chose publique. Nous avons,
» citoyens, la plus grande confiance dans le vôtre.
» Salut et fraternité.

» Le Bouhellec ; Danet aîné ; Bellynno ;
» Le Febvrier ; Faverot ; Bosquet. »

Le 10 messidor, le Département écrit au district d'Auray :

« .... Nous aurons ici ce soir 4000 hommes. 2000 autres viennent de Rennes. Le général Canclaux va faire partir des troupes de Nantes. Le Finistère en fournira. Prenez courage, citoyens. C'est dans les moments de péril qu'il faut montrer de l'énergie. Les circonstances qui nous environnent changeront de face et la liberté triomphera. »

Le lendemain, 11 messidor, autre lettre aux administrateurs des districts :

« Des troupes arrivent de toutes parts..............
» Les mesures que l'on prend, pour anéantir la horde
» d'émigrés que l'Angleterre a vomie sur nos côtes,
» doivent soutenir, dans cette contrée, l'énergie des vrais
» patriotes, et nous nous flattons qu'avant peu nous
» aurons la satisfaction de vous annoncer de grands
» succès de la part des troupes républicaines, qui mar-
» chent à l'ennemi.
» Les administrateurs. »

Dès que l'escadre anglaise était arrivée en vue de Belle-Ile, l'amiral Ellison avait envoyé au général Boucret, qui commandait la place, une sommation de se rendre. Celui-ci avait répliqué qu'il donnerait sa réponse à coups de canon. La place était approvisionnée pour deux mois, et la garnison, forte de cinq mille hommes, préparée à se défendre. Les Anglais se le tinrent pour dit.

Le citoyen Pellegrin, sous-chef des classes à Vannes, dès qu'il apprenait le débarquement des émigrés à Quiberon, s'empressait d'adresser ses instructions au commandant de la station de Port-Navalo :

« 9 messidor an III (27 juin).
» Je pense, sauf cependant l'avis du Conseil, que si
» les Anglais parvenaient à se loger et s'emparaient du
» fort de Locmariaker, votre plus court serait de vous
» jeter en plein au fond du Port-Navalo........ »

« 9 messidor, 4 h. du soir. — J'ai été surpris que
» vous ayez laissé passer les chasse-marées de Baden,
» que vous y désignez et qui vous ont fait des rapports
» si dénués de vraisemblance. Les patrons sont connus
» pour des chefs de compagnies de chouans, et leurs
» rapports mensongers auraient dû vous convaincre de
» leurs mauvaises intentions. Je vous engage à faire
» mouiller sous votre volée tous les bâtiments de la
» rivière et des environs qui entreront, de bien interroger
» les maîtres des équipages, et dans le cas où ils auraient
» communiqué avec les ennemis, de les mettre aux fers
» et de les envoyer à Vannes sous bonne garde.

» Vous n'ignorez pas sans doute que la descente est
» effectuée et que l'ennemi est logé. S'il parvenait à
» descendre dans la presqu'île de Rhuys et que vous vous
» vissiez menacé d'une perte certaine, vous ferez bien de
» mouiller vos poudres et de mettre le feu au bâtiment.
» Vous vous replirez ensuite sur Vannes, par mer s'il
» était possible. Le général en chef Hoche vient d'arriver.
» Il nous vient 1500 hommes.... »

Le 11 messidor, le commandant de Roguedas recevait de son chef, le citoyen Pellegrin, la lettre suivante :

« 11 messidor an III.
» Notre position est un peu plus rassurante. Il nous
» est arrivé de la troupe et nous en attendons encore
» ce soir.
» Cependant toutes les archives des administrations
» sont emballées, sur l'avis du général Hoche, et toutes
» prêtes à se replier sur Ploermel, si nous étions atta-
» qués par des forces supérieures. »

« 13 messidor an III.
» J'apprends que plusieurs bâtiments chargés de vins,
» eau-de-vie et autres marchandises sont à Port-Navalo.
» Je vous requiers d'envoyer des embarcations armées
» les chercher et les faire monter sous votre protection.
» Dans le cas où les patrons feraient difficulté, on les
» amènera de force, ou on les brûlera.
» Tâchez de nous donner des nouvelles de la chaloupe
» chargée de vivres pour Quiberon, dont je n'ai pas
» entendu parler. »

Enfin, le 16. — Le même au commandant de Roguedas : « Ordre de détruire les embarcations de Loc-
» mariaker, couper ou faire sauter le bordage ; faire re-
» monter à Vannes toutes celles de Baden, Arradon, Lo-
» geo, Bernon, etc., etc. Ceux qui se refuseront seront
» brûlés. » (Cahier de corresp. du sous-chef civil des classes, à Vannes, le citoyen Pellegrin. — Archives de Kernus).

La veille, le Département écrivait au citoyen Pellegrin :

« 15 messidor.
» Nous sommes instruits que les ci-devant curé et

» vicaire d'Arzon parcourent les communes voisines,
» pour y corrompre l'esprit public et porter les habitants
» à se réunir au parti des brigands. De tels individus
» sont trop dangereux pour qu'on les laisse trop long-
» temps jouir d'une liberté dont ils abusent. L'adminis-
» tration vous saurait bon gré de les faire saisir.......
» Même invitation à l'égard du nommé Maucour,
» prêtre, « qui fait tout le mal possible dans les communes
» voisines de la côte. »

L'armée des Émigrés et l'armée de Hoche.
Premières opérations.

L'armée royaliste, à la solde de l'Angleterre, qui avait mis ses flottes à sa disposition, était répartie en trois divisions, qui devaient successivement aborder la côte bretonne : celle d'Hervilly, celle de Sombreuil (toutes les deux composées d'émigrés), et la dernière, celle du comte d'Artois, qui ne devait comprendre que des troupes anglaises.

C'est la première division qui opérait son débarquement à Carnac, le 9 messidor. Elle se composait de 5 régiments : *D'Hervilly* ou Royal-Louis, *Loyal-Emigrant* ou La Châtre ; *Hector* ou Royal-marine, *Du Dresnay*, et Royal-artillerie, en tout 4500 hommes. La division comprenait l'élite de la noblesse, qui avait émigré, un nombreux personnel de prêtres — et des prisonniers français, qu'on avait tirés des prisons anglaises, pour en faire des soldats auxiliaires armés contre leur patrie. Monseigneur de Hercé, évêque de Dol, pourvu par le pape du titre de *Vicaire apostolique de toute la Bretagne*, était au milieu de l'armée et donnait, par sa présence, un caractère religieux à la croisade.

Quelles illusions n'avaient-ils pas, ces émigrés, dont l'objectif était de relever le trône et l'autel, de concert avec les puissances coalisées ! — La fidèle Bretagne allait s'insurger en masse ; quelle résistance pouvaient faire les troupes républicaines, peu nombreuses, disséminées par petits groupes sur le territoire du Morbihan ? — De quoi étaient capables les patriotes des villes ? On assurait que Lorient, Brest et Saint-Malo s'apprêtaient à ouvrir leurs portes.

Il fallut bientôt en rabattre. Des plans mal conçus et plus mal exécutés ; peu d'entente entre les chefs : le généralissime nominal, le comte de Puisaye, obligé de céder devant les entêtements stratégiques du comte d'Hervilly, qui était descendu à Carnac, à contre-cœur, car il préférait débarquer sur les côtes de la Vendée et rejoindre Charette ; tout cela diminuait singulièrement les chances de la lutte.

Les chouans étaient bien venus à l'appel. On avait aperçu la chemise de Tinteniac flotter, en guise de drapeau, au haut du Mont Saint-Michel. Mais ses soldats étaient peu aguerris, mal armés, ayant à leur tête des chefs auxquels ne manquait pas la bravoure, mais rebelles eux-mêmes à la discipline : Bois-Berthelot, Jan-Jan, Lantivy, Cadoudal, Mercier (La Vendée), d'Allègre, Kobbe, dit *la Ronce*, etc. Au fur et à mesure que les bandes de paysans valides arrivaient au camp, on les revêtait d'habits rouges, l'uniforme anglais, et on leur délivrait des armes.

Le général d'Hervilly ne comptait que médiocrement sur eux et ne laissait aucune occasion de le faire sentir. On peut se donner une idée de l'impression fâcheuse qu'éprouvèrent les gentilshommes émigrés, à la vue de « *ces pauvres chouans* », par la lecture des Mémoires de Vauban, du comte de Contades, de Berthier de Grandry et de la Roche Barnaud ; ce qui explique ces mots, prêtés plus tard à Georges Cadoudal, parlant des émigrés : « Ces monstres auraient dû être engloutis dans la mer, avant d'être arrivés à Quiberon ! »

Une fois débarqué sur la côte de Carnac, Puisaye voulait qu'on se portât sur-le-champ vers l'intérieur.

D'Hervilly s'obstina à rester sur place, sous prétexte que ses troupes avaient besoin de se refaire. On attendait la division de Sombreuil, dont l'approche était annoncée.

La ville d'Auray avait été envahie, sans combat, par les chouans. La petite troupe du général Romand s'était retirée vers Hennebont, suivie du personnel des administrations et des patriotes.

Le notaire Glain, commandant de la garde nationale, avait fait battre la générale. Les compagnies en armes s'étaient réunies sur la place. Là, on les avait enrôlés de gré plutôt que de force parmi les chouans et entraînés vers la côte de Carnac.

De son côté, le général Hoche ne perdait pas de temps. Ses ordres se succédaient, pour activer le rassemblement d'une petite armée, dont tous les corps devaient converger vers les positions de l'ennemi. Un frémissement patriotique parcourait les cités bretonnes, Rennes, Brest, Lorient, Vannes, Quimper, Saint-Brieuc, Nantes ; de toutes parts, les bataillons de volontaires se réunissaient au noyau des troupes républicaines.

Le 10 messidor, Hoche, qui a son quartier général à Vannes, fait une reconnaissance vers Pont-Sal, à une lieue d'Auray. Il y rencontre les chouans, auxquels il tue 30 ou 40 hommes.

Le lendemain, 11, nouvelle reconnaissance vers Auray, avec environ 2000 hommes de troupes. Nous trouvons le récit de cette expédition dans une lettre de Hoche, écrite le lendemain à la municipalité de Vannes, dans le but de couper court à des bruits mensongers, qui avaient circulé dans le public.

Nous citerons in extenso les deux pièces qui ont trait à cet incident.

« Les Municipaux de Vannes au Général Hoche.
» 12 messidor, an III.

» Nous apprenons à l'instant que le citoyen Bruno,
» officier de santé à l'hospice ou à l'ambulance, a dit
» au citoyen Jannin, greffier de la police correctionnelle,
» que ton armée s'était repliée sur Luscanen et qu'il y
» avait 3 ou 400 morts des nôtres. Ce propos, dans la
» circonstance actuelle, nous a paru mériter ton atten-
» tion et que tu interroges le citoyen Bruno, qui a
» pour le moins commis une indiscrétion qui pourrait
» affaiblir la confiance dans le militaire qui prodigue
» son courage avec une générosité exemplaire, et pour-
» rait accréditer celle des aristocrates. » (1795. Reg. Cor.
municip. Vannes.)

« Au quartier général de Vannes.
» Le 12 messidor, an III de la République.

» Lazare Hoche, général en chef,
» aux citoyens officiers municipaux de Vannes.

» Le but de ma sortie d'hier avait pour objet une
» reconnaissance : 1º de la flotte anglaise et du camp
» ennemi, qu'on m'avait dit établi à Carnac ; 2º des for-
» ces que pouvaient avoir les ennemis sur la rive gauche
» d'Auray ; 3º de faire connaître à l'armée campée à
» Landévant que j'étais dans les environs avec des forces.
» C'est pour remplir ce dernier objet que j'avais amené
» avec moi une pièce de canon à laquelle je fis faire
» grand feu vers 10 heures du soir.

» Afin de remplir tous ces objets à la fois, j'ordonnai
» au chef d'escadron Guérin de se porter sur Ste-Anne
» avec 1000 hommes ; à l'adjudant général Dejeu de
» marcher sur Pont-Sal et St-Goustan, à la tête de
» 700 hommes. (Il avait la défense d'entrer dans
» Auray), tandis que je marchais moi-même avec
» 360 hommes, sur Baden, d'où on découvre l'escadre
» anglaise et Carnac.

» Après m'être assuré qu'il n'existait pas de camp,
» je rejoignis l'adjudant général Dejeu, à l'approche
» duquel les brigands avaient fui de Pont-Sal, sans
» nous faire brûler une cartouche. Nous allâmes ensemble
» vers St-Goustan. Sa seule colonne s'est mise en bataille
» et a été au feu contre les chouans renfermés dans
» Auray.

» Le résultat de son appel du jour, c'est l'absence

» de 18 hommes, savoir 3 ou 4 tués, 12 blessés, la
» plupart légèrement, et 3 hommes pris dans Auray,
» quoique la défense d'y entrer ait été faite.
» Mon objet rempli, à mon désir, je fis porter l'ordre
» à Guérin de me joindre à Pont-Sal, où j'arrivai à
» minuit 1/2. A 3 heures du matin, je donnai 6 heures
» complètes de repos à toute la petite armée et la
» ramenai ensuite à Luscanen, où elle est maintenant.
» Voilà, Citoyens, le détail exact de ce qui a été
» fait et est arrivé. Je méprise les donneurs de mau-
» vaises nouvelles et ne me vengerai du citoyen Bruno
» qu'en publiant la vérité et en lui faisant avouer ses
» torts. Je vous prie de donner communication de la
» présente aux administrateurs du district et du dépar-
» tement.
   » Signé à la minute : L. HOCHE.
» Pour copie conforme : LAGADEC, ESNOULY, offic. mun. »
(L. 505, aff. milit. Corresp. — Arch. Morbihan).

Le même jour (12 messidor), le Directoire départemental informait des événements le district de Vannes.

« A 8 heures, ce matin, les brigands, au nombre de
» 2 à 3000, ont évacué Auray. Le général Josnet y est
» rentré avec 2500 hommes. Il en a laissé 800 dans cette
» place, et est arrivé ici ce soir avec le reste de sa
» colonne....
» Il est arrivé ce soir, par la route de Rennes, une
» colonne ; elle est suivie de 3500 hommes d'infanterie et
» de 400 chevaux, toutes les autres routes sont couvertes
» de troupes, qui marchent vers le Morbihan, et, très
» incessamment, la baïonnette fera justice de ces lâches,
» qui rentrent dans leur patrie, le fer et le feu à la
» main. » (Reg. corresp. départ. 12 messidor).

L'évacuation d'Auray, sans combat, par le commandant Romand, n'avait pas plû à Hoche. Il éprouva une autre contrariété, en apprenant que le représentant Corbel avait pris sur lui de donner au Commandant de la force armée, à Baud, l'ordre d'évacuer son cantonnement avec tous les patriotes et se proposait d'inviter Pontivy à suivre cet exemple. Le district de Pontivy, composé de courageux citoyens qui refusaient de quitter leur ville, en avisa sur le champ l'Administration centrale qui lui répondit par le même courrier :

« 13 messidor, Vannes, 10 h. du soir.
» Aussitôt la réception de votre lettre de ce jour, nous nous sommes transportés près du Général en chef, pour lui en donner communication. Il nous a paru tout aussi surpris et révolté que nous, qu'un homme sans aucun droit, ni mission, dont la présence dans ce département est un problème et qui devrait être depuis longtemps à son poste, s'avise de donner des ordres, de diriger des opérations militaires et de requérir surtout des mesures qui tendent à livrer tout un pays et peut-être le département entier, à en exiler les patriotes et à mettre à la merci de l'ennemi leurs familles et leurs propriétés.

Nous ne cherchons pas à pénétrer le motif d'un semblable tiraillement, dont ce n'est plus malheureusement le premier exemple et qui ne tendrait qu'à rendre impossible l'unité d'action, qui peut seule garantir le succès......

Aussi le Général en chef a-t-il vu avec grand plaisir que le général Valletaux avait prescrit au Commandant de la colonne qui le précédait, de n'obéir à aucun ordre que ceux du Général en chef lui-même. » (Reg. corresp. départ. archives.)

Quelques jours après, le Procureur syndic de Pontivy, Lebare, annonçait au département que « dans la nuit du 18 au 19 messidor, les chouans en grand nombre étaient entrés à Baud et avaient enlevé la valeur de deux chariots de grains, que les patriotes y avaient laissés. »

Dans la même lettre, le citoyen Lebare rapporte qu'on « fait courir le bruit que le nombre des émigrés, Anglais et brigands, est de 17 à 18000. Ce nombre doit être augmenté et porté à 40000 par des débarquements successifs. On répand également le bruit que *Port Malo* est au pouvoir de *l'invincible roy de la Grande-Bretagne.* »

(Pontivy, 19 messidor an III, L. 262.)

Reddition du fort Penthièvre.

D'Hervilly, après une série d'échecs partiels, avait ramené ses régiments vers la presqu'île. Le fort Penthièvre lui avait été livré sans combat. Les 450 républicains, qui y tenaient garnison, s'étaient vus forcés de capituler (15 messidor an III).

Si on en juge par le rapport du commandant Delise, retrouvé dernièrement, par M. Chassin, aux Archives de la Guerre, cette capitulation ne fait pas honneur à l'Etat-major de l'armée des émigrés.

Ce rapport, représenté par un cahier de 34 pages, est daté de Tavestock (Angleterre), 12 thermidor an III.

Le commandant Delise raconte que, manquant de vivres, depuis plusieurs jours, bloqué dans la presqu'île de Quiberon, n'ayant que des moyens de défense insuffisants, il ne crut pas pouvoir refuser d'accueillir les parlementaires, qui lui furent envoyés par l'ennemi. En conseil de guerre, il fut décidé qu'on se rendrait. On était tombé d'accord avec les parlementaires, c'est-à-dire le général D'Hervilly et le comte de Damas. Les articles de la capitulation étaient rédigés. La petite garnison se rendrait, avec les honneurs de la guerre ; elle resterait libre, après avoir livré le fort et déposé ses armes au pied du glacis. Pendant ces pourparlers, les troupes émigrées s'étaient avancées et menaçaient de cerner le fort. D'Hervilly sortit pour, disait-il, arrêter ce mouvement. Puis, peu de temps après, il revint, et s'adressant, montre en main, à la garnison, lui notifia brusquement que, si dans cinq minutes, elle ne se rendait pas à discrétion, elle allait être passée au fil de l'épée. Une partie des soldats furent incorporés dans l'armée des émigrés. Les autres, qui refusèrent, furent maltraités, enfermés dans l'église, pendant 48 heures, sans manger, puis embarqués pour l'Angleterre. De ce nombre étaient : le commandant Delise, les capitaines Deverre, Sugol et Voyer, l'adjudant du génie Berthelot, le commandant de l'artillerie Limonnier, le chef de bataillon du 41e Skiolsdarm, et Maire, sous-commandant de Quiberon. (Voir Chassin. — Pacification de l'Ouest. Quiberon, 1er vol., page 456 et suiv.)

Le rapport du commandant Delise, très circonstancié, a été écrit dans la prison de Tavestock, et dans le courant du mois qui a suivi la reddition du fort Penthièvre. Il est certifié par la signature de tous les officiers.

Il sera toujours difficile d'en contester la véracité. Voici pourquoi. Puisaye, qui ignorait l'existence de ce rapport, en a, néanmoins, sans le vouloir, confirmé les détails, dans ses *Mémoires* :

« La garnison, dit-il, demanda les honneurs de la guerre. *Il fut dressé quelques articles de la Capitulation, que l'on convint de me soumettre.* Déterminé à donner l'assaut, si l'ennemi refusait de se rendre à discrétion, j'allais me mettre en marche, lorsque j'aperçus M. D'Hervilly, qui venait à moi, accompagné d'un officier républicain. *Ils étaient porteurs des articles convenus.* Je me refusai d'en entendre la lecture. *D'Hervilly me dit qu'il s'était à peu près engagé.* Je lui répondis qu'il avait eu tort...... M'adressant à l'officier républicain : Retournez, lui dis-je, vers vos compagnons ; dites-leur que des sujets ne peuvent pas capituler avec leur souverain. » (Mémoires de Puisaye, 1807-1808, tome VI, page 229.)

C'est contre ces braves officiers français, qui avaient

fait leur devoir, que Puisaye appelait les rigueurs du gouvernement britannique, en demandant qu'ils soient traités comme les derniers des « *scélérats, dont les excès ont prononcé l'arrêt.* »

Entrée du général Josnet à Auray et du général Chabot à Lorient. Hoche à Lorient.
Refoulement des Émigrés et des Chouans vers la côte.

Hoche avait blâmé l'évacution d'Auray par les troupes du colonel Romand. Il dut éprouver une plus vive contrariété, en apprenant la prise de possession du Fort-Penthièvre par les Anglo-émigrés, avec lesquels il avait compté en finir dans les plaines de Carnac. Aussi fut-il obligé de modifier son plan. C'était dans Quiberon même qu'il allait refouler les régiments royalistes et les vaincre, s'ils ne se rembarquaient pas au plus tôt.

Le général Josnet, à la tête de 2500 hommes, était entré à Auray, le 12 messidor, quelques heures seulement après le départ des chouans. Le 13, Hoche avait 8000 hommes sous la main. Ce jour-là, il écrivait à la municipalité de Vannes:

« Patrie — Vertu.
» Au quartier général des côtes de Brest, le 13 mes-
» sidor, 3ᵉ année républicaine.
» Le Général en chef aux Citoyens officiers munici-
» paux : je vous invite, Citoyens, à préparer le logement
» pour 8000 h., qui doivent coucher ce soir à Vannes. »
L. HOCHE.
(Pièce originale, commun. par M. Lallement.)

Dans la soirée du lendemain, Hoche est à Lorient, où il s'abouche avec les représentants du peuple Guezno et Topsent, et avec l'amiral Villaret. On manque de carte du littoral. Hoche s'embarque pour Port-Liberté, en compagnie de Guezno et du commandant d'armes Henry.

Là, un vieil ingénieur leur dessine, de mémoire, une carte du terrain sur lequel les opérations militaires allaient avoir lieu.

On connaissait assez la bravoure du général Boucret, qui commandait Belle-Ile, pour être sûr qu'il ne rendrait pas la place aux Anglais. Mais quelle était sa situation sous le rapport des vivres et des munitions ? On put correspondre avec Boucret, au moyen de chaloupes de pêche. Les missives furent confiées « à un officier de marine déguisé en pêcheur et chargé de couler les paquets, s'il lui arrivait d'être visité par l'ennemi, mouillé sous voile dans les environs de Belle-Ile et de Quiberon » (Relation manuscrite, par Guezno, archives de Kernus).

On frétait en même temps une embarcation légère, qui partait pour Nantes et en rapportait, cinq jours après, des dépêches du général Canclaux.

Toutes les mesures étant prises pour la protection de Lorient et de Port-Liberté, le général Hoche rejoignait ses troupes entre Hennebont et Auray.

Le 15 messidor, le général Chabot, avec 1,000 h. venus de Lorient, se réunissait, à Landevant, au général Mermet, qui en avait chassé les chouans. A partir de ce moment, les troupes républicaines, prenant l'offensive, balayent devant elles les rassemblements royalistes, qui s'étaient étalés de Mendon à Carnac.

En se séparant de Guezno, Hoche lui avait dit : *Représentant, gagnez Plouhinec, et demain vous entendrez le canon. Je ne leur laisserai que les sables de la presqu'île.* ».

Le 17 messidor, l'armée républicaine bivouaquait dans les landes de Plœmel, entre Auray et Quiberon.

Le 18, le général Hoche s'est avancé jusqu'aux collines de Ste-Barbe et y établit ses campements.

Les émigrés et les chouans sont refoulés dans la presqu'île. Toute la côte est libre d'Etel à Locmariaker.

La première partie du plan du général Hoche se trouve accomplie.

Correspondances des représentants bretons Brue et Topsent, de Hoche, de l'Administration du département, etc.

Quelques conventionnels Bretons étaient en ce moment dans le Morbihan, sur le théâtre de la lutte. Nous avons trouvé plusieurs de leurs correspondances, dans les archives de Du Chatellier, au château de Kernus. Nous en donnerons ici des extraits, que nous avons copiés sur les originaux.

Lettre du représentant Brue à ses collègues Guezno et Guermeur.

« Hennebont, 15 messidor an III.

» Je suis entré à Landevan, à 5 heures précises,
» avec le général Chabot et 1000 hommes.
» Nous avons eu, depuis Brandérion, à chasser les
» brigands, qui ont tiré quelques coups de fusil ; mais
» nos républicains les ont débusqués partout. Il y a
» quelques hommes des leurs tués.
» L'adjudant général Mermet venait de prendre Lan-
» devan avec 600 hommes. Il venait d'Auray, etc., etc. »
(Arch. de Kernus).

Autre lettre de Brue :

« Landevan, 15 messidor an III.

» Le Général en chef vient d'arriver ici, d'Auray,
» et il a eu le bonheur de rencontrer les brigands. Ils
» ont été joliment frottés. Ils étaient 3 ou 4 mille.
» Une colonne venue de Pluvigner les a menés jusqu'à
» Landaul. Une autre colonne les a pris dans cet
» endroit et les a conduits jusqu'à Brenoc, devant
» Meudon, en passant par le pont de Granic. Ils ont
» tenu environ 5/4 d'heure. Mais au bout de ce temps,
» ils ont fui et se sont mis en pleine déroute. La mo-
» destie du Général ne m'a pas permis d'en savoir
» davantage. » (Arch. de Kernus).

Pour extraits conformes : Guezno, Guermeur.

Le 17 messidor, le Représentant Brue était à Auray et s'empressait d'écrire à ses collègues :

« Auray, 17 messidor an III.

» Nous sommes arrivés, chers Collègues, à 11 h. 1/2
» du matin. J'y ai vu une partie de l'armée destinée
» à combattre nos ennemis. Elle est on ne peut mieux
» disposée et je crois que je ne dis rien de trop, en vous
» assurant que le triomphe de la République est encore
» certain dans le combat, qu'on ne tardera pas à livrer
» aux débarqués. C'est aussi pour cela que je n'ai pu
» me résoudre qu'avec grand peine à écrire au Général
» en chef, la lettre dont copie ci-jointe.....

» Chiffrée B
» Pour copie conforme : GUERMEUR. » (Arch. de Kernus).

« Auray, 17 messidor.
» Brue, Représentant du peuple, au citoyen
» Hoche, général en chef, etc., etc., à son
» quartier général, à Auray.

» Général, c'est aujourd'hui que je regrette de voir
» la fin de mes pouvoirs, puisqu'elle me prive de la
» satisfaction que j'aurais eue à être témoin de vos
» victoires, qui me paraissent assurées, vu les disposi-
» tions que vous avez prises contre les ennemis de la
» liberté. Quelqu'un vient de me dire qu'on a vu et lu
» à Vannes un décret qui me rappelle spécialement ainsi
» que mon collègue Guermeur dans le sein de la Con-
» vention Nationale.....

» Soyez convaincu, Général, que personne plus que
» moi ne désire vous voir obtenir le succès que vous
» méritez.

(Arch. de Kernus.) » Salut et Fraternité.
» BRUE. »

Hoche répondait immédiatement à Brue :

« 17 messidor an III.
» Je prends la liberté de vous représenter que le
» décret de la Convention Nationale, qui doit vous rap-
» peler, ne vous étant pas parvenu officiellement, vous
» ne devez pas ajouter légèrement foi à un simple
» propos. Je vous invite à rester avec l'armée. Elle vous
» connaît. Votre présence ne peut qu'ajouter à la bonne
» volonté, que vous lui avez vu manifester. Réfléchissez,
» citoyen, que vous êtes seul ici.

(Autographe, Arch. de Kernus.) » L. HOCHE. »

Le même jour (17 messidor), le Directoire départemental écrivait au district de Pontivy :

« Le général Hoche médite une attaque, qui ne
» peut tarder de s'effectuer et qui, peut-être, a lieu en
» ce moment.
» Avant-hier, un convoi d'habits rouges, de pantalons,
» d'armes et de munitions, fut rencontré près Le Granic
» et saisi en entier. Les brigands furent mis en
» pièces. 300 sont restés sur le champ de bataille. Ils
» étaient si effrayés qu'ils se précipitaient dans l'étang,
» où on les canardait... Quelques tirailleurs républicains
» ont péri. »

Et aux administrateurs de Port-Brieuc :

« Les rebelles, mis en déroute, ont perdu 400 hom-
» mes, une quantité considérable de pistolets, de fusils,
» pain, vin, viande, eau-de-vie, avec 3 ou 4000 habits,
» vestes de drap rouge, destinés à l'équipement et arme-
» ment des chouans.
» Nous espérons avoir sous peu à vous annoncer un
» triomphe complet. Nous pensons que le Général ne
» tardera pas à frapper les grands coups. »

Le Département au district de Redon :

« 18 messidor.

» .... Comptez que les républicains auront sous peu
» purgé le sol de ces monstres, et qu'ils vont danser
» une Quiberonnaise. »

« 20 messidor.

» Aux départements du Finistère, des Côtes-du-
» Nord, de la Loire-Inférieure, et d'Ille-et-
» Vilaine.

» Le 17 au soir, 4 corvettes et deux canonnières
» anglaises pénétrèrent dans le Morbihan. Elles se reti-
» rèrent le lendemain, emmenant avec elles quelques
» chasse-marées.
» Dans le même temps, le général Hoche rapprochait
» ses lignes de l'ennemi, qui occupait le camp de César
» à Carnac. Quelques actions s'engagèrent sur divers
» points. L'ennemi, dont on évalue les forces réunies,
» tant chouans qu'émigrés, à 15 ou 18000, a été battu
» à plate couture dans toutes les rencontres. Il a perdu,
» dans une sortie qu'il fit hier, un obusier, des obus,
» un caisson aux armes du roi Georges, des armes, des

» habillements, des chevaux. Il a été forcé de s'enfermer
» dans Quiberon, dont il était maître depuis quatre
» jours. » (Reg. corresp. départ. Arch. du Morbihan).

Le représentant Topsent, qui était à Lorient, écrivait, de cette ville, le 18 messidor, à son collègue Champeaux, à Brest :

« Lorient, 18 messidor.

» D'après le rapport de l'un de nos espions, qui a
» passé 3 jours avec eux, dans les retranchements de
» Carnac, ils se sont emparés de la presqu'île de Quibe-
» ron. 500 hommes de garnison y ont été faits prisonniers
» et dispersés à bord des vaisseaux de l'armée ennemie.
» Ils se retranchent dans cette place importante par sa
» position, afin de se procurer une retraite, en cas de
» défaite. Nous en jugeons par leurs mouvements. Hier
» ils y ont fait passer leurs gros bagages. Ils ont fait
» rembarquer les femmes et les enfants et se proposent
» de marcher sur trois colonnes, pour s'enfoncer dans
» l'intérieur de cette ci-devant province. Une doit se
» porter sur le Finistère ; une autre dans la forêt de
» Camors, et l'autre sur Muzillac.

» Comme ils n'ont pas demandé l'agrément de l'armée
» aux ordres du général Hoche, pour effectuer ces mou-
» vements, je crois qu'ils en seront dispensés, car nos
» soldats sont dans les meilleures dispositions, quoiqu'ils
» manquent des objets de première nécessité.

» Le nombre des débarqués, d'après les mêmes
» rapports, ne paraît être que de 4 à 5 mille hommes,
» parmi lesquels se trouvent 4 à 500 marins que les
» émigrés ont grand soin de garder à vue. Nous n'avons
» pas la certitude que tous soient débarqués, car partie
» des transfuges sont encore avec l'armée ennemie, et
» veulent sans doute voir comment seront reçus ceux
» de leur complices qui se sont chargés de préparer et
» organiser le rassemblement. Sous peu de jours, le
» général Hoche se propose de le visiter. On peut
» assurer que la marche de l'armée les guérira du
» désir de s'introduire dans leur Patrie, qu'ils ont si
» cruellement déchirée.

» Salut et fraternité,
» TOPSENT. »

(Autographe arch. de Kernus.)

Le représentant Brue, dans une lettre datée du

19 messidor, donnait à ses collègues Guezno et Guermeur les renseignements suivants :

« Le Général en chef et moi avons rejoint l'armée
» *hier matin à 4 heures*, dans la lande de Ploemel,
» près Auray ; peu de temps après, elle s'est mise en
» marche, elle a été sans rencontre jusqu'à Plouharnel
» et Carnac, mais là elle a trouvé l'ennemi. Du pre-
» mier endroit où il était, il a été poursuivi par le
» général Humbert, mais le fort nous a empêchés d'aller
» plus loin et nous a forcés de nous retirer sur la
» falaise. A Carnac, il n'y avait qu'un petit poste, il
» a été bientôt enlevé et sans difficulté....

» Ce matin (19), à 2 heures, l'ennemi est venu nous
» attaquer, il a été comme de raison bien repoussé.....
» Les chaloupes canonnières de l'ennemi n'ont cessé ce
» matin de tirer à terre, pendant l'affaire.... Le Général
» en chef met la plus grande activité et la plus grande
» bravoure. C'est lui-même qui va reconnaître son
» terrain sous le feu de l'ennemi et en avant de tous
» les tirailleurs, son zèle et ses soins nous garantissent
» une victoire éclatante avant peu.

» Il y a beaucoup de personnes qui pensent qu'ils
» (les émigrés) ne tarderont pas à se rembarquer,
» malgré la présence et les exhortations de l'évêque de
» Dol, du curé de Saint-Malo et de plusieurs autres
» calotins. — Nos canons, et surtout nos obusiers, ont
» ce matin fait merveille et déconcertent furieusement
» les chevaliers français et leurs écuyers.

(Autographe, arch. de Kernus.) » BRUE. »

L'administration départementale, comme le général Hoche, ne pouvait souffrir l'immixtion de certains Députés du Morbihan, dans les opérations militaires. A l'occasion elle le faisait sentir. Nous avons vu ce qui était arrivé à Corbel.

Le 23 messidor, dans une lettre adressée au Comité de salut public, le Directoire départemental s'expliquait franchement :

« Les Représentants du peuple, ceux qui ont une
» mission, ceux qui n'en ont plus, et ceux qui n'en
» ont jamais eue, administrent en sens contraire. »

Le lendemain, dépêche au district de Josselin :

« Vous ne devez pas obéir au Représentant Brue.
» Il est depuis longtemps sans mission. » (24 messidor an III. Reg. Corresp. du départ.)

Le général Hoche à Sainte-Barbe.

Grâce aux mouvements stratégiques dirigés par Hoche, les émigrés et les chouans avaient été renfermés dans la presqu'île de Quiberon. Toutes les communications se trouvaient rétablies entre Lorient, Auray, Vannes et Nantes. Les bataillons de volontaires arrivaient de toutes parts et grossissaient la petite armée républicaine. Les postes de la côte, abandonnés au premier moment, étaient réoccupés. Vannes voyait sa garnison augmentée et n'avait plus à craindre un coup de main. Quant à Belle-Ile, le général Boucret en répondait. Le 17 messidor, le général Hoche écrivait au Commissaire des Guerres, Chambon :

« 1200 hommes d'infanterie devant m'arriver de
» Rennes incessamment, je les mets à la disposition du
» Département. Veuillez l'en instruire et communiquer
» ma lettre à Champeaux, afin qu'il donne les ordres
» nécessaires.
》 Le général en chef, Signé : Hoche.
» Pour copie conforme : le commissaire des Guerres,
》 Chambon. »
(Corresp. milit., L. 505. Arch. du Morbihan.)

Le lendemain, Hoche annonçait en ces termes la nouvelle que les émigrés et chouans étaient enfermés dans Quiberon :

« Sainte-Barbe, près Quiberon, 18 messidor an III,
   » aux représentants du peuple, à Lorient.
» Citoyens,
» Les chouans et émigrés, au nombre de 20000, en
» y comprenant les femmes et les enfants, sont enfermés
» dans Quiberon. Je vous prie de faire part de cette
» nouvelle au Gouvernement.
   » Pour extrait conforme, Guermeur, Guezno. »
(Arch. de Kernus.)

Avec son coup d'œil militaire, Hoche a compris la faute de l'ennemi et ne doute plus du succès. Il établit définitivement ses campements au-dessous de Sainte-Barbe, dans une situation excellente, qui domine et ferme la presqu'île.

C'est de là qu'il écrivait à son chef d'Etat-major :

« Les troupes anglo-émigrés-chouans sont, ainsi que
» des rats, enfermés dans Quiberon, où l'armée les tient
» bloqués. J'espère que, dans quelques jours, nous en
» serons quittes. Annoncez cette nouvelle aux bons
» citoyens.
» Je suis sans secrétaire, sans aide de camp, sans
» adjudant général, sans papier et presque sans vivres. »
(19 messidor. Lettre à Chérin).

De son côté, le commissaire du Département, préposé à la Sûreté générale, écrivait, de Vannes, au général en chef de l'armée de Brest :

« Vous apprendrez, citoyen général, que l'armée des
» Anglais, des émigrés et des chouans est à Quiberon,
» dont elle s'est emparée, il y a 4 ou 5 jours. Le gé-
» néral Hoche l'y tient bloquée avec son armée, et nous
» regardons comme impossible qu'elle en puisse sortir
» par terre. La mer est donc la ressource de l'ennemi,
» dont on évalue la force, à Quiberon, de 15 à 18000
» hommes. Il se rembarquera et se portera sur la partie
» de vos côtes, qu'il trouvera à découvert, afin d'y
» opérer un débarquement. » (R. corr. départ. 20 messidor an III. Arch. Morb. L. 137.)

La question du rembarquement fut effectivement agitée parmi les émigrés ; mais l'avis contraire prévalut. Quiberon était en leur pouvoir. On y resterait en attendant l'arrivée de la division de Sombreuil et de celle du comte d'Artois.

Hoche, en prévision d'une attaque, allait continuer à se fortifier sur le terrain de Ste-Barbe, fermant l'entrée de la presqu'île. Son plan était de rester sur la défensive, tant que le temps se maintiendrait au beau.

Laissons parler le Représentant du peuple Guezno,

dont les notes, écrites de sa main, ont été retrouvées par nous dans les papiers de l'historien Du Chatellier.

« Le matin (18 messidor), je sortis de Lorient et je
» fus me placer devant Etel, avec le général Évrard et
» quelques gardes nationaux de Lorient. Un lougre fran-
» çais vint retirer d'Etel toutes les chaloupes de pêche
» qui s'y trouvaient et dont l'ennemi aurait pu se servir,
» pour passer du côté de Lorient.

» Le canon de Hoche grondait sur la route de
» Quiberon. Nous l'entendions parfaitement. Quelques
» chouans parcouraient les hauteurs du côté d'Etel et
» nous tiraient des coups de fusil.

» Le soir, nous apprîmes que Hoche avait gagné
» Ste-Barbe. Il s'y arrêta et fit bivouaquer ses troupes
» sur une dune de sable, placée en face du fort Pen-
» thièvre, qui défend l'entrée de la presqu'île du côté
» de la terre.

» Le lendemain matin, je fus rejoindre le général
» Hoche. Il passa l'armée en revue en ma présence.
» Nous nous avançâmes sur la chaussée, jusqu'à l'en-
» droit où était placée l'avant-garde, commandée par le
» Général Humbert.

» Le Général m'observa qu'il n'avait que très peu
» de cavalerie et pas assez pour le service de ses ordon-
» nances. Je lui laissai les 25 chasseurs qui, depuis le
» commencement de ma mission, me servaient d'escorte,
» toutes les fois que je montais à cheval.

» L'officier commandant de place de Quimperlé
» m'avait accompagné à Ste-Barbe. Hoche le retint et
» lui donna le commandement de la réserve.

» Valletaux commandait la droite de l'armée et
» Lemoine la gauche.

» Hoche, qui avait le tout sous son commandement,
» se tenait au centre. Le soir, le Général fit mettre le
» pot-au-feu dans l'une des crèches à vaches du village.
» L'on y porta quelques bottes de paille. Nous y pas-
» sâmes la nuit, enveloppés dans nos manteaux. Au
» point du jour nous sortîmes. Le temps était beau.
» Nous nous approchâmes près d'une des pierres drui-
» diques de Carnac, et, de là, nous observâmes les
» ennemis. Des canonnières anglaises se tenaient sous
» voiles le long de la chaussée : « Bien beau temps !
» me dit le Général, je ne puis faire passer l'armée
» sous le feu de ces canonnières. Elles nous foudroie-

» raient avec leur mitraille. Dès qu'un vent forcé et
» une mer agitée les obligeront à se tenir un peu au
» large, j'en profiterai pour traverser la chaussée, enlever
» le fort en face, pénétrer dans Quiberon et jeter à la
» mer tous les ennemis que j'y rencontrerai. En atten-
» dant ce moment, nous resterons ici, sur nos gardes
» et prêts à nous bien défendre, si l'on nous attaque.
» Je pris congé du Général, après avoir mangé un
» croûton avec lui. J'écrivis au Comité de salut public
» ce que le Général venait de me dire et repartis pour
» Lorient, accompagné seulement de mon domestique. »
(Manuscrit autograp. inédit de Guezno. Papiers de Kernus).

De Puisaye, généralissime de l'armée Anglo-Emigrés

Sur ces entrefaites, les chefs de chouans battaient le rappel dans les campagnes, pour mettre en mouvement les paysans, de gré ou de force. Des ordres étaient affichés partout dans les bourgades. Voici une de ces affiches :

« Au nom du Roy et du général Puisaye, nous ordon-
» nons à tous les soldats enrôlés dans l'armée catholique
» de se réunir promptement en rassemblement pour se
» rendre de suite à Mohon, pour 10 heures demain.
» Les volontaires qui voudront se joindre à la troupe
» seront bien reçus du Général.
» Ceux qui manqueront de se rendre à l'ordre *seront*
» *fusillés*, d'après l'ordre même du Général du Morbihan.
     » Signé : TROUSSIER,
     » Chef de canton,
  » Membre du Conseil général du Morbihan.
» 3 juillet 1795 : l'an 2ᵐᵉ du règne de Louis XVIII. »
(Corresp. du proc. synd. du départ. 1ᵉʳ thermidor an III.)

8 jours après, Puisaye lui-même adressait aux chefs de chouans une circulaire manuscrite, dont nous avons trouvé deux copies, l'une qui fut déposée sous une pierre, à Pontivy, en face de la maison du citoyen Ruinet, beau-père du citoyen Boullé, procureur syndic du départ., et l'autre, qui fut saisie,

trois ans plus tard, chez le chef de chouans, Bellec, en Pluméliau.

« 18 juillet 1795, 1re année du règne de Louis XVIII.
» A M. le capitaine Bellec.
» Monsieur, le Conseil nous charge de vous faire
» passer copie de la lettre de M. de Puisaye, général en
» chef de l'armée royale de Bretagne, dont voici l'extrait :

« Au camp de Carnac, le 11 juillet 1795
» 1re année du règne de Louis XVIII.
» Je m'empresse de vous apprendre, Messieurs, que
» je viens de recevoir des dépêches d'Angleterre, par
» lesquelles sa Majesté britannique me fait informer
» qu'elle reconnaît Louis XVIII roy de France. Cette
» reconnaissance tant désirée nous annonce des secours
» en tous genres sur lesquels vous pouvez compter.
» Publiez et proclamez notre nouveau Roy, faites
» dire aux rebelles que tous ceux qui rendront des ser-
» vices, remettront des places, qui passeront sous nos
» drapeaux, peuvent compter sur l'oubli du passé et
» sur toutes les récompenses. Faites agir les intelligences,
» et le premier port qui proclamera Louis XVIII, le
» premier corps qui se rangera à son service, se cou-
» vriront de gloire.
» Multipliez les diversions, que toute la province se
» lève et le triomphe de la religion, de la monarchie et
» de la paix est assuré.
» Ainsi signé : Comte DE PUISAYE,
» Général en chef de l'armée catholique et royale
» de Bretagne. »

« Demain, 19, on publiera cette lettre dans notre
» paroisse. Nous désirons que vous la fassiez aussi
» publier ce jour, si elle vous est parvenue.
» Nous sommes avec estime, vos affectionnés servi-
» teurs : Les Membres du bureau de correspondance de
» M. de Lantivy,
» KERARVOREC, MAROT, HORRO.
» P. S. Il vous est aussi enjoint d'afficher la pré-
» sente. » (Arch. départ. liasse non classée.)

Le district d'Auray, qui était au centre du mouvement, correspondait activement avec les districts
voisins et leur faisait part de ses impressions :

« Auray, 24 messidor an III.
» Au district d'Hennebont.

» Nous vous adressons, citoyens, différents paquets
» que le représentant du peuple Tallien vient de nous
» remettre pour vous les faire passer...

» L'armée ennemie tient toujours dans Quiberon ;
» mais, le général en chef Hoche, ayant maintenant
» rassemblé tous ses moyens d'attaque, nous comptons
» que, sous deux jours, il forcera cette horde de brigands
» à vider notre territoire, pour n'y plus reparaître.

» Salut et fraternité.
» Lecomte, président ; Boullays ; Béard ;
» Gillat, procureur-syndic. »

Le 26 messidor, le Département informait les Districts que « l'ennemi était vêtu de rouge ; telle est la livrée du roi Georges. On prétend cependant que le costume des émigrés est différent ; qu'ils sont vêtus, les uns en gris avec revers et retroussis noirs, les autres en vert. » (Reg. Corresp. Départ.)

Affaire du 28 Messidor.
16 Juillet 1795.

Il y avait une quinzaine de jours que les émigrés étaient débarqués, et aucune action majeure n'avait eu lieu, sauf l'occupation sans combat du fort Penthièvre, et deux attaques nocturnes contre les avant-postes et les retranchements de Sainte-Barbe, qui avaient échoué.

Le découragement commençait à régner dans la presqu'île, qui était encombrée, indépendamment de plusieurs milliers de chouans armés, d'une cohue énorme de cultivateurs, avec femmes, enfants et bestiaux, venus de la grande terre. Le désordre aidant, la disette de vivres allait se faire sentir. Des désertions se produisaient chaque jour. En présence de l'impossibilité de rompre les lignes républicaines, les émigrés pouvaient encore se rembarquer et se faire transporter sur la côte vendéenne, où les attendait Charette.

Le conseil royaliste, présidé par Puisaye, en décida autrement. On allait prendre l'offensive par une attaque fixée au 16 juillet (28 messidor). C'est à tort qu'on a accusé D'Hervilly d'avoir résolu seul l'entreprise. Puisaye, dans ses mémoires, en a hautement revendiqué la responsabilité.

On avait précédemment formé deux corps de chouans, dont l'un, commandé par Tinteniac, avait été débarqué sur la côte de Sarzeau, et l'autre, sous les ordres de Lantivy et de Jan-Jan, gagnait, par mer, l'anse du Pouldu (Finistère).

Ces deux corps devaient, paraît-il, converger vers Baud et prendre l'armée républicaine à revers. C'est du moins le plan exposé par Puisaye, dans ses mémoires qui ont été publiés.

La division de Sombreuil, forte de 12 ou 1500 hommes, venait de jeter l'ancre dans la baie de Carnac et était débarquée, le 27 messidor (15 juillet), à Port-Haliguen. Elle ne devait pas prendre part à l'action.

Campement et retranchement de l'armée Républicaine. Plan de Hoche

Les relations des historiens sur l'affaire du 28 messidor ne sont pas tellement précises qu'on puisse indifféremment adopter l'une ou l'autre et se dispenser de les contrôler par un examen des lieux.

Ces lieux, nous les avons visités bien des fois, pour y chercher la trace des opérations militaires, qui les ont rendus célèbres. Si on veut les connaître, il ne faut pas se guider exclusivement sur une carte moderne.

En 1795, l'anse de Plouharnel, au lieu de s'arrêter, comme aujourd'hui, à la route départementale et à la voie ferrée, se prolongeait assez loin dans les terres, vers les collines de Sainte-Barbe, et formait un vaste étang de près de mille mètres d'étendue sur 450 mètres de large. L'étang alimentait le vieux moulin du Bégo. La chaussée du moulin était l'aboutissant du chemin de Plouharnel et le seul passage permanent pour pénétrer dans la presqu'île. A marée basse, seulement, on pouvait traverser l'anse au delà du moulin à la hauteur de Saint-Guenael.

L'étang baignait le pied de la colline escarpée sur laquelle est bâti le village de Glevenay. Le moulin n'existe plus depuis longtemps. L'étang a été desséché et remplacé par des prairies basses, qui ne sont séparés de la falaise que par des murets en pierres.

Les vestiges des travaux exécutés, pour le cantonnement des troupes républicaines, ne sont guère visibles aujourd'hui. Le sable des dunes, apporté par le vent, s'est accumulé sur eux. Mais le retranchement, qui barrait la presqu'île en avant du camp, se voit encore. Nous en avons fait prendre une vue photographique, qui est démonstrative.

La carte gravée, qui est jointe à l'ouvrage de Rousselin (Vie de L. Hoche, 1798), est curieuse à consulter. Malgré ses imperfections topographiques, elle donne des indications suffisantes sur la position respective des deux adversaires au moment de l'action. Cette carte porte pour titre : *Plan de l'affaire qui eut lieu sur la falaise de Quiberon, le 28 messidor an III*. On pourra également consulter, avec fruit, la carte, annexée à la brochure de Rouget de l'Isle (1834), ou mieux celle que nous avons composée pour M. Chassin, et qui a été publiée, à la fin de son livre : *Le général Hoche à Quiberon* (Paris, 1897).

Le campement de la petite armée républicaine, adossé à l'étang du Bégo, était établi sur cette partie de la falaise qui est au sud du village de Ste-Barbe. Une fontaine, qui ne tarit pas, existe au bas du coteau. Elle est marquée sur la carte de Rousselin.

Les soldats de la République, nous raconte un vieux paysan, y venaient se désaltérer.

Les défenses naturelles du camp étaient donc au nord : le ruisseau de Locperet et les hauteurs de Sainte-Barbe ; à l'est, l'anse de Plouharnel, l'étang et la chaîne rocheuse du Bégo ; à l'ouest, la mer, qui baigne la côte d'Erdeven.

Voici maintenant comment l'armée se trouvait garantie du côté de l'isthme, c'est-à-dire au sud :

A environ 4 ou 500 mètres de la chaussée du moulin, on avait construit une ligne de retranchement qui barrait transversalement la naissance de la presqu'île. Cette énorme levée de terre existe encore et fait relief sous les sables. On peut la suivre à pied, sans interruption, d'une extrémité à l'autre, sur une étendue de 1,400 mètres environ. Elle est aujourd'hui, de distance en distance, couverte de bouquets de sapins. La ligne de retranchement part de la première maisonnette de la falaise, dans le point d'intersection de la voie ferrée et de la route départementale et se prolonge, avec des passages stratégiques, jusqu'à un vieux corps de garde en ruine, qu'on désigne aujourd'hui sous le nom de *Guérite de Hoche*. Les parois intérieures de ce poste portent encore la trace d'une foule de noms gravés sur le crépi à la pointe du couteau ou de la baïonnette. De ce point d'observation, on avait vu souvent le général Hoche braquer sa lunette sur le côté ouest du fort Penthièvre et sur les rochers que devaient bientôt escalader les grenadiers de Mesnage.

Lorsqu'on jette les yeux sur ce retranchement, dont les dimensions sont considérables, on conçoit quelles difficultés les soldats durent trouver à élever, en moins de huit jours, ce barrage qui n'est fait que de sable mouvant. Du haut du fort Penthièvre (c'est Puisaye et Contades qui l'affirment), les émigrés apercevaient les officiers républicains, travaillant eux-mêmes, en corps de chemise, en compagnie des pionniers. Moreau de Jonès, qui était volontaire dans l'armée de Hoche, a raconté plus tard que, pour mieux fixer le sable, on le mélangeait avec du fumier, pris dans les villages environnants.

Le général Hoche avait établi son quartier général au village de *Glevenay*, appelé aussi *Lennay*, à 800^m au sud-est de Ste-Barbe. Dans le *plan* de Rousselin, il est marqué : *Lenne-Land*. Une des maisons est surmontée d'un drapeau. Du haut de la butte du Bego, le général Hoche pouvait, avec sa longue-vue, observer les positions de sa propre armée, puis, en se tournant vers le sud, il apercevait la longue chaussée de sable au bout de laquelle se dressait la masse noire du fort Penthièvre, et la flotte anglaise qui croisait dans la baie de Carnac. Les canonnières ennemies ne pouvaient approcher des retranchements ; à ce niveau, l'anse de Plouharnel est à sec à marée basse et même à marée haute, il leur était interdit, faute d'eau, de s'embosser en face du camp.

A l'extrémité ouest de la ligne de retranchement, une première *redoute*, dite *du mât de pavillon*, était armée de deux pièces de 16 et de deux obusiers.

A gauche de la *redoute*, à environ 200 mètres, une *batterie* de deux pièces de 8 et deux obusiers.

Au centre de la ligne, *au grand angle saillant*, une grande *redoute*, armée de deux pièces de 12.

Enfin à l'extrémité est de la bande de *défense*, était placée une autre *batterie* de deux pièces de 8 et de deux obusiers.

Dans les intervalles et sur le front de la ligne, étaient distribuées des pièces de 4.

Le parc d'artillerie se tenait, en arrière de la *redoute du mât de pavillon*, sous le commandement du général Drut.

Le corps de réserve et les ambulances étaient au sud du village de Glevenay.

Un corps de cavalerie, si peu nombreux que Hoche dut emprunter au représentant du peuple Guezno les 25 chasseurs de son escorte, formait rideau en avant de l'aile gauche du retranchement, abrité par un terrassement en contre-escarpe, et prêt à sortir, au premier commandement de son Général, Vernot-Dejeu.

L'avant-garde et les avant-postes, sous le commandement du général Humbert, campaient sur la falaise, à environ deux kilomètres en avant de la ligne des retranchements.

Le général Josnet, avec sa division, protégeait la côte de Carnac. Une batterie de deux pièces de 8 était établie à la pointe de St-Colomban.

Un corps de troupes, campé à Plœmel, à 7 kilom. au nord de Ste-Barbe, faisait l'office d'arrière-garde, sous le commandement du général Meunier.

Il serait intéressant de savoir au juste de qui Rousselin a tenu ce *plan stratégique*, qui est gravé dans son livre. Est-ce de Hoche lui-même ? cela n'est guère probable. Rousselin confesse qu'il le connaissait peu. Est-ce d'un de ses lieutenants ayant assisté au combat du 28 messidor ? En ce cas, on pense naturellement au général Lemoine, qui commandait, à Ste-Barbe, ce jour-là. Dans sa préface, l'auteur cite effectivement le général Lemoine au nombre des généraux qui lui auraient donné des renseignements. Quoi qu'il en soit, le *plan* de Rousselin est conforme aux instructions de l'*ordre de bataille*, que Hoche laissa, trois jours avant, au général Lemoine (25 messidor). D'autre part, il concorde exactement avec les récits de Puisaye, du comte de Contades et de Vauban, les trois principales autorités royalistes. Les régiments émigrés sont figurés marchant par pelotons vers le retranchement de Sainte-Barbe. Cinq chaloupes canonnières anglaises sont échelonnées le long de la côte est de la presqu'île. Deux autres stationnent sur la côte ouest. Les Anglais ont placé une batterie sur l'île Theviec.

La carte de la brochure de Rouget de l'Isle est plus correcte et mérite d'être consultée. (Souv. histor. 1834).

Hoche avait tout prévu.

En cas d'attaque, il était recommandé au Général Humbert, avec l'avant-garde, de soutenir autant que possible, et sans trop s'engager, puis de se replier en bon ordre, en passant par les intervalles de la ligne et venir se placer en réserve. Alors la 1re ligne déploiera son feu d'artillerie de la manière la plus vigoureuse, jusqu'à ce que l'ennemi soit mis en déroute. S'il persistait à avancer, l'infanterie fera usage de son feu. La 1re ligne battra la charge et tombera dessus à la baïonnette, tandis que la 2e ligne la remplacera sans bouger. L'ennemi sera poursuivi le plus loin possible. On observera cependant de ne pas s'engager trop avant et de ne pas s'exposer au feu croisé de la mer. Si l'ennemi portait tous ses efforts sur une aile et qu'il fût en colonne, la réserve se formerait en deux colonnes et irait tomber sur son flanc, sans que la première ligne fît autre chose que l'usage le plus possible de son artillerie.

Enfin, si ce que l'on ne peut prévoir arrivait, si l'ennemi forçait les lignes, l'armée se retirerait sur les hauteurs, la gauche à Sainte-Barbe, la droite au village qui est à droite. Elle ferait ce mouvement en ordre, emmenant son artillerie, dont elle fera le meilleur usage possible et empêchant l'ennemi de pénétrer dans l'intérieur.

C'est contre ces fortes positions que Puisaye et D'Hervilly allaient tenter une attaque nocturne. De plan, en avaient-ils ? et s'ils en avaient un, était-il sérieux ? Le comte de Contades, major général de l'armée émigrée, a écrit que cette expédition était une folie : « D'Hervilly, à la tête de son régiment, n'avait donné aucun ordre, n'avait pas prévu un seul cas, même celui où il serait tué ». Une demi-heure avant la déroute, il disait à qui voulait l'entendre, qu'il allait « emporter les retranchements avec son régiment ».

Quant à Puisaye, le Général en chef de l'armée anglo-émigrée, avec sa jactance habituelle, il confiait à son major-général, que Jan-Jan et Tinteniac allaient arriver avec leurs chouans sur les derrières des *patriotes* ; que Vauban, avec d'autres chouans, les prendrait en flanc, et qu'on en « *ferait une déconfiture effroyable* ». (Comte de Contades).

Les Emigrés attaquent les retranchements républicains de Sainte-Barbe

Le 28 messidor (16 juillet), à une heure du matin, le comte d'Hervilly, avec toutes ses troupes, sort de ses lignes et marche vers les retranchements de Sainte-Barbe, espérant surprendre les républicains. Le régiment de Royal-Emigrant formait l'avant-garde, en tirailleurs. L'aile gauche était formée par Royal-Louis ; du Dresnay, au centre ; Royal-marine à droite, avec une colonne de chouans, commandée par le duc de Levis ; en arrière, plusieurs autres colonnes de chouans, sous le commandement du chevalier de Saint-Pierre. Le soir précédent, le comte de Vauban avait été embarqué, pour la côte de Carnac, à la tête de 1500 chouans. Il devait, au moyen de fusées, avertir si sa descente s'effectuait avec succès. Il avait ordre de s'emparer de la batterie de Saint-Colomban et d'attaquer l'ennemi par le flanc.

Hoche se trouvait absent ; mais l'adjudant général Lemoine veillait. L'armée des émigrés avance en bon ordre et en colonnes serrées. Le général républicain Humbert, qui est aux avant-postes, avec l'avant-garde, résiste mollement et se replie, jusque sous le feu de la ligne, suivant ses instructions : ce n'est qu'une feinte. Les troupes royalistes avancent toujours à découvert, dans la plaine sablonneuse, qui s'étend jusqu'aux collines de Sainte-Barbe. Avant l'aube, on n'est plus qu'à une portée de pistolet du retranchement. Le régiment d'Hervilly, qui est en avant et à gauche, commence la fusillade. Les batteries républicaines se démasquent alors et foudroient les régiments royalistes. Les morts et les blessés jonchent le sol ; un grand nombre d'officiers sont tués. Le désordre se met dans les rangs des assaillants éclaircis par une pluie de mitraille. M. de Levis veut entraîner sa colonne de chouans au secours des régiments du centre. Ses hommes sont pris de panique et s'enfuient. Leur commandant revient seul au feu. Le général d'Hervilly reçoit un biscaïen en plein corps et tombe grièvement blessé. Il ordonne la retraite ; en un instant, c'est la déroute. Les troupes républicaines se mettent à la poursuite des fuyards. Les hussards chargent avec fureur et sabrent tout ce qu'ils rencontrent. Seuls, les bataillons de Royal-marine, qui avaient tenu bon, soutiennent le choc, avec intrépidité, et infligent des pertes aux républicains. Les colonnes du général Lemoine continuent la poursuite jusque sous le fort Penthièvre. Là elles sont arrêtées par les feux du fort et de la flotte anglaise. Fières, à bon droit, de leur succès, elles rentrent en bon ordre, dans leurs cantonnements de Sainte-Barbe, emmenant des prisonniers, cinq canons, un grand nombre de caissons, une vingtaine de chevaux de trait, et beaucoup d'épées d'officiers royalistes.

Au dire de La Roche Barnaud, la perte des émigrés fut de 12 à 1400 hommes, chiffre exagéré. Hoche n'a porté qu'à 500 le nombre des morts et à 700 celui des blessés. Parmi les blessés étaient : Le commandant de la Laurencie, MM. de Talhouet, de Cillart, de la Roche, de Melesse, de Saint-Creen, de Kérouartz, Levaillant de la Ferière, etc., etc.

L'armée républicaine comptait des pertes beaucoup moindres ; mais Hoche avait à déplorer la mort du brave général Vernot Dejeu, qui commandait la charge de cavalerie, celui de tous les officiers supérieurs qu'il aimait le plus.

L'insuccès de cette attaque, de la part de Puisaye et D'Hervilly, était inévitable. Elle avait été conduite avec une légèreté inouïe. Des trois divisions, qui devaient opérer sur les derrières et sur les flancs de l'armée républicaine, aucune n'avait exécuté son programme. La division de Lantivy et de Jan-Jan, mise à terre à Pouldu, n'avait pas tardé à se disperser, presque sans combat. Celle de Tinteniac, sur des ordres contraires, s'était dirigée vers Josselin, puis vers les Côtes-du-Nord. Quant aux 1500 chouans de Vauban, débarqués sur la côte de Carnac, menacés par la division Josnet, ils avaient refusé de marcher en avant, et il avait fallu les ramener à Quiberon, sans tirer un coup de fusil.

Cette matinée du 28 messidor (16 juillet), désastreuse pour les émigrés, en préparait une plus désastreuse encore.

Immédiatement après la bataille, le représentant Topsent écrivait à son collègue Guezno :

« 28 messidor an III, Lorient.

» Nous recevons, dans l'instant, cher collègue, la
» nouvelle du général Hoche qui nous annonce que les
» brigands ont voulu sortir de leur repaire, c'est-à-dire
» du fort Penthièvre ; nos républicains leur ont fait
» bonne réception. 300 des leurs sont restés sur le
» champ de bataille, avec 5 pièces de leur artillerie. La
» troupe du Pouldu va vous rejoindre. Les nôtres sont
» partis à 7 heures et j'espère que ceux qui ont eu la
» témérité de débarquer hier n'auront pas un meilleur
» succès.

» Salut et fraternité.   » Topsent. »

(Arch. de Kernus.)

L'ordre général suivant était passé, le lendemain, aux autorités constituées, et aux cercles militaires de toutes les divisions et brigades :

« ORDRE GÉNÉRAL

» PAR LE GÉNÉRAL, CHEF DE L'ÉTAT MAJOR, CHÉRIN

» Le Général en chef s'empresse de rendre le témoi-
» gnage le plus satisfaisant à la bravoure et à la bonne
» conduite des officiers et soldats qui composent l'armée
» du Morbihan.

» Il annonce à tous ses frères d'armes de l'intérieur
» que les défenseurs de la liberté ont déjà, dans plusieurs
» actions, fait voir aux émigrés débarqués, que le sys-
» tème d'invasion sur le territoire ne pouvait attirer,
» aux satellites des despotes, que l'opprobre et une mort
» certaine.

» Le 12 messidor deux reconnaissances sont faites ;
» dans l'une, un corps de chouans, qui voulait opérer
» une jonction, a été complètement battu ; dans l'autre
» une décharge soutenue de mousqueterie a déconcerté
» tous les projets de nos vils ennemis.

» Et dans quel temps nos braves républicains ont-ils
» fait ces prodiges de valeur ? Lorsque, par l'effet iné-
» vitable d'une réunion subite de plusieurs corps de
» troupes, ils ont été forcés de supporter les privations
» les plus dures, en attendant que les administrations
» eussent pu fournir à leurs besoins.

» Le 19, une sortie a été faite par les anglo-
» émigrés-chouans, au nombre de 4000. Nos avant-
» postes se sont d'abord repliés ; mais bientôt après, un
» corps de cavalerie, conduit par le brave Dejeu, les a
» chargés et mis en déroute. Sans l'obscurité du temps,
» qui nous a dérobé leurs mouvements, l'affaire eut été
» décisive. Elle a procuré des pièces de canon, des
» caissons, des fusils, et des chevaux. Quant à eux
» leurs succès se sont bornés à amener 6000 familles
» de la côte pour partager, dans la presqu'île de Qui-
» beron, leur trahison et leur misère.

» Le 23, une descente a été tentée dans l'Ile-de-
» Groix ; une autre du côté de Rhuys. Toutes les deux
» n'ont abouti, pour l'ennemi, qu'à des revers. Chassé
» de ces deux postes, il n'a eu que le temps d'aller
» cacher dans son repaire, où il est bloqué, son infamie
» et son desespoir.

» Le 28, une affaire plus grave a eu lieu, dès 6 heures
» du matin. L'ennemi y a développé toutes ses forces
» et tous ses moyens ; mais les savantes dispositions
» exécutées par les généraux Valetaux et Lemoine,

» mais la fermeté inébranlable de nos troupes, lui ont
» prouvé que les Français seront toujours vainqueurs,
» quand ils combattront pour leur patrie, les lois et la
» liberté. Aussi a-t-il laissé plus de 300 morts sur la
» place, des munitions, 5 pièces de canon et beaucoup
» de chevaux.

» Les avantages de cette journée auraient comblé nos
» espérances, si nous n'avions à regretter la perte du
» brave adjudant général Dejeu, commandant de la
» cavalerie, qui a succombé, après s'être couvert de
» gloire ; avec lui sont restés au champ d'honneur
» 23 officiers et soldats.

» Les Généraux de division et de brigade communi-
» queront le présent ordre aux autorités constituées, et
» il sera lu trois jours de suite au cercle d'ordres.

» Le Général de Brigade, chef de l'Etat-Major, CHÉRIN.

» P^r cop. conf. : Le Général de Division, REY. »

(Arch. de Kernus)

Quelques jours après, un jeune volontaire de la légion Nantaise rendait compte à son père de l'affaire du 28, dans une lettre, récemment retrouvée, dans les papiers d'une famille de Vannes, et dont nous avons l'original sous les yeux. La lettre comprend 3 pages d'une feuille double, sur papier verdâtre, que l'humidité a taché de jaune par endroits. L'écriture en est serrée, sans marge, mais très lisible. Les cachets de la poste de Vannes et de Nantes sont sur l'adresse.

« Au Citoyen Paquetau aîné, rue de Paré, près
» de la poste aux chevaux, Nantes.

» 4 thermidor, an 3e républicain.

» Affaire du 28 messidor.

» La première lettre que je vous ai écrite, à mon
» arrivée à Vannes, vous faisait voir que j'allais com-
» battre les Anglais. Le sort de nos armes était encore
» incertain : mais *veni, vidi* et *vici*. A mon arrivée à
» l'armée située devant Quiberon, le surlendemain, à la
» pointe du jour, les Anglais ou plutôt les émigrés,
» quoique traîtres à leur pays, pleins encore de cette
» ardeur guerrière qui caractérise les Français, se sont
» avancés (avec une intrépidité que leurs ennemis ont

» admirée) l'arme au bras, jusqu'à la ligne de l'armée
» composée de 8000 hommes, eux qui n'étaient que 5000.
» Ils avaient déjà essuyé de notre part, c'est-à-dire de
» l'avant-garde, une fusillade terrible. Tout cela ne les
» avait point rebutés ; enfin, si près de nous et plus en
» force qu'eux, nous n'avons pu nous empêcher de les
» mettre en fuite, tuer 500 hommes et 600 blessés,
» 60 chefs principaux tués, les Comte de Talhouet, etc.
» D'hervilly, blessé mortellement. Le nombre des tués et
» blessés de chez nous se monte à 60 et 15 tués. J'ai
» reçu ce jour une balle morte qui m'a fait sentir une
» douleur assez vive, mais qui n'a été que passagère....
» Pacquetau, étudiant. »
(Pièce originale en notre possession.)

Dans sa circulaire aux districts, du 30 messidor, l'Administration départementale écrivait :

« Des rapports ultérieurs et certains nous apprennent
» qu'on a enterré 400 hommes et qu'il s'en est noyé
» beaucoup, et y compris les blessés, on porte leur
» perte de 12 à 1500 hommes..... » (Reg. Corresp. du Départ.)

Un écrivain a raconté, en style épique, les prodiges de valeur des émigrés, dans cette fatale journée du 16. Nous y relevons des phrases comme celles-ci :

« Il y a eu des mêlées d'hommes plus considérables et plus glorifiées. Il en est peu d'aussi importantes et d'aussi héroïques » (p. 160).

« Ce qu'ils (les républicains) admiraient, ce n'était un courage fait de fougue et d'ardeur, où il entre autant de témérité que d'élan et qui se soutient en quelque sorte par son propre emportement, mais un courage froid, imperturbable, impassible... » (p. 160).

Pourquoi ces exagérations ?

L'auteur a, de plus, le grand tort de s'efforcer de faire croire à ceux qui le lisent que Hoche commandait en personne et caracolait sur la falaise le 16 juillet :

« Hoche profita de cette confusion, il lança sur les royalistes son infanterie et sa cavalerie... » (p. 163).

« Le dessein de Hoche, dit-il, était de pénétrer dans Quiberon en même temps que les bataillons rompus et désemparés des émigrés.... Hoche rebroussa chemin » (p. 165. Quiberon. — Le Garrec, 1895).

Or, tout le monde sait que le général Hoche était à Vannes, au moment où se donnait la bataille. Il y a, dans sa correspondance, une lettre de lui, datée de Vannes du 28 messidor, adressée au général Lemoine, dans laquelle il lui dit qu'il va partir pour Sainte-Barbe, où il n'arriva effectivement que dans la journée, plusieurs heures après le combat.

Rien n'est mieux établi que ce fait de l'absence de Hoche. L'auteur, que j'ai cité, est le seul qui l'ignore.

Hoche, en arrivant à Sainte-Barbe, avait complimenté les troupes qui avaient pris part à l'action. Il fit nommer généraux les deux chefs de brigade Romand et Botta. Sa douleur fut profonde, lorsqu'il apprit la mort de son meilleur ami, l'adjudant-général Vernot-Dejeu.

Tous les biographes ont reproduit la lettre touchante que Hoche adressait au Comité de salut public, pour lui recommander la pauvre mère, « *qui n'avait d'autre soutien que son digne fils.* »

En arrivant à Sainte-Barbe, après le combat du 28 messidor, le général Hoche avait remarqué que les chaloupes-canonnières anglaises, qui évoluaient sur la côte ouest de la falaise, pouvaient, en remontant vers le nord, menacer l'aile droite de l'armée. Il donna immédiatement ordre d'établir une redoute adossée au rivage, qui en défendit l'approche. Dans le plan de Rousselin, cette redoute est indiquée comme ayant été *construite après l'attaque* (du 28) *pour écarter les chaloupes-canonnières.*

C'est à cette opération que se rapporte la lettre, si souvent citée, de Hoche à Drut, du 30 messidor :

« Ne mangez, ne buvez, ne dormez que la batterie » de 4 ne soit établie. Il est de la plus grande impor-

» tance, mon cher général, qu'elle soit prête à battre
» l'ennemi demain au matin. » (Savary. Tome V, p. 279).

A ce moment, sans doute, Hoche s'attendait à une nouvelle attaque de la part des émigrés, dont l'armée venait de s'augmenter des 1500 hommes de troupes du corps de Sombreuil.

Arrivée des représentants du peuple Blad et Tallien.
La victoire du 3 thermidor (27 juillet).

A ce moment, si on jette les yeux sur les deux camps opposés, quel contraste ! D'un côté, le désordre et le découragement, suite de la défaite ; les rivalités et les récriminations des chefs, les murmures des soldats qui désertent par groupes et rejoignent l'armée républicaine, rendant compte de ce qui se passe dans la presqu'île; une multitude de bouches affamées, qu'on ne parvient pas à satisfaire ; tous les signes avant-coureurs de la catastrophe finale ; de l'autre côté, des troupes pleines d'ardeur, retranchées dans les redoutables positions de Sainte Barbe, ne demandant qu'à combattre ; des officiers, de vrais hommes de guerre, sous la main de leur général en chef de 27 ans, le héros de Wissembourg, dans lequel ils ont une entière confiance, attendant le moment, choisi par lui, de les conduire à la victoire.

Les représentants du peuple, Tallien et Blad, envoyés extraordinaires de la Convention, venaient d'arriver au camp de Sainte-Barbe. De Vannes, ils avaient lancé une proclamation : *Aux citoyens des départements de l'Ouest*, qui fut immédiatement placardée dans tous les districts et distribuée à l'armée.

« Ils (les émigrés) vous annoncent avec emphase
» que les *Princes* vont venir combattre à leur tête.
» Eux, combattre ; les lâches ! et où prendraient-ils du
» courage ? Depuis quatre ans, qu'ont-ils fait ? Où étaient-

» ils, tandis que vos frères trompés versaient pour eux
» des flots de sang, à Savenay, à Saumur, au Mans, à
» Noirmoutiers, sous les murs de Nantes et de Gran-
» ville, sur les bords de l'Océan et de la Loire ? Quand
» les vit-on jamais sortir de cette nullité à laquelle la
» nature les a condamnés, sinon pour se précipiter
» dans tous les excès du vice.... ?

» Et ces émigrés, ces prétendus régénérateurs de
» la France, ces soi-disant héritiers exclusifs de la
» valeur et de la loyauté françaises, ces preux cheva-
» liers, si braves de loin, si terribles dans leurs discours,
» si courageux dans leurs écrits, où les a-t-on rencontrés
» dans le cours de cette guerre ? Partout où le danger
» n'était pas. Demandez aux habitants de la Champagne
» de quelle manière ils ont traité ceux-mêmes qui par-
» tageaient leurs opinions. Demandez aux peuples qui
» ont recueilli leur misère vagabonde, quelle récompense
» ils en ont reçue. Partout où ils ont passé, opprobre
» et fléau des nations, ils n'ont su que fuir le péril,
» violer les lois de l'hospitalité et se venger de leur
» ignominie à force de forfaits...... qui nous dit que
» la première condition du traité (avec l'étranger) n'est
» pas que la Bretagne redevienne une province de
» l'Angleterre !.... » (Arrêt et proclamations des représentants du peuple. Arch. départ.).

Hoche attendait le coup de vent qui devait favoriser son attaque, en écartant du rivage les vaisseaux anglais. Un conseil de guerre fut tenu à Ste-Barbe, dans lequel on discuta la question de l'assaut nocturne du fort Penthièvre. Rouget de l'Isle nous apprend que sur trois officiers du génie, deux firent des objections.

Hoche était à Vannes, le 30 messidor (18 juillet); Tallien, venant de Lorient, l'y rejoignit.

C'est à Vannes qu'on interrogeait les transfuges, qui lui étaient envoyés par le général Lemoine.

C'est à Vannes qu'était rédigé et signé ce fameux *ordre du jour*, que Hoche adressait à ses lieutenants, en vue d'une attaque du fort Penthièvre, fixée à la nuit du 19 au 20 juillet, mais qui ne fut exécutée que le lendemain :

« Vannes, 1ᵉʳ thermidor, an III.

» La presqu'île de Quiberon sera attaquée aujour-
» d'hui, 1ᵉʳ thermidor, à onze heures du soir.

» Le général Humbert, à la tête de 5oo hommes d'élite
» de son avant-garde et conduit par un guide que je
» lui enverrai, se portera sur le village de Kerostin, en
» passant par la laisse de la basse mer, laissant le fort
» Penthièvre à droite, et la flotte anglaise à gauche. Il
» fera marcher sur deux files, avec le moins de bruit
» et à la moindre distance possible. Arrivé près du
» village, il tournera brusquement à droite et fera
» courir jusqu'au fort, dont il s'emparera en franchissant
» la palissade. Il égorgera tout ce qui s'y trouvera, à
» moins que les fusiliers ne viennent se joindre à sa
» troupe. Les officiers, sergents d'infanterie et canonniers
» n'auront aucune grâce.

» Le général de brigade Botta suivra Humbert avec
» le reste de l'avant-garde et dans le même ordre. Il
» s'emparera de Kerostin. Il fera fusiller tous les indi-
» vidus armés qui voudraient sortir des maisons.

» Les soldats sans armes qui viendront se joindre à
» lui, seront accueillis, les officiers et sous-officiers seront
» fusillés sur le champ.

» En arrivant dans la presqu'île, ces deux officiers
» feront crier par leur troupe : A bas les armes ? A
» nous les patriotes !

» L'adjudant général Mesnage favorisera l'attaque du
» général Humbert, en attaquant lui-même les grandes-
» gardes des ennemis. Il les culbutera, leur passera sur
» le corps et marchera droit au fort. Après avoir fran-
» chi la palissade, il suivra par sa gauche le fossé
» jusqu'à la gorge. Le citoyen Mesnage ne fera pas
» tirer un coup de fusil. Il fera passer au fil de la
» baïonnette tout ce qu'il rencontrera d'ennemis. La
» troupe qui doit faire cette attaque sera l'élite du
» général Valletaux.

» Le général Valletaux soutiendra, avec le reste de
» sa brigade, l'attaque de Mesnage.

» Il fera en sorte de se précipiter au fort, en s'en
» rapprochant le plus possible afin d'éviter son feu.

» Humbert se mettra en marche par sa gauche
» à minuit précis. Mesnage marchera par la droite
» 1/4 d'heure après. Les deux colonnes suivront la
» marée, dussent-elles marcher un peu dans la vase.

Le général Lemoine portera sa brigade à la hauteur

» de l'avant-garde. Il y laissera un bataillon avec 2 pièces
» de quatre, et marchera en bataille à hauteur de la
» queue de la colonne du général Valletaux, qu'il doit
» soutenir.

» Le camp sera gardé par les deux bataillons de la
» réserve et le 3me de la douzième demi-brigade. Le
» général Drut commandera ces troupes.

» Ce même officier voudra bien donner ordre au
» commandant de la batterie des pièces de 24 de tirer
» à boulets rouges sur les bâtiments qui voudraient nous
» inquiéter.

» La cavalerie se tiendra en bataille, derrière le
» bataillon laissé avec les pièces de 4, à hauteur de
» l'avant-garde.

» Les soldats seront sans sacs et tous les officiers à
» pied ; l'eau-de-vie sera distribuée à 8 heures du soir.

» L'on ne donnera l'ordre aux troupes qu'à 9 heures.
» Les dispositions se feront en silence. Il sera défendu
» de cracher, tousser ou fumer.

» Les pionniers, chargés de sacs à terre remplis
» d'avance et fascinés, marcheront à la queue de la
» colonne de Mesnage. Ils combleront les fossés ou
» chemins creux qui mettraient trop d'obstacle à la
» marche. 24 des plus forts et des plus adroits seront
» porteurs de haches et masses de fer, avec lesquels
» ils briseront les barrières.

» Le général Valletaux fera suivre sa colonne par
» une compagnie de canonniers qui sera placée aux
» batteries ennemies, dont on se servira le plus pos-
» sible.

» Le fort en notre puissance, toutes les troupes pour-
» suivront l'ennemi, mais en ordre. Elles se rallieront à
» Kerostin, près du moulin, et marcheront ensuite sur
» Pontivy et Saint-Pierre. Le général Lemoine laissera
» deux bataillons au fort et ira prendre position à
» Pontivy.

» L'ambulance se tiendra au camp. Le général Drut
» donnera les ordres les plus exacts pour que personne
» ne l'outrepasse.

» Si, par des événements qu'on ne peut prévoir,
» l'armée était contrainte à se retirer, elle le ferait en
» bon ordre. Les troupes conserveraient l'ordre même,
» marcheraient au pas accéléré, et la retraite se ferait
» par échelons.

» Le général Lemoine est chargé de donner aux offi-

» ciers généraux les ordres de détail y relatifs. Il voudra
» bien les rassembler au quartier général, où je serai à
» 7 heures du soir. »

Dans la soirée du 2 thermidor, à sept heures précises, tous les lieutenants de Hoche étaient au rendez-vous du quartier-général, dans le petit village de Glevenay. Le général en chef leur expliquait verbalement le plan à exécuter et leur assignait les postes de combat.

Le vent avait tourné à l'ouest. Le ciel se couvrait de nuages. A onze heures de la nuit, l'armée républicaine commença son mouvement et marcha silencieusement dans la direction du fort Penthièvre. Botta et Humbert, à gauche, ayant pour objectif la côte et le village de Kerostin ; Valleteaux et Drut, au centre ; l'adjudant général Mesnage et ses 200 grenadiers, à droite.

Au milieu de la falaise, la tempête se déchaîne avec une violence inouïe, mêlée de tonnerre et d'éclairs ; des torrents de pluie et le vent, qui faisait tourbillonner le sable des dunes, aveuglaient les soldats et ralentissaient leur marche. Le général Hoche et les deux représentants du peuple Blad et Tallien s'abritèrent sous la tente d'Humbert, aux avant-postes, en attendant une éclaircie. Plus de deux heures furent perdues. On se remit en marche. La colonne d'Humbert filant le long du rivage de l'Est, le gros de l'armée occupant le centre de la falaise, et l'adjudant Mesnage longeant la côte ouest de la presqu'île. La nuit allait finir, lorsqu'on arriva à quelque distance du fort Penthièvre. Mais on a été aperçu. Le signal d'alarme se fait entendre. Le canon du fort tire sur les assaillants ; une chaloupe-canonnière anglaise mitraille la colonne d'Humbert, qui est à découvert sur la grève. Le général Botta chancelle sur son cheval, un biscaïen lui a emporté une partie du pied ; la petite armée républicaine hésite. Le coup serait-il manqué ? Il est quatre heures du matin, le jour point déjà. Soudain, en levant les yeux, on aperçoit le drapeau tricolore qui flotte au sommet du fort Penthièvre. Un immense hurrah retentit. Les soldats, électrisés, se précipitent en avant. C'est à l'adjudant Mesnage et à ses 200 grenadiers qu'on devait ce retour de la fortune.

Les grenadiers de Mesnage, après avoir passé à la baïonnette les soldats des avant-postes royalistes, avaient filé sur la grève, le plus loin possible de terre. Ils étaient conduits par le transfuge David Goujon. Arrivés à la hauteur du fort, ils s'étaient rués sur lui et, suivant un sentier connu de Goujon, ils avaient grimpé de rocher en rocher, jusqu'au mur extérieur. Là, des prisonniers français, dont les émigrés avaient fait des soldats, les aidèrent à escalader la muraille. Tous ceux qui essayèrent de résister furent massacrés. Les canonniers furent tués sur leurs pièces. Les autres fuyaient. Le fort était pris. Les troupes républicaines faisaient irruption à gauche et au centre et complétaient le triomphe. Les royalistes se précipitaient en désordre vers le fond de la presqu'île, laissant aux vainqueurs leur parc d'artillerie et un grand nombre de prisonniers. Les républicains reprennent bientôt la poursuite. Dans le parcours du fort Penthièvre à Port-Haliguen, la panique va croissant dans les bataillons royalistes, qui se débandent. C'est en vain que leurs chefs essaient de les rallier et d'opposer une résistance. Les soldats de Royal-Louis et de Dresnay vont au devant de l'ennemi la crosse en l'air. Les autres se dispersent. De temps en temps des cris partent des rangs des grenadiers républicains : à nous les patriotes ! et chaque fois, des soldats des bataillons royalistes se détachent et rendent leurs armes.

Voyant que tout était perdu, Puisaye, le Généralissime de l'armée émigrée, avait gagné la côte et la flotte anglaise, emportant son portefeuille et les papiers de l'expédition. Il avait commandé à Sombreuil de s'arrêter au moulin de Saint-Julien, en y réunissant les troupes disponibles, de défendre la position et *de l'y attendre*.

La division de Sombreuil n'avait pas pris part au combat. Cantonnée en avant du fort *neuf*, presque au fond de la presqu'île, elle comptait sur des ordres, qui faisaient défaut. Sombreuil, mal secondé, ne croyant pas pouvoir se maintenir sur la colline de Saint-Julien, reculait jusqu'à Port-Haliguen.

L'avant-garde républicaine approchait, poussant devant elle, dans une bagarre affreuse, ce qui restait des régiments royalistes, mêlés aux chouans et à une masse de populations affolées. Les malheureux, ayant en vue les corvettes anglaises, se précipitaient dans la mer, qui était grosse. Beaucoup se noyaient, d'autres étaient recueillis par les embarcations. Un grand nombre étaient refoulés vers la division de Sombreuil et y semaient le désordre. Les corvettes anglaises, qui s'étaient rapprochées, tiraient sur les colonnes républicaines.

La situation des émigrés était désespérée. Il n'était plus temps de combattre. On n'avait plus d'autre alternative que de se jeter à l'eau ou d'être massacré. Sombreuil, abandonné par ses troupes et n'ayant plus autour de lui que deux ou trois cents émigrés et quelques soldats restés fidèles, menacé par les 700 grenadiers de Hoche, sommé de se rendre, fit mettre bas les armes. On a prétendu plus tard qu'il y avait eu, entre le Général Hoche et Sombreuil, une capitulation conditionnelle. Nous y reviendrons.

Ces derniers captifs allaient rejoindre tous ceux, en bien plus grand nombre, que les républicains avaient déjà faits prisonniers, dans leur course, depuis le fort Penthièvre jusqu'à Port-Haliguen. Parmi eux se trouvaient l'évêque de Dol et une vingtaine d'ecclésiastiques.

Les prisonniers furent conduits sous escorte jusqu'au camp de Sainte-Barbe. Là, on relâcha les vieillards, les femmes et les enfants, au nombre de plus de 3000.

Le soir du même jour, la longue file des vaincus, en deux colonnes, émigrés, prêtres, chouans, anciens marins et militaires français enrôlés de force, paysans qui avaient été pris dans la mêlée, arrivait à Auray, au milieu de la nuit, ayant pour escorte quatre bataillons commandés par le Général Humbert.

On les entassa, à la hâte, pêle-mêle, dans tous les locaux disponibles, prisons, églises, chapelles, couvents, en attendant qu'on décidât de leur sort.

De cette foule d'êtres humains, victimes de la guerre, le plus grand nombre devait bénéficier de la clémence du vainqueur. Le chiffre de ceux qui furent acquittés, par jugement, ou élargis par arrêtés des représentants du peuple, monte à plusieurs milliers. Les autres, les émigrés, les chouans avérés, les déserteurs, les plus coupables aux yeux de leurs adversaires, tombaient sous le coup de la loi. La loi du 25 brumaire an III était inexorable. Tout émigré, rentrant sur le territoire français, et pris dans un rassemblement, les armes à la main, devait être jugé et condamné à mort. En vertu de cette loi, les rebelles allaient comparaître devant des Commissions militaires, qui commencèrent à fonctionner le 9 thermidor, cinq jours après le désastre.

Le procureur-syndic du département. — Les représentants du peuple Guermeur et Guezno

La minute du *compte-rendu décadaire* du procureur-syndic du département, adressé au Comité de salut public, est conservée aux Archives de Vannes. Elle est datée du 11 thermidor an III, huit jours après la défaite et la reddition des émigrés ; cette pièce a d'autant plus d'importance, qu'elle est le résumé du compte-rendu verbal, fait par Hoche lui-même, en séance de l'Administration.

Voici en quels termes l'Administration rend compte de l'action :

« Le 3 thermidor, avant le jour, les troupes de la
» République, après avoir, à la faveur d'une nuit obscure
» et d'un temps affreux, qui écartait de la côte les cha-
» loupes-canonnières ennemies, surpris et égorgé les
» avant-postes des rebelles, pénétrèrent de vive force
» dans le fort Penthièvre et s'emparèrent de toute la
» presqu'île de Quiberon. Peu d'ennemis parvinrent à se
» rembarquer et furent encore suivis dans leur fuite par
» quelques volées de mitraille, qui en empêchèrent une
» partie de parvenir jusqu'aux frégates anglaises, qui
» auraient les accueillir. Aussi la mer porta-t-elle,
» dans le jour qui suivit l'action, sur la côte opposée
» de l'île de Rhuys, plus de cent chapeaux, ainsi
» que quelques débris d'embarcations anglaises, ce qui
» indiquait un nombre considérable de noyés. L'on ignore
» celui des ennemis tués dans le fort et la presqu'île.
» On ne peut, à cet égard, que donner des éloges à la
» modération des soldats, puisque tous ceux qui dépo-
» sèrent les armes furent épargnés et remis par eux
» sous l'empire de la loi qui devait régler leur sort.
» De là est arrivé que le nombre des prisonniers a été
» beaucoup plus grand que celui des morts et qu'on
» est parvenu à sauver une multitude de femmes et
» d'enfants qui ont été renvoyés chez eux, ainsi que
» 1600 et quelques prisonniers, qu'on avait, contre le
» droit, forcés de prendre les armes contre leur patrie,
» mais qui ne désiraient que l'occasion de la servir et
» qui facilitèrent en effet à nos défenseurs l'entrée de
» Quiberon.
» Le jour même, le Général en chef arriva à Van-
» nes, vers onze heures du soir, avec les représentants
» du peuple, qui avaient été présents à l'affaire. Le
» général Hoche se rendit à l'Administration et lui
» confirma verbalement les détails de la victoire, que
» ses habiles dispositions avaient obtenue. Toujours
» modeste dans ses rapports, il ne portait qu'à 150 le

» nombre des ennemis tués dans l'attaque ; mais l'état
» qu'il donnait des prisonniers s'élevait à 6262... » (11
thermidor. Police générale 1795. Arch. dép.).

Dans les papiers du représentant Guezno, nous avons trouvé une lettre, à lui adressée par son collègue Guermeur. Elle est datée du 12 thermidor. Elle n'a d'importance que parce qu'elle fait allusion à une correspondance du citoyen Burge, au sujet de l'évêque de Dol et de Sombreuil, et se rapportant à des détails, que nous ignorons.

« 12 thermidor an III.
» Guermeur à Guezno,
» Topsent et Kergalan m'ont confirmé ce que te mande
» Burge, relativement à Monseigneur l'évêque de Dol et
» son saint clergé et au peureux chevalier Sombreuil.....
» On dit qu'il y a 260 et quelques émigrés de marque,
» sans compter les autres. Les condamnations se pro-
» noncent à Auray. Le Dol et ses acolytes ont été
» fusillés à Vannes......
» Hoche est en marche sur les Côtes-du-Nord.
» Puisse-je voir le dernier d'entre-eux à son dernier
» soupir, moi-même en être cause et mourir de plaisir !
» Salut et fraternité,
(Arch. de Kernus.)   » GUERMEUR. »

Pacquetau, volontaire (Légion Nantaise)

La légion des volontaires nantais avait rempli un rôle actif à Quiberon. Amenée par le général Lemoine, elle avait combattu, le 28 messidor, en avant des lignes de Sainte-Barbe. Elle était montée à l'assaut du fort Penthièvre, le matin du 3 thermidor, et avait contribué à la poursuite des émigrés jusqu'au fond de la presqu'île, où Sombreuil et son état-major s'étaient vus forcés de mettre bas les armes. Elle comptait des jeunes gens, qui sont devenus illustres, dans des carrières différentes, Cambronne, qui s'immortalisa à Waterloo, et Mouret, l'auteur des *Annales* de Nantes.

Avec eux se trouvait le jeune étudiant, nommé

Pacquetau, porte-drapeau d'un des bataillons. Le lendemain de la défaite des émigrés, il écrivait, de Vannes, à son père, qui était à Nantes, pour lui raconter les événements auxquels il avait pris part. La lettre, très circonstanciée, émane d'un jeune homme qui a de l'éducation et de l'instruction. Ardent patriote, comme ils l'étaient tous, à vingt ans, témoin oculaire et acteur du drame, le jeune citoyen Pacquetau décrit ce qu'il a vu et traduit, sous de vives couleurs, les impressions qu'on ressent à son âge.

O temps inoubliables, qui appartiennent à l'histoire, qu'ont connus nos pères, où, d'un bout de la France à l'autre, le sol résonnait sous les pas des bataillons de volontaires, marchant à la défense de la patrie ! où les collines de Sainte-Barbe retentirent de cris d'enthousiasme à la vue du panache d'un général en chef de 27 ans, — qui s'appelait Lazare Hoche et personnifiait au plus haut degré le génie militaire de la Révolution !

Voici comment s'exprime le jeune porte-drapeau de la légion Nantaise, dans sa lettre à son père :

« Affaire du 3 thermidor.

» Non contents de les avoir mis en fuite et tué
» quantité d'entre eux (dans l'affaire du 28 messidor),
» nous avons voulu à notre tour les attaquer.
» *Vaincre ou mourir*, voici le serment que nous
» avions fait avant de voler au combat.
» Sur les onze heures du soir, au milieu de la nuit
» la plus obscure, faite pour inspirer l'horreur des
» combats, nous entendons crier : aux armes ! tous
» mouillés, car nous couchions en plein air, nous nous
» secouons, courons à nos armes, moi à mon drapeau.
» Les généraux font distribuer l'eau-de-vie, nous font
» demander si nous sommes résolus toujours de vaincre
» ou de mourir. Un cri que vous devinez se fait entendre
» unanimement et nous partons. Le plus grand silence
» s'observe dans les rangs. Chacun fait en lui-même
» les réflexions qui lui sont convenables. L'un pense

» au bonheur que la prise du fort va faire goûter à
» la République entière, en délivrant de son territoire le
» reste infect de la caste émigrée ; l'autre, enivré déjà
» du pillage dans lequel des mains avides vont nager,
» fait lire dans ses yeux son âme vile et intéressée.
» Moi, partagé entre les deux passions, l'avouerais-je à
» ma honte, j'y allais avec répugnance. Je m'étais forgé
» dans l'imagination que c'était là que je devais recevoir
» le coup de la mort ; que c'était là, dis-je, ah ! loin
» de moi cette idée qui n'était heureusement qu'une
» fumée, que je devais, mon cher papa et ma chère
» maman, m'éloigner de vous pour toujours, mais je
» suis vivant et vous embrasse bien tendrement.

» Nous approchons du fort. L'ennemi, averti par
» l'imprudence de quelques tirailleurs qui nous avaient
» devancés, est mis en éveil et a presque le temps de
» se mettre sur ses gardes. La précipitation avec la-
» quelle nous avançons ne lui donne pas le temps
» nécessaire pour faire toutes ses dispositions.

» Les premières sentinelles sont égorgées ; les avant-
» postes le sont aussi. O sort cruel, c'étaient nos frères,
» nos parents, mais ils sont traîtres ; abandonnons-les
» à leur malheureux sort. Le feu de l'ennemi renverse
» à côté de moi deux fourriers, chargés de la garde
» du drapeau. Une autre décharge renverse presque
» tout un premier rang d'une compagnie qui me pré-
» cède. Bientôt encore je vois tomber à mes côtés ce
» jeune homme, ami particulier à moi, ce jeune homme
» dis-je, ah ! maman, laissez-moi pleurer un instant....,
» à qui vous remîtes ma pipe, Dupont, commis chez
» M. Pineau. Plus persuadé que jamais que ma mort
» était certaine, j'avance toujours, résolu de faire du
» moins l'essai de la force de mon bras à l'ennemi,
» avant qu'il pût m'atteindre. A l'instant même de cette
» réflexion, je reçois un biscaïen amorti dans le mollet
» gauche, qui me fait éprouver quelque douleur, mais
» qui ne me fait pas abandonner mon projet. Enfin,
» malgré un feu meurtrier, et duquel je me suis heu-
» reusement tiré, nous sommes déjà arrivés au fort
» Penthièvre. Nous montons à l'assaut. Tout ce qui se
» trouve sur notre passage est égorgé et assassiné. Les
» canonniers ennemis, il faut le dire à leur gloire, se
» sont fait tuer sur leurs pièces. Nous sommes maîtres
» du fort ; et mon drapeau succède au blanc, qui flottait
» impunément depuis quelques jours devant nous. Non

» contents de la prise du fort, nous poursuivons les
» émigrés jusqu'au bord de la mer qui, envenimée de
» l'escadre anglaise qui protège leur retraite par une grêle
» de boulets qu'elle fait pleuvoir sur nos têtes, les aide
» à s'embarquer dans des chaloupes. La précipitation
» avec laquelle les plus lâches d'entre eux s'enfuyaient
» en a fait couler trois. Le reste s'est rendu prisonnier —
» Mille six cent deux émigrés et 5000 soldats chouans.
» Ils sont à Auray. Le représentant du peuple Tallien
» est parti pour Paris ce matin, pour savoir de la Con-
» vention ce qu'elle décidera de leur sort. Je ne me
» ressens plus de rien du tout. Les douleurs que m'avait fait
» éprouver l'ennemi sont passées. Je suis chez mon oncle,
» qui vous dit bien des choses, de même que sa chère
» épouse. J'y reçois toutes les honnêtetés possibles ; le
» tout sans affectation. — Ne m'écrivez point jusqu'à
» nouvel ordre. Nous devons partir d'ici demain peut-
» être. — Les Dupuis se portent bien. Adieu, mon cher
» papa. J'attends le plaisir de me jeter dans vos bras
» avec impatience.

» PACQUETAU, étudiant. »

On ne sera pas sans remarquer que le volontaire, qui a écrit cette lettre, le lendemain de la bataille, ne dit pas un mot de la prétendue capitulation. Il était cependant bien placé pour voir et entendre, puisque les représentants du peuple Blad et Tallien se trouvaient au milieu de la légion nantaise, dont il était porte-drapeau.

Le jeune Pacquetau, fils d'un négociant en fers, de Nantes, n'avait pas 20 ans (étant né le 1er octobre 1775, à Nantes, paroisse St-Similien). lorsqu'il combattait sous les ordres de Hoche et plantait son drapeau sur le fort Penthièvre. Il revint à Vannes, pour soigner sa blessure, dont il ne tarda pas à être rétabli. A la fin du mois, il rejoignait à Rennes la légion nantaise, comme le constate une lettre de son oncle, qui lui avait donné l'hospitalité.

« Vannes, 1er fructidor, an III.
Au citoyen Pacquetau père, Nantes.
Mon cher frère et ami, en arrivant à Vannes, notre

cher François est venu de suite chez nous et y est revenu de même à son retour de Quiberon. C'était nous procurer une jouissance et il a dû s'en apercevoir par la manière dont il a été accueilli.

Nous l'avons reçu comme notre enfant, comme vous recevriez les nôtres, si le hasard les conduisait chez vous. Nous avions sa parole que s'il avait le malheur d'être blessé, notre maison serait son hôpital et Noton sa principale infirmière.

Mais nous l'avons vu revenir sain et sauf et bien portant, malgré les dangers de deux assauts meurtriers. N'ayez aucune inquiétude sur sa santé et sur sa blessure à la jambe.

Il était reparti pour Rennes, bien gaillard et bien dispos, avant la réception de votre paquet, que je lui ai de suite retourné par la poste.

Je venais aussi de recevoir pour lui, de votre part, *douze francs* en monnaie, par une femme de la Roche-Sauveur. Je lui avais d'avance offert ce dont il pouvait avoir besoin ; il n'a voulu rien prendre. Je vous renvoie cette somme....

Signé : .C.... »

Comme cette lettre est éloquente dans sa simplicité et qu'elle peint bien les sentiments qui animaient les familles et la jeunesse de cette époque héroïque !

Il y avait deux ans que le jeune Pacquetau servait son pays. En 1793, il avait pris part à la défense de la ville de Nantes, attaquée par les Vendéens de Cathelineau. C'est à cette occasion que l'oncle de Vannes écrivait à Pacquetau père :

« 13 7bre 1793. An 2e de la République.

Je félicite votre fils François d'avoir si bravement concouru à sauver la patrie ; c'est un beau titre à la reconnaissance publique. »

François Pacquetau a parcouru une longue carrière, dans la magistrature. D'abord avoué, il fut plus tard juge de paix à Carquefou, puis juge près le tribunal de Nantes. Il est mort, à l'âge de 80 ans, en 1855, à Nantes, rue du Château. Ami du général Cambronne, dont il avait été le condisciple à l'Oratoire et le compagnon d'armes, à Quiberon, le vieux magistrat venait, une fois, chaque année, déjeuner avec sa famille, chez le vieux Général, à sa campagne de la côte de St-Sébastien.

Le quartier général de Hoche

Le village de Glevenay, où fut le quartier général de Hoche, au mois de juillet 1795, est situé à quelque distance (800^m) au sud-est du village de Ste-Barbe. A cette époque, ce n'était qu'une agglomération de cinq ou six maisons couvertes en chaume. Celle qu'habitait le général en chef est indiquée par un drapeau sur la carte de Rousselin.

Si on quitte le village, en se dirigeant au sud-est, au travers des champs entourés de murets en pierres sèches, on arrive bientôt à une éminence granitique, en forme de cône, dont la surface est parsemée de touffes d'ajoncs et de pointes de rocher. Son nom est : Mané-Bego (butte du Bego). De son sommet, qui domine toute la plaine et la presqu'île de Quiberon, vous découvrez, à gauche, la grande baie de Carnac et, à droite, la mer sauvage. Tournez-vous vers le nord, vous apercevez le versant du village de Sainte-Barbe et, au sud-ouest, le commencement de la falaise, qu'occupaient les campements de l'armée républicaine.

Il est probable que c'est du haut du Mané-Bego que, dans la soirée du 2 thermidor, avant le coucher du soleil, le général Hoche embrassa d'un dernier coup d'œil la presqu'île, la flotte anglaise et les positions de sa propre armée. Moreau de Jonès, le futur membre de l'Institut, qui était du nombre des grenadiers qui attaquèrent le fort Penthièvre, a raconté plus tard, dans ses Mémoires, qu'en apercevant tout à coup le panache tricolore de leur jeune général en chef, monté sur la *Roche aux Fées*, les troupes poussèrent des acclamations d'enthousiasme.

Encore quelques heures, en pleine nuit, et par une tempête affreuse, les colonnes républicaines s'ébranlaient, reprenaient le fort, mettaient en déroute les Anglo-émigrés et les forçaient de se rendre.

Je visitais, pour la première fois, il y a plus de 40 ans, en compagnie de mon confrère le Dr Gressy, le village de Glevenay et la pauvre chaumière qu'avait habitée le général Hoche. Elle se voyait alors telle qu'elle était lorsqu'il en avait pris possession : une simple maison de rustique apparence, aux murs noircis, n'ayant qu'un rez-de-chaussée et un grenier, avec couverture en paille ; deux portes et deux fenêtres étroites donnant sur la rue. Aujourd'hui l'aspect est modifié. Le grenier a été surélevé, il y a une quinzaine d'années ; la toiture en chaume a été remplacée par l'ardoise ; la façade crépie à la chaux.

Mais le rez-de-chaussée est resté le même : deux appartements de plain-pied, séparés par un couloir ; d'un côté, le logis de la famille bretonne (les David), de l'autre l'écurie, cette *crèche à vaches*, dans laquelle ont dormi le représentant Guezno et le général Hoche, couchés sur des *bottes de paille, enveloppés dans leurs manteaux*.

La première pièce ressemble à tous les logements de paysans de la contrée : une chambre carrée, de médiocre grandeur, très basse d'étage, éclairée imparfaitement par une petite fenêtre et par la porte, quand elle est ouverte ; pour plancher le sol ; une vaste cheminée avec large manteau, soutenu par des jambages à consoles, en pierre de taille. De chaque côté du foyer, un banc grossier pour s'asseoir. Sous la fenêtre, la *Mée*, servant de table, dans laquelle on enserre l'énorme miche de pain noir, les pots de lait, la jatte au beurre, le sel, les cuillers de bois et les ustensiles de la ménagère. Trois lits clos : un de chaque côté de la fenêtre : le troisième, à gauche de la cheminée. En avant de ce dernier lit, un long coffre de chêne, réservoir de vêtements, sur lequel on peut s'allonger ; en avant du coffre est un petit banc à dossier, qui regarde le foyer.

Tout ce mobilier est ancien et existait, en 1795, sauf le coffre, qui est de date récente, le premier ayant été vendu à un collectionneur. C'est à cette place, nous dit la paysanne, en langue bretonne, qu'*Eutru* Hoche s'étendait pour se défatiguer. Quant au petit banc, celui-là appartient au mobilier primitif. Les Généraux de la République s'y sont assis.

Dans cet intérieur obscur et enfumé, les souvenirs historiques vous oppressent et on a la vision des scènes qui se sont déroulées, dans cette soirée mémorable du 2 thermidor, la veille du triomphe. L'attaque est décidée pour la nuit. Le général Hoche a déployé sur la *Mée* la carte de la presqu'île de Quiberon, que lui a remise le général Lemoine. Autour de lui, sont les deux représentants du peuple Blad et Tallien ; à côté, l'officier du génie Rouget de l'Isle, l'auteur de la *Marseillaise* ; puis arrivent, à *7 heures précises*, les généraux Humbert, Valletaux, Drut, Botta, Mesnage, etc. Les grands sabres, les pistolets d'arçon, les ceinturons d'uniforme pendent au mur. En dehors le drapeau aux trois couleurs flotte au-dessus de la porte. Les fusils sont rangés en faisceaux. Les chevaux de l'Etat-Major piaffent tout sellés, en attendant l'heure. Une rumeur confuse, se mêlant au froissement des armes, part des bivouacs établis sous Ste-Barbe. Les aides de camp vont et viennent, recevant et transmettant les ordres. On devine que le *grand coup* est proche. Tout a été réglé militairement et les rôles distribués. On se mettra en marche à 11 heures de la nuit. Les officiers seront à pied. Humbert, à la tête de son corps, s'avancera silencieusement dans la presqu'île, suivra la côte en laissant le fort Penthièvre à droite et gagnera Kerostin. Un quart d'heure après, Mesnage, guidé par le transfuge David Goujon, filera, avec 200 grenadiers, le long de la côte ouest de la mer sauvage, s'éloignant le plus possible du bord, marchant dans l'eau. Arrivée à la hauteur du fort, la colonne se retournera brusquement, courra droit vers le rempart et, gravissant les rochers, opérera l'escalade. Les troupes de Valletaux, Botta et Drut soutiendront l'attaque au centre. Le général Lemoine formera l'arrière-garde.

Tous ces ordres ont été arrêtés au quartier général, dans la chaumière de Glevenay. De leur exécution la victoire allait dépendre. Pourquoi sur la façade de cette modeste chaumière, désormais historique, ne mettrait-on pas une plaque commémorative, avec cette inscription ?

Quartier général de Hoche,
2 thermidor an III, veille de la défaite des Anglo-émigrés.

Après la Victoire

Dès le lendemain de la victoire, le commissaire des guerres Foucault avisait le citoyen Daru qu'il s'occupait « depuis le matin à parcourir la péninsule, où se trouvaient de tous côtés des magasins énormes. » (Lettre du 4 thermidor.)

De son côté le général Lemoine écrivait au général Hoche :

« Mon cher général, hier deux officiers de la flotte
» anglaise ont demandé à me parler. Le poste m'a
» de suite envoyé chercher et, pendant ce temps, les a
» fait débarquer. J'étais à cheval alors et de suite je
» me transportai sur les lieux, avec les généraux Valle-

» taux et Drut, plutôt pour les faire rembarquer que pour
» les écouter. Sans doute ce que je leur ai dit ne les
» a pas satisfaits ; de suite ils sont partis pour leur bord.

» D'après les ordres que je vais donner, j'espère que
» ces *Messieurs* ne remettront plus les pieds dans l'île
» pour parlementer. Je vous envoie aujourd'hui encore
» des prisonniers que j'ai fait ramasser dans l'île par
» des patrouilles.

» Les commissaires des guerres sont à faire l'inven-
» taire des magasins. Ces magasins sont immenses et
» je doute qu'avec 4000 voitures on puisse transporter
» toutes les marchandises dans un mois.....

» On a trouvé des faux assignats à pleines tonnes.
» Les volontaires en ont déchiré pour des milliards. On
» m'en apporte en plusieurs sacs. Dites-moi, je vous
» prie, s'il faut que je les brûle ou les envoie au repré-
» sentant du peuple.....

» Envoyez-moi le plan et la carte de la presqu'île
» de Quiberon, que je vous remis la veille de l'attaque.

» 5 thermidor, an III.

» Salut et fraternité,   » LEMOINE. »

(Placard imprimé à Vannes. District de Vannes. L. 1273).

Les termes de la conversation entre les parlementaires anglais et le général Lemoine ne sont pas
rapportés dans la pièce qui précède. Mais le comte
de Vauban, dans ses mémoires, est très explicite.
Suivant lui, le capitaine Keats avait représenté les
officiers émigrés comme *officiers anglais*. Il proposait
l'*échange des prisonniers* ou des rançons. « Il tâcha
de faire valoir la prétendue capitulation. Tout fut
rejeté dans les formes les plus dures.... On nia
toute espèce de capitulation ; on renvoya l'officier
anglais, en lui disant qu'il n'en avait jamais existé. »
(Vauban, p. 350, édit. Lescure-Didot). De son côté,
le comte de Contades a écrit :

« Le commodore Waren envoya sur le champ à
terre le capitaine Keats et Cotton, lieutenant de la
Pomone, demander quelle était la capitulation. On
les reçut très mal et on leur rit au nez, quand ils
en parlèrent. » (p. 215-16, Souvenirs).

Le 7 thermidor, la municipalité de Vannes écrivait au commissaire des guerres qu'on avait « saisi pour plus de 200,000 francs d'assignats faux sur les militaires venant de Quiberon. » On demandait qu'on fasse une fouille générale (Reg. mun.).

Avant de partir, avec ses grenadiers, pour les Côtes-du-Nord, à la poursuite de *l'armée rouge*, le général Hoche avait fait une visite à Quiberon, le 5 thermidor. Dans une lettre au Comité de Salut public écrite le lendemain, il constatait quels immenses approvisionnements les Anglais avaient accumulés à Quiberon, qui « offrait à l'œil le spectacle du port d'Amsterdam ». Le sol était couvert « de ballots, de tonneaux, de caisses remplies d'armes, de farine, de légumes secs, de vins, de liqueurs, de sucre, de café, de selles, de brides et effets d'équipement et d'habillement », sans compter des milliards d'assignats faux, fabriqués en Angleterre, que les émigrés se proposaient de répandre, dans le but de ruiner le crédit national. (Lettre de Hoche au Comité de Salut public, 6 thermidor, an III. — Rousselin. Vie de Hoche, 1798).

Puisaye avait fait fabriquer, en Angleterre, des quantités énormes de faux assignats. Depuis plusieurs mois déjà, les émigrés et les chefs chouans en avaient versés à profusion dans la circulation. Aussi, à partir surtout de 1795, la dépréciation du papier-monnaie eut lieu dans les proportions les plus inquiétantes. Le billet de 100 francs, qui, en 1791, valait de 91 à 96 fr. ; en 1792, 76 fr. ; en 93, de 46 à 55 ; en 1794, de 28 à 45, ne valait plus, au mois de mars 1795, que 17 fr. 25. En messidor an III, après le débarquement des émigrés, l'assignat de 100 fr. descendait à 3 fr. 75 ; et à la fin de fructidor, 2 fr. 50. A la fin de l'année 1795, le cours de l'assignat de 100 fr. n'était plus que de 0,50 centimes. (Voir le tableau du cours du papier-monnaie, arrêté par le *Département* (du Morbihan) le 29 thermidor an V, imprimé chez

Galles, à Vannes, dont nous possédons un exemplaire).

Dès le mois de messidor an III, les districts jetaient le cri d'alarme. Dans une lettre écrite à l'Administration centrale par le procureur syndic d'Hennebont, le citoyen Lapotaire, la difficulté des approvisionnements est signalée par des exemples. Un bœuf coûte 10,000 fr. en assignats : un porc 2,000 fr. ; une corde de bois 900 fr. ; une paire de souliers, 120 fr., etc., etc.

Le procureur syndic n'hésite pas à proposer la suppression du papier-monnaie. (L. 262, Arch. départ.).

Les immenses approvisionnements trouvés à Quiberon ne furent utilisés qu'en partie.

Dans les premiers jours, les soldats se livrèrent au pillage. Les provisions de bouche se gâtèrent, parce qu'il devenait impossible de les transporter par terre. On manquait de voitures et de chevaux. Quant à les embarquer pour Auray ou pour Vannes, il ne fallait guère y songer. Les Anglais surveillaient la mer et les passes.

Le 8 thermidor, Blad était à Lorient. Il prenait un arrêté en vertu duquel *toutes les voitures de transport du district d'Auray étaient et demeuraient en réquisition*, pour évacuer le plus promptement les *riches magasins* de Quiberon. (L. Affaires milit. Arch. dép.).

On se rend compte de toutes les difficultés, en lisant la correspondance du s. *chef civil des classes* à Vannes, le citoyen Pellegrin.

En date du 10 Thermidor, il écrit au *préposé des classes* à Auray :

« Il ne serait pas prudent d'envoyer des bâtiments
» à Quiberon. Il faudrait être certain de la bonne
» volonté, du courage et de la capacité des patrons,
» ce qui est bien difficile dans ce temps malheureux
» de trahison. D'ailleurs, il faudrait être maître du
» vent, etc., etc. »

Pellegrin annonce *en secret* que le pilote côtier Leveux est chargé de choisir à Auray le chasse-marée qui lui conviendrait le plus, pour tâcher de tirer de Quiberon le *plus d'armes et autres munitions*.

« Malgré mon avis, les représentants et le contre-amiral ont persisté à faire un essai. » (Cahier de correspondance du citoyen Pellegrin). (Arch. de Kernus).

Nous ignorons si le maître de barque Leveux, qui devait être de l'île d'Arz, réussit dans son entreprise. Les Anglais avaient mis l'embargo sur tous les navires français de la côte. De gré ou de force, ils avaient pris les capitaines à leur service, et ils étaient nombreux.

Lorsque, le 12 thermidor, des chasse-marées débarquèrent, au quai de Vannes, 12 ou 1500 chouans, que les Anglais ne voulaient plus nourrir, les maîtres d'équipage donnèrent des renseignements à l'autorité maritime.

Le 16 thermidor, le sous-chef des classes, à Vannes, écrivait à son subordonné :

« Il paraît prouvé par les dépositions des maîtres
» d'équipage des chasse-marées de Quiberon et de Carnac,
» qui ont apporté ici les chouans, que les nommés :
» Pierre Lefloch, Julien et Mathurin Coffmat, de Baden,
» Vincent et Bonaventure Rohu, Joseph Armez, Joseph
» Harnout, Michel Le Glouahec, François Adelis et
» Joseph Loreal de Quiberon, ont été chercher les An-
» glais et les ont pilotés dans nos parages ; — que
» Loréal et les deux Rohu et Coffmat ont fait plusieurs
» voyages en Angleterre et qu'ils servaient d'espions et
» d'enrôleurs, lorsqu'ils étaient de retour et qu'ils sont
» restés avec les Anglais, depuis la prise de Quiberon
» par les républicains. — Corneille Le Poach, de Carnac,
» qui avait déserté le 15 germinal, a aussi été en An-
» gleterre chercher l'escadre anglaise.... Cet homme
» est un des meilleurs côtiers de la côte de Bretagne.
» Je vous dénonce ces scélérats et surtout ce dernier,
» que je tiens dans les prisons de la ville ». (Arch. de Kernus).

On devait bientôt voir figurer, dans les pillages

et les assassinats de la chouannerie, les deux Rohu et Coflmat.

L'affaire du 3 thermidor, considérable au point de vue des résultats, ne fut pas à proprement parler une bataille ; mais un coup de main hardi, exécuté contre un ennemi à demi vaincu et démoralisé. Le rapport du général Hoche, sobre de détails, et la lettre de Sombreuil lui-même au commodore Waren (qu'on lira plus loin), ont au moins le mérite de remettre les choses au point. Les récits du comte de Vauban et du comte de Contades ne font que les confirmer. Il faut donc se tenir en garde contre les narrations épiques, émanées de la plume de certains écrivains qui, longtemps après, ont brodé sur des souvenirs et grossi outre mesure les proportions d'une action, dont les trois étapes terminales ont été : une surprise, une déroute et une reddition.

A l'affaire du 28 thermidor, Hoche avait perdu son meilleur ami, le général Vernot-Dejeu. A la suite de la victoire du 3 thermidor, il perdait un de ses plus braves lieutenants, le général Botta, qui avait eu le pied emporté, à l'attaque du fort Penthièvre. Ce dernier ne mourut pas à Auray, comme l'a écrit l'émigré Berthier de Grandry, mais à Vannes, où il avait été transporté, pour y subir une opération. Il mourait sept jours après des suites de sa blessure, comme l'atteste le document suivant, que nous avons copié sur le registre de l'état civil de la municipalité de Vannes :

« 10 thermidor an III. Ce jour 10 thermidor, l'an III de la République, Pierre-Paul Botta, général de brigade, âgé de 52 ans, natif de Wissembourg (Alsace), époux de Thérèse-Sophie Aubert, est décédé vers les sept heures du matin, en son domicile, *Place de la Réunion* (1), de la suite d'une blessure qu'il a

---

(1) Actuellement place des Lisses, à Vannes.

reçue à la reprise de Quiberon. » (Reg. état-civil, Vannes, 1795.)

La prétendue capitulation.

Les écrivains royalistes de la Restauration, qui ont les premiers raconté l'affaire de Quiberon, ont mené grand bruit autour d'une prétendue capitulation, qui serait intervenue, sur le champ de bataille, entre le général Hoche et Sombreuil, et ont accusé leurs adversaires de l'avoir violée. Quelques émigrés, échappés au désastre, sont entrés dans des détails tellement circonstanciés et minutieux qu'à première vue, et pris séparément, ces récits ont pu paraître vraisemblables. Nous discuterons plus loin la valeur de ces attestations tardives et quelque peu contradictoires. La bibliographie est longue des émigrés survivants qui ont écrit des mémoires : de Chaumareix, de Vauban, de Contades, La Roche-Barnaud, de Puisaye, de la Jaille, de Saint-Georges, d'Autrechaux, de la Villegourio, Berthier de Grandry, Jacquier de Noyelle, de Tercier, de Montbron, Le Charron, Le Grand, de Corbehen, etc., etc. Il n'en est pas un que nous ne connaissions.

De leur côté, les anciens combattants des armées républicaines sont entrés dans l'arène et ont opposé leurs propres témoignages.

Nous avons voulu, à notre tour, chercher la vérité, non pas uniquement dans ces relations de provenance diverse et de valeur inégale, mais tout d'abord et surtout dans les documents de la première heure, en quelque sorte officiels, émanés des principaux acteurs du drame et d'une authenticité indéniable.

A cet effet, il nous a fallu dépouiller et étudier avec soin les registres et les liasses de l'administration départementale, ceux des districts d'Auray, de Vannes, d'Hennebont, etc., et aussi le volumineux dossier des Commissions militaires, qui furent chargées de juger les prisonniers de Quiberon ; sans oublier de visiter le précieux dépôt des papiers du représentant du peuple Guezno, conservés dans les archives de M. Duchatellier, au château de Kernus.

Nous avons confronté les pièces originales avec les mille et un récits, éclos à la rentrée des émigrés en France, inspirés trop souvent par l'esprit de parti ou par l'ignorance. Dans cette étude, poursuivie avec conscience et bonne foi, nous croyons avoir acquis le droit de dire à notre tour où est, suivant nous, l'erreur, où est la vérité.

Suivons donc la chaîne des événements. Nous sommes dans la journée du 3 thermidor. L'armée républicaine est victorieuse. Les royalistes ont mis bas les armes. Ils sont là plusieurs milliers de prisonniers, qu'on va conduire à Auray, où ils arrivent la nuit suivante. Le général Hoche et les représentants du peuple Blad et Tallien, ne font que passer à Auray et sont à Vannes à neuf heures du soir. Ils avaient quitté le camp de Sainte-Barbe à une heure de l'après-midi.

Le premier document qui nous tombe sous la main est une lettre, écrite d'Auray ; c'est un des administrateurs du département, le citoyen Bosquet, qui l'envoie à ses collègues du Directoire de Vannes, le jour même de la défaite des émigrés :

« Auray, 3 thermidor, an III de la République
» Française.
» L'entrée de nos phalanges républicaines dans Qui-
» beron se confirme ; je viens d'en être assuré, chez le
» commandant temporaire, par un officier qui en revient.
» D'ailleurs, plusieurs autres militaires, de retour à Auray,
» l'attestent également. Environ 1800 prisonniers, qu'on
» nous avait faits à Quiberon et ailleurs, sont venus
» au-devant de nos troupes, la crosse de leurs fusils
» levée, et criant : Vive la République ! Ils ont été
» accueillis. Le fort Penthièvre franchi, nous avons couru
» et battu la presqu'île. Nous n'y avons trouvé que de
» très légères et très faibles résistances, et nos cruels

» ennemis ont fini, à Quiberon, avec leurs beaux et
» superbes projets. — Vive la République !!

(Arch. dép. L. 255).   » Signé : BOSQUET. »

Le même, au département :

« 3 thermidor, au soir.

» Victoire complète ! Hoche est ici. Les représentants
» arrivent, et avec eux 4 à 5000 prisonniers : évêques,
» prêtres, altesses, marquis, comtes, barons, etc.

(Archiv. de Kernus.)   » BOSQUET. »

Toujours le 3 thermidor, un officier républicain, nommé Simon, écrit du camp de Sainte-Barbe, à son chef de bataillon du génie, le citoyen Kigner, blessé et en traitement à l'hôpital d'Hennebont :

« 3 thermidor, du camp de Sainte-Barbe,
» 3me année républicaine.

» Vive la République, mon ami ; console-toi de ta
» blessure et saute de joie. Le fort Penthièvre a été enlevé,
» ce matin, d'assaut, par nos braves camarades. Toute
» la presqu'île balayée et les émigrés tous noyés ou
» prisonniers. Cela a été l'affaire de deux heures. Ces
» Messieurs, bien rossés, se sont retirés au fort *neuf*, au
» bout de la presqu'île. Là ils ont voulu parler ; *On les
» a sommés de mettre bas les armes : Ils ont obéi*, et
» nous avons ramené autant de prisonniers que nous
» sommes de républicains. Notre perte a été médiocre
» pour une semblable victoire.

» Ce coup de main nous a tout au plus coûté
» 100 morts et peut-être le double de blessés. L'ennemi
» est en déroute et j'espère que cela peut compter pour
» une leçon. Nous verrons quelles seront les suites de
» cette affaire. Notre butin est immense, chevaux, guinées,
» bijoux, harnais. L'armée est chargée de tout cela. Il
» existe des magasins énormes de denrées de toute espèce,
» dont malheureusement une partie a été pillée : farines,
» fromages, vins, rhum, liqueurs, sucres, riz, habits,
» souliers, tout enfin de ce qui est nécessaire à la nour-
» riture et à l'armement, à l'équipement et à l'habillement
» d'une armée s'y trouve avec profusion. Tu vois que
» nous nous occupons sérieusement. Nous n'avons
» d'officiers de marque blessés que le brave général Botta,

» qui a perdu une jambe. Si j'apprends quelques autres
» détails, je t'en ferai part.
» Salut et fraternité. » Signé : SIMON.
» P. cop. conforme : COROLLER, fils. »
(Copié sur l'original. Arch. de Kernus).

En envoyant à Brue la copie de la lettre précédente, le citoyen Coroller fils lui écrivait :

« Hennebont, 4 thermidor, an III.
» Je m'empresse, citoyen Représentant, de vous faire
» passer copie d'une lettre qui donne des détails intéressants sur la prise de Quiberon et la victoire que
» nous avons remportée contre les émigrés, les chouans
» et les brigands. Elle est très complète, car ceux de
» ces scélérats qui ont échappé au feu et à l'eau sont
» prisonniers, et on en porte le nombre à 5 à 6000,
» dont Monseigneur de Dol, quantité de prêtres et plusieurs officiers anglais. On assure que toute cette
» bande joyeuse est dans ce moment à Auray, et qu'il
» en sera fait prompte justice. On assure aussi que les
» prisonniers, que les émigrés avaient enrôlés dans leurs
» légions organisées en Angleterre, leur ont tombé sur
» le dos, au moment de l'action, ainsi qu'une partie
» des paysans qu'ils avaient forcés de se renfermer
» avec eux dans Quiberon, et qu'ils n'ont pas peu contribué à nous faire remporter la victoire. Si cela est,
» il n'y a pas de doute que les campagnes vont être
» détrompées sur le compte de tous ces Messieurs, et
» que les hordes de chouans qui existent encore dans
» les terres seront bientôt mises à la raison. Ainsi
» nous avons l'espérance de voir la paix se rétablir
» dans notre malheureux pays.
» On n'a point signalé, hier et aujourd'hui, l'escadre
» anglaise. » Signé : COROLLER fils. »
(Copié sur l'original. Arch. de Kernus.)

De son côté le représentant du peuple Corbel écrit, le même jour, à ses collègues, Guermeur, Guezno et Michel :

« Hennebont, 4 thermidor.
» Vive à jamais la République ! mes chers collègues
» et bons amis. Vivent ses braves défenseurs ! Ils font
» partout à la fois des prodiges de valeur. Celui de la

» reprise de Quiberon, avec tous les avantages qui en
» résultent pour notre malheureux pays, n'est pas le
» moindre que nous devons mémorer. Vous avez tous
» à regretter de n'avoir pu faire le rôle d'acteurs dans
» une aussi belle scène. Mais le destin s'y est opposé.

» Le citoyen Coroller fils adresse à Brue les détails
» les plus certains et les plus intéressants de cette
» journée, consignés dans une lettre qui nous a été
» communiquée et dont il lui envoie copie. On porte
» le nombre des personnes faites prisonnières et con-
» duites à Auray, à 7 ou 8000, savoir : 800 émigrés,
» tous nobles ou prêtres ; 4000 chouans ; 2000 femmes
» et enfants, et près de 1200 ou 1500 Anglais. Le
» sort des premiers est actuellement décidé.

» D'après le grand succès, il reste encore bien des
» choses à faire et des mesures essentielles à prendre,
» pour sauver notre pays. Le désarmement total des
» campagnes et la discipline la plus sévère dans l'armée ;
» rétablissement prompt de garnisons et de forts canton-
» nements, avec l'action des colonnes mobiles organisées.

» Adieu, mes chers collègues ; j'attends toujours avec
» impatience de vos chères nouvelles. M'avez-vous entiè-
» rement oublié. Ne m'oubliez pas auprès de vos chères
» familles.

» Salut et fraternité. » CORBEL. »
(Arch. de Kernus).

Topsent à ses collègues Guezno et Guermeur :

« Lorient, 4 thermidor, an III (22 juillet).

» Victoire, citoyens collègues ! la très sainte armée
» catholique, apostolique et royale de Bretagne n'est
» plus. Nos braves troupes républicaines.... ont pris de
» vive force les camps retranchés de la presqu'île de
» Quiberon, le fort Penthièvre, et ne leur ont laissé que
» l'alternative de boire un coup à la grande tasse ou
» d'être passé en revue avec la pointe de la baïonnette.
» Vous auriez pensé peut-être qu'ils auraient préféré ce
» dernier genre de mort. Il n'en est rien, comme vous
» le verrez par un imprimé de la lettre du général, que
» je vous transmets ci-joint.

» J'espère que la Convention nationale, qui, d'après
» les Dames de ces Messieurs, fait son paradis dans ce
» monde, les enverra faire le leur dans l'éternité.

» Salut et fraternité.
(Archives de Kernus). » TOPSENT. »

On remarquera que, dans aucune de ces pièces, écrites le jour même et le lendemain de la bataille, il n'est question de capitulation.

Il n'en est pas question davantage dans le récit du volontaire de la légion nantaise, Pacquetau, un des combattants du 3 thermidor, dont nous avons donné en entier la lettre adressée à sa famille, lettre écrite le 4 thermidor.

Dans quels termes s'exprime-t-il ? « *La précipitation avec laquelle les plus lâches d'entre eux se jetaient à la mer a fait couler trois chaloupes; le reste s'est rendu prisonnier..... Tallien est parti pour Paris*, ce matin, *pour savoir de la Convention ce qu'elle décidera de leur sort.* »

Quelques heures après la victoire, Hoche écrivait (du fort Penthièvre 3 thermidor) au général Canclaux, à Nantes : « Les soldats de la République ont forcé, ce matin, l'armée de la contre-révolution à mettre bas les armes et se sont rendus maîtres du fort Penthièvre. Les Anglais ont assisté de loin à l'affaire.... Ah ! si les coquins qui regardaient le combat, de leurs vaisseaux, avaient osé y prendre part, je me serais senti dix fois plus de courage ! M. de Puisaye a pris une barque au premier coup de canon. »

Vers une heure de l'après-midi, Hoche et les représentants du peuple quittaient Sainte-Barbe et se rendaient à Auray.

Dès le soir du 3 thermidor, avant de partir pour Vannes, Hoche écrit à son chef d'état-major Chérin et à l'adjudant-général Lavalette, à Lorient :

« N'ayant d'autre alternative que de se jeter à la
» mer ou d'être passée au fil de la baïonnette, la noble
» armée a mis bas les armes. Elle arrive prisonnière à
» Auray, conduite par 4 bataillons (1).

» HOCHE. »

(1) Dépêche affichée à Vannes.

De la capitulation, pas un mot.

Le même soir, les deux représentants du peuple rédigent l'arrêté suivant (daté de Vannes) :

« Les représentants du peuple, membres du Comité
» de salut public.....
» Considérant combien il est important de statuer
» sans délai sur le sort des prisonniers faits dans la
» prise du fort Penthièvre et dans les autres parties
» occupées par les ennemis de la République.....
» Arrêtent qu'il sera sur-le-champ nommé une Com-
» mission militaire à l'effet de juger, conformément à
» la loi du 25 brumaire an III, les prisonniers faits à
» Quiberon.....
» Le général Hoche est chargé de nommer les
» membres qui doivent composer la dite Commission.
     » Signé : BLAD TALLIEN.
  » Pour copie conforme, signé : HOCHE.
   » Pour copie conforme : LEMOINE. »
(L. 761. — Comm. milit. — Quiberon. arch. départ.)

Le soir même du 3 thermidor, Hoche et les deux représentants sont à Vannes. Ils s'abouchent directement avec les administrateurs du département, qui sont en permanence.

Le Directoire départemental, qui tient ses renseignements de la bouche même de Hoche, s'empresse d'écrire au district de la Roche Sauveur et aux autres districts :

  « Vannes, le 3 thermidor, an III.
» Les administrateurs du département, aux adminis-
» trateurs du district de la Roche Sauveur :
» Vous avez sans doute, Citoyens, déjà appris les
» avantages que l'armée républicaine a remportés le 28
» du mois dernier dans une sortie que firent contre elle
» les émigrés débarqués à Quiberon. Vous aurez su
» que plus de 400 de ceux-ci restèrent sur la place ;
» que cinq de leurs canons et un grand nombre de
» caissons tombèrent en notre pouvoir ; que 40 croix
» de Saint-Louis furent la proie du vainqueur et que
» nos soldats s'en décorèrent par farce.
» Aujourd'hui, nouvelle victoire. Dans la nuit der-
» nière, nos troupes ont surpris le fort, l'ont pris d'as-

» saut et ont ainsi ouvert l'entrée de la presqu'île à toute
» l'armée. Quiberon est à nous, ainsi que 7 à 8000
» tant émigrés que chouans, tous des plus notables.
» Environ 2000 prisonniers français, que les émigrés
» avaient forcés de prendre part dans leurs bataillons,
» se sont réunis de fait à des frères, qu'ils embras-
» saient depuis longtemps d'intention. Quelques chefs
» d'émigrés, en abandonnant lâchement leurs bataillons,
» se sont précipitamment embarqués ; le reste est en
» notre pouvoir. On y distingue Monseigneur l'évêque
» de Dol, avec une charmante religieuse, et plusieurs
» autres prêtres. *Ils se sont tous rendus sans résistance*;
» tout est à nous, 70000 fusils ; 20 pièces d'artillerie ;
» un très grand nombre de souliers, du rhum, de l'eau-
» de-vie, des viandes salées, etc.
   » Les admin. du département. »
(Arch. département.)

En même temps, le Directoire du département faisait partir un courrier qui portait la nouvelle au Comité de salut public.

« 5 thermidor. La victoire vient d'être remportée par
» l'armée de la République sur les rebelles enfermés
» dans la presqu'île de Quiberon. Le drapeau tricolore
» flotte sur le fort dit de Penthièvre ; l'armée occupe la
» presqu'île ; les prisonniers sont au nombre de 6000.
» On croit que les émigrés y sont compris, mais la loi
» est là pour en faire prompte et bonne justice. » (Arc. du Morbihan. R. Corresp. du département). L. 187.

Le rapport officiel du général Hoche à la Convention nationale, rédigé et publié à Vannes, est daté du 4 thermidor, an III.

Que dit Hoche, dans ce rapport ?

« La présence de 2000 hommes dans la presqu'île
» a fait mettre bas les armes aux régiments d'Hervilly
» et d'Hector. Le régiment du comte de Sombreuil,
» Royal-Emigrant et les chouans ont fait mine de se
» défendre, en se retirant du côté du port où ils devaient
» s'embarquer. Les têtes de colonnes ont été dirigées sur
» les rebelles, et 700 grenadiers les tenant en échec les
» ont contraints d'imiter leurs camarades, ce qu'ils
» firent, n'ayant d'autre espoir que de se jeter à la mer
» ou être passés au fil des baïonnettes.

» Déjà des embarcations reportaient quelques *chefs* à
» bord; une vingtaine de coups de canon à mitraille
» les empêchèrent de revenir ; et là, sur un rocher, en
» présence de l'escadre anglaise, qui tirait sur nous, fut
» pris l'état-major à la tête duquel était Sombreuil ».
(Arch. de la guerre. Carton de Quiberon).

De capitulation, pas un mot.

Le lendemain, le Directoire du Morbihan écrivait sur son registre :

« Hoche est entré au département le 5 thermidor, à
» 10 heures du matin ; il a rapporté ce qui suit :
» Combat du 28 messidor, 500 morts du côté des
» ennemis ; blessés, 700.
» Prise de Quiberon, le 3 thermidor ; morts, 150 ».
(Arch. du dép. du Morbihan. R. correspond.).

Le 5 thermidor, l'administration départementale envoyait un paquet d'exemplaires du récit de Hoche, au district d'Auray.

« Nous vous adressons, Citoyens, quelques exem-
» plaires de la relation que le général Hoche vient de
» publier de la victoire remportée le 28 messidor par
» l'armée de la République sur les brigands renfermés
» à Quiberon et de leur entière destruction, dans la
» journée du 3 courant.
» Le général est infiniment modeste, dans ce rapport.
» Il aurait pu l'embellir par des détails, qui ajoutent
» beaucoup de prix à sa dernière victoire. Mais nous
» nous reprocherions de vous en priver.
» Les prisonniers sont au nombre de 6262 :

    278 officiers émigrés.
    260 soldats émigrés.
    492 Toulonais.
    1632 prisonniers, enrôlés de force en Angleterre.
    3600 chouans.
    150 tués dans l'action.
    100 noyés.

» L'événement est majeur et de nature à faire écrou-
» ler l'édifice de la chouannerie. Puisse-t-il nous rame-
» ner la paix ! Une Commission militaire s'occupe du
» jugement des prisonniers, qui sont réunis à Auray.
» Le saint évêque de Dol et toute l'élite de sa horde

» viendront, suivant les apparences, donner ici une
» représentation publique.
» Salut et fraternité.

» KERVICHE aîné ; BELLYNO ; BOULLÉ ; FAVEROT ;
» LE BOUHELLEC ; BOSQUET ; LE FEBVRIER. »
(Arch. du départ. — L. 824.)

Le 23 juillet (5 thermidor) le département envoyait des renseignements et des chiffres identiques au district de *Roche des trois*. La lettre se termine par cette phrase :

« Il n'y a parmi eux (les prisonniers) aucun Anglais,
» ce qui prouve que la cour de Londres a voulu se
» débarrasser de gens qui lui deviennent de plus en
» plus à charge, néanmoins entendant allumer avec
» plus de violence la guerre civile dans les départements
» de l'Ouest. » (Arch. départ. L. 1220).

Le même jour, 5 thermidor (23 juillet), le représentant Blad prenait l'arrêté suivant :

« Les représentants du peuple....., en conséquence
» de leur arrêté du 3 de ce mois, portant création d'une
» Commission militaire, pour, conformément à la loi,
» juger les prisonniers faits le même jour dans la pres-
» qu'île de Quiberon ;
» Arrêtent que la dite Commission aura à prononcer
» sur les classes d'individus ci-après, savoir :
» Tous les ci-devant nobles, indistinctement, émi-
» grés ou non émigrés, pris dans la presqu'île.
» Tous les ci-devant évêques, prêtres et moines.
» Tous les habitants de Toulon, émigrés lors de la
» reprise de ce port sur les Anglais.
» Tous les cultivateurs revêtus de l'uniforme des
» chouans.....

» Signé : BLAD.
» Pour copie conforme, le général en chef, HOCHE.
» L'aide de camp, GUIGNON. »
(Arch. du départ. de Vannes. L. 761).

Le 6 thermidor, Hoche écrivait au représentant Guezno :

« Vos collègues Blad et Tallien ont fait plusieurs
» arrêtés relatifs aux prisonniers, et bientôt la Commis-
» sion militaire, qui sera demain en activité, fera justice

» des conspirateurs qui se trouvent parmi eux. » (6 thermidor, an III. — Arch. de Kernus).

D'un autre côté, le bruit ayant couru que les émigrés avaient obtenu une capitulation, le représentant Corbel, écrivant aux représentants Guezno et Guermeur, leur marque, d'Hennebont, que Blad leur a dit :

« Il n'est pas vrai que le général Hoche ait
» entendu à aucune espèce de capitulation ou d'arran-
» gement entre les émigrés et les chouans, ni qu'il se
» soit engagé envers eux par aucune parole. » (Lettre du 6 thermidor). (Arch. de Kernus).

Tallien, nous l'avons vu, était parti de Vannes, à six heures du matin, le lendemain du 3 thermidor, accompagné de Rouget de l'Isle ; il se dirigeait vers Paris à franc-étrier, pour rendre compte à la Convention nationale des événements de Quiberon. Rouget de l'Isle a donné sur ce voyage des détails curieux. (Souvenirs historiques, 1834). — Le 9 thermidor, Tallien monte à la tribune et fait le récit complet de la défaite et de la capture de l'armée des émigrés. La partie descriptive de la bataille est d'une vérité saisissante ; on a supposé, non sans raison, que le canevas en avait été donné par Hoche lui-même, à Vannes, dans la nuit du 3 au 4 thermidor, la forme seule étant l'œuvre de Tallien. Nous n'en retiendrons que deux passages, parce qu'ils sont significatifs et concordent entièrement avec les documents que nous venons de citer :

« Enfin chassés, comme un vil troupeau, ils se réu-
» nissent tous sur un rocher, au bord de la mer et
» c'est à ce rocher que vient se briser leur fol orgueil.
» C'est là que tout ce que l'île contenait d'ennemis
» vient se rendre à discrétion. Quel spectacle pour la
» France, pour l'Europe, que ces émigrés si fiers, dépo-
» sant humblement les armes entre les mains de nos
» volontaires ! » et plus haut : « En vain les émigrés
» nous envoient-ils plusieurs parlementaires...., quelle

» relation pouvait-il exister entre nous et les rebelles ?
» Qu'y a-t-il de commun entre nous que la vengeance et
» la mort ? »

(Rapp. fait à la Convent. nat. par Tallien. Séance du 9 thermidor an III, sur la défaite des émigrés à Quiberon, etc., etc. Broch. de 16 pages, publiée par l'impr. de la République, à Paris. B. A. 927-952, arch. Morbihan.)

Nous reconnaîtrons autant qu'on voudra que l'éloquence de Tallien est emphatique et que certains détails, comme l'histoire du *poignard empoisonné*, seraient mieux placés dans un mélodrame. C'était dans les usages du temps. Hoche, dans une lettre adressée à Tallien lui-même, ne se gênait pas pour qualifier ce discours de *carmagnole*.

Ce qu'on ne saurait contester c'est que Tallien, qui arrive de Bretagne, — qui était sur les lieux, lors de la reddition des émigrés ; — qui a reçu l'épée de Sombreuil, suivant Rouget de l'Isle, — qui a signé à Vannes, avant d'en partir, l'arrêté de création d'une Commission militaire, dont nous avons cité le texte plus haut, non seulement ne parle pas de *capitulation*, mais encore appelle contre les coupables l'application rigoureuse de la loi ; et cela aux applaudissements de la Convention nationale. Personne, parmi les modérés, pas même Lanjuinais, ne songe à proposer une mesure de clémence. A leurs yeux, l'invasion du sol de la patrie à main armée, avec l'aide de l'étranger, est un crime odieux, qui mérite la mort ; et, à la séance du 19, le Girondin Louvet est acclamé, lorsqu'il s'écrie : « quelle serait donc cette opinion prétendue publique..... qui ose déjà faire entendre le mot de clémence en faveur d'indignes Français que l'Angleterre a vomis sur nos côtes et qui ne rentraient dans leur patrie que pour l'assassiner ? » (*Moniteur*, 19 thermidor, an III).

A l'unanimité, la Convention nationale, approuvant le compte-rendu de Tallien, décrétait « que l'armée des côtes de Brest ne cessait de bien mériter de la patrie. »

Lettres de Sombreuil

Cependant, dès le lendemain de son incarcération à Auray, Sombreuil avait écrit trois lettres : l'une à Tallien, la deuxième à Hoche et la troisième au commodore Waren ; les deux dernières seules sont connues.

1° A Hoche

» Dernière lettre écrite au général Hoche, par le
» comte Charles de Sombreuil, avant de mourir.

« Auray, ce 22 juillet 1795.

» Monsieur,
» J'écris à M. Tallien et lui parle du sort de ceux
» dont les circonstances m'ont fait hier le *chef*. Dans le
» calme comme dans l'orage des combats, j'emploierai
» toujours les moyens que me permettent les lois mili-
» taires pour veiller à ce qui les intéresse. Toutes vos
» troupes se sont engagées envers le petit nombre qui
» me restait, qui aurait nécessairement succombé ; mais,
» Monsieur, la parole de tous ceux qui sont venus
» jusque dans les rangs la leur donner, doit être chose
» sacrée pour vous. Je m'adresse à vous pour la faire
» valoir ; s'ils ne doivent point y compter, veuillez
» m'annoncer leur sort.
» Je suis, Monsieur, votre très humble serviteur.

» Le comte Charles de SOMBREUIL ».

2° Au commodore Waren

Lettre adressée au général Hoche, par M. de Sombreuil, pour la faire tenir à sir Waren.

La lettre est longue, en grande partie consacrée à des récriminations contre la *lâcheté* et la *fourberie* du général en chef de l'expédition, Puisaye, qui s'est sauvé, en lui laissant une effroyable responsabilité.

Nous en citerons les passages qui touchent à la question que nous traitons en ce moment :

« Auray, le 22 juillet 1795.

» Sir,

» Les gardes du fort ayant été forcées, toute l'aile

» gauche de la position était tournée, et il ne restait de
» ressource que dans l'embarquement le plus précipité,
» rendu presque impossible par la proximité de l'ennemi.

» Les régiments d'Hervilly et du Dresnay se rangè-
» rent entièrement vers lui, abandonnant et massacrant
» leurs officiers ; la majorité des soldats, désespérant
» d'une aussi affreuse position, s'éparpillèrent dans la
» campagne. Je me trouvais resserré et cerné au rocher,
» à l'extrémité de l'île, avec deux ou trois cents gen-
» tilshommes et le peu d'hommes restés fidèles, *mais
» sans cartouches*, n'ayant pu en obtenir que pour les
» gardes du fort, malgré mes instances réitérées ».

. . . .

» N'ayant plus de ressource, j'en vins à une capitu-
» lation, pour sauver ce qui ne pouvait échapper, et le
» cri général de l'armée m'a répondu que tout ce qui
» était émigré serait prisonnier de guerre et épargné
» comme les autres. J'en suis seul excepté. Beaucoup
» diront : que pouvait-il faire ? d'autres répondront : Il
» devait périr. Je périrai aussi. Mais étant resté seul
» chargé du sort de ceux qui, la veille, avaient vingt
» chefs, je ne pouvais qu'employer les moyens qu'on
» m'avait laissés, et ils étaient nuls ; ceux qui les avaient
» préparés pouvaient m'éviter cette responsabilité.

» Je ne doute pas que le lâche (Puisaye) ne trouve
» quelque excuse à sa fuite ; mais je vous somme, sur
» les lois de l'honneur, de faire connaître cette lettre au
» public ; et Windham voudra bien y ajouter celle que
» je lui ai écrite de Portsmouth........ Je succombe
» à sa lâcheté (Puisaye) et à la force des armes qui me
» furent longtemps heureuses. Dans ce dernier moment,
» je trouve encore une jouissance, s'il en peut exister
» dans ma position, l'estime de mes compagnons d'in-
» fortune et celle même de l'ennemi qui nous a vaincus.
» Adieu ! Adieu à toute la terre !

» Je suis, Sir, votre très humble serviteur.

» Le comte Charles DE SOMBREUIL. »

(Corresp. secrète, etc., etc., impr. sur pièces origin.,
saisies sur différents chefs des rebelles, etc. Tome 2.
Paris, an VII de la Républ., p. 320.)

Nettement donne le texte d'une lettre que Sombreuil aurait adressée à sa sœur le 23 juillet. Cette
lettre est très touchante. Elle a surtout pour but de

lui recommander sa fiancée. Le mot de capitulation ne s'y trouve pas. Parlant de ses compagnons d'infortune, Sombreuil ajoute : « Je me suis dévoué pour eux et j'espère les sauver. On me l'a promis, serait-ce me flatter en vain que d'y croire ? Je suis prêt à tout. Puissent ceux qui ont fui être aussi contents d'eux. Adieu ! »

Le général Hoche, pour couper court à tous les faux bruits, qui circulaient pendant son absence (il était dans les Côtes-du-Nord à la poursuite de l'armée rouge de Tinteniac), se décida à faire publier la lettre de Sombreuil au commodore Waren.

« 16 thermidor, an III de la République une et
» indivisible.

» Je vous prie, citoyen, d'insérer en entier dans la
» feuille que vous rédigez, la lettre ci-jointe, dont l'ori-
» ginal est dans mes mains, pour être envoyée à son
» adresse, à la première occasion. Elle ne saurait être
» trop répandue. Puisse-t-elle faire rentrer en eux-mêmes
» les misérables auxquels il ne restera bientôt plus qu'à
» suivre l'exemple de Puisaye ou à se résigner comme
» Sombreuil ; mais d'un autre côté, je dois à l'armée de
» vous déclarer qu'il y a erreur dans la lettre que je
» publie.

» 1º J'étais à la tête des 700 grenadiers qui prirent
» Monsieur Sombreuil et sa division. Aucun soldat n'a
» crié que les prisonniers seraient traités comme prison-
» niers de guerre, ce que j'aurais démenti sur le champ.

» 2º Les ennemis firent leur sortie le 28 messidor ;
» et certes, ce jour-là, on avait donné des cartouches
» aux soldats. Depuis, ils ne brûlèrent pas une amorce.
» Enfin, ils en manquaient si peu que les grenadiers
» jetèrent les leurs qui étaient avariées par le mauvais
» temps, pour prendre celles que les émigrés avaient
» dans leurs gibernes et qu'ils jetèrent sur le rocher de
» Port-Halliguen, au pied duquel 6 ou 700 se noyèrent. »

(Lettre adressée au citoyen Fairin, rédacteur du Journal militaire des armées des Côtes de Brest, à Rennes, 3 août 1795. — Arch. de la Guerre.)

Cette lettre de Hoche est cruelle pour Sombreuil, qui avait prétendu que ses soldats manquaient de cartouches. Ils en manquaient si peu, réplique Hoche, que les grenadiers de Mesnage, dont la pluie avait mouillé les munitions, ramassaient les gibernes, pleines de cartouches que les émigrés jetaient sur le rocher de Port-Halliguen. Ce fait n'a rien de surprenant de la part des soldats des régiments D'Hervilly et de Dresnay, qui, au dire de Sombreuil lui-même, passaient à l'ennemi, la crosse en l'air, et assassinaient leurs officiers.

Est-il besoin, après cela, de citer en entier la déclaration du représentant du peuple Blad, qui, dès le 3 thermidor, avait décidé la création des Commissions militaires, pour juger les émigrés ?

Voici cette déclaration. Elle est datée du 14 thermidor an III ; 10 jours, par conséquent, après la défaite :

« Vannes, le 14 thermidor.
» Au nom du Peuple Français,
» Les représentants du peuple......,
» Déclarent que, quoiqu'ils fussent sur les lieux et
» accompagnassent partout les colonnes républicaines, ils
» n'ont eu connaissance d'aucune *capitulation*, ni même
» d'aucune condition convenue avec les émigrés et les
» chouans pris à Quiberon.
» Déclarent que le général en chef et les autres
» généraux leur ont assuré que, non seulement ils
» n'avaient rien promis, mais qu'ils avaient dit hautement à Sombreuil, en présence de quelques autres
» chefs de leur parti, qu'ils ne pouvaient ni ne vou-
» laient rien promettre.
» Déclarent que, si quelques officiers ont invité les
» *patriotes*, les *républicains*, qui étaient dans le fort
» (et il y en avait plusieurs), *à mettre bas les armes*, ils
» n'ont adressé la parole qu'aux prisonniers français,
» enrôlés de force, aux cultivateurs arrachés de leurs
» foyers par la violence, et non à des traîtres avec lesquels
» aucune loi ne permettait de traiter.   » BLAD. »

Dès le 6 thermidor au soir, le représentant Corbel, qui était à Hennebont, correspondait avec son collègue Guezno :

« Hennebont, 6 thermidor, 5 h. du soir.

» Notre collègue et bon ami Blad arrive ici, à l'instant. Il vient du camp de Quiberon et se rend ce soir à Lorient, pour arriver aux moyens les plus prompts et les plus sûrs de faire évacuer de ce camp toutes les richesses qu'il renferme. Elles sont immenses.....

» Il nous a en même temps bien dissipé notre erreur et nos inquiétudes sur la fausse relation de Frogerais (un habitant d'Auray, administrateur du district).

» Il *n'est point vrai* que le général Hoche *ait entendu à aucune espèce de capitulation ou d'arrangement* avec les émigrés et les chouans, ni qu'il se soit engagé *envers eux par aucune parole*. Il est au contraire très vrai que tous ces scélérats ont mis bas, lâchement, les armes, suivant leur louable coutume, quand ils se sont vus serrés de près et que le général leur a déclaré qu'il n'entendait à aucune proposition de la part des rebelles. En conséquence, ils ont tous été amenés prisonniers à Auray, et nos collègues ont donné des ordres précis de faire exécuter rigoureusement la loi, à l'égard des émigrés et chouans, pris dans le camp de Quiberon, les armes à la main, et couverts des signes et habillements contre-révolutionnaires.

» La Commission militaire, séant à Auray, est chargée de l'exécution stricte de la loi...... Elle doit commencer dès ce jour. Aussi nous sommes tranquilles sur cet objet et nous serons sous peu délivrés de ces monstres.

» Salut et fraternité. » CORBEL. »
(Arch. de Kernus).

Si les lettres du général Hoche et de Sombreuil n'existaient pas, on comprendrait jusqu'à un certain point qu'on discutât la valeur des autres témoignages. Mais ces lettres sont conservées ; nous les avons données plus haut. Elles sont capitales et suffisent, à elles seules, pour clore le débat.

Hoche, dès la première heure, a dit et écrit que les émigrés avaient mis bas les armes, sans condition. Quant à Sombreuil, ses deux lettres, qu'il a écrites le 22 juillet, le lendemain de la défaite, ne font que confirmer les déclarations de Hoche. Il est étonnant que ces deux lettres de Sombreuil aient été si mal comprises par certains écrivains prévenus, qui, en les citant, se sont appuyés sur elles, pour supposer et affirmer même qu'il est effectivement intervenu une capitulation formelle entre les deux généraux.

Si réellement les choses s'étaient passées comme ils l'annoncent, la lettre de Sombreuil à Hoche, qui ne contient même pas le mot de *capitulation*, aurait été autrement conçue.

A ce moment suprême, la veille du jour où, dit-il, il attend la mort, il se serait exprimé dans un tout autre langage :

« Au pied du fort neuf de Quiberon, aurait-il écrit, » dans l'entrevue que nous avons eue ensemble, pour » obtenir ma reddition et celle de mon armée, vous » avez contracté envers nous (par écrit ou verbale- » ment) l'engagement formel de traiter tous les émigrés » et les chouans comme prisonniers de guerre, en » leur garantissant la vie sauve. Je compte sur votre » parole, pour faire exécuter cette capitulation ».

Au lieu de cela, que dit-il ? « Le petit nombre qui me restait aurait nécessairement succombé ». Toutes vos troupes se sont engagées envers « ce petit nombre ». Vos soldats « sont venus jusque dans nos rangs leur donner leur parole ; je m'adresse à vous pour la faire valoir ; s'ils ne doivent point y compter, veuillez, Monsieur, m'annoncer leur sort ». Et c'est tout. Le mot de capitulation n'est même pas prononcé.

Donc, pas d'équivoque ; Sombreuil lui-même atteste, par cette lettre, que le général Hoche n'a pris personnellement aucun engagement. Il n'est pas fait la moindre allusion à une entrevue quelconque ni avec le général républicain, ni avec les représentants ; ce sont les soldats de Hoche qui se sont engagés par des paroles. Ce sont ces paroles que Sombreuil demande à Hoche de faire valoir. — Partant, aucune capitulation conditionnelle véritable n'a eu lieu. Sombreuil, acculé au fort *neuf* avec moins de 300 gentilshommes, abandonné par la désertion des troupes d'Hervilly et du Dresnay, qui étaient déjà prisonnières, n'avait d'autre alternative que d'être jeté à la mer ou passé au fil des baïonnettes. Voulant éviter un égorgement immédiat, il a mis bas les armes, conservant l'illusion qu'il sauverait la vie à ses malheureux compagnons et comptant sur la clémence du vainqueur. Ce n'était qu'une illusion.

Le même jour qu'il écrivait à Hoche (22 juillet), Sombreuil adressait sa lettre au commandant de l'escadre anglaise, le commodore Waren. Comment s'exprime-t-il, dans cette lettre ? A peu près dans les mêmes termes que dans sa lettre à Hoche :

« N'ayant plus de ressource, j'en vins à une capitulation pour sauver ce qui ne pouvait échapper et le cri général de l'armée m'a répondu que tout ce qui était émigré serait prisonnier de guerre et épargné comme les autres. J'en suis excepté. Beaucoup diront : Que pouvait-il faire ? D'autres répondront : Il devait périr. Oui, sans doute, je périrai aussi ».

Tous les mots de cette lettre de Sombreuil, qui est son testament de mort, n'ont pas été pesés et doivent l'être. Dit-il qu'il a, lui général, arrêté les clauses d'une capitulation d'accord avec le général en chef de l'armée ennemie ? Non. Il s'est rendu ; il a *capitulé*, espérant sauver ce qui ne pouvait échapper » et « le cri général de l'armée lui a répondu que tous les émigrés seraient prisonniers de guerre et épargnés ». Du moment que Sombreuil, dans sa lettre à Hoche, ne prononce même pas le mot de capitulation, ce mot, dans sa lettre à l'amiral anglais, n'a plus d'autre sens que celui de reddition.

Que signifie cette appréciation personnelle de Sombreuil que « *le cri général de l'armée lui a répondu* » ? Où et à quel moment ? Est-ce au pied du fort neuf, avant de se rendre, que Sombreuil a entendu « le cri général de l'armée » ? Est-ce plutôt après s'être rendu, comme semble l'indiquer la phrase ? Mais, à ces deux moments, Sombreuil n'avait en face de lui que les 700 grenadiers de l'avant-garde républicaine, qui, en ayant pitié, criaient aux émigrés : « Rendez-vous ou vous allez être écharpés » et aux patriotes : « Venez à nous, on ne vous fera pas de mal ». Ces 700 hommes n'étaient pas toute l'armée de Hoche ; pas plus que les deux cents émigrés, qui entouraient Sombreuil, n'étaient toute l'armée royaliste. Longtemps avant d'arriver à Port-Halliguen, les régiments d'Hervilly et d'Hector s'étaient rendus, sans condition. Et puis, dans la circonstance, on l'a fait remarquer, Hoche lui-même pouvait-il accorder une capitulation dont le premier article eut été la violation flagrante de la loi du 25 brumaire, an III, qui punissait de mort tout émigré rentré sur le sol français et pris les armes à la main ? Les émigrés, en débarquant sur nos côtes, avec les armes, l'or et l'uniforme anglais, savaient à quoi ils s'exposaient. « Ils ne se dissimulaient pas que l'expédition pouvait échouer ; ils n'ignoraient pas le sort qui les attendait, s'ils tombaient entre les mains de leurs ennemis : ils seraient traités comme des criminels et livrés au supplice infligé à ceux qui prennent les armes contre leur patrie » (l'abbé Le Garrec, p. 33). Puisaye en avait averti Sombreuil. Les généraux de la République, une fois le combat terminé, n'avaient plus qu'un devoir à remplir : remettre aux mains des tribunaux militaires ceux qui tombaient sous le coup de la loi ; et les représentants : celui d'en préparer et surveiller l'exécution.

Si Sombreuil ne prononce pas le mot de capitu-

— 87 —

lation, en écrivant au général Hoche, témoin et acteur principal comme lui, dans le drame, c'est évidemment qu'il n'y a pas eu de capitulation.

Mais, dira-t-on, le mot se trouve dans la lettre, adressée au commodore Waren. Nous répondons : de deux choses l'une : ou Sombreuil, s'adressant à un commandant étranger, peu familiarisé avec la langue française, s'est servi de l'expression : *capitulation*, dans le sens de *reddition* ; ou il a voulu, par une équivoque, excuser sa conduite et aller au devant des récriminations de l'état-major anglais, ainsi que de celles des officiers émigrés qui, plutôt que de se rendre, avaient préféré se jeter à l'eau et gagner la flotte. La dernière hypothèse est, dira-t-on, en désaccord avec ce que nous savons du caractère chevaleresque de de Sombreuil. Il faut donc admettre forcément la première.

Qu'ajouter encore ? Des gens compétents nous ont assuré qu'une capitulation, telle qu'on l'a supposée, n'eut été ni régulière, ni conforme aux traditions militaires, ni honorable. C'est à tel point que Napoléon Ier, dans son décret en date du 1er mai 1812, résumant les idées qui avaient toujours eu cours, n'admettait, en fait de capitulation honorable, que celle des places fortes, et flétrissait comme lâche le chef qui, *en rase campagne*, pour obtenir la vie sauve de son détachement, refusait de combattre et mettait bas les armes.

Dira-t-on qu'il ne s'agissait pas ici d'une capitulation *en rase campagne* ? On répondra que le Fort-neuf, loin d'être une citadelle, était abandonné depuis longtemps. L'entrée n'était formée que par *l'éboulement d'environ une dizaine de toises d'un vieux mur non terrassé et qui lui servait d'enceinte* (Voir La Roche-Barnaud, p. 217).

Il ne restait plus qu'un parti à prendre, parti désespéré : marcher en avant. Le major général de l'armée des émigrés, M. de Contades, le proposa à Sombreuil, qui s'y refusa.

« *Il était assez aveugle pour espérer une capitulation honorable* », voilà ce que déclare M. de Contades, dans ses *Souvenirs*. Plutôt que de se rendre, celui-ci préféra se jeter à l'eau et gagner la corvette anglaise.

Et du reste, Sombreuil le dit lui-même : « Les gardes du fort étaient forcées ; toute l'aile gauche de la position était tournée », la division n'était pas dans le fort, suivant de Contades, mais en avant, retranchée derrière de petits murets, entre Port-Halliguen et le fort, par conséquent *en rase campagne*. Peu de temps avant n'était-elle pas au moulin Saint-Jullien, d'où elle s'était enfuie ?

Et puis, n'est-on pas en droit de se demander si, militairement parlant, Sombreuil était vraiment le chef de l'armée royaliste ? Il l'était si peu qu'il raconte lui-même dans sa lettre à sir Waren, que Puisaye, le général en chef, son supérieur hiérarchique, venait, peu de temps avant, de lui « ordonner de prendre une position et de l'y attendre. » Puisaye ne lui avait donc pas délégué ses pouvoirs. Sombreuil, simple commandant d'une division, n'avait donc pas qualité pour traiter, comme général en chef, au nom de toute l'armée royaliste. Tout au plus pouvait-il se croire autorisé à traiter pour sa propre division, réduite à quelques centaines d'hommes, et en demandant à capituler sans combat *en rase campagne*, il commettait toujours un acte répréhensible au point de vue militaire.

Comment expliquer cependant qu'un grand nombre d'émigrés ont paru croire à une capitulation qui leur accordait la vie sauve et que quelques-uns l'ont invoquée dans leurs interrogatoires ? Oui, le mot a couru dans les rangs et sur ce mot on a mis bas les armes. Le jeune comte de Sombreuil, dans une situation désespérée, a saisi, dans le sens le plus favorable, les exclamations des officiers et des soldats républicains qui criaient : « A nous les patriotes ! Rendez-vous, on ne vous fera pas de mal ! » Et pour éviter un égorgement inévitable, il s'est rendu, et ce qui est triste à dire, il a entendu murmurer autour de lui que se rendre était une lâcheté et que le devoir du commandant était de se défendre jusqu'à la mort.

« De vives interpellations, de violents reproches sont adressés de tous côtés à Sombreuil, qui ne sait à qui entendre. Un des plus mécontents était le chevalier de Lantivy-Kerveno. » Qui a écrit cela ? Chasle de Latouche, l'admirateur le plus exalté de Sombreuil, l'auteur qui a écrit une brochure pour essayer de prouver qu'il y a eu une capitulation (— p. 215, relat. du désastre de Quiberon... 1838) On a dit, quoi ! le chevaleresque Sombreuil aurait trompé ses compagnons d'armes ! Il aurait menti ! Non. Il a été mal compris. La preuve, c'est que, dans sa lettre au général Hoche, il se garde bien d'écrire qu'une capitulation conditionnelle a eu lieu entre eux. Il se contente d'assurer que le cri général de l'armée lui a été favorable et il interroge Hoche pour savoir s'il a l'intention « *de faire valoir la parole de ceux qui jusque dans les rangs sont venus la leur donner.* » En qualité de militaire, Sombreuil savait très bien qu'une capitulation est un contrat dont les clauses sont débattues et signées par les chefs seuls des deux armées ; — or, les vrais chefs de l'armée anglo-émigrée étaient Puisaye et le commodore Waren, et tous les deux étaient, en ce moment, sur les corvettes anglaises — à quelque distance du rivage.

En supposant que la loi du 25 brumaire an III n'existât pas, et que le général Hoche se soit cru autorisé à accorder les honneurs d'une capitulation, ce qu'il n'aurait pas fait du reste sans l'assentiment des représentants du peuple, pourvus de pouvoirs illimités de la Convention, qui étaient présents sur le champ de bataille; ce n'est pas avec Sombreuil qu'il l'eût signée, mais avec les chefs en titre de l'armée anglo-émigrée, que nous avons nommés plus haut. Sur ce point on peut consulter les gens du métier, qui, sans esprit de parti, traitent militairement les choses militaires.

Personne ne conteste plus l'authenticité des deux lettres de Sombreuil, adressées à Hoche et au commodore Warren. Les écrivains royalistes eux-mêmes, sauf Puisaye, les comptent au nombre des pièces justificatives. Chaumareix a écrit : « J'atteste ici que la lettre de M. de Sombreuil au commodore Waren est véritable. Il me l'avait lue. » (Chaumareix. Edit. 1895, page 14.)

La Roche Barnaud fait allusion au « rapport de » Sombreuil, dans lequel il attribuait nos désastres aux » fausses opérations du général en chef ». (page 254, 2ᵉ édit. 1824).

Berthier de Grandry, dans ses mémoires, écrit que Sombreuil : « Obtint la permission d'écrire au commodore » anglais, pour lui rendre compte de l'événement, et aussi » du honteux abandon dans lequel nous avait laissé » M. de Puisaye. Je n'ai point vu ce rapport ; mais » plusieurs officiers m'ont assuré l'avoir lu et m'ont dit » qu'il était accablant pour l'honneur de ce général. »

D'un autre côté, Chasle de Latouche, parlant de la lettre de Sombreuil, ajoute :

« Sa lettre à sir John Waren..., il l'écrivit dans sa » prison d'Auray, en fit prendre des copies à ses com- » pagnons d'infortune, qui lui promirent de la répandre » en France et en Angleterre. » (p. 97.)

Dans ses lettres à Hoche et à Waren, Sombreuil avait traité Puisaye de *fourbe* et de *lâche*. Dans une lettre qu'il écrivait en même temps à sa sœur, il terminait en disant : « Je suis prêt à tout ; puisse ceux qui ont fui être aussi contents ! » Ceci à l'adresse des nombreux officiers émigrés, qui, refusant de se rendre, s'étaient précipités à la mer et sauvés sur les vaisseaux anglais.

Puisaye, après avoir commencé par nier l'authenticité de ces lettres de Sombreuil à Hoche et à sir Waren, se donna cependant la tâche de les réfuter longuement.

Prenant à son tour l'offensive, il accuse Sombreuil de visées ambitieuses, au sujet du commandement et de désobéissance à ses ordres. C'est Sombreuil qui a insisté pour que Puisaye s'embarque et aille demander du secours à la flotte anglaise. C'est Sombreuil qui a quitté la position du moulin de Saint-Julien, qu'il lui avait ordonné de garder jusqu'à son retour. C'est lui qui a manqué de courage, en n'attendant pas son général en chef, en reculant jusqu'au fort neuf, *sans tirer un coup de fusil*, et en se rendant sans conditions.

« Si Sombreuil s'était laissé resserrer à l'extrémité de
» la presqu'île, c'était sa faute, car un fait que personne
» ne conteste, c'est qu'il a quitté, sans tirer un seul
» coup de fusil, la position que je lui avais fait prendre. »
(Mémoires de Puisaye, page 382, 6e vol.)

De son côté, M. de la Jaille, officier supérieur de l'armée des émigrés, ayant combattu à Quiberon, devait confirmer les assertions de Puisaye.

Les papiers de Puisaye sont conservés en Angleterre, au Bristish Museum. C'est là qu'on peut y trouver une relation manuscrite du chevalier de Chalus, qui a assisté à l'épisode final. Nous copions cette relation :

« M. de Sombreuil, passant devant le front du fort,
» nous a dit : Messieurs, sauvez-vous ou mettez bas les
» armes. En prononçant ces mots, il allait fort vite.
» Je sautai à la bride de son cheval et l'arrêtai, en
» lui disant : Général, comment l'entendez-vous ? avez-
» vous fait des conditions ? est-ce que les émigrés ne
» seront pas fusillés ? Comme j'achevais ces paroles,

» le hussard de M. de Sombreuil, qui était allemand,
» me déchargea un coup de sabre, que je parai,
» en menaçant cet homme de le tuer. M. de Sombreuil
» lui parla aussi et me dit : mon ami, nous sommes
» perdus ; sauvez-vous ! Je réponds : cela n'est pas pos-
» sible. Il ne paraît pas de chaloupe. M. de Sombreuil
» aussitôt piqua des deux vers la côte, s'élança sur un
» rocher et s'efforça de se précipiter dans la mer. Mais
» son cheval prit le mors aux dents et sauta sur la
» terre à dix pas. « Il est donc écrit, que je ne périrai
» pas dans les flots, s'écria Sombreuil » et il se retourna
» avec la même vitesse. » (Louis Blanc, Hist. de la Révolution, t. XII, p. 424.)

Si tout est vrai, dans ce récit de M. de Chalus, il faut nécessairement admettre que, dans ce moment, Sombreuil avait perdu la tête. Quoi ! Il vient de capituler avec l'ennemi : Il vient de se rendre prisonnier, avec son armée, et il engage ses officiers à violer sa parole en se sauvant ; et il essaie lui-même de trouver la mort en se précipitant à la mer, du haut d'un rocher !! M. de Chalus n'est pas le seul à rapporter ce propos de Sombreuil. Harscouet de St-Georges lui prête également ces paroles : « que ceux qui n'auraient pas confiance regagnent l'escadre à la nage ou autrement, s'ils le peuvent ; moi je reste. » N'est-ce pas sous l'empire des mêmes aberrations que, quelques jours plus tard, Sombreuil, à Auray, tentera une seconde fois de se suicider, en se tirant une balle dans la tête ?

S'il avait vécu, il aurait entendu son compagnon d'armes, M. de Vauban, qui, lui aussi, était présent sur le champ de bataille, lui adresser de cruels reproches.

« Si M. de Sombreuil avait commencé sa défense,
» 3/4 de lieues plus en avant ; s'il avait mis plus
» d'énergie dans les derniers moments, il pouvait retar-
» der l'ennemi au moins pendant 3 heures. Toutes les
» embarcations arrivaient et il s'embarquait, protégé
» par un feu formidable que faisait la corvette anglaise.

» 3500 échappaient à la fusillade et n'eussent pas été
» réduits au malheur de mettre bas les armes devant
» 7 à 800 hommes, car le général Hoche n'avait que
» cela avec lui. »

Le comte de Vauban préféra se jeter à l'eau et fut recueilli par un canot anglais.

« En nous éloignant, dit-il, à deux portées de canon
» de la côte, nous rencontrâmes toutes les embarcations
» de l'escadre, qui venaient chercher tout ce qu'il était
» possible de sauver.... Nous leur apprîmes que l'on
» s'était rendu; qu'il n'était plus temps. Elles retour-
» nèrent à l'escadre. Si M. le comte de Sombreuil eut
» différé d'un quart d'heure cette fatale reddition, lui
» et tout ce qui a été pris eût été sauvé. »

De son côté, le comte de Contades écrivait de l'Ile d'Yeu, en octobre 1795, qu'il a lui-même conseillé au *malheureux et aveugle* Sombreuil de ne pas se rendre, mais de combattre et de marcher en avant, et que celui-ci s'y est refusé.

Ces récriminations, venues du camp royaliste, atteignent-elles la mémoire de Sombreuil ? Chacun est libre d'avoir une opinion à ce sujet.

Pour ceux qui se placent au point de vue exclusif de l'honneur militaire, il est évident qu'il eût mieux valu voir les quelques centaines de gentilshommes, qui entouraient Sombreuil, succomber dans une lutte désespérée et glorieuse, que de se rendre, pour être, peu de jours après, condamnés à mort et fusillés par un peloton d'exécution, comme émigrés et traîtres à la patrie.

Dans son excellente étude sur *Hoche*, M. Cunéo d'Ornano semble admettre qu'il donna aux émigrés une demi-heure pour se rembarquer, mais que la demi-heure s'écoula, sans que les canots anglais fussent venus. Cette allégation, que l'auteur emprunte à de Corbehen (1) est en contradiction avec tous les

(1) Vingt ans de ma vie, récit de l'affaire de Quiberon (1871).

documents qu'on a lus plus haut. Hoche, au moment de faire battre la charge, avait répliqué à Rouget de l'Isle : « dois-je laisser aux Anglais le temps d'embarquer les émigrés, de faire un mouvement sur mes derrières, peut-être de me couper la retraite ? » (p. 417-423, Rouget de l'Isle).

Lorsqu'après 1830, Du Chatellier terminait son *Histoire de la Révolution en Bretagne*, en mettant à profit les précieuses archives du Représentant du peuple Guezno, un des signataires du traité de pacification de la Mabilais, celui-ci vivait encore. Les entretiens familiers de ces deux hommes, l'un jeune et plein d'ardeur, à la recherche de la vérité, l'autre vieux et presque aveugle, roulaient habituellement sur les événements passés. Le jeune historien interrogeait l'ancien conventionnel, qui répondait verbalement ou par écrit. Je compterai moi-même au nombre des bons moments de ma vie ceux que j'ai passés, sous les ombrages du château de Kernus, en causerie intime sur la Révolution avec l'historien Du Chatellier, devenu vieillard à son tour.

En compulsant, dernièrement, les papiers de Guezno, dont la communication m'a été facilitée grâce à l'obligeance de mon ami Du Chatellier fils, j'ai eu la chance de découvrir un petit cahier in-4°, de près de 20 pages, tout entières de la main de Guezno, d'une écriture serrée et sans rature. Ce sont des réponses à un certain nombre de questions posées à l'ancien conventionnel, qui, alors, 1836, était retiré à Audierne, son pays natal.

La dernière question est précisément relative à la prétendue capitulation.

Voici la réponse de Guezno ; elle est intéressante et mérite d'être citée, ne serait-ce que pour l'appréciation du caractère de Hoche, qu'elle contient :

« Audierne... 1836.

» .... Je ne suis pas surpris que l'opinion d'une
» *capitulation* se soit accréditée dans le Morbihan. Ce
» bruit fut répandu par les échappés de Quiberon, qui
» ne le propageaient sans doute que pour se soustraire
» aux recherches et aux poursuites qu'ils redoutaient.
» Le parti royaliste et les émigrés et déportés en général
» avaient de chauds et nombreux partisans dans le
» Morbihan. Ceux-ci accueillirent avec joie le bruit
» d'une capitulation, favorable à leurs vues. Les enfants
» d'abord virent tout le plaisir que cette bonne nouvelle
» procurait à leurs pères. Ces enfants, devenus pères à
» leur tour, ont répété à leurs fils ce qu'ils virent et
» entendirent dans le temps. C'est ainsi que le bruit
» d'une capitulation s'est propagé et qu'il se propagera
» encore.

» Le général Hoche a contredit ce bruit. Le général
» Lemoine, que je crois aujourd'hui, s'il vit encore, le
» doyen des généraux de la République, le contredit
» comme Hoche. Les militaires revenant de Quiberon,
» après la défaite des émigrés, et passant par Quimperlé,
» où j'étais, assurèrent, comme les généraux, qu'il
» n'y avait pas eu capitulation. Blad enfin, passant par
» Hennebont, y vit notre collègue Corbel et lui affirma
» qu'il n'y avait pas eu de capitulation. Corbel nous
» l'écrivit dans le temps. Lapotaire, agent national d'Hen-
» nebont, nous l'écrivit pareillement, et je me rappelle
» que Corbel nous l'a, depuis, répété dans l'exil.

» Le général Hoche était un homme d'épée et de
» cabinet. C'était un général ferme et brave, un républicain
» franc et loyal, un militaire plein d'honneur, incapable
» de manquer à ses engagements. S'il y avait eu une
» capitulation, il ne l'aurait pas déniée ; il l'aurait sou-
» tenue, au péril de ses jours. Il ne l'a pas fait. J'en
» conclus qu'il n'y a pas eu de capitulation .. » (Arch.
de Kernus).

L'action de Gesril du Papeu

Dans cette lutte fratricide, où des Français s'en-
tr'égorgeaient, il se passa plus d'une action héroïque.

Les écrivains royalistes n'ont pas été avares d'exemples. Nous en citerons un, dont l'authenticité est hors de doute, et parce qu'il a été précisément invoqué à l'appui de la thèse de la capitulation.

Au moment où le corps de Sombreuil s'apprêtait à déposer les armes, si même cela n'était pas déjà fait, la corvette anglaise, embossée à quelque distance du rivage, continuait à tirer sur l'avant-garde républicaine.

Hoche envoie un officier (Rouget de l'Isle) qui signifie aux royalistes de rendre les armes ; sinon ils vont être jetés à la mer ; surtout qu'ils fassent cesser le feu de la flotte, ou c'en est fait d'eux.

Un gentilhomme breton, ex-officier de marine, se dévoue. Son nom est Gesril du Papeu, de St-Malo. Il se lance à la nage, gagne la canonnière, fait cesser le feu et revient à terre se constituer prisonnier. Cet acte d'héroïsme n'est pas seulement attesté par plusieurs de ses compagnons d'armes (Chaumareix, La Roche Barnaud, Berthier de Grandry), nous l'avons trouvé consigné dans plusieurs procès-verbaux d'interrogatoires des Commissions militaires, peu de jours après la défaite du 3 thermidor.

1° Interrogatoire de *Malbec de Briges*, major au régiment D'Hervilly :

« Un des officiers du régiment d'Hector était allé...
» à la nage, faire cesser le feu de la frégate anglaise et
» était revenu à terre.... » (Comm. milit. Vannes, 14 thermidor an III.)

2° De *Lostende*, lieutenant au régiment de Rohan :

« Rien ne prouvait mieux leur bonne foi que l'action
» d'un de leurs camarades, qui fut à bord d'une canon-
» nière anglaise pour faire cesser le feu et qui est revenu
» se remettre entre les mains des républicains. » (Com. milit. de Quiberon, 14 thermidor.)

3° De *Cluzel*, major de vaisseau :

« De ce moment, il partait un officier à la nage

» pour faire cesser le feu du bâtiment anglais, lequel,
» appelé M. de Gery, lieutenant de vaisseau, revint
» prisonnier sur la foi du traité. » (Comm. milit. Auray,
14 thermidor).

4° De *Froger* (de la Clisse), Charles-André :

« Ajoute qu'il avait lui-même fait cesser le feu des
» frégates anglaises et qu'il revint se constituer pri-
» sonnier. » (Quiberon, 16 thermidor).

5° Devant la Commission militaire d'Auray, un autre émigré, *Gilbert de Guerry*, vient à son tour s'attribuer le mérite d'avoir fait cesser le feu :

« A observé que c'était lui qui s'est jeté à bord d'une
» chaloupe et l'a fait partir pour faire cesser le feu et
» a empêché beaucoup de personnes de s'embarquer. »
(Auray, 15 thermidor.)

6° Enfin, l'émigré François de la *Roche-Villeneuve* dit aussi, lui, dans son interrogatoire :

« Qu'ainsi que son frère, il s'était jeté à la nage pour
» faire cesser le feu des chaloupes anglaises et qu'il était
» revenu reprendre son rang, plein de confiance dans la
» loyauté française. » (Quiberon, 14 thermidor).

Cette belle action, s'écrie un auteur qui ne paraît pas avoir consulté les documents, est la preuve qu'il y a eu capitulation :

« Qui ne remarquera, ajoute-t-il, que, si les républicains n'avaient pris aucun engagement, ils n'avaient le droit de rien exiger ; que, s'ils n'avaient pas promis d'épargner la vie des vaincus, ils ne pouvaient leur demander de faire cesser le feu, qui portait la mort dans leurs rangs. »

Comment répondre à cette argumentation puérile, qui du reste n'est que la paraphrase de celle de La Gournerie ? — Par le récit du comte de Vauban, chef royaliste et un des combattants de Quiberon :

« On commençait à entendre les cris de : Rendez-
» vous ! bas les armes ! on ne vous fera rien. M. de
» Sombreuil voulut parler au général Humbert ; mais
» il était impossible de l'approcher, à cause du feu de

» la corvette. *Le général républicain demanda, exigea*
» *qu'on fît cesser le feu. On eut beaucoup de peine à*
» *le faire ; enfin, on y parvint et le feu cessa. Alors les*
» *Républicains s'avancèrent. Les mêmes cris :* rendez-
» vous ! *recommencèrent. Il faut vous rendre !* — On se
» rendit.

Ah ! nous comprenons la déconvenue de notre auteur moderne, lorsqu'après avoir cité un passage de Vauban, il écrit ces lignes en note : « Le témoignage de Vauban est bien plus important (que ceux de Hoche, Blad et Tallien), parce qu'il provient d'un témoin désintéressé et plutôt favorable aux émigrés ; malheureusement, ce passage ne prouve rien. »

Comment ! ce témoignage ne prouve rien !

Nous disons, nous, que le témoignage du comte de Vauban est péremptoire.

Vauban a préféré se jeter à la mer, ainsi que 1500 gentilshommes, qui, comme lui, « n'avaient nulle
» confiance en ces promesses vaguement exprimées......
» Telle fut la dernière faute commise et d'autant plus
» grande que l'on s'était rendu sans capitulation écrite
» ni faite de chef à chef. » (Vauban).

Et Vauban, qui a lu, comme tous les émigrés, la lettre de Sombreuil au commodore Waren, ajoute :

« Rien ne peut justifier ce malheureux jeune homme,
» qui s'avilit, en souillant ses derniers moments, par
» l'expression du désespoir et de la calomnie. »

Que pourrions-nous opposer encore ? Le témoignage de Puisaye ? non, car il est suspect ; mais celui de M. le comte de Contades, major général de l'armée anglo-émigrée, qui a parlé à Sombreuil, un instant avant qu'il se rendît :

« La corvette *l'Alouette* était à demi-portée de canon
» et faisait un feu terrible sur la côte ; celui de la
» *Pomone* y atteignait aussi. Comptant obtenir à ce prix
» une capitulation, on fit cesser le feu et nos malheu-
» reux camarades mirent bas les armes. *Ils ont attesté*
» *une capitulation*, qui n'a jamais existé. » (Coblentz et Quiberon, page 214).

Et cet autre passage :

« Le commodore Warren envoya sur-le-champ à terre le capitaine Keats et Cotton, lieutenant de la *Pomone*, demander quelle était la capitulation. On les reçut très mal et on leur rit au nez, quand ils en parlèrent. » (Page 215).

L'abbé Le Garrec, qui a cité le comte de Vauban, est impardonnable de ne pas avoir connu le livre du comte de Contades, publié par son fils en 1885. Il est surtout impardonnable d'avoir écrit cette phrase : « Les écrivains royalistes étaient unanimes pour raconter la *capitulation*. » (Page 211).

Un fait qu'il est bon de signaler, c'est que Gesril du Papeu, dans son interrogatoire, subi à Vannes le 10 fructidor, n'a formulé aucune protestation au sujet d'une capitulation quelconque, sans doute parce qu'il n'y croyait pas.

Le même auteur abuse vraiment des raisonnements spécieux qu'il emprunte toujours à La Gournerie, lequel les avait empruntés à Chasle de la Touche. La preuve, dit-il, qu'il y a eu capitulation, c'est que le général Humbert, en conduisant les prisonniers de Quiberon à Auray, leur a fait jurer de ne pas s'échapper.

« Si les uns et les autres n'avaient pas cru à une capitulation, comment Humbert aurait-il exigé cette promesse, et comment les émigrés se seraient-ils cru obligés de la tenir ? »

La Roche-Barnaud, un émigré, qui a écrit un livre sur Quiberon, donne lui-même l'explication. Les prisonniers avaient été conduits à Sainte-Barbe ; là, on leur adjoignit une masse de royalistes et de chouans faits prisonniers le matin. On allait voyager la nuit pour atteindre Auray, où on n'arriva qu'une heure après minuit. Quatre bataillons conduisaient plusieurs milliers de captifs. Les évasions étaient à craindre, elles devenaient faciles dans l'obscurité, il y en eut effectivement un très grand nombre, surtout parmi les chouans.

La Roche-Barnaud raconte : « Le général Humbert, » après s'être entretenu quelque temps avec le comte de » Sombreuil, nous adressa la parole en ces termes : » Messieurs, j'ai reçu l'ordre de vous conduire à Auray. » Nous aurons pour vous tous les égards qu'exige le » malheur, mais à condition que vous vous engagiez » par votre parole d'honneur de ne pas chercher à vous » évader pendant le trajet, autrement, en vertu des » mêmes ordres, je dois faire peser sur les innocents la » faute des coupables. » (pages 230, 2ᵉ éd. 1824).

La Roche-Barnaud avait compris. Si, grâce à la faveur de la nuit, et à l'insuffisance de l'escorte, les émigrés tentent de s'enfuir, les soldats feront usage de leurs armes et, dans la bagarre, tant pis si des innocents paient pour les coupables.

Voir dans ce fait, conforme du reste aux usages de la guerre, la preuve qu'il y a eu entre le général Hoche et Sombreuil, une capitulation attestée par Humbert, c'est être doué d'une étrange subtilité d'esprit.

Il n'y a donc pas eu de capitulation. Il ne pouvait pas y en avoir. Sombreuil, acculé à la mer, dans une situation désespérée, voyant la déroute et la désertion autour de lui, la fuite des officiers émigrés, qui se précipitaient vers la plage et gagnaient les barques anglaises, n'ayant plus sous la main que deux ou trois cents gentilshommes, a pu prononcer le mot de capitulation, pour les amener à mettre bas les armes et épargner une inutile boucherie. Plusieurs se sont résignés, le plus grand nombre ont préféré, en se jetant à l'eau, se réfugier sur la flotte. C'est ainsi que furent sauvés MM. de Rotalier, de Bozon, de Contades, de Chalus, de Gouvello, de Levis, duc de Queilles, de la Bothelière, de Cornulier, de Gouzillon, Christian de Lamoignon, de Bois-Berthelot, de Gourdeau, de Damas, de la Roche-Saint-André, etc., en tout 900 officiers et soldats, d'après le recensement de Puisaye.

Eh ! oui, les officiers et les soldats de l'avant-garde républicaine, victorieux et pris de pitié, ont crié dans les rangs : rendez-vous ; on ne vous fera pas de mal, sinon vous allez être massacrés. Et le malheureux Sombreuil, éperdu, abandonné par ses soldats qui désertaient en masse, écrasé par une énorme responsabilité, a remis son épée, fondant vainement son dernier espoir du salut des siens dans la générosité du vainqueur. Les débris de l'armée royaliste se rendaient à discrétion, et dès lors, ils tombaient sous le coup de la loi du 25 brumaire an III, qui leur était applicable : *Dura lex, sed lex.*

Nous ne voyons donc rien à reprendre à la conclusion de M. Duruy, qui n'a cependant pas été tendre pour les vainqueurs de Quiberon : « Prêter à des manifestations, toutes de premier mouvement et de générosité, sans aucun caractère officiel, la portée d'un engagement régulier ; admettre la capitulation, la tenir pour un point acquis, démontré, ce n'est plus faire œuvre d'historien, c'est tomber dans la fantaisie pure, dans le roman. » (Rev. des Deux-Mondes, an. 1884, p. 911).

Certes, il fut grandement à plaindre, ce brillant et jeune officier, jeté par la fatalité dans la plus affreuse situation qui soit jamais incombée à un chef militaire, sur un champ de bataille. Il fut à plaindre, car, par suite de fautes qu'il n'avait pas commises, il fut forcé de se rendre. Il a assisté au lugubre spectacle de ses compagnons désarmés, tournant le dos à la flotte anglaise, leur alliée, et traversant, la nuit, en longue file, les landes désertes, pour s'acheminer vers les prisons d'Auray, où on les enfermait, en attendant qu'on choisisse, parmi eux, ceux qui étaient voués à la mort.

Il fut à plaindre aussi, parce que, par des paroles

à double sens ou mal comprises, il a pu laisser croire à quelques-uns qu'il avait, en vertu d'un contrat, obtenu qu'ils seraient traités en prisonniers de guerre, et non en rebelles.

Qu'on inscrive, sur sa tombe, qu'il fut une malheureuse victime de nos guerres civiles. De tout temps, les vaincus ont eu droit à la pitié. Que les fidèles de la royauté couvrent cette tombe de fleurs d'immortelles. Mais, pour rehausser la mémoire de Sombreuil, qu'on n'essaie pas de ternir celle du jeune général, son glorieux vainqueur. Celui-ci fut pour le moins aussi loyal et aussi brave, tout en étant plus grand capitaine, et ayant sur Sombreuil cet avantage que son épée défendait le sol de la patrie française contre l'étranger.

CHAPITRE II

PRISONNIERS — MUNICIPALITÉS
DISTRICTS — DÉPARTEMENT

Les prisonniers.

Le tumulte était grand, le 4 thermidor an III (22 juillet), dans la petite ville d'Auray, où on avait amené, au milieu de la nuit, les prisonniers faits à Quiberon. Ils avaient traversé les rues, entre deux rangs de baïonnettes. Ordre avait été donné à tous les habitants d'éclairer leurs fenêtres à l'aide de lampions et de ne pas sortir de leurs demeures. Les prisonniers furent entassés à la hâte, dans les locaux disponibles : la prison, les églises, les chapelles, les couvents, etc. Comment exercer une surveillance efficace ? Des cordons de troupes autour des lieux de détention, des factionnaires à toutes les issues n'allaient pas suffire pour empêcher les communications avec l'extérieur et les évasions.

Dès le lendemain, les officiers émigrés, de même que les volontaires nobles de Béon et de Damas, au nombre de 575, étaient mis à part dans 7 chambres d'une maison d'arrêt et allaient se trouver dans des conditions de captivité supportables. Un certain nombre avaient obtenu la permission de circuler et même de loger en ville. Quant à Sombreuil, il ne tarda pas à prendre sa pension à l'hôtel du *Pavillon d'en Haut*, avec les officiers de la garnison. Il était confié à la garde d'un officier supérieur républicain.

La population d'Auray, éprouvée elle-même par trois semaines d'angoisses, avait senti son cœur s'ouvrir à la pitié. Les grandes dames, les petites bourgeoises et les femmes du peuple rivalisaient de zèle pour secourir les malheureuses victimes de la guerre. C'était à qui leur apporterait, chaque jour, des vivres, des fruits, des matelas, des couvertures, du linge, des vêtements, des livres ; des demoiselles charitables leur faisaient la cuisine, dans la cour de la prison. Par ces personnes, les émigrés correspondaient avec leurs familles. Sur ce point les récits de Chaumareix, Berthier de Grandry, la Roche-Barnaud et autres nous fournissent les détails les plus instructifs.

« On apportait du vin, des fruits qui nous étaient fidèlement remis par les soldats...... A 8 heures du matin, il entra beaucoup de femmes dans notre prison. Elles étaient de réquisition pour le service de la maison. Mais cette réquisition n'était qu'un vain mot, car il fallait du crédit pour être choisie. C'était un tableau touchant que de voir des femmes jeunes et jolies nous prodiguer les soins les plus tendres et se prêter ensuite à des travaux grossiers avec une grâce charmante. Celles du peuple se distinguaient par leur empressement et leur bonté ». (Page 15).

Les jours suivants, notre prison fut remplie d'habitants qui nous apportaient des provisions. Les soldats leur disaient quelquefois: « Vous n'avez rien pour nous ; mais à présent que vos chers royalistes sont ici, vous trouvez de tout. — Eh bien, citoyens, répondaient-elles, ne faut-il pas secourir les malheureux. » (Page 17 — Chaumareix).

Tel n'était pas le sort des autres prisonniers, et

en particulier des milliers de paysans qui, sous le nom de chouans, avaient été capturés à Quiberon. Couchés pêle-mêle sur le pavé des églises, ou à ciel ouvert dans les préaux des couvents, les vêtements en lambeaux, rongés de vermine, ils manquaient de tout.

Dès le 5 thermidor, en envoyant au Commissaire des guerres la liste des chouans, paysans et habitants faits prisonniers à Quiberon, le district d'Auray écrivait : « Je vous invite, citoyen, à faire fournir des subsistances à ces malheureux, dont la plupart tombent d'inanition, tandis que les émigrés sont nourris et servis à bouche que veux-tu. (Reg. Cor. — District d'Auray).

Le surlendemain, 7 thermidor, c'est une lettre aux représentants du peuple, pour les supplier de renvoyer dans leurs foyers tous ces n... obles laboureurs, dont le plus grand nombre est innocent. Leurs familles les réclament. La récolte, qui s'annonce devoir être belle, a besoin de leurs bras.

« Le district demande avec instance qu'on hâte le
» jugement des coupables et des innocents « pour que
» ceux-ci soient renvoyés à leurs travaux d'où dépend
» l'existence commune..... Il faut aussi songer à déli-
» vrer cette ville d'Auray de cette foule de prisonniers,
» émigrés et autres, dont plusieurs sont déjà frappés
» d'une maladie qui annonce tous les caractères d'une
» épidémie, dont les malheureux effets seraient incal-
» culables s'il survenait 24 heures de chaleur. Le mal
» est déjà extrême depuis hier. Il en est mort plu-
» sieurs. » (Lettre au représentant Blad — 7 thermidor).

Au milieu d'un désordre dont il est difficile de se faire une idée, l'administration de la Guerre s'occupait avant tout de pourvoir à la subsistance des troupes de toutes armes, dont le nombre était considérable.

Le 9 thermidor, le district d'Auray s'adresse au

commissaire de guerre : il s'agit toujours des chouans.

« Il y a deux jours que les prisonniers de l'Enclos » des Capucins n'ont pas eu de vivres, et il y a » cependant parmi eux bien des malheureux à qui » personne n'apporte rien, ce qui les expose à mourir » de faim. »

Le lendemain (10 thermidor) les mêmes plaintes sont adressées au général Lemoine, qui est à Quiberon :

« Depuis trois jours les détenus n'ont pas de vivres. »

Et au représentant Blad :

« Les détenus n'ont pas de vivres. Ils meurent avant » d'êtres jugés. »

Les locaux sont envahis par l'épidémie contagieuse. Les décès se multiplient.

Le 10 thermidor, la municipalité écrit au district :

« Hier, les prisonniers ont eu de la bouillie. Aujour- » d'hui, il n'y a rien à leur donner. Le commissaire » des guerres a répondu qu'il manque de vivres, et » que les défenseurs de la République sont réduits à » quatre onces de pain..... les détenus demandent du » pain ou la mort; ne serait-il pas possible d'évacuer » sur Vannes, Hennebont, Lorient, Port-Liberté. »

Au commandant de place :

« ... Les boulangers ne peuvent distribuer le pain » aux habitants. Les militaires envahissent les boutiques » et leur enlèvent le pain. »

La municipalité demande qu'on mette des factionnaires.

Le 10 thermidor, le District, rebuté partout, se décide à s'adresser au général Lemoine :

« A qui de vous nous adresser, citoyen général, » pour pouvoir procurer du pain au grand nombre » d'hommes de guerre que l'on a si mal à propos » entassés à Auray? Encore un coup, les républicains » qui se piquent d'humanité ne doivent pas laisser » leurs prisonniers mourir de faim. C'est cependant ce

» qui arrive, depuis trois jours il ne leur a été rien
» délivré. » (Reg. corresp. district Auray.)

Bien entendu aucune confusion n'est possible, il ne s'agit ici que des malheureux paysans qui étaient parqués, au nombre de 3000, dans le seul enclos des Capucins. Le sort des émigrés était différent. Les aliments ne leur manquaient pas ; la plupart avaient les moyens de s'en procurer et la charité de leurs familles ou de leurs amis faisait le reste.

Le 10 thermidor, les administrateurs s'adressent au commissaire des guerres : « autant nous sommes étonnés que l'on n'ait pas eu la précaution d'assurer les subsistances du grand nombre des prisonniers de guerre entassés à Auray, autant nous le sommes que ce soit vers l'administration du district que tu envoies les commissaires établis près ces prisonniers pour ce qui est relatif à leurs besoins. C'est toi qui es chargé de pourvoir et non le District, qui est absolument sans moyen. »

Toujours le 10 thermidor, le district d'Auray écrit à l'Administration départementale :

« Il est inconcevable que l'on ait rassemblé tant de
» prisonniers et de blessés sur un point aussi étroit, où
» il faut qu'ils périssent de faim et de misère. »

Le lendemain (11 thermidor) envoi du procès-verbal de visite faite aux prisonniers malades, par trois officiers de santé : Philippe, Guyot et Guerane, qui constatent qu'un grand nombre de détenus *sont atteints de la contagion.*

De son côté, la Municipalité a été informée que le Commissaire des guerres : « met 2,000 kil. de biscuits à leur disposition, pour être distribués aux prisonniers. »

Le 12 thermidor, le représentant Blad annonce qu'il va « faire refluer 3000 prisonniers sur Vannes. »

Le 14 thermidor, le district d'Auray écrit au

représentant Blad qu'il a l'intime persuasion « que la très grande majorité des laboureurs et des habitants d'Auray n'ont joué qu'un rôle passif dans l'affaire de Quiberon. »

Jusqu'à la fin du mois, le district d'Auray ne se lassera pas de signaler le danger. Le 22 thermidor, il avertit la Municipalité que :

« Les grandes chaleurs font fermenter les ordures et
» saletés, qui infectent les environs des églises servant
» de prisons et la place de la Révolution, ci-devant du
» Coh-Liorh, où se trouve établie la boucherie militaire. »

Le 16 thermidor, la Municipalité adresse au Commandant de place *un état numérique* des hommes détenus dans les maisons d'arrêt de la commune :

St-Gildas. . . .	624
Notre-Dame. . .	31
St-Esprit. . . .	342
La prison . . .	28
St-Goustan . . .	500
	1525

En outre, les habitants des campagnes, détenus dans le couvent des Capucins, étaient au nombre de 3580. (Liste par commune. Le district d'Auray, au district d'Hennebont, 17 thermidor.)

Les citations qui précèdent ne lèvent qu'un coin du voile qui couvre les misères affreuses dont eurent à souffrir, en plein été, ces milliers de captifs, qui avaient fini par exciter la commisération non seulement parmi les habitants de la petite ville, mais aussi parmi les troupes de la garnison.

On voyait errer, par les rues, des groupes de femmes et d'enfants de la campagne, à la recherche de leurs maris, de leurs pères ou de leurs fils, dont on n'avait aucune nouvelle. Avaient-ils péri? étaient-ils prisonniers? De toutes parts, les municipalités des communes rurales imploraient la mise en liberté d'une multitude de laboureurs, leurs concitoyens, que les chouans avaient forcés de marcher avec eux.

Le 26 thermidor, le district écrit : « Il reste à Auray plus de 2000 prisonniers, qui, depuis deux jours, sont sans vivres. »

D'un autre côté, près de 3000 soldats ou marins, que les Anglais avaient faits prisonniers, et que les émigrés avaient enrôlés dans leurs cadres, étaient également dignes d'indulgence. Est-ce qu'on ne devait pas se presser d'opérer le triage des innocents et des coupables ?

Les nobles émigrés avaient semé le bruit qu'ils ne seraient pas condamnés à mort, parce qu'on leur avait, disaient-ils, promis la vie sauve, lorsqu'ils avaient mis bas les armes.

Le département, par la plume de son procureur syndic, le citoyen Boullé, peignait à grands traits cette situation :

« La malveillance triomphait déjà de ces lenteurs et
» ne dissimulait pas les espérances qu'elles lui faisaient
» concevoir. Les patriotes en recherchaient avec anxiété
» les motifs. Les défiances étaient au comble. L'opinion
» publique s'égarait de plus en plus ; et l'on eut pu se
» demander quel parti était le vainqueur. C'est dans cet
» état de fermentation qu'un assez grand nombre de
» citoyens de Vannes, qui avaient été, la veille, à
» Auray, avec un des membres de l'administration,
» qu'ils avaient accompagné dans quelques vérifications,
» qu'il avait été chargé de faire sur la côte, relative-
» ment à des soupçons de correspondance avec les
» ennemis, déposèrent, le 7, à l'administration, un écrit
» par lequel ils lui dénonçaient divers abus dont ils
» avaient été frappés ainsi que les dangers qui en résul-
» teraient, et réclamaient son intervention, pour obtenir
» la plus prompte exécution de la loi et pour requérir,
» en attendant, toutes les mesures de surveillance que
» la sûreté publique exigeait. » (Compte décadaire.
11 thermidor, an III.)

L'administration du département, stimulée par la municipalité, s'était décidée à prendre un arrêté, en vertu duquel elle invitait l'autorité militaire à exécuter la loi.

Signalons un incident curieux que nous avons trouvé relaté sur le registre de correspondance du district d'Auray.

Dès qu'était arrivée à Auray la nouvelle de la descente des émigrés sur la plage de Carnac, il y avait eu une panique. Le lendemain, les troupes du général Romand évacuaient la place ; de leur côté, les administrateurs d'Auray, après avoir emballé leurs archives, s'étaient réfugiés à Hennebont. Après le refoulement des chouans, le général Hoche avait blâmé ce départ précipité du général Romand et des administrateurs. Il s'était même exprimé, devant le représentant du peuple Blad, dans des termes blessants pour l'administration du district, en disant « qu'*elle* ne valait pas le diable. » Le propos fut répété.

Le 30 messidor an III, les administrateurs adressaient à Blad une lettre de protestation. Dans cette lettre, ils se justifient d'avoir quitté la ville :

A la veille d'être attaqués par 15000 hommes, sans aucun espoir de secours, ils ne pouvaient prendre d'autre mesure pour mettre à couvert les intérêts de la République et ceux des particuliers. »

Quant aux propos : « Si le général Hoche a entendu
» parler de nos talents et de nos moyens, il a eu gran-
» dement raison ; mais s'il a voulu répandre un vernis
» d'incivisme sur des citoyens qu'il n'a jamais vus ni
» connus, et qu'il ne peut juger que sur des rapports,
» nous ne pouvons nous empêcher de vous observer que
» cette assertion est un peu légère ; et persuadés que
» des représentants du peuple sont incapables de pré-
» ventions, nous espérons qu'avant de nous juger, vous
» voudrez bien prendre au Département des informations
» plus amples sur notre conduite, nous vous prions
» seulement de vous faire représenter le *Mémoire* que
» nous avons adressé au Département, le 26 prairial der-
» nier. Il est l'expression de notre manière de voir et
» de sentir. » (Reg. corr. district d'Auray).

Les administrateurs du Département

L'arrêté de l'administration départementale, provoqué par les arrêtés de la municipalité de Vannes, fut la goutte d'eau qui fit déborder le vase. L'autorité militaire, mise en demeure d'exécuter la loi, nommait immédiatement une Commission spéciale chargée de juger les prisonniers de Quiberon. Celle-ci entrait en séance le 9 thermidor, et condamnait à mort, dans l'après-midi, une première fournée de 16 accusés, parmi lesquels étaient : Monseigneur l'évêque de Dol, de Sombreuil, de La Landelle et Petit-Guyot.

Conformément au texte même du jugement, les condamnés étaient expédiés, le soir même, pour Vannes, et le lendemain, 10, ils étaient fusillés sur la Garenne, après une station de quelques heures seulement dans la tour de la Porte-Prison.

Deux jours après, le 12 thermidor, le Directoire départemental écrivait au district de la Roche-Sauveur une lettre, que nous avons retrouvée. Nous la donnons in-extenso :

« Vannes, le 12 thermidor an III.
» Aux administrateurs de la Roche-Sauveur.
» La victoire de Quiberon les a consternés (les chouans)
» et il y a lieu d'espérer que les forces qu'on va diriger
» contre eux achèveront de ruiner leur parti. Les exem-
» ples terribles mais nécessaires qu'on fait actuellement
» dans la personne des émigrés pris à Quiberon, achève-
» ront de jeter le découragement parmi 'es rebelles.
» Dans la nuit du 9 au 10, il arriva ici 16 émigrés
» pour y être exécutés, en vertu du jugement de la
» Commission militaire d'Auray. Le 10, ils furent fusillés
» sur la Garenne. C'étaient des êtres distingués : Sombreuil,
» fils de l'ex-gouverneur des Invalides ; La Landelle fils,
» de Vannes, et un autre officier ; l'évêque de Dol ; son
» frère, prêtre et chanoine, et autres prêtres, dont deux
» des campagnes d'Ille-et-Vilaine.
» Hier, le représentant Blad prit un arrêté pour faire
» venir ici 3000 des prisonniers qui sont à Auray, et le

» soir même, il en arriva 100. Les autres sont attendus
» d'un moment à l'autre. Dans la première centaine, on
» remarque Lantivy Tredion, Du Plessis Botherel, Ker-
» moisan, Bot-Couart, etc., etc. Deux Commissions mi-
» litaires, actuellement en activité, s'occupent de leur
» jugement : le sort qui les attend apprendra à leurs
» semblables que les Français n'ont pas en vain juré de
» vivre libres ou mourir.

» P. du 13. — Ce matin, on a fusillé 76 des cent,
» dont nous avons fait mention. Du nombre sont :
» Broglie, Letat, Couhé, Saint-Luc, La Rochefoucault, etc.
» Salut et fraternité.

» BEAUMART, FEBVRIER, BOUHELLEC, FAVEROT,
» KERVICHE aîné.

» P. S. — Nous vous joignons ici trois bons du roi
» Louis XVII. Telle est la monnaie par laquelle on se
» proposait de remplacer les assignats. » (Papiers du district de la Roche-Sauveur.)

La veille (11 thermidor), le Procureur général syndic du département avait adressé au comité de sûreté générale son rapport décadaire. Les Commissions militaires de Quiberon et d'Auray avaient déjà prononcé un certain nombre de condamnations à mort. A Vannes, aucune Commission n'était encore en fonction. L'arrêté du représentant Blad, qui ordonnait de transférer 3000 prisonniers d'Auray à Vannes, faisait prévoir que les Commissions militaires, établies au chef-lieu, allaient siéger incessamment et augmenter le nombre des exécutions. A ce propos, le Procureur syndic du département se livre aux réflexions suivantes :

« De quelques crimes dont ces prisonniers se soient
» rendus coupables, et quoiqu'il suffise, pour ainsi dire,
» d'ouvrir au hasard les lois pénales, pour y lire leur
» condamnation, l'humanité frémit, en considérant le
» grand nombre de ceux dont l'intérêt de la société
» réclame en ce moment la destruction. On ne peut
» s'empêcher de gémir, quand on songe que c'est peut-
» être par une trop longue tolérance, par une impunité
» funeste, par une inconcevable confiance dans des per-
» fides, qu'on se trouve aujourd'hui réduit à verser à

» la fois des flots de sang. Du moins faut-il, après de
» premiers exemples qui étaient sans doute nécessaires,
» écarter des citoyens un tel spectacle. L'Administration
» se concerte avec les chefs militaires pour que les
» exécutions n'aient plus lieu dans le sein des villes.

» Quel sera au reste l'effet de ces exécutions multi-
» pliées sur les esprits ? Exalteront-elles encore le fana-
» tisme et la rebellion ? Ou prépareront-elles, par une
» crainte salutaire et par le désespoir de nouveaux
» secours du dehors, un retour à l'ordre et à la sou-
» mission aux lois ? C'est sur quoi il est difficile de
» prononcer. Depuis même la reprise de Quiberon, nous
» avons vu les agitations de l'intérieur continuer et
» s'accroître sur quelques points. Nous les avons vues
» s'alimenter d'un mouvement rétrograde de deux demi-
» brigades, qui étaient venues du camp à Vannes, pour
» se porter vers le département des Côtes-du-Nord, et
» qui furent rappelées, le 8, à la côte, sur le bruit
» que la flotte ennemie s'était accrue de manière à
» annoncer de nouvelles troupes et des tentatives de
» descente. Ce n'est pas même dans les seuls districts
» de Pontivy, Ploermel, Josselin, Roche des Trois, et
» Roche Sauveur que ces agitations se sont de nouveau
» manifestées. Quelques dépêches, nous sont enfin par-
» venues du district du Faouet, parmi lesquelles se
» trouve un rapport du Procureur syndic, relatif à l'éva-
» cuation du chef-lieu du district sur Lorient. Nos
» correspondances sont tout-à-fait interrompues depuis
» le commencement de messidor. On nous annonce, par
» ces dépêches, que les chouans s'y accroissent d'une
» manière effrayante, depuis un versement que les
» Anglais avaient fait à Pontaven..... Langonet, Plouay
» et Guémené sont occupés par les rebelles. Des assas-
» sinats ont été commis. » (Rapport de la 1re décade de
thermidor, an 3).

Le rapport se termine par de courageuses protestations contre les actes d'indiscipline et les excès de
toutes sortes auxquels se livrent les militaires « qui
sont loin de s'inspirer de l'esprit d'ordre, de fraternité
et de paix. »

Les Anglais débarquent 12 ou 1300 Chouans

Le 12 thermidor (30 juillet), on avait vu une douzaine de chasse-marées venant de l'île de Houat, qui essayaient de débarquer, sur la côte de Quiberon, douze ou treize cents malheureux dont la flotte anglaise se débarrassait comme de bouches inutiles. Tous étaient des habitants de la campagne qui s'étaient réfugiés à bord, lors de la catastrophe du 3 thermidor.

L'autorité militaire de Quiberon s'opposa à la descente. Les navires remirent à la voile pour le golfe du Morbihan et arrivèrent le lendemain au quai de Vannes, où la cargaison fut débarquée. Il y avait parmi eux un grand nombre de femmes et d'enfants au sujet desquels le département écrivait au représentant Blad :

« Vannes, 13 messidor. — Le département à Blad :

» Les chouans que les Anglais nous restituent arri-
» vent en ce moment et nous n'attendons que vos
» ordres par écrit pour exécuter les mesures dont vous
» êtes convenu, ce matin, avec deux de nos collègues,
» de rendre la liberté aux femmes et aux enfants de
» 14 ans et au-dessous, qui se trouvent dans cette bande
» de chouans. Les ordres sont donnés à la municipalité
» pour placer les hommes dans un lieu séparé de celui
» où sont les autres prisonniers. » (Cor. du départ.— R.)

Le représentant Blad prit immédiatement l'arrêté suivant :

« Vannes, le 13 thermidor, an III.

» Le représentant du peuple arrête que les femmes
» et les enfants au-dessous de 14 ans, du nombre des
» individus qui sont venus hier de la flotte anglaise
» aborder à la presqu'île de Quiberon, seront mis sur
» le champ en liberté, conformément à la détermination
» prise le 3 de ce mois, à l'égard des personnes du
» même sexe et du même âge.

» BLAD. »

Les prisonniers furent conduits *dans la cour du*

département. Là, on fit le triage des femmes et des enfants, au nombre de 527, qui furent renvoyés dans leurs foyers, munis de passeports.

Quant aux hommes, ils furent placés dans un des locaux de détention en attendant qu'on statuât sur leur sort.

Le district d'Auray ayant appris que cette mesure avait été prise à Vannes, à l'égard des femmes et des enfants incarcérés, s'empressa d'écrire au département qui rendit un arrêté (20 thermidor), par lequel il chargeait trois de ses administrateurs de procéder sur les lieux à l'élargissement des femmes et des enfants actuellement détenus à Auray. La municipalité leur en présenta 161 ; ils en mirent 141 en liberté, et en dressèrent procès-verbal qui fut signé par les commissaires administrateurs : Le Febvrier, Le Bouhellec, Bosquet. (Arch. dép. L. 259.)

C'est à propos de ce débarquement de plus de 1200 Chouans dans les eaux de Vannes, que le général Hoche écrivait au comité de salut public :

« 22 thermidor, an III.
» ...... Citoyens, quels horribles moyens nos enne-
» mis emploient pour nous combattre ! Ce n'est point
» à la révolution, c'est au peuple français que ces
» monstres en veulent. Voilà comment ils traitent ceux
» de nos malheureux concitoyens assez faibles pour se
» mettre entre leurs mains.
» Nous avons près de 5000 chouans prisonniers....
» Si l'humanité peut parler en faveur des coupables,
» c'est sans doute lorsque la politique se joint à elle
» pour demander que la hache terrible soit suspendue.
» Cinq mille citoyens français ! Si l'on pouvait profiter
» de cette circonstance pour exiger le désarmement. »
(Corresp. de Hoche).

Le 13 thermidor an III, le département, toujours préoccupé des dangers résultant de l'agglomération de tant de prisonniers dans des locaux d'une installation défectueuse, écrivait à la municipalité :

« Nous nous sommes aperçus, citoyens, qu'il règne

» un air infect dans les différents locaux qui renferment
» les prisonniers, ce qui provient, évidemment, de ce
» que leurs excréments restent sur la surface de la terre,
» sans être enfouis comme ils devraient l'être. Les con-
» séquences qui peuvent résulter de cet état de choses
» doivent être prévenues sans délai ; et le moyen nous
» paraît simple et facile.

» Il n'est question que de se procurer un certain
» nombre de bêches. Les détenus mêmes en feront
» usage sous l'inspection soit d'un commissaire, soit de
» la force armée. Les ordures seront retournées en terre
» d'un coup de bêche ; après quoi nous sommes d'avis
» que, par les mêmes mains, vous fassiez creuser plu-
» sieurs fosses, sur différents points des enclos, pour
» servir aux besoins des détenus et que, tous les matins
» on recouvre les matières de quelques pouces de terre.
» Par ce moyen, on entretiendra un air salubre et on
» préviendra les épidémies. » (Reg. corr. du départ.)

Les émigrés à Houat

La position des émigrés et des débris de leurs troupes, qui s'étaient réfugiés sur la flotte anglaise, dans la matinée du 3 thermidor, était loin d'être brillante. Débarqués et campés dans l'île aride de Houat, les soldats étaient en proie à des privations de toute sorte. Le découragement et l'insubordination régnaient partout. Les vivres manquaient, on s'était débarrassé de 1200 bouches inutiles. Depuis, la situation n'avait fait qu'empirer. Une maladie épidémique sévissait parmi les chouans. On en enterrait chaque jour. A ce sujet, on peut lire des détails très intéressants dans les *Souvenirs du comte de Contades* (p. 225).

Nous avons rencontré, dans les archives du district d'Auray, une lettre, écrite de Belle-Ile, qui peint assez bien la détresse où se trouvaient les Anglo-émigrés, le 26 thermidor, 8 jours avant l'arrivée de la 3e division, qui portait le comte d'Artois :

Extrait d'une lettre particulière, écrite de Belle-Ile

« Le 26 thermidor an III.

» A l'instant, il vient d'arriver ici trois Anglais qui
» ont déserté de l'Ile de Houat. Ils ont rapporté que la
» flotte anglaise se trouve dans la plus grande détresse ;
» que les matelots sont réduits à la demi-ration :
» qu'ils sont obligés de faire leur pain avec de l'eau de
» mer ; que, tous les jours, on leur promet de partir et
» qu'ils n'attendent qu'un temps favorable. Ils rapportent
» aussi que Monsieur, frère du ci-devant roy, est à Houat
» et que, d'après les menaces que lui font journellement
» les matelots anglais, on a été obligé de lui mettre une
» garde ; en un mot que le plus grand mécontentement
» règne dans la flotte anglaise et que les émigrés sont
» on ne peut plus mal ; que le général anglais (D'Hervilly),
» qui était à l'affaire de Quiberon, a été blessé et qu'il
» est mort de ses blessures, peu de jours après.

» *Pour extrait conforme :*
» Le procureur-syndic du district d'Auray,
» GILLAT. »

(Arch. du district d'Auray. L. 260).

Il y a, dans le document précédent, des erreurs. La division navale, qui portait le comte d'Artois, n'avait mouillé en vue de Houat que le 12 septembre (26 fructidor). Les trois déserteurs étaient évidemment mal renseignés sur ce qui se passait à la flotte anglaise. Depuis huit jours déjà, Puisaye avait quitté l'île. Sa position n'était plus tenable. Les émigrés rejetaient sur lui toute la responsabilité du désastre, et ne se gênaient pas pour le lui faire sentir. Un canot anglais le débarqua sur la côte de Rhuys. De là, il s'enfonça dans l'intérieur, averti à temps qu'on avait aposté, sur son passage, quatre royalistes chargés de l'assassiner. Il raconte lui-même dans ses mémoires qu'il échappa à ce danger, grâce à un billet que lui adressa un prêtre réfractaire, l'ex-curé d'Arzon (Laventure). Il allait bientôt renouer les fils de la chouannerie, que la défaite de Quiberon et la dispersion de l'armée rouge avaient rompus. Le général d'Hervilly, blessé mortellement au combat du 28 messidor, était effectivement, ainsi que son régiment, à la solde de l'Angleterre. Il fut transporté sur la flotte, à Houat, et ne mourut, à Londres, que quelques mois après.

Toujours le district et la municipalité d'Auray

Le district et la municipalité d'Auray étaient de plus en plus préoccupés de la situation pénible qui leur était faite par les événements de Quiberon. Ils ne cessaient de signaler aux représentants du peuple et aux autorités militaires les conséquences graves qui résultaient de cet entassement énorme de troupes et de prisonniers dans l'enceinte d'une ville si exiguë, il y avait disette de vivres, une épidémie s'était déclarée parmi les détenus. Le nombre des malades était considérable ; la mortalité devenait inquiétante ; on demandait qu'on se hâtât de séparer les innocents des coupables ; on demandait surtout qu'on renvoyât dans leurs foyers cette foule de cultivateurs de tout âge que les chouans avaient entraînés de force et mêlés, malgré eux, à l'armée des émigrés. Toutes les communes du ressort imploraient la mise en liberté de ces malheureux, dont l'absence, à cette époque de l'année, allait rendre la récolte impossible faute de bras.

A la date du 10 thermidor, la municipalité signale à nouveau l'état déplorable où se trouvent les prisonniers chouans qui demandent en vain qu'on s'occupe de leur subsistance « ou qu'une mort prompte les délivre des horreurs de la faim. » (Reg. délib. Auray.)

Dès le 7 thermidor, le district d'Auray s'adressait au représentant Blad :

« Nous ne devons pas, citoyen, vous laisser plus
» longtemps ignorer la position actuelle de ce district.
» Elle est vraiment déplorable, presque tous les laboureurs
» du ressort viennent depuis quelques jours d'être transfé-

» rés de Quiberon à Auray, où ils sont entassés misérable-
» ment dans un enclos, exposés aux injures du temps,
» tandis qu'il est pressant de s'occuper de la récolte...
» Il faut aussi songer à délivrer cette commune de cette
» foule de prisonniers, émigrés et autres, dont plusieurs
» sont déjà frappés d'une maladie qui a tous les carac-
» tères d'une épidémie, dont les malheureux effets
» seraient incalculables, s'il survenait 24 heures de
» chaleur. Le mal est déjà extrême depuis hier. Il en
» est mort plusieurs. » (Dist. Auray. Corr. 7 thermidor).

Le représentant Blad leur répondit, en se plaçant exclusivement sur le terrain de la légalité. Il leur déclara que ses pouvoirs, quelqu'étendus qu'ils soient, n'allaient pas jusqu'à lui donner le droit de se susbtituer aux tribunaux militaires qui, seuls, avaient mission d'interroger et de juger les individus faits prisonniers à Quiberon.

Cette lettre de Blad doit être donnée en entier, précisément parce qu'elle pose nettement la question et qu'elle met en relief les grosses difficultés au milieu desquelles se débattaient les autorités locales.

« 14 thermidor, an III de la République une
» et indivisible.
» Aux administrateurs d'Auray,
» Nous avons lu, citoyens, avec toute l'attention
» qu'en mérite l'objet, votre lettre de ce jour et la déli-
» bération qui y est jointe. J'aime à croire, comme
» vous, que la plupart des cultivateurs de votre district,
» qui se sont trouvés à Quiberon, lors de la reprise
» de la presqu'île, ne sont qu'égarés ou ont même été
» arrachés à leurs foyers par violence, et je regrette
» sincèrement que ceux-là ne soient pas déjà rendus à
» leurs familles et à leurs travaux.
» Mais ils faisaient partie d'un corps de troupes
» armé contre la République, dans lequel, vous l'avouez
» vous-mêmes, il y avait beaucoup de chouans très
» mal intentionnés. De là la nécessité de les interroger
» tous et de peser leurs moyens justificatifs, afin de
» distinguer ceux qui ne sont que des malheureux de
» ceux qui sont réellement coupables ; et c'est le travail
» des Commissions militaires. Car quelle autorité vou-
» drait ou pourrait remplir une pareille tâche ? Vous

» en chargeriez-vous vous-même, sous votre responsa-
» bilité, au risque d'absoudre des hommes qui, au lieu
» de prendre la faucille pour faire leur récolte, s'arme-
» raient encore d'un fusil, pour assassiner leurs conci-
» toyens ? — Je ne puis le croire.

» Vous m'avez représenté qu'il y a à Auray un très
» grand entassement d'hommes, qui souffraient beaucoup
» en attendant leur jugement et qu'il en pouvait résul-
» ter des maladies contagieuses ; que plusieurs étaient
» malades ou blessés et qu'il n'était pas possible de leur
» donner les secours et les soins qu'exigeait leur état.
» J'ai fait sextupler les Commissions ; j'ai pris un arrêté
» pour faire reverser à Vannes une grande partie des
» prisonniers ; et j'ai ordonné qu'on s'occupât de pré-
» férence des malades et des blessés. S'il est quelque
» autre mesure qui puisse accélérer la marche de cette
» affaire, indiquez-la moi et je l'autorise à l'instant.
» J'aurais désiré qu'on eût commencé par juger les cul-
» tivateurs, afin de libérer ceux qui ne méritaient pas
» la détention. Mais les circonstances commandaient
» impérieusement le contraire. Menacés au dehors par
» la flotte anglaise, qui continuait de croiser sur nos
» côtes ; inquiétés en dedans par les brigandages des
» chouans, il fallait un grand exemple de sévérité et
» punir les traîtres émigrés de tous les maux que, depuis
» 5 ans, ils ne cessent de causer à leur patrie.

» Les déterminations que vous m'invitez à prendre
» n'avanceraient rien, s'il est vrai qu'elles supposent
» toujours un examen de la conduite des prévenus, et
» je crois vous avoir prouvé qu'il ne tient pas à moi
» que les cultivateurs, qui méritent indulgence, ne re-
» prennent au plus tôt leurs travaux.

» Mais s'il faut malheureusement renoncer à cette
» ressource pour la récolte cette année, ne pourrait-on
» pas en essayer d'autres ? Ne serait-il pas possible, en
» conférant avec les généraux, de former une compagnie
» de moissonneurs des volontaires à qui ces travaux
» ne sont pas étrangers, sous la direction d'un ou plu-
» sieurs officiers et de commissaires civils nommés à
» cet effet ? L'achat des instruments se ferait dans les
» villes voisines aux frais de la République ; et en les dis-
» tribuant on aurait soin de prendre le nom des travail-
» leurs qui en demeureraient chargés, jusqu'à leur
» remise aux autorités constituées.

» Je pense aussi que vous pourriez vous servir du

» même moyen pour faire régner la propreté dans votre
» ville et empêcher le développement des miasmes
» pestilentiels. Quelques bouteilles d'eau-de-vie distri-
» buées aux soldats qu'on emploierait à ce ministère
» dégoûtant le leur feraient peut-être remplir sans répu-
» gnance.

» C'est à vous, citoyens, qui êtes sur les lieux et
» qui connaissez l'esprit des hommes qui vous envi-
» ronnent, à adapter les moyens aux circonstances,
» faites tout pour le mieux et je l'approuverai. Mais
» vous devez sentir que, quelle que soit l'étendue de mes
» pouvoirs, je ne saurais prendre un parti décisif, rela-
» tivement aux cultivateurs détenus. Ce serait me mettre
» au-dessus de la loi, et mon devoir, ainsi que le vôtre,
» est de la faire respecter. Ils sont devant un tribunal ;
» il n'appartient à personne de les y soustraire.

(Arch. Morbihan, L. 761). » BLAD.

Le 17 thermidor, le district d'Auray répond au représentant Blad :

« Il n'est ni décent, ni convenable d'envoyer à leur
» secours (pour la récolte) des militaires qui, d'après les
» pillages, vexations et viols qu'ils viennent d'y com-
» mettre, ne sont plus propres qu'à y jeter l'épouvante
» et l'effroi. Leur présence n'y ferait que du mal. »

Le lendemain, les mêmes administrateurs écrivaient à ceux du Finistère :

« Depuis la prise de Quiberon, les Anglais nous ont
» encore renvoyé 12 à 1300 habitants des campagnes,
» tant hommes que femmes et enfants, dont ils se sont
» débarrassés comme de bouches inutiles. »

Le 22 thermidor, c'est une plainte qu'ils adressent au Commandant de la force armée, à Auray, contre des militaires qui ont pillé à Ste-Anne et massacré un habitant.

« Leur conduite effrénée, disent-ils, est capable de
» révolter et de susciter plus d'ennemis à la République
» que l'armée ne peut en détruire dans la bataille. »

La crainte de manquer de vivres avait obligé le district d'Auray de prendre des mesures. On avait partagé les prisonniers en deux classes : ceux qui se procuraient de la nourriture, par leurs propres ressources et par leur famille, et ceux qui ne pouvaient en recevoir que de l'Administration de la guerre. Il fut décidé que les premiers n'auraient aucun droit aux distributions.

Le 18 thermidor, le Directoire départemental, sur une demande de la municipalité de Vannes, prenait un arrêté dans le même sens. Les commissaires des guerres exposaient que :

« **La consommation des subsistances fournies aux** » **prisonniers, détenus au local des Ursulines, devenait** » **considérable et faisait craindre l'épuisement prochain** » **des magasins militaires.** » (Départ., L. 94.)

Les émigrés, il est vrai, avaient accumulé, à Quiberon, une quantité considérable de provisions et d'effets. Malheureusement, les moyens de transport faisaient défaut et les magasins étaient livrés au pillage.

Une lettre de l'agent national d'Auray à son collègue du district d'Hennebont nous peint un coin du tableau.

« Nous avons vu plusieurs soldats chargés de 6, 7, 8
» paires de souliers, qu'ils vendaient publiquement, de
» même que beaucoup d'autres effets. Vous ne pouvez
» pas vous faire une idée du brigandage et des dilapi-
» dations qu'on a commises à Quiberon, ainsi que du
» désordre et de la confusion qui ont régné dans l'éva-
» cuation de ce précieux dépôt. Votre collègue Jour-
» danet, qui en a été témoin, peut vous en rendre
» compte, comme l'a fait pour nous notre collègue
» Boullays, qui y a passé 3 jours avec le citoyen
» Danet, administrateur du département..... on nous
» regarde comme un pays conquis et nous sommes
» absolument à cet égard sous le régime militaire.

» Croiriez-vous que près de 7000 prisonniers ont été
» déposés à Auray, entassés dans les églises et autres
» locaux, sans être à la charge de personne, etc., etc. »
(Corresp. Auray, 17 thermidor).

Les correspondances entre les districts, même les plus rapprochés, étaient journellement entravées. Le

15 thermidor, le district d'Hennebont ignorait ce qui se passait à Auray et demandait des nouvelles.

« Nous sommes tous ici sans nouvelles officielles de
» ce qui se passe chez vous ; on parle d'émigrés et de
» traîtres fusillés. On divague sur les faits, sur les
» noms et les quantités ; ce qui nous inquiète par les
» réclamations qu'on ne cesse de nous faire pour les
» laboureurs de ce district, pères de famille, pillés et
» enlevés par les chouans qui, dans ce moment, se
» trouvent prisonniers dans Quiberon. »

Par la même lettre le district d'Hennebont ajoutait :

« D'après la commune renommée, nous savons que
» Georges et Pitt ont eu la bonté, sachant que nos
» magasins manquent de souliers et de cuirs pour leurs
» amis nos braves frères d'armes, de nous en faire
» passer un approvisionnement complet par leur bril-
» lante expédition de Quiberon. Si cette nouvelle est
» réelle, nous nous recommandons à vous pour obtenir
» de qui de droit ou des souliers ou des matières pour
» en faire. »

Pierre Boullé, procureur général syndic du Morbihan

Un homme, entre tous, a honoré l'administration du Morbihan, pendant la tourmente révolutionnaire, c'est le citoyen Pierre Boullé.

Né à Auray, en 1753, il exerçait, à Pontivy, la profession d'avocat, en 1789, lorsque ses concitoyens le choisirent pour les représenter aux Etats-Généraux. Il fut un des secrétaires de l'Assemblée Constituante. Ses lettres, datées de Versailles et de Paris, adressées, chaque semaine, à ses commettants de Pontivy, sont conservées aux archives du département. Elles sont au nombre de 88, toutes de 8, 12 et même 16 pages, remplies de détails sur les événements du jour et sur les séances de l'Assemblée. Cette collection très précieuse mériterait d'être publiée intégralement, dans l'intérêt de l'histoire des travaux de la Constituante.

Au mois de juin 1791, le citoyen Boullé fut envoyé, par décret, en mission à l'armée du Nord, avec ses collègues Biron et Alquier, pour conjurer l'indiscipline des troupes. Le maréchal de Rochambeau, qui commandait en chef, s'attacha au député breton et obtint qu'on proroge ses pouvoirs, pour le garder près de lui. La famille possède les lettres du maréchal Rochambeau, au délégué de l'Assemblée nationale. Il en est une, du 27 janvier 1792, qui se termine ainsi :

« Croyez que je n'oublieray jamais les instans que j'ay passés avec vous, ny votre zèle, ny votre probité imperturbable, ny le courage que vous montriez en toute occasion, pour faire respecter l'ordre et la loy. »

Le petit-fils de Boullé, en nous communiquant cette correspondance, ajoute : « Je possède, comme une relique, la médaille dorée qu'il portait sur son habit et sur laquelle se lit : *Respect à la loi.* »

Après la séparation de la Constituante, Pierre Boullé revenait à Pontivy — et, était nommé maire. Il remplit ces dernières fonctions pendant toute une année. Vers la fin de 1792, il était élu administrateur du département et membre du Directoire. Pendant l'année 1793, il est à son poste, travailleur acharné et dévoué patriote. Après le 31 mai, il proteste, avec ses collègues, contre l'arrestation des Girondins. Bientôt, accusé de fédéralisme, il est brutalement destitué par arrêté de Prieur de la Marne (8 brumaire an II). Dix mois de détention sont la récompense des services qu'il a rendus à son pays. — C'est sous les verrous que les administrateurs du département composèrent le remarquable *compte-rendu* de leur gestion, qui fut reçu le 19 thermidor an II et publié à Vannes en l'an III. Boullé en fut le principal rédacteur.

Après la chute de Robespierre et la fin de la

Terreur, Boullé ne tarde pas à rentrer dans l'administration. En floréal an III, il est membre et procureur général syndic du Directoire du Morbihan. C'est là qu'il écrit ses correspondances et ses intéressants rapports décadaires, qu'on ne pourra se dispenser de consulter, si on veut connaître à fond la situation politique du Morbihan, avant comme après l'expédition de Quiberon.

Intelligence rare, caractère droit et ferme, instruction solide, grande expérience des affaires, élocution facile et mesurée, style clair et précis, telles étaient les principales qualités qui distinguaient le Procureur général syndic qui, à l'âge de 42 ans, était devenu le personnage le plus important et en quelque sorte l'âme de l'administration départementale.

Les hommes qui ont joué un rôle dans la Révolution appartiennent à l'histoire. Chacun est libre de scruter leur conduite. Mais, pour les juger sainement et avec impartialité, il faut, en examinant leurs actes et leurs écrits, tenir compte des circonstances graves au milieu desquelles ils ont vécu et exercé des fonctions publiques. C'est ce que nous avons fait, avec toute la conscience dont nous sommes capable, et ce qui nous donne le droit de rendre hommage, en connaissance de cause, au patriotisme et aux talents supérieurs du Procureur général syndic Boullé.

Des auteurs prévenus, cherchant l'explication des actes des hommes de la Révolution, ont trouvé tout simple de les attribuer au sentiment de la peur. On l'a dit pour tous ceux qui ont rempli un rôle dans la tragédie de Quiberon. On l'a dit des administrateurs du Morbihan. On est en droit de protester contre ces insinuations, qui ne sauraient les atteindre. Les citoyens, qui formaient l'administration du district de Vannes et du département, étaient des hommes considérables par le savoir et l'honorabilité. Appartenant tous à la bourgeoisie, dévoués à la Révolution, ils étaient sur la brèche depuis 89. Infatigables travailleurs (on peut juger de leur œuvre, en compulsant les montagnes de registres et les liasses innombrables de correspondances qui remplissent les rayons du dépôt central des archives du Morbihan), on les avait vus, en mainte circonstance, mettre au service du pays tout ce qu'ils avaient d'activité et de courage. Ils s'étaient révoltés hautement contre l'arrestation des Girondins. La Terreur leur en fit un crime. Destitués par Prieur de la Marne et incarcérés pendant de longs mois, ils n'avaient dû qu'à la chute de Robespierre de ne pas subir le même sort que les administrateurs du Finistère.

Ces hommes, républicains convaincus, tenaient en aversion tout ce qui représentait l'ancien régime. Ils avaient aussi au cœur la haine de l'étranger. Lorsqu'ils avaient aperçu les voiles anglaises en face de Quiberon, débarquant cette masse d'émigrés armés, vu les chouans refluer par milliers de l'intérieur, ils s'étaient sentis pris, non de peur, mais d'un accès de colère patriotique; et ils faisaient des vœux, des vœux ardents, pour le succès des petites phalanges nationales, qui défendaient le sol sacré de la France; et, après la victoire, ils avaient demandé avec fermeté l'application de la loi. Qu'on cesse donc d'expliquer par la peur toutes les actions humaines, en temps de révolution ! A aucune époque peut-être, il n'y a eu moins de pusillanimes.

Trois jours avant la défaite des émigrés, l'Administration départementale écrivait au comité de salut public :

« Il y a longtemps que les fonctions pénibles, péril-
» leuses et presque gratuites que nous remplissons, nous
» ont exercés à l'abnégation de nous-mêmes. Près d'une
» année de prison, qu'elles nous ont occasionnée, n'est

» pas la seule expérience que nous ayons faite que,
» dans un temps de révolution, c'est souvent se sacrifier
» et se précipiter dans le gouffre, que de bien servir
» son pays. Mais que sont pour nous les jouissances
» particulières, tous les calculs de l'amour-propre, lors-
» qu'il s'agit des grands intérêts de la patrie, et que
» nous avons la conscience de n'avoir été mus que par
» le désir de contribuer à son salut ! » (Corr. 30 messidor, an III).

Nous sourions vraiment, lorsque nous voyons un des derniers hagiographes qui aient écrit sur Quiberon, s'imaginer qu'il a jugé ces hommes en les traitant de jacobins, et insinuer, dans une page de rhétorique, que Blad et Tallien ont eu peur ; que Hoche a eu peur ; que tous les administrateurs des districts et du département ont eu peur ; que la Convention elle-même a eu peur, et s'écrier, dans un accès de lyrisme, en terminant son chapitre : « *Seules les victimes ne tremblaient pas.* »

L'administration départementale, au milieu des embarras et des périls, par la voix de son procureur syndic, continuait à renseigner les représentants du peuple sur la situation du pays. Dans son compte-rendu décadaire du 21 thermidor, le citoyen Boullé écrivait :

« La situation est toujours enveloppée d'un voile qui
» dérobe jusqu'aux impressions diverses qu'ont dû
» faire sur les esprits les éclatants succès de l'armée de
» la République et le supplice d'une partie des princi-
» paux coupables. Ce fâcheux état tient à plusieurs
» causes : la désorganisation de toutes les autorités publi-
» ques dans les campagnes et la rupture de tous nos
» rapports avec elles, ainsi que les entraves qu'éprou-
» vent nos correspondances avec les chefs-lieux de dis-
» trict, soit par le peu de sûreté des routes, soit par la
» chute du service des postes. Le district de Pontivy avait
» reçu le paquet 63 jours en retard. La division rouge
» de Tinténiac s'est fondue dans le Morbihan et n'attend
» peut-être que le moment de se rassembler de nouveau.

» Le représentant Blad, resté seul dans le Morbihan,
» en est parti le 15 pour Nantes. Le pays se dégarnit

» de troupes. Hoche est à son quartier général à Rennes.
» Les ennemis croisent sur nos côtes. Des Commissions
» militaires ont, il est vrai, été établies pour juger les
» émigrés, et un grand nombre, dont l'administration
» n'a pu encore se procurer la liste, a subi, dans le
» courant de la décade, le supplice dû à leurs crimes.
» Mais il en reste encore sur le compte desquels on ne
» prononce point.....

» Le dépôt de ces prisonniers devient chaque jour
» plus inquiétant soit sous le rapport de la salubrité,
» soit sous le rapport de la santé publique, à mesure
» que les troupes sont retirées du département. Persuadée
» qu'il se trouvait, dans le nombre des prisonniers, des
» cultivateurs plus à plaindre ou plus égarés que cou-
» pables, l'administration d'Auray avait demandé leur
» mise en liberté. Le département avait compris cette
» demande. Le représentant du peuple parut blâmer en
» général les demandes qui lui étaient faites. Il répon-
» dit qu'il venait d'élever jusque 6 le nombre des
» Commissions militaires ; que c'était tout ce qu'il pou-
» vait faire. Il avait donné l'ordre de transférer 3000 pri-
» sonniers de Vannes, on n'en avait transféré que 1500.

» Le 11, les Anglais tentaient d'en débarquer 1200, et
» ces malheureux étaient dirigés sur Vannes, par les
» chasse-marées qui les portaient, dans l'après-midi du 14.
» Les femmes et les enfants, au nombre de plus de 300,
» étaient libérés. Quant aux hommes, ils étaient conduits
» dans l'enclos des Ursulines. La subsistance de ces
» prisonniers devait être prise, d'après les ordres des
» représentants, dans les magasins militaires.

» Dès le 18, on décida qu'on diviserait les prison-
» niers en deux catégories : ceux qui préféreraient être
» nourris du dehors, par leur famille ou par des per-
» sonnes charitables, et ceux qui resteraient à la charge
» de l'autorité militaire.

» Le 17, le nombre des détenus de Vannes s'accrut
» encore par la translation qui y fut faite d'environ
» 1500 prisonniers français, enrôlés par séduction ou
» par contrainte pour le service des émigrés.

» Les immenses approvisionnements de Quiberon furent
» perdus par la difficulté de les faire arriver à Vannes ou
» à Auray par terre, faute de voitures, et par mer à
» cause des navires anglais. »

A ce tableau le procureur syndic ajoutait :

« La chouannerie se reforme, les brigandages et les
» assassinats continuent dans les districts de la Roche
» des Trois et de la Roche-Sauveur ; les levées d'hommes
» sont commandées par la violence et sous peine de
» mort. Les travaux de la moisson sont interrompus.
» Les foins des prairies nationales sont récoltés et enle-
» vés. On attaque les navires en station sur la Vilaine. »

Le compte-rendu de la 3e décade de thermidor, par le procureur-syndic du département, n'est qu'une répétition des plaintes précédentes. La chouannerie multiplie ses pillages et ses assassinats. Le chef-lieu se dégarnit de troupes, par le départ des 17e et 12e demi-brigades. Des milliers de prisonniers encombrent toujours Vannes et Auray. Les Commissions militaires opèrent avec une lenteur fâcheuse. Une fermentation existe parmi les détenus.

« Le 25 thermidor, à 9 heures du soir, la générale
» fut battue. La garnison, les citoyens, quelques déta-
» chements de passage prirent les armes et furent sur
» pied toute la nuit.
» L'administration se rassembla. Le général de la
» division lui apprit la révélation faite, à l'une des
» Commissions militaires, par quelques personnes, d'un
» complot qui devait s'exécuter dans la nuit même ;
» après avoir surpris et égorgé la garde et s'être emparé
» de ses armes, on devait se porter aux autres prisons,
» délivrer les prisonniers. On devait être secondé par
» des troupes de chouans de l'intérieur, prêtes à se
» porter sur Vannes.
» Le 27, le général Lemoine, mécontent de la mar-
» che des Commissions, prit sur lui de les destituer.
» Des protestations furent faites contre cet acte, qu'on
» qualifia d'arbitraire, et elles furent déposées, le lende-
» main 28, au secrétariat de l'administration.... »

Le procureur-syndic, jugeant cette mesure prise par le général Lemoine, ajoutait : « Quant à nous, nous ne pouvons la regarder que comme un nouveau malheur, dans la circonstance actuelle. » Et il terminait par les réflexions suivantes :

« Ce n'est pas seulement l'intérêt particulier d'un

» département qui excite notre sollicitude ; l'intérêt
» général nous paraît intimement lié au sien. Car, si
» on n'oppose une vigoureuse résistance aux tentatives
» de l'ennemi du dehors ; si on ne comprime l'ennemi
» intérieur avec lequel il a des intelligences ; si la garde
» de nos prisonniers n'est pas assurée ; si les précieux
» magasins de Quiberon ne sont pas conservés, la Répu-
» blique entière ressentira le contre-coup des malheurs
» dont on ne peut se dissimuler que nous sommes me-
» nacés. » (Compte-rendu décadaire, 1ᵉʳ fructidor an
III).

Le rapport suivant de la 1ʳᵉ décade de fructidor, qui est un remarquable exposé de la situation du Morbihan, comprend des détails navrants sur les progrès de la chouannerie et sur les atrocités qu'elle commet chaque jour. Les militaires eux-mêmes, qui stationnent dans les villes, comme ceux qui battent la campagne, se livrent à tous les excès. Les patriotes dévoués à la Révolution, ne se sentant plus protégés, et menacés à chaque instant dans leur existence, ne cessent d'adresser leurs plaintes à l'administration départementale, dont la voix n'est pas écoutée.

« Pendant que le luxe scandaleux de quelques pré-
» posés subalternes, que l'armée attire à sa suite, semble
» insulter encore à leur détresse, la misère, le décou-
» ragement, la défiance, une sorte de désespoir qui est le
» résultat de leur réunion, nous entourent et nos ima-
» ginations fatiguées cherchent en vain, pour se reposer,
» quelque idée plus consolante. » (11 fructidor an III.
Compte décadaire du procureur-syndic du département).

Ce cri d'alarme, jeté par l'administration du Morbihan, dès le 11 fructidor, sera répété, un mois plus tard, par le général Hoche, dans une dépêche aux représentants du peuple :

« Commissaires des guerres, agents aux subsistances,
» fournisseurs, tous *agiotent*, *royalisent*, tournent en
» ridicule nos institutions et, afin de dégoûter les soldats
» de la liberté, ils les font mourir de faim ! » (22 vendémiaire an IV. Corresp. de Hoche.)

Communications des rebelles avec la flotte anglaise

La flotte anglaise, mouillée dans la baie de Quiberon, menaçait toujours nos côtes d'une nouvelle descente d'émigrés. Le bruit s'en était répandu parmi les prisonniers qui, grâce à des émissaires dévoués, étaient tenus au courant des projets des ennemis et des mouvements des chouans. Ceux-ci avaient mille moyens de communiquer avec la flotte. Une quarantaine de chasse-marées, armés sous pavillon anglais, servaient d'allège. Des capitaines du Morbihan, entre autres Jean Rohu et Mathurin Cofmat, étaient, comme pilotes, au service du commodore Waren.

Le lieu de communication habituelle était la pointe de Locmariaker. Il y avait là une maison isolée, dont la fenêtre donnait sur la mer. On y allumait une chandelle, lorsqu'on voulait signaler que la côte était libre. L'absence de lumière signifiait au contraire que le moment n'était pas propice. Le porteur de dépêches était Cofmat jeune. Il se blottissait sur le rivage, entre deux rochers, en s'enveloppant de goëmon. Il battait le briquet et un canot se détachait immédiatement de l'escadre et venait le prendre. On embarquait en même temps, souvent, un prêtre réfractaire, déguisé en mendiant ; habit blanc et large chapeau. Dans la *Vie de Georges Cadoudal*, par son neveu, ce rôle est attribué à l'abbé Philippe, dit Kernitra, ex-vicaire de Locmariaker. Nous serions plutôt porté à croire qu'il s'agit de l'abbé *Lequeven*, ex-curé de cette paroisse. — Le signalement donné par le capitaine Drain se rapporte davantage au curé Lequeven : « *Taille 5 pieds 3 pouces, environ 70 ans, déguisé en pauvre, etc.* »

Nous avons trouvé tous ces détails dans un rapport fait aux administrateurs de la Loire-Inférieure, par le citoyen Drain, capitaine du brick *La Zélia*, de Bordeaux, daté du 28 frimaire an IV.

Ce capitaine marin avait été capturé avec son navire, dans la baie de Quiberon, par les Anglais, l'avant-veille de la descente des émigrés à Carnac. Il resta prisonnier sur la flotte anglaise, jusqu'au moment où elle quitta définitivement l'Ile d'Yeu. Après son départ, le citoyen Drain reprit sa liberté et s'en vint à Nantes, où il fit sa déclaration devant l'administration départementale. (Une copie envoyée au département du Morbihan, par celui de la Loire-Inférieure, est conservée aux archives de la préfecture de Vannes).

Complot du Père Eternel

Les détenus, renfermés dans l'enclos du *Père Eternel*, de Vannes, étaient en grande majorité des paysans. Parmi eux s'étaient glissés un certain nombre d'émigrés, qui dissimulaient leur identité et espéraient ainsi échapper aux rigueurs de la loi. La surveillance étant nécessairement imparfaite, les évasions étaient fréquentes. Une foule de personnes charitables de la localité circulaient continuellement dans les maisons de détention, sous prétexte de distribuer aux malheureux prisonniers des vivres et des vêtements. Quelques-unes, d'opinion royaliste, les entretenaient de fausses nouvelles et les excitaient à s'évader. Elles leur en fournissaient même les moyens. Une fois hors de la prison, les émigrés trouvaient des asiles sûrs et des guides, qui les conduisaient à la côte, par des chemins détournés, d'où ils gagnaient la flotte anglaise. Un complot fut ourdi, entre plusieurs prisonniers. On devait, dans la nuit du 25 thermidor, égorger la garde, s'emparer des armes et s'enfuir, pour gagner la campagne et rejoindre les chouans du dehors.

Le complot avorta, par suite de dénonciations, qui furent adressées au général Lemoine. Un des dénonciateurs était un émigré nommé Panou Deurbroucq, de Nantes. Comparaissant, quelques jours après (9 fructidor) devant la Commission militaire, il se targua d'avoir reçu « *la confidence des comploteurs* » et d'en avoir fait une « *déclaration signée de sa main au général Lemoine* »; ce qui ne l'empêcha pas d'être condamné à mort.

A l'audience du 26 thermidor, la Commission militaire s'était occupée de tirer au clair l'affaire du complot. Un nommé Brocard était accusé d'en être le chef, soupçonné en même temps de cacher son vrai nom.

Le premier témoin interrogé fut Jean-Charles *Ledrux*, prisonnier des Anglais à Toulon, emmené en Angleterre et forcé de servir, comme marin, dans l'armée des émigrés.

Il raconte que le complot « devait éclater dans la
» nuit du 25 au 26 courant. Le chef était un nommé
» Brocard..... Les prisonniers devaient se poster deux
» ou trois autour de chaque sentinelle, se saisir d'elles
» et de leurs armes et les égorger ; ensuite cerner le
» caporal du poste et lui faire subir le même sort. A
» la faveur de la nuit et des fusils qu'ils auraient pris,
» s'emparer du poste et par ce moyen délivrer les
» prisonniers, dans l'espoir de se joindre aux ennemis
» de la République. »

Joseph *Brocard* est introduit. Il déclare être né en Brabant, âgé de 43 ans, ayant servi dans les troupes autrichiennes. Il avait formé le projet de déserter au delà du Rhin. Il fut arrêté par un détachement de Loyal-Emigrant. Il préféra y rester plutôt que de rentrer à son corps. Il séjourna en Hollande jusqu'en janvier 1795 ; passe en Angleterre et de là à Quiberon.

On lui demande s'il avait connaissance de la conspiration... Il répond : qu'il n'en a aucune connaissance.

Sur l'observation que lui fait le président qu'il était désigné comme le chef du complot, il répond que personne n'est dans le cas de lui prouver le fait.

On lui observe qu'on a des renseignements à ce sujet... Il fait la même réponse.

La Commission fait alors comparaître le prisonnier Charles Le Drux, qui répète mot pour mot sa dénonciation.

Joseph Brocard, interpellé, répond qu'il est vrai qu'il a parlé avec le déposant, mais qu'il ne lui a nullement parlé de conspiration.

Un autre prisonnier, un nommé Dejens, dépose que Brocard a dit devant lui : « Si on se fie aux promesses de la République, on sera trompé ; si on ne meurt pas maintenant, on mourra plus tard. » Brocard ajouta que : « Si l'on était de son sentiment, étant sûr de plusieurs personnes, il serait facile d'égorger la garde et de se sauver. » Il demanda combien il pourrait se trouver de canonniers déterminés comme lui ; ils répondirent, pour pénétrer ses projets, qu'il pourrait bien y en avoir 60 et que le reste suivrait. Alors le dit Brocard fit un calcul *in globo* et dit qu'il pourrait bien avoir 250 à 300 personnes ; qu'il distribuerait 5 à 6 hommes couchés à côté de chaque sentinelle et une centaine à portée pour égorger le caporal de poste et les hommes, avec lesquels il viendrait relever et qu'à la suite de ce, ils auraient franchi la muraille et se seraient emparés de la garde et de leurs armes, les auraient égorgés et se seraient sauvés. »

Interrogé si Brocard avait aposté des chefs à chaque corps, désigné pour effectuer sa conspiration, le témoin répond : « oui. Alors le nommé Dejens lui dit d'aller chercher les dits chefs ; au bout d'un quart d'heure, il revint seul en disant qu'il n'était pas possible de les trouver et que ce serait pour le lendemain matin. Alors les dits Le Drux, Alaric et Dejens firent avertir l'officier de garde de ce projet. »

Alaric Antoine, de Carcassonne, canonnier de la marine, à Toulon, prisonnier des Anglais, fait la même déposition contre Brocard : « Celui-ci lui avait dit que les chouans avaient repoussé les républicains à deux lieues des bords de la mer. » Il lui a dit de plus « qu'il avait des papiers d'un homme mort duquel il avait pris le nom et qu'il était Français. »

Le témoin Drux est rappelé.

A lui demandé s'il avait connaissance que Brocard était Français, a répondu : oui.

« Le dit Brocard lui avait dit qu'il était d'Agen, mais qu'il avait des papiers d'un de ses camarades, qui avait été tué, duquel il prenait le nom et s'en servait pour déguiser son lieu de naissance et se faire passer pour étranger. »

Le prisonnier Dejens fait une déposition identique. Brocard, confronté avec eux, se borne à nier tout et affirme qu'il est *Brabançon*.

Les débats sont clos; la Commission déclare qu'elle « surseoit à prononcer définitivement sur les jugements des nommés : Le Drux, Dejens et Alaric, dénonciateurs de Brocard, l'auteur de la conspiration qui a été formée à la prison du Père-Eternel. »

« Attendu que nous attendons les éclaircissements qui » ont été donnés au quartier général sur le compte dudit » Brocard dont elle suspend également le jugement.

» 26 thermidor, an III.   LEVIEUX, président. »

On se rappelle l'officier de marine, émigré, Gesril du Papeu, qui s'était jeté à la nage pour faire cesser le feu de la corvette anglaise, lors de la reddition de Sombreuil.

Transféré des prisons d'Auray dans celles de Vannes, il se trouvait, en dernier lieu, détenu dans le couvent du *Père Eternel*, et impliqué dans le complot d'évasion.

Il comparut, le 10 fructidor an III, devant la Commission militaire (Président Legrand).

« Interrogé sur ses noms, prénoms et âge, a répondu Joseph Gesril, âgé de 28 ans, fils de Joseph et de Anne Jolif.

A lui demandé quelle était sa vocation avant la révolution, a répondu : officier de marine à bord de...... où il fit voile vers St-Domingue et où il resta à peu près 8 à 10 mois.

Interrogé s'il n'a pas servi sur des bâtiments appartenant à la République.

A répondu : que non ; qu'ayant passé en Angleterre en octobre 1789, il y resta jusqu'au moment où il est venu à Quiberon, servant en *qualité de fusilier* dans le *Régiment d'Hector*.

Interrogé s'il était noble, a répondu : oui.

A lui demandé s'il n'était pas un des chefs du complot, formé aux prisons du Père Eternel, d'égorger la garde, de prendre leurs armes et de revêtir leurs habits ; ensuite se joindre à l'armée des chouans.

A répondu qu'il ne s'était jamais amusé qu'à des plaisanteries. »

Immédiatement après l'interrogatoire de Gesril, on fit comparaître, à titre de témoin, un prisonnier, nommé *Jean-Baptiste Girard*, âgé de 25 ans, de Bercemon (Départ. du Doubs).

Il dépose avoir « entendu dire, par le nommé Joseph Gesril, que quelques femmes de Vannes avaient raconté qu'on faisait des fosses pour fusiller tous ceux qui avaient été faits prisonniers à Quiberon, et qu'il avait sollicité le nommé Brocard à partir avec lui et d'effectuer leur complot. »

En outre le citoyen André Champville, caporal du 11ᵉ bataillon de la formation d'Orléans, dépose aussi contre le dit accusé :

« Lui avoir entendu dire, de même que quelques
» femmes de Vannes, pour mettre la terreur dans

» l'esprit des prisonniers, que tous ceux pris dans Qui-
» beron seraient fusillés, et qu'on travaillait tous les
» jours à faire des fosses ; avait dit que, puisque le
» complot qu'il avait proposé à Brocard n'avait pas
» réussi, il l'engageait à partir tous les deux. »

Deux jours après, 10 fructidor, Gesril du Paspeu était condamné à mort. (Comm. mil. Vannes, 8 et 10 fructidor, an III).

De même que La Gournerie, nous nous étions posé la question : pourquoi a-t-on attendu jusqu'au 10 fructidor, pour juger l'émigré Gesril ? Etant âgé de 28 ans, il n'était pas dans le cas de ceux qui avaient obtenu un sursis. Les procès-verbaux ne portent pas trace d'une comparution antérieure. D'autre part, il est certain que les locaux du *Père Éternel* n'étaient affectés qu'aux chouans et aux *prisonniers français*. Les détails, révélés par la découverte du complot, permettent de supposer que Gesril du Papeu, à l'exemple d'autres émigrés, a essayé de se faire passer pour *prisonnier français*, enrôlé de force dans le régiment d'Hector. — Dans l'enquête, il fut sans doute dénoncé par ses co-détenus comme émigré, noble et sous-lieutenant dans un régiment royaliste.

Lorsque nous serons au chapitre : *Prisonniers français*, nous citerons quelques interrogatoires, qui prouvent que l'état-major avait organisé, dans les lieux de détention, tout un système d'espionnage, ayant pour but la découverte des émigrés, qui cachaient leur identité. Nous mentionnerons ici un de ces interrogatoires : celui du nommé Etienne Micholan, de Gap, cuisinier au service d'un officier d'artillerie de l'armée royaliste.

Lorsque le Président lui demande *s'il ne connaît* pas encore quelques nobles ou émigrés, qui pourraient être dans le nombre des prisonniers qui sont au Père Éternel ; il répond :

« Qu'autant qu'il en avait connus, il les avait dénoncés

» au général Lemoine, que, lui 3ᵐᵉ, avait découvert
» l'horrible complot que plusieurs prisonniers avaient
» fait d'égorger les sentinelles et la garde, et ensuite
» s'évader. » (Vannes, 8 fructidor, an III. Com. milit.).

Micholan, qui avait probablement dénoncé Gesril du Papeu et d'autres émigrés, reçut la récompense de sa délation. La Commission militaire ne rendit pas de jugement contre lui. On lit en marge de son interrogatoire : *à examiner*. — Agé de 50 ans, et ayant deux de ses enfants au service de la République, il fut sans doute relâché, car son nom ne se trouve plus dans les pièces du dossier.

Joseph Brocard, accusé d'avoir été un des chefs du complot du Père-Eternel, avait déclaré, dans son premier interrogatoire du 26 thermidor, qu'il *n'avait jamais eu connaissance de ce complot*.

Quelques jours plus tard, il comparaissait de nouveau et, cette fois, à la question : « N'étiez-vous pas du complot qui avait été formé dans les prisons du Père-Eternel? Il répondait : *Oui, ayant été sollicité à différentes fois par plusieurs femmes de Vannes; ce complot était d'égorger la garde, de s'emparer de leurs armes et habits et aussitôt rejoindre les chouans.* »

La Commission ne rendit pas de jugement. En marge de l'interrogatoire se lit seulement : *examen aux prisons de la Ville*. On espérait probablement obtenir d'autres confidences.

Nous avions perdu la trace de cet individu plus que suspect, qui cachait son véritable nom et s'était approprié les papiers d'un autre, lorsqu'en feuilletant le registre de correspondance de la commune de Vannes, nous avons découvert qu'il s'était évadé, comme le témoigne la lettre suivante :

« 10 vendémiaire, an IV.
» La Municipalité au citoyen Chesnel,
» Nous vous renvoyons ci-joint copie de la décla-
» ration de la citoyenne Chevalier, veuve du concierge

» de la prison civile de Vannes, que le nommé Bro-
» card, fait prisonnier à Quiberon, *s'est évadé le 4 de*
» *ce mois*, afin que vous fassiez les suites nécessaires
» aux termes de la loi.

» Salut et fraternité. »   (Reg. corr. municip.)

Parmi les dames charitables de Vannes, qui apportaient, aux prisonniers, en outre des vivres, des nouvelles du dehors, se trouvaient Mme veuve Richet et Mlle de la Chasse, dont le frère était émigré ; elles furent dénoncées comme instigatrices du complot avorté du Père Eternel. En conséquence, elles furent arrêtées, le 25 fructidor an III, sur un mandat d'amener du juge de paix : *prévenues d'avoir excité des mouvements insurrectionnels, en la maison de détention du Père Eternel*, et emprisonnées à la Maison de Justice. Elles étaient violemment soupçonnées :

« D'avoir eu des conversations secrètes et particu-
» lières avec les prisonniers et notamment avec le dit
» Brocard, auquel elles ont dû donner le conseil de
» s'évader, en leur montrant l'angle du jardin du côté
» de la mer ; d'avoir dit à plusieurs prisonniers, dans
» le dessein de les porter à la révolte, qu'il était temps
» de prendre un parti ; que la garde était ivre tous les
» soirs ; qu'il leur était facile de la désarmer, de se
» rendre au village de Trussac, où ils eussent trouvé
» des personnes qui les auraient conduites sur la côte
» et de là à l'escadre anglaise ; que la garnison était
» occupée à creuser 3000 tombeaux pour les détenus ;
» qu'ils devaient se montrer et profiter du moment. »

Lorsque la veuve Richet avait appris qu'il s'était évadé 10 détenus du Père Eternel, elle s'était écriée :

« Tant mieux ! Ce sont des hommes de plus pour notre
» parti. »

Le tribunal criminel ne trouva pas les charges suffisamment prouvées. Mme Richet et Mlle de la Chasse déclarèrent, dans leurs interrogatoires, qu'en pénétrant dans les prisons, elles n'avaient jamais été mues que par des sentiments de charité. Elles opposèrent un démenti formel aux accusations et furent mises en liberté.

Dans les premiers jours de vendémiaire an IV, elles étaient de nouveau appréhendées au corps.

Sur ces entrefaites, dans une perquisition opérée au domicile du prêtre *Laventure*, ex-curé d'Arzon, réfractaire, on saisissait une correspondance, parmi laquelle était une lettre non signée, datée de Vannes, où il était dit, à propos du complot :

« On a trouvé une lettre qui est cause qu'on a
» surveillé de près les détenus. Un coquin, qui se
» disait noble, à qui on avait fait part du complot, a
» dénoncé Mlle de la Chasse et Mme Richette *(sic)*. Si
» la Commission militaire les eut jugées, c'était fait
» d'elles : ce sont des gens qui sont dignes d'être les
» disciples de Carrier. » (Reg. Corresp. Police générale. Rapport au ministre. Vendém. Germinal).

On remarquera l'expression : un coquin se disant noble.

S'agit-il de Brocard ? S'agit-il de Panou Deurbrouck ?

Dans la lettre du Département adressée au comité de Sûreté Générale, il est dit que la complicité des dames *Richet et La Chasse est attestée par le nommé Brocard et le procès-verbal de la Commission militaire établie à Vannes, renfermant une multitude de faits positifs.* Mais « une lettre anonyme n'est pas une preuve et nous ne pensons pas pouvoir les traduire devant les tribunaux. »

Les deux femmes finirent par être mises en liberté.

Le prêtre réfractaire Laventure a été un des agents les plus actifs de Puisaye. C'est lui qui le sauva du poignard des émigrés. En 1801, il avait fait sa soumission entre les mains du Préfet du Morbihan. Il se retira à Auray. Dénoncé comme s'étant permis de déblatérer contre la République, devant des élèves auxquels il donnait des leçons (Lettre du maire d'Auray, 5 juin 1801), il fut obligé de se disculper. Il répondit qu'on l'accusait à tort. « Je n'ai jamais prêché que la morale et les vérités de la religion. Des circonstances impérieuses m'ont déterminé à faire ma soumission. Le préfet m'en avait promis le secret. Puisqu'il vous en a donné connaissance, je vous prie de ne pas le divulguer..... Laventure. » (M. 1800-1801, Arch. Dép.).

Encombrement. — Epidémie. — Maladie des chouans.

Même avant l'arrivée, dans l'enceinte de Vannes, des prisonniers de Quiberon, les lieux de détention regorgeaient de malades.

Dès le 6 messidor, an III, la Municipalité annonçait qu'il y avait plusieurs malades à la *maison de justice*. Le directeur de l'hospice militaire refusait de les recevoir, de crainte de la contagion.

A partir du jour, où la descente des émigrés sur nos côtes fut connue, la ville de Vannes se vit forcée de fournir le logement à une masse considérable de troupes, qui se dirigeaient sur Quiberon.

Ainsi, le 13 messidor, l'autorité militaire invite la municipalité à préparer, pour la soirée, le logement de 8000 hommes. On en logera 4000 dans le couvent des Ursulines ; 400 au Père Eternel ; 200 à la Société populaire ; 3000 à l'hôpital St-Nicolas ; 600 dans l'église St-Pierre. Si le chiffre est dépassé, on utilisera l'église St-Salomon (Reg. de la municipalité).

Par suite de ces entassements successifs, le terrain se trouvait on ne peut mieux préparé pour l'explosion et la propagation d'une épidémie.

Du jour où l'arrêté du représentant Blad avait fait refluer sur la ville de Vannes cette énorme quantité de prisonniers, les administrateurs du Morbihan s'étaient préoccupés des conséquences. Nous avons cité de nombreux passages de leurs correspondances.

Le 16 fructidor, an III, le Directoire du département revenait à la charge et écrivait au représentant du peuple Mathieu :

« La garnison de Vannes paraît insuffisante pour la
» garde de ses nombreux détenus et pour celle des
» côtes de son district.
» L'impossibilité de trouver à Vannes un local vaste
» et couvert pour préserver les détenus, d'ailleurs dévorés
» de chagrins et exposés à la cruelle alternative d'un
» soleil brûlant et d'une nuit trop froide, fait craindre
» encore qu'une pluie fraîche et abondante ne vienne
» accroître les progrès de la mortalité, qui règne parmi
» ces malheureux.
» Si la politique autant que l'humanité exigent qu'on
» restitue des bras précieux à l'agriculture et à la liberté,
» des hommes qui peuvent être jugés innocents, la
» justice veut aussi, pour l'intérêt de la société, que le
» glaive de la loi frappe ceux qui seront reconnus
» coupables. » (Reg. corresp., 16 fructidor, an III).

Nous avons vu, par les rapports et correspondances des administrations locales, quelle énorme quantité d'hommes, militaires de toutes armes et prisonniers, on avait accumulée précipitamment dans la petite ville d'Auray, après l'affaire de Quiberon. A un moment, on comptait près de 7000 prisonniers (d'après une lettre déjà citée de l'agent national d'Auray à son collègue d'Hennebont).

Malgré des évacuations faites sur Vannes, à partir du 12 thermidor, il y avait encore, le 16 du même mois, 624 prisonniers dans l'église St-Gildas d'Auray ; 71 dans la chapelle de Notre-Dame ; 342 dans l'église du St-Esprit ; 28 à la prison et 500 dans une chapelle de St-Goustan. — En plus, on avait renfermé, dans le couvent des Capucins et ses dépendances, 3580 cultivateurs de l'arrondissement, qui avaient été capturés à Quiberon. — Total 5107.

L'encombrement des lieux de détention n'avait pas tardé à engendrer le typhus.

Les administrateurs de la petite ville, patriotes dévoués, signalèrent le danger en adressant plaintes sur plaintes à l'autorité militaire et au représentant du peuple Blad. Ils obtinrent enfin de celui-ci l'ordre d'évacuer sur Vannes 3000 prisonniers. Les jours suivants, les évacuations continuèrent. Le 5 fructidor, il ne restait plus à Auray que 300 malades ou condamnés à la détention pour quelques mois. (Lettre de l'agent national d'Auray à son collègue d'Hennebont). (Corresp. du district).

Mais à Vannes, les mêmes difficultés se présentèrent. On n'était guère mieux pourvu qu'à Auray. Il fallut distribuer ces milliers de malheureux dans les églises des Cordeliers, du Mené, des Jacobins, dans la maison de justice (Porte prison), dans les tours des remparts, dans les enclos des couvents des Ursulines et du Père Éternel, en ville même chez les particuliers. Les hôpitaux regorgèrent bientôt de blessés et de malades.

Dès le 15 thermidor, l'épidémie sévissait parmi les prisonniers détenus dans l'église des *Cordeliers*. Quelques-uns étaient morts. Les médecins Oillic et Blanchet demandaient qu'on transportât immédiatement les prisonniers valides au *Bivouac des Ursulines* ; ce qui fut décidé par la municipalité « en raison de l'insalubrité de cette église. » Les hommes de l'art demandent à l'état-major deux livres de poudre à canon pour désinfecter les locaux. (15 thermidor. Corresp. Municipalité).

Près de 3000 prisonniers, en majorité des cultivateurs, étaient parqués aux Ursulines « dans la partie de la prairie séparée du jardin ». Les malheureux y vivaient en plein air, exposés à toutes les intempéries, le jour sous un soleil brûlant, et la nuit, couchant sur le sol, à la belle étoile ; déguenillés, rongés de vermine, insuffisamment nourris et écrasés moralement. Les registres de la municipalité nous apprennent qu'on manquait de tout ; même des ustensiles de première nécessité, pour cuire les aliments. Et quels aliments ! du pain de qualité plus que médiocre et quelques rations de riz (8 onces de pain par jour et 6 onces de riz). (Lettre de la municipalité au Commissaire des guerres, le citoyen Chambon. — 15 thermidor an III).

Des *Cordeliers*, l'épidémie envahit les *Ursulines*. Le nombre des malades et la mortalité allèrent en augmentant. Les autres lieux de détention furent contaminés à leur tour. Les médecins chargés de visiter et de soigner les prisonniers n'épargnèrent pas leur peine et furent admirables de dévouement. Citons leurs noms : Oillic, Leray, Castaignet, Blanchet. Ce dernier contracta la maladie et mourut. (Blanchet, Jean-Jacques, docteur en médecine, âgé de 40 ans, né à Riantec, décédé le 7 vendémiaire, an IV., à onze heures du soir.) C'est évidemment de lui que parle, en termes si élogieux, Jacquier de Noyelle, dans ses mémoires, en l'appelant *le bon docteur*.

Le docteur Blanchet était membre du Directoire du district de Vannes, lorsque les émigrés firent leur descente à Quiberon. Le 24 messidor, il n'hésita pas à se démettre et à s'enrôler, comme chirurgien, dans l'armée des côtes de Brest.

Le 27 thermidor, la municipalité s'adresse au district : la mortalité continue ; il est impossible de trouver du fer et de l'acier pour faire les outils nécessaires aux fossoyeurs. (Reg. corr. munic.).

Cette pénurie d'outils s'explique par ce fait que, le mois précédent, l'état-major avait réquisitionné toutes *les pelles, pioches, barres de fer*, et les avaient expédiées au camp de Sainte-Barbe. (Lettre de Hoche au citoyen Champeaux. — 20 messid., an III).

C'est dans cette extrémité que le représentant Mathieu prit son arrêté du 20 fructidor, an III, qui ordonnait la mise en liberté de tous les cultivateurs prisonniers qui n'avaient pas encore été jugés par les Commissions militaires. Dans les deux quinzaines qui suivent, 2425 furent élargis et renvoyés dans leurs foyers. Les autres ne tardèrent pas.

Les malades restaient très nombreux. Le 20 fructidor, ils encombraient *la tour* de Clisson. Il fallut l'évacuer. Le personnel fut transféré au couvent des Ursulines, où le vide se faisait peu à peu, par la mise en liberté des détenus.

La Maison de Justice (Porte prison) avait de bonne heure été envahie par le typhus ; des décès avaient eu lieu. Le chirurgien Castaignet fut chargé de procéder au triage et au transport des prisonniers non contaminés, à la communauté *du petit couvent* (an III, 1er jour complémentaire). On peut se faire une idée de ce qu'eurent à souffrir ces pauvres prisonniers chouans renfermés dans le couvent des Ursulines, en lisant ce passage d'une lettre de la municipalité au commissaire des guerres :

« Les malades sont entre quatre murailles, couchés sur le plancher, sans matelas, sans paille, sans linge, sans couverture. Ils n'ont que du pain pour toute nourriture ; point de vin, point de bouillon, pas même d'infirmiers que nous ne pouvons leur assurer, sans leur procurer des vivres. » (Reg. corr. munic. Vannes. — 17 vendémiaire, an IV.)

Nous aurions été heureux de retrouver, aux archives municipales, les rapports que les médecins ont dû adresser aux administrateurs sur ces épidémies, mais toutes les liasses ont disparu.

Dans son compte-rendu au ministre de la police, du 6 germinal, an IV, l'agent national donne le tableau suivant :

MORTS DU 3 THERMIDOR, AN III, AU 23 PLUVIOSE, AN IV

En prison. . . .	43
A l'Hospice . . .	28
En Ville	10
Au Père-Eternel. .	5
Aux Ursulines . .	238
	324

Ces chiffres sont rigoureusement exacts. Nous les avons vérifiés nous-même sur les registres de l'état-civil de la mairie de Vannes. Chaque décès y. est inscrit avec la mention : *prisonnier chouan, décédé, en prison, à l'hôpital, aux Ursulines, au Père-Éternel, en ville.* Beaucoup de personnes malades avaient obtenu d'être soignées en ville, chez des parents ou des amis charitables.

L'épidémie fut à son apogée en fructidor et en vendémiaire (septembre et octobre). Ces deux mois entrent, à eux seuls, pour plus de 200 dans le chiffre de mortalité des prisonniers; et encore faut-il faire remarquer que, sauf deux ou trois exceptions, toutes les victimes appartiennent à la catégorie des chouans. C'est pour cette raison, sans doute, que l'épidémie reçut dans le public le nom de *maladie des chouans.* Nombre de militaires et d'habitants de la ville succombèrent à leur tour.

A Auray, grâce aux promptes évacuations, la mortalité fut beaucoup moindre. Le registre de l'état-civil n'a inscrit qu'une trentaine de décès, presque tous de chouans, décimés par l'épidémie, au couvent des *Capucins.*

Dans une lettre, adressée au ministre de la police générale, le Département fait un tableau de la situation :

« 3 germinal an IV.

» Il fallut trouver de vastes magasins pour y déposer
» les approvisionnements immenses dont nos ennemis
» nous avaient enrichis. On choisit la ci-devant Cathé-
» drale, et, pendant ce temps-là, le culte fut célébré
» dans la chapelle de l'Hospice de la Garenne.

» Lors de la prise de Quiberon, il fut fait environ
» 8000 prisonniers, indépendamment de ceux que les
» Anglais eurent la lâcheté de nous livrer ensuite.

» L'administration prit des mesures pour les séparer
» dans divers endroits. On en laissa une partie à Qui-
» beron, l'autre à Auray. Le reste fut conduit à Vannes.

» On était alors dans la chaleur de l'été. Les plus

» grandes précautions furent prises pour diminuer les
» inconvénients qui résultent nécessairement de la réunion
» d'un grand nombre d'hommes. On les renferma dans
» les vastes enclos des ci-devant Ursulines et du Père
» Eternel. On y éleva des tentes. On établit un hospice
» pour les malades. Quelques-uns même furent admis
» aux hospices de la République. Des membres de
» l'administration faisaient, dans ces deux locaux, des
» visites journalières. Des officiers municipaux présidaient
» eux-mêmes, avec un zèle que l'amour du devoir peut
» seul inspirer, à la préparation et distribution des ali-
» ments. Plusieurs de ces détenus étaient blessés ; les
» autres, maltraités par les émigrés, ayant éprouvé, à
» Quiberon, la faim, la soif et toutes les rigueurs des
» premiers besoins, en avaient apporté le germe d'une
» maladie cruelle, qui se développa, malgré toutes les
» précautions qu'on prit pour l'étouffer... » (Corr. du
dép. Germinal an IV).

Toutes les calamités fondaient à la fois sur cette pauvre ville de Vannes : disette de vivres ; manque de bois de chauffage et de paille ; absence de numéraire : dépréciation des assignats ; le typhus décimant la population ; la chouannerie aux portes de la ville, menaçant d'y entrer chaque jour ; et, par surcroît, les déprédations et les actes de violence de toute sorte, exercés par une soldatesque indisciplinée, livrée aux plus mauvais instincts. A tout instant, la municipalité reçoit des plaintes ; elle les transmet à l'autorité militaire, fait saisir et incarcérer les délinquants, lorsqu'on parvient à les découvrir. Les soldats, mal nourris, misérablement vêtus, et fréquemment privés de solde, se croient tout permis. — Un fusilier du 10e bataillon du Var avait été jusqu'à dire, en pleine municipalité, qu'il avait le droit de piller, parce que « le département lui paraissait une seconde Vendée ». Le désordre était poussé à un tel point qu'il avait fallu faire bivouaquer les troupes en dehors de la ville. Un camp était formé à la Madeleine, sur la route d'Auray ; un autre sur la route de Rennes. Les habitants de Vannes se trouvaient ainsi moins exposés, mais les campagnes restaient sans protection. Une nuit, les chouans pillaient les demeures. La nuit suivante c'était la colonne mobile qui, sous prétexte de patrouille, entrait dans les villages et faisait main basse sur les provisions des malheureux paysans, qu'on maltraitait. On remplirait un volume des réclamations et des plaintes adressées par les municipalités, par les districts et par le département aux autorités militaires. Les prisons étaient pleines de soldats coupables. Les conseils de guerre faisaient des exemples, en condamnant les délinquants ; mais le plus grand nombre restaient impunis.

Tristes conséquences d'un état de guerre civile, que ralluma la fatale expédition de Quiberon ; et que ne cessa d'entretenir le gouvernement anglais par ses débarquements d'émigrés sur nos côtes et ses envois d'armes et de numéraire !

A partir de la fin de mars 1796 (germinal an IV), il n'y avait plus, dans les prisons, d'émigrés ni de chouans, de ceux qui avaient été pris à Quiberon. Toutes les Commissions militaires, chargées de juger les prisonniers, avaient cessé leurs fonctions. Le général Lemoine était déplacé et le fameux bataillon du Var quittait la ville, en laissant après lui les plus déplorables souvenirs de son indiscipline et de ses excès. Le général Hoche continuait son œuvre de pacification générale. Les principaux chefs de chouans du Morbihan, D'Allègre, De Sol, De Sils, Cadoudal lui-même n'allaient pas tarder à faire leur soumission. — Ce dernier se retirait chez son père, au village de Kerleano, et promettait son concours aux autorités, comme le constate la lettre suivante du citoyen Laumaillier, commandant de l'arrondissement de la place au citoyen Faverot, commissaire du pouvoir exécutif du département :

« Citoyen, d'après votre décision, j'ai renvoyé le chef chouan Georges Cadoudal à son domicile, qu'il m'a dit être peu distant d'Auray. J'ai prévenu de ce renvoi le citoyen Bonté, commandant l'arrondissement d'Auray, en le priant de surveiller le sujet, qui a promis d'employer tous ses soins à la rentrée des marins dispersés dans les campagnes.....

» Salut et fraternité.

» LAUMAILLIER. »

Vannes, — 3ᵉ jour complém. an IV. — (1796, sept.)

Cette pacification de l'an IV, qui fut l'œuvre de Hoche, ne devait pas avoir, dans le Morbihan, beaucoup plus de durée que celle de l'an III. L'Angleterre, excitée par les Princes et par Puisaye, persistait dans ses projets contre la France. Les débarquements d'émigrés, d'armes et d'argent continuant, les chefs chouans que nous avons nommés plus haut n'allaient pas tarder eux-mêmes à rompre leurs engagements et à recommencer la guerre civile.

CHAPITRE III

LES COMMISSIONS MILITAIRES

Le soir même du 3 thermidor, après la défaite des émigrés, les représentants du peuple, Blad et Tallien, en arrivant à Vannes, prenaient l'arrêté suivant, dont nous trouvons une expédition certifiée conforme, dans la liasse 761, de la série L. (Arch. dép. du Morbihan).

« Vannes, le 3 thermidor, an III.
» Les représentants du peuple, membres du Comité
» de Salut public, envoyés extraordinairement dans les
» départements de l'Ouest ;
» Considérant combien il est important de statuer
» sans délai sur le sort des prisonniers faits dans la
» prise du fort Penthièvre et dans les autres parties
» occupées par les armées de la République,
» Arrêtent qu'il sera sur-le-champ nommé une Com-
» mission militaire, à l'effet de juger, conformément à
» la loi du 25 brumaire, an III, les émigrés, chouans
» et autres individus vaincus ce jour par l'armée de la
» République aux ordres du général Hoche, qui est
» chargé de nommer les membres qui doivent compo-
» ser la dite Commission.
» Signé : BLAD et TALLIEN.
» Pour copie conforme, signé : HOCHE.
» Pour copie conforme, le Général comm. la division :
» L. LEMOINE. »

D'où vient que la Commission militaire ne fut pas nommée immédiatement ? La raison en est simple.

Le nombre des prisonniers était considérable, plusieurs milliers. Il fallait du temps pour constater les identités. Comme opération préalable, on devait faire un classement et séparer les vrais coupables (les émigrés et les chefs chouans) de ceux qui l'étaient à un moindre degré, comme les prisonniers français et la multitude des cultivateurs, auxquels on avait mis, de force, les armes à la main.

En effet, le 5 thermidor, le représentant Blad prenait un deuxième arrêté :

« Vannes, le 5 thermidor, an III.

» Les représentants du peuple..... en conséquence
» de leur arrêté du 3 de ce mois, portant création
» d'une Commission militaire pour, conformément à la
» loi, juger les prisonniers faits le même jour, dans la
» presqu'île de Quiberon ;
» Arrêtent que la dite Commission aura à prononcer
» sur les classes d'individus ci-après, savoir :
» Tous les ci-devant nobles, indistinctement, émi-
» grés ou non émigrés, pris dans la presqu'île ;
» Tous les ci-devant évêques, prêtres et moines ;
» Tous les habitants de Toulon, émigrés lors de la
» reprise de ce fort sur les Anglais ;
» Tous les cultivateurs revêtus de l'uniforme des
» chouans.

» Signé : BLAD.
» Pour copie conforme, le général en chef : HOCHE.
» Pour copie conforme, l'aide de camp : GUIGNON. »
(L. 761, arch. départ.)

On a écrit que le général Hoche avait retardé intentionnellement l'exécution de l'arrêté des représentants du peuple, et qu'en opposition avec eux, il s'était empressé de quitter les lieux. La chose est racontée dans un opuscule anonyme, intitulé : Quiberon, nouvelles morbihannaises (publié à Vannes en 1829).

Chasles de Latouche a développé le même thème, en 1838.

Tous ces récits, qui ne s'appuient que sur de

vains racontars, sont en contradiction flagrante avec les documents authentiques. Le rôle qu'on prête à Hoche ne cadre, ni avec ses propres idées, ni avec son caractère. Rien de plus significatif que sa correspondance. Chez lui l'amour de la patrie et la haine de l'étranger excluaient toute intervention en faveur des émigrés, alliés des Anglais, dont la tentative criminelle avait échoué sur la plage de Quiberon.

Hoche, en arrivant à Vannes, dans la nuit du 3 thermidor, en compagnie des représentants du peuple Blad et Tallien, avait contre-signé leur arrêté, portant création d'une Commission militaire, *pour juger les émigrés conformément aux lois.*

En partant de Vannes, le 5 thermidor, il contre-signait également le deuxième arrêté de Blad, qui réglait le mode d'opérer des Commissions, au sujet des diverses catégories de prisonniers.

Le même jour, Hoche visitait Quiberon, où il avait à donner des ordres au général Lemoine, qu'il allait nommer commandant de toutes les troupes du Morbihan, en remplacement du général Josnet.

Le 6 thermidor, il est à Landevant, d'où il écrit au représentant Guezno :

« Je vous fais passer, citoyen, un exemplaire des relations des affaires du 28 messidor et 3 thermidor. Vos collègues Blad et Tallien, présents à la dernière, ont pris des arrêtés relatifs aux prisonniers faits dans cette journée ; et bientôt la Commission militaire, qui sera demain en activité, *fera justice des conspirateurs qui se trouvent parmi eux.* » (Arch. de Kernus).

Hoche, qui a reçu des nouvelles inquiétantes des Côtes-du-Nord, réunit 2000 hommes de ses meilleures troupes, qui avaient combattu à Quiberon, et se dirige à marche forcée vers St-Brieuc, en passant par Baud et Pontivy. Il s'agit de poursuivre et d'anéantir *l'armée rouge*, c'est-à-dire les chouans de Tinteniac, de Pont-Bellanger et de Cadoudal, qui appellent une nouvelle descente des Anglais. Tinteniac fut tué ; Pont-Bellanger obligé de fuir, et Cadoudal forcé de battre en retraite, ramena à grand peine dans le Morbihan les débris des colonnes rebelles, qui se dispersèrent, comme avait fait la division de Jan-Jan, dans le Finistère.

De retour, Hoche apprenant qu'on exploitait contre lui le bruit d'une prétendue capitulation, faisait publier par un journal de Rennes la lettre de Sombreuil, et protestait contre les insinuations qu'elle contient. « J'étais à la tête de 700 grenadiers qui prirent Sombreuil et sa division. Aucun soldat n'a crié que les émigrés seraient traités comme prisonniers de guerre ; ce que j'aurais démenti sur-le-champ ».

Rien de plus catégorique. (Lettre à Fairin, du 16 thermidor.)

Le général Lemoine, nommé par Hoche au commandement du Morbihan, s'était empressé, en arrivant à Vannes, d'informer de sa nomination le Directoire du département, par une lettre en date du 7 thermidor. C'est à lui que devait incomber la tâche de procéder à l'installation des tribunaux militaires, chargés de juger les prisonniers, conformément à la loi et en vertu des arrêtés des représentants du peuple.

Les patriotes des villes, toujours en éveil, commençaient à se plaindre des atermoiements qu'on apportait à l'exécution de la loi. Pourquoi les Commissions n'entraient-elles pas en fonction ? — Est-ce que l'émigration avait désarmé ? Est-ce que la flotte anglaise n'était pas toujours dans les eaux de Quiberon ? Est-ce que Puisaye et son état-major n'étaient pas dans l'île de Houat avec les débris de leurs régiments ? Est-ce que les bandes de chouans, qui tenaient la campagne, n'attendaient pas l'arrivée du comte d'Artois avec de nouvelles troupes ? Charette venait de reprendre les armes en Vendée ; et la frontière qu'il fallait défendre !

Dès le jour même de la défaite des émigrés à Quiberon, les officiers municipaux de Vannes s'étaient réunis en séance. Un membre de l'Assemblée avait fait observer « qu'il serait du plus grand intérêt pour la chose publique et pour l'exemple à donner aux chouans et aux rebelles, que les prisonniers faits à Quiberon, de la commune de Vannes et environs, fussent exécutés à Vannes. »

« L'assemblée arrête :

» Qu'il sera écrit à l'Administration du département à l'effet d'obtenir de qui de droit que les particuliers de Vannes et environs, qui se trouvent sous le coup de la loi, soient transférés à Vannes pour y être exécutés »

3 thermidor, an III

Mahé, procureur syndic.	Chauvin.
Peniguel, maire.	Dubodan, neveu.
Tourmente.	Lamour.
Nail.	Chatel.
Lemeute.	Janin.
Menard.	Leray.

Deux jours après, la même municipalité écrivait à Blad, le 5 thermidor, pour qu'on jugeât au chef-lieu les rebelles originaires de Vannes. Ils demandaient également qu'ils soient exécutés « *sous les yeux de leurs concitoyens.* »

Vannes, le 5 thermidor, an III.
Les municipaux de Vannes aux administrateurs du département :

« Frères et amis, c'est ici que le crime le plus
» affreux a été commis ; le lâche complot d'abandonner
» les drapeaux de la liberté a été conçu et exécuté dans
» l'enceinte de nos murs. Les patriotes crient vengeance.
» Non, vous ne permettrez pas que de vils esclaves
» reçoivent dans une cité étrangère le châtiment de leurs
» crimes. C'est à Vannes, c'est dans la ville qui les a
» vus naître, c'est dans une cité dont le patriotisme,

» souvent révoqué en doute par ses agitateurs, s'est
» conservé énergique et pur, qu'ils doivent expier leur
» déloyauté.
  » Nous vous invitons, frères et amis, à faire tout ce
» qui sera en votre pouvoir pour que les habitants de
» cette ville qui se sont réunis aux chouans, punis sous
» les yeux de leurs concitoyens, servent à jamais d'exemple
» à une jeunesse malheureusement trop aisée à séduire.
  » Salut et fraternité.

» Mahé, procureur de la Commune; Peni-
» guel, Maire; Nail.; Dubodan, neveu;
» Gobbé; Chauvel. »

(Pol. gén. L. 259. départ. arch. départementales.)

Le même jour, le Directoire du département s'était adressé aux représentants Blad et Tallien :

« 5 thermidor, an III. — Vannes.
» L'esprit de parti a tellement égaré les imaginations
» que plusieurs personnes doutent ou feignent de douter
» de la prise de Quiberon ; ou elles annoncent du moins
» qu'on craindrait de faire aux rebelles l'application de
» la loi. Ces suggestions qui se répandent jusque dans
» cette commune même, seront à plus forte raison
» répandues dans les campagnes. Elles sauraient au
» contraire que le règne de la loi est arrivé si le supplice
» de quelques-uns de leurs séducteurs obtenait la plus
» grande publicité ! »

Le jour même de l'arrivée du général Lemoine à Vannes, l'administration du département prenait un arrêté longuement motivé. Le Directoire avait été informé que la surveillance exercée sur les prisonniers était insuffisante. Plusieurs centaines de chouans s'étaient évadés.

« A Auray, les émigrés n'étaient pas soumis à une
» surveillance aussi exacte que la sûreté publique l'exige ;
» plusieurs ne sont pas détenus, puisqu'ils communiquent
» librement avec les personnes du dehors ; on en voit
» journellement se répandre dans les rues d'Auray ; Som-
» breuil, l'un des principaux chefs des émigrés, est même
» pour ainsi dire, sur parole, logé à l'auberge du *Pavil-
» lon d'en Haut* à Auray. »

Le triage des prisonniers n'étant pas fait, « des

» émigrés sont confondus avec les prisonniers français,
» armés forcément en Angleterre par la perfide lâcheté du
» gouvernement britannique..... Les maisons et édifices
» servant à la détention ne sont pas suffisamment gardés.

» Il y a plus, des citoyens de Vannes ont conversé
» avec des émigrés détenus qui prétendent se soustraire
» à la peine que la loi prononce contre eux ; ils fon-
» dent cet espoir sur la supposition d'une promesse,
» qu'ils disent leur avoir été faite par le général en
» chef à Quiberon...., lorsqu'il est au contraire prouvé
» qu'ils n'ont déposé leurs armes que lorsqu'ils se sont
» vus sans moyen de résistance.... »

Le Directoire était également informé qu'on répan-
dait publiquement à Auray, et à Vannes, le bruit « que
» les émigrés et leurs complices ne seraient pas punis ;
» que par d'insidieux propos, qu'on tient ouvertement,
» on s'efforce même de faire attribuer à quelques mili-
» taires, dont on voudrait par là flétrir la gloire, en
» atténuant leur amour pour la patrie, et leur attache-
» ment au gouvernement républicain ; on cherche à
» apitoyer les citoyens sur le sort de leurs plus cruels
» ennemis. »

Le Directoire ajoute :

« Tous les patriotes réclament la plus prompte exé-
» cution de la Loi. »

Séance tenante, un arrêté fut pris :

« Vu un écrit, remis au Directoire et souscrit indi-
» viduellement par plusieurs citoyens de Vannes, lesquels
» dénoncent les mêmes faits...

» Considérant que les faits ci-dessus dénoncés sont
» de la plus haute importance et de nature à exciter
» toute la sollicitude de l'administration ;

» Considérant que l'existence prolongée des émigrés
» et de leurs complices sur le territoire français, qu'ils
» ont souillé par leur présence et par leurs crimes, est
» un outrage fait à la loi ;

» Vu les lois des 9 octobre 1792 ; 18, 23 et 28 mars,
» 13 septembre 1794 ; 29 et 30 vendémiaire an III ;
» 25 brumaire an III, etc., auxquelles on pourrait joindre
» toutes les lois relatives aux crimes et attentats contre
» la patrie, aux meurtres et assassinats, à la fabrication
» et distribution de faux assignats, puisqu'ils avaient
» apporté des tonnes de cette monnaie falsifiée...

» Arrête ce qui suit, après avoir entendu le procu-
» reur syndic : 1° L'état-major de la 5ᵉ division de
» l'armée des côtes de Brest... est requis, sous sa res-
» ponsabilité, de faire exécuter de suite l'article 7 de
» la loi du 25 brumaire an III.
» En conséquence, de nommer une Commission mili-
» taire, qui sera chargée de juger les émigrés, etc.
» 2° Toute communication de l'extérieur avec les
» détenus..... sera sévèrement interdite.
» 3° Tous ceux des émigrés, chouans ou leurs com-
» plices, pris à Quiberon, et qui ne seraient pas actuel-
» lement en détention, y seront à l'instant rétablis.
» 4° et 5° Réquisition aux chefs de corps et com-
» mandants de la force armée, à la municipalité et au
» district d'Auray d'exercer jour et nuit une surveillance
» particulière sur les locaux de détention.
» 7 thermidor, an III.
» Les membres de l'administration du Morbihan. »

Le Directoire adressait immédiatement une copie de son arrêté au représentant Blad :

« Nous vous remettons ci-joint expédition d'un arrêté que nous avons pris, ce jour, relativement aux prisonniers faits à Quiberon. Les motifs y sont développés. Vous les jugerez. Le principal est la fermentation qui se manifestait dans l'armée et parmi les patriotes. La conduite qu'on tient vis-à-vis de ces personnes est loin d'être dans vos principes, d'après ce que vous nous avez dit vous-même, et nous sommes persuadés que vous ne verrez dans cet acte qu'une preuve de notre entier dévouement à faire respecter la loi.

Salut et fraternité.

(Corresp. dép. Reg.) Vannes, le 7 thermidor, an III. »

Le lendemain (8 therm.), les administrateurs du Morbihan revenaient à la charge, en écrivant au représentant du peuple, pour solliciter la mesure suivante ;

« Détacher quelques-uns des plus grands coupables,
» et ceux qui ont marqué davantage parmi nos féroces

» ennemis, pour les faire exécuter dans le chef-lieu
» du département. On pourrait même y joindre ceux
» des lâches déserteurs de Vannes, qui avaient aban-
» donné cette commune pour se joindre aux assassins
» de l'intérieur et qui se sont réunis ensuite aux
» émigrés dans Quiberon ; ceux qui étaient, dans ce
» département, chefs ou membres du conseil des chouans
» ou qui avaient organisé la révolte ; enfin les ci-devant
» nobles qui habitaient les environs de cette commune
» avant leur émigration. Cette demande de notre part
» est fondée sur des considérations politiques, qui nous
» paraissent très importantes... » (Reg. cor. du départ.).

Dès la veille, le général Lemoine avait écrit aux administrateurs du district d'Auray, pour leur demander de lui faire parvenir le texte de loi « qui détermine le mode de formation de la Commission militaire, c'est-à-dire le nombre des membres qui doivent la composer et dans quels grades ils doivent être pris. » La lettre se termine ainsi : « Faites-moi, je vous prie, passer cette loi sur-le-champ, *afin que je puisse vous débarrasser promptement.* »

Salut et fraternité,   L. LEMOINE.

(L. 823, arch. Morbihan).

Aussitôt la réponse reçue, le général Lemoine, d'accord avec le représentant Blad, nommait deux Commissions militaires, l'une à Auray, l'autre à Quiberon, qui allaient inaugurer leurs séances le lendemain 9 thermidor (27 juillet 1795). La première était présidée par le citoyen Raimond Barbaron, chef du 1ᵉʳ bataillon de la Gironde ; la 2ᵉ par le citoyen Arthur Dinne, chef du 2ᵉ bataillon de tirailleurs.

Conseil des chouans

On a vu, plus haut, que, dans une lettre au représentant du peuple Blad, les administrateurs du Département demandaient que *les membres du Conseil des chouans* soient, après condamnation, exécutés au chef-lieu (on les croyait, à tort, prisonniers). Quels étaient-ils ? Nous en avons trouvé les noms sur une feuille volante, au milieu des papiers des Commissions militaires :

« *Membres du conseil central des chouans du Morbihan* : l'abbé Boutouillic, président ; Cadoudal ; des Prêtres ; Tous les chouans sortis de la commune de Vannes ; La Landelle ; Belle ; Guillot ; Jan-Jan ; Bonfils ; Plessis, ex-recteur de Plouharnel ; Rolland, curé de Mendon ; Auffret, prêtre de Theix ; Ruault, prêtre d'Elven (ces trois derniers formant le conseil du canton de Muzillac).

» *Suppléants* : Foucault ; Le Perderel ; Lorho, secrétaire ; Du Chelaz.

» Ces hommes, ainsi que les officiers émigrés et prêtres, doivent subir leur jugement à Vannes par invitation du Département.

» Pour copie conforme, signé : HOCHE.

» Pour copie conforme : le général commandant à Quiberon : LEMOINE. »

Aucun de ceux dont les noms sont inscrits sur la feuille volante, sauf La Landelle, n'était parmi les prisonniers de Quiberon. Répandus bientôt dans le Morbihan, ils allaient recommencer la chouannerie.

Les rebelles de l'intérieur, augmentés bientôt des débris de l'armée rouge, que Cadoudal allait ramener dans le Morbihan, comptaient toujours sur un nouveau débarquement des Anglais.

Trois jours après la défaite de Quiberon, les bandes de Jan-Jan et de Lantivy se reconstituaient dans les régions du Faouët, Guémené, Plouay, etc. Un chef de canton, Duchelas, surnommé *la Couronne*, écrivait à un autre chef de chouans la lettre suivante :

« Je viens à l'instant de recevoir l'ordre de rassem-
» bler les royalistes du canton, pour demain samedi. En
» conséquence, Monsieur, quelque bref que soit le délai,
» je vous prie de mettre la plus grande célérité à ras-
» sembler votre compagnie et vous trouver avec elle au
» bourg de Croixty, où vous trouverez les compagnies
» de Saint-Tugdnal, Langonet, auxquelles vous vous
» réunirez au rendez-vous général.

» Il est ordonné à chaque soldat de se munir de
» vivres pour trois jours. Qu'ils soient exacts sur cet
» article.
» La Couronne, chef de canton. »
(24 juillet 1795, l'an 1ᵉʳ du règne de Louis XVIII. — Original. L. 886, District de Faouët, Arch. dép.).

Autre lettre, écrite par *La Couronne*, à M. Leclech, capitaine royaliste à Langonet :

« Je reçois aujourd'hui une lettre du *Conseil*, qui
» m'annonce que l'escadre anglaise est toujours en vue
» de Quiberon ; qu'elle est renforcée considérablement.
» On présume que c'est l'armée de M. Moyra. On espère
» un second débarquement. Les troupes républicaines,
» qui avaient quitté la côte, y sont revenues en grande
» hâte, ainsi que leur artillerie. Nous espérons avoir des
» nouvelles plus positives dans quelques jours.
» La même lettre du Conseil me prévient que les
» républicains ont habillé en rouge quelques bataillons
» des leurs. Cela vous indique assez les précautions que
» vous avez à prendre. Il est de plus ordonné de sur-
» veiller exactement les voyageurs et toute personne qui
» n'est pas parfaitement connue ; de prendre garde aux
» espions, etc. Tâchez de vous procurer des renseigne-
» ments sur les forces du Faouët.
» Votre très humble,
» Signé : La Couronne, chef de canton.
» En note : Leclech est un notaire de Langonet. »
(Police générale, L. 262, Département.

Diverses catégories de prisonniers
Lieu des séances des Commissions militaires

Durant les cinq jours qui s'écoulèrent entre la victoire du 3 thermidor et l'entrée en séance des premières Commissions d'Auray et de Quiberon, il avait fallu procéder à un recensement des prisonniers. Autant que possible, on plaça les émigrés reconnus ensemble. Les autres furent répartis en plusieurs catégories. Les chefs émigrés furent renfermés dans l'ancienne église du Saint-Esprit, transformée en prison.

Les Commissions militaires, instituées en vertu de l'arrêté des représentants du peuple Blad et Tallien, en date du 3 thermidor, siégèrent à Auray, à Quiberon, à Vannes, à Hennebont et à Port-Liberté, concurremment ou successivement.

Chacune des Commissions fut composée d'un chef de bataillon (Prés.); d'un capitaine, d'un lieutenant, d'un sous-lieutenant, d'un sergent et d'un caporal.

Les fonctions de secrétaire-greffier étaient dévolues à un caporal-fourrier ou à un quartier-maître.

Elles avaient pour mission de juger, conformément aux lois, tous les individus faits prisonniers dans la presqu'île de Quiberon. Le nombre en était considérable et montait à plusieurs milliers.

Après la victoire, on s'était empressé de mettre en liberté au moins 3.000 personnes, vieillards, femmes et enfants, qui avaient fui les champs de bataille et que les belligérants avaient poussés devant eux jusqu'au fond de la presqu'île. D'autre part, quelques émigrés et un grand nombre de chouans s'étaient échappés durant le parcours nocturne de Sainte-Barbe à Auray. Ces défalcations faites, il restait encore de 6 à 7000 prisonniers qui allaient subir la captivité en attendant leur jugement.

Le surlendemain de la défaite (5 thermidor) le général Hoche entrait dans la salle du *Directoire* du département à Vannes, à 10 heures du matin et donnait aux administrateurs les chiffres suivants :

Faits prisonniers à Quiberon		
	Officiers émigrés	278
	Soldats émigrés	260
	Toulonais	492
	Prisonniers français	1.632
	Chouans	3.600

(Addit. aux détails sur l'affaire de Quiberon, 5 thermidor, an III. Reg. corr. départ.)

Les prisonniers.

Au point de vue de la culpabilité, les prisonniers se décomposaient en plusieurs classes.

1° Les émigrés notoires, la plupart appartenant à la noblesse, dont un grand nombre étaient d'anciens officiers de l'armée de terre et de marine, auxquels s'ajoutaient une vingtaine d'ecclésiastiques, et Mgr de Hercé, évêque de Dol.

Convaincus d'émigration et pris dans des rassemblements armés sur le territoire de la République, ils tombaient sous le coup de la loi du 25 brumaire an III, qui les condamnait à mort.

2° Les soldats et marins de la République qui, pour des raisons diverses, avaient *déserté* leurs corps et s'étaient enrôlés dans les cadres royalistes. Ils devaient être également jugés par la Cour martiale et fusillés. (Loi de Prairial et loi de Brumaire).

3° Les chouans, parmi lesquels il y avait à distinguer ceux qui avaient quitté volontairement leurs communes avec l'intention de combattre directement les troupes républicaines et ceux qui avaient été arrachés de force de leurs foyers et poussés, malgré eux, dans la presqu'île de Quiberon, où on les avait armés et habillés de rouge. — Parmi ces derniers, quelques-uns devaient être punis d'une détention de 2 à 4 mois ; les autres acquittés et mis en liberté.

4° Les individus de nation étrangère, qui s'étaient enrôlés dans l'armée des émigrés; ceux-là étaient prisonniers de guerre et restaient détenus jusqu'à la paix.

5° Un très grand nombre de militaires ou de marins français qui, faits prisonniers par les ennemis, avaient été incarcérés pour la plupart dans les cachots d'Allemagne ou sur les pontons anglais. Ils ne s'étaient engagés dans le corps des émigrés que pour se soustraire à la misère et aux mauvais traitements, conservant l'espoir qu'une fois sur le sol de France, ils trouveraient l'occasion de s'échapper. Tous ces malheureux devaient passer en jugement et être acquittés — on en comptait près de 3000, en y comprenant environ 500 Toulonais.

Entre l'arrivée des prisonniers à Auray, le soir du 3 thermidor, et l'entrée en séance de la première Commission militaire, il s'était écoulé cinq jours. On a vu, au chapitre précédent, les divers incidents qui signalèrent ces cinq jours, et par suite de quelles circonstances le représentant Blad et l'autorité militaire se déterminèrent à nommer deux Commissions, l'une à Auray, l'autre à Quiberon.

Les procès-verbaux des Commissions militaires et la tradition nous renseignent exactement sur les locaux où elles ont siégé.

A Auray, les Commissions militaires tinrent leurs séances, soit dans la *salle du tribunal civil* (au-dessus des halles), soit dans la chapelle de la congrégation des hommes, rue du Lait. Les deux locaux existent encore. On accède au premier par un large et vieil escalier en bois d'une architecture originale, dont la photographie a été souvent reproduite, notamment dans le magnifique album de Robuchon. Sombreuil et l'évêque de Dol ont monté et descendu les marches de cet escalier, dans l'après-midi du 27 juillet 1795 (9 thermidor, an III).

A Vannes, le siège habituel des Commissions a été la *salle de la société ou club populaire* (dans le bâtiment du Presidial). Depuis on y a construit une salle de théâtre dont l'entrée est rue des Halles. Elles ont aussi siégé dans un salon du 1ᵉʳ étage de l'hôtel *Gouvello* (actuellement hôtel de Limur, rue Thiers).

Une Commission a tenu ses séances dans une salle de la *maison commune* (ancienne Mairie). Enfin, par exception, une autre Commission a fonctionné au couvent de la Retraite (ancien tribunal aujourd'hui démoli).

A Quiberon, deux Commissions militaires seulement ont été en exercice, et non trois comme l'avance à tort l'abbé Le Garrec, sur la foi de La Gournerie.

La première Commission (Président Dinne) a siégé au bourg de Quiberon même, dans une chambre du presbytère (les 12, 13, 17 et 23 thermidor) puis au village de Ker-David, maison Rochonvillé (les 9, 10, 15, 16, 17, 19 thermidor).

La maison Rochonvillé (actuellement maison Jourdan) avait d'abord servi de quartier général à Puisaye. Après la défaite des émigrés elle devint le quartier général de l'Etat-Major républicain.

La deuxième Commission militaire de Quiberon (Président Dubois) a tenu ses audiences au village de Keraude, maison Le Toullec (du 14 au 18 thermidor).

Quant aux Commissions militaires d'Hennebont et de Port-Liberté, les procès-verbaux ne spécifient pas dans quel local elles ont siégé.

Première Commission militaire d'Auray.

A peine entrées en fonction, le 9 thermidor (27 juillet), les Commissions militaires virent surgir des difficultés. On s'était, dans le public, apitoyé sur le sort des malheureux vaincus. Les portes des prisons étaient continuellement encombrées d'une foule de parents, pères, mères, épouses, enfants, qui imploraient la liberté des membres de leurs familles. Les dames de la bourgeoisie et les femmes du peuple rivalisaient de zèle pour apporter aux prisonniers des vivres et des consolations. Les militaires eux-mêmes, les combattants de Quiberon, s'étaient adoucis en prenant contact avec cette multitude d'infortunés, et beaucoup sans doute n'auraient pas demandé mieux qu'on en restât là. Du reste, le bruit n'avait pas tardé à se propager que les émigrés auraient la vie sauve, parce que, disait-on, des promesses avaient été faites. On prononçait même le mot de capitulation. Nous avons donné, au chapitre précédent, les délibérations et les correspondances des municipalités, des districts et du département, qui sont significatives.

La première Commission militaire d'Auray, nommée par le général Lemoine, en vertu de l'arrêté de Blad et Tallien, était sous cette impression, lorsqu'elle inaugura sa première séance, dans la salle du tribunal civil.

Cette Commission était composée ainsi qu'il suit :

Raymond Barbaron, chef du 1er bataillon de la Gironde, président ; Ducarpe, capitaine au dit bataillon ; Moysey, lieutenant au 1er bataillon du 8e régiment d'infanterie ; Bouvet, sergent-major au 1er bataillon des 83 départements, et Pierre Cunit, caporal au même bataillon : Hamon, secrétaire.

C'est devant cette première Commission d'Auray que comparurent 17 prisonniers, parmi lesquels étaient Monseigneur de Hercé, évêque de Dol, et le comte de Sombreuil.

Un seul fut ajourné (le maître d'école Lelièvre). Les 16 autres furent condamnés à mort.

Le procès-verbal n'indique pas l'heure à laquelle la Commission a ouvert sa séance. Ce fut sûrement *à une ou deux heures de l'après-midi.*

Dans sa lettre, datée de Vannes, 11 thermidor, adressée au Comité de salut public, le représentant du peuple Blad l'informe « que la Commission créée et nommée en vertu de l'arrêté du 3 du mois, est entrée en activité *le 9 après-midi.* Elle a jugé et condamné à la peine de mort, conformément aux lois, les individus compris dans le jugement dont copie est jointe... » (Arch. de la Guerre).

L'émigré Chaumareix, dans sa relation imprimée à Londres, en 1795, dit positivement : « *A deux heures du soir*, un sous-officier de gendarmerie vint chercher MM. de Sombreuil, de La Landelle, chef de chouans, l'évêque de Dol et 14 prêtres » (p. 19).

La Roche Barnaud, autre émigré, enfermé dans la même prison que Sombreuil, nous apprend également qu'on vint, *dans l'après-midi*, chercher le comte de Sombreuil, l'évêque de Dol et les prêtres de sa suite, pour les conduire devant le tribunal.

« *Dans l'après-midi*, après avoir descendu dans la cour, et tandis que nous entourions notre brave général, un officier supérieur se présente, jette sur nous des regards incertains et demande ensuite le général comte de Sombreuil : « c'est moi, » répond celui-ci avec calme, en s'approchant de l'officier. Un frisson subit parcourut alors tous nos membres. Le comte parle à voix basse, pendant deux secondes avec l'officier, se retire dans sa chambre et reparaît aussitôt. « Messieurs, j'ignore ce que l'on veut de moi, mais je m'en doute... »

» Bientôt un autre officier se présente et demande M. l'évêque de Dol et les prêtres de sa suite. Au bout de quelques instants, nous les voyons paraître. »

Cette fixation de l'heure précise de l'ouverture de la première audience a une grande importance, parce qu'elle réduit à néant l'assertion de certains écrivains, qui ont prétendu que, ce même jour, deux Commissions avaient siégé ; l'une, le matin, qui se serait déclarée incompétente, après interrogatoire des accusés ; et l'autre, dans l'après-midi, qui les aurait de nouveau interrogés et condamnés à mort.

Jugement de Sombreuil.

Donnons le texte du jugement, d'après *l'expédition* certifiée conforme par la signature autographe du président Barbaron et du secrétaire de la Commission, le citoyen Hamon.

Cette *expédition*, pièce authentique conservée au dossier, est probablement celle qui fut remise au Directoire départemental, dans la nuit du 9 au 10 thermidor, par l'escorte qui amenait à Vannes les 16 condamnés.

Nous lisons, en effet, dans le *compte-rendu décadaire* du procureur syndic, le passage suivant :

« Cette Commission (d'Auray) entra le 9 en activité, et, le même jour, entre 11 heures et minuit, arrivèrent à Vannes, où ils avaient été conduits par ses ordres, 16 émigrés condamnés, *avec une expédition* de leur jugement. La Commission avait jugé que le premier exemple qui portait sur de principaux coupables, devait se donner dans le chef-lieu du département ; et en effet, le 10, vers 11 h. du matin, les 16 condamnés furent fusillés. »

(Minute du compte-rendu décadaire du procureur syndic. — Police générale, 1795).

JUGEMENT

Liberté — Humanité — Égalité. — Justice.

« Ce jourd'hui, 9 thermidor, l'an III de la Répu-
» blique française une et indivisible, nous, Barbaron,
» chef du 1er bataillon de la Gironde ; Ducarpe, capitaine
» au dit bataillon ; Moyssey, lieutenant au 1er bataillon
» du 8e régiment d'infanterie ; Bouvet, sergent-major au
» 1er bataillon des 83 départements, et Pierre Cunit, capo-
» ral au même bataillon, membres de la Commission

» militaire établie à Auray, nommés par le général Le-
» moine, commandant la 5ᵉ division, en vertu de la loi
» du 25 brumaire, 3ᵉ année républicaine, et l'arrêté
» du représentant du peuple Blad, en date du 3 courant,
» pour juger les prisonniers faits, le dit jour 3, dans la
» presqu'île de Quiberon par l'armée républicaine, étant
» réunis en la salle d'audience du tribunal civil, avons
» fait extraire des prisons pour comparaître devant nous,
» les dénommés ci-après, savoir :

» Urbain-René *de Hercé*, 67 ans, natif de Mayenne,
» fils de ...., domicilié à ...., ci-devant évêque de Dol.

» René *La Landelle*, 30 ans, natif de Vannes, ci-
» devant lieutenant en second au régiment d'Anjou.

» François Petit-Guyot, 62 ans, ci-devant capitaine
» dans le régiment de la Franche-Comté, natif d'Apre-
» mont (Haute-Saône).

» René Lelièvre, 46 ans, maître d'école, natif de Caen.

» Julien Gautier, 29 ans, natif et curé de Plelan.

» Nicolas Boulard, 57 ans, curé de N.-D. la Riche,
» Tours.

» Jacques-Pierre Gourot, 56 ans, curé de St-André
» (Vendée).

» François Frotin, 34 ans, natif et desservant de
» Thual (Ille-et-Vilaine).

» Jean-Baptiste Guégué, 34 ans, vicaire de Doix (Ven-
» dée).

» Pierre-François Breheret, 37 ans, curé de Bonchamp
» (Mayenne).

» Jean Gérard, 29 ans, curé de Saint-Mervou (Ille-et-
» Vilaine).

» Louis-René-Patrice Le Gal, 31 ans, prêtre et natif de
» Breal (Ille-et-Vilaine).

» Dominique Castin de la Magdeleine, 58 ans, cha-
» noine de Saintes (Charente-Inférieure).

» François-Pierre Rieusec, 41 ans, natif de Lyon,
» grand-vicaire de Luçon.

» René-Vincent Gilart de Larchantel, 46 ans, cha-
» noine de Quimper.

» Charles de Sombreuil, 25 ans, né à Limoges,
» (Haute-Vienne), domicilié à Paris, capitaine au régi-
» ment d'Esterhasy, hussards, fils de François Sombreuil
» et de Marie Le Choisier.

» François de Hercé, 62 ans, grand-vicaire de Dol.

» Lesquels, après avoir subi interrogatoire, de Hercé, évêque de Dol, etc., etc., tous prêtres déportés, convaincus d'être rentrés en France en violation de l'article 5 de la loi d'avril 1793, portant peine de mort... La Landelle, Petit-Guyot et Sombreuil, ayant été trouvés convaincus d'émigration et d'avoir porté les armes contre la République ; et tous de s'être trouvés dans le rassemblement d'émigrés et autres ennemis de la France, descendus sur son territoire, dans les débarquements aux lieux de Carnac et Quiberon, qui ont eu lieu dans le courant de messidor, et pris par l'armée républicaine dans la presqu'île de Quiberon,

» Les membres de la Commission militaire, vu l'article 7, titre V, de la loi du 25 brumaire, an III, de la République une et indivisible dont la teneur suit : *Tous les français émigrés qui seront pris faisant partie des rassemblements armés ou non armés, seront jugés dans les 24 heures* par une Commission militaire;

» Condamnent les dénommés ci-dessus à la peine de mort ; ordonnent qu'ils *seront conduits ce jour à Vannes*, chef-lieu du département, pour y subir leur jugement dans les 24 heures, conformément à l'article 8 du titre V de la loi précitée.

» Déclarant leurs biens confisqués au profit de la République.

» Fait et prononcé à Auray, en séance publique, les dits jour et an, que devant, et ont signé à l'original :

» Signé : BARBARON, président ; DUCARPE, capitaine : MOISSEY, lieutenant ; BOUVET, sergent-major ; CUNIT, caporal ; HAMON, secrétaire. »

Pour copie conforme : BARBARON, Présid.; HAMON, secr.

La minute des interrogatoires de cette première audience n'existe pas dans le dossier. Nous n'y trouvons qu'une *expédition* des jugements. La lacune est d'autant plus fâcheuse qu'elle a été maladroitement comblée, depuis, par des récits composés après coup, dont l'invraisemblance ou l'exagération prêtent le flanc à la critique. Des paroles ont été mises dans la bouche des principaux accusés, pour attester qu'il y avait eu une capitulation. Tenons-nous aux documents.

Sur les 17 accusés qui comparurent le 9 thermidor, devant la Commission militaire d'Auray, on comptait 13 ecclésiastiques, au nombre desquels Mgr de Hercé, évêque de Dol. Prêtres déportés, ils avaient suivi l'expédition, dans le seul but d'exercer leur ministère. N'ayant pas figuré parmi les combattants ni porté les armes, ils n'auraient eu aucune raison d'invoquer, comme moyen de défense, une prétendue capitulation. Ils ne l'invoquèrent pas.

Quant aux quatre autres accusés : Lelièvre, Petit-Guyot, La Landelle et Sombreuil, quelle attitude eurent-ils devant la Commission militaire ?

Le maître d'école Lelièvre, qui obtint un *sursis*, dut faire une déposition analogue à celle qu'il fit plus tard (le 12 fructidor), où il n'est nullement question de capitulation.

Petit-Guyot et La Landelle, chefs de chouans, n'ont pas non plus parlé de capitulation, dans leurs interrogatoires ; nous le savons d'une façon certaine, par la lettre de la Commission militaire, que nous citerons plus loin, signée de tous les membres, adressée au représentant Blad, en date du 10 thermidor, le lendemain, par conséquent, de la condamnation à mort des 16 accusés.

« *Mais les deux autres* (La Landelle et Petit-Guyot) *n'ont pas parlé de capitulation* », affirment les juges dans leur lettre au représentant Blad.

Reste Sombreuil, qui fut interrogé le 16°, si on s'en réfère à l'expédition du jugement.

Nous admettons volontiers qu'il a protesté devant la Commission. Il n'a pu, sous peine de se contredire, que répéter ce que, cinq jours avant, il écrivait à Hoche, à savoir : que les émigrés n'avaient mis bas les armes que parce que les troupes républicaines, *venues dans les rangs, s'étaient engagées envers le petit nombre qui restait* et leur avaient promis la vie sauve, ce qu'ils avaient considéré comme une capitulation. Les juges pouvaient lui répondre que des colloques de soldats à soldats, sur un champ de bataille et dans la mêlée, ne signifient rien et que les lois militaires n'acceptent comme capitulation valable que celle qui intervient de chef à chef, le mettant ainsi dans l'impossibilité d'affirmer que des engagements formels avaient eu lieu entre Hoche, les deux représentants du peuple, et lui, Sombreuil. Et, en effet, le tribunal passa outre, et prononça la peine de mort.

Transfert des condamnés à Vannes

Les administrateurs du département avaient été informés, par un exprès, de la condamnation à mort.

Le même jour, ils s'empressaient d'écrire au représentant du peuple Blad :

« Vannes, 9 thermidor an III.
» D'après l'avis qui vient de nous être donné que
» 16 émigrés et chouans sont renvoyés à Vannes par
» la Commission militaire établie à Auray, pour y subir
» l'exécution de leur jugement, nous venons de prendre
» des dispositions pour les faire détenir au secret dans la
» maison de justice, jusqu'au moment de cette exécution.
» Nous pensons que pour conserver au peuple l'avan-
» tage d'un exemple terrible, mais malheureusement
» nécessaire, ces scélérats doivent expier leurs crimes sur
» une des places publiques de la commune de Vannes ;
» la Garenne nous a paru la plus propre. Quant à
» l'heure de l'exécution, nous pensons qu'elle peut être
» fixée à 10 heures demain matin.
» Salut et fraternité. » Les administʳ du départᵗ. »

Après l'arrivée des prisonniers à Vannes, les administrateurs du département s'adressaient, dans la nuit, à la municipalité :

« Vannes, le 10 thermidor an III.
» Nous vous prévenons, citoyens, que 16 particuliers
» du nombre des prisonniers faits à Quiberon par l'armée
» républicaine, ont été jugés, hier matin, par la Commission militaire établie à Auray. Ils sont condamnés
» à mort et sont en ce moment aux prisons de cette
» ville. Ils seront exécutés ce matin à dix heures. Veuillez
» bien donner des ordres pour que les corps des suppliciés soient enlevés immédiatement après l'exécution
» qui doit avoir lieu sur la place de la Garenne.
» Salut et fraternité.
» Les administ* du départ*. »
(L. 137. Arch. dép.).

D'autre part, voici une lettre adressée, par le département, au chef de l'Etat-major de la 9e division. Elle a été écrite dans la nuit, après l'arrivée des prisonniers à Vannes. Elle est datée du 16 thermidor :

« Vannes, le 10 thermidor an III.
» Nous avons reçu, citoyen, de la part de la Commission militaire établie à Auray, par l'Etat-major de
» votre division, au terme de la loi du 29 frimaire,
» pour le jugement des prisonniers faits à Quiberon,
» *une expédition* du jugement qu'elle rendit, *hier*, contre
» 16 d'entre eux, qu'elle a fait transférer cette nuit
» dans cette commune pour y être exécutés.
» Tout devant se traiter militairement dans cette
» affaire, nous pensons devoir vous renvoyer cette
» expédition, pour être déposée dans votre bureau, et
» parce que c'est à vous de pourvoir à l'exécution du
» jugement. Nous pensons que, pour se conformer à la
» loi portant qu'il doit être exécuté dans les 24 heures,
» il est nécessaire que l'exécution ait lieu dans la matinée de ce jour. Vous n'avez donc pas un instant à
» perdre pour faire donner lecture du jugement aux
» condamnés et pour prendre les autres mesures et
» dispositions que la circonstance exige. Les jugements
» militaires doivent être lus publiquement, au lieu de
» l'exécution, avant qu'elle se fasse. Nous pensons que
» cette formalité pourra être remplie, pendant que les

» condamnés seront conduits au supplice, afin que leur
» exécution ne soit pas retardée.
» Salut et fraternité. » (L. 137. Arch. dép. Corresp.).

Les 16 condamnés avaient quitté Auray, dans la soirée, conduits par une forte escorte. Ils étaient arrivés à Vannes entre onze heures et minuit. On les avait immédiatement écroués dans une des chambres du 1er étage d'une des tours de la *maison de justice* (Porte prison), où ils passèrent la nuit.

Un citoyen de Vannes, administrateur du département, qui, par sa fonction même, a pu assister à l'écrou des prisonniers et leur a parlé, a donné, dans un journal intime, des détails sur leurs derniers moments :

« Environ minuit, le département reçut un jugement du même jour, prononçant la peine de mort contre 16 émigrés, convaincus d'avoir été pris à Quiberon, le 3 courant..... Ces 16 condamnés, arrivés à la même heure, sous forte escorte, ont été logés dans la prison, *alors formée de deux tours, qui s'élèvent au-dessus de l'une des portes de la ville*, donnant vers la Garenne.. Comme après les avoir fait entrer dans une chambre, on les faisait passer, deux à deux, dans une autre chambre, où on les écrouait et où ils devaient passer la nuit, ceux qui restaient pensaient qu'on les guillotinait dans cette seconde chambre, séparée de la première par un jardin, qui existe sur le mur de la ville. Aucun d'eux ne paraissait abattu. Tous causaient de sang-froid. Sombreuil, homme bien fait, taille 5 pieds, 7 à 8 pouces, ayant une belle figure, mâle, nerveux, alerte, décidé, bien coloré, fier, se disculpait en disant que la République avait fait mettre à mort son père plus qu'octogénaire et six de ses frères et sœurs. Il paraissait vouloir mourir dans le combat... Il ne parait pas avoir plus de 27 ans. Rendus dans la deuxième chambre, les condamnés parurent avoir quelque espérance. Sombreuil demandait à être jugé à Paris. Sombreuil s'appuyait sur la parole de Hoche qui lui avait dit au moment où il gagnait un bateau à la nage, de se rendre et de se fier à la loyauté française, que, sur cette parole, il avait regagné le bord..... On lui objectait que Hoche n'était pas le maître de donner une semblable parole, que s'il lui a dit de se fier à la loyauté française, il l'avait aussi prévenu que son sort ne dépendait pas de lui. A cela, il ne répondait rien ; mais un instant après il revenait à dire qu'il se fondait sur la capitulation, et cette capitulation était la prétendue parole de Hoche... »

« La Landelle, jeune homme de 25 ans, paraissait s'humaniser. Il racontait qu'il était jeune, lors de sa désertion, qu'il avait fait depuis bien des réflexions. Il comptait n'être que détenu. Il désirait l'être à Vannes.

» L'évêque de Dol disait à ceux qui témoignaient le désir de le voir : *c'est moi*. Les autres causaient volontiers et paraissaient toujours tenir à leur système de royauté. A *onze heures et demie du matin*, les 16 condamnés ont été fusillés sur la Garenne et enterrés dans le cimetière de la commune, *à une heure de l'après-midi*. Sombreuil n'a pas voulu qu'on lui bandât les yeux. Il avait la tête haute. » (Révol. de Bret., Du Chatellier, p. 154-155, V. V. 156).

Quel est l'auteur de ce journal si intéressant ? Du Chatellier, qui a eu certainement le manuscrit sous les yeux, ne le dit pas. Il se contente de le qualifier : *annotateur de l'administration départementale*, et dans un autre endroit : *le président du bureau central de Vannes* (IV vol., p. 434). Or, les membres du Directoire du département, à cette époque, nous les connaissons. C'étaient les citoyens Lefebvrier, Faverot, Le Bouhellec, Baumard, Kerviche aîné, Bellynno, Chesnel, Danet aîné, Bosquet et Boullé, procureur général syndic.

On ne peut avoir que l'embarras du choix. Le petit-fils de Boullé, auquel je me suis adressé, m'a répondu que le journal, cité par Du Chatellier, ne se trouvait pas parmi les papiers de son grand-père. Nous pencherions volontiers pour Faverot, Lefebvrier, Bosquet ou Danet aîné, qui furent, tour à tour, présidents du Directoire, du 1ᵉʳ messidor an III au 1ᵉʳ frimaire an IV.

Quoi qu'il en soit, on peut, aujourd'hui encore, en visitant les lieux, s'assurer de l'exactitude des détails topographiques précédents, malgré la disparition d'une partie d'une des tours de la prison, justement la tour qu'a occupée Sombreuil.

Qu'on se transporte au bas de la vieille rue des Chanoines jusqu'à la *porte-prison*. A gauche, on gravit les marches en pierre de l'escalier extérieur, qui donne accès au 3ᵉʳ étage et à la terrasse, qui reliait les deux tours. Voici d'abord la première chambre, où on fit entrer les 16 prisonniers, et au bout de la terrasse, servant encore de jardinet sur le rempart, l'autre chambre, dans la 2ᵉ tour, où on les écrouait deux par deux.

Dans le plan de la *Maison de Justice*, dressé en 1812, par l'architecte Debaine, la première tour est désignée sous le nom de *tour de la Geole*; la deuxième *tour de la Chapelle*.

Au cours de la démolition de la deuxième tour, nous avons visité, avec notre défunt collègue Bassac, architecte, la chambre dite de Sombreuil qui, à peu de chose près, n'était que la répétition de celle qui se voit encore dans la tour de la Geole, qui est conservée : un appartement polygonal voûté en pierre, éclairé par des embrasures profondes de 3 mètres 50, avec une large cheminée.

Jacquier de Noyelle, un émigré qui fut conduit à la Maison de justice, le soir du 12 thermidor, deux jours après l'exécution des 16 condamnés, s'est vanté plus tard d'avoir été renfermé, ce jour-là, dans le même cachot que Sombreuil.

Son ami Du Buat lui montra, dit-il, aussitôt, les lignes suivantes, écrites au crayon :

« Le 29 juillet 1795, l'évêque de Dol, le comte Charles de Sombreuil, seize prêtres et Monsieur de La Landelle ont passé la nuit dans ce cachot. Ils doivent être fusillés demain matin. Priez Dieu pour le salut de leurs âmes. Signé : Le comte C. de Sombreuil. »

Nous avons de fortes raisons de croire que cette inscription est de l'invention du vieux correspondant de Hersart du Buron.

Jacquier de Noyelle a écrit lui-même qu'il avait été renfermé « au rez-de-chaussée de la tour, dans une espèce de corps de garde éclairé par des embrasures profondes de 6 pieds. »

Il est de toute évidence que ce ne pouvait pas être la chambre de Sombreuil, qui se trouvait au premier étage.

La Gournerie, qui accueille pourtant avec complaisance les confidences tardives de Jacquier de Noyelle, fait remarquer, non sans raison, que les lignes écrites au crayon contiennent des inexactitudes chronologiques, que Sombreuil n'aurait certainement pas commises, puisque son incarcération à Vannes, rien n'est mieux établi, a eu lieu le 27 juillet, dans la nuit, et non le 29, et que l'exécution sur la Garenne s'est faite le 28 et non le 30.

Nous ferons remarquer à notre tour une autre erreur de l'inscription prêtée à Sombreuil. On n'a réellement condamné et fusillé, avec Sombreuil et l'évêque de Dol, que 12 prêtres et non 16 ; en tout, en y comprenant La Landelle et Petit-Guyot, 16 personnes et non 20.

N'est-il pas manifeste que Sombreuil ne pouvait pas livrer à la postérité de si grosses erreurs en quatre lignes ?

Un autre émigré, Le Charron, qui a composé des *Mémoires*, a également lu l'inscription gravée suivant lui à la pointe du couteau. Malheureusement le texte qu'il donne est en tous points différent de celui de Jacquier de Noyelle.

Donc, la prétendue inscription murale, attribuée à Sombreuil, doit être considérée comme apocryphe.

D'après les documents qui précèdent, il ne peut y avoir de doute, ni sur la date et le lieu précis de l'incarcération des seize condamnés dans le cachot du 1ᵉʳ étage de la deuxième tour de la Porte-prison (9 thermidor) ni sur le jour et l'heure de leur exécution (10 thermidor, 11 h. 1/2 du matin).

Mais nous avons trouvé, dans les papiers du district de Vannes, un document original qui tranche définitivement la question de date et de lieu. C'est un *état de mouvement de la prison de Vannes pendant la première décade du mois de thermidor, an III*, état fourni et signé par le concierge, le citoyen Chevalier, le surlendemain de l'exécution de Sombreuil et visé par le procureur-syndic du district. (Liasse, prisons, district de Vannes).

Les seize condamnés sont portés dans l'*état* comme étant *entrés* à la prison le 9 thermidor (dans la nuit) et *sortis* le lendemain 10 pour être *fusillés par ordre de la Commission militaire* (1).

Le citoyen Chevalier était justement, à cette époque, le geôlier de la *Maison de justice*, que nous savons être la *Porte-prison*.

En recevant l'*état* du mouvement des prisons certifié par le geôlier et visé par le district, le Directoire départemental se trouva choqué de voir inscrit à la dernière colonne ces mots : *fusillés par ordre du département*. Il se hâta de renvoyer la pièce

---

(1) Voir notre étude sur les *exécutions d'émigrés et de chouans à Vannes 1795-96*. (Bull. société polym. du Morbihan, ann. 1897, page 86.)

au district pour qu'on fît une rectification. Une lettre était jointe au renvoi.

« Vannes, le 20 thermidor, an III de la République une et indivisible, au procureur-syndic du district de Vannes.

» Le Directoire du département,

» Vous m'avez adressé, citoyen, avec votre lettre de ce jour, un état du mouvement de la prison de Vannes, pendant la première décade de ce mois; j'ai remarqué que les seize derniers individus inscrits sur cet état étaient portés, à la dernière colonne, avoir été *fusillés par ordre du département*. Cette énonciation est trop erronée sous tous les rapports, pour qu'on puisse la laisser subsister. Les administrateurs du département n'ont sur personne le droit de vie et de mort, et, dans le cas particulier, les seize individus dont il s'agit n'ont été, en effet, mis à mort, à Vannes, le 10 de ce mois, qu'en exécution d'un jugement rendu la veille par la Commission militaire établie à Auray, pour le jugement des prisonniers faits à Quiberon. Je vous renvoie en conséquence l'état pour être réformé sur ce point. » (Dép. corresp. du procur. génér. syndic. Registre L. 177).

Le district, dûment averti, biffa l'erreur dans la colonne et surchargea : *par ordre de la Commission militaire*. C'est avec ce biffage que la pièce se présente actuellement.

A 1 h. de l'après-midi (10 thermidor, 28 juillet), les corps des seize condamnés furent transportés et inhumés dans le *Cimetière de la Commune* (cimetière actuel qui, depuis 1792, avait remplacé les anciens cimetières de la ville).

C'est donc à tort que l'abbé Le Garrec a écrit que « ce cimetière entourait l'église paroissiale de Saint-Patern » (page 345). Le cimetière qui entourait l'église de Saint-Patern était supprimé depuis trois ans.

La première Commission militaire et le représentant Blad.

Le lendemain, 10 thermidor (21 juillet), la même Commission d'Auray procédait à l'interrogatoire *d'autres prisonniers*. Presque tous firent valoir qu'ils n'avaient mis bas les armes « *que parce que plusieurs officiers et soldats de l'armée républicaine leur avaient assuré qu'ils auraient la vie sauve.* »

La Commission militaire crut dès lors devoir suspendre l'énoncé de nouveaux jugements et écrivit au représentant Blad une lettre, pour l'informer de l'incident.

Cette lettre, signée de tous les membres de la commission, et dont l'original est conservé aux archives du ministère de la Guerre, est d'une importance capitale. La copie nous en a été fournie par M. Chassin. Elle doit être donnée in-extenso ; d'autant plus que, jusqu'ici, il n'en a été publié que des lambeaux, reproduits inexactement par quelques auteurs, qui y ont ajouté des interprétations erronées.

« La Commission militaire établie à Auray, au
» représentant Blad.
» D'Auray, le 10 thermidor, 3ᵉ ann. républicaine.
» Citoyen représentant, presque tous les prisonniers
» émigrés, que nous venons d'interroger, font valoir la
» foi d'une capitulation ; ils répondent ne s'être rendus
» que parce que plusieurs officiers et soldats de l'armée
» de la République leur ont assuré qu'ils auraient la vie
» sauve, s'ils mettaient bas les armes ; que comptant
» sur cette promesse verbale, ils s'étaient rendus pour
» épargner le sang des deux partis. Ils en étaient telle-
» ment persuadés qu'un des leurs s'est mis à la nage
» pour aller annoncer cette capitulation à la corvette
» ou frégate, dont le feu inquiétait nos troupes ; qu'il
» cessa au même instant et que cet officier revint à
» terre.
» Nous ignorons si cette capitulation existe ; si elle
» est, notre marche est arrêtée. Nous vous invitons en
» conséquence, à nous faire connaître la vérité, et à

» nous tracer la conduite que nous devons tenir dans
» la carrière pénible que nous parcourons.

» Sombreuil, La Landelle et Petit-Guyot sont, il est
» vrai, déjà jugés, mais Sombreuil était chef et les deux
» autres n'ont pas parlé de capitulation.

» Au surplus, dans l'exécution, il vaut mieux sans
» doute n'en avoir jugé que trois que de prononcer
» sur tous. Si même, les jugements que nous avons
» rendus hier n'étaient pas mis à exécution, nous vous
» prions de la suspendre. Le plus léger doute, quand
» on condamne, peine la conscience de l'homme juste.
» Il est besoin, en outre, d'éclairer l'opinion publique,
» qui paraît croire à cette capitulation et qui rendrait
» odieuses nos opérations, si on ne s'empressait de la
» détruire. Au reste, l'avis que nous vous demandons
» ne suspendra nullement nos travaux. Nous continuerons
» à interroger et l'énonciation seule de nos jugements
» en sera arrêtée.

» Salut et fraternité.

» Les membres de la Commission militaire :

» BARBARON, président ; DUCARPE, capitaine ; MOISSEY,
   » lieutenant ; BOUVET, sergent-major ; CUNIT,
   » caporal. »

(Arch. hist. de la Guerre. Armée des Côtes de Brest ;
carton de juillet 1795, aux dates des 28 et 29.

Cette lettre ne peut que faire honneur à ceux qui l'ont écrite.

La Commission, qui avait condamné à mort seize émigrés (Sombreuil, La Landelle, Petit-Guyot, Mgr de Hercé, etc., etc.), interroge, *le lendemain*, d'autres émigrés, qui, eux, invoquent une sorte de capitulation verbale et prétendent « ne s'être rendus que parce que plusieurs officiers et soldats de l'armée de la République leur ont assuré qu'ils auraient la vie sauve, s'ils mettaient bas les armes. »

La Commission hésite et attend, pour prononcer d'autres jugements, que le représentant du peuple Blad l'ait fixée sur ce point de l'existence ou de la non existence de cette capitulation invoquée.

Sombreuil, La Landelle et Petit-Guyot sont, il est vrai,

déjà jugés..... « *Il vaut mieux, sans doute, n'en avoir jugé que trois.* » *Si même les jugements, que nous avons rendus hier n'étaient pas mis à exécution...*

Ces phrases, dans l'esprit des juges, signifient évidemment que leurs scrupules ne s'appliquent qu'aux trois chefs émigrés ou chouans, pris les armes à la main et condamnés la veille ; ils ne peuvent, en tous cas, s'appliquer à l'évêque de Dol et aux 12 ecclésiastiques, condamnés en même temps, non comme émigrés pris les armes à la main, mais comme *prêtres déportés*.

« *Il est besoin*, disent les membres de la Commission, *d'éclairer l'opinion publique, qui paraît croire à cette capitulation.* » Ils continueront donc à interroger des prisonniers, mais suspendront *l'énoncé* de nouveaux jugements, jusqu'à ce que le représentant du peuple leur ait répondu. Rien de plus clair.

Lorsque la Commission écrivait cette lettre, dans l'après-midi du 10, Sombreuil et ses 15 co-condamnés étaient morts depuis onze heures et demie du matin.

Le représentant Blad, qui était à Vannes, répondit immédiatement à la Commission d'Auray qu'il n'y avait pas eu de capitulation ; qu'il ne pouvait pas y en avoir. Néanmoins, la Commission hésitait. Blad prit la résolution de la dissoudre, ce qui eut lieu le lendemain, le 11 thermidor.

« 11 thermidor, an III.
» La Commission militaire, créée en vertu de l'arrêté
» du 3 de ce mois, est cassée et cessera ses fonctions
» aussitôt la communication du présent. Elle est rem-
» placée par une autre Commission, composée comme
» suit : François Bouillon, capitaine du ? illon de
» tirailleurs, président ; Ignace Bisschop, lieutenant ; Julien
» Carpin, lieutenant ; Jourdan Bellepointe, adjudant
» sous-lieutenant ; Duhem, sous-lieutenant au 16ᵉ chas-
» seurs à cheval, juges ; Tilloy, quartier-maître au 2ᵉ bat.
» de tirailleurs, secrétaire ; Laquelle nous rendra jour-
» nellement compte de ses travaux. »

Le jour même (11 thermidor), Blad avisait le comité de salut public, par une lettre, qui a été souvent, comme la précédente, tronquée et altérée dans son texte. En voici la copie, prise sur l'original lui-même, qui existe dans les cartons de Quiberon du Ministère de la guerre.

« Le représentant Blad à ses collègues du Comité
» de salut public.
» De Vannes, le 11 thermidor an III de l'an. républ.
» Citoyens collègues, la Commission créée et nommée
» en vertu de notre arrêté du 3 de ce mois, est entrée
» en activité. Le 9 après-midi, elle a jugé et condamné
» à la peine de mort, conformément aux lois, les indi-
» vidus compris dans le jugement, dont copie est jointe,
» et qui ont été fusillés aujourd'hui à onze heures. Ce
» même jour (1) nous avons reçu de ladite Commission
» la lettre dont je vous ai remis copie.
» Il nous a paru que, nonobstant notre arrêté du 5
» de ce mois, qui précise les cas douteux ; — nonobstant
» l'assurance que nous lui avons donnée qu'il n'y a pas
» eu ni pu y avoir de capitulation entre des républicains
» et des traîtres pris les armes à la main, cette Commis-
» sion chancelait, hésitait à remplir avec fermeté la
» tâche qu'elle a acceptée, et risquait, par des délais
» hors de saison, de compromettre la tranquillité de ce
» pays, dont le plus grand nombre des habitants n'est
» que trop disposé à une insurrection en faveur des
» ennemis détenus à Auray.
» En conséquence, nous avons cru devoir casser la
» première Commission et en nommer une autre qui fût
» à la hauteur de ses fonctions et qui mît dans ses
» opérations la célérité qu'exigent les circonstances et la
» notoriété du délit. Cette mesure m'a paru d'autant
» plus indispensable que la flotte anglaise menace tou-
» jours nos côtes, que les chouans de l'intérieur conti-
» nuent leurs brigandages, et que les prisonniers ainsi
» que leurs complices sont, malgré toutes les précautions
» prises jusqu'à ce jour, instruits à la minute de tout
» ce qui peut intéresser les uns et les autres, et que le
» plus léger incident peut rendre au crime les ennemis
» de la République ; et faire tourner la plus brillante

(1) Le 10, par conséquent.

» victoire à notre désavantage. C'est pour éviter tant de
» malheurs que nous nous sommes déterminé à prendre
» les deux arrêtés de ce jour.
» C. A. A. BLAD. »

(Arch. de la guerre. — Carton de juillet 1795).

Les deux arrêtés, auxquels Blad fait allusion, à la fin de sa lettre, sont : 1º la dissolution de la *première Commission*, présidée par le commandant Barbaron ; 2º son remplacement par une autre Commission, sous la présidence du capitaine Bouillon, arrêtés qui n'ont été signés que le 11 thermidor, le surlendemain de la condamnation de Sombreuil, et le lendemain de son exécution. — Dans tous les cas, il est absolument démontré que la lettre de la Commission Barbaron, la réponse du représentant Blad et ses deux arrêtés ne se rapportent nullement aux interrogatoires et au jugement de Sombreuil et des 15 autres condamnés du 9 thermidor.

Les pièces que j'ai citées prouvent :

1º Que la *première* Commission militaire (président Barbaron) a interrogé et condamné à mort Sombreuil, Monseigneur de Hercé, La Landelle, Petit-Guyot et les 12 autres, dans *l'après-midi* du 9 thermidor.

2º Que le lendemain 10, les mêmes juges, après avoir entendu *d'autres accusés* arguer d'une *prétendue capitulation*, ont cru devoir faire part de l'incident au représentant Blad.

3º Que celui-ci leur a répondu par la déclaration formelle qu'*il n'y avait pas eu ni pu y avoir de capitulation*.

4º Que, malgré cette assurance, la Commission *hésitait à remplir avec fermeté la tâche qu'elle avait acceptée*.

5º Que, dès lors, Blad avait pris le parti de la dissoudre et de la remplacer par une autre (président Bouillon), qui entrait en fonction immédiatement, c'est-à-dire le 11 thermidor.

Les écrivains royalistes de la Restauration racontent la chose tout autrement. D'après eux, une première Commission militaire aurait siégé dans la matinée du 9 thermidor, sous la présidence d'un chef de bataillon de la 72ᵐᵉ demi-brigade, qu'ils nomment *le brave Laprade*. C'est devant elle que Sombreuil et ses seize coaccusés auraient d'abord comparu. Après l'interrogatoire et en présence de l'argument qu'ils invoquaient d'une capitulation, la Commission, à l'unanimité, aurait refusé de passer outre et se serait séparée en se déclarant *incompétente*.

Le général Lemoine, furieux, aurait cassé la Commission et en aurait nommé une autre sur le champ, devant laquelle Sombreuil et ses compagnons auraient comparu de nouveau, celle-là présidée par le chef de bataillon *Barbaron*, qui les condamna à mort, dans l'après-midi.

Berthier de Grandry, un des échappés de Quiberon, a écrit dans ses mémoires posthumes : « Ce ne fut que sur les ordres les plus impératifs et les plus menaçants du général Lemoine qu'une nouvelle Commission s'était constituée, on pourrait dire le pistolet au poing. » L'abbé Le Garrec, renchérissant sur l'expression figurée, déclare : « Le général Lemoine les força, le pistolet au poing, d'y entrer. »

Tout ceci ressemble terriblement à un roman, nous avons montré, pièces en main, que c'est la Commission Barbaron, la première qui ait été nommée et soit entrée en fonction dans l'après-midi, qui a prononcé la condamnation de Sombreuil, et que c'est précisément elle qui a été supprimée le surlendemain, à la suite d'une lettre qu'elle avait cru devoir adresser au représentant Blad, à propos d'autres émigrés qu'elle interrogeait. Cette lettre, Muret, Nettement et l'abbé Le Garrec, qui suit fidèlement Nettement, n'en citent que des extraits (encore ne sont-ils pas textuels) et l'attribuent au commandant

Laprade, sans paraître se douter qu'elle a été écrite et signée par tous les membres de la Commission Barbaron qui, la veille, a condamné à mort Sombreuil et ses quinze co-accusés; sans prendre garde surtout que cette lettre, adressée à Blad, n'a trait qu'à des interrogatoires subis par d'autres émigrés, postérieurement à la condamnation et à la mort de Sombreuil.

Qu'est-ce donc que cette prétendue Commission militaire, qui aurait siégé le matin, présidée par le prétendu *brave Laprade*, commandant du 72ᵉ ? Une légende dont la genèse est curieuse. Aucun des émigrés qui ont écrit des mémoires avant la Restauration n'a fait mention d'un commandant Laprade quelconque. Ni de Chaumareix (1795), ni de Puisaye (1803), ni de Vauban (1806) n'ont prononcé son nom.

Ce n'est qu'après le retour des Bourbons que ce nom apparaît dans les récits des écrivains royalistes, et encore y a-t-il des exceptions. La Roche-Barnaud, dont le livre est si riche en détails, est absolument muet sur le commandant Laprade; muet également sur l'incident d'audience qui aurait signalé la comparution de Sombreuil devant ses juges, et cependant La Roche-Barnaud était à Auray, lorsqu'on jugeait Sombreuil, et dans la même prison que lui. Il a raconté, en termes touchants, le départ de Sombreuil pour l'audience et les adieux qu'il adressa à ses compagnons de captivité. Berthier de Grandry est peut-être le premier (s'il est vrai que son manuscrit ait été composé en 1816) qui ait écrit que le tribunal qui jugea Sombreuil se déclara incompétent, mais il ne prononce même pas le nom de *Laprade*, ni de son régiment, bien qu'il ait habité la même chambre que Sombreuil, bien qu'il ait été tenu au courant de tout ce qui se passait, bien qu'il ait vécu à Auray, pendant deux ans, en rapport journalier et intime avec les officiers de la garnison, entre autres le citoyen

Regardin, son compatriote, lieutenant de la 72ᵉ demi-brigade, en position, par conséquent, d'être bien renseigné. Il avoue franchement *qu'il n'a jamais pu connaître les noms et même les numéros de la demi-brigade à laquelle ils* (les membres de la Commission) *appartiennent.* Bien plus, Berthier ajoute en note qu'en 1802 il a trouvé à Turin la 72ᵉ demi-brigade. Il y a revu « les officiers qui avaient composé la Commission militaire d'Auray et ses pressantes sollicitations sur ce point, qu'il tenait tant à éclaircir, ont été inutiles. »

Nettement, qui a tant emprunté à Berthier de Grandry, n'a pas osé reproduire textuellement le passage où l'auteur rapporte la scène, tant il choque la vraisemblance. Citons-le : « Sombreuil se retournant vers l'auditoire rempli de soldats : J'en appelle à vous, grenadiers, cria-t-il, ai-je capitulé oui ou non ? Et tous répondirent par acclamation : oui, oui, vous avez capitulé, c'est une horreur de vous traiter ainsi. » (Rev. Bretagne et Vendée, 1861, page 30).

Dans la brochure anonyme publiée à Vannes en 1829, dont l'auteur est certainement un M. Pradier, secrétaire de la mairie, la scène où figurent le brave Sombreuil, le brave commandant Laprade et les 300 braves grenadiers, est racontée en ces termes :

« Une foule de soldats répondent aussitôt et s'empressent de rendre hommage à la vérité. La commission se retire pour délibérer et, reconnaissant dans Sombreuil le caractère sacré du prisonnier de guerre, elle décline sa compétence et cesse à l'instant ses fonctions. » (P. 51 et suiv.)

Dans son livre, publié en 1838, Chasle de Latouche élargit le cadre du tableau :

« La Commission militaire, nommée le même jour, s'installa le lendemain, sous la présidence du brave commandant Laprade, chef de bataillon de la 72ᵉ demi-brigade, dont le nom honorable doit être conservé, ainsi que celui de son régiment. Sombreuil, suivi d'un immense concours de peuple et de soldats, fut amené devant le tribunal par un détachement de ces mêmes grenadiers..... Il répondit avec une noble simplicité à toutes les questions du président qui le concernaient..... Il ajouta, et ses paroles ont été religieusement recueillies par les spectateurs : prêt à paraître devant Dieu, je jure qu'il y a eu capitulation et qu'on s'est engagé à traiter les émigrés comme prisonniers de guerre, et, se tournant vers la garde qui l'entourait : J'en appelle à votre témoignage, grenadiers, c'est devant vous que j'ai capitulé. Aussitôt 300 braves répondent à cet appel et rendent hommage à la vérité. Tous affirment, à haute voix, qu'il y a eu capitulation, et pénétrés de respect et d'admiration pour le jeune héros, ils jurent d'enthousiasme qu'il ne mourra pas, qu'ils ne souffriront pas qu'on l'égorge.

» La Commission se retira pour délibérer. Elle rentra bientôt en séance, se déclara incompétente, en motivant son arrêt sur la déclaration de Sombreuil, confirmée par tant de témoins irrécusables » (p. 124, Relation du désastre de Quiberon... Paris. Dallon, 1838. Chasle de Latouche).

M. l'abbé Le Garrec, après avoir, en termes plus sobres et moins mélodramatiques, il est vrai, rapporté le fait et exalté le commandant Laprade, prend soin de nous informer, dans une note de renvoi, que le document *existe aux archives du ministère de la guerre, 28 juillet 1795* (V. page 232, Quiberon).

Nous en sommes fâché, pour l'auteur, mais notre devoir est de l'avertir qu'il n'existe rien de pareil dans les archives du ministère de la guerre. Les dossiers ont été fouillés par M. Chassin. Ceux des archives de Vannes ont été tous compulsés par nous. Aucun document ne porte trace de cette prétendue Commission, ni de ce commandant Laprade, qui n'a certainement jamais existé que dans l'imagination des historiens fantaisistes, qui l'ont inventé.

Nous pousserons même la complaisance jusqu'à apprendre à M. l'abbé Le Garrec que M. Chassin a fait une découverte, en mettant la main sur les états de service d'un officier, nommé Lalene, dit Laprade, né à Gaillac-Toulza (Haute-Garonne) en 1755, réformé en l'an 10, mort en 1813. Son fils qui signait Lalene de la Prade, s'engagea comme volontaire en 1814, devint officier et démissionna en 1828.

Ce Lalene, dit Laprade, c'est précisément le citoyen Lalene, chef de bataillon de la 72e demi-brigade, qui fut Président de la 2e Commission militaire d'Auray, après la destitution de la Commission Barbaron.

La Commission Lalene, dit Laprade, a siégé depuis le 11 thermidor jusqu'au 19 fructidor, an III. A elle seule, elle a prononcé 163 condamnations à mort, chiffre qui n'a été atteint par aucune des autres Commissions. Elle a fait mieux : Elle a, dans plusieurs de ses jugements, déclaré que la prétendue capitulation n'avait jamais existé.

Voilà comme s'effondre l'échafaudage des légendes menteuses qu'on s'efforce de substituer à l'histoire !

En fait de Laprade, il n'y a eu que le citoyen G. Lalene, dit Laprade, commandant de la 72e demi-brigade, celui qui a présidé une des Commissions militaires d'Auray, qui a à son actif 163 condamnations à mort.

Un roman du même genre a été imaginé à propos d'une Commission militaire que le général Lemoine aurait nommée à Vannes, le 1er août (14 thermidor) avec un certain Douillard, chef de bataillon, pour président. Celui-ci aurait écrit à son supérieur une lettre emphatique par laquelle il lui signifiait son refus de siéger comme président d'une Commission militaire.

« Citoyen général, j'aime bien la République ; je

déteste les ex-nobles et les chouans ; je les combattrai jusqu'à la mort ; mais sur le champ de bataille, j'ai voulu les épargner. J'ai prononcé avec tous mes camarades les mots de capitulation honorable. La République ne croit pas devoir reconnaître le vœu de ses soldats. Je ne puis plus juger ceux que j'ai absous, le sabre à la main. »

L'abbé Le Garrec nous assure que « *la lettre a été conservée* » ; comme il oublie de nous dire où, ceux qui liront son livre pourront se figurer que la pièce est, comme il l'a écrit pour la scène des braves grenadiers, déposée aux archives du ministère de la guerre, ce qui n'est pas.

A cette anecdote invraisemblable, dont aucun document authentique ne fait mention, mais que l'abbé Le Garrec a trouvée dans les opuscules de Chasle de Latouche, Nettement et La Gournerie, nous opposons ceci :

La 1re Commission militaire, qui siégea à Vannes, fut nommée par le général Lemoine, le 12 thermidor. Elle commença ses travaux, le même jour, présidée par le chef de bataillon Bedos, du 11e d'Orléans. Ses premiers jugements sont datés du 13, dans la nuit. Elle a continué ses interrogatoires les jours suivants, sans désemparer jusqu'au 27.

Quant à la 2me Commission, nommée également le 12 thermidor, sous la présidence du capitaine Bouillon, ses premiers interrogatoires sont du 13, commencés à *6 heures de relevée* et finis à *8 heures du soir*. Ses premiers jugements sont du 15.

Ces deux Commissions, étant nommées et en fonction à partir du 12 thermidor, aucun des deux présidents n'a donc remplacé le problématique Douillard, le 14. Ceci n'est pas seulement attesté par les procès-verbaux des Commissions militaires, mais aussi confirmé par une lettre du Directoire du département adressée aux districts, et par le *compte-rendu général* du représentant Blad, daté du 12 thermidor.

Les administrateurs du département écrivent en effet le 12 : « Deux Commissions militaires, actuellement en activité, s'occupent de leur jugement. » (Reg. Corresp.)

Et le représentant Blad, au Comité de salut public : « Le général Lemoine est venu me voir *aujourd'hui* ; il m'a fait sentir la nécessité d'activer les jugements..... En conséquence, je l'ai autorisé à nommer 5 autres Commissions, qui, réunies à celle que j'ai nommée, en feront 6, dont deux jugeront à Auray, deux à Vannes et deux à Quiberon.. » (Lettre du 12 thermidor. — Arch. de la guerre).

Il y a plus ; M. Chassin a recherché la trace de ce prétendu chef de bataillon républicain Douillard ; il a remué tous les cartons du ministère de la guerre. Ses recherches ont été vaines. Il n'a trouvé qu'un chef de bataillon retraité en 1816, nommé Douillard, né à Clisson, pensionné pour service dans les armées catholiques et royales de D'Elbée et de Sapinaud (1793, 1795 et 1815). De notre côté, nous n'avons pas été plus heureux, en compulsant les tableaux de garnison et les états de solde, conservés dans les liasses des archives du département du Morbihan.

Jusqu'à preuve contraire, nous considérons donc le président Douillard comme un mythe, et la lettre qu'on lui attribue comme une pièce apocryphe et rédigée après coup.

On voit maintenant jusqu'à quel point la vérité historique a été obscurcie et dénaturée. Pendant 80 ans et plus, c'est-à-dire depuis 1815, on a répété sur tous les tons et avec de nombreuses variantes, que la première Commission d'Auray était présidée par le brave Laprade, chef de bataillon de la 72e demi-brigade, et que, s'étant déclarée incompétente, elle a été cassée et remplacée par une deuxième

Commission, sous la présidence du commandant Barbaron: et il se trouve que c'est au contraire celle ci qui, après avoir condamné à mort 16 émigrés, a été dissoute le surlendemain par le représentant du peuple Blad et remplacée par la Commission que présidait le citoyen Lalene, dit Laprade, chef de bataillon de la 72e demi-brigade, et que ce président Lalene-Laprade a prononcé 163 condamnations à mort, et a pris soin, dans plusieurs de ses jugements, de déclarer qu'il *n'avait jamais existé de capitulation.*

Veut-on un dernier exemple de l'abus prodigieux qu'on a fait de ce nom de Laprade ? qu'on lise l'ouvrage de Chasle de Latouche.

L'auteur, après avoir raconté tout au long l'action du *brave* commandant Laprade, nous cite, quelques pages plus bas, un autre Laprade, frère du précédent et capitaine au même régiment. La compagnie de ce capitaine aurait été désignée pour l'exécution de Sombreuil. Les braves grenadiers et leur non moins brave capitaine répondirent par un refus à l'ordre qui leur était donné. Ils déclarèrent « qu'ils avaient déjà combattu et vaincu ces mêmes hommes, auxquels on avait accordé la vie, qu'ils étaient encore prêts à les combattre pourvu qu'on leur rendît leurs armes, mais qu'ils ne les assassineraient pas » (page 132).

Ce récit choque tellement les idées qu'on se fait de la discipline militaire qu'il n'y a pas lieu de s'y arrêter. A quoi bon après cela informer le lecteur que ce prétendu capitaine Laprade, du 72e régiment, n'a laissé aucune trace de son passage dans les cadres de l'armée française? M. Chassin s'en est assuré aux archives du ministère de la guerre.

D'où on peut conclure que le brave capitaine Laprade, comme son brave frère le commandant, n'est qu'un personnage imaginaire. Lalene, dit Laprade, chef de bataillon de la 72e demi-brigade, est seul authentique. Il a présidé la première Commission d'Auray, du 11 thermidor au 19 fructidor et, nous ne saurions trop le répéter, a prononcé 163 condamnations à mort.

Vraiment, ce qu'on a entassé d'anecdotes controuvées autour de ce point d'histoire est incroyable. Chasle de Latouche, qui s'est fait l'écho de tous ces racontars, a écrit : « Les chasseurs de la 19e demi-brigade, ayant été commandés (pour fusiller Sombreuil) refusèrent d'obéir. Parmi les officiers de ce brave régiment, on remarquait : MM. Pradal, Fayard et Saint-Clair. » L'abbé Le Garrec spécifie davantage : « Les officiers Pradal, Fayard et Saint-Clair s'exposèrent au danger d'être mis à mort plutôt que de remplir une besogne qu'ils regardaient comme indignes de soldats. » (page 318).

M. Pradal n'est pas un inconnu pour nous. Il a habité et il est mort à Vannes. Soldat, sous la première République et sous l'Empire, il a fait son devoir de militaire avec honneur. Il fut grièvement blessé sur le champ de bataille d'Eylau. Boiteux, il se retira à Vannes, en 1802, avec une modique pension. Plusieurs fois membre du Conseil municipal, il devint, comme tant d'autres, royaliste sous la Restauration. En 1829, lors du passage de la duchesse d'Angoulême, il était adjoint au maire, M. de Basvalan, un émigré, qui aussi lui était boiteux, mais d'une blessure reçue à l'armée de Condé.

Est-ce le capitaine Pradal qui a conté l'anecdote à Chasle de Latouche qui, à cette époque, était maire de Belle-Isle ? ou celui-ci la tient-il d'une autre source ? Le capitaine Pradal était mort depuis plusieurs années lorsque Chasle de Latouche a publié son livre. Tout royaliste qu'il pouvait être devenu en 1829, le vieil officier n'ignorait pas qu'en République comme en monarchie, le devoir d'un soldat sous les armes est d'exécuter les ordres de son général. Si deux autres officiers du nom de Fayard et Saint-

Clair se sont vantés tardivement d'avoir, au péril de leur vie, refusé d'obtempérer à l'ordre d'un service commandé, on est en droit d'exiger la preuve ; et si ce témoignage individuel était fourni, on serait encore libre de se demander si on n'avait pas un intérêt quelconque à faire chorus avec les panégyristes de l'émigration, sous un régime qui n'octroyait de faveurs qu'à ce prix.

Chaumareix avait, le premier, affirmé que, sur le refus des officiers français, le général Lemoine s'était procuré des juges *parmi les Belges et autres étrangers*, ce qui est absolument faux. Nous connaissons les noms de tous les membres qui ont composé les Commissions militaires.

D'autres écrivains ont prétendu que le peloton d'exécution, qui fusilla Sombreuil, était également formé de soldats de nationalité étrangère. Ces écrivains sont contredits par l'émigré Chaumareix qui, dans ce mémoire, dit positivement que c'est un « détachement du bataillon de Paris qui a procédé à l'exécution. »

Tous ces récits, qui se détruisent l'un par l'autre, devinrent la monnaie courante des échappés au désastre, sous la Restauration. Dans le dossier de l'inauguration du monument de la Chartreuse, en 1829, nous avons trouvé une lettre curieuse du Préfet du Morbihan au Sous-Préfet de Lorient. Nous en citerons un passage :

« Vannes, le 13 octobre 1829.

..... « Je serais plus aise encore que vous vouliez bien *faire rédiger et signer* par quelques contemporains de la catastrophe le *rapport* dont j'ai parlé à M. Martin, pour constater l'obligation où se trouvèrent les conventionnels de choisir dans *un bataillon composé en grande* partie d'étrangers..... J'ai pour le fait un témoignage fort important à ceux que je demande, celui de Mgr l'évêque de Quimper, qui m'a offert tout à l'heure de le constater et dont la signature ne pourra produire qu'un *très bon effet*, à la suite de celle des habitants d'Auray..... La pièce elle-même pourra devenir fort utile « pour être annexée au procès-verbal....

» Comte de CHAZELLES. »

(M. Cabinet particulier, monuments. Arch. Morbihan.)

M. Martin, maire d'Auray, pour lequel le Préfet sollicitait alors la décoration, a-t-il pu se procurer la pièce qui lui était réclamée avec tant d'instance ? Cela n'est pas probable. C'est en vain que nous l'avons cherchée dans le dossier manuscrit et dans le procès-verbal imprimé de l'inauguration du monument.

Le maire d'Auray, qui était un citoyen intelligent et un parfait honnête homme, ayant lui-même été témoin des événements, ne crut pas devoir pousser la soumission jusqu'à trahir la vérité et le Préfet du Morbihan en fut pour ses frais. Quant à l'attestation promise par Mgr de Poulpiquet, elle ne se trouve pas davantage dans le dossier. Il était à Quiberon, en qualité de prêtre ; mais s'étant sauvé sur la flotte anglaise, il n'a pas été du nombre des prisonniers détenus à Auray et à Vannes. Il n'a pu être renseigné que par des ouï-dire. Sa signature, s'il l'avait donnée, 34 ans après, n'aurait eu qu'une valeur nulle, pour attester un fait dont il n'avait pas été personnellement témoin.

Cette préoccupation des bataillons belges a hanté le cerveau des émigrés. La Roche Barnaud, à propos des deux Commissions militaires, qui fonctionnèrent à Quiberon, nous dit que la première, *formée d'officiers tirés d'un bataillon d'Arras*, était très favorable aux inculpés et accordait indistinctement le sursis, tandis que la deuxième Commission, composée *d'offi-*

ciers d'un bataillon Belge, condamnait impitoyablement ceux qui lui étaient déférés.

Les procès-verbaux des deux Commissions, dont les minutes sont conservées, donnent un démenti formel aux allégations de la Roche Barnaud. Tous les noms des juges sont connus par les procès-verbaux. Les états de service des officiers sont au ministère de la guerre. La deuxième Commission avait pour président le citoyen Antoine Dubois, chef *du bataillon d'Arras*, et pour assesseurs : Wable, capitaine d'artillerie ; Courtois, sous-lieutenant au 2⁰ tirailleurs ; Roty, sergent au bataillon d'Arras ; Lemaire, caporal au 2⁰ tirailleurs.

Cette deuxième Commission n'a pas accordé moins de 45 sursis, tandis que la première, présidée par Arthur Dinne, chef de bataillon du 2⁰ tirailleurs, en a accordé une vingtaine.

Ceux qui ont parlé de capitulation dans leurs interrogatoires.

Devant les Commissions militaires, à l'exemple de ceux qu'on avait interrogés le 10 thermidor, auxquels fait allusion la lettre des premiers juges au représentant Blad, un certain nombre d'accusés invoquèrent, les jours suivants, comme moyen de défense, la *prétendue* capitulation. Leurs déclarations sont consignées dans les procès-verbaux manuscrits des interrogatoires ; personne, avant nous, n'a pris la peine de s'en assurer. Sur les milliers de prisonniers qui comparurent aux audiences, c'est à peine si nous avons pu en compter une quarantaine qui aient argué d'une prétendue capitulation ; et encore uniquement devant les Commissions militaires de Quiberon, d'Auray et de Vannes, entre les dates du 11 au 15 thermidor.

L'émigré Chaumareix, qui a écrit sa *relation* l'année même des évènements (1795), nous donne une explication du fait.

« Des officiers de notre connaissance, dit-il, nous
» prévinrent (le 29 juillet) qu'on venait de nommer
» une Commission (1) ; qu'elle était bien composée, et
» nous recommandèrent d'avertir tous ceux qu'on appel-
» lerait d'insister sur la capitulation. » (Page 19. —
Relation. — Londres, 1795).

Effectivement, à partir du 29 juillet (11 thermidor), des allusions à la prétendue capitulation se produisirent, à Auray le 11, à Vannes le 13, et à Quiberon seulement le 14. — Après le 15, plus rien.

Reportons-nous donc aux procès-verbaux des Commissions militaires, en commençant par ceux d'Auray, et voyons quels sont ceux des accusés qui ont fait allusion dans leurs interrogatoires *à la capitulation*.

Parmi les 18 prisonniers qui furent interrogés, le 11 thermidor, par la Commission (Bouillon), quatre seulement, dans leurs réponses, ont fait allusion à une capitulation :

1° Charles Dabur, 52 ans, natif de Metz, du régiment de Béon, émigré : « A lui demandé s'il a été pris dans le rassemblement armé de Quiberon ? — A répondu : qu'il avait été pris par la *prétendue capitulation*. »

2° René Dumellinger, régiment de Béon, né à Alençon, a répondu : « qu'il a été pris lors de la *prétendue capitulation*. »

3° Caffarelli, de Saint-Félix (Haute-Garonne), a répondu : « qu'il avait posé (les armes) sur la *prétendue capitulation*. »

4° Le chevalier de Colleville, 32 ans, de Saint-Aubin (Seine-Inférieure). Interrogé s'il a mis bas les armes, lors de la *prétendue capitulation*, a répondu que « oui. »

---

(1) Allusion à la Commission *Lalene-Laprade*, qui entra effectivement en séance le 29 juillet (11 thermidor).

Le 13 thermidor, la Commission d'Auray (présidée par le commandant Lalene) interroge des inculpés. 24 invoquent, comme moyen de défense, une capitulation :

1° Claude-René Paris de Soulange, lieutenant-colonel, régiment d'Hector, 36 ans, né à Montaigu, ex-noble émigré : « a ajouté qu'il a mis bas les armes, en vertu de la *capitulation* proposée par le général républicain. »

2° François-Eugène Langlé...., 63 ans, né à Cassel (Nord); ex-colonel de génie, avant la Révolution, émigré : « A répondu oui, par la capitulation. » Observation faite par le comparant que le général de Sombreuil ayant eu part de la *capitulation*, il a lui-même fait signe au lougre de ne pas tirer.

3° Charles-Maximilien de Buissy, 33 ans, de Douai, lieutenant au 6ᵉ régiment de cavalerie : « A demandé que son jugement soit différé jusqu'à ce que la pétition faite par 24 détenus soit présentée au représentant du peuple. »

Le tribunal, dans son jugement, inscrit le considérant suivant :

« Vu en outre les moyens de défense que 24 des individus ci-dessus dénommés nous ont présentés, fondés sur une prétendue capitulation, et après nous être assurés qu'il n'en existait pas. »

Le jour suivant, 14 thermidor, la Commission (Lalene) faisait comparaître 6 prisonniers. Un seul parlait de capitulation.

Léonard Paty ne s'est rendu « qu'après l'annonce de la *capitulation*. »

Le jugement porte : « et sans avoir égard aux motifs de défense qu'ils ont allégués, *non plus qu'à la prétendue capitulation* sur laquelle l'un d'entre eux s'appuie. »

Le 15 thermidor, la même Commission d'Auray interroge les prisonniers.

Deux font allusion à la prétendue capitulation. *De Cluzel* (Ant.-Robert), ex-major de vaisseau, né à Périgueux, émigré.

« A répondu qu'il s'était rendu sur la foi de la *capitulation*, par laquelle, en mettant bas les armes, sa vie était sauve. »

De Russey (Pierre), 45 ans, capitaine d'artillerie, né à Beaune (Côte-d'Or), émigré.

« A ajouté qu'il n'a rendu les armes que parce qu'il a entendu crier : *La capitulation est faite.* »

Dans le jugement, la Commission militaire inscrit : « sans avoir égard aux moyens de défense dont ils se sont servis, non plus qu'à la prétendue capitulation, sur laquelle quelques-uns d'entre eux se sont appuyés. »

On n'oubliera pas que le président, qui a rendu ce jugement, est Lalene, dit Laprade, chef de bataillon de la 72e demi-brigade, — celui dont le surnom a servi de pivot à la fameuse légende du brave commandant Laprade.

Dépouillons maintenant les cahiers des deux Commissions, qui ont siégé à Quiberon, et notons ceux des prisonniers qui ont parlé de capitulation.

La 1re Commission fonctionne depuis cinq jours (9 thermidor), plus de 140 interrogatoires ont été subis. Aucun accusé n'a fait allusion à une capitulation quelconque, ce n'est qu'à partir du 14 thermidor, devant la 2e Commission, que des allusions se produisent.

1° Jean-Pierre-Alexis *Chasteignier de Lagrange*, 42 ans, né à L..... (départ. du Gard), lieutenant au régiment de Damas :

« D'après la *capitulation*, il a mis bas les armes ».

2° Louis F. *Christon*, 37 ans, ex-noble, adjudant dans l'armée de Rohan :

« A été pris dans le fort neuf, suivant la *capitulation* qui leur a été offerte et jurée par l'avant-garde républicaine, qu'il prend à témoin de la vérité des faits ; que croyant pouvoir compter sur la loyauté française, il avait engagé ses soldats à mettre bas les armes. »

3° J. *Guillaume Du Haffond*, 51 ans, né à Quimper, émigré, capitaine au régiment de Rohan :

« Connaissait les lois qui défendent aux émigrés de rentrer en France.

» A de plus observé qu'il est officier anglais ; qu'il s'est rendu par *capitulation* annoncée par le général (quel général ?) et toute l'avant-garde et qu'en conséquence ayant pu s'embarquer, il ne l'a pas fait et s'est rendu à Auray, quoiqu'il eût été plusieurs fois sans escorte le long de la route, s'assurant qu'il aurait, ainsi que tous les autres prisonniers, la vie sauve. »

4° Toussaint *Léonard de la Villeon*, 48 ans, né à Lamballe, ci-devant major au régiment d'Anjou. Emigré en 1792. Major du régiment de Rohan :

« A de plus ajouté qu'il ne s'était rendu que d'après la *capitulation*, annoncée par les généraux et répétée unanimement par les officiers et soldats de la République, qui annonçaient qu'en mettant bas les armes, il ne serait rien fait à qui que ce soit. »

5° Henri *de Goulaine*, 39 ans, né à Nantes, lieutenant au régiment de Rohan :

« A de plus observé que d'après la *capitulation* faite entre les généraux, entendue de l'armée, des officiers, sous-officiers et soldats qui composaient l'avant-garde républicaine, il avait mis bas les armes. En outre il atteste l'armée de le juger. »

6° Othon Benjamin *de Lostende*, ancien capitaine au régiment de Penthièvre, né à Limoges, émigré, lieutenant au régiment de Rohan :

« A de plus ajouté qu'il n'avait posé les armes que d'après les promesses faites, de la part des généraux de la République, qu'il ne leur serait fait aucun mal, qu'il avait cru avoir affaire à des Français humains et esclaves de leur parole. La répugnance de verser leur sang l'ayant fait acquiescer à tout, étant dans une position à se défendre encore longtemps et à faire bien du mal.

7° François *de la Roche Villeneuve*, né à St-Peray (Ardèche), lieutenant au régiment de Rohan, 32 ans, émigré :

« Il a de plus déclaré qu'à l'attaque du fort, étant de garde à la porte intérieure, il fit prisonnier un officier républicain auquel, par ses soins il n'arriva aucun mal. Il a ajouté qu'ainsi que son frère il s'était jeté à la nage pour faire cesser le feu des chaloupes canonnières anglaises et qu'il était venu reprendre son rang, plein de confiance en la loyauté française. »

Cette déposition est démentie par le récit de La Roche Barnaud, son frère, qui a écrit des *mémoires*, sous la Restauration. Il raconte simplement que ses frères et lui s'étaient déshabillés, avec l'intention d'aller à la nage, faire cesser le feu de la corvette, mais que « *les grenadiers républicains les en empêchèrent, en leur montrant la mer en furie.* » (page 225, 2° édition).

8° *Georges Louet*, 20 ans, né à Angers, émigré :

« Il se regarde comme prisonnier de guerre d'après la capitulation. »

Dans la séance du 15 thermidor, les juges militaires entendirent encore parler de capitulation, par trois accusés.

1° *Edmond de Genot*, 35 ans, né dans la Côte-d'Or, ex-noble et émigré, lieutenant au régiment de Rohan :

« A ajouté qu'il est officier Anglais ; ici notre prisonnier de guerre, en vertu d'une capitulation faite entre nos généraux et le chef qui commandait l'armée anglaise, laquelle capitulation lui a été confirmée par l'organe des généraux français, de leurs aides de camp, des officiers et soldats qui composaient l'avant-garde devant laquelle ils ont mis bas les armes. Si ces officiers et soldats ne sont point appelés en témoignage, et s'ils ne sont pas confrontés avec lui, il récuse tout jugement contre sa personne. »

2° J. *de Brie*, 34 ans, né à Perche (Haute-Vienne), émigré, sous-lieutenant au régiment d'Hector :

« Il demande à être traduit, sous la sauvegarde des administrateurs du département pour le défendre d'après la réponse à lui faite qu'il n'existe point de capitulation avec les émigrés. »

3° Jean-Joseph-Antoine *Cardon de Vidampière*, âgé de 36 ans, né à Metz, ex-noble, émigré depuis 1792, lieutenant en second au régiment de Damas :

« A observé de plus qu'il ne se trouve ici qu'en vertu de la proposition faite par le général et les officiers du bataillon de la Gironde, qu'il ne leur serait rien fait. Faites cesser le feu de vos frégates, leur dit-on; votre vie en dépend. Sans cette capitulation, il se serait embarqué avec ses soldats ou se serait fait tuer à leur tête. »

4° Jérôme *du Ponsay*, né en Vendée, ex-noble, ancien officier de marine, 51 ans, a quitté la France en 1791 :

« Que c'était la persécution et qu'on voulait le forcer à suivre une Constitution qui ne lui convenait pas....

» A observé qu'il ne s'était rendu que d'après la promesse faite par le général Humbert qu'il ne leur serait arrivé aucun mal. »

Devant la Commission militaire de Vannes (président Bouillon) un certain nombre de protestations se produisirent.

Le 13 thermidor, à la première audience, sur 32 qui passent en jugement, deux arguent de la prétendue capitulation :

1º De Tassy (Auguste), 21 ans, de Marseille :

« A répondu qu'il avait mis bas les armes, lors de l'entrée des républicains et sur une capitulation. »

2º Froger de l'Eguille (Michel-Henry), capitaine de vaisseau, né à Rochefort (Charente-Infér.), 45 ans :

« A déposé les armes, lors de l'entrée des republicains, sur la capitulation. »

Le 14 thermidor, trois allusions :

1º Tartulle Labaume, de Carpentras (Régiment d'Hector). Répond qu'il a été pris à Quiberon « d'après la capitulation. »

2º De Kerebars :

« Ajoute qu'il n'a mis bas les armes que sur la capitulation. »

3º Dombideau de Crouseilles (J.-B.), major de vaisseau (Régiment d'Hector) :

« A répondu qu'il a été pris par la capitulation. »

Le 15 thermidor, trois émigrés qu'on interroge, font allusion à la prétendue capitulation :

1º Cillard de Villeneuve, Etienne, 32 ans, né à Tréguier, ex-lieutenant des régiments du roy :

« A déposé les armes d'après la proposition qu'il ne serait rien fait. »

2º Beuquet d'Arblade, du Gers, ex-capitaine :

« A répondu qu'il s'était rendu d'après l'invitation qui en a été........ qu'il ne serait pas fait de mal. »

3º Malbec de Biges, 33 ans :

« Il s'est rendu prisonnier, après avoir mis bas les armes, sur la parole donnée à M. de Sombreuil par le général de la République, et celle qui lui a été donnée par les officiers et soldats de l'avant-garde républicaine, qu'ils auraient la vie sauve. »

Enfin, le 16 thermidor, la même Commission militaire de Vannes entend 7 émigrés parler de capitulation :

1º D'Espinville, Louis :

« A répondu oui par la capitulation sans armes. »

2° De Perdreauville, Daniel :
« A ajouté qu'il avait déposé les armes, à l'entrée des républicains, par la *capitulation*. »

3° Beaufort de Goyon, capitaine-major :
« Oui, s'est rendu sur une *capitulation* ou promesse verbale faite par deux officiers. »

4° Le Boucher de Martigny :
« Oui, par une *capitulation* verbale qui lui accordait la vie sauve. »

5° D'Audebart, Jacques :
« Oui, sur la promesse qu'il ne lui serait rien fait. »

6° Baulavon, Gabriel :
« Oui, sur la promesse faite en vertu d'une *capitulation* verbale. »

7° Duportail: *oui, par la capitulation s'est rendu.* »

8° Hellouin de Courcy: « *oui*, en vertu de la capitulation. »

On remarquera combien est grande la diversité des déclarations. La plupart se contentent de répondre vaguement qu'ils ont mis bas les armes, *par* ou *sur la capitulation* (Dabur, Dumellinger, Caffarelli, Colleville, Tassy, Froger de l'Eguille, Tartulle Labaume, Kerebars, Dombideau de Crouseilles, Lenglé, Baty, Duportail, Hellouin de Courcy, d'Espinville, Perdreauville, Châteigner-Lagrange, Louet.)

Il en est quelques-uns qui sont plus explicites. Ils déclarent qu'ils se sont rendus *en vertu de la capitulation proposée par le général républicain* (sans dire lequel) par exemple : de Soulanges, Malbec de Biges, de Christon, Duhaffont, Léonard de Villeon, de Goulaine, de Lostende, de Genot, Cardon de Vidampière.)

Cillart de Villeneuve ne prononce pas le mot de capitulation. Il a mis bas les armes « *d'après la proposition qu'il ne serait rien fait.* »

Quant au colonel de génie de Lenglé, il semble résulter de sa déposition, quelque peu obscure, qu'il a fait signe de ne pas tirer quand il a appris que la capitulation était faite.

Beuquet d'Amblade s'est rendu « *d'après l'invitation qu'il ne serait pas fait de mal.* »

Beaufort de Goyon : « *sur une capitulation ou promesse verbale faite par deux officiers.* »

Le Boucher : « *sur une capitulation verbale qui lui accordait la vie sauve.* »

D'Andebart et Baulavon emploient à peu près les mêmes termes.

Quant à Pierre Russey, il a mis bas les armes parce : « Qu'il a entendu crier : *la capitulation est faite.* »

En lisant ces interrogatoires on ne manquera pas d'être frappé de ce fait : qu'aucun émigré ne déclare qu'il a reçu de ses chefs l'avis d'une capitulation. Aucun ne déclare qu'il a rendu les armes, sur un ordre de Sombreuil ou d'un de ses aides de camp.

On ne saurait suspecter la véracité des procès-verbaux; chacun des interrogatoires est signé par l'accusé lui-même. Nous ne mettons pas davantage en doute la sincérité de ceux qui ont cru qu'il y avait eu réellement une capitulation qui leur accordait la vie sauve. Malheureusement leurs allégations ne suffiront pas pour établir le fait et nous croyons avoir prouvé plus haut qu'ils se sont trompés. Aucune capitulation n'était possible avec des émigrés descendus sur le sol français, à la solde de l'étranger, et pris les armes à la main. La loi était formelle, un grand nombre d'accusés, dans leurs interrogatoires, ont déclaré fièrement qu'ils connaissaient cette loi, en vigueur depuis le 25 brumaire, an III, et n'ont pas cherché à l'éluder par des faux-fuyants ou des subterfuges.

Protestations de Blad et de Hoche

Les audiences des Commissions militaires étant publiques, le bruit d'une capitulation continuait à circuler. Les adversaires de la République, répandus dans les villes et dans les campagnes, répétaient à l'envi qu'on jugeait et qu'on condamnait à la mort des vaincus, auxquels on avait promis la vie sauve. Les émigrés prisonniers avaient un intérêt personnel à expliquer leur reddition par une capitulation. Ils avaient mis bas les armes, presque sans combattre et ceux qui avaient préféré se jeter à l'eau et rejoindre la flotte anglaise, n'allaient pas manquer de leur en faire un reproche (de Vauban, de Puisaye, de Contades).

Le représentant Blad crut devoir faire imprimer deux protestations à ce sujet, sous forme de placards, qui furent affichés dans les communes :

« Vannes, 14 thermidor, an III.

» Au nom du peuple français,

» Les représentants du peuple, membres du Comité
» de salut public, déclarent que, quoiqu'ils fussent sur
» les lieux et accompagnassent partout les colonnes répu-
» blicaines, ils n'ont eu connaissance d'aucune *capitula-
» tion*, ni même d'aucune condition convenue avec les
» émigrés et les chouans pris à Quiberon.

» Déclarent que le général en chef et les autres
» généraux leur ont assuré que, non seulement ils
» n'avaient rien promis, mais qu'ils avaient dit haute-
» ment à Sombreuil, en présence de quelques autres
» chefs de son parti, qu'ils ne pouvaient ni ne vou-
» laient rien promettre.

» Déclarent enfin que, si quelques officiers ont invité
» les *patriotes, les républicains* qui étaient dans le fort
» (et il y en avait plusieurs) à mettre bas les armes,
» ils n'ont adressé la parole qu'aux prisonniers français
» enrôlés de force, aux cultivateurs arrachés de leur pays
» par la violence et non à des traîtres avec lesquels
» aucune loi ne permettait de traiter.

» BLAD. »

PROCLAMATION DES REPRÉSENTANTS DU PEUPLE

LIBERTÉ — HUMANITÉ — ÉGALITÉ — JUSTICE

« A tous les Français.

» Citoyens, il nous est parvenu que quelques hom-
» mes malveillants ou trompés avaient semé et accré-
» dité dans le public le bruit d'une prétendue *capitu-
» lation* entre les troupes républicaines qui ont repris
» la presqu'île de Quiberon et les émigrés et chouans,
» qui y ont été faits prisonniers.

» On a osé dire que ces derniers n'avaient mis bas
» les armes que sur la promesse positive qu'ils auraient
» la vie sauve.

» Nous devons à la vérité, à l'armée et à nous-mêmes,
» de repousser une pareille fausseté. Républicains, lisez
» notre déclaration aux Commissions militaires chargées
» de juger les prisonniers, et vous tous qui voudriez
» encore vainement servir le royalisme, qui cherchez à
» ternir par le plus odieux mensonge, une victoire due
» au seul courage de nos intrépides soldats, séchez de
» dépit en voyant l'écueil où vient se briser votre rage
» inutile et vos impuissants efforts.

» Nantes, 17 thermidor, an III.   » BLAD. »

Quant à la protestation du général Hoche, en date du 16 thermidor, nous l'avons donnée plus haut. Il est impossible d'être plus catégorique.

« J'étais à la tête des 700 grenadiers qui prirent M. de Sombreuil et sa division. Aucun soldat n'a crié que les émigrés seraient traités comme prisonniers de guerre, ce que j'aurais démenti sur-le-champ. »

Ceux qui liront attentivement les nombreuses relations écrites par des émigrés qui ont échappé aux condamnations, ne manqueront pas de remarquer que, si tous racontent avec force détails la scène de la capitulation, aucun d'eux n'en a soufflé mot, lorsqu'ils ont comparu, pour leur propre compte, devant les juges. Leurs interrogatoires dont les minutes sont conservés, en font foi. Quelques-uns même, dans leurs récits posthumes, ont donné des versions falsifiées de leurs réponses aux questions qui leur ont été posées par les présidents des tribunaux militaires. Or, ni Chaumareix, ni La Roche-Barnaud, ni de Chamillard, ni de la Villegourio, ni de Tercier, ni Mareau de Bonnetière, ni Le Charron, ni de Montbron, dont nous avons les interrogatoires authentiques, n'ont songé à invoquer une capitulation quelconque.

Un projet de jugement.

Ici se place naturellement une pièce, mentionnée par Du Chatellier, dans son V⁰ volume de son *Histoire de la Révolution en Bretagne*.

L'auteur, après avoir cité textuellement l'arrêt du 9 thermidor, qui condamne à mort les 16 accusés, dont Sombreuil et l'évêque de Dol, ajoute en renvoi :

« Le jugement rendu le lendemain, *10 thermidor, par la même Commission* (Barbaron) présente toutefois une particularité qui mérite d'être rapportée :

Considérant que la *capitulation* dont arguent les accusés, ne peut exister ; que les lois n'en admettent aucune avec les émigrés. — Considérant que la vérité est qu'il n'en a pas même existé et que c'est une défense vague alléguée par eux ; que les mots : bas les armes ! qui ont été entendus, ne regardaient que les *patriotes* mêlés forcément avec les émigrés. (Il fut établi que plusieurs avaient été liés pour être embarqués) ; que la déclaration dont la teneur suit en est la preuve convaincante :

« Je soussigné, général de brigade, atteste qu'il n'y
» a point eu de capitulation avec les troupes qui ont
» été vomies sur nos côtes, dans la presqu'île de
» Quiberon ; qu'on a seulement crié : Bas les armes,
» à nous les patriotes ! que le représentant Tallien a
» constitué prisonnier le parlementaire des rebelles.

» En conséquence, la Commission militaire s'occu-
» pera sans délai du jugement des prisonniers faits à

» Quiberon, en se conformant surtout aux lois et aux
» arrêtés des représentants du peuple.
» Signé : LEMOINE. »

Ladite Commission arrête, etc., etc. (Révol. en Bret. Lib. IX, chap. IV, page 153).

Cette pièce, que Du Chatellier a eu certainement sous les yeux et qu'il a copiée, nous l'avons cherchée inutilement dans le dossier des Commissions militaires. Nous ne l'avons pas trouvée davantage, aux archives de Kernuz, dans les papiers de Du Chatellier, qui ont été mis à notre disposition.

Aux interrogatoires de quels accusés ces *considérants* s'appliquent-ils ? — Evidemment à ceux que la Commission Barbaron a interrogés, dans la journée du 10 thermidor, et au sujet desquels elle a cru devoir adresser une demande d'explication au représentant Blad. — Or, il est parfaitement établi que les juges ayant suspendu leur jugement, aucune *condamnation à mort* n'a été prononcée le 10 thermidor, par la Commission Barbaron.

Ce texte, donné par Du Chatellier, ne peut donc être qu'un *projet de jugement*.

Par qui a-t-il été dicté et écrit ? Quel est le nom des accusés auxquels il se rapporte ? Etait-il signé ?

Si nous avions la pièce nous devrions y reconnaître l'écriture du secrétaire Hamon, et la signature de tous les membres de la Commission présidée par le commandant Barbaron. Mais alors, comment s'expliquer que le représentant Blad ait destitué la Commission, le lendemain, puisque ces *considérants* lui donnaient satisfaction complète ?

D'un autre côté, nous remarquons que ce prétendu jugement est libellé d'une façon insolite :

« *Considérant*..... *La dite Commission arrête*, etc.

Tandis que la même Commission formule ainsi son jugement de la veille (à propos de Sombreuil, Mgr de Hervé, de Lalandelle, etc.).

« Lesquels, après avoir subi interrogatoire, ayant
» était convaincus d'émigration,.....
» La Commission militaire, vu l'article 7..... de la
» loi du 25 brumaire an III.... condamne les dénom-
» més ci-dessus à la peine de mort. »

Dans la pièce, citée par Du Chatellier, pourquoi la formule est-elle différente ? Pourquoi les considérants d'un *arrêté*, s'appliquant à des jugements ?

Donc, jusqu'à ce qu'on ait retrouvé l'original ou une expédition intégrale et authentique, avec les noms et les signatures, nous persisterons à croire qu'il ne s'agit, dans l'espèce, que d'un projet de jugement, à l'état de brouillon.

D'autres, allant plus loin, supposeront peut-être que ce projet de jugement aura été rédigé et proposé par Blad ou par le général Lemoine: que la forme impérative n'aura pas convenu au tribunal ; et qu'en présence d'hésitations de sa part, Blad se sera décidé à dissoudre la Commission, et à la remplacer par une autre.

C'est là une hypothèse qui se présente naturellement à l'esprit. Mais une hypothèse, toute plausible qu'elle puisse paraître, ne saurait être tenue pour la vérité, le document faisant défaut.

Une dernière preuve que ce prétendu jugement cité par Du Chatellier, n'a jamais été énoncé, c'est que sa date ne correspond à aucun des *tableaux*, manuscrits ou publiés, qui sont conservés dans le dossier des Commissions militaires.

L'*état manuscrit*, par feuilles volantes, en plusieurs colonnes, composé par l'administration du département, comprend toutes les condamnations à mort, prononcées du 9 au 28 thermidor. A la colonne des *dates*, pas une seule condamnation n'est portée à la date du 10 thermidor, à Auray. C'est qu'en effet, il n'en fut pas prononcé ce jour-là (voir la lettre de la Commission à Blad). Les juges avaient suspendu leurs jugements et attendaient la réponse du représentant du peuple.

Interprétation de la loi à propos des chouans et des domestiques

La première Commission militaire établie à Quiberon depuis le 9 thermidor, sous la présidence du commandant Dinne, avait écrit à Blad pour lui demander son avis sur l'interprétation de la loi applicable aux chouans et aux domestiques d'émigrés.

Blad leur répondit le 13 thermidor :

« Vannes, le 13 thermidor, an III.

» Aux membres composant la Commission militaire établie au camp devant Quiberon.

» Citoyens, je vais vous donner mon opinion sur
» les doutes que vous m'exposez, sans cependant pré-
» tendre qu'elle vous serve de règle.
» On connaît d'une manière assez positive jusqu'où
» les émigrés et les chouans ont pénétré dans l'intérieur
» des terres et les communes qu'ils ont parcourues. Si
» les individus qui ont comparu devant vous, en sont
» domiciliés et prouvent qu'ils y résidaient à l'époque
» du débarquement, leur excuse mérite d'être prise en
» considération. Si, au contraire, leur demeure habi-
» tuelle est hors de ce cadre, ils ne peuvent alléguer
» qu'on leur a fait violence puisque ceux qui seraient
» dans le cas d'en accuser ne seraient pas parvenus
» jusqu'à eux.
» Quant à ceux qui se prétendent domestiques,
» quoique cette dénomination, à supposer qu'elle soit
» prouvée, ne les disculpe pas entièrement, puisqu'ils
» auraient pu ne pas suivre leurs maîtres dans leur émi-
» gration, ou les quitter et revenir dans leur patrie.
» Cependant il est possible à la rigueur qu'il n'ait pas
» tenu à eux d'agir autrement. Les uns et les autres,
» lorsque le délit ne sera pas notoire, il nous paraît pru-
» dent de surseoir à tout jugement, pour ou contre les
» prévenus. Nous consulterons à cet égard la Conven-
» tion nationale qui fera connaître ses intentions.

(L. 761, original).

» C.-A.-A. BLAD. »

Les Anglais avaient, la veille, tenté de débarquer, à la côte de Quiberon, 1200 chouans qui s'étaient réfugiés sur leur flotte. Ils furent transportés à Vannes par navire.

Le même jour, 13 thermidor, le représentant Blad prenait l'arrêté suivant :

« Vannes, 13 thermidor, an III.

» Le représentant du peuple... arrête que les femmes
» et les enfants au-dessous de 14 ans, du nombre des
» individus qui sont venus hier de la flotte anglaise
» aborder à la presqu'île de Quiberon, seront mis sur-le-
» champ en liberté, conformément à la détermination
» prise le 3 de ce mois, à l'égard des personnes du
» même sexe et du même âge.

» Pour copie conforme : BELLYNO, CHAPAUX.

» Enregistré à Auray, le 20 thermidor, an III.

» LECOMTE, LE FLOCH. »

De ces 1200 malheureux, 527 furent immédiatement mis en liberté et renvoyés chez eux, munis de passeports. Les autres allèrent grossir le nombre des prisonniers dans les lieux de détention.

Commission Bouillon d'Auray

Nous avons établi, plus haut, pièces en main, que la première Commission d'Auray, qui a jugé Sombreuil et Mgr de Hercé, a été remplacée, le 11 thermidor, par deux nouvelles Commissions, présidées, l'une par le capitaine Bouillon, l'autre par le commandant Lalene.

La Commission Bouillon ne devait fonctionner qu'un jour à Auray. Le surlendemain (13 thermidor) elle était transportée à Vannes, et y siégeait jusqu'au 27 du même mois.

La Commission Bouillon, dans sa séance du 11 thermidor, à Auray, avait interrogé 18 prévenus. Les interrogatoires sont conservés. Au pied de l'interrogatoire de quatre d'entre eux, on a inscrit en note : *sursis au jugement en raison de l'arrêté du représentant Blad, ou renvoyé à la maison d'arrêt.* En déclinant leurs noms, les quatre prévenus avaient déclaré qu'ils avaient émigré avant l'âge de 16 ans.

Que devinrent les 14 autres ?

Aucun de ces 14 noms n'est porté sur l'état du général Lemoine. Nous n'avons pas trouvé trace de leur jugement, quand nous avons compulsé, avec le plus grand soin, toutes les minutes et les expéditions des jugements des Commissions militaires.

Nous étions cependant convaincu que les 14 prisonniers avait été condamnés à mort et exécutés. Et voici les raisons sur lesquelles nous nous appuyions.

Au nombre des interrogés du 11 thermidor, se trouve le nommé *Pierre Proux*, huissier d'Auray, capitaine de la garde nationale, qui s'était jointe aux chouans et avait fait la campagne de Quiberon avec les émigrés.

Pierre Proux, capturé à Quiberon, fut emmené à Auray et incarcéré, en attendant son jugement.

Le 11 thermidor, il comparaissait devant la Commission Bouillon, avec les 17 coaccusés que nous avons cités plus haut. Son interrogatoire existe.

Il n'y a pas à douter que Proux ait été condamné à mort et fusillé, le lendemain, 12 thermidor.

En effet, le 13 thermidor, l'agent national d'Auray écrivait au juge de paix du canton :

« Auray, 13 thermidor.

» Je vous invite et vous requiers de descendre, à la demeure du nommé Pierre Proux, condamné à mort par jugement de la Commission militaire et *exécuté hier* (pour procéder à l'apposition des scellés). » (Auray. Reg. corresp. district.)

Douze jours après, le même agent national, s'adressant à l'accusateur public, près le tribunal militaire, à Vannes, lui écrivait :

« 24 thermidor, Auray.

» Je fais transférer dans les prisons de Vannes le nommé François-Denis Leniere, sabotier, arrêté dans sa demeure le 10 de ce mois, sur la dénonciation de trois individus, dont deux ont été fusillés (Proux et Demotte). » (Reg. corresp. District Auray).

L'émigré Berthier (de Grandry) qui faisait partie de la *fournée* (suivant son expression), nous dit, dans ses mémoires, qu'il obtint le *sursis*, ainsi que 3 ou 4 autres, en raison de leur âge, et laisse entendre que les autres furent condamnés à mort.

Effectivement, Berthier de Grandry, qui n'avait accusé que 15 ans, dans son interrogatoire, fut envoyé à la maison d'arrêt, ainsi que 3 de ses coaccusés. Il suffit de lire le texte des interrogatoires des 14 autres, qui reconnaissent être des émigrés ou chefs de chouans et avoir porté les armes contre la République, pour acquérir la conviction que le tribunal n'a pu que les condamner à mort.

Voici leurs noms :

Charles DABUR, 52 ans, natif de Memées (Sarthe).

Thomas BRUMAULT, 37 ans, né à Poitiers.

Joseph-René DUMELLINGER, 37 ans, né à Alençon.

Philippe CAFARELLI, 38 ans, né à St-Félix (H^{te}-Gar.)

Thomas-François de COLLEVILLE, 32 ans, St-Aubin (Seine Inférieure).

Jean-François CARDAILLAC, 44 ans, né à Tarbes (Hautes-Pyrénées).

Georges-Yves KERRET DE KERAVEL, 33 ans, Morlaix.

Charles LEDU, 45 ans, Tréguier (Côtes-du-Nord).

François PIGACE, 43 ans, Monte-Sommet (Orne).

Louis BERTIN, 29 ans, Reville (Manche).

Louis CINTRAT, 26 ans, Paris.

J.-B. LECOMTE, 21 ans, Thorigny (Calvados).

Jean-Louis VALOIS, 40 ans, St-Germain-de-Moyon (Manche).

Pierre PROUX, 37 ans, Auray (Morbihan).

Noms de ceux qui ont obtenu un sursis :
Simon Le Prince, 18 ans, Dieppe (Seine-Inf re).
Claude Berthier, 15 ans, Chatel-Censoir (Yonne).
Léopod Michel Cavelier, 20 ans, Niberbruck (Bas-Rhin).
François Drouyn, 19 ans, Commercy (Meuse).

Nous en pouvions conclure que les 14 accusés, qui n'avaient pas obtenu le sursis, avaient été condamnés à mort, le 12 thermidor, par la Commission, siégeant à Auray, présidée par le capitaine Bouillon, et qu'on devait ajouter leurs noms à la liste générale.

Les noms de Proux, Caffarelli, Kerret de Keravel, de Brumault sont effectivement marqués sur le monument de la Chartreuse.

Mais comment se fait-il qu'aucun de ces 14 noms ne soit porté sur l'état du général Lemoine ?

Cela ne pouvait s'expliquer que par ce fait : que la minute du jugement du 12 thermidor aura été égarée, ou gardée par le président Bouillon.

Nous savons, par les correspondances, quelles difficultés rencontraient les districts, lorsqu'il s'agissait d'obtenir des Commissions militaires une expédition des jugements.

Le 17 thermidor, le district d'Auray se plaignait qu'on lui ait envoyé une liste qui ne datait que du 11, quand les condamnations à mort avaient commencé le 9.

Plus tard (4 fructidor), c'est le département qui s'adresse au chef d'état-major de Vannes, pour l'informer qu'une des Commissions d'Auray étant dissoute par le départ du bataillon, le Président n'a laissé aucun papier et « *s'est obstiné à les emporter malgré les observations du greffier.* »

Ce président était le citoyen Duilhe, chef du 1er bataillon des 83 départements. Les minutes furent néanmoins restituées au département. Elles se trouvent au dossier.

Quelque chose du même genre s'est-il passé, à propos de la minute des jugements prononcés par la Commission Bouillon, le 12 thermidor? Cela est très possible. La même Commission Bouillon a siégé à Vannes, à partir du 13 thermidor, jusqu'au 27 et a prononcé 60 condamnations à mort. Les minutes des interrogatoires sont conservées dans un cahier qui est complet.

Quant aux minutes des jugements correspondants, elles sont représentées par trois doubles feuilles, séparées, sous les dates du 15, du 16 et du 26 thermidor, an III.

Malgré l'absence des minutes des jugements, nous étions donc persuadé que les 14 interrogés du 11 thermidor, à Auray, par la Commission Bouillon, avaient été condamnés à mort et exécutés, lorsque nous avons trouvé, dans la liasse L. 761, deux manuscrits, en cahiers cousus, qui dissipent tous les doutes.

Le premier cahier, de 6 feuilles in-folio, porte pour titre :

« Département du Morbihan. — District de Vannes. — » État des noms, prénoms, etc., des individus condamnés » à la peine de mort ou autre emportant confiscation » des biens... par les Commissions militaires établies » en vertu de l'arrêté du représentant du peuple. »

Cet état comprend l'indication de 75 jugements, du 12 au 26 thermidor.

Sur la couverture du cahier, on lit :

« Ce canevas est dépouillé sur la liste des condam- » nés, arrêtée par le département. »

L'ordre est celui des dates des jugements. En tête figurent précisément les 14 noms des émigrés cités plus haut. Ils sont indiqués comme ayant été condamnés à *mort*, à Auray, le 12 thermidor.

Le deuxième cahier (15 feuillets in-folio) est intitulé : *Liste alphabétique* des condamnations avec noms, prénoms, surnoms, etc.

Malheureusement le travail est incomplet et s'arrête à la lettre K.

On y trouve, à leur rang, les condamnations à mort, à Auray, le 12 thermidor, de : *Charles Dabur, Thomas Brumault, René Dumelinger, Colleville, Caffarelli, Cardaillac, Bertin, Cintrat* et *Kerret de Keravel.*

Les cinq autres manquent : Ledu, Pigasse, Lecomte, Proux, Valois ; par la raison que le tableau alphabétique n'a pas été achevé et s'arrête à la lettre K.

Ces tableaux nominatifs des condamnations à mort faisaient partie des papiers du Directoire départemental et ont dû être composés par ses soins. Dans le classement des archives, on les a réunis au dossier des Commissions militaires (L. 761).

La Gournerie nous informe que l'émigré *Le Valois de la Mariere* a été massacré, à Quiberon, après l'affaire du 28 messidor. C'est une erreur.

Le Valois a été emprisonné à Auray. Il a comparu le 11 thermidor, devant la Commission Bouillon. Son interrogatoire existe et sa condamnation à mort est constatée à la date du 12 thermidor sur les tableaux manuscrits que nous avons retrouvés. Le condamné a été fusillé, le même jour, à la Chartreuse d'Auray.

La loi de Brumaire et la loi de Prairial an III

A partir du 9 thermidor, les Commissions militaires avaient fonctionné et prononcé des jugements (condamnations à mort ; sursis et acquittements), en conformité de la loi du 25 brumaire an III et des arrêtés des représentants du peuple, qui avaient spécifié des exceptions, en raison de l'âge des individus, et en faveur de ceux des émigrés qui avaient quitté le territoire français avant 16 ans.

Toutefois, une des Commissions d'Auray avait cru pouvoir s'écarter de la règle et appliquer la loi du

30 prairial an III. En vertu de cette loi, les Commissions avaient condamné à la détention temporaire et à des amendes, un assez grand nombre de prévenus, que la loi de Brumaire aurait traités autrement.

Les administrateurs du département s'en émurent et en écrivirent au général Lemoine et à Blad.

A la vue d'un *état* des jugements prononcés par une des Commissions d'Auray, ils ont remarqué :

« Que la Commission n'applique pas aux prévenus la
» loi du 25 brumaire, ce qui fait présumer qu'elle juge
» en vertu de la loi du 30 prairial.

» Notre devoir, Général, est de vous prévenir que
» cette dernière loi n'attribue aucune compétence à la
» Commission militaire, et que tous les jugements qu'elle
» rendrait, en l'appliquant, seraient nuls. Voyez vous-
» même cette loi et vous vous convaincrez que le tri-
» bunal militaire de la division ou le tribunal criminel
» du département, sont seuls compétents. » (Lettre du 21 thermidor, an III).

La lettre adressée au représentant Blad contenait les mêmes observations.

« Nous voyons dans le tableau des jugements rendus,
» par une des Commissions d'Auray, des condamnations
» à 2, 3 et 4 mois de détention qui n'ont point été
» puisées dans la loi du 25 brumaire. »

Puis le département ajoutait :

« Nous voyons à Vannes des jeunes gens de 18 ans
» échappés au glaive de la loi et retenus dans les pri-
» sons, tandis que l'exception que renferme l'art. 1er de
» la loi du 25 brumaire en faveur de ceux qui étaient
» âgés de moins de 14 ans, lors de la promulgation de
» celle du 28 mars 1793, exige pour condition qu'ils
» soient rentrés dans les trois mois du jour de la dite
» promulgation et qu'ils n'aient pas porté les armes
» contre la patrie.

» Enfin nous sommes instruits que 60 émigrés exis-
» tent encore dans les prisons d'Auray et se sont sous-
» traits, sous divers prétextes, à la peine que la loi
» prononce contre eux. Nous ne sommes pas bien
» instruits de toutes ces ruses qu'on a mis en usage pour
» surprendre la Commission. Mais en voici une qui est

» particulière aux chevaliers de Malte. Ils sont étrangers,
» disent-ils; leur domicile est à Malte; ce sont des
» prisonniers de guerre à échanger; et bonnement la
» Commission les a crus.
» Il est temps, citoyen Représentant, que vous éclai-
» riez les Commissions et que vous les remettiez dans
» les sentiers de la loi, dont elles s'écartent journelle-
» ment. » (Le départ. à Blad, 21 thermidor).

Plusieurs prévenus avaient effectivement argué de leur titre de chevalier de Malte, pour être traités en prisonniers de guerre.

Ainsi l'émigré Gilbert de Guerry, âgé de 30 ans, né à Dampierre, district de Roche-sur-Yon (Vendée), lorsqu'il comparut, le 14 thermidor, devant la Commission d'Auray, déclara qu'il était chevalier de Malte depuis 1776 et demanda à bénéficier du « décret qui regardait les Maltais comme étrangers à la France. »

Les juges furent arrêtés court et conclurent à l'ajournement :

« Avons ajourné le jugement du nommé Gilbert Guerry à cause de l'observation qu'il a faite dans son interrogatoire qu'une loi rendue en 1790 déclare les chevaliers de Malte étrangers à la France. » (Cahier de la Comm. militaire.)

La Commission militaire, à laquelle s'adressaient les reproches, écrivait au représentant, pour lui demander des éclaircissements. Elle avait même envoyé à Vannes un de ses membres, le capitaine Marigné, pour s'entretenir avec lui. Ne recevant pas de solution, la Commission avait suspendu ses opérations, le 19, le 20, le 21, le 22, le 23, après avoir mentionné au procès-verbal : « Attendu le silence que garde le représentant du peuple sur la décision qu'elle a demandée par sa lettre du 19, remise au général Lemoine, par le citoyen Marigné, délégué. »

Blad, qui était à Nantes, se trouvait dans l'impossibilité de répondre plus tôt, et en référait au Comité de salut public, qui ne devait répondre qu'au bout de 10 jours.

La Commission inscrivait de nouveau sur son procès-verbal de la séance du 23 thermidor an III :

« Vu le silence encore gardé par le représentant
» du peuple Blad sur les éclaircissements à lui deman-
» dés par la Commission, avons ajourné les jugements
» des sus-nommés, etc.... » (Procès-verbal du 23 thermidor. Commission d'Auray).

Les Commissions militaires de Vannes, elles-mêmes, procédaient avec lenteur et hésitation. C'est à tel point que le 19 thermidor, le général Lemoine se présentait au Directoire du département, et déclarait que les quatre Commissions de Vannes instituées par lui.

« Effrayées de la responsabilité que quelques personnes
» leur avaient fait envisager, ne voulaient plus continuer
» leurs fonctions et qu'elles se croyaient quittes après
» le jugement des émigrés. » (Du Chatellier, V° vol., p. 160).

Les présidents des quatre Commissions s'étaient réunis et avaient décidé de s'adresser aux administrateurs du département pour savoir d'eux quelle loi on devait appliquer (la loi de brumaire ou celle de prairial).

Le département leur répond le 25 thermidor par la lettre suivante :

« Chargés, par la loi, de fonctions purement adminis-
» tratives, nous ne pouvons ni ne devons nous permettre
» ni de porter des décisions judiciaires, ni d'influencer
» les Tribunaux et Commissions ; ainsi, il ne nous est
» pas possible de vous donner notre opinion sur la ques-
» tion que vous nous proposez, par votre lettre, sans
» date, que nous recevons dans ce moment.

» Cependant, nous ne vous dissimulons pas qu'ins-
» truits qu'à Auray...., nous en avons écrit au repré-
» sentant Blad, à qui seul dans ce département,
» appartient le droit de résoudre les difficultés que
» rencontrent les Commissions militaires. » (Lettre du département, 25 thermidor).

Sur ces entrefaites, arrivait une lettre du Comité de salut public, adressée au représentant Mathieu, à Vannes, datée du 22 courant, par laquelle on lui enjoignait :

« De mettre en jugement les émigrés qui, étant
» sortis de France avant 16 ans, avaient obtenu un
» *sursis*, conformément à l'arrêté de Blad. »

Cette nouvelle n'était pas faite pour contenter les Commissions militaires qui, fatiguées de ces exécutions juridiques, n'avaient qu'un désir : traîner les choses en longueur et voir cesser leurs fonctions.

Le département recevait lettre sur lettre du district d'Auray, lui annonçant que les vivres manquaient aux prisonniers, et que les conditions déplorables dans lesquelles ils étaient placés, venait d'occasionner l'explosion d'une épidémie.

Le 26 thermidor, il y avait encore à Auray plus de 2000 prisonniers entassés dans des locaux pestilentiels.

A ce sujet les administrateurs du département écrivaient au général Lemoine :

« Nous avions lieu de croire, d'après l'entretien que
» nous avons eu hier soir avec vous, qu'il n'existait
» plus de prisonniers à Auray. Mais vos ordres n'ont
» pu être exécutés, comme vous le verrez par la lettre
» du district d'Auray, dont nous joignons ici la copie.
» D'un autre côté, la place manque de vivres et,
» depuis deux jours, les prisonniers en sont privés.
» Il en est un autre qui mérite bien votre attention,
» c'est le prompt jugement et tout semble conduire à
» éterniser et rendre onéreuses à la République les
» suites d'une victoire éclatante.
» Le législateur, en instituant des Commissions mili-
» taires, a eu en vue d'écarter la lenteur des formes et
» d'accélérer les jugements. Mais son attente, déjà trom-
» pée, le sera encore bien davantage, si les Commis-
» sions continuent à marcher le même pas.
» Nous vous prions de vous en occuper le plus tôt
» possible.
» Salut et fraternité.
» Les Administrateurs. »

Les prisonniers valides ne tardèrent pas à être évacués sur Hennebont et Port-Liberté, où les attendaient des Commissions militaires instituées pour les juger, de telle sorte que, le 5 fructidor, il ne restait plus dans les prisons d'Auray que 103 prisonniers. (Prisons. — A.-H. 1301. — Arch. départ. — Liste fournie par le procureur syndic du district d'Auray).

Conflit. — Dissolution des Commissions

Le général Lemoine, brave soldat (il l'avait prouvé dans les combats du 28 messidor et du 3 thermidor, à Quiberon), n'avait ni le tempérament ni les qualités d'un diplomate. Sa main ferme maniait beaucoup mieux le sabre que la plume. A toutes les tracasseries suscitées par le mauvais vouloir ou l'inertie des Commissions militaires et la vigilance des administrations centrales, s'ajoutaient les fâcheuses nouvelles qu'on recevait du dehors : la chouannerie se réorganisait : on n'entendait parler que de pillages et d'assassinats. De son côté, la troupe se livrait à tous les excès. Les administrateurs du département ne cessaient de mettre sous les yeux du général les plaintes qui arrivaient de tous les points du Morbihan. On était toujours menacé d'une nouvelle descente des Anglais; des correspondances avaient été saisies, qui prouvaient que les prisonniers communiquaient avec l'ennemi. Les débris de la division de Jan-Jan qui s'étaient dispersés et ceux de l'*armée rouge*, ramenés par Cadoudal, reformaient leurs bandes.

La surveillance de tant de détenus exigeait l'immobilisation de troupes nombreuses qui, d'un moment à l'autre, pouvaient être appelés à la défense du pays. On venait de découvrir un complot d'évasion tramé par les détenus du *Père-Eternel*, lesquels devaient, pendant la nuit, égorger les sentinelles, se saisir des armes et rejoindre les chouans du dehors.

Cette question des prisonniers de Quiberon était devenue irritante puisqu'elle créait chaque jour des difficultés entre l'autorité civile et l'état-major de l'armée.

Le général Lemoine était décidé à en finir. Il avait rappelé à Vannes la première Commission militaire de Quiberon (président, le commandant Dinne) et lui avait intimé l'ordre de siéger dans les locaux du Père-Eternel. Cette mesure se justifiait par la raison qu'il fallait aller vite; que la très grande majorité des prisonniers restants devaient être acquittés, que le couvent des Ursulines, voisin du Père-Eternel, était un foyer d'épidémie meurtrière, et qu'il n'était ni prudent ni convenable de continuer chaque jour de faire parcourir les rues à cette foule de prisonniers déguenillés pour se rendre au lieu ordinaire des séances, au centre de la ville.

Malheureusement le général Lemoine, affectant un certain dédain, à l'égard des Commissions, s'était contenté d'envoyer un de ses aides de camp, lequel avait lui-même écrit au *crayon* et signé, *sur un bout de papier*, l'ordre de se transporter sur-le-champ au couvent du *Père Eternel*, pour y juger.

La Commission Dinne, trouvant le procédé par trop cavalier, n'obéit pas. Immédiatement, le général Lemoine la déclara dissoute et donna ordre à tous ceux qui en faisaient partie de quitter l'enceinte de Vannes, *sous une heure*.

En outre, le général se rendait, avec son aide de camp, à la salle de la Société populaire, où siégeait la deuxième Commission présidée par le capitaine Bouillon, et leur annonçait que les quatre Commissions de Vannes étaient destituées. Un murmure général accueillit cette déclaration. Le nommé Tilloy, quartier-maître, secrétaire-greffier, s'écria : « La Commission a été instituée par le représentant Blad; à lui seul appartient le droit de nous révoquer. » Le général répliqua : « Vous êtes sous la police militaire; je vous destitue; je n'ai pas de compte à vous rendre; c'est une mesure de sûreté générale. » Tilloy reprend : « donnez-nous vos ordres par écrit. » Le général, outré de voir un simple caporal lui tenir ainsi tête, le fait empoigner par les grenadiers et conduire au cachot. (Procès-verbal signé des membres de la commission et des principaux témoins, présents dans la salle, 27 thermidor, L. 255, police générale du département.)

Cette scène était d'autant plus fâcheuse qu'elle se passait en présence d'une députation de la garde nationale de Vannes.

Le président Bouillon avait levé la séance, après avoir inscrit, sur une page du cahier, la déclaration suivante :

« Le 27 thermidor, à 3 heures de relevée, est entré à
» la séance de jugement le général Lemoine, qui a des-
» titué les quatre Commissions militaires et a incarcéré
» à la prison criminelle le citoyen Tilloy, quartier-maî-
» tre, greffier de la Commission en fonction.
» Procès-verbal est à l'instant dressé de cet attentat
» contre les lois. La Commission s'est séparée et a sus-
» pendu la séance.
      » Le Président : BOUILLON. »

Dans la soirée, les présidents, les membres et les greffiers des Commissions établies à Vannes, se réunissaient dans la salle de la Société populaire et adressaient aux administrateurs du département la protestation qui suit :

LIBERTÉ — JUSTICE

» Nous présidents, membres et greffier des Commis-
» sions militaires établies à Vannes, par arrêté et en
» vertu des arrêtés du représentant du peuple Blad.....
» Déposons aux administrateurs du département du
» Morbihan, au Directoire du district et à la municipa-

» lité, la protestation solennelle, que nous faisons contre
» l'interdiction prononcée par le général Lemoine des
» quatre Commissions chargées de juger les prisonniers
» de Quiberon.....

» Déclarons néanmoins nous y soumettre provisoire-
» ment et suspendre le cours de nos séances, et rendons
» responsable ledit général de tous les accidents que cet
» acte arbitraire pourra produire par les délais de l'ap-
» plication de la loi.

» Nous prions le département de recevoir cette dé-
» claration, la lui adressant comme première autorité
» constituée et pour l'instruire que si ces délais et né-
» gligences occasionnaient quelques périls dans cette
» occurrence de choses, nous ne pouvons en être comp-
» tables, ayant été interdits officiellement ce jour d'hui, à
» 5 heures de relevée, par le général, et ce contre les
» loix de la République, qui, en ordonnant aux états-
» majors de créer des Commissions militaires, leur inter-
» disent le droit de les casser, interdir ou supprimer ;
» ce droit n'appartenant qu'aux représentants et aux
» tribunaux, dans le cas de forfaiture ou de prévarication.

» La présente sera de suite adressée à la Convention
» nationale, au représenrant Blad, et au général Hoche,
» avec mémoire détaillé de tous les faits et circonstances,
» avec prière de rendre justice aux Commissions.

» Fait à Vannes, à la Société populaire, le 27 du
» mois de thermidor de l'an III de la République une
» et indivisible. »

Suivent 17 signatures, dont : Bedos, président-chef. — Bouillon, président de la 2ᵉ Commission. — Levieux, président de la 3ᵉ. — Desquieux, président de la 4ᵉ. (Arch. dép., L. 255. Police générale).

Le lendemain, 28 thermidor, le chef de bataillon Dinne, président de la première Commission militaire de Quiberon (3ᵉ Commission de Vannes), en remplacement de la Commission Levieux, adressait au département un véritable acte d'accusation contre le général Lemoine :

« Du faubourg de Vannes, sur la route de Rennes,
» ce 28 thermidor, an III de la République
» une et indivisible.

» Dinne, chef de bataillon, président de la première

» Commission militaire de Quiberon (3ᵉ Commis-
» sion à Vannes).

» Aux citoyens administrateurs du département.

» Citoyens administrateurs,

» La conduite inconsidérée du général Lemoine, qui,
» sans respect pour des Commissions chargées de l'au-
» torité judiciaire, a osé troubler des tribunaux dans
» leurs fonctions ; l'ordre qu'il a pris sur lui de donner
» à une de ces Commissions, dont il était président,
» de quitter la ville de Vannes, sous une heure ; les
» différentes manières dont il a usé pour vouloir in-
» fluencer ces Commissions qui, organes des loix, sont
» impassibles comme elles ; l'espèce de mépris que lui
» et un de ses aides de camp ont témoigné devant ces
» Commissions, qu'il ne devait pas regarder comme
» ses subordonnées, mais comme des interprètes des
» loix, dont les fonctions terribles sont basées sur
» l'équité nationale et les témoignages particuliers de
» leurs consciences ; l'ordre enfin intimé par le général
» Lemoine et communiqué par le commandant de place
» au soussigné de partir et faire partir sur-le-champ tous
» les militaires du 2ᵉ bataillon de tirailleurs, actuellement
» à Vannes, composant l'escorte qui doit acccompagner
» les bagages du bataillon, qui, faute de voitures, n'ont
» pu suivre le bataillon.

» Le soussigné, chef de bataillon, protestant contre
» le général Lemoine, déclare rendre ledit général res-
» ponsable des effets et bagages dudit bataillon, aban-
» donnés par son ordre arbitraire.

» Le soussigné proteste également contre l'ordre
» intimé à la première Commission de Quiberon, séante
» à Vannes, de cesser ses fonctions, pour n'avoir pas
» obtempéré sur-le-champ à l'ordre écrit au crayon et
» signé par un de ses aides de camp de se rendre à
» la prison du Père Eternel, pour y juger.

» Le soussigné, en attendant qu'il fasse passer à la
» Convention nationale, conjointement avec ses collègues,
» ses motifs d'accusation, à la charge du général de
» brigade Lemoine et d'un de ses aides de camp,
» adresse la présente au Directoire du département du
» Morbihan pour son information et le prie, au nom
» du salut de la patrie, de joindre leurs notes et témoi-
» gnages, pour dévoiler aux yeux de la France, la con-
» duite de ces hommes qui, familiarisés avec les horreurs,
» ne cherchent que les moyens d'assouvir leur penchant

» à la cruauté et qui, à force d'intrigues, veulent par-
» venir, malgré leur profonde ignorance, à jouer un
» rôle quelconque dans la Révolution.

» Le chef de bataillon de la 1ʳᵉ Commission
» militaire de Quiberon :

» E. DIRNE ».

Le dépôt des protestations des Commissions militaires fut fait le jour même sur le bureau de l'administration départementale, qui en donna acte :

« 28 thermidor, séance du Directoire du département.
» Les citoyens Benjamin Duhem, lieutenant au 16ᵉ
» régiment de chasseurs, membre de la 2ᵉ Commission
» militaire; François Bouillon, capitaine du 2ᵉ bataillon
» de tirailleurs, président de la même Commission, sont
» entrés à l'Assemblée et ont déposé sur le bureau un acte
» de protestation, daté d'hier, signé de tous les membres
» composant les Commissions militaires, créées à Vannes,
» pour les jugements des prisonniers faits à Quiberon,
» contre la destitution des dites Commissions, prononcée
» par le général Lemoine, duquel dépôt le procureur
» général syndic entendu, le Directoire a donné acte
» aux dits citoyens Duhem et Bouillon et a ordonné que
» les dites protestations demeureront déposées au secré-
» tariat.
» Le citoyen Carpin, lieutenant au 2ᵉ bataillon de
» tirailleurs, membre de la 2ᵉ Commission militaire éta-
» blie par le représentant du peuple Blad, a déposé sur
» le bureau une copie du procès-verbal, rapporté le jour
» d'hier par le citoyen Jourdan, Biscop et Carpin, de la
» destitution des quatre Commissions militaires faite par
» le général Lemoine et de l'incarcération du citoyen
» Tilloy, greffier de la dite Commission.
» Le Directoire, ouï le procureur syndic, a donné acte
» au citoyen Carpin de ce dépôt et ordonné qu'il sera dé-
» posé au secrétariat.

» FAVEROT, DANET aîné, LEFEBVRIER, BOSQUET,
» KERVICHE A., BOULLÉ, BELLYNO, CHAPAUX. »

Quelle fut la suite de ce déplorable conflit entre le général en chef et les magistrats des Commissions ? Nous n'avons découvert aucun document qui pût nous éclairer sur ce point, sauf une lettre de l'officier de police judiciaire, adressée au département :

« Vannes, le 12 fructidor, an III.

» Citoyens, obligé de poursuivre l'affaire de la destitution prononcée par le général Lemoine contre les quatre Commissions militaires, alors en activité, et instruit que les officiers qui en étaient membres vous ont remis un acte de protestation, je vous prie de vouloir bien m'en faire délivrer une expédition si vous ne pouvez vous dessaisir de l'original.

(L. 255.) Signé : ROUSSEAU. »

Il est supposable que cette révolte fut étouffée par des mesures disciplinaires. La sentence de destitution des Commissions ne fut pas rapportée. Deux nouvelles Commissions furent nommées; l'une, présidée par le commandant *Legrand*, la deuxième par le capitaine *Honoré* (26 et 28 thermidor), puis une troisième présidée par le commandant Lohée (6 fructidor.)

En ce moment, le général Lemoine allait avoir sur les bras une autre affaire que lui avaient attirée les officiers du 10e bataillon du Var, à propos d'une fusillade de condamnés qui eut lieu le 8 fructidor, dans une prairie des environs de Vannes. (Voir : Exécutions de Vannes. — Bull. Soc. poly. Morbihan, an 1897).

Les Commissions recommencent à fonctionner. — Fin des sursis.

Sur ces entrefaites, le Comité de salut public adressait au représentant Mathieu, une sorte d'instruction, qui était une réponse aux questions qui avaient été posées par la Commission militaire d'Auray.

« Nous apprenons, disait-il, par une lettre du général Hoche du 22 thermidor, qu'il existe en prison, dans l'arrondissement de son armée, près de 5.000 chouans, qui, presque tous, sont réclamés par les administrations des districts, qui leur délivrent des certificats de civisme, et que leurs nombreuses réclamations ont suspendu l'activité des Commissions militaires.

» Le général Hoche paraît croire que, d'après l'article 7 de la loi du 25 brumaire, ils devraient tous être condamnés à mort, et il s'élève avec raison contre les inconvénients qui résulteraient d'une application aussi vaste d'une pareille disposition.

» Mais ce n'est pas à la loi du 25 brumaire qu'il faut ici s'attacher. Elle ne parle que des « Français émigrés faisant partie de rassemblements, qui seraient pris, armés ou non armés.

» Or ici il n'est pas question d'émigrés. A leur égard il n'y a d'autre loi à consulter que celle du 30 prairial : La mort pour les déserteurs ou étrangers au département. Détention maximum de 4 mois pour les habitants des campagnes entraînés.

» Les chefs, les commandants de tout grade qui n'est pas au-dessous de capitaine ; les instigateurs, les embaucheurs, les déserteurs, les non domiciliés dans le département doivent être livrés aux Commissions militaires ; latitude de clémence pour les autres..... » (Le Comité de salut public au représentant Mathieu, 1er fructidor, an III).

Après la dissolution des Commissions militaires de Vannes, ce n'était pas sans peine que le général Lemoine était parvenu à en nommer deux et même trois autres, ayant pour présidents les officiers supérieurs : Legrand, Honoré et Lohée. Ces Commissions devaient fonctionner jusqu'au 20 fructidor.

Au commencement du mois, une certaine agitation s'était manifestée dans les administrations civiles et même dans les troupes. Le 4 fructidor, on avait vu apparaître, dans les eaux de Quiberon, la troisième flottille anglaise, portant le comte d'Artois. Elle rejoignait celle du commodore Waren. On était menacé d'un nouveau débarquement. De là la nécessité de liquider au plus vite la question des prisonniers au nombre d'au moins 3000, qui encombraient encore les lieux de détention et les hôpitaux, devenus des foyers d'épidémie.

Six jours après le coup d'Etat du général Lemoine, les administrateurs du département écrivaient au district d'Auray :

« Vannes, 3 fructidor, an III.

» Plusieurs administrations se plaigrent de la lenteur qu'on met à juger les prisonniers. La plupart des émigrés ont été fusillés; il en reste à Auray et à Vannes. Le représentant Blad, qui avait créé une première Commission militaire, l'a cassée et remplacée par une autre. A Vannes, 5 Commissions ont été créées, une par le représentant Blad, les autres par l'état-major. Le général Lemoine les a toutes cassées et les a remplacées par deux autres, qui ont eu un restant d'activité et ont cessé leurs fonctions. Il nous reste cependant au moins 3000 prisonniers à juger. Ceux qui l'ont été (jugés) sont : les émigrés, un assez grand nombre de Toulonais et de prisonniers français, armés en Angleterre, tous acquittés et qu'on va employer au service de la République; enfin, quelques chouans, dont 9 ont été fusillés. » (L. 821, arch. dép.).

Le lendemain, 4 fructidor, le Conseil général de la commune de Vannes se réunissait extraordinairement et prenait un arrêté dont nous citerons quelques passages :

« Considérant que les différentes Commissions militaires, successivement formées en cette commune, pour y interroger et juger les chouans et autres détenus, faits prisonniers à Quiberon, ont depuis huit jours cessé leurs fonctions, qu'elles semblent avoir entièrement abandonnées ;

» Considérant que la loi voulait que ces détenus fussent jugés le plus promptement possible; que ces détenus, encore au nombre de plus de 3000, consomment nécessairement une grande quantité de subsistances malheureusement rares...

» Qu'en temps de canicule, l'air est infesté par cet entassement de détenus et qu'un grand nombre ont déjà succombé à l'épidémie...

» Décide qu'on invitera le général Lemoine à faire diligence pour faire condamner les coupables, acquitter les innocents et rendre justice à tous... » (Reg. délibér. municipalité, de Vannes).

Le lendemain 5 fructidor, le district de Vannes délibérait à son tour :

« 5 fructidor, an III.

» Vu la délibération du Conseil général de la commune
» de Vannes en date du 4 fructidor, tendant à accélérer
» le jugement des chouans et autres détenus faits pri-
» sonniers à Quiberon.

» L'administration du district qui sent toute la vérité
» et la conséquence des raisons alléguées dans la délibé-
» ration du conseil sus-énoncé, sollicite de toutes ses
» forces l'exécution prompte des lois qui peuvent concer-
» ner tous les prisonniers faits à Quiberon; rend respon-
» sables des dommages qui résulteraient des retardements
» à juger tous ceux qui en seront cause, et renvoie la
» présente pétition au département avec invitation de
» faire tout ce qui sera possible pour en presser la
» réussite.

» Duperron, Lebourg, Le Goaesbe,
» Housset aîné, président, Aubry. »

Fin des Sursis

Depuis quelques jours déjà, le représentant Mathieu avait reçu du Comité de salut public des instructions qui tranchaient la question relative aux sursis qui avaient été accordés en vertu d'un arrêté du représentant Blad :

« Notre collègue Blad, disait le Comité de salut public,
» a cru devoir ordonner qu'il serait sursis au jugement
» des prisonniers émigrés avant l'âge de 16 ans, en s'en
» référant aux instructions postérieures du Comité. Cette
» disposition ne nous paraît pas devoir être conservée.
» Les lois relatives aux émigrés sont claires et précises et
» loin qu'elles puissent se prêter à cette distinction, elles
» ordonnent positivement qu'on punisse comme émigrés
» ceux qui étant sortis de France avant 14 ans, ont porté
» les armes contre la République. Telles sont les rigou-
» reuses dispositions et il ne peut être permis de les modi-
» fier.

» Nous t'invitons donc à ordonner au général Lemoine,
» commandant à Quiberon, de faire mettre en jugement
» les émigrés pris les armes à la main, qui étaient sortis
» de France avant 16 ans.

» Signé : MERLIN, LETOURNEUR, DEFERNON,
BOISSY-D'ANGLAS, LOUVET. »

(Lettre du Comité de salut public, Paris, 22 thermidor, an III.)

Le plus grand nombre des prisonniers, qui avaient obtenu un sursis, se trouvaient, depuis le 13, 14 et 15 thermidor, incarcérés dans la prison de Vannes, dite *La Tour* (la Tour de Clisson).

Un *état*, fourni par le concierge, du mouvement de la prison de la *Tour de Vannes*, pour la 3ᵉ décade du mois de thermidor, nous donne les noms des 48 émigrés, qui l'habitaient.

Masnadau	+	Lefranc	+	Vauclin	+
S. Gaudon	—	Gautier	+	La Guitière	+
P. Bertrand	+	Lequine	+	Prévot	+
Lévêque	+	Terbourg	+	Du Laurent aîné	+
Gouyon	+	Guignard	+	Du Laurent cad.	+
Lanjamet	+	P. Florentin	+	Walser	o
Boixy	o	Flament	+	Velard	+
Guignard	+	Collin	+	Delisle	+
Rossel	+	Lanoue	+	Souyn	+
Denbe	—	Gueheneuc	+	Guyot	+
Savatte, aîné	+	Coatadoux	+	Botherel	+

Savatte cadet +	Riou +	Bassout +
Pelletier +	Duroy o	Lainé +
Villeneuve +	Lantivy +	Clinchamp +
Pellissier +	Kermoisan +	Cotte +
Bermond +	Feret +	Jumelière +

L'*état* porte en plus, comme prisonniers de *la tour*, les noms de 62 laboureurs. Au total 110 prisonniers.

Sur les 48 émigrés, trois devaient s'évader, avant le jugement: Boixy, Walser et Duroy. 43 allaient êtres condamnés à mort. Nous les avons marqués sur le tableau par une croix. Deux (Pierre Gaudon et Denneby) devaient être acquittés, comme prisonniers français (9 fructidor, Vannes).

La décision du Comité de salut public fut notifiée aux Commissions militaires de Vannes. Mais celle d'Auray n'en fut avisée que le 10 fructidor.

« Avant-hier, écrit le district d'Auray à celui d'Hen-
» nebont, le général Lemoine vint ici, et notifia à la
» seule Commission qui nous reste, un arrêté, que l'on
» dit être du Comité de salut public, mais que nous
» n'avons pas vu, en vertu duquel, la Commission reprit
» son travail sur les *sursis*, dont 19 furent fusillés hier
» soir. Nous croyons qu'aujourd'hui il y en aura davan-
» tage. » (Reg. cor. distr. d'Auray, 12 fructidor, an III).

Arrêté du représentant Mathieu (20 fructidor) qui proclame la mise en liberté des prisonniers, dissout toutes les Commissions, et n'en laisse qu'une en fonction.

Le 20 fructidor an III, il restait encore plus de 3000 prisonniers de Quiberon, dont l'immense majorité était composée de cultivateurs de diverses communes, qui attendaient leur libération.

Dès le 20 fructidor, à la suite d'une conférence où assistaient toutes les administrations, le représentant du peuple Mathieu prenait un arrêté qui ordonnait la mise en liberté sans jugement de tous ces malheureux, sous certaines conditions; leur réclamation par leurs familles et leurs communes; la remise des armes et le versement, dans les greniers de la République, d'une quantité de grains égale au tiers du revenu de ceux qui possédaient.

En même temps, le représentant Mathieu supprimait toutes les Commissions militaires en exercice, et les remplaçait par une seule, sous le n° 1er, siégeant à Vannes, présidée par le capitaine Legrand.

Les Commissions supprimées devaient immédiatement cesser leurs fonctions et remettre « leurs papiers, effets et minutes de jugements à la Commission militaire, conservée à Vannes. »

Le général Lemoine était chargé de l'exécution.

En même temps, le représentant Mathieu publiait et faisait afficher une proclamation, datée de Vannes, « aux chouans faits prisonniers par l'armée républicaine à Quiberon. » Nous en citerons deux passages :

LIBERTÉ — CONSTITUTION — ÉGALITÉ — INDULGENCE

« Mathieu, représentant du peuple, aux chouans faits prisonniers par l'armée républicaine à Quiberon.

» Quel nom puis-je donner à des êtres qui, les armes à la main, ont déchiré le sein de leur Patrie ? Sont-ce des hommes ? Ils ont renoncé à ce titre. Ils ont abjuré tout principe d'humanité, ceux qui pillent, volent, égorgent, assassinent sur les grands chemins et fusillent quiconque refuse de les suivre. — Sont-ce des citoyens ? Ils en dédaignent, ils en proscrivent la qualité et le caractère honorables, pour s'isoler dans un coupable esclavage. Ils combattent pour des fers et demandent la servitude. Sont-ce des Français ? Ils invoquent l'Angleterre, semblent combattre pour elle, répondent à ses signaux, en reçoivent des armes et des munitions. C'est à eux que tendent les mains ces individus naturalisés anglais, ces incorrigibles émigrés qui, chez toutes les puissances, ont été donner une double représentation aux abus et à la féodalité oppressive, qui, aujourd'hui chassés de partout, vendent au rabais leurs faveurs et leurs bras à un gouvernement ennemi..........

» Communes des campagnes, qui comptez un nombre plus ou moins considérable de vos habitants courbés sous les fers dans les prisons de ce département; — communes réduites en cet instant à un honteux veuvage, puisque ces mêmes habitants n'ont abandonné leur foyer qu'en abandonnant la cause de la Patrie, pour se joindre aux complices de l'Angleterre; — et vous, femmes, enfants, vieillards, citoyens de tout âge et de tout sexe, qui êtes venus, avec les larmes de la nature et du repentir, redemander vos pères, vos maris, vos frères et vos proches; vous les reverrez tous, je vous en fais la promesse, au nom de la République, si vous accomplissez exactement et d'ici au 15 vendémiaire les conditions suivantes:

» 1° Déposer toutes vos armes et munitions au lieu qui vous sera indiqué par l'administration du district.

» 2° Déposer en nature de grains dans les magasins de l'armée une amende égale au tiers du revenu de chaque prisonnier.

» Reconnaissez enfin vos amis et vos frères dans ceux qui combattent l'Angleterre; — reconnaissez vos ennemis dans ceux qu'elle soudoie, dans ceux qu'elle protège, dans ceux que ses vaisseaux viennent jeter sur vos côtes, comme si un peuple qui n'a point votre religion pouvait la défendre, comme si un gouvernement, qui les méprise toutes, pouvait s'intéresser à la vôtre.....

» A Vannes, le 20 fructidor, an III de la République.

» Le représentant du peuple : MATHIEU. »
(Imprimé à Vannes. — Bizet).

Dès que les familles et les municipalités eurent pris connaissance de l'arrêté du représentant du peuple, elles s'empressèrent de remplir les conditions qui étaient mises à l'élargissement des prisonniers. Ce fut, de toutes parts, une pluie de lettres et de certificats adressés aux districts et à l'administration départementale. Nous avons compulsé le dossier dont les pièces sont réparties par communes ; celles-ci viennent tour à tour attester la parfaite honorabilité de leurs concitoyens et se portent garant de leur non culpabilité. Toutes s'occupent de se mettre en règle, en rendant les armes et en voiturant le grain au district.

Trois Commissaires de l'administration départementale allèrent eux-mêmes dans les enclos de détention porter la bonne nouvelle et donner lecture de l'arrêté et de la proclamation du représentant du peuple. On lit dans le compte-rendu :

« En général, votre arrêté a été accueilli dans tout le département comme un bien grand bienfait. Il a substitué les douceurs de l'espérance à l'image de la mort, dans ces prisons qui renferment plus d'égarés que de coupables. Les parents, les magistrats de ces malheureuses victimes du fanatisme et de la séduction accourent de toutes parts aux prisons pour en profiter et se soumettent avec joie aux conditions que vous avez imposées. Déjà des communes considérables, dit le rapport, se sont soumises complètement. Riantec et Plouhinec ont retiré, dans le même jour, 437 prisonniers après avoir déposé leurs armes avec 1400 quintaux de froment. Trois commissaires de notre sein allèrent dans le parc, qui renferme ces malheureux au nombre de plus de 2000, porter des paroles de paix et de consolation et les éclairer sur leurs vrais intérêts. Des groupes se formèrent autour d'eux, écoutèrent en silence et laissèrent apercevoir un repentir touchant. Les habitants de Riantec et de

Plouhinec offraient d'un autre côté un tableau attendrissant. Lorsque d'une main on leur présenta la loi du 30 prairial et de l'autre l'acte de clémence qui les y arrache, des larmes de reconnaissance coulèrent de tous les yeux; les cris de : Vive la République ! Vive la Convention ! furent mille fois répétés, et si nous les laissâmes passer une dernière nuit dans l'enceinte qui leur avait servi de prison, nous aimons à croire qu'elle n'a pas été perdue pour la République...

» Pénétrés comme nous le sommes de l'esprit qui a dirigé votre arrêté, nous profiterons de la latitude que vous nous avez laissée pour opérer le plus grand bien, pour ramener au giron de la République des hommes trop faciles à égarer. Puisse la clémence nationale épargner l'effusion du sang, en pacifiant nos malheureuses contrées ! Vannes, 4ᵉ jour compl. an III. »

Nous sommes convaincus, quant à nous, que ce récit n'a rien d'exagéré. Qu'importaient à ces malheureux cultivateurs, dont beaucoup étaient des pères de famille, qu'importaient les intrigues et les haines de parti ? Surpris, au milieu de leurs champs, par le torrent de l'insurrection, s'il leur restait au cœur un ressentiment contre les républicains qui les tenaient depuis près de deux mois, dans une affreuse captivité, ils devaient en avoir un bien plus vif contre ces émigrés que les Anglais avaient débarqués sur nos côtes et contre ces chefs de chouans, qui les avaient entraînés de force, sous peine d'être égorgés, jusqu'au fond de la presqu'île de Quiberon. Les interrogatoires de ceux qui passèrent en jugement et furent acquittés par centaines, sont conservés dans le dossier des Commissions militaires. Si on veut être édifié, qu'on les lise. Nous en reproduirons quelques-uns dans notre chapitre : *Interrogatoires et jugements des chouans.*

Le représentant Mathieu, qui était à Vannes, s'empressait de répondre à l'administration du département :

« Vannes, 1ᵉʳ vendémiaire, an IV.

» J'ai reçu, citoyens, le compte que vous m'avez
» rendu du commencement d'exécution de mon arrêté
» relatif aux cultivateurs, faits prisonniers à Quiberon.
» Je saisis avec plaisir et je cultiverai avec soin l'espé-
» rance que vous concevez de voir naître de bons résultats
» de cette mesure conforme aux vœux de l'humanité et
» du Gouvernement. Il serait à désirer, pour son entier
» et prompt succès, que vous fussiez dans tout le dépar-
» tement secondés par des juges de paix et fonctionnaires
» semblables au citoyen Lestrohan et qui, comme lui,
» sussent faire entendre l'accent et le langage des vertus
» républicaines ; comme lui ramener les esprits à l'ordre,
» aux lois, et aux travaux de la campagne. J'ai lieu de
» penser que les administrateurs des districts s'efforce-
» ront de déconcerter et de combattre, par de pacifiques et
» conciliatrices exhortations, les manœuvres croisées(?),
» les mouvements fatigants et hostiles et les marches
» meurtrières des chouans.

» Je joins, citoyens administrateurs, copie d'une lettre
» du comité de salut public en date du 1ᵉʳ fructidor.
» Elle a pour objet de vous faire connaître que le gou-
» vernement tient essentiellement à la remise des armes,
» qui est la condition par lui formellement énoncée, sans
» en exclure d'autres.

» Quelques doutes s'étant d'ailleurs élevés sur la com-
» pétence des Commissions militaires à prononcer jusqu'à
» ce jour sur les chouans faits prisonniers à Quiberon,
» l'opinion du Comité de salut public sur le même objet
» ne doit pas rester inconnue.

» Décidé à appliquer à ces prisonniers de guerre
» la disposition de l'art. 5 de la loi du 30 prairial,
» ou du moins à la majeure partie d'entre eux, il
» n'a pu penser que ces individus pussent être renvoyés
» tous et chacun devant le tribunal criminel de leur
» département respectif. Les escortes, les témoins, à
» transporter, les prisonniers eux-mêmes à conduire, les
» cautions à exiger, tout cela multipliant les difficultés,
» le Comité a pensé que les prisonniers devaient être ici
» jugés par les Commissions militaires. Si on ne leur
» applique pas une mesure politique, il importe que, dans

» l'opinion, les actes des Commissions militaires ne
» soient point grevés de reproches d'incompétence. La
» réduction du nombre des Commissions à une seule
» donnera aujourd'hui une utile gravité à la marche de
» ce tribunal, qui aura à se prononcer sur les individus
» non compris dans la mesure indulgente que j'ai
» adoptée. Il sera bon de faire connaître à tous les admi-
» nistrateurs des districts les premiers effets de cette
» mesure, afin que l'espoir des républicains puisse com-
» battre avec succès le criminel espoir des chouans et
» des émigrés.
   » Salut et fraternité.
       » Le représentant du peuple : MATHIEU. »
(Reg. corresp., 1er vendémiaire, an IV).

Du 20 fructidor an III, jusqu'au 20 vendémiaire an IV, c'est-à-dire pendant un mois, les districts furent occupés à remplir les formalités prescrites pour la mise en liberté de tous les prisonniers que visait l'arrêté du représentant du peuple Mathieu. Les municipalités et les familles avaient successivement adressé leurs réclamations et versé les armes et les grains exigés par l'arrêté du 20 fructidor. Les élargissements s'effectuaient au fur et à mesure.

Aussi, le 22 vendémiaire, le département envoyait au représentant Mathieu un état des libérations déjà accomplies.

       « 22 vendémiaire an IV.
   » Le département au représentant Mathieu.
   » Par l'état ci-joint, vous reconnaîtrez que 2420 la-
» boureurs, fait prisonniers à Quiberon, ont été élargis,
» après avoir satisfait à vos arrêtés. »

1° DISTRICT DE VANNES.

410 détenus. — 114 fusils. — 95069 l. de froment.
                                     49067 » seigle.

2° HENNEBONT.

775 détenus. — 92 fusils. — 151200 l. de froment.
                                     107639 » seigle.
                                     2000 kil. foin.

3° AURAY.

1232 détenus. — 171 fusils — 217867 l. de froment.
867 » seigle.
6620 » avoine.
31055 kil. foin

4° ROCHE-DES-TROIS.

3 détenus. — 2 fusils. — 1355 l. de seigle.

La réunion des armes donne 379 fusils, celle des 3 espèces de grains 8870 quintaux 84 litres, à quoi il faudra ajouter 106 quintaux 86 livres, qui sont dus, — et ce que pourront produire les détenus des 5 communes sous le district de Roche-Sauveur, lesquelles n'ont rien fait pour la délivrance de leurs détenus. » (Reg. de cor. du départ. Vendémiaire an IV).

Les détenus appartenant au district de la Roche-Sauveur furent élargis à leur tour. Le nombre des amnistiés, en vertu de l'arrêté du représentant Mathieu, se trouva par ce fait monter à près de 3000.

Parmi les prisonniers faits à Quiberon, on comptait plusieurs jeunes gens de la *réquisition*. Ceux-là avaient été gardés aux Ursulines, puis en vendémiaire an IV, on les avait évacués sur Port-Liberté.

Le 6 vendémiaire, le département adressait au général Lemoine, la liste par commune de ces jeunes gens, dont la translation allait s'effectuer : — on en comptait près de deux cents. Les communes qui en avaient le plus étaient celles de Peaule (45), de Noyal-Muzillac (21), de Granchamp (19), de Marzan (13), de Plaudren (12), de Sarzeau (10), de Surzur (8), etc., etc. (Reg. corr. dép.).

Certains districts, comprenant l'arrêté du représentant Mathieu dans son acceptation la plus large, s'étaient empressés de mettre en liberté tous les jeunes gens. Par une lettre du 13 vendémiaire, le département annulait les mises en liberté ordonnées par le district d'Hennebont. Ces conscrits de la première réquisition devaient être incorporés dans l'armée française.

Fin des Commissions militaires. — Départ du général Lemoine

L'unique Commission militaire, maintenue à Vannes, à partir du 20 fructidor, était présidée par le capitaine Hubert Legrand.

Elle continua à siéger en vendémiaire et en brumaire an IV, et prononça encore 14 condamnations à mort contre des chefs de chouans et des soldats déserteurs et plus de 100 acquittements.

Les derniers prisonniers de Quiberon, qui restaient dans les maisons d'arrêt de Vannes, et dont le plus grand nombre étaient ou des déserteurs ou des chouans réfractaires à la réquisition, coupables de crimes de droit commun, tels que pillage ou assassinats, furent jugés en nivôse, pluviôse et ventôse an IV. 62 condamnations à mort furent prononcées par une nouvelle Commission militaire, ayant pour président le citoyen Emmanuel Guidal, chef de bataillon du Var. Elle acquittait en même temps plus de cent inculpés.

Enfin, en germinal an IV, une dernière Commission, sous la présidence du citoyen Strifler, chef de bataillon du Bas-Rhin, eut à juger ce qui restait des insurgés, pris à Quiberon. Ils furent tous acquittés sauf un condamné à la détention 4 mois.

Les sessions des Commissions militaires, chargées spécialement de juger les prisonniers de Quiberon, se trouvèrent définitivement closes le 9 germinal an IV.

Le général Lemoine, qui avait publié son *état* des condamnations, arrêté le 26 nivôse an IV, adressé au général Hoche, n'allait pas tarder à quitter le département pour une autre destination : la Normandie.

Le commissaire du Directoire exécutif du département, dans son compte-rendu décadaire au ministre de l'Intérieur, s'exprimait ainsi au sujet du déplacement du général :

« A Vannes et en général dans tout le département on a vu avec plaisir le départ du général Lemoine. On lui reprochait l'indiscipline de l'armée et les pillages dont je vous ai porté tant de plaintes; des faits graves se sont en effet passés sous ses yeux ; il les a laissés impunis, entre autres l'assassinat commis, en la ville de Vannes, en la personne d'un citoyen paisible, fait dont je sais qu'il vous a été rendu compte par le citoyen Malherbe, commissaire du Directoire exécutif, près l'administration municipale de Vannes. Dans une séance qui se tint au département et où étaient les officiers municipaux, le général Lemoine s'engagea à faire juger le coupable. Mais cette affaire n'ayant eu aucune suite, il est de mon devoir de vous en saisir. A la suite d'un combat singulier entre un officier du 10ᵉ bataillon du Var et un autre officier qui n'est pas de la garnison, celui-ci, quoique très maltraité, fut conduit au corps de garde, d'où bientôt la fureur effrénée des soldats l'arracha pour le sacrifier, et effectivement, il ne sortit des mains de ses bourreaux qu'expirant et je crois qu'il est mort depuis.

» Le citoyen Oillic se trouvait par hasard sur la place où se passait la scène et, entraîné dans la mêlée par le torrent, y fut assassiné de la manière la plus barbare, il y reçut des coups de sabre sur toutes les parties du corps, eut le pouce de la main gauche coupé et fut laissé pour mort sur ce honteux champ de bataille. » (L. 269. Arch. départ.).

Le général Lemoine n'était pas sans se douter que ces conflits répétés avec les autorités constituées étaient pour quelque chose dans son déplacement; aussi, une fois installé à Coutances, il éprouvait le besoin d'échanger des politesses avec l'administration centrale du Morbihan. Nous avons retrouvé sa lettre et la réponse dans les papiers de la police générale. Nous donnons ici les deux pièces à titre de documents.

« Au quartier général de Coutances,
» 17 ventôse an IV.
» A l'administration centrale du Morbihan.

» Citoyens administrateurs, si les circonstances m'ont ravi la gloire de finir la guerre de votre malheureux pays, elles ne me priveront pas du plaisir de m'entretenir avec ceux qui n'ont cessé de me fournir les moyens de faire triompher les légions républicaines.

» Je vous ai promis, citoyens, avant de vous quitter, de vous donner des nouvelles de mon nouveau commandement, qui semble être très peu de chose pour le moment et qui cependant est le plus important de l'armée des côtes de l'Océan.

» Les prêtres et trois ou quatre émigrés font leurs efforts pour insurger ce beau pays. Il ne leur est pas facile, par la raison que tous les habitants parlent français et aiment sincèrement la République, repoussant avec force tous ses ennemis. Ils font même arrêter tous ceux qui se présentent aujourd'hui. Ils amènent deux prêtres qui seront expédiés demain. Ils me demandent avec instance des armes et des munitions pour les foudroyer eux-mêmes. D'après cela, les scélérats ne font pas grands progrès dans cette partie. Les routes sont parfaitement libres, le mal ne fait que commencer et j'espère le détruire par la racine. Je puis vous assurer que je suis dans le pays des dieux. J'organise mes petits moyens. Des troupes ont des ordres pour me rejoindre, afin de recevoir ces Messieurs habitants de Jersey, que vous n'aurez pas la douleur de revoir cette année.

» Je ne puis vous en dire plus pour le moment. Dans quelques jours, je vous apprendrai un triomphe pour la République.

» Je vous salue sincèrement,
» LEMOINE.

» P.-S. — Le fameux Cormatin va être remis en jugement. Je bataille pour qu'il soit expédié par les Conseils militaires; mais dans tous les cas, je ne dors pas. Comptez sur mon zèle.

» L'ami Fabre vous assure de son attachement inviolable. »

« L'administration centrale du Morbihan
au général Lemoine.

» 3 germinal an IV.

» Nous apprenons avec plaisir, général, que dans votre nouveau commandement, la chouannerie n'a pas encore fait de grands progrès.

» L'énergie que vous avez déployée dans notre département contre les ennemis de la chose publique, nous assure d'avance que la rebellion, bien loin d'avoir des accroissements dans la suite, se restreindra peu à peu et que nos malheureuses contrées jouiront enfin de la tranquillité. Quand les habitants de nos campagnes feront, comme dans le pays où vous êtes, des efforts pour repousser les scélérats qui les excitent à la guerre, nous oserons concevoir de flatteuses espérances.

» Pendant votre séjour ici, il n'a pas dépendu de nous d'avancer le terme à cette heureuse époque. Vos efforts et les nôtres ont constamment été dirigés vers ce but.

» Les prêtres réfractaires, qui sont les auteurs de tous les crimes, subissent journellement la peine qu'ils ont méritée. Depuis deux jours, le tribunal criminel en a condamné quatre à mort. Nous souhaitons que le tribunal qui va reviser l'affaire de l'infâme Cormatin lui rende la même justice.

» Notre département paraît moins agité. Il semble que les chouans se sont dirigés vers Rennes.

» Quelques frégates anglaises ont paru et disparu, ces jours derniers, sur nos côtes.

» Nous sommes flattés de votre bon souvenir. Les républicains ne s'oublient pas. Vous pouvez compter sur notre zèle à correspondre avec vous... »
(Police générale. L. 260. Arch. départ.).

Conclusions

Les Commissions militaires qui fonctionnèrent depuis le 9 thermidor (27 juillet 1795) jusqu'au 9 germinal an IV (29 mars 1796), rendirent environ 5000 jugements, dont 751 condamnations à mort . .   751
Acquittements de *prisonniers français*. .   2.918
Internements de prisonniers de guerre. .   80
Acquittements de chouans. 1.200
                                                                        ─────
                                                                        4.949

Le nombre des interrogatoires dépasse de beaucoup le chiffre de 5000. Il y eut des inculpés qui furent interrogés plusieurs fois. Des centaines d'interrogatoires ne furent pas suivis de jugements, les accusés ou s'étant évadés, ou ayant bénéficié des arrêtés d'élargissement des représentants du peuple.

Le représentant Blad, par son arrêté du 12 thermidor, avait fait mettre en liberté, sans jugement, à Vannes et à Auray, des femmes et des enfants au nombre de . .   668
Le représentant Mathieu, par son arrêté du 20 fructidor, an III, avait libéré 2500 chouans. 2.500
Environ 200 jeunes gens de la réquisition furent incorporés   200
Environ 500 chouans étaient morts dans les prisons ou dans les hôpitaux.   500
                                                                        ─────
                                                                        8.817

Si on ajoute à ce total (8817) les 3000 individus (vieillards, femmes et enfants) qui furent relâchés à Plouharnel, après la prise de Quiberon, le 3 thermidor, par Blad et Tallien.   3.000
On arrive au chiffre total de 11.817

Ainsi donc, sur le chiffre de 11817 prisonniers faits à Quiberon, 8817 ont été maintenus plus ou moins longtemps en arrestation.

Deux émigrés, condamnés à mort, s'étant échappés après leur jugement (Lamour Lanjegu et Fournier d'Oyron), et le jeune Javel ayant été condamné deux fois, le nombre des fusillés se trouve être de 748.

Maintenant, il est bon de faire remarquer que dans ce chiffre (748) sont compris : 1° environ 90 soldats reconnus *déserteurs* des armées de la République, personnages peu recommandables; 2° 130 chefs ou soldats chouans; 3° une trentaine au moins d'individus émigrés qui ont déclaré être d'origine roturière : cordonnier, tisserand, marchand, gantier, tapissier, verrier, maître d'école, chantre, tailleur, charpentier, armurier, palefrenier, drapier, imprimeur, officier de santé, etc. ; 4° une cinquantaine de domestiques ; 5° une vingtaine d'ecclésiastiques ; au total 320.

Reste le chiffre de 428 qui représente exactement celui des gentilshommes émigrés (pourvus ou non de grade dans l'armée royaliste) qui ont été condamnés à mort et fusillés.

Comme on le voit, ce chiffre ne s'éloigne guère de celui de 538 émigrés (officiers et soldats), évaluation donnée par le général Hoche, le soir de la victoire, puisqu'on compte au moins une trentaine d'émigrés qui se sont évadés et un nombre indéterminé également d'émigrés qui se sont faits passer pour *prisonniers français* ou simples cultivateurs, et qui ont été acquittés.

Tels sont les chiffres que nous a fournis l'étude complète et consciencieuse des documents (748 fusillés).

Aussi notre stupéfaction a été grande lorsque nous avons lu, dans le procès-verbal de la séance du 19 novembre 1896, du Conseil municipal de Paris, une bourde colossale comme celle-ci :

M. Roger Lambelin... « *Cette terre bretonne, où, contre le droit des gens, furent massacrés quatre mille soldats fidèles à leur Dieu et à leur roi.* »

S'emparant d'une lettre de Hoche au Comité de salut public, en date du 22 thermidor (lettre dans laquelle le général implore la pitié, non pour les émigrés, mais pour les 5000 chouans, détenus dans les prisons), un auteur met ce chiffre en opposition avec le chiffre de 2000, porté dans l'*état* du général Lemoine. « Pourquoi cet écart, dit-il, entre le nombre de chouans fourni par Lemoine et celui donné par Hoche? Que sont devenus les autres? Quatre ou cinq cents moururent dans les prisons. Mais il en reste encore 2500, dont il est impossible d'expliquer la disparition. »

L'étonnement de l'auteur ne peut provenir que de son ignorance des documents authentiques.

Tout d'abord, nous lui reprocherons d'être mauvais copiste. Hoche n'a pas écrit : *plus de 5000 chouans*, mais *près de 5000 chouans*. Lorsqu'on cite un passage et qu'on le met entre guillemets, le devoir est de citer textuellement.

Nous ferons de plus remarquer que le chiffre rond de 2000 chouans de l'état du général Lemoine se rapporte *uniquement* aux paysans, qui ont été mis en liberté *sans jugement*, après le 20 fructidor, en vertu des *arrêtés du représentant du peuple*. Or, ce chiffre de 2000 est inférieur au chiffre réel, que nous connaissons exactement par un tableau détaillé arrêté, en vendémiaire an IV, par l'administration du département. Il était, à cette époque, de 2425, et il manquait un district. Trois mois après, le chiffre des libérations montait à 2500, en vertu de l'arrêté du 20 fructidor du représentant Mathieu.

Il faut maintenant compter 141 élargissements antérieurement effectués à Auray, en vertu d'un arrêté de Blad du 12 thermidor; — et plus de

1200 acquittements de chouans, par jugement des Commissions militaires. Il faut ajouter en outre les 200 chouans, qui furent condamnés à la détention temporaire, et les 130 qui furent condamnés à mort ; en plus 500 qui moururent dans les prisons ; à ajouter plus de 200 jeunes gens de la première réquisition qui passèrent en jugement et furent envoyés à l'armée. (Lettre du département au général Lemoine. 6 vendémiaire an IV. — Reg. corresp.) — Total : 4871.

Les évasions furent excessivement nombreuses, comme le constatent les correspondances des municipalités et des districts. A Hennebont et à Port-Liberté, il s'échappait, chaque jour, des chouans. En un seul jour, il s'en évada une trentaine. A Vannes également, un grand nombre de paysans escaladèrent les murs de l'enclos des Ursulines et gagnèrent la campagne. En évaluant à plusieurs centaines le chiffre de ces évasions, on doit être plutôt au-dessous qu'au-dessus de la vérité.

Nous arrivons ainsi, si nous ne la dépassons pas, bien près du chiffre de chouans, auxquels fait allusion le général Hoche.

Il n'en est donc pas disparu 2500 ; et M. l'abbé Le Garrec n'a plus aucune raison de laisser supposer qu'ils ont été massacrés.

La Gournerie avait écrit cette phrase : « le chiffre des victimes de *Vannes*, soit fusillées, soit mortes d'épidémie, doit s'élever à un millier. »

L'abbé Le Garrec, après avoir certifié que 400 chouans ont été enlevés par l'épidémie dans les *carrières du Père-Eternel* (ce qui n'est pas), renchérit sur la Gournerie et croit « que le nombre est encore plus grand. » (p. 347).

La vérité est que nos deux auteurs grossissent les chiffres de près de la moitié.

Nous avons déjà prouvé plus haut qu'à la date du 8 août, il n'y avait encore eu, à Vannes, que 178 condamnations à mort (et non 500). En y ajoutant toutes celles qui ont suivi, jusqu'au 8 ventôse an IV, on n'arrive pour Vannes qu'au total de 357.

Enfin, il n'est mort, à Vannes, par l'épidémie, que 324 chouans, et la prison du Père-Eternel ne compte que pour 5 décès (et non 400 comme l'affirme l'abbé Le Garrec.) Voici du reste l'*état* fourni au ministre de la police, par le Directoire départemental, en date du 6 germinal, an IV :

Décès des chouans à Vannes :

Communauté des Ursulines.	238
id. du Père-Eternel	5
En prison.	43
A l'hô¹.	28
En ville.	10
Total.	324

Nous avons vérifié l'exactitude des chiffres fournis par l'administration en relevant nous-même tous les décès des prisonniers chouans qui ont été inscrits avec soin sur le registre de l'état-civil de la commune de Vannes.

La Gournerie et l'abbé Le Garrec n'ont pas fait attention que le chiffre de 400 morts dans les prisons, porté sur le tableau du général Lemoine, ne s'applique pas seulement à Vannes, il comprend aussi les décès d'Auray, d'Hennebont et de Port Louis.

Dans son rapport au ministre de la police du 6 germinal, an IV, le commissaire du Directoire exécutif du département avait répondu, par ces chiffres à un correspondant anonyme d'un journal parisien (*Tableau de Paris*), qui prétendait que 1500 prisonniers étaient morts, à Vannes, de l'épidémie, et qu'en outre on avait perdu 1/5 de la population de la ville. (Reg. corr. dép. L. 267.)

Composition des Commissions militaires

Condamnations à mort

QUIBERON (du 9 au 13 thermidor)

Dinne, chef de bat. au 2ᵉ tirailleurs, présidᵗ....
Forgeais, capitaine au 3ᵉ bat. d'Arras.........
Dangibeaud, lieutenant au 6ᵉ bat. Charente... } 116
Arthur, sergent..... ....
Ravet, caporal ....
Meunier, quartier-maître au 3ᵉ bat. Arras, secrétᵉ.

(Du 14 au 18 thermidor)

Dubois (Antoine), chef de bat. d'Arras, présidᵗ.
Wable (Charles), cap. d'artillerie.............
Courtois (Nic. Alex.), s.-lieutᵗ au 2ᵉ bat. tirailleurs } 56
Roty (Pierre Jos.), sergent, bat. d'Arras......
Lemaire (Pierre), cap.-fourrier, 2ᵉ bat. tirailleurs
Alexandre, secrétaire.....................

AURAY (Le 9 thermidor)

Barbaron (Raimond), ch. du 1ᵉʳ b., Gironde, prᵗ.
Ducarpe, capitaine au dit bataillon.... ....
Moisey, lieutenant au 1ᵉʳ bat. 8ᵉ rég. d'infanterie } 16
Bouvet, serg.-major au 1ᵉʳ bat. des 83 départᵗˢ..
Cunit (Pierre), caporal au même bataillon.....
Hamon, secrétaire.......................

(Le 11 thermidor)

Bouillon, capitaine au 2ᵉ bat. tirailleurs, présidᵗ.
Carpin (Julien).........................
Bisschop (Ignace), lieutenant.................. } 14
Jourdan (Jean), sous-lieutenant...............
Duhem (Benjamin), officier au 16ᵉ chasseurs...

A reporter..... 202

Report..... 202

(Du 11 thermidor au 19 fructidor)

Lalene (J. Germain), chef du 1er bat. du 72e, prt.
Marigné (Toussaint), cap. au 8e bat. (S.-et-O.).
Imbert (André), lieut. au même bat............ } 163
Puyon (Jean-Bapt.), serg.-maj. au 2e b. 67e infant.
Fenols (Barthélemy), cap. au bat. des 83 dép^s...

(Du 14 au 22 thermidor)

Druilhe, chef du 1er bat. des 83 dép^s., président.
Lebrun, commandant d'une colonne mobile...
Assoux, lieutenant au 67e..................... } 28
Mercier, sergent au 8e bat. Seine-et-Oise.......
Dupont, caporal, 1er bat. Gironde.............
Jouard. quartier-maître au 1er bat. 83 départ^s...

VANNES (Du 13 au 27 thermidor)

Bedos, chef du 11e bat. Orléans, président.....
Eyraud (G.), capitaine du Morbihan...........
Bauve, sous-lieutenant, 3e bat. de Paris....... } 126
Chalumeau, sergent-major....................
Caquet, caporal............................
Gilfosse, secrétaire.........................

(Du 13 au 27 thermidor)

Bouillon (ut suprà Auray), président.......... } 61

(Du 24 au 27 thermidor)

Desquieu (Jos. Alex.) capitaine au 67e, présid^t..
Salomon, lieutenant........................
Cretain, adjudant-major.................... } 0
La Rivière (Simon), sous-lieutenant ... .
Cabot (Jacques), sergent-major..............
Cuenein, sergent, 2e bat. 67e, secrétaire......

A reporter..... 580

Report..... 580

(Du 25 au 27 thermidor)

Levieux, chef de bat., 11ᵉ de Paris, président.
Roger, capitaine 2ᵉ bat. 67ᵉ demi-brigade.....
Patural, lieutenᵗ au 2ᵉ bat.   »   »
Vasse, sous-lieutenant, au 11ᵉ bat. d'Orléans...
Brossard, sergent-major, 2ᵉ bat. 67ᵉ..........
Mallard, volontaire, secrétaire...............

4

(Du 26 thermidor au 20 fructidor)

Honoré, comᵗ du 11ᵉ bat.-Orléans, président...
Boitard, lieutenant......................
Danjou, sergent-major...................
Moussey................................
Legal, maréchal-des-logis................
Gourodn, secrétaire.....................

26

(Du 6 au 20 fructidor)

Lohée, cap. du 2ᵉ bat. 67ᵉ, président........
Dufour, lieutenant......................
Pasquier, sous-lieutenant................
David (Joseph), sergent.................
Hamony (Pierre), caporal................
Habert (Ant.), secrétaire................

19

(Du 28 thermidor au 17 brumaire)

Legrand (Hubert), capitaine, président........
Provins, capitaine......................
Garnier, lieutenant.....................
Lafforest, sergent-major.................
Bureau, caporal-fourrier.................
Gourdon } greffiers ....
Lanée... }

59

A reporter..... 688

Report.....	688

(Du 23 nivôse an IV au 8 ventôse)

Guidal (Emman¹) ch. du 10ᵉ bat. du Var, présid.	
Jaume (J.-B.), capitaine au même bataillon....	
Jeis (Jacques), capit. au 5ᵉ bat. Bas-Rhin.....	62
Marquis, lieutenant 1ᵉʳ bat. Loire-Inférieure ..	
Mazière (Guill.) serg. de grenadiers (Loire-Inf.)	
Glaize, quartier-maître, 10ᵉ bat. Var, secrétaire.	

(Du 9 germinal, an IV)

Striffler, chef du 4ᵉ bataillon Bas-Rhin, présidᵗ.	
Hildebrand, capit. au 8ᵉ bat. Seine-et-Oise....	
Beluze, capitaine au 2ᵉ bat. sapeurs..........	
Larcher, sous-lieutenant au 10ᵉ hussards.....	0
Vigot, sergent, 8ᵉ bataillon Seine-et-Oise.....	
Luzu, quartier-maître, 5ᵉ bat. Bas-Rhin, sec.	

HENNEBONT *(du 22 thermidor au 23 fructidor)*

Lalene, président...	
F. Maillet, capitaine	
P. Ledoux, lieutenant.....................	0
J. Dumeny, sergent-major	
J. Cannet, caporal........................	

(Du 27 au 30 thermidor, an III)

Clouard (Th.), chef de bataillon, président....	
Cammerer (A.), capitaine	
Pontenoy (Charles), lieutenant	0
Diebold (J.-B.), sergent....................	
Lefranc (J.-B.), caporal de la 14ᵉ demi-brigade.	
Fouqué, capitaine au 60ᵉ, président..........	
Denelle (Jacques), lieutenant au 2ᵉ corps.....	
Sandret (Louis), officier de marine à bord des *Droits de l'Homme*.................	0
Lechevin (Laurent), serg. 1ᵉʳ rég. de marine..	
Privet, sergent, artillerie..................	

A reporter.....	750

Report..... 750

(28 thermidor au 1ᵉʳ fructidor, an III)

Huguet (R.), capitaine, président............
Bethmond (J.), lieutenant....................
Toussaint (C.-N.), sous-lieutenant........... } 0
Deroucy (A.), caporal-fourrier...............
Berthot (R.), caporal........................

PORT-LIBERTÉ (du 15 au 20 fructidor)

Bonnard, cap. au 12ᵉ bat. format. d'Orléans, prᵗ
Duroulette, lieutenant......................
Villeroy, lieutenant........................ } 1
Savoye, sergent-major.......................
Bellemour, caporal..........................

(Du 11 au 22 fructidor)

Houpert, cap. du 12ᵉ bat. format. d'Orléans, pᵗ.
Meunier, lieutenant.........................
Michel, sous-lieutenant..................... } 0
Gautier, sergent............................
Livernois, caporal..........................
Pailleux, secrétaire........................

Total des condamnations à mort......... 751

CHAPITRE IV

INTERROGATOIRES ET JUGEMENTS
ÉMIGRÉS

Les Interrogatoires.

L'étude, faite sur pièces, des travaux intimes des Commissions militaires, a été totalement négligée jusqu'ici. Nous nous proposons de combler cette lacune.

Grâce aux innombrables documents que nous avons eus à notre disposition, entre autres les procès-verbaux des interrogatoires et des jugements qui sont heureusement conservés, il nous sera possible d'esquisser la physionomie de ces séances, où tant d'existences et de libertés furent en jeu. Nous verrons quelle attitude eurent les accusés, en face de leurs juges, et quels moyens de défense ils invoquèrent.

Les inculpés, qu'on allait juger, étaient extraits de la prison par escouades de 10 à 20 et même plus, et conduits jusqu'au lieu des séances, escortés de soldats. Ils s'arrêtaient dans un appartement, ou un simple couloir, voisin de la salle d'audience. On les y enfermait, avec des sentinelles, en attendant leur tour. Ils comparaissaient, l'un après l'autre, devant la Commission militaire, dont les membres étaient assis, en grand uniforme d'officiers et de sous-officiers, depuis le grade de chef de bataillon jusqu'à celui de caporal. Une garde suffisante veillait aux issues, la baïonnette au bout du fusil.

Un *quartier-maître* faisait habituellement l'office de secrétaire. Il libellait, sur un cahier-minute, le procès-verbal de l'interrogatoire. Les séances étaient publiques. Le président posait une série de questions, auxquelles on était libre de répondre.

Vos noms, prénoms et âge ? — Les noms de vos père et mère ? — Votre lieu de naissance et votre domicile ? — A quelle époque et dans quelles circonstances avez-vous quitté le territoire français ? Avez-vous servi les puissances ennemies de la République ? — Pourquoi vous êtes-vous enrôlé dans l'armée des émigrés ? — Ne connaissiez-vous pas les lois qui interdisaient aux émigrés leur rentrée en France ? — Faisiez-vous partie du rassemblement armé de Quiberon ? — Quels motifs avez-vous eu de porter les armes contre votre patrie ? etc., etc. Dans quelques interrogatoires, on demande même à l'inculpé s'il a participé à la fabrication des faux assignats. La réponse à cette dernière question est invariablement non.

Questions et réponses étaient consignées sur la minute. En dehors de ce cercle, les récits de chacun étaient mentionnés avec leurs observations. Quelques-uns de ces interrogatoires sont très étendus. Au besoin, on appelle des témoins. Un certain nombre de jugements ne sont rendus qu'après plusieurs comparutions du même individu. Lecture est donnée de l'interrogatoire de l'accusé qui y appose sa signature.

Les jugements, longuement motivés, comprennent toujours l'énoncé des textes de loi qui s'y rapportent. Le tout est signé des membres qui composent la Commission militaire et paraphé par le greffier.

La masse des prisonniers faits à Quiberon était loin d'être homogène. Elle comprenait :

1º Les *émigrés proprement dits*, presque tous gentilshommes et anciens officiers de nos armées de terre et de mer.

2º Une vingtaine de *prêtres* déportés.

3º Les *déserteurs*, tous anciens soldats des régiments de la République ou de la marine, qui avaient abandonné leur drapeau, sous divers motifs, et s'étaient enrôlés à la solde de l'étranger, dans les divisions royalistes.

4º Les *prisonniers français*, que les hasards de la guerre avaient fait tomber au pouvoir de l'ennemi ; qu'on avait, au dernier moment, extraits des pontons anglais, pour les encadrer de gré ou de force dans l'armée anglo-émigrée.

5º Les *chouans*. Sous cette dénomination, on ne comptait pas seulement les insurgés de l'intérieur, armés et revêtus de l'uniforme rouge, mais encore une foule de paysans de nos communes rurales, que le flot des combattants avait poussés, malgré eux, jusqu'au fond de la presqu'île, où ils avaient été capturés, comme les autres.

6º Il y avait en outre un certain nombre d'individus de nationalité étrangère, que les lois contre les émigrés n'atteignaient pas. Une fois reconnus, ils étaient considérés comme *prisonniers de guerre*, et détenus jusqu'à la paix.

Les interrogatoires de chacune de ces catégories d'accusés, ayant un aspect particulier, méritent d'être examinés successivement, si on veut éviter toute confusion et en déduire la moralité historique.

1. — Les Émigrés

Le groupe des *émigrés* proprement dits, faits prisonniers à Quiberon, comprenait en majorité des gentilshommes, la plupart officiers des armées de terre ou de mer, qui suivirent l'exemple des princes et passèrent la frontière. Ils avaient fui le sol embrasé de la Révolution, dont ils étaient les premières victimes. Pour beaucoup d'entre eux l'émigration eut sa raison d'être et son excuse. Mais leur erreur impardonnable fut de s'allier avec les ennemis de la France et de porter les armes contre la patrie. Coblentz avait été leur première étape. A Quiberon, ils comblaient la mesure, en venant, équipés par les Anglais et à leur solde, débarquer sur nos côtes bretonnes, avec l'intention de fomenter la guerre civile, tandis que les armées coalisées se ruaient sur nos campagnes de l'Est.

Aux yeux des républicains et des patriotes, aucun crime ne surpassait celui-là. Il n'y avait qu'une expiation possible, celle que la loi du 25 brumaire an III avait décrétée : *La Mort*. Malgré tout, ces malheureux vaincus, qui étaient des Français, inspiraient la pitié. Le peuple des villes, les soldats eux-mêmes les plaignaient. On allait voir des juges militaires hésiter et, en appliquant la loi, regretter de ne pouvoir en atténuer les rigueurs.

Les réponses aux questions du Président varient suivant les individus. Les uns, ce sont *les forts*, répondent laconiquement et dédaignent de recourir aux artifices de langage et aux subterfuges de la défense. Ils se nomment hautement, avec leurs titres et leur qualité de *noble* et *émigré*. Ils confessent qu'ils connaissaient les lois qui punissent de mort les émigrés rentrés et pris les armes à la main. Ils ont passé outre et tenté la fortune. Celle-ci leur ayant été contraire, ils sont prêts au sacrifice de leur vie, d'autres déclarent qu'ils ont quitté la France, pour échapper à la tyrannie révolutionnaire; d'autres se font honneur d'avoir servi, en Allemagne, dans l'armée des Princes et combattu contre la République. Quelques-uns ont cru à une capitulation et protestent contre sa violation. Il en est qui repoussent la plume d'un geste méprisant et refusent de signer le procès-verbal.

Ceux-là, je le répète, ce sont *les forts*. Les *faibles* seront ceux qui, pour échapper à la condamnation, emploieront les réticences, les dissimulations et le mensonge.

Lorsqu'on lira, à tête posée, comme nous l'avons fait, les milliers d'interrogatoires, réunis dans les volumineux cahiers des Commissions militaires, on restera persuadé que les juges n'ont pas mis de passion dans l'accomplissement de leur devoir. De l'aveu même des émigrés, les membres des Commissions, dont la mission était d'appliquer la loi, ont sauvé un grand nombre de prisonniers, par la façon plutôt bienveillante dont ils posaient les questions et accueillaient les réponses. On peut interroger sur ce point les échappés de Quiberon : MM. de Chaumareix, La Roche-Barnaud, Berthier de Grandry et Jacquier de Noyelle, qui, plus tard, ont écrit des mémoires.

Les forts

De La Houssaye. — Le premier émigré que nous citerons comme ayant eu une contenance courageuse, devant la cour martiale, est un Breton : le jeune *Jean-Baptiste de La Houssaye*. Il était le fils du président du Parlement de Bretagne, qui, le 9 janvier, en 1790, vint, en pleine Constituante, invoquer les privilèges et les franchises de la province et qui s'attira une si violente réplique de Mirabeau.

Le fils avait émigré comme toute sa famille. Il faisait partie de l'expédition de Quiberon en qualité de sous-lieutenant dans le régiment du Dresnay. Il combattit vaillamment et fut blessé au bras à l'affaire du 16 juillet (non *mortellement* comme l'a écrit de La Gournerie).

Fait prisonnier, dans la matinée du 3 thermidor, il fut maintenu en détention dans la presqu'île de Quiberon même. Au bout de neuf jours, il était appelé devant la Commission militaire, présidée par le chef de bataillon Dinne.

Nous donnerons son interrogatoire que nous avons copié dans le cahier des procès-verbaux de la Commission de Quiberon :

« 12 thermidor, an III de la République une et indi-
» visible, a comparu Jean-Baptiste de La Houssaye, âgé
» de 19 ans, natif de Rennes, ex-noble, né le 27 jan-
» vier 1776.
» Interrogé depuis quand il a quitté la France, a
» répondu depuis 5 ans et par les ordres de son père, et
» être émigré avec sa mère et ses sœurs.
» Interrogé depuis quand, dans quel corps et dans
» quel grade il servait, a répondu avoir pris les armes
» contre la République depuis six mois dans le régiment
» du Dresnay, en qualité de sous-lieutenant, mais à l'ins-
» tigation et d'après les ordres de ses parents et pour
» rentrer dans son pays.
» A lui observé que le moyen qu'il employait était
» illicite ; que d'ailleurs il devait être instruit, lorsqu'il a
» pris parti, que les lois émanées du gouvernement fran-
» çais défendaient de rentrer en France, encore moins à
» main armée.
» A répondu qu'il ne pouvait y rentrer autrement,
» que d'ailleurs s'occupant peu des nouvelles, il ne
» connaissait pas les lois de la République.
» Interrogé s'il avait connaissance du rassemblement
» des chouans et si son intention était de les soutenir.
» A répondu qu'il connaissait ces rassemblements de
» chouans ; que son intention était de faire comme les

» autres, et qu'étant dans un régiment il devait obéir à
» ses chefs.

» Interrogé s'il avait été forcé par le gouvernement
» anglais? a répondu que non ; mais d'une façon cepen-
» dant : la menace de retirer les secours qu'on accordait
» aux émigrés forçait en quelque sorte de prendre du
» service.

» Lecture faite, il a déclaré y persister et *ne pouvoir
» signer, étant blessé au bras droit.* »

Benoit de Lostende (Othon-Benjamin), 40 ans, né à Limoges (Haute-Vienne), lieutenant au régiment de Rohan :

« A quitté la France en 1791, l'insurrection de son régiment l'y ayant obligé ; aucun officier ne pouvant y tenir. »

On lui demande quel motif il a eu de porter les armes contre la France ? — Il répond que « c'était pour rétablir l'ordre et la paix, qu'il désirait bien plus sincèrement que nous ; comptant n'aller qu'à Jersey. »   Le chevalier DE LOSTENDE.
(Comm. milit. du 14 thermidor, Quiberon.)

De Ponsay (Jérôme), né en Vendée, château de Ponsay, 51 ans, ex-noble, ancien officier de marine :

A émigré en 1791. Motif : « c'était la persécution et qu'on voulait le forcer à suivre une constitution qui ne lui convenait pas. Il connaissait les lois contre les émigrés. Il observe qu'il ne s'est rendu que d'après la promesse du général Humbert qu'il ne lui serait arrivé aucun mal. » (Com. mil. du 14 ther., Quiberon).

De La Haye Montbault (Gabriel), chevalier de Malte, né à Beaulieu (Deux-Sèvres), ex-noble, ci-devant enseigne de vaisseau :

« A quitté la France en 1891, pour sa sûreté particulière, étant menacé par des brigands. » — Sous-lieutenant au régiment d'Hector. (Comm. milit. de Quiberon, 18 thermidor).

Marchant de Christen (Louis-François), 37 ans, né

à Nuisement (Marne), ex-noble, adjudant du régiment de Rohan :

« A quitté la France au mois d'août 1791. Le gouvernement auquel il était attaché changeant, il avait cru pouvoir se faire une autre patrie.... C'est en qualité d'officier anglais qu'il a été pris dans le Fort Neuf. Il signe : L. DE CHRISTON, adjudant du régiment de Rohan. » (Com. de Quiberon, 15 therm.).

Cardon de Vidampierre (J. J. A.), 36 ans, né à Metz, ex-noble, ex-capitaine du régiment de Touraine :

« A quitté la France en 1792. Sert dans les émigrés depuis le mois de janvier, dans le régiment de Damas, en qualité de lieutenant en second. Que c'était la nécessité qui l'y avait forcé et qu'il ignorait absolument venir en France...

» A observé de plus qu'il ne se trouve ici qu'en vertu de la proposition faite par le général et les officiers du bataillon de la Gironde, qu'il ne leur serait rien fait.... Sans cette capitulation, il se serait embarqué avec ses soldats ou se serait fait tuer à leur tête. » (Comm. Quiberon, 15 thermidor).

De Genot (Edme), lieutenant au régiment de Rohan, né à Molay (Côte-d'Or), 35 ans.

« A répondu avoir renoncé à la France depuis 1792, à cause que les lois ne lui convenaient pas et que la terre était alors arrosée du sang de ses semblables. » (C. Quiberon, 12 thermidor.)

Du Rocher de Quengo (E.-P.-L.), 26 ans, né à Dinan (Côtes-du-Nord).

« A émigré en 1792.... avait suivi l'exemple des personnes qu'il estimait le plus, et le peu de liberté à suivre une religion à laquelle il était attaché. »
  Signé : DU ROCHER DU QUENGO.
(Com. Quiberon, 14 thermidor).

Berthelot (Auguste), né à Angers, 25 ans, étudiant.

« A quitté la France au commencement de février

1793, pour se soustraire à la tyrannie de Robespierre qui le persécutait pour avoir hautement parlé contre les massacres de septembre ; qu'il avait en conséquence quitté Paris, où il étudiait les lois, pour fuir la vengeance des Jacobins. »

Le président lui faisant observer qu'à l'époque de son départ de Paris, Robespierre n'avait pas la prépondérance, puisque un parti puissant, celui des Girondins, était au pouvoir.

« A répondu que même dans ce temps Robespierre et les Jacobins, qu'il dominait, se permettaient, sans l'avis de la Convention, de faire enlever par leurs partisans les citoyens paisibles, et ajoute que la Convention nationale elle-même manifesta qu'elle n'était pas libre...

» Se trouvant sans aucune ressource, absolument sans amis, sans parents, il avait été forcé de prendre le parti de s'engager. » (Com. milit., 13 thermidor, Quiberon.)

Léonard de Paty, né à Bordeaux, 45 ans, domicilié à Brest, ci-devant capitaine de vaisseau.

« A quitté la France en décembre 1791, forcé par les Jacobins, qui lui retenaient ses appointements, pour se rendre en Angleterre, où il a vécu des secours du gouvernement; *que les Anglais, fatigués d'avoir des Français chez eux, les ont forcés d'embarquer; et il croyait que c'était pour les îles.* » (C. Auray, 14 thermidor.)

Charlemagne de Courson, âgé de 23 ans, de Moncontour (Lamballe), ex-noble, étudiant.

« Interrogé depuis quand il a émigré, a répondu : poussé par l'impulsion générale, et d'ailleurs s'occupait plus de ses plaisirs que de politique.

» Interrogé depuis quand, en quel corps et en quelle qualité il avait servi parmi les émigrés, a répondu qu'il avait servi premièrement dans l'armée des Bourbons, de laquelle étant.... il s'engagea dans le régiment des gardes wallonnes, au service de l'Espagne ; qu'il est resté 15 mois dans le dépôt du corps à Bois-le-Duc, d'où ils furent remis en liberté.

» Il ajoute qu'il y a neuf mois, se trouvant sans ressources et dans un pays dont il ne connaissait pas la langue, il entra alors dans le régiment de Rohan, où il sert en qualité de soldat.

» A observé que le moment où il est entré à Quiberon, a été le plus doux de son émigration, surtout sur l'espoir qu'on lui donnait que la Convention nationale lui ferait grâce ainsi qu'aux autres. »

Signé : CHARLEMAGNE COURSON.

(Com. Quiberon, 15 thermidor).

Leroy de Méricourt (F.-M.)., 64 ans, ex-noble et ancien officier au 41ᵉ régiment, chevalier de St-Louis.

« Avait quitté la France en 1792, pour la liberté des cultes et éviter la persécution. » (C. 15 thermidor, Quiberon.)

De Kergariou-Lomaria, âgé de 56 ans, né à Ploubezre (Côtes-du-Nord), ex-capitaine de vaisseau, chevalier de Saint-Louis.

« Interrogé sur ce qu'il faisait avant la Révolution, a répondu qu'il commandait la frégate française : *La Calypso*.

» Interrogé à quelle époque il a quitté la marine, a répondu en 1792.

» Interrogé s'il a pris du service chez les puissances coalisées, a répondu qu'il servait les princes.

» Interrogé s'il faisait partie des troupes armées prises à Quiberon, a répondu : oui. »

Signé : KERGARIOU-LOMARIA.

(Com. Vannes, 13 thermidor).

De la Roche de Loriac (Philippe), 50 ans, né à Brain (Gers).

« A émigré depuis 1792, étant menacé d'être assassiné dans la ville de Lectoure, près de laquelle il habitait, par des brigands soldés par une parente avec laquelle il était en procès. » (Commission de Quiberon, 15 thermidor.)

De Roquefeuille. — Le 14 thermidor, devant la 1re Commission militaire de Vannes (président Bedon), comparaissait un émigré au nom de *François Roquefeuille, âgé de 45 ans, natif d'Alicante, en Espagne, fils de Jacques et de Marie Boserian, entré en France à 7 ans et 6 mois, émigré en 1791.*

Le procès-verbal ajoute l'observation suivante :

« Condamné en vertu de l'art. 3 du titre 1er, qui porte que toutes personnes qui, ayant exercé les droits de citoyens en France, quoique nées en pays étranger ou ayant un double domicile en France et en pays étranger, ne constateraient pas leur résidence, depuis le 9 mai 1792, sont dans le cas énoncé par l'article 7 ci-dessus cité de la loi du 25 brumaire, et conformément à cet article ont encouru et sont condamnés à subir de suite la peine de mort dans les 24 heures ».

Dans le registre de délibérations du Directoire départemental, nous lisons, à la date du 24 thermidor an IV, un *arrêté* « qui met à la disposition du général Meunier, le nommé François Roquefeuille, ci-devant chef de chouans, lequel est invité à le faire conduire au lieu de son domicile, dans le département du Tarn. »

L'arrêté s'appuie sur ce considérant « que son séjour (dans la commune de Guémené), où il est étranger, puisqu'il est originaire du Tarn, peut faciliter aux malveillants du pays les moyens de mettre à leur tête un homme sous les ordres duquel ils ont déjà marché contre les troupes républicaines. »

Malgré l'identité du prénom (François), nous pensons qu'il s'agit ici d'un parent du précédent, lequel se serait échappé de Quiberon et aurait rejoint les chouans de l'intérieur.

Ce Roquefeuille a été accusé d'avoir participé à l'assassinat de M. de Cardelan, dans la nuit du 24 au 25 fructidor an III. Les soupçons se portèrent aussi sur un émigré du nom de Lahoussaye. (Voir série Q. Régie des biens des émigrés. Cardelan, 396).

De Boisanger (Thomas), 39 ans, de Quimperlé, ex-noble, ci-devant capitaine au régiment de Brie ; a quitté le territoire français en février 1791, pour se rendre à Ath, en Brabant. Était au rassemblement de Quiberon (14 thermidor, an III, Auray).

Maureville de la Funelière, 38 ans, de Rochefort, était lieutenant de vaisseau du roy. « A quitté le territoire français en 1791.

» A pris du service chez les princes émigrés, dans la marine.

» Interrogé s'il faisait partie du rassemblement de Quiberon? A répondu : oui. » (C. 13 thermid., Vannes.).

D'Anceau (Jean-Constant-Théodore), âgé de 55 ans, natif de Toulouse, ex-noble, ci-devant lieutenant-colonel au régiment d'Anjou. « A quitté la France en 1791. Interrogé s'il faisait partie du rassemblement de Quiberon, a répondu : oui. » *Refuse de signer.* (Auray, 15 thermidor.)

Bourdon de Ris (Joseph), fils de Bourdon-Deplanche et de Thérèse Jose, 27 ans, né à Paris.

« Interrogé sur ce qu'il faisait avant la Révolution, a répondu : rien du tout.

» Déclare qu'il a quitté la France en 1792.

» Interrogé s'il avait pris parti avec les puissances coalisées, a répondu : oui, depuis le commencement jusqu'alors.

» Interrogé s'il faisait partie du rassemblement armé de Quiberon, a répondu : oui.

» Lecture faite, a signé : B. DE RIS. » (Vannes, 15 thermidor.)

Prévost de La Voltais (Louis-Marie) a été jugé, le 12 thermidor, par la Commission de Quiberon.

L'abbé Le Garrec nous raconte que M. de La Voltais, « atteint, dans le combat du 21 juillet, de trois blessures, fut fusillé le *lendemain même* du jour où le médecin *lui avait coupé la jambe.* » (P. 351, Quiberon).

La Gournerie, en rapportant le fait, ne donne pas de détails aussi précis. Ce qui est certain, c'est que le procès-verbal de la comparution de La Voltais est conservé et que son interrogatoire ne fait nullement mention de ses blessures. Avant lui, avait comparu l'émigré de Mauvise, blessé le 28 messidor. Les juges n'avaient pas manqué de lui demander en quelle occasion il avait reçu sa blessure, et sa réponse est consignée au procès-verbal.

Comment se fait-il que la même question n'a pas été posée à La Voltais, s'il était réellement atteint de trois blessures, et en plus amputé d'une jambe ? Comme chirurgien, nous n'admettons pas, aussi aisément que l'abbé Le Garrec, qu'un individu, porteur de 3 blessures reçues huit jours avant, et amputé de la jambe, huit jours après, ait été en état, le lendemain de cette grave opération, de se présenter devant un tribunal et d'y subir l'interrogatoire suivant, qu'il a signé d'une main ferme :

1re COMMISSION MILITAIRE SÉANT à QUIBERON
Présidence du commandant Dinne

« A comparu devant nous Prévost de La Voltais Louis-Marie, lieutenant de vaisseau, né à Ploermel, âgé de 31 ans, sous-lieutenant au régiment d'Hector.

» Interrogé à quelle époque il a quitté la France, a répondu en 1892, *entraîné par des amis.*

» Interrogé s'il était encore au service de la France,

dans la marine, lors de son émigration, a répondu qu'il n'était pas retiré du service, qu'il était à Paris.

» Il sert, depuis 9 mois, en qualité de sous-lieutenant, dans le régiment d'Hector, *où il a été forcé d'entrer par nécessité*... Lecture faite, a signé : Louis-Marie-Philippe de LA VOLTAIS. » (Comm. milit. de Quiberon, 12 thermidor).

De Portzamparc (Hyppolite-Louis-Marie **Urvoy**), 41 ans, né en Plouvenez (Côtes-du-Nord), ex-noble, lieutenant de vaisseau :

« A quitté le territoire français, au mois de janvier 1792, pour se rendre à Tournay ; a pris du service avec les émigrés. A déclaré s'être trouvé à Quiberon. » (Comm. Auray, 15 thermidor).

De Savignac. — « A comparu le nommé Joseph Savignac, âgé de 38 ans, né à Pain (Haute-Vienne), ex-noble, capitaine au régiment d'Artois-Infanterie.

» A lui demandé à quelle époque il a quitté la France, a répondu : en 1792, à cause de l'insurrection du bataillon qu'il commandait.

» Interrogé dans quel corps, en quelle qualité et depuis quel temps il servait dans les émigrés, a répondu servir dans le 2e régiment de Damas, en qualité de lieutenant, depuis trois mois.

» Lecture faite, a signé : SAVIGNAC. » (Quiberon, 15 thermidor).

L'Huilier (Jacques), fils de feu L'Huilier et de... Cassagnaux, âgé de 50 ans, né à Rouvenac, résidant à Quillan, département de l'Aude, ex-noble ; a quitté le territoire français, en 1792, pour se rendre en Allemagne.

« A lui demandé s'il faisait partie du rassemblement de Quiberon, a répondu : oui, employé par le colonel Sombreuil. » A refusé de signer. (Comm. Auray. Lalene, 13 thermidor).

De la Baume. — Un gentilhomme, parmi les plus

braves, fut assurément Joseph-Antoine Tartulle de la Baume de Pluvinel, fils de Joseph-Séraphin... et de Laurence-Antoinette Laltier, âgé de 40 ans, né à Carpentras, comté de Venaissin :

« Interrogé quelle était sa profession avant la Révolution, il répond : lieutenant de vaisseau du roy.

» A quelle époque il a quitté la France, il répond : en may 1791.

» Interrogé s'il a pris du service chez les ennemis de la France, il répond : oui, dans le régiment d'Hector.

» S'il faisait partie des hommes pris à Quiberon, répond : oui, d'après la capitulation. » Et il signe en toutes lettres l'interrogatoire.

Joseph-Antoine Tartulle La Baume-Pluvinel.
(Comm. mil. Vannes, 15 thermidor).

Commission Bouillon, 11 thermidor an III (Auray)

La Commission militaire, qui siégea à Auray, le 11 thermidor, sous la présidence du capitaine Bouillon, eut à juger 18 prisonniers. Bien que le cahier seul des interrogatoires soit conservé, et que les jugements manquent, on doit tenir pour certain que 14 d'entre eux furent condamnés à mort. Nous donnerons en entier le texte de ces interrogatoires, tout en renvoyant au chapitre des *Commissions militaires* pour l'exposé des arguments, à l'aide desquels nous démontrons que 14 condamnations à mort furent prononcées, à Auray, le 11 thermidor, par la Commission Bouillon.

Sur la liste ci-jointe, nous marquerons d'une croix les condamnations. — On verra, que nous avons raison de ranger ces 14 émigrés parmi les *braves*.

LIBERTÉ. — HUMANITÉ. — JUSTICE

« Ce jourd'huy onze thermidor, l'an III de la République française une et indivisible, Nous Bouillon, capitaine au 2ᵉ bataillon de tirailleurs; Ignace Bischop, lieutenant; Julien Carpin, lieutenant; Jean Jourdan, sous-lieutenant; Benjamin Duhem, sous-lieutenant, et Anthoine Tilloy, quartier-maître, secrétaire, membres de la Commission militaire établie à Auray, par l'arrêté du représentant du peuple Blad, pour juger, conformément à la loi, les prisonniers faits le 3 de ce mois, dans la presqu'île de Quiberon, étant réunis à la salle d'audience du tribunal civil, avons fait comparaître devant nous, à 2 heures de relevée, les dénommés ci-dessous :

† Charles **Dabur**, 52 ans, natif de Meés (Sarthe), profession, aucune; a quitté la France en 1791 :

« Interrogé s'il s'est trouvé à Quiberon lors de la prise par les Anglais, a répondu : non.

» Interrogé s'il avait été pris les armes à la main, a répondu qu'il avait été pris par la prétendue capitulation. »

† Thomas **Brumault**, né à Poitiers (Vienne), 37 ans, était garde du corps; a quitté la France en 1791; a servi en Hollande dans le régiment de Béon; était du rassemblement de Quiberon :

« Interrogé quel était le motif qui l'a fait quitter la France, a répondu qu'il était d'un corps qui était persécuté. »   THOMAS BRUMAULT.

† Joseph-René **Du Mellenger**, 36 ans, né à Alençon, voyageait en 1789. A pris du service chez les puissances étrangères, en 1792. Etait à Quiberon dans le régiment de Béon, en qualité de lieutenant; a été pris les armes à la main, lors de la prétendue capitulation.

† Philippe **de Caffarelli**, 38 ans, né à Saint-Félix (Haute-Garonne), capitaine dans le régiment de Bretagne; a émigré en 1792 étant au service; a servi en Hollande, chez l'Angleterre; a été pris à Quiberon; a posé les armes sur la prétendue capitulation.

† Thomas-François **de Colleville**, 32 ans, St-Aubin (Seine-Inférieure). Lieutenant dans le régiment de Penthièvre, en 1789, a pris service en 1794 chez les puissances étrangères, ennemies de la République ; portait un sabre :

« Interrogé s'il a mis bas les armes lors de la prétendue capitulation, a répondu : oui. »

† Jean-François **de Cardaillac**, 44 ans, né à Tarbes (Hautes-Pyrénées), a quitté la France en 1792, enseigne dans le régiment de Béon.

† Pierre **Proux**, 37 ans, Auray, huissier :

« Interrogé comment il a été pris à Quiberon, a répondu qu'il s'y est trouvé d'après les ordres que lui a donnés un *chef* de canton de chouans.

» Interrogé s'il avait été pris les armes à la main, a répondu qu'il les avait déposées lors de l'entrée des républicains.

» Interrogé s'il avait eu communication avec les chouans, a répondu : oui. »   Proux.

† **Kerret de Keravel**, 33 ans, de Morlaix, lieutenant de vaisseau dans la marine en 1789 ; a quitté la France en décembre 1791 ; sergent dans *Loyal-émigrant* à la solde de l'Angleterre ; était au rassemblement de Quiberon.   Kerret de Keravel.

Simon **Le Prince**, 18 ans, de Dieppe (Seine-Inférieure), n'avait aucun état avant la Révolution ; a quitté la France en 1792 ; a servi dans *Loyal-émigrant* ; a été pris, armé, à Quiberon :

« Interrogé l'âge qu'il avait lors de son émigration, a répondu 15 ans. » — *Renvoyé à la maison d'arrêt.*

† Charles **Le Du**, 45 ans, de Tréguier (Côtes-du-Nord), capitaine des garde-côtes en 1789 ; a quitté la France en 1791 ; a pris du service dans *Loyal-émigrant* ; était armé à Quiberon ; a déposé les armes lors de l'entrée des républicains.   Charles Le Du.

+ François **Pigace**, 43 ans, de Mont-Sommet (Orne), en 1789 était bourgeois; a quitté la France en 1792; a servi dans *Loyal-émigrant*; était malade à Quiberon, n'était pas armé. PIGACE.

+ Louis de **Bertin**, 26 ans, de Reville (Manche), sous-lieutenant dans le régiment de Lyonnais avant la Révolution; a quitté la France en 1791, sergent dans Royal-émigrant; était à Quiberon. DE BERTIN.

+ Louis **Cintrat**, 26 ans, de Paris, tailleur avant la Révolution; a servi dans le 2ᵉ bataillon républicain en 1792, n'était pas à son bataillon lors de la prise de Quiberon :

« Interrogé s'il avait eu des moyens de s'évader des chouans où il servait depuis 5 mois, a répondu : oui.

» Si son père l'avait averti de rentrer à son corps, de la part du citoyen Guérin, capitaine au 15ᵉ chasseurs à cheval, a répondu : oui. »

Le citoyen Oubia, lieutenant d'artillerie de la 125ᵉ, a déposé « que l'accusé était de ceux qui ont enlevé les gargousses à Kernavest, un des postes du cantonnement de Locmariaker, commandé par le citoyen Guérin, lesquels ont signé :

» B. OUBIA; C. GUÉRIN; CINTRAT. »

+ Jean-Baptiste **Lecomte**, 21 ans, de Thorigny (Calvados), était chez son père avant la Révolution; a quitté la France en 1792; servait dans le *Loyal-émigrant*; était à Quiberon; a déposé les armes lors de l'entrée des républicains. LECOMTE.

Interrogé Claude **Bertier**, âgé de 15 ans. — *Renvoyé à la prison.*

Léopold-Michel **Cavelier**, 20 ans, Miderbruch (Bas-Rhin). A quitté la France en 1791. A pris les armes contre la République. Servait dans Royal-Emigrant. A déposé les armes à la prise de Quiberon. — *Sursis.*

Léopold CAVELIER.

François **Drouyn**, 19 ans, de Commercy (Meuse). Emigré depuis 1792. — *Sursis* au jugement, en raison de l'arrêté du représentant Blad.

† J. Louis **Valois**, 40 ans, de Saint-Germain-Moyon (Manche). A quitté le régiment de Bourbon en 1789. Sergent dans Loyal-Emigrant. Etait armé à Quiberon.

On ne s'explique pas aisément pourquoi aucun de ces 14 noms de condamnés à mort ne figure dans l'*état* du général Lemoine.

La Gournerie, sur le témoignage de deux militaires, qui, plus tard, répétaient à qui voulait les entendre, qu'ils avaient été de ceux qui avaient fusillé Le Valois et Lecomte, croit à tort que ces deux émigrés ont été exécutés à Quiberon. Le procès-verbal précédent prouve que c'est une erreur.

Louis Le Valois de La Marière a été jugé et condamné à mort à Auray. Son exécution a eu lieu à la Chartreuse, le 12 thermidor.

Jacques R. de **Clinchamp**, fils de Jacques.... et de J.-R. Brunet, âgé de 19 ans, de Beaumont-le-Vicomte, district de Fresnay (Sarthe). Etait au Collège de la Flèche, lorsqu'il a quitté la France en 1792. *Il déclare être noble* et avoir fait partie du rassemblement armé de Quiberon. Signé : J. CLINCHAMP.
(Comm. mil. de Vannes, 8 fructidor an III (P^t-Lohée.)

Le mois précédent (13 thermidor), la Commission de Vannes, présidée par le commandant Bedos, lui avait accordé le sursis, comme ayant émigré avant l'âge de 16 ans.

L'interrogatoire et le jugement de l'émigré de **Navaille**, ont donné lieu à une erreur, que nous relevons sur les listes de Rosensweig et de l'abbé Le Garrec.

L'émigré de Navaille a comparu, le 15 thermidor, devant la Commission de Vannes, président Bouillon.

« Interrogé, Charles Laval (sic), fils de Paul Laval et de Toulesse, âgé de 28 ans, né à Labadut, en Béarn, officier de marine française, comme lieutenant.

» A quitté la France en 1792 ; a pris du service dans les ennemis de la République, Royal-Louis.

» Interrogé s'il faisait partie des hommes armés pris à Quiberon, a répondu : oui, et qu'il mit bas les armes, lors de l'entrée des républicains. »

Lecture faite, a signé : NAVAILLE.

Le jugement de condamnation à mort porte : « Charles Navale ».

Rosensweig, en outre de Charles de Navaille, avait inscrit, sur sa liste, un Charles de Nassal.

La Gournerie pense, avec raison, que c'est le même que Charles de Navaille ; ce qui n'empêchera pas, plus tard, l'abbé Le Garrec d'inscrire, sur sa liste, un Charles de Navaille et un Charles de Nassal. De ce dernier, il n'y a pas trace dans les procès-verbaux des Commissions militaires, ni dans l'état du général Lemoine, qui ne porte que : *Charle Navaille*.

Du Crozet (Jean-Michel de la Reynaude), âgé de 34 ans, né à Ambriac (Puy-de-Dome), ex-noble, ci-devant lieutenant au régiment du Vexin ; a quitté la France en août 1792, ayant refusé de prêter le serment exigé par la loi et ayant la liberté de le prêter ou de le refuser. Il connaissait les lois contre les émigrés. Il sert dans le régiment de Damas en qualité de vaguemestre. DU CROZET.
(Com. mil. Prés. Dubois, Quiberon, 14 thermidor.)

Deux émigrés du nom de **Chasteigner** qui figuraient dans le drame de Quiberon, ont été condamnés à mort par les Commissions militaires de Quiberon :

1º Le premier qui a été jugé le 15 thermidor (Commission Dinne) a déclaré se nommer Alexis **Chasteigner**, âgé de 57 ans, né à Bessin (sic) (Charente), *gentilhomme aux gardes du corps du roy.* On lui demande à quelle époque il a quitté la France, il répond en 1791, mais il assure qu'il *n'a pas fait campagne.* Ayant appris que l'Angleterre levait une compagnie de vétérans, il s'y est enrôlé, il y a 18 mois, *sans savoir où il allait.* — Signé : Chasteigner. (Porté sous le n° 511, sur l'*état* du général Lemoine).

2° Pierre-Alexis **Chasteigner** a comparu, à Quiberon, devant la Commission présidée par le commandant Dubois.

Il déclare être âgé de 42 ans, né à Genolhac (Gard), ex-noble, ci-devant capitaine au régiment de Lorraine-Infanterie. Il a quitté la France en 1791, *parce qu'il a été persécuté* et n'a pu obtenir un congé dont il avait besoin. Il sert dans le régiment de Damas, depuis quatre mois. *D'après la capitulation, il a mis bas les armes.* — Signé : Alexis Lagrange. (Quiberon, 15 thermidor. — Porté sur l'état du général Lemoine sous le nom de Carlegnaie-Lagrange, n° 552.

C'est sans doute encore par inadvertance que l'abbé Le Garrec en porte quatre sur sa liste :

1° Lagrange-Châtaignaie ;
2° L. Chasteigner ;
3° E.-A. de Chasteigner, volontaire.
4° J.-P.-A. de Chasteigner-de Lagrange, lieutenant.

La Gournerie n'avait pas commis cette faute.

« Claude-René **Paris de Soulange**, fils de Claude Paris et de Françoise de Gatinaire, âgé de 59 ans, né à Montaigu (Vendée), ex-noble, ci-devant chef d'escadre de la marine.

» A quitté la France en novembre 1791, pour se rendre à Tournay.

» A lui demandé s'il était du rassemblement de Quiberon, a répondu : oui, et a signé.

» A ajouté qu'il a mis bas les armes en vertu de la capitulation, proposée par le général républicain. »

Renvoyé pour le surplus au premier interrogatoire, le 9 thermidor. SOULANGE.
(C. Auray, 13 thermidor).

Ce procès-verbal donne lieu à quelques observations.

Le texte est en entier de l'écriture du secrétaire de la Commission, sauf les deux dernières lignes, qui sont de la main de Soulange lui-même.

Lorsqu'on lui a présenté la plume, pour signer le procès-verbal, l'inculpé a cru devoir ajouter qu'il renvoyait « pour le surplus » à un interrogatoire antérieur.

Nous pensons qu'il y a là peut-être une erreur de chiffre, et qu'au lieu de 9 il faut lire 10 thermidor.

Rien ne prouve que le 9 thermidor il y ait eu d'autres interrogatoires que ceux de Sombreuil, Monseigneur de Dol, de La Landelle, Petit-Guyot, et les 12 ecclésiastiques, qui furent condamnés à mort le même jour.

Le premier interrogatoire, auquel fait allusion l'émigré Paris de Soulange, a dû être subi le 10 thermidor. Ce jour-là, la Commission Barbaron, devant laquelle plusieurs prisonniers interrogés invoquèrent une prétendue capitulation, avait suspendu tout jugement, et, le lendemain 11, le représentant Blad cassait la Commission et la remplaçait par une autre. (Commission Lalene. Voir au chap. : Commissions militaires).

De Gueheneuc. — Le 8 fructidor, était *condamné à mort* un individu compris dans le sursis, répondant au nom de Malo Gueheneuc, âgé de 21 ans, fils de R... et Antoinette de Bruc, natif de Lanhelin, district de Dole ; se déclarant noble, ayant quitté la France en 1789 ; servant, comme sergent, dans le régiment de Dresnay. Il signe : Malo GUEHENEUC.

La Gournerie marque sur sa liste : Anne-Charles-Marie Dubois-Hue (Gueheneuc).

Louis **Couhé** (de Lusignan), âgé de 58 ans, fils de

François… et de Marie du Drac, né à Saint-Savin (Vienne); avant la Révolution était militaire dans les chasseurs des Vosges comme lieutenant retiré; a quitté la France en 1790 :

« Interrogé s'il a pris du service chez les ennemis de la République, a répondu : oui. Etait dans le rassemblement de Quiberon et y a déposé les armes.

« Lecture faite, a signé : Louis Couhé. (15 thermidor, Vannes). »

De Fonterouget, fils de Bernard et de Marie Dordet, âgé de 47 ans, né à Fonterouget (Lot-et-Garonne); avant la Révolution, capitaine d'artillerie ; a quitté la France en 1791 :

« Interrogé s'il a pris les armes contre la France, répond que : non.

« Interrogé s'il était armé à Quiberon, a répondu, qu'il avait un sabre. » A signé : Fonterouget. (C. 15 therm. Vannes).

De la Chevière (Benjamin-René-Michel), 53 ans, né et domicilié à Rennes; était commissaire des Etats de Bretagne ; a quitté la France en 1791; a pris du service chez les ennemis de la France *comme tous les autres*. A signé : de la Chevière.

De la Chevière (Jean-Baptiste), 46 ans, capitaine au régiment de Lorraine-Infanterie ; émigré en 1791, a fait la campagne des princes. A signé : de la Chevière.

Armand **de Quincarnon**, âgé de 56 ans, né à Plessis-Grohan (Normandie), ci-devant noble, maréchal-des-logis de la maison du roy :

« A quitté la France en 1791 et s'est engagé dans l'armée des émigrés, en qualité de maréchal-des-logis de la maison du roy. Demande : Où est-il allé en sortant de France ? — Réponse : A Coblentz ». A signé. (Comm. Quiberon, 10 thermidor.)

Citons encore un Breton de Guipavas, près de Brest,

l'officier de marine Vincent de **Coataudon**, qui, comparaissant, le 8 fructidor, devant la Commission militaire de Vannes, déclare formellement « qu'il a 34 ans, qu'il est lieutenant de vaisseau ; qu'il est sorti de France lors de l'arrivée de Jean Bon Saint-André à Brest, qu'il a émigré en Angleterre et qu'il est rentré en France avec l'armée royale, pour être pris à Quiberon. » (Com. Lohée, 8 fructid., Vannes).

Aux noms qui précèdent et que nous avons cités comme exemples, nous pourrions ajouter beaucoup d'autres. En dépouillant un à un ces centaines d'interrogatoires, répartis dans les cahiers des Commissions militaires, nous avons été heureux de noter tous ceux qui témoignent de la fière contenance d'un grand nombre d'accusés, tels que : De Colleville, De Froger, De La Clochetterie, De Royrand, Du Portail, De Grelier, Querebars, Douroux, D. De Crouseilles, Chevalier De Maucourt, Bolinard Des Roches, De Beaumont, Hellouin De Courcy, De Vassal, Aug. De Courson, Froger de l'Esguille, De Cholet, De Damoiseau, De Vidaux, etc., etc.

Aux questions posées par le tribunal, ils répondaient avec franchise : Oui, je suis gentilhomme ; Oui, j'ai émigré ; Oui, je me suis enrôlé et j'ai servi dans l'armée des princes ; Oui, j'ai combattu contre la République ; Oui, j'ai été pris à Quiberon, les armes à la main ; Oui, je connaissais les lois, qui punissent de mort les émigrés qui rentrent en France. Quelques-uns refusent de signer le procès-verbal. En lisant entre les lignes de certains interrogatoires, on devine que les déclarations des prévenus ont été telles. Comme les beaux joueurs qui ont perdu la partie, ils font noblement le sacrifice de leur vie. Ce sont les *braves*. L'histoire leur doit ce témoignage.

Les Faibles

En non moins grand nombre sont les faibles, ceux qui entrent dans des explications et essaient de se disculper aux dépens de la vérité.

S'ils ont quitté la France, c'était dans le but de voyager, ou pour leur plaisir, ou pour des raisons de santé. Il leur a été impossible de rentrer par suite de circonstances multiples, qu'ils détaillent. En Angleterre, obligés de vivre, ils se sont mis à la solde du gouvernement britannique. On les a trompés; en s'embarquant ils ne savaient pas qu'on les destinait à une descente armée sur le sol français. Ils croyaient uniquement aller en garnison à Jersey ou dans les Indes. Ils ne connaissaient pas les lois de la République contre les émigrés; un certain nombre nient avoir porté les armes; ils étaient employés aux écritures, à la surveillance des magasins, à la distribution des vivres, etc.; d'autres étaient malades. Il en est qui se font gloire de ne pas avoir tiré un coup de fusil contre les Français; d'autres inventent des histoires; ils ne sont ni nobles, ni émigrés; ils naviguaient sur des navires de la République lorsqu'ils ont été faits prisonniers par les Anglais et emmenés sur les pontons. Sans moyen d'existence et mourant de faim, en butte aux mauvais traitements, ils ont pris du service dans l'armée des émigrés. Il en est qui se rajeunissent et déclarent qu'ils avaient moins de seize ans lorsqu'ils ont fui à l'étranger; ils y étaient forcés par leurs pères, leurs oncles, leurs frères aînés ou entraînés par les sollicitations de cousins, de camarades et même de professeurs.

Il en est qui se présentent sous un nom supposé, d'autres accusent des professions qu'ils n'ont jamais exercées; l'un se dit laboureur ou perruquier, marchand de toile ou cotonnade, marchand de charbon ou domestique, cocher, etc., etc., un autre supprime le *de* de son nom et se dit roturier et tailleur de son état; plusieurs dissimulent leur grade ; tel qui était capitaine ou lieutenant dans le régiment d'Hector ou de Rohan, se donne comme simple fusilier ; plusieurs se font passer pour originaires des pays étrangers, ce qui leur vaudra d'être traités comme prisonniers de guerre, et leur donnera l'occasion de s'évader.

La note dominante est qu'ils ont été contraints par la nécessité de s'enrôler dans l'armée royale et plusieurs affirment qu'on a surpris leur bonne foi, en leur laissant croire qu'ils allaient simplement aux îles anglaises; s'ils avaient su qu'il s'agissait de combattre des Français, ils auraient refusé de s'embarquer.

Pour démontrer ce qui précède, nous citerons les noms, nous copierons les interrogatoires; n'oublions pas que ces procès-verbaux sont en entier conservés et que tous les interrogatoires sont signés par chacun des accusés, après lecture faite. On ne saurait donc songer à s'inscrire en faux contre eux. En fait d'exemples, on n'a que l'embarras du choix.

Antoine de Mauvise, 33 ans, natif de Blanc (Indre), ex-noble, ci-devant lieutenant de vaisseau. A quitté la France en 1791 ; ayant fait une campagne de 7 ans, il s'était retiré chez lui et n'avait pas demandé ni reçu de démission; passé en Belgique, il y fit une maladie et s'en alla prendre les eaux d'Aix-la-Chapelle; a été ensuite errant dans l'Allemagne; désespéré de rentrer dans sa patrie, il avait formé le projet de se rendre aux colonies françaises; les secours qui lui avaient été fournis par un ami à Liège n'avaient suffi que pour son passage en Angleterre. Il espérait toujours aller aux îles; trompé dans son attente, il avait accepté la proposition du général Hector d'entrer dans son régiment en qualité de cadet; il n'a accepté cet emploi, *malgré sa répugnance*, que parce qu'on lui dit que ce corps ne serait point employé et que, lors de l'embarquement *il croyait ne venir qu'à Jersey* :

« Interrogé pourquoi il avait quitté la France, a répondu : qu'étant nouvellement arrivé en France, l'évasion du roi avait été l'époque de plusieurs persécutions contre lui et les nobles, que pour y échapper et attendre la fin de cet orage, il était sorti de France.

» Interrogé pourquoi lors de la loi qui rappelait les émigrés il n'est pas rentré, a répondu *n'en avoir eu aucune connaissance.*

» A lui demandé s'il savait qu'il était défendu aux émigrés de rentrer en France, a répondu qu'il en avait eu connaissance au moment où il sollicitait la permission d'y rentrer du citoyen Jolivet, envoyé de la République à Liège. A ajouté que, lors de la reprise de la presqu'île par l'armée républicaine, il aurait pu s'échapper, mais que fort de sa conscience et de son amour pour la patrie, il avait préféré se retirer chez le citoyen Sauvée, qu'il connaissait et qu'il espérait obtenir sa grâce, *surtout ayant été contraint de venir en France.*

» Interrogé dans quelle affaire il fut blessé, a répondu : le 28 messidor.

» Interrogé pourquoi, étant blessé à l'affaire du 28 messidor, il n'était pas resté sur le champ de bataille afin de se réunir aux Français, a répondu qu'il craignait le traitement qu'on disait être fait aux prisonniers par les républicains, que s'il avait su être traité favorablement il serait resté *pour se réunir à eux.* A ajouté que le citoyen Sauvée, habitant de Quiberon, étant vexé et incarcéré par les émigrés, il prit sa défense et employa tous les moyens pour obtenir son élargissement qu'il lui a effectivement procuré. »

Le citoyen Sauvée faisant les fonctions de garde

de la fortification de Quiberon, présent à l'interrogatoire, a affirmé la vérité de ce qu'a dit à son sujet le dit Mauvise, et a ajouté qu'il lui en avait la plus grande reconnaissance.

« Lecture faite, ont signé : citoyen MAUVISE ; SAUVÉE. (Quiberon, 10 thermidor.) »

On remarquera que le gentilhomme de Mauvise fait précéder son nom du qualificatif : *citoyen*; on devine dans quel but.

A comparu Pierre **Bétard**, né à Montbron, district de Bordeaux (Gironde), âgé de 25 ans, ex-noble :

« A quitté la France depuis 4 ans 1/2 ; est avec le rassemblement des émigrés depuis 1 an 1/2.

» A pris les armes *malgré lui et forcé par la nécessité, emmené par son tuteur*. Sert dans le régiment de Béon en qualité de soldat.

» Lecture faite de son interrogatoire et de ses réponses, il a persisté et a déclaré *ne savoir écrire*. » (10 thermidor, Quiberon).

Le Gualès de Lanséon, né à Morlaix, 31 ans :

« A quitté la France en 1791, attendu qu'on brûlait les châteaux, et pour sa tranquillité. A émigré dans le Brabant ; de là en Hollande, où il a servi dans le régiment des grenadiers Wallons ; passa en Angleterre, croyant y trouver plus de ressources ; mais que *la nécessité l'avait contraint* de prendre parti dans Dresnay, dans lequel il fut d'abord soldat, puis sergent et ensuite sous-lieutenant.

» Il a de plus observé que depuis la reddition du fort, il s'est rendu à l'hôpital où il a servi les malades tant républicains qu'émigrés. » (Comm. milit. 11 thermidor, Quiberon.)

Dans les pièces du dossier Le Gualès, se trouve la suivante :

« Joseph Gilair de Perez, colonel propriétaire du bataillon de Grenadiers Wallons, au service de Leurs

Hautes puissances, les Etats généraux des Provinces unies.

» Nous certifions que le nommé Le Gualès, âgé de 28 ans, taille 5 pieds 6 pouces 1/2, natif de Lassine, en Hainaut, catholique romain, étudiant, non marié, a servi en qualité de grenadier dans la compagnie du capitaine Latour, au bataillon des grenadiers Wallons, l'espace de 9 mois, en honnête et brave grenadier.

» Donné au camp devant Maubeuge, 6 oct. 1793.

» DE PEREZ, colonel. »

Avec cachet de cire rouge aux armes du dit colonel.

On remarquera que le certificat précédent porte Le Gualès comme né en Hainaut, tandis que, d'après sa propre déclaration, il est né à Morlaix.

Tardivet (J.-B.), 25 ans, de Saint-Léonard (Haute-Vienne), ex-noble, étudiant :

« A quitté la France en 1793, poursuivi par les agents de Robespierre. Enseigne au régiment de Rohan, *où la nécessité l'a forcé d'entrer*, depuis huit mois. A de plus observé qu'il *ne se croit pas émigré*, ayant été forcé de se soustraire aux persécutions de Robespierre. Il demande un sursis. » (Inter. 16 thermidor. Quiberon).

Salignac de Fénelon. — Dans les pièces saisies sur les émigrés se trouve la pièce suivante :

1° Passeport (en deux colonnes, allemand et français) : « Moi, soussigné, conseiller de S. M. le roi de Prusse et résidant dans les duchés de Juliers et de Bergue, prie ceux qui sont à prier de laisser librement passer par et dans les Etats de sa Majesté prussienne ou par toute l'Allemagne et la Suisse, M. André Salignac de Fénelon, avec sa femme et une fille de chambre et un petit enfant...

Fait à Dusseldorf, 4 octobre 1794.

YVON BERGER.

André-Emmanuel de **Salignac de Fénelon**, ancien porte-étendard de la Maison du roi, soldat dans les vétérans émigrés de Cellefrouin (Charente), 80 ans, condamné à mort le 15 thermidor, par la Commission de Quiberon.

Interrogatoire : « A comparu André-Emmanuel de Salignac de Fénelon, âgé d'environ 80 ans, ex-noble, ex-porte étendard des *chevau-légers* de la Maison du roy, natif de Selfrouin, diocèse d'Angoulême, de Saint-Jean-d'Angely.

» Depuis quand il a quitté la France et pourquoi, a répondu : au commencement de 1792, à la fin de l'hiver, *parce qu'il avait peu de ressources*, ses biens consistant en dimes.

» Dans quel corps, en quelle qualité, etc., a répondu : depuis 5 mois, simple soldat aux *vétérans infirmes* ». — A signé : SALIGNAC. (15 thermidor, Quiberon.)

De Goulaine (Charles), 43 ans, né à Nantes, ex-noble.

A quitté le territoire en 1792, pour se rendre à Spa, en Brabant, *afin d'y prendre les eaux*, autorisé par son médecin, sa municipalité et son district.

« A lui demandé pourquoi il n'est pas rentré en France, a répondu que n'ayant pas eu de réponse du citoyen Giraud, alors maire de Nantes, à qui il avait écrit pour obtenir un passeport qui l'autorisât à rentrer en France, il n'a pas pu trouver l'occasion de rentrer ; *qu'il n'est pas militaire*, et qu'il est même incapable de l'être. » — N'a pas voulu signer. (Int. 12 thermidor, Auray.)

De Gueroux (Jean-François), 38 ans, de Nogent-le-Rotrou, ex-noble et garde du corps ; a émigré en 1791 ; *a débarqué à Quiberon sans le savoir*, croyant aller en Amérique (12 thermidor, Auray.)

Claire **Pynyot** (de la Giraudière), 23 ans, de Verbier, en Poitou, ex-noble; a quitté la France en 1791, *par ignorance et par faiblesse*; sert depuis deux ans dans Royal-Emigrant en qualité de caporal et soldat, *et pour avoir du pain.* (Int. 12 therm., Quiberon).

De Pressac (Thomas), né à Coutras (Gironde), 60 ans, ex-noble et ci-devant lieutenant au régiment de Beauvoisis :

« A quitté le territoire français en 1793, par rapport à une affaire particulière... *C'est le besoin qui le força* de prendre la place d'enseigne dans le régiment de Damas. Ne connaissait pas les lois contre les émigrés. A de plus observé qu'avant sa sortie de France, *il avait servi la République avec tout le zèle possible*; qu'une partie de sa famille la sert encore et qu'une circonstance malheureuse a pu seule le forcer à quitter sa place. » (Interrog. comm. de Quiberon, 14 thermidor.)

De Lustrac (Jean-Joseph), 65 ans, né à Lias, département du Gers, ancien capitaine au régiment d'Agenois : « A émigré en 1792. Son intérêt n'était de servir ni pour ni contre, et qu'il n'est venu dans l'île de Quiberon que parce qu'on *l'avait trompé*, puisqu'on lui avait assuré que sa compagnie allait à Jersey pour y être tranquille ». (Interrog. Quiberon, 15 thermidor.)

De La Villalcays (Louis), 42 ans, de Pontivy :

« A émigré en 1791. A fait la campagne des princes. A passé en Angleterre, quand les Français ont envahi la Belgique. La *nécessité l'a forcé* à prendre parti dans le régiment d'Hector, en décembre 1794. Et il a observé qu'un hasard heureux l'a mis dans le cas de ne *jamais tirer un coup de fusil sur les Français*, ce dont il se réjouit. Il a observé de plus que, prenant parti dans le régiment d'Hector, il avait l'espoir de rentrer en France et de rejoindre son père, qui vit encore. » (Interrog. 11 thermidor, Quiberon.)

De Croissanville (Toussaint), 42 ans, né à Vire (Calvados), ex-noble, vivant de son bien : « A quitté la France en 1788, *à cause d'une femme* qui craignait les approches de la Révolution et avec laquelle il a voyagé.... S'était engagé comme volontaire au régiment de Béon, pour aller à Jersey, où était sa mère; *ne pensait pas venir en France.* » (Interrog. du 11 thermidor, Quiberon.)

De La Barre (R.-François), 58 ans, de Nantes, ex-noble, vivant de son bien : « A quitté le territoire français en mai 1792, à cause de la fermentation qui existait dans le pays. Répond *n'avoir jamais pris les armes contre la République* et s'être trouvé ici *comme passager, venu malgré lui à Quiberon.* » (Quiberon, 15 thermidor an III.)

De Beaucorps (Jean-Jacques), 57 ans, né à Chaniers, district de Saintes (Charente-Inférieure), ex-noble, ancien officier retiré : « A quitté la France en 1791. Engagé depuis environ 10 mois dans la compagnie des vétérans. *Forcé* à cela *par la nécessité et sans avoir jamais brûlé une amorce contre les républicains.* » (Interrog. Quiberon, 13 thermidor.). BEAUCORPS.

Jouan de Kervenoaël (Bernard-Marie), 32 ans, né à Roscoff (Côtes-du-Nord), ancien lieutenant des gardes-côtes :

« A quitté la France en 1791, parce que son père, qui désapprouvait une inclination qu'il avait, *le força de partir pour l'Angleterre* et le conduisit même jusqu'au bateau où il le fit embarquer d'autorité; déclare n'avoir pas eu connaissance des lois contre les émigrés :

» Interrogé pourquoi étant sorti de France contre son gré et par violence de son père, il n'y était pas rentré, a répondu *que son père le lui avait défendu absolument.* » (Interrogatoire du 12 thermidor, Quiberon).

La Gournerie cite un passage d'une lettre à sa

sœur, dans laquelle Jouan de Kervenoaël, avant de marcher au supplice, écrit : « le gouvernement anglais nous ayant fait prendre les armes, a eu la barbarie, après nous avoir dit que nous allions à Jersey, de nous jeter sur la côte de ma province. »

Ballet de la Chenardière (Nicolas-Jacques), 56 ans, né à Nantes, capitaine de dragons, chevalier de Saint-Louis : « Vétéran au Loyal-Emigrant ; a émigré en 1791, après avoir été vexé et battu à Laon (Aisne). » (Interrogatoire du 14 thermidor, Quiberon.) « A observé qu'il a été embarqué en Angleterre *croyant venir à Jersey et non en France.* »

De Caqueray (François), 30 ans, né à Blangy (Seine-Inférieure.) A émigré en 1791, ayant quitté son régiment dont il était adjudant-major, *à cause de l'insubordination de son régiment.* (Interrogatoire du 16 thermidor, Quiberon.)

De Froger (Charles-André), 26 ans, né dans la Charente-Inférieure) : « En 1791, a quitté la France, *à la sollicitation de ses camarades*, qui étaient en Allemagne, et a ajouté qu'il avait lui-même fait cesser le feu des frégates anglaises et qu'il revint se constituer prisonnier. » (Interrogatoire du 16 thermidor, Quiberon.)

De la Villeon (Toussaint-Léonard), âgé de 48 ans, né à Lamballe (Côtes-du-Nord). Ci-devant major au régiment d'Anjou.

A quitté la France en 1792. Pour motif de son émigration il déclare que : « *C'était la persécution du soldat envers son officier qui l'y avait forcé.* » Il sert l'Angleterre depuis un an dans le régiment de Rohan, en qualité de major.

On lui demande « quelles étaient ses intentions en venant en France à main armée ? »

Il répond : qu'il avait reçu l'ordre de s'embarquer, du Gouvernement anglais, et *qu'il ignorait où il allait.*

Il ne connaissait pas officiellement les lois interdisant la rentrée en France des émigrés. Signé : LA VILLEON. (Comm. de Quiberon, 15 therm. an III, près' Dubois.)

Du Parc (Gabriel), âgé de 30 ans, né à Serignac, district de Carrhaix, Finistère.

A quitté la France en 1790, pour suivre un seigneur allemand, avec lequel il a voyagé. Avait obtenu une lieutenance dans le régiment de Rohan ; *ne se regardant plus comme Français.* — Signé : Du PARC. (Quiberon, 15 thermidor.)

Bouquet d'Arblade (Jean-Louis), âgé de 36 ans, né à Arblade. Capitaine dans le régiment du Rouergue, a quitté la France en 1791, n'étant plus au service ; ayant des projets de famille et d'établissement, qui l'appelaient chez des parents, qui avaient fait fortune en Allemagne.

Interrogé s'il a porté les armes contre la République. A répondu : *que non.*

Il s'était joint aux républicains, d'après l'invitation qui en a été faite *qu'il ne lui serait pas fait de mal.* (Quiberon, 16 thermidor.)

De Lamotte de Guyomarais (Joseph), âgé de 31 ans, de Lamballe, ex-lieutenant de vaisseau.

Interrogé, répond : « qu'il a émigré, par suite des vexations qu'il éprouvait, et à la prière de son père ; que *c'était le besoin* qui l'avait forcé de s'engager dans le régiment d'Hector ; d'ailleurs il pensait aller à Jersey. » (Quiberon, 16 thermidor).

Le général Lamotte-Rouge, dans ses mémoires posthumes, faisant la généalogie de sa famille, a donné un interrogatoire de son ancêtre, qui diffère totalement du précédent, et a certainement été fabriqué après coup.

« D. : Rentriez-vous en France pour combattre la République ? R. : Oui. »

Le général ajoute en note :

« L'exactitude de cet interrogatoire est attestée par un témoin oculaire, compagnon de *chaîne* de Joseph de la Motte de la Guyomarais (les émigrés étaient attachés deux à deux pour éviter leur évasion).

» Blessé au côté et au bras, il (le témoin oculaire) tomba entraîné par la chute de M. de la Motte de la Guyomarais, tué raide et laissé parmi les morts et les mourants. La nuit suivante il fut trouvé par un pêcheur de Quiberon qui le transporta dans sa barque sur un bâtiment anglais. Il a survécu à ses blessures. » (Lettre de *M. Le Vicomte* à M. Casimir de la Motte de la Guyomarais du 25 juillet 1832.)

Deux frères *Le Vicomte* ont été faits prisonniers à Quiberon. L'un a été condamné à mort et fusillé à Quiberon, le 16 thermidor an III. L'autre, *Le Vicomte de la Villegourio*, n'a subi aucune condamnation. Incarcéré à Auray, il parvint à s'évader. Quel est donc le prétendu témoin oculaire qui a fourni l'interrogatoire apocryphe ci-dessus ?

De Russey (Pierre), fils de feu Claude-François...., et de feue Catherine Pento, de Mont-Béliard (Côte-d'Or), né à Beaune, âgé de 45 ans.

A quitté la France en 1792, pour se rendre au Luxembourg. Il déclare *n'avoir jamais porté les armes contre la République française ;* que cependant il a pris du service en Angleterre, y étant sollicité par plusieurs Lords anglais, qui lui ont fait obtenir le brevet de trésorier du bataillon d'artillerie composé d'émigrés. Quelques jours avant l'ordre du départ, disait-on, pour Jersey, il a reçu le brevet de capitaine, commandant d'une compagnie d'artillerie. Il était du rassemblement de Quiberon. A ajouté qu'il n'a rendu les armes que parce qu'il a entendu crier : La capitulation est faite. » Lecture faite, a signé : RUSSEY. (15 thermidor, Auray).

De Grehier (Charles-Auguste), fils de Philippe......, et de Cécile Demolière, 49 ans, né en Vendée.

Major de vaisseau avant la révolution. A quitté la France, en 1791 ; *n'a pas pris service chez les puissances coalisées*. Attaché au régiment d'Hector. *A déposé les armes avant l'entrée des républicains*. Lecture faite, a signé : Charles DE GREHIER. (Comm. mil. Vannes, 15 thermidor).

Royrand de la Roussière (Charles-César), 27 ans 1/2, de Montaigu, Vendée. Ex-noble. Ci-devant officier de marine.

A quitté la France en 1791, à cause des dangers qu'il y avait dans son pays. Sa famille *l'obligea* de se retirer à Bruxelles où il s'établit avec sa femme et sa belle-sœur. Lors de l'invasion de la Belgique, il se retira en Hollande, et de là en Angleterre, où il vécut du travail de ses mains.

D'après l'ordre donné à tous les Français en Angleterre de s'enrôler, il est entré, depuis trois mois, dans le régiment d'Hector, en qualité de sous-lieutenant. (Quiberon, 15 thermidor, an III.)

Hugon (Claude), 26 ans, Corrèze. Ex-noble, a quitté la France en 1791, et *par jeunesse*. Sert dans Hector, en qualité de sergent.

Ne signe pas, étant blessé à la main. (Quiberon, 12 thermidor.)

Bombart, André, de Quercy, district de Vervins, se disant *négociant en fil*.

Il déclare qu'il « a quitté la France en 1792, est passé à Chimay, étant ruiné chez lui, il partit dans l'intention de commercer sur le fil et de faire quelques découvertes, afin de voir s'il aurait pu entretenir un commerce avec la Flandre. »

A lui observé que depuis le mois de mai 1792, la guerre étant déclarée entre la France et l'Empereur, il ne pouvait entretenir aucune espèce de commerce avec les Pays-Bas.

A répondu qu'il savait bien qu'il y avait la guerre; mais qu'il ne croyait pas rester si longtemps aux Pays-Bas. Il y est resté dans l'espoir de gagner quelque argent, pour revenir chez lui.

Interrogé où il était et ce qu'il a fait, lorsqu'une compagnie de Liégeois au service de la France a été à Chimay, où elle a été assaillie par les habitants et les paysans des villages environnants, qui ont sonné le tocsin.

A répondu qu'en voyant les apprêts du combat et ne voulant pas porter les armes, il s'était refugié dans les bois et retiré à Belve, village français, d'où il était retourné pour prendre les effets qu'il avait laissés.

Il sert depuis deux ans dans Loyal-Emigrant, en qualité de chasseur. Il a pris du service *par nécessité et sollicité par un Gascon.* Signé : BOMBART. (Quiberon, 12 thermidor.

La Gournerie le désigne sous le nom de: *de Bombart*, ce qui laisse supposer qu'il était noble, et qu'en se disant marchand de fil, il a espéré éviter la condamnation comme émigré.

Jean-François **Breton**, âgé de 32 ans et demi, de Saint-Quentin, Picardie, ci-devant instituteur au collège de Navarre, à Paris.

Dans son interrogatoire, il déclare qu'il a quitté la France en décembre 1788, *qu'une dispute qu'il avait eue avec le principal du collège, l'obligea de quitter sa place et que, sachant l'anglais, il passa en Angleterre pour y enseigner le français.*

Interrogé pourquoi il se trouve parmi les émigrés de Quiberon, il répond qu'en 1793, ennuyé de ne pas recevoir de nouvelles de sa famille, la communication de la France et de l'Angleterre étant interrompue par la déclaration de guerre, il crut qu'il en aurait plus facilement en allant en Hollande ; que de là il passa à Bruxelles et y fut employé chez un maître de pension ; que n'y ayant pas de ressources, il écrivit à un libraire de Londres qui lui répondit avoir trouvé une place dont il serait instruit à Ostende ; que s'y étant rendu il se trouva engagé dans le bureau de *Loyal-Emigrant* en qualité d'écrivain-interprète.

Interrogé si, en acceptant cette place, il savait qu'il se mettait au service des émigrés, a répondu affirmativement, mais qu'étant *sans ressources, il avait été obligé d'accepter l'emploi.*

Interrogé pourquoi étant sorti de France avant la Révolution, au lieu d'y retourner, il avait préféré se mettre au service des rebelles qu'il ne devait pas ignorer être armés contre la France ; a répondu qu'étant occupé en Angleterre dans la première année de la Révolution, il vivait au jour la journée et ne pouvait point retourner en France ; que d'ailleurs il n'en avait pas les moyens ; qu'il ne pensait pas aux conséquences et avait agi machinalement ; que son *intention n'a jamais été de porter les armes contre la patrie.*

A lui observé qu'étant homme de lettres il ne devait pas ignorer que c'était défendu aux personnes sorties de France d'y rentrer, et qu'il a dû le savoir surtout à Bruxelles ; a répondu qu'il ne voyait pas les papiers en Angleterre ; d'ailleurs ne se regardant pas comme émigré, il n'a pas cru en apprenant les dispositions des lois sur les émigrés, qu'il dût s'y conformer.

A lui observé qu'étant Français, en se mettant au service des émigrés, il ne devait point ignorer qu'il leur était assimilé et qu'il se mettait dans le cas de la loi qui le bannit du territoire de la République ; a répondu que la nécessité l'ayant forcé à accepter l'emploi d'interprète parmi les émigrés, il n'avait pas cru se mettre dans le cas de la loi; que d'ailleurs il n'est entré que *forcément* sur le territoire de la République, ayant suivi le régiment auquel il était attaché et *croyait aller à Jersey ou Guernesey.* — A signé : J.-F. BRETON. (C. Quiberon, 15 thermidor.)

De Bray (Henry-Maximilien), âgé de 26 ans, né à Amiens (Somme). Comparaît devant la Commission de Quiberon, le 13 thermidor an III.

Il déclare être *ci-devant bourgeois d'Amiens et fils de négociant.* Il a quitté la France en 1791, pour voyager dans la Belgique et s'y instruire des objets relatifs au commerce :

« Interrogé s'il était en Belgique lors de la déclaration de guerre contre l'Empereur, a répondu affirmativement.

» Interrogé pourquoi il n'est pas rentré, a répondu avoir entendu dire qu'il était trop dangereux d'y rentrer, pouvant passer pour émigré, contre lesquels il savait qu'il y avait des lois.

» Avait-il des passeports pour sortir de France ? A répondu qu'il en avait un pour aller à St-Amand, de là, il fut à Douai et à Bruxelles.

» Pourquoi n'avait-il pas de passeport pour la Belgique, a répondu qu'il ne savait pas qu'il en fallait.

» Interrogé depuis quand il est au service des émigrés, dans quel corps et quelle qualité et quels sont les motifs qui l'ont fait prendre du service avec les rebelles ; a répondu que la *nécessité l'ayant forcé de passer* en Angleterre où il espérait trouver des ressources et trompé dans son attente, il avait *été forcé de prendre du service dans Loyal-Emigrant,* où il sert comme soldat, depuis environ deux ans, et qu'ayant préféré s'enrôler dans un corps français que dans un corps anglais. A ajouté qu'il n'a jamais connu les lois qui rappelaient les Français émigrés. »

Lecture faite, a signé : Henri-Maximilien de Bray. (Quiberon, 15 thermidor.)

Jean Guenvert, fils d'Yves et de Marie Brouter, de Tréguier (Côtes-du-Nord), laboureur, comparaît devant la Commission d'Auray, le 12 thermidor (prés[t] Lalene). Il a quitté la France en 1792 pour se rendre à Jersey ; était du rassemblement de Quiberon. Ne sait pas signer ; fait une croix.

Le lendemain 13 thermidor, la même Commission écrit dans son procès-verbal :

« Nous nous sommes aperçu que dans la clôture de notre procès-verbal *de hier*, nous avons omis le nom de *Jean Guenvert* qui avait prêté son interrogatoire et était convaincu d'avoir fait partie du rassemblement de Quiberon, *avait été condamné à mort*, avons délibéré que son jugement serait exécuté dans les 24 heures et avec celui de ceux que nous interrogeons ce soir. »

Vaudin (François), 43 ans, né en Champagne, « *domestique de Mme de Rohan*, est resté avec elle, par ce qu'elle lui devait de l'argent. »

Cet individu fut condamné à mort, le 15 therm., ce qui fait présumer que les juges acquirent la preuve qu'il cachait son identité. Depuis le 11 thermidor, en effet, l'arrêté du représentant Blad avait ordonné aux Commissions militaires d'accorder le sursis aux domestiques.

Sarret de Crozon (Just), 31 ans 1/2, né à Arbois, (Jura), ci-devant officier de marine.

« A quitté la France en 1792, à *l'instigation de son frère et par une fausse honte, parce que les autres marins émigraient*. A répondu servir depuis 3 mois, dans le régiment d'Hector, en qualité de sous-lieutenant ; *qu'il ne savait pas où il allait*, lors du débarquement. *Il a observé que s'il avait su que c'était pour* faire la guerre contre la France, *il ne se serait pas embarqué*, et qu'étant blessé, il avait demandé sa démission, *pour ne pas continuer la guerre avec la France.* » Signé : J. SARRET. (Quiberon, 12 thermidor.)

Desfontaines (Hilarion), 64 ans, de Longueville, ex-noble. Répond qu'il est émigré depuis 4 ans. *Forcé par un prêtre* qui lui suscita des persécutions ; qu'il est depuis 19 mois dans la compagnie des Vétérans, composée d'invalides et *toujours sur les derrières et ne portant pas les armes*. DESFONTAINES. (15 thermidor, Quiberon.)

De la Roche Villeneuve (François), 32 ans.

A quitté la France en 1788. Lieutenant au régiment de Rohan.

Interrogé quelles étaient ses intentions, en s'armant contre la France. A répondu que *c'était la nécessité et qu'il ne savait pas y venir*.

Il a de plus déclaré qu'à l'attaque du fort, étant de garde à la porte de l'intérieur, il fit prisonnier un officier républicain, auquel, par ses soins, il n'arriva aucun mal.

Il a ajouté qu'ainsi que son frère, il s'était jeté à la nage pour faire cesser le feu des chaloupes canonnières anglaises, et qu'il était revenu prendre son rang, plein de confiance dans la loyauté française. (Quiberon, 14 thermidor.)

Nous ferons remarquer que le fait de s'être jeté à la nage est formellement démenti par la déclaration de son frère La Roche Barnaud (Voir ses mémoires publiés sous la Restauration).

Courchon (François), âgé de 37 ans, de Plouhat (Côtes-du-Nord), ex-noble. A quitté la France en juin 1791, pour passer en Angleterre. Était du rassemblement de Quiberon.

A déclaré *ne savoir signer ; conséquemment a fait une croix*. (15 thermidor à Vannes.)

Ce nom manque au monument de .a Chartreuse.
Porte le n° 231, sur la liste du général Lemoine.

La Gournerie pense qu'il s'agit d'un *de Courson de la Belle-Issue, né en 1753.*

Nous avons des doutes. Ni le nom, ni l'âge ne sont d'accord avec ceux du procès-verbal. Comment expliquer qu'un gentilhomme de 37 ans n'ait pas su signer et n'ait fait qu'une croix? (15 thermidor, Vannes.)

De Thorel (Nicolas), 45 ans, né à Lizieux (Calvados). fourrier au régiment de Rohan; ci-devant lieutenant de vaisseau. A quitté la France en mars 1792 *pour aller prendre les eaux à Spa*, par permission de M. de Marigny et de Lacrosse, le 1ᵉʳ commandant de la marine, et le 2ᵉ major général.

A lui demandé pourquoi, après guérison, il n'est pas rentré en France et comment il s'est trouvé dans un rassemblement d'émigrés armés? A répondu qu'il *n'avait pas pu; que c'était le besoin qui l'avait forcé de prendre parti dans le régiment de Rohan*, en qualité de fourrier; et *que lors de la reprise du fort*, il était garde-magasin. Il a de plus remis au Président ses observations par écrit. (Quiberon, 16 thermidor an III.)

Leclercq (Louis). Le 14 et le 15 thermidor, la Commission militaire, présidée par le commandant Dubois, siégeait à Keraude (St-Pierre, Quiberon). On amène devant elle un prisonnier qui déclare se nommer *Louis Leclercq*, âgé de 28 ans, né à Taintignies, en Tournaisis.

On lui demande ce qu'il faisait avant le mois de juillet 1789: Il répond qu'alors il était sergent dans le *régiment de Chartres, infanterie.*

A quelle époque a-t-il quitté son régiment, et quels motifs l'y ont engagé? Répond: le 16 décembre 1790, pour retourner chez lui avec un congé absolu.

Pourquoi il se trouve dans un rassemblement d'émigrés? Il répond: qu'il servait alors dans un régiment Wallon, mais que l'avancement et une paye plus forte l'avaient engagé à prendre parti dans le régiment *Rohan-Émigré*. Lecture faite, signé : Leclercq.

Le jugement (daté du 15 thermidor) porte qu'il *sera détenu provisoirement jusqu'à ce qu'il ait été pris à son sujet de plus amples informations*.

Le mois suivant, 11 fructidor, le même Louis Leclercq comparaissait, à Auray, devant la Commission militaire (Président Lalene); là, il se dit toujours Louis Leclercq, fils de Maximilien.... et de Marie-Catherine Cramblais, âgé de 28 ans, né à Taintignies, près de Tournai, en Hainaut ; sans profession.

« Il a quitté, dit-il, le territoire français en 1790, étant au service dans le Régiment de Chartres, où il obtint un congé, d'où il se rendit à son domicile ; et reprit du service, y étant contraint par les lois de son pays, dans l'armée impériale, où y ayant servi environ trois ans, et en *déserta*, pour prendre du service dans les troupes soldées d'Angleterre, dans le régiment de Rohan. »

En marge de l'interrogatoire on lit : « N'ayant pu produire aucune preuve de son service en France, *l'avons condamné à mort.* » A signé : Louis Leclercq. (Com. mil. Auray. 11 fructidor an III).

De Folmont (Testat). Antoine, âgé de 46 ans, né à Bagat (Lot), ingénieur.

A quitté la France en 1792. *Nie avoir pris du service chez les ennemis de la France.*

Déclare que lorsqu'il fut pris à Quiberon, il était à la solde de l'Angleterre. Folmont. (Vannes, 15 thermidor).

Wamelle. Les histoires inventées après coup fourmillent dans les interrogatoires. Les émigrés, qui les produisent, essayent d'échapper à la condamnation. Les juges n'en sont pas toujours dupes. Nous citerons l'exemple d'un émigré normand, Wamelle d'Enneval, qui fut fait prisonnier à Quiberon et donna pour excuse qu'il était *marchand de drap et de colonnade* et qu'il n'était passé en Angleterre, puis à Quiberon, que pour continuer son commerce.

Il comparaît, le 10 fructidor an III, devant la Commission militaire de Vannes, présidée par le commandant Legrand.

Il déclare se nommer : « J.-François Wamelle, fils de Marc-Antoine Wamelle Denneval, — né à Vimoutiers (Calvados), âgé de 70 ans passés, domicilié à Liège depuis 1790, où il est *marchand*. Il était en Hollande, lorsque les Français l'envahirent. Craignant pour ses marchandises, il passa en Angleterre avec elles, où il resta 8 mois malade, et trouva beaucoup de pertes dans le débit de ses marchandises. Ayant appris que le colonel d'Hervilly passait à Jersey, il obtint la permission de passer avec lui. Pour obtenir que ses marchandises ne payent aucun droit, il lui donna le titre de surnuméraire à la suite de son régiment. Il fut très trompé, lorsqu'au lieu de débarquer à Jersey, on le conduisit à Quiberon. Il n'a jamais pris les armes, n'a jamais été soldé par aucune puissance ennemie ; n'a jamais porté qu'une canne à la main. Il vint au devant du général Humbert, en lui montrant qu'il ne portait point d'armes et qu'il était hors d'âge de s'en servir. Il eût voulu qu'il se mît derrière les pièces de canon de l'avant-garde et lui dit de se rendre au quartier général. » Signé : WAMELLE-DENNEVAL.

L'accusé se retire et la Commission procède à l'interrogatoire de deux autres prisonniers. Puis on rappelle l'émigré Wamelle.

On lui demande « s'il est originaire Français. — Il répond que son père est Liégeois, et que toute sa famille du côté de son père est de Liège ; — qu'il est sorti de France à l'âge de 18 ans, pour achever ses études à Liège, au sein de sa famille, où il est resté deux ans. Rentré en France en l'année 1746, où il prit du service dans le régiment de la Couronne. Il a quitté le service, il y a à peu près 23 ans ; est resté en France jusqu'en 1788 ; de là, alla à Liège ; y resta 12 mois ; retourna en France, où il resta cinq à six mois, et retourna à Liège en 1790. »

« A lui demandé en quel pays il avait sa maison de commerce, à Liège ou en France, a répondu qu'il était à Liège depuis 1791, où il était associé avec le nommé Kerr; pour faire le commerce des draps, toiles de cotonnades et mouchoirs. » Signé : WAMELLE.

Wamelle fut ajourné, pour plus ample informé. Il comparaissait de nouveau le 25 fructidor an III.

Les juges avaient retrouvé le procès-verbal d'un premier interrogatoire, subi par Wamelle, devant la Commission (président Bouillon), le 15 thermidor. — Dans cet interrogatoire, il n'est pas fait la moindre mention de sa résidence à Liège, ni de sa qualité de commerçant de toiles et cotonnades.

« Jean-François Wamelle, fils de Marc-Antoine… et de Marguerite-Charlotte Malerbe, âgé de 72 ans. né à Vimoutiers (Normandie).

» Interrogé ce qu'il faisait avant la Révolution, a répondu qu'il était retiré du service depuis 30 ans.

» Interrogé à quelle époque il a quitté la France. a répondu en 1790.

» Interrogé s'il a servi chez les puissances ennemies, a répondu non et n'a reçu ni secours, ni solde d'aucun gouvernement des ennemis de la République.

» A Quiberon il s'est rendu sans armes au général Imbert (sic), et a été attaché à la forge. A ajouté qu'il était seul et sans troupe. Signé : WAMELLE-DENNEVAL. »

Au-dessous est écrit : « La Commission a sursis, attendu l'âge, ne connaissant pas assez la loi. » Signé : Président BOUILLON.

La contradiction entre les deux interrogatoires était évidente ; cette fois l'émigré Wamelle fut condamné à mort. (Com. mil. prés¹ Legrand, 25 fructidor, Vannes.)

Cruzel (Pierre Maffré de), 45 ans, natif de Verpeuil (Aveyron).

Bourgeois et ancien garde du corps du roy. A quitté la France en 1791 ; sert dans la compagnie des Vétérans. *Son intention n'a jamais été de prendre les armes contre sa patrie.* S'il est entré dans la compagnie des vétérans, *il croyait ne jamais porter les armes.* (15 thermidor, Quiberon).

En parcourant les procès-verbaux des Commissions militaires, nous voyons que les régiments des émigrés comprenaient dans leurs cadres un nombre assez notable de soldats appartenant à des nationalités étrangères, avec lesquelles nous étions en guerre : Allemands, Autrichiens, Espagnols, Anglais, Suisses. Ceux qui avaient été pris à Quiberon, les armes à la main, passaient en jugement et étaient condamnés, à titre de prisonniers de guerre, à la détention jusqu'à la paix, à moins d'une mise en liberté par voie d'échange.

Plusieurs émigrés eurent recours à ce moyen pour échapper à la mort. L'émigré Le Charron déclara qu'il était Suisse. De Tremeau de Vendôme se fit passer pour Belge et le quartier-maître du Dresnay Legrand excipa de son origine espagnole. On l'a su par des confidences qu'ils ont faites plus tard. Combien d'autres n'ont rien dit ! On le sait mieux par leurs interrogatoires.

Un moyen qui dut être le plus fréquemment employé fut de dissimuler son nom et de déclarer, devant les juges, qu'on était soldat ou marin français, arraché des pontons d'Angleterre et enrôlé de force dans les régiments royalistes. La terre étrangère en avait tant dévoré de ces pauvres prisonniers français qu'on pouvait, avec chance de réussir, emprunter à quelques-uns d'eux leurs aventures et même leurs noms. Nous dirons plus loin à l'aide de quels subterfuges Jacquier (de Noyelle) et son ami D'hillerin de Boistissandeau étaient parvenus à faire croire à la Commission militaire qu'ils étaient des prisonniers français. Nous continuerons notre enquête, en citant d'autres découvertes, que nous avons faites dans le dossier volumineux des Commissions militaires, conservé aux archives de Vannes.

La Gournerie a raconté, d'après Hersart du Buron, l'odyssée d'un certain émigré, nommé Desmier de Chéron. Il s'était dit soldat français, fait prisonnier en Allemagne. Incarcéré d'abord à Hennebont, il avait fini par être évacué sur Vannes. Devant le tribunal militaire, il s'était affublé du nom de : *Philippe Destranches*. Il fut acquitté, mais incorporé dans l'armée républicaine, où il devint caporal. Un jour il déserta et rejoignit les chouans. Au bout de six mois, il fut repris et emprisonné. Grâce à des protections, il put être libéré. Nous ne voudrions pas nous porter garant de la véracité de toutes les anecdotes romanesques, que ce Desmier de Chéron a confiées par écrit à Hersart du Buron. On en lira de longs extraits dans l'ouvrage de La Gournerie. Contentons-nous de donner ici l'interrogatoire authentique, jusqu'ici inédit, copié sur le cahier même de la Commission militaire, siégeant à Vannes, sous la présidence du chef de bataillon Legrand :

« Vannes, le 4 vendémiaire, an IV.

» A comparu *Philippe Destranches*, âgé de 19 ans, fils de Destranches et de Anne Marie..... natif de Fayaux, canton d'Angoulême (Hte-Charente), laboureur, avant la révolution.

Interrogé en quel temps il a quitté sa commune.

A répondu : au mois d'octobre 1792, époque à laquelle il s'enrôla dans le 1ᵉʳ bataillon des chasseurs belges, qui était campé devant Maubeuge.

Interrogé comment il se trouve parmi les prisonniers faits à Quiberon ? Répond : qu'il fut fait prisonnier par les Autrichiens, en juillet 1793, à une affaire qui eut lieu dans les environs de Courtrai, et fut conduit de suite dans les prisons de Nargues (*sic*) et autres différentes prisons, où il est resté un an. Au bout de ce temps, il fut contraint par la misère de prendre parti dans le régiment de Viomais (*sic*), où il resta un mois. Au bout de ce temps, il déserta et se mit dans le régiment de Périgord, où il a servi jusqu'à la prise de Quiberon, en qualité de fusilier. »

Lecture à lui faite a signé : Philippe DETRANCHE.

Le prétendu Destranches fut acquitté et incorporé dans un bataillon formé des restes du régiment de Béarn. — A ce prix il avait évité la mort. — Il devait reparaître plus tard sous son vrai nom : **Desmier de Cheron** et faire parade de ses avatars.

De la Bassetière. Le 17 fructidor an III, la 2ᵉ Commission de Vannes, présidée par le chef de bataillon Honoré, avait à juger un assez grand nombre de prisonniers français.

Un individu comparut sous le nom de François Basquière. Voici son interrogatoire :

« A déclaré qu'il était bâtard et qu'il ignorait le lieu de sa naissance. Il ne sait pas s'il est Français. Autant qu'il peut se souvenir, quitta Arras à 12 ans et s'en fut en chercher sa subsistance.

Il a 30 ans. Il y a 12 ans ... domestique d'un marchand de charbon à Doue, en Brabant. Au mois de juin dernier, il fut à Mons y vendre du charbon, trouva là trois recruteurs des émigrés qui le subtilisèrent et l'engagèrent dans la Châtre. Ils l'emmenèrent à Stade. »

« A l'instant où l'on allait fermer la séance et faire conduire le dénommé en prison, il a déclaré qu'il se nommait Louis-François Berto, âgé de 30 ans, natif des Sables-d'Olonne. Sa profession ? — N'en avait pas ; vivait de son revenu. A dit qu'il était ci-devant noble ; — qu'il s'embarqua aux Sables pour l'Angleterre avec une grande quantité de prêtres et deux nobles, il y a un an. »

Lecture faite, a signé : BASTIERE BERTO.

Le sujet de cet étrange interrogatoire fut condamné à mort le même jour, 17 fructidor an III.

C'était un **Morisson de la Bassetière**, émigré, né le 30 novembre 1770, au château de la Bassetière, près les Sables-d'Olonne, ancien page de Monsieur, volontaire dans *Loyal-Emigrant*. — Son frère Calixte M. de la Bassetière, avait été condamné à mort et fusillé à Auray, le mois précédent (11 thermidor), sous le nom de **Charles Morisson**, chasseur noble dans le régiment de Damas.

En lisant cette page de l'interrogatoire qui précède on se demande si cet individu, qui signe *Bastière Berto*, n'est pas un aliéné ou un simulateur.

De La Ferté. Pour se soustraire aux rigueurs de la loi, plusieurs émigrés, nous l'avons dit, firent des déclarations mensongères et déguisèrent leur vrai nom. Voici un exemple que nous tirons des procès-verbaux d'interrogatoires subis devant la Commission militaire d'Auray (président Duilhe).

Le 14 thermidor, comparaissait devant cette Commission, un prisonnier qui déclarait se nommer Antoine **Manne**, fils de François... et d'Elisabeth Dailbon, natif de Québec (Canada), âgé de 34 ans.

Aux questions qui lui sont posées, il répond : « qu'il est passé en France en 1775, a séjourné environ un an, est repassé au mois de décembre 1776, et était employé à l'armée des émigrés en qualité de préposé aux subsistances militaires ; il s'est trouvé au rassemblement de Quiberon, comme agent de lord Moira. » A signé : ANTHONY MANE.

Le tribunal n'étant pas suffisamment informé, avait ajourné le jugement et l'accusé avait repris le chemin de la prison.

Le mois suivant, 18 fructidor, l'inculpé comparait devant la Commission d'Auray présidée par le commandant Lalene. Il répète à peu près les déclarations précédentes. Il signe : ANTHOINE MAN. — En marge : retenu pour plus ample information.

Deux mois et demi après, le prétendu *Manne* était transféré dans les prisons de Vannes. (Reg. d'écrouprison, 28 vendémiaire an IV.)

Il comparait le 29 vendémiaire an IV, devant la Commission militaire de Vannes, président Legrand. Il décline ses nom et prénoms comme précédemment... *Antoine Manne....*, de Québec (Canada), appartenant à l'Angleterre.

Le président lui demande « quelle était sa vocation dans ce pays ? » Il répond « qu'il était cultivateur. »

Comment se trouve-t-il parmi les prisonniers de Quiberon ? — Il répond : « Qu'il partit du Canada au mois d'août 1794, vieux style, et arriva en Angleterre au mois de décembre de la même année, par la sollicitation d'un ami qui lui promettait une fortune sous peu ; mais arrivé en Angleterre, son ami, nommé Robinson, capitaine de vaisseau, était mort et l'avait recommandé à un seigneur anglais. C'était ce Robinson qui l'avait engagé depuis plusieurs années à venir en Angleterre.

» Interrogé ce qu'il fit en Angleterre ? — Répond qu'il fut un mois sans rien faire. Au bout de ce temps il obtint une place de préposé aux vivres par la sollicitation du général Moira.

» Interrogé s'il savait sa destination, en partant

d'Angleterre ? — Répond qu'on lui faisait entendre qu'il allait en garnison à Jersey.

« A lui demandé s'il n'est jamais venu en France ? Répond que: oui; qu'il y est venu en 1775, où il resta un an, tant à Dijon qu'à Paris. Au bout de ce temps fut à Calais, où il s'embarqua pour l'Angleterre, étant accompagné de son ami Robinson. »

Lecture à lui faite, a déclaré savoir signer : Antoine MANNE.

Si les juges avaient pris à la lettre les déclarations du prévenu, ils n'auraient pu faire autrement que de le traiter comme un belligérant, de nationalité étrangère, en le condamnant à la détention jusqu'à la paix.

Malheureusement pour lui, il avait été reconnu par des co-prisonniers et dénoncé comme étant un La Ferté, émigré, sous-lieutenant de grenadiers du régiment d'Hector et chevalier de Saint-Louis.

Les citoyens Nicolas Martin et Jean Long vinrent répéter leurs dénonciations à l'audience, et confrontés avec lui, ils affirmèrent qu'ils le reconnaissaient parfaitement.

Interpellé par le président, le prévenu répond que ces deux témoins « se trompent et qu'il ne les connaît pas. » — Est-il vrai qu'il portait la croix ? Il répond que non. — Sommés, au nom de la loi, de dire si le vrai nom du prévenu était Manne, les déposants répètent, en sa présence, que son vrai nom est La Ferté et qu'ils l'ont connu officier dans le régiment d'Hector.

Cette confrontation porte la conviction dans l'esprit du tribunal, qui rend le jugement suivant:

« Vu l'interrogatoire subi par le dit Antoine Manne devant notre Commission en date du 29, le déclarons convaincu de fausse déposition, et, après être convaincu de son émigration, d'avoir porté les armes contre la la République.

» Et en vertu de la loi du 25 brumaire an III, le condamnons à la peine de mort...... » 29 vendémiaire an IV.

Sur le registre d'écrou de la prison, on lit en marge : *fusillé le 29 vendémiaire an IV.*

La Gournerie, qui ne connaissait pas ces détails, marque sur sa liste, le chevalier de **La Ferté-Meun** comme tué au combat du 16. (Juillet. — 28 messidor).

Rien n'est curieux comme l'examen de ses signatures, sur les pièces mêmes.

Au bas du procès-verbal de la Commission militaire d'Auray (14 thermidor), L'inculpé signe :

Anthony Mane.

Au bas du procès-verbal du 18 fructidor, Auray, il signe : Anthoine Man.

Au bas du procès-verbal de la Commission de Vannes (29 vendémiaire), l'inculpé, ne se rappelant sans doute plus l'orthographe de sa première signature, 2 mois 1/2 avant, signe : Antoine Manne.

Qu'a-t-on besoin d'autre preuve pour établir que le prétendu Manne, de Québec, a voulu cacher son identité, en donnant un faux nom et que les déclarations des témoins, sous serment, qui sont faites à l'audience sont vraies ?

Un fait à peu près analogue s'était passé, le mois précédent, devant la Commission militaire de Vannes, présidée par le commandant Honoré, — le 15 fructidor an III.

La Commission avait déjà interrogé une trentaine d'individus, qui devaient être acquittés en qualité de prisonniers français, enrôlés de force en Angleterre dans l'armée des émigrés, lorsqu'on introduisit dans la salle d'audience un particulier qui déclara se nommer **Mathurin Besan**, fils de Julien et de Françoise Picard, âgé de 26 ans, natif de Fougeret, près Savenay.

Aux questions du président, il répond « qu'il était marin ; qu'il s'était embarqué en 1793 sur un corsaire, à Paimbœuf, et fut pris par une frégate anglaise. Ils l'amenèrent à Portsmouth où il a été détenu dix-huit mois dans les prisons; après ce temps, il en fut arraché par la violence et forcé à s'enrôler dans le régiment d'Hector, où il servait en qualité de fusilier. » — Lecture à lui faite. A signé : Maturin Besan.

Le procès-verbal continue :

« A l'instant où l'on allait fermer la séance, il nous a été dénoncé par un soldat de la 8ᵉ compagnie du 10ᵐᵉ bataillon du Var, Auguste Allau, que le nommé Mathurin Besan, qui vient de passer à l'interrogatoire (se disant avoir servi dans le régiment d'Hector) était officier et non soldat. En conséquence nous avons fait rappeler le nommé Mathurin Besan et lui avons fait subir un nouvel examen.

» A lui demandé s'il s'appelait bien Mathurin Besan, a répondu que non, et que son nom est *Fidel Lechauff*, ci-devant élève de la marine et ex-noble; qu'il partit en 1791, au mois de juin, pour aller prendre les eaux à Spa.

» A lui demandé pourquoi il s'était ménommé (*sic*) et pourquoi il n'est pas resté en France aux termes de la loi: a répondu qu'il cherchait par ce moyen à se soustraire aux lois relatives aux émigrés, et qu'il lui a été impossible de rentrer en France.

» A la demande s'il était réellement officier, a répondu qu'il était sous-lieutenant. A déclaré être né à Pipriac, près Redon. » A signé : Fidel Lechauff. (Comm. milit. de Vannes, 15 fructidor an III.)

Lechauff fut condamné à mort « convaincu d'émigration et d'avoir porté les armes contre la République française en faisant partie des émigrés, pris les armes à la main dans la presqu'île de Quiberon. » (Comm. milit. Vannes, 17 fructidor.)

La Gournerie, dans son tableau des victimes de Quiberon, fait suivre le nom de Lechauff de la note suivante :

« Lechauff de Lehellec (Fidèle-Hyacinthe-Julien), lieutenant de vaisseau, sous-lieutenant dans *Hector*, né à Messac (Ille-et-Vilaine), le 26 décembre 1765, émigré. »

Pallet d'Antraize (J.-B.-F.-F.), chasseur noble dans la légion de Damas ; ne fut pas plus heureux. Dans un premier interrogatoire (13 thermidor), devant la première commission, il avait accusé 25 ans (ce qui était son âge), il n'avait nullement parlé qu'il fût prisonnier français. A l'audience du 27 fructidor, il n'a plus que 20 ans et il raconte qu'il était soldat dans le 2e bataillon de la Charente-Inférieure et que les Autrichiens l'ont fait prisonnier. Les juges lui font remarquer qu'il n'en a pas dit mot dans son interrogatoire du 13 thermidor qu'on lui représente et qu'il a signé ; le mensonge est flagrant.

Quant à son ami l'émigré **Du Buat**, volontaire dans le régiment de Périgord, après avoir déclaré spontanément, dans un premier interrogatoire du 13 thermidor, qu'il était *noble* et émigré en 1791, il se rétracte à l'audience du 27 fructidor et affirme qu'il n'est pas noble, mais soldat du 7e régiment, fait prisonnier par l'ennemi et obligé de force à signer un engagement dans la légion de Périgord.

La Commission, édifiée sur la valeur des explications de Pallet d'Antraize et de Du Buat, les condamna à mort. (Commis. milit. Vannes, les 27 et 28 thermidor.)

De Paty (André-Raimond), 28 ans ; né à .... (Gironde) ci-devant officier de marine.

A quitté la France en 1790. Une affaire malheureuse l'obligea de quitter Bordeaux, d'où il alla à Paris. Manquant de moyens, il s'adressa à son oncle, qui l'envoya, à Rotterdam, vendre du vin. De là il fut à Hambourg, pour y commercer et dans plusieurs villes du pays. Ensuite il s'est établi à La Haye, d'où il est passé en Angleterre, pour ses affaires; qu'ayant essuyé une banqueroute à Londres, où il travailla quelque temps, manquant d'ouvrage, on lui proposa une place dans le dépôt du régiment d'Hector, comme volontaire.

Il a observé qu'il voulut quitter, lors de l'embarquement, ce qui lui fut refusé. On lui disait que c'était pour aller à Jersey, où on lui promit la liberté. Il est enfin débarqué à Quiberon, où il a été fait sous-lieutenant dans son corps.

Il ne se regardait pas comme émigré, étant parti pour commercer.

A lui demandé s'il avait des passe-ports qui lui permettaient d'aller dans les pays étrangers. A répondu : qu'il en avait, mais qu'ils étaient perdus.

Pourquoi a-t-il accepté un grade dans l'armée des émigrés? A répondu : parce qu'on le lui avait offert et qu'il n'avait pu le refuser; que d'ailleurs il ne l'avait pas demandé.

Lecture faite du présent interrogatoire, y a persisté, et *n'a pas signé, étant blessé des deux mains*. (Comm. Quiberon, 12 thermidor.)

De Rouault. Parmi les prisonniers capturés à Quiberon, se trouvait le comte de **Rouault de Gamaches**, colonel en second du régiment de Damas, division de Sombreuil.

Lorsqu'il comparut, le 15 thermidor, devant la Commission militaire siégeant à Quiberon, non-seulement il prit le faux nom de *Genhaut*, mais encore il se dit de nationalité étrangère. Il espérait, par ce moyen, échapper à la condamnation et être traité en qualité de prisonnier de guerre.

La Gournerie fait remarquer qu'aucune liste authentique ne porte le nom de Rouault, et que la condamnation à mort d'un nommé Charles Genhaut, né en

Suisse, colonel en second de Damas, ne peut s'appliquer qu'au comte de Rouault.

Si l'auteur avait connu le texte même de l'interrogatoire devant la Commission militaire, son doute se serait changé en certitude. L'accusé a, en effet, répondu d'abord qu'il s'appelait Charles Genhaut et qu'il était né en Suisse ; mais, se voyant découvert, il a signé son interrogatoire : *Charles Rouault*. (Voir le cahier des interrogatoires. Comm. mil. de Quiberon, 15 thermidor.)

« A comparu le nommé Charles Genhault, âgé de 36 ans, né à Riom, en Suisse.

» A lui demandé s'il avait habité la France et s'il l'avait servie, a répondu : qu'à l'époque de la Révolution, il était major en second dans les chasseurs de Lorraine ; que son grade ayant été supprimé, il a préféré retourner en Angleterre, où il s'est marié et où il a obtenu la place de colonel en second du régiment de Damas.

» Lecture à lui faite de sa déposition, a déclaré y persister et a signé : CHARLES ROUAULT. »

Le comte de Rouault n'en fut pas moins condamné à mort sous le nom de Charles Genhaut. C'est sous ce nom qu'il figure sur la liste du général Lemoine, n° 549.

Chasle de Latouche nous dit que le comte de Rouault fut reconnu et dénoncé par un volontaire du bataillon d'Arras.

La Gournerie en accuse « des déserteurs qui signalèrent son rang et son grade ».

De Jouenne. Lorsque le gouvernement anglais eut décidé qu'une expédition aurait lieu sur la côte de France, il fut décidé en même temps qu'on enrôlerait des prisonniers de guerre français ; à elle seule, la ville de Porchester n'en contenait pas moins de 8000 ; des émigrés se chargèrent du recrutement en allant dans les prisons solliciter les détenus par l'appât de la liberté et des distributions d'argent.

Un de ces recruteurs fut Jean-François **De Jouenne**, sergent de grenadiers dans le régiment d'Hector, lors de la descente de Quiberon.

Fait prisonnier, le 3 thermidor, il comparut devant la première Commission militaire de Quiberon, le 18 du même mois. Il essaya d'échapper à la condamnation en se donnant comme simple marin, fait prisonnier sur un vaisseau de la République, que la misère avait forcé de s'engager dans l'armée anglo-émigrée.

Malheureusement pour lui des prisonniers français le reconnurent à l'audience et le dénoncèrent comme un chef, royaliste forcené, qui avait abusé de son autorité pour vexer et punir ses inférieurs.

A la séance du lendemain, on lui donne lecture des dépositions de quatre témoins. Il finit par avouer qu'il a effectivement été faire des recrues dans les prisons, mais qu'il y était forcé par ses supérieurs et il confesse qu'il a donné de l'argent ; il n'a infligé des punitions que pour éviter d'être puni lui-même.

Quant aux marques de royalisme, il n'en a pas donné plus que d'autres. Étant de garde au fort Penthièvre il a, en fermant les yeux, favorisé des désertions et s'il n'a pas déserté lui-même c'est que l'occasion lui a manqué.

Lorsqu'on le prie de signer son interrogatoire, il déclare *qu'il ne sait pas écrire* et se contente de faire une croix.

Rien n'est triste comme l'attitude de cet émigré qui se débat au milieu de charges qui l'accablent et, manquant de courage pour avouer la vérité, a recours à de misérables explications dans le but de tromper ses juges.

Si La Gournerie ne nous l'avait pas attesté dans une note biographique, nous n'aurions jamais eu l'idée que le condamné à mort du 19 thermidor fût le gentilhomme Jean-François *de Jouenne*, officier de marine, fils de Jean-René de Jouenne, seigneur d'Esgrigny, capitaine de cavalerie, et d'Anne-Marie Le Febvre, parent de l'abbé d'Esgrigny, agent de Louis XVIII près de Puisaye.

Son interrogatoire contenant des détails curieux, nous le donnons en entier malgré sa longueur, copié sur la minute même.

« Le 18 thermidor, a comparu par devant la Commission militaire, Jean François Jouenne, âgé de 34 ans, né à Sottevast, district de Valogne (Manche); embarqué sur le vaisseau l'*Achille* et sergent de grenadiers d'Hector.

Interrogé depuis quand et comment il se trouve parmi les émigrés ?

A répondu depuis environ 9 mois ; qu'étant malade à l'hôpital de..... et prisonnier de guerre en Angleterre, la misère et la faim l'obligèrent d'accepter les propositions d'un recruteur des émigrés, comme bien d'autres prisonniers ont été obligés de le faire.

Interrogé à quelle affaire il fut fait prisonnier ?

A répondu avoir été fait prisonnier sur le vaisseau de la république l'*Achille*, dans le combat naval du 13 prairial, dans lequel il a été blessé.

Interrogé combien de temps il fut prisonnier en Angleterre? — A répondu être resté prisonnier environ 5 à 6 mois.

Interrogé s'il avait été sollicité antérieurement par les émigrés, lorsqu'il était prisonnier.

A répondu qu'il l'avait été plusieurs fois ; qu'on lui avait même offert 5 guinées ; même que n'étant pas encore réduit à la misère, il n'avait pas accepté.

A lui demandé quel grade il avait dans les émigrés ?

A répondu qu'il fut 7 mois sans en occuper, sa conduite paraissant suspecte aux émigrés ; qu'ensuite on le fit entrer aux grenadiers, où il fut nommé caporal, peu de temps après, et ensuite sergent à Quiberon.

A lui observé que s'il avait été suspect aux émigrés, ils ne l'auraient pas nommé caporal.

A répondu qu'il avait bien été obligé de paraître faire son devoir, pour éviter les châtiments.

Interrogé pourquoi, au lieu de consoler ses camarades d'esclavage, il se servait de son autorité de caporal pour les chagriner et les dénoncer aux officiers supérieurs.

A répondu qu'il n'avait jamais dénoncé personne, pas même ceux qui lui avaient dit être dans l'intention de déserter; que même au fort Penthièvre, un prisonnier lui témoigna l'intention de rejoindre son régiment et déposa son fusil et sa giberne; que là dessus le comparant a été causer avec la sentinelle pour faciliter à cet homme les moyens de déserter; qu'il ne l'a plus revu depuis.

Interrogé pourquoi il n'avait pas profité lui-même de l'occasion de déserter?

A répondu qu'il n'était point aux avant-postes: qu'il était de garde au fort Penthièvre.

Lecture à lui faite de cet interrogatoire et de ses réponses, il y a persisté et *a déclaré ne savoir écrire.*

A comparu le citoyen Pierre Martin, 22 ans, né à Blayes, de Bourg (Gironde), matelot pris à bord de la *Pommone* et ensuite grenadier au régiment d'Hector, émigré.

Lequel, après avoir prêté serment, a déclaré qu'étant consigné au gaillard d'avant de la frégate la *Pommone* par son sergent-major, le nommé Jouenne, caporal, vint, par ordre, le déconsigner. Le déposant dit à ce nommé Jouenne qu'il espérait ne plus souffrir longtemps de pareils traitements; que débarqué et, en présence des républicains, si les deux compagnies de grenadiers étaient de son avis, ils exécuteraient le complot de passer du côté des troupes françaises ; que le lendemain il fut appelé par son capitaine, lequel lui reprocha vivement ces propos; que le comparant, niant les avoir tenus, et demandant d'être confronté avec le témoin, le capitaine fit appeler le dit Jouenne, lequel soutint que le déclarant avait dit qu'il était dans l'intention de déserter et que les deux compagnies de grenadiers en avaient formé le complot avec lui.

D'après quoi, le déclarant, pour punition, fut dépouillé de ses habits d'ordonnance, en place desquels on lui donna de mauvais vêtements ; qu'il resta même trois jours à bord après le débarquement de son corps, ce qui lui faisait craindre qu'il ne fut condamné aux mines, comme beaucoup d'autres dont le crime était d'avoir tenu des propos semblables aux siens ; et il obtint du général anglais de descendre à terre.

Il a de plus ajouté qu'il est à sa connaissance que le dit Jouenne a été employé, pendant environ six semaines, comme recruteur des émigrés à Porchester et qu'à son retour, il fut nommé caporal de grenadiers, et qu'en outre il lui a entendu dire, plusieurs fois, qu'il était plus glorieux de combattre pour son Dieu et pour son roy que pour la République.

C'est ce qu'il a déclaré et signé : MARTIN.

A comparu Louis Aury, natif de Melun, en Brie, âgé de 23 ans, ci-devant soldat au 31ᵉ d'infanterie et fait prisonnier par les Anglais à S........, et ensuite grenadier dans le régiment d'Hector.

Lequel a déclaré que, lorsqu'on dégradait le citoyen Pierre Martin, pour avoir dit au citoyen Jouenne, caporal, qu'il déserterait, ayant élevé la voix pour le défendre, le capitaine lui ordonna de se taire, en lui disant que le caporal Jouenne était croyable ; que Pierre Martin ayant dit à Jouenne : Tu es un malheureux, tu veux me perdre ; — Jouenne répondit : Tu as beau faire ce que tu voudras, quand ce serait mon père, je ne lui pardonnerais pas.

Qu'il est à sa connaissance que le dit Jouenne a recruté pendant six semaines à Porchester et qu'à son retour, ramenant quelques recrues, il fut fait caporal.

Qu'en outre, il lui a entendu dire plusieurs fois qu'on ne pouvait avoir de plus belle cause que celle de son Dieu et de son roy. Et a signé : Aury.

A comparu Augustin Lasire, 24 ans, natif de Jumièques, district de Rouen ; lequel, après serment, a déclaré que lorsque le citoyen Martin fut cassé des grenadiers, le dit Martin dit au citoyen Jouenne : Comment, Jouenne, je n'aurais jamais cru que tu aurais voulu faire une pareille chose de me perdre. — Sur quoi, le dit Jouenne lui répondit : Tais-toi, je n'ai pas voulu tout dire, et quand ce serait mon père, je ne lui pardonnerais pas.

Qu'il est à sa connaissance que Jouenne a été recruteur des émigrés à Porchester, où les prisonniers français étaient au nombre d'environ 8000 ; qu'il en a amené des recrues et à son retour fut nommé caporal.

Atteste qu'il a entendu Jouenne, plus de vingt fois, dire que rien n'était plus beau que de se battre pour son Dieu et pour son roy.   Augustin Lasire.

A comparu ensuite Jacques Périon, âgé de 30 ans, natif de Guerande ; déclare qu'étant prisonnier à Porchester, où il était dans la misère, le nommé Jouenne, qu'il avait connu sur le vaisseau l'*Achille*, où ils avaient été pris ensemble, vint par de beaux propos, le solliciter de sortir de prison, pour entrer dans Hector et lui promit trois guinées, dont il lui en donna une, au sortir de prison ; que le dit Jouenne le fit conduire avec trois recrues au régiment qui était alors à Limoneston (?). Ne sait signer :

+ Marque attestée par deux témoins.

Le lendemain, 19 thermidor, l'inculpé Jouenne comparaissait de nouveau devant la Commission militaire.

Interrogé où il a été en recrue pour les émigrés

et combien de temps il a exercé les fonctions de recruteur,

A répondu avoir été envoyé à Porchester, pour recruter dans les prisons ; — qu'il a été obligé de le faire, parce qu'il était commandé ; — qu'il engageait ceux qui, par misère, se sont adressés à lui et qu'il a rempli cette fonction pendant un mois ou deux.

Interrogé s'il n'est pas vrai qu'il a employé de beaux propos pour engager Jacques Périon et s'il lui a promis trois guinées,

A répondu que Jacques Périon s'est adressé à lui en lui disant qu'il mourait de faim ; — qu'après avoir tenu plusieurs propos ensemble, lui Jouenne lui dit qu'il avait du pain au régiment et 12 sols par jour ; qu'il est vrai qu'il lui a donné une guinée, en lui disant qu'on en promettait trois, en arrivant au régiment, mais qu'il ne les avait pas encore reçues lui-même.

Interrogé s'il est vrai qu'il avait dit plusieurs fois à plusieurs personnes : qu'il était beau de combattre pour son Dieu et pour son roy,

A répondu qu'il est possible qu'il aurait tenu quelques propos semblables devant les royalistes, ce à quoi il était forcé comme tout le monde.

Lecture lui a été faite des dépositions de Pierre Martin, Louis Aury, Augustin Lasire et de Jacques Périon ; il a été interpellé d'y répondre.

A répondu qu'il n'est point la cause de la punition de Pierre Martin ; qu'étant blâmé lui-même pour ne pas avoir rapporté le discours de Martin, il a dit effectivement que, pour s'éviter à soi-même du désagrément, il ne le pardonnerait pas à son père.

Que quant à l'accusation d'avoir été recruteur, il était sous les ordres d'un officier qui l'observait partout ainsi que d'autres personnes qui écoutaient le discours qu'il tenait avec les prisonniers ; qu'ainsi il était obligé d'obéir et faire son devoir.

Que quant aux propos royalistes qu'on l'accuse d'avoir tenus, s'il était vrai qu'il les eût exprimés et qu'il fût punissable pour ce sujet, tous les autres prisonniers français, au service des émigrés, ne seraient pas plus excusables, puisqu'ils étaient obligés, dans plusieurs cérémonies, de crier : Vive le roy ! et que celui qu'on aurait observé ne pas le faire, aurait été puni.

A lui observé que les quatre témoins ici présents affirment qu'il n'y avait point d'ordre pour crier : Vive le roy ! ou tenir des propos royalistes et que, dans les deux compagnies de grenadiers, il n'y avait que deux ou trois individus bretons de nation, qui donnaient ces marques de royalisme.

A répondu que cela ne le regardait pas, et qu'il n'avait pas donné, plus que d'autres, des marques de royalisme.

Lecture faite du présent interrogatoire et de ses réponses, il a persisté et n'a signé pour ne le savoir, mais il a fait sa marque ordinaire, en présence de deux témoins qui ont signé.

+ Marque du dit François Jouenne. — Chaumond, témoin de ladite marque. — V.-A. Treman, adjudant-major, témoigne.

Les citoyens Pierre Martin, Louis Aury, Auguste Lasire et Jacques Périon, qui ont déposé à charge de François Jouenne, lui ont été confrontés et ont affirmé le reconnaître et ont signé, excepté Jacques Périon, qui a déclaré ne le savoir :

Pierre Martin ; Louis Aury ; Auguste Lasire ;
+ Jacques Périon.

(Première Commis. Quiberon, 18 et 19 thermidor.)

L'émigré De Jouenne fut condamné à mort, comme émigré recruteur ayant porté les armes contre la France. »

P. Bans. Au nombre des prisonniers qui comparurent le 20 fructidor devant la Commission de Vannes (président Legrand), se trouve un individu qui déclare se nommer Pierre **Bans**, âgé de 50 ans, de Perpignan, profession : boucher.

Il a, dit-il, quitté la France en 1787, pour se soustraire à une prise de corps, pour cause d'une dette de 2.400 francs. Il est passé en Espagne, de là en Angleterre, puis en Hanovre. Il s'est engagé à Stad, dans le régiment de la Châtre. Il signe son interrogatoire : BANS.

La Commission le condamne à mort, comme émigré, pris à Quiberon, les armes à la main. (Vannes, 20 fructidor an III.)

De Lage de Volude. Les racontars trouvent une grande place dans la vie des sociétés humaines. Leur introduction dans l'histoire écrite est un outrage à la vérité. L'érudition a au moins le mérite de découvrir et d'arracher ces plantes parasites.

Faisons donc voir, par un exemple, comment naissent ces vains récits, qui ne reposent souvent sur rien, et comment ils évoluent et grossissent, en passant de bouche en bouche ou d'un livre à l'autre, au point de devenir de pures légendes.

Au nombre des émigrés capturés à Quiberon, se trouvait un ex-lieutenant de vaisseau, nommé Henri **De Lage de Volude**. Il était né dans les Côtes-du-Nord, près Lannion. Au dire de La Gournerie, il avait été blessé à l'affaire du 16 juillet.

En parlant de lui, un anecdotier anonyme de la Restauration, qui a signé sa brochure V... L.. s'exprime ainsi :

« Le jeune et intrépide De Lage, qui aurait pu profiter du sursis, répondit à ceux qui lui demandaient pourquoi il ne l'avait pas sollicité : J'ai préféré la mort à un mensonge ». (Quiberon, 1829, page 72. Vannes).

Le père Martin, jésuite, spécifie :

« Le jeune De Lage était pressé de cacher son âge pour profiter du sursis, accordé par Blad à ceux qui avaient émigré avant 15 ans. — La vie vaut-elle la vérité ? demande-t-il à son écuyer. — Non, non, répond celui-ci. Il vaut mieux mourir que de vivre par un mensonge. — Et il préféra la mort. » (Pèlerinage de Sainte-Anne d'Auray, p. 241. Vannes 1875).

Deux ans plus tôt (1873), La Gournerie avait donné une autre version :

« De Lage de Volude, ayant demandé à son oncle, le marquis de Kergariou, si un léger mensonge pouvait entrer en compensation avec la vie : *potuis mori quam jodari*, avait répondu le vieux breton. Et De Lage marcha au supplice. »

Survient l'abbé Le Garrec, en 1895. Sous sa plume le récit primitif prend corps et va crescendo. L'écuyer du père Martin est toujours remplacé par l'oncle Kergariou :

« Lage de Volude, brillant officier, chéri de ses camarades, paraissait tout jeune. Ses amis lui conseillaient de se donner deux années de moins que son âge. Il consulta son oncle, l'austère Kergariou, et lui demanda si la vie était d'un prix égal à la vérité. Son oncle lui répondit : — Mieux vaut mourir que de l'acheter par un mensonge. Cette réponse, qui équivalait à un arrêt de mort, honore également celui qui la faisait et celui qui fut capable de la comprendre ». (Le Garrec, p. 330.)

Nous ferons remarquer que ces camarades qui, au dire de l'abbé Le Garrec, conseillaient à l'émigré De Lage « de se donner deux ans de moins », n'avaient rien compris à l'arrêté du représentant Blad, signé la veille (11 thermidor). Le sursis n'était accordé qu'aux jeunes gens, qui avaient émigré avant l'âge de 16 ans. Or, De Lage était âgé de plus de 28 ans (étant né en 1767). Il avait émigré en 1790, à l'âge par conséquent de 23 ans. Il lui aurait donc fallu se rajeunir de 9 ans, pour bénéficier de l'arrêté de sursis.

D'autre part, le *marquis* de Kergariou, le prétendu oncle de De Lage, était mort depuis un mois, tué dans l'affaire du 16 juillet.

Dira-t-on qu'il s'agit du *comte* de Kergariou-Lomaria, qui fut fait prisonnier à Quiberon ? Pour que De Lage fût à même de lui demander conseil, il eût fallu qu'ils fussent renfermés ensemble. Or, depuis plus de 8 jours, c'est-à-dire depuis la défaite du 3 thermidor, ils étaient séparés. De Lage était resté détenu à Quiberon ; et Kergariou-Lomaria avait été le jour même évacué sur Auray, puis, à partir du 11 thermidor, sur Vannes, où il fut condamné à mort.

Henri De Lage a comparu, le 12 thermidor, devant la Commission militaire de Quiberon (siégeant dans une salle du presbytère), et a été fusillé à Quiberon même, ce qui n'a pas empêché Nettement d'écrire que *l'oncle et le neveu marchèrent ensemble au supplice.*

Son interrogatoire est instructif, nous le donnerons in extenso, copié sur la minute même du procès-verbal.

Commission de Quiberon, 12 thermidor.

« A comparu Henry Delage, âgé de 28 ans, natif de Lannion, district id., département des Côtes-du-Nord. Ex-noble, et ci-devant lieutenant de vaisseau.

A lui demandé depuis quand il a quitté la France ?

A répondu qu'étant lieutenant de vaisseau et ayant voyagé pendant 4 ans, sa santé l'obligea de revenir en France, au commencement de la Révolution ; qu'en 1790, vers le mois de septembre, les médecins lui conseillèrent de voyager pour le rétablissement de sa santé. Il se rendit en conséquence à Naples et parcourut plusieurs États d'Italie.

Il quitta l'Italie en 1792 et vint à Aix-la-Chapelle,

où il reçut une lettre de son père, qui l'engageait à revenir en France; et qu'il lui répondit que se donnant à ses plaisirs il ne se souciait pas de retourner; qu'ayant reçu une seconde lettre de son père au mois d'août 1792, par laquelle il le rappelait de nouveau, mais connaissant alors les lois contre les émigrés, dans la classe desquels il craignait d'être compris, il se décida à rester et envoya des lettres de médecin pour faire valoir auprès de la municipalité le motif de son absence ; que, sollicité d'aller à Coblentz et de prendre service, *il s'y est refusé*; qu'en septembre 1793, ayant épuisé ses ressources et sachant que les émigrés obtenaient des secours en Angleterre, il y passa, et prit le nom d'émigré pour obtenir ce secours. Au bout de quelques mois, le gouvernement britannique déclara que les jeunes gens seraient obligés de servir ; qu'il refusa d'entrer dans les différents corps qu'on formait pour marcher contre la France ; qu'on forma les volontaires de Jersey, destinés à défendre cette île ; que croyant que ce poste ne lui *donnerait pas l'occasion de combattre contre ses concitoyens*, il avait accepté d'entrer dans ce corps. Qu'au mois d'août 1794, ce corps prit le nom de régiment de Dresnay, où il fut nommé sous-lieutenant; qu'il était en Angleterre, malade, au moment du projet de la descente en France, qu'il ignorait; *qu'il fut forcé de s'embarquer* ainsi que tous les autres malades auxquels on disait aller à Jersey. *Il refusait de s'embarquer* et même demandait sa démission; mais *un officier supérieur le força d'autorité*. Enfin il est débarqué avec ce régiment dans la presqu'île de Quiberon.

A lui demandé pourquoi, étant en Italie, il était allé à Aix-la-Chapelle, lieu de rassemblement des émigrés, a répondu que c'était pour son plaisir, se dissiper et prendre les eaux, et d'ailleurs ce lieu est un rassemblement d'étrangers de toutes nations.

« Il a observé qu'une consolation pour lui était de
» n'avoir jamais tiré ni fait tirer un coup de fusil contre
» ses concitoyens. »

Lecture faite de son interrogatoire et de ses réponses,
il y a persisté et a signé : Henri Delage.
(Commis. militaire du 12 thermidor, Quiberon.)

Dans cette longue déposition, Henri Delage s'efforce
de prouver à ses juges qu'il n'est pas émigré et qu'il
n'a quitté la France que pour voyager et s'amuser ; il
a bien été à Aix-la-Chapelle, rendez-vous de l'émigration, mais il a refusé d'aller à Coblentz ; s'il a gagné
l'Angleterre c'était pour obtenir des secours du gouvernement anglais. Il a été *embarqué de force* pour
Quiberon. Quoique lieutenant dans une compagnie
du régiment Dresnay, qui a combattu dans toutes les
affaires, il jure qu'il n'a jamais tiré ni fait tirer un
coup de fusil contre les Français, etc.; cependant tous
les historiens royalistes disent qu'il a été blessé à l'affaire du 28 messidor.

Nous laissons maintenant au lecteur le soin de
décider si le jeune Delage a suivi en tous points les
instructions de son écuyer ou de son oncle : *potuis
mori quam mentiri*.

Ah! que nous aimons mieux l'attitude de ces braves
gentilshommes qui lèvent hautement la tête devant
leurs juges et déclarent avec orgueil qu'ils sont de
race noble et qu'ils ont émigré volontairement pour
suivre leurs princes, dans l'intention de combattre la
République au nom de la monarchie exilée et de la
religion proscrite! Comme nous aimons mieux la
contenance de ce pauvre valet, Jean Lendu, qui
répond : oui, je connaissais la loi contre les émigrés:
oui, je savais qu'en mettant le pied sur le sol français
je serais condamné à mort, mais *j'ai suivi mon maître*.

Nous admirons ce noble langage dans la bouche d'hommes qui vont mourir. Il nous émeut et
nous battons des mains. Nous excusons les faibles.

mais nous détestons les romanciers qui se faufilent dans les plates-bandes de l'histoire pour y déposer les produits de leur imagination.

La légende du jeune et brave émigré, refusant le *sursis*, parce qu'il ne veut pas devoir la vie à un mensonge, apparaît, nous l'avons dit, pour la première fois dans la brochure de Chaumareix, publiée à Londres en 1795, mais l'auteur attribue les propos à l'émigré **Coatudavel** « d'une figure très jeune et très agréable... » Lorsqu'on lui demanda son âge, il répondit qu'il avait 30 ans ; un des juges, entraîné par un sentiment de sensibilité, lui dit : Mais, monsieur, c'est impossible, vous n'avez pas l'air d'en avoir 20. — Je ne veux pas, répondit M. Coatudavel, racheter ma vie par un mensonge (page 26, 1re édit. Chaumareix.)

Pour juger de la valeur de l'anecdote il suffit de se reporter au cahier de la Commission militaire de Vannes du 15 thermidor. Dans son interrogatoire, Le Ny de Coatudavel déclare qu'il est *âgé de 38 ans, né à Brest, ci-devant lieutenant de vaisseau, émigré en 1792.*

La Gournerie lui donne également cet âge sur sa liste, aussi se garde-t-il de lui attribuer le propos cité par l'émigré Chaumareix.

Arrêtés de sursis.

La Gournerie a raconté dans leurs moindres détails les démarches de Mme et Mlle de Talhouet près du représentant du peuple Blad, démarches qui, paraît-il, décidèrent celui-ci à accorder le sursis à tous les émigrés, qui avaient quitté la France avant l'âge de 16 ans.

Parmi les émigrés, pris à Quiberon et incarcérés

à Auray, se trouvait le jeune Louis de Talhouet, dont le père, lieutenant-colonel en Dresnay, avait été tué au combat du 16 juillet.

Madame de Talhouet, mère dévouée, était accourue à Auray en compagnie de sa fille. Là, il fut décidé qu'on irait à Vannes implorer l'indulgence du représentant Blad. Mlle de Talhouet fit deux fois le voyage et remit sa requête aux mains du représentant. Touché de ses supplications et de ses larmes, Blad dicta sur-le-champ à ses secrétaires l'arrêté du 11 thermidor, qui ordonnait à toutes les Commissions militaires d'accorder le sursis à tous les jeunes gens qui avaient émigré avant l'âge de 16 ans.

11 thermidor an III.

« Aux Commissions militaires d'Auray, Vannes et Quiberon.

Vous voudrez bien, citoyens, ne pas mettre en jugement les jeunes gens qui, par l'effet de suggestions perfides, auraient émigré ou auraient pris parti avec les ennemis de la République, avant l'âge de 16 ans révolus ; et si quelques-uns avaient déjà été jugés, il sera sursis à l'exécution de leurs jugements.

J'écris au Comité de salut public par le courrier d'aujourd'hui et j'attends une décision soit des Comités de gouvernement, soit de la Convention. »

Le lendemain 12 thermidor (30 juillet), le représentant Blad en avertissait le Comité de salut public en ces termes :

« J'ai pris une mesure, qu'en raison des circonstances vous désapprouverez peut-être, mais que m'a dicté l'humanité. J'ai pris un arrêté pour faire surseoir au jugement de tout individu qui aurait été entraîné à l'émigration *avant l'âge de 16 ans*. Il s'en trouve quelques-uns dans l'île qui sont dans ce cas, qui y étaient sous les yeux et par les ordres absolus d'un père, d'un parent. Au reste je ne fais que surseoir à tout jugement contre eux, jusqu'à ce que vous m'ayez fait connaître ce que vous désirez que je fasse à ce sujet. Je vous demande en conséquence de me répondre promptement et décider sur cet article... (Arch. historiques de la guerre. Armée des côtes de Brest).

L'arrêté de Blad fut comme une ancre de salut, à laquelle s'attachèrent environ 160 jeunes gentilshommes émigrés et une cinquantaine de domestiques. On pouvait espérer que la Convention, entrant dans la voie de la clémence, rendrait l'arrêté définitif. En tout cas, c'était du temps gagné et plusieurs devaient en profiter pour mettre à exécution des projets d'évasion.

A partir du jour où le représentant Blad avait recommandé aux juges d'accorder le sursis aux émigrés qui avaient quitté la France avant l'âge de 16 ans (arrêté du 11 thermidor), ce fut à qui se rajeunirait de quelques mois ou de quelques années.

Les Commissions militaires de Quiberon, Auray et Vannes n'accordèrent pas moins de 100 sursis à des jeunes gens ; d'une façon générale, on peut dire que presque tous ceux qui bénéficièrent de l'arrêté, avaient dissimulé leur âge véritable.

Nous avons relevé les noms de ceux qui, grâce à cette dissimulation, ont obtenu le sursis, à la suite de leur premier interrogatoire :

Berthier de Grandry se donne d'abord 15 ans, puis 14 ans moins 3 mois ; et il en a réellement 20.
Savatte de Genouillé, l'aîné, accuse 18 ans ; il en a 21.
Savatte de Genouillé, jeune, accuse 17 ans ; il en a 19.
De Villeneuve-Veraillon accuse 19 ans ; il en a 26.
Lanjamet de Vaucouleurs accuse 20 ans ; il en a 23.
Palais d'Antraize accuse 20 ans ; il en a 25.
Florentin Du Laurent accuse 19 ans 1/2 ; il en a 22.
De Lanoue accuse 21 ans ; il en a 26.
De Clinchamp accuse 19 ans ; il en a 21.
Louis de Rossel accuse 19 ans ; il en a 21.

Louis de Velard accuse 17 ans ; il en a 19.
De Berthou accuse 20 ans 1/2 ; il en a 29.
L. de Parfouru accuse 19 ans 1/2 ; il en a 22.
De Charbonneau accuse 19 ans 1/2 ; il en a 23.
Du Rocher du Rouvre accuse 19 ans ; il en a 25.
De la Garigue accuse 19 ans ; il en a 28.
Gu:heneue (du Bois Hue), qui a 24 ans, n'en accuse que 21.
Le Vicomte (la Villegourio), qui a 20 ans passés, n'en accuse que 19.
De Reville accuse 17 ans ; il en a 22.
De Chévière accuse 19 ans : il en a 21.
Bellouard de Klerec accuse 19 ans ; il en a 25.
Michel Flamant accuse 18 ans ; il en a 19 1/2.
Pierre de Laseinie accuse 16 ans ; il en a 20.
Théodore de Laseinie accuse 17 ans ; il en a 19.
Henri de Viart accuse 19 ans 1/2 ; il en a 22.
Charles de Viart accuse 19 ans 1/2 ; il en a 22.
de Boussineau accuse 21 ans ; il en a 26.
F. de Comparot accuse 19 ans ; il en a 23.
Fidèle Du Laurent accuse 17 ans 1/2 ; il en a 22.
Charles d'Anglars accuse 19 ans ; il en a 21.
De Bellegarde accuse 23 ans ; il en a 27.
De Cazau accuse 19 ans ; il en a 23.
De Masnadau accuse 21 ans ; il en a 27.
Paul De Lisle accuse 19 ans ; il en a 21.
De Ferret accuse 19 ans ; il en a 21.
Grignard de Champsavoy accuse 19 ans ; il en a 23.
Prevost Frederick accuse 16 ans ; il en a 23.
De Kermoisan accuse 17 ans ; il en a 19.
De Cotte accuse 17 ans ; il en a 22.
C. Feuardent accuse 17 ans ; il en a 23.
H. Visdelou de Bedé accuse 20 ans ; il en a 24.
Gouyon de Beaufort accuse 19 ans ; il en a 29.

Impossible de contredire ces chiffres. Hersart du Buron a recueilli les âges de chacun, d'après les actes authentiques, et La Gournerie les a publiés fidèlement.

De notre côté, nous nous sommes procuré un certain nombre d'extraits de naissance qui avaient échappé à Hersart du Buron, par exemple ceux des deux frères de La Seinie.

Les juges ne se montraient pas difficiles et acceptaient de confiance les déclarations des prisonniers qui dissimulaient leur âge.

En vertu d'un autre arrêté du représentant Blad, le jugement des domestiques fut ajourné ; dès lors, plusieurs gentilshommes émigrés n'hésitèrent pas à s'affubler d'un nom roturier et à déclarer, devant les Commissions militaires, qu'ils étaient de simples domestiques. Quelques-uns furent dévoilés, les autres n'en furent pas moins condamnés, lorsqu'un mois plus tard ils durent comparaître de nouveau en vertu d'une décision du Comité de salut public.

Le représentant Blad, en prenant ces arrêtés de sursis, sauf ratification de la Convention, ouvrait ainsi une porte à l'indulgence. Dans sa pensée, le sursis aboutirait, sinon à la mise en liberté, du moins à un emprisonnement temporaire. Parmi les émigrés classés dans cette catégorie, on était plein de confiance. La captivité devenait plus douce. Les prisonniers étaient sans cesse visités par des membres de leur famille et par des dames charitables de la ville, qui ne les laissaient manquer de rien. Quelques-uns même avaient obtenu de loger chez leurs parents ; exemple, le jeune de Talhouet. A d'autres, on permettait des sorties en ville, à certaines heures de la journée.

Il y avait plus de quinze jours que cet état de choses continuait. Le représentant Blad avait quitté Vannes pour n'y plus revenir, lorsqu'arriva, comme un coup de foudre, la nouvelle que tous ceux qui avaient obtenu le sursis allaient passer en jugement.

Le Comité de salut public venait d'adresser au

représentant Mathieu la lettre suivante qui était un ordre :

« 22 thermidor.

» Notre collègue Blad avait cru devoir, entre autres objets, ordonner qu'il serait sursis au jugement des prisonniers émigrés avant l'âge de 16 ans. En s'en référant aux instructions postérieures du Comité, cette disposition ne nous paraît pas devoir être conservée. Les lois relatives aux émigrés sont claires et précises, et loin qu'elles puissent se prêter à cette distinction, elles ordonnent positivement qu'on punisse comme émigrés ceux qui étant sortis de France avant 16 ans, ont porté les armes contre la République. Telles sont les rigoureuses dispositions et il ne peut être permis de les modifier.

» Nous t'invitons à ordonner au général de division Lemoine, commandant à Quiberon, de faire mettre en jugement les émigrés pris les armes à la main, qui étaient sortis de France avant 16 ans.

» Signé : MERLIN, LETOURNEUR, DEFERMONT, BOISSY-D'ANGLAS, LOUVET. »

Quinze jours après, les Commissions militaires reprenaient leurs fonctions.

A partir du 8 fructidor an III, jusqu'à la fin du même mois, les trois Commissions de Vannes prononcèrent 90 nouvelles condamnations à mort, portant sur des jeunes gens et des domestiques, qui avaient obtenu le sursis, le mois précédent.

De son côté, la Commission militaire, siégeant à Auray, condamnait à mort 62 individus dans les mêmes conditions. Total : 152.

Les autres (une soixantaine et plus) qui avaient bénéficié du sursis, étaient acquittés comme Berthier de Grandry, de Traissac, Michel Barret, de Coignet, Jacquier de Noyelle, D'hillerin, Dondel, Desmier de Chéron, ou s'évadaient, comme de Montbron, Le Charron, La Roche-Barnaud, de Chaumareix, Harscouet, d'Autrechaux, Walzer, de Chamillard, de la Villegourio, d'Espinville, de Fonteny, de Cornulier, Mareau de la Bonnetière, du Bouexie, de Poulpiquet, de Préfontaine, de Lantivy (Isidore), de Pontpralin, de Tercier, Berthelot, etc., etc.

Les interrogatoires des jeunes émigrés, auxquels les juges accordèrent le sursis, sont conservés. Leur lecture n'est pas sans profit pour l'histoire de l'expédition de Quiberon et de ses suites. On y apprend sous l'empire de quelles circonstances et par quelle pression, ces malheureux jeunes gens s'étaient trouvés enrôlés dans les cadres des régiments anglo-émigrés, et en quelque sorte forcés de porter les armes contre leur patrie.

Nous avons pris copie de la plupart de ces interrogatoires, qui ont à peu près tous la même physionomie. Il nous suffira d'en citer quelques-uns.

Cyprien **Feuardent**, fils de Jacques et d'Elisabeth Lafond, âgé de 17 ans. Natif de Gobourg, près Cherbourg. Ex-noble, étudiant. A quitté le territoire français en 1792, pour aller à Tournay, y *étant entraîné*, à cause de sa jeunesse, par un de ses cousins. (20 thermidor. — Auray).

Feuardent était né en 1772, il avait donc 23 ans, mais il n'accuse que 17 ans, pour obtenir le *sursis*.

Le 11 fructidor, il comparaissait de nouveau devant la Commission et était condamné à mort.

De la **Chevière** (René-Auguste-Toussaint), né vers 1774, était sous-lieutenant dans *Dresnay*.

Lorsqu'il comparut une première fois, il usa de supercherie, en prenant les noms et les prénoms de son plus jeune frère, Joseph (tué au combat du 16 juillet). Il obtint le sursis.

Le mois suivant (9 fructidor), il comparaissait de nouveau devant la Commission militaire de Vannes. Après avoir déclaré, pour la seconde fois, qu'il s'appelait Joseph, et qu'il n'avait que 19 ans, et qu'il avait quitté la France en 1791, il fut condamné à mort, comme émigré. C'est à lui que se rapporte ce passage du livre de Chasle de Latouche : « Mon voisin, M. de la Chevière, avait suivi son père et son frère, à l'âge de 13 ans. On le fusilla. » (Page 127). La vérité est que, quand il émigra, il avait 17 ans : et 21 ans lors de sa condamnation (9 fructidor. — Vannes).

Louët (Georges). — 20 ans. Né à Angers. Ex-noble.
Interrogé à quelle époque il a quitté la France a répondu : en 1790, *pour voir les pays étrangers*, engagé par ses parents, comme suite à son éducation.

Interrogé s'il ignorait qu'il y eut des lois interdisant l'émigration,

A répondu : qu'il ne connaissait pas ces lois. Il a été nommé lieutenant dans le régiment de Rohan. *Ne savait pas venir en France*. D'ailleurs il se regarde comme prisonnier de guerre, d'après la capitulation.

A lui observé qu'en entrant dans le régiment de Rohan, il n'ignorait pas qu'il fît la guerre à la France,

A répondu qu'il *l'a fait par nécessité*, n'ayant aucun moyen de subsister. (Comm. Quiberon. — 15 thermidor).

Louët obtint le sursis et fut condamné à mort, le mois suivant (9 fructidor. — Auray).

De Cazau (Charles), 19 ans, né à Mesil (Yonne) ; « vivant de son revenu, a quitté la France en 1791, pour suivre son père et se rendre en Allemagne.

» A déclaré avoir quitté son poste qui était en arrière du fort Penthièvre dans *l'intention de déserter*, accompagné du citoyen Langlois, prisonnier français, qui faisait alors partie du même corps que lui, dans les troupes qui défendaient la presqu'île, et est venu se joindre à nos troupes qui étaient alors dans le fort. » Et a signé : CHARLES CAZAU. (Interrogatoire 14 thermidor, Auray.) Cond. à mort, 9 fructidor, Auray.

De Charbonneau (Charles-Th.-J.), 19 ans 1/2, né à Vieille-Ville (Loire-Inférieure). (Il se rajeunit de 4 ans, étant né en 1772).

« Ex-noble, sorti de France en 1790 ; s'est retiré en Suisse, ensuite en Allemagne, de là en Angleterre ; a pris parti *comme soldat* dans le régiment d'Hervilly, *forcé* par le gouvernement anglais et par son père. Condamné à mort, 9 fructidor, Vannes.

» Il a déclaré *n'avoir jamais tiré un coup de fusil* contre les républicains et qu'au moment de la prise du fort, il s'est empressé de jeter ses armes et de les rejoindre ; a dit de plus qu'à son départ d'Angleterre, *il ignorait où on le menait.* »

Lecture faite a signé : CHARBONNEAU. (Interrogat. 9 fructidor, Vannes.)

De la Féraudière (Louis-Joseph), 18 ans et 3 mois, né à Bar-le-Duc :

« Ex-noble, étudiant ; a quitté le territoire français *à l'instigation d'un oncle* chez lequel il demeurait : qu'il n'avait que 14 ans et 8 mois, étant sorti en 1792. Servait en qualité d'enseigne au régiment de Rohan. » (Interrogat. du 16 thermidor, Quiberon). Cond. à mort, 9 fructidor, Auray.

Berthou (Henri de), 20 ans 1/2, né à Nantes, ayant obtenu le sursis, il comparut de nouveau devant la Commission militaire d'Auray, le 13 fructidor. Cette fois, il se dit *âgé de 21 ans, né à Montaigu.* Il répète qu'il a été *forcé par son père* de passer en Hollande. Il croyait aller à Jersey : « Il fut conduit à Quiberon.

» Il ajoute que *sa tante chez laquelle il restait à Maëstrich, le fit renoncer à ses biens et prétentions en France et le fit naturaliser Hollandais.*

On lui demanda le nom de cette tante, il répond : *Berthou de Nave.*

» A quitté la France en 1790, à 15 ans 1/2, *forcé par sa famille,* pour aller trouver une de ses parentes à Maëstricht; volontaire au régiment d'Hector, *ce que la nécessité l'avait forcé de faire et ignorant d'ailleurs où il allait.* » (Interrog. 16 thermidor, Quiberon).

Signé : HENRY BERTHOU.

Bury (Louis-Gilbert), 21 ans, né à Donjon (Allier). volontaire de la Marine : « A quitté la France en 1791, n'ayant pas 16 ans ; il avait suivi ses parents, n'ayant d'autre ressource que leur secours; était sergent-major au régiment d'Hector; *comptait aller à Jersey, point du tout en France.* (Interrog. Quiberon). »

De Borrassol, de Toulouse : « A quitté la France en 1792, à cause des mauvais traitements qu'il éprouvait dans sa ville. Capitaine au régiment de Damas. » (Int. Quiberon, 15 thermidor).

Raoul (Joseph de), 19 ans 1/2, né à Soulier, Châtillon-sur-Sèvre : « Ex-noble, étudiant; a quitté la France en 1791, *avec un de ses oncles qui persuada à son père qu'il devait émigrer.* » (Int. 15 therm. Quiberon). (Cond. à mort, 9 fructidor, Auray.)

Du Bouestiez (Jacques-Joseph), 21 ans, né à Hennebont : « Ex-noble, étudiant; a quitté la France en 1790, *suivant l'ordre de ses parents*; enseigne au régiment de Rohan. » (1ᵉʳ interrogat. 15 thermidor. Quiberon).

De La Roche-Villeneuve (François), 32 ans (Ardèche). « Ex-noble, ci-devant garde du corps. A quitté la France en 1788, afin de soulager sa famille qui était très nombreuse. Lieutenant de Rohan; que c'était la nécessité : *ne savait pas venir à Quiberon.* » (Interrogat. 15 therm. Quiberon).

De Bellegarde (Jean-François), 22 ans, de Bergerac, Dordogne. « Ex-noble; sous-lieutenant dans le 72ᵉ régiment. A quitté la France, il a 4 ans. Le déclarant observe qu'il fut forcé à l'émigration *par son frère, lieutenant dans le même corps, qui lui mit le pistolet* *sur la gorge.* » A signé. (Interr. 13 fructidor, Auray.)

Beauguais de la Boissière (Louis-Hector), 18 ans, natif d'Angers.

« A déclaré être sorti de France à l'âge de 9 ans, pour aller à Londres, pour faire ses études. A déclaré n'avoir eu aucune connaissance de la loi du 28 mars 1793. A été fait prisonnier à Quiberon, où il a été nommé dans le régiment d'Hervilly.

» A déclaré qu'il avait *été forcé* à prendre parti, d'après l'arrêt du Parlement d'Angleterre qui obligeait tous les Français, qui n'avaient personne à répondre pour eux, de s'enrôler dans les troupes émigrées. » (Interr. 8 fructidor, Vannes) *Condamné à mort.*

Comparut une première fois, le 26 thermidor, devant la Commission de Vannes (Présid. Desquieux) et avoua qu'il était officier dans le régiment d'Hervilly. Avait été ajourné.

A quoi bon réfuter une inepte légende ? Beauguais était employé comme dessinateur dans les bureaux de l'Etat-Major. Le général Lemoine l'aurait fait descendre et fusiller dans sa cour.

Il est prouvé, par les pièces, que Beauguais était au nombre des 54 condamnés à mort, qui furent fusillés dans une prairie du Bondon, en dehors de Vannes, le 8 fructidor an III.

Deux émigrés du nom de **Prevot** ou **Prevost**, ont été jugés par les Commissions militaires.

L'un, Louis-André Prevot, âgé de 26 ans, natif d'Argenteuil, département de Seine-et-Oise), fils d'André... et Marie-Louise de Lauret; noble, émigré en 1791. Fut condamné à mort par jugement de la Commission de Vannes. (Président Bedos).

L'autre, Frederick Prevost, âgé de 16 ans, natif de Haime *(sic)* Calvados, fils de Prevost de Lorgerie et de Rupierre, émigré en décembre 1792.

Il comparut une première fois, devant la Commission de Vannes, le 13 thermidor an III. En raison de son âge, il obtint le *sursis*.

Le mois suivant, en fructidor an III, il comparaissait, pour être jugé définitivement, par la Commission militaire de Vannes. (Président Lohée.)

Voici son interrogatoire :

« A comparu Frédérick Prevot, fils de Prevot de Lorgerie et de J. Rupierre, natif de Hâne *(sic)* département de l'Orne, en Normandie, âgé de 16 ans, noble, émigré en 1791, avec son oncle ; a été dans le Brabant et en Hollande ; a pris parti dans le régiment de Béon, en qualité de fusilier, en février 1795 : a été pris avec les émigrés par l'armée républicaine ; a dit *dit n'avoir pas eu connaissance de la loi du 23 mars 1793.* » Lecture faite, a signé : PREVOST.

Condamné à mort comme émigré. (Comm. mil. Vannes. Président Lohée. 8 fructidor an III).

Les deux noms précédents sont inscrits, au tableau du général Lemoine, sous les n°s 339 et 620.

La Gournerie intervertit tout. Il attribue à André Prevost les qualifications qui appartiennent à Frédéric, et vice-versa.

Visdelou de Bédé, Hyppolite, fils de Auguste, et Bonne Durand, se dit âgé de 20 ans, né à Rennes, étudiant. (Né en 1771, il avait 24 ans et non 20).

Avait obtenu le sursis, son émigration ayant eu lieu avant l'âge de 16 ans.

Le 13 fructidor il comparaissait, pour la seconde fois, devant la 1re Commission d'Auray, présidée par le chef de bataillon Lalene.

Dans son interrogatoire, il déclara qu'il avait été *emmené par son père à Tournay et contraint par lui* d'entrer dans l'armée des Princes. Il s'était embarqué à Stade, *sans savoir sa destination*, et fut conduit à Quiberon, où il fut fait prisonnier.

La Commission le condamna à mort.

Le même jour, et par la même Commission, était condamné à *mort*, un individu répondant au nom de **Malo Gueheneuc**, âgé de 21 ans, fils de R..... et Antoinette de Bruc, natif de Lanhelin, district de Dôle, se déclarant *noble*, ayant quitté la France en 1789. Servait, comme sergent, dans le régiment de Dresnay. A signé : Malo GUEHENEUC.

Avait obtenu le sursis devant la Commission Bedos, Vannes, 14 thermidor.

De Beaumetz. Le 18 thermidor an III, la 2ᵉ Commission militaire, siégeant à Quiberon, présidée par le commandant Dubois, appelait devant elle un jeune homme de moins de vingt ans, répondant au nom de Charles **Beaumetz**.

Depuis quelques jours, en vertu de l'arrêté du représentant du peuple Blad, les Commissions militaires accordaient le *sursis* à tous les jeunes gens qui avaient émigré avant l'âge de 16 ans.

Le jeune Beaumetz ne dissimula pas son identité, dans son interrogatoire. Il déclara franchement qu'il se nommait : *Charles Beaumetz* ; qu'il était né à Rouen (Seine-Inférieure) ; âgé de 19 ans et 4 mois : qu'il était *noble* et étudiant. Il avait, disait-il, été *emmené par son oncle*, et avait quitté la France en 1790. Il avoua que, *depuis onze mois, il servait les émigrés*, en qualité de lieutenant dans le régiment de Rohan.

Après lecture, son interrogatoire est signé de son nom : *Charles Beaumetz* (avec paraphe).

La Commission militaire prononça le sursis en sa faveur. De Beaumetz fut transféré dans les prisons de Vannes. Il y était depuis 6 semaines, lorsqu'arriva l'ordre du Comité de salut public de faire passer en jugement tous ceux qui avaient bénéficié du sursis.

Dès lors, à l'exemple de plusieurs de ses camarades, il imagina une nouvelle déclaration : il n'était plus *noble* ; il changeait l'orthographe de son nom;

il se nommait *Baumais* tout court, né en Allemagne ; prisonnier des Anglais, il avait été forcé de prendre du service parmi les émigrés. Son débarquement à Quiberon avait été effectué à son insu, etc., etc.

Le récit romanesque qu'on va lire aurait probablement réussi près des juges, comme avaient réussi ceux de Jacquier de Noyelle, de D'hillerin et de bien d'autres. Malheureusement la Commission militaire avait sous les yeux le premier interrogatoire. La contradiction était manifeste. Les deux orthographes et les deux signatures étaient différentes.

On en jugera par le procès-verbal.

Il déclare qu'il se nomme Charles *Baumais*, âgé de 19 ans, fils de Louis..... et de Margueritte Canton : natif de Nuremberg, en Allemagne ; domicilié à Rouen (Seine-Inférieure) ; étudiant avant la Révolution. Il a quitté la France en 1790, époque à laquelle il s'embarqua pour Ostende, où il fut relâché à Boston (sic), étant avec un de ses oncles. S'étant embarqué à Ste-Hélène, au mois d'août 1793, sur le *Liverpool*, commandé par le capitaine Ridan, bâtiment chargé de grains pour Bordeaux, il fut pris par une frégate anglaise et conduit à Plymouth, où il resta à peu près un mois en prison. Au bout de ce temps il fut conduit à Mayotte, où il resta trois mois.

On lui demande pourquoi il a pris du service parmi les émigrés. Il répond « qu'il fut pris dans le moment de la presse et engagé dans le 77ᵉ régiment anglais, où il resta à peu près 4 mois. Au bout de ce temps il sortit de son corps par la sollicitation du nommé St-Léger, qui le fit rentrer dans le régiment de Rohan, où il resta un mois. Puis il obtint une lieutenance qui fut payée par le même St-Léger. Mais il obtint son congé en mai 1795, et s'étant embarqué à Stade dans l'intention d'y aller chercher son congé, au contraire, on l'amena à Quiberon, où il a été fait prisonnier par l'armée républicaine. »

Signé : Baumais.

(Comm. milit. Vannes, 5ᵉ jour complémentaire, an III.)

Un émigré nommé Raymond **Bermont** était interrogé par la Commission militaire de Vannes (président Bouillon) le 14 thermidor.

Il déclare qu'il est fils d'Alexandre et de Marie de Sarcia, âgé de 22 ans, né à Béziers (Hérault).

Etait, en 1787, cadet dans les grands gardes Valognes. Il n'est jamais revenu en France depuis. Il déclare être dans le régiment de Salm, en subsistance, et avoir été pris à Quiberon dans la presqu'île. A signé : Raymond Bermont.

En marge est écrit : *sursis* au jugement jusqu'à plus ample connaissance. (Comm. milit. Vannes, 14 thermidor).

Le 8 fructidor, le jeune Bermont comparaissait de nouveau devant la Commission militaire de Vannes.

Vannes, 8 fructidor an III. — Commission militaire de Vannes, président Lohée.

« Est comparu Raymond Bermont, fils d'Alexandre et de Marie ...., natif de Béziers (Hérault), âgé de 22 ans, noble, sorti de France en 1788, pour entrer dans les *gardes wallonnes*, à la solde de l'Espagne, en qualité de cadet ; a pris parti dans le régiment de Rohan, en 1794, en qualité de fusilier ; était lors de la descente des Anglais à la suite du 1ᵉʳ bataillon de Salm en subsistance, devant être au 2ᵉ bataillon et a été pris avec les troupes émigrées à Quiberon. »

Lecture faite de sa déclaration, a persisté et a signé et a ajouté : a été retiré des prisons de Bruges en 1794, pour être fusilier du régiment de Rohan.

Raymond Bermont.

Depuis son émigration, sa famille ignorait ce qu'il

était devenu. Sa sœur, Mlle Gabrielle de Bermont, écrivit au Directoire du département du Morbihan, pour avoir des renseignements sur le sort de son malheureux frère. Voici la lettre qui lui fut répondue :

« Vannes, 7 vendémiaire an IV.

» A la citoyenne Gabrielle Bermont, à Béziers.

» Aussitôt votre lettre reçue, je me suis transporté aux prisons de cette ville. J'en ai parcouru plusieurs avant de parvenir à avoir des renseignements sur votre frère. Enfin, j'ai appris à la prison de la *Tour* qu'il y était entré le 13 thermidor et sorti le 8 fructidor, mais hélas! pour aller à la mort.

» Ma sensibilité souffre, n'en doutez pas, d'être obligé de vous annoncer une aussi triste nouvelle, mais la loi a prononcé sur son sort. Nous devons respecter sa décision.

» Je vous fais en conséquence repasser le certificat que vous m'avez adressé pour lui, parce que je présume que vous pouvez peut-être en avoir besoin. »
(L. Reg. corresp. départ.)

De Vaucassel. Dans sa liste *des victimes de Quiberon*, La Gournerie porte un nommé de Vaucassel, Louis, ancien capitaine dans le Berry, infanterie ; Avesnes (Nord) (N° 21 de l'état du général Lemoine).

Il y a là une erreur. De Vaucassel père, ancien capitaine d'infanterie, chevalier de Saint-Louis, avait pour prénom : *François*, et non *Louis*. S'il faisait partie de l'expédition de Quiberon, il s'est certainement échappé, car il ne figure dans aucun interrogatoire ou jugement.

On l'a confondu avec son fils, Louis de Vaucassel, qui, effectivement, fut fait prisonnier. En raison de son jeune âge, il obtint d'abord un sursis.

Le 1er fructidor an III, il comparaissait devant la Commission militaire d'Auray (Prés. Lalene).

Il déclare se nommer Louis Vaucassel, fils de

François..., et de Marie Dumée, âgé de 16 ans, natif d'Avesnes, départ. du Nord, étudiant, ex-noble.

« Interrogé à quelle époque il a quitté son domicile, a répondu : en 1792 ; qu'il fut à Trèves avec son père. Le déclarant a dit de plus être le fils d'un ex-noble, chevalier de St-Louis, retiré.

» A lui demandé pourquoi il avait pris les armes contre sa patrie, *a répondu qu'il avait été obligé d'obéir aux ordres de son père.* » A signé : Louis VAUCASSEL.

En marge : « Ex-noble au-dessous de l'âge. Remis à la maison d'arrêt jusqu'à nouvel ordre ». — Même mention au jugement.

Nouvelle comparution le 11 fructidor : Condamnation à mort.

De Comparot, François, se dit âgé de 19 ans et 4 mois, natif de Troyes (Aube), étudiant. A quitté le territoire le 21 juillet 1791, ayant *été entraîné* par un officier et les *conseils de sa marâtre* pour aller à Mons. Etait du rassemblement de Quiberon. (Interrogatoire du 15 thermidor. — Auray).

L'émigré de Comparot n'avait déclaré que 19 ans, il en avait réellement 23. Il obtint le sursis. Le mois suivant, il comparaissait de nouveau devant la Commission militaire et était condamné à mort. (Auray. — 9 fructidor an III).

Louis de Parfouru, jeune émigré, fils de feu René.... et de Anne-Louise de Liénard, né à Rocquencourt, district de Caen ; n'avait accusé que 19 ans, lors de sa première comparution, le 16 thermidor, devant la 2ᵉ Commission d'Auray. Le tribunal lui avait accordé le sursis.

Le mois suivant, 12 fructidor, il comparaissait devant la même Commission et répétait ses précédentes déclarations : ex-noble, étudiant, etc., etc.

Il avait quitté la France en 1788 ; s'embarqua et fit un voyage de 18 mois dans le Levant ; revint au

Havre et s'embarqua derechef sur un brick anglais, à bord duquel il a servi jusqu'à l'époque de la guerre entre la France et l'Angleterre et, par suite des temps, fut forcé de servir dans un régiment d'émigrés français. N'ayant pu sortir de l'Angleterre, il a été *conduit* à Quiberon, où il a été fait prisonnier.

Le déclarant observe de plus qu'étant malade, au dépôt, il s'est rendu seul à Auray, deux jours après la prise du fort. Lecture faite, etc. Signé : PARFOURU.

Du Plessis, Pierre. — Dans son interrogatoire à Quiberon, déclare qu'il n'a que 18 ans ; qu'il est né à Saint-Aubin (Lot-et-Garonne) ; « étant étudiant, il *a été entraîné par son professeur.* » Comme il n'avait que 15 ans 1/2 quand il émigra, il obtint le sursis.

Le 13 fructidor, il comparaissait de nouveau devant la Commission d'Auray. Cette fois il était condamné à mort.

Laguarigue, de Rochefort, ex-noble, âgé de 19 ans. — Avait d'abord obtenu le sursis.

Il comparaissait de nouveau le 11 fructidor an III, devant la Commission militaire d'Auray (P' Lalene).

Il déclarait « qu'il a quitté la France, il y a 4 ans, pour suivre un de ses parents. Volontaire au régiment d'Hector depuis sa fondation, *sans avoir jamais porté les armes.* »

Se disait âgé de 19 ans, mais en réalité en avait 28, étant né le 15 janvier 1767, était capitaine d'artillerie. (C. Auray. — 12 fructidor).

Terbrughe (Louis), âgé de 22 ans, né à Lille, Nord, se dit *étudiant*. Il est sorti de France en 1789 ; est allé à Courtray, chez M. Parmentier, son parent, pour apprendre *le commerce, où il était bien.*

Interrogé pourquoi il a quitté son parent, pour prendre parti parmi les émigrés.

A répondu qu'il lui a pris fantaisie de voyager

en Hollande, et qu'ayant dépensé son argent et *contracté des dettes*, il rencontra un ami qui lui proposa une place de fourrier dans *Loyal-Émigrant*, où il entra en 1794. Il n'avait accepté cette place que *par nécessité*, et dans l'espoir de rentrer, cette place le dispensant de porter un fusil. Lecture faite, a signé. (Comm. Quiberon, 15 thermidor.)

L'accusé allait d'abord signer *de Terbrughe*. Il écrit *de Terb*, puis se reprend, biffe la particule, et écrit au-dessous : *Louis Terbrughe.*

Mésilliac. Le 15 thermidor, comparaissait devant la même Commission un jeune homme, répondant au nom de Pierre **Mésilliac**, fils de François.... et de M. Bolac; âgé de 20 ans, se disant né au Canada, à l'Ile-Royale, le 15 mai 1775. Avant la Révolution, il était au collège, en France. Il a quitté la France en février 1791. Il sert, comme officier, depuis un an, dans Royal-Louis. Il a été tiré du collège, *par son oncle, qui l'a emmené en Allemagne*. Lecture faite, a signé : Mésilliac. 15 thermidor, an III.

Cet émigré fut ajourné.

Le 10 fructidor il comparaissait de nouveau devant la Commission militaire. Il répétait ce qu'il avait répondu précédemment, qu'il était né au Canada. possession anglaise: qu'il était parti pour l'Allemagne en 1788 ; qu'il avait perdu ses papiers ; qu'il avait pris parti, comme sous-lieutenant, dans le régiment d'Hervilly ; avait donné sa démission ; qu'il était sur le point de retourner en Angleterre, lorsqu'il fut pris à Quiberon.

Par jugement il fut déclaré prisonnier de guerre, et gardé en prison jusqu'à la paix.

La Gournerie, sans doute s'en référant à l'inscription fautive du monument de la Chartreuse, marque, sur sa liste des victimes de Quiberon, *un Pierre de Mésillac, sous-lieutenant en d'Hervilly*, sans indication d'âge, de lieu de naissance, de famille, ni de date de condamnation.

Nous avons feuilleté et refeuilleté tous les procès-verbaux des Commissions militaires, postérieurs au 10 fructidor ; nous pouvons affirmer que l'émigré *Mésillac* n'a plus reparu devant les juges. Il y a tout lieu de supposer qu'il est resté en prison ou qu'il s'est évadé, après son ajournement. Le nom, qu'il a déclaré, était-il même son vrai nom ? Du reste ce nom ne figure pas dans l'état du général Lemoine, ni sur aucune des listes manuscrites du dossier.

Quatre ans plus tard, une lettre du Ministre de la Police au commissaire du Directoire exécutif du département, donnait avis que le commissaire de Lesneven annonce *que dans le château de Tronjoly, en Gourin, il y a un rassemblement de ci-devant nobles*, au nombre desquels sont les nommés *Musillac, Lafruglais, Du Bot et autres* (29 messidor, an VII).

Jean **Noell**, âgé de 50 ans, natif de Perpignan, armurier :

« A quitté le territoire français pour aller en Espagne en 1789 ; il était *écrasé de dettes*, n'ayant pas d'ouvrage chez lui, poursuivi par ses créanciers, il s'est rendu à Figuière, en Espagne, pour se soustraire à la captivité. Il a travaillé dans cette ville jusqu'en 1792 ; à cette époque, se voyant forcé de prêter serment au roi d'Espagne, il a cherché à rentrer en France, n'a pu le faire parce qu'on lui a refusé un passe-port, quoiqu'on lui eût enjoint de quitter le territoire espagnol sous deux fois vingt-quatre heures.

» Il a été obligé de se réfugier en Hollande, où il a travaillé, et *a été forcé* de s'embarquer, quoiqu'il ne soit pas engagé ; il a été ensuite conduit à Quiberon. » Signé : JEAN NOELL.

Le tribunal croit devoir ajourner le jugement. (12 thermidor, V).

Jean Noell comparaissait pour la 2ᵉ fois devant la Commission militaire le mois suivant et était condamné à mort. (18 fructidor, Vannes).

Panou Deurbroucq (Joseph), de Nantes. Déclare être âgé de 18 ans. A quitté la France en 1790, emmené par son père à Bruxelles.

Interrogé s'il était noble, a répondu : *Ne pas l'être ;* qu'il est fils d'un négociant. Se trouvant à Hambourg, *il fut forcé de prendre du service* dans le régiment d'Hervilly, où il fut enrôlé comme soldat, puis comme fourrier. Avait été nommé sous-lieutenant, deux jours avant d'être fait prisonnier.

Interrogé s'il était du nombre de ceux qui avaient formé le complot, dans la prison du *Père-Éternel*, d'égorger les sentinelles et la garde, et ensuite de se porter aux prisons des chouans pour les délivrer ; a répondu : Que non ; mais que cependant les comploteurs lui en avaient fait confidence, et *que,* lui, en *avait fait une déclaration signée de sa main au général Lemoine.* Lecture faite, a signé . Joseph PANOU DEUR-BROUCQ. (9 fructidor, Vannes.)

La Gournerie le désigne : Panou de Faymoreau, né à Nantes le 10 mai 1776. Porté sur le tableau du général Lemoine, n° 318, sous le nom de Durbrouq P.-F.

C'est sans doute à cet accusé que fait allusion le passage d'une lettre trouvée au domicile du prêtre réfractaire Laventure, ex-curé d'Arzon ;

« Un coquin, qui se disait noble, à qui on avait fait part du complot, a dénoncé Mˡˡᵉ de La Chasse et Mᵐᵉ Richette. » (Reg. corresp. Police générale. Rapport au ministre, vendémiaire an IV.)

Bourcier (Frederich-Auguste), se dit âgé de 19 ans, né à Sens, département de l'Yonne, étudiant :

« A quitté la France en 1791 ; il était élève au collège de Metz, lorsqu'il fut licencié. Craignant de retourner chez son père qui l'aurait renvoyé aux

études qui l'ennuyaient, il se détermina à partir avec quelques camarades pour l'Allemagne, il avait alors 15 ans; il vécut d'abord du peu de ressources qu'il avait; les Français qu'il rencontra lui donnèrent de l'argent en le sollicitant de se joindre à eux. A force de sollicitations il prit parti dans leur artillerie. Les officiers de son régiment lui inspirèrent la plus vive crainte des lois françaises qu'il ne connaissait pas. On lui faisait croire qu'il serait puni de mort s'il rentrait dans sa patrie; que c'était cette crainte qui les avait empêchés d'y retourner; l'armée des princes ayant été licenciée, il a été emmené ensuite en Angleterre où, après avoir joui pendant quelque temps de secours accordés aux Français, les mêmes officiers l'avaient de *nouveau forcé* d'entrer dans le corps de Rohan, en qualité de soldat, où il était encore lorsqu'il fut débarqué à Quiberon. » Lecture faite......
BOURCIER. (Quiberon, 12 thermidor.)

Jugement : La Commission militaire n'ayant pas les renseignements suffisants sur les nommés... Aug. Bourcier, surseoit à leur jugement jusqu'à plus ample information. (Saint-Pierre-Quiberon, 15 thermidor.)

Le 14 fructidor, Frédéric Bourcier comparaissait cette fois devant la Commission militaire d'Auray (président Lalene).

Il répétait, à peu près dans les mêmes termes, les déclarations qu'il avait faites le mois précédent devant la Commission de Quiberon et il signait son interrogatoire : FRÉDÉRICK-AUGUSTE BOURCIER.

Il fut définitivement *acquitté* et mis en liberté. (14 fructidor, Auray, Lalene).

Est comparu le nommé Jean-François **Du Masnadau**, fils de du Masnadau et de Marie-Françoise Lacut, ex-noble, âgé de 21 ans 1/2. Natif de la Guadeloupe.

Interrogé quelle est sa profession avant la Révolution. A répondu qu'il était écholier, sous un précepteur.

Interrogé comment il s'est trouvé en France. A répondu qu'il partit de la Guadeloupe en 1789, avec dessein d'entrer au service en France ; mais qu'arrivé chez un de ses parents, qui résidait à Tréguier (Côtes-du-Nord), il y resta jusqu'en 1790, époque où il passa à Jersey, avec ce même parent, qui l'y conduisit ; que là, se voyant sans ressources, il s'engagea dans le régiment du Dresnay.

Interrogé s'il faisait partie des émigrés débarqués à Quiberon. A répondu affirmativement. Lecture faite, a signé : Du Masnadau.

Du Masnadau fut de ceux qui obtinrent un sursis, le mois précédent. Agé de 27 ans, il n'en avait accusé que 21, pour bénéficier de l'arrêté du représentant du peuple Blad.

La Commission militaire de Vannes le condamna à mort. Il fut fusillé dans la prairie de Bondon. (8 fructidor an III).

Conclusion : Coustin de Masnadau n'est pas mort en prison, comme l'a écrit Mareau de Bonnetière.

Billouart (Gabriel-Jules). — 20 ans. Né à Morlaix, ex-noble. Se destinant à la marine ; a quitté la France en 1791 ; a été entraîné par ses parents, *la nécessité l'ayant forcé à servir*. (Quiberon, 15 thermidor).

Il obtient le sursis.

Le 13 fructidor, il comparaît devant la Commission d'Auray. Il répète *qu'il a été forcé par son père......* Signe : F⁸ de Billouart.

Beauvais. Le 16 thermidor, devant la Commission militaire de Quiberon (président Dinné), comparaissait un prisonnier répondant au nom d'Etienne Beauvais, âgé de 44 ans, se disant natif de Bruxelles, coiffeur de profession. Il raconte que depuis 1794 « il a suivi des dames qu'il coiffait, jusqu'en Angleterre, où il comptait vendre une pacotille de dentelles, toiles de Cambray, etc. Arrivé à Quiberon, « il espérait,

— 345 —

dit-il, mettre sa pacotille à terre et joindre les armées françaises Il espérait gagner beaucoup d'argent en les vendant en assignats, qu'il aurait pu placer, en achetant des biens nationaux. » Comm. de Quiberon, 16 thermidor an III.

Les juges, n'étant pas édifiés, prononcèrent l'ajournement *pour plus ample informé*.

Evacué sur Auray, Etienne Beauvais était, 25 jours après, déféré à la Commission militaire, présidée par le chef de bataillon Lalene ; il répéta, comme dans sa première déclaration, qu'il était coiffeur de dames et marchand de dentelles.

Les juges ne virent sans doute, dans ces réponses, qu'un tissu de fables et restèrent convaincus que ce nom roturier de Beauvais cachait celui de quelque noble émigré. Ils le condamnèrent à mort. (Auray. — 11 fructidor).

Puniet (Charles), 19 ans. Né à Lauzer (Lot). Ex-noble, étudiant. A quitté la France en 1791, *forcé par son oncle. C'était le manque de pain qui l'avait forcé.* (Int. 11 fructidor. — Auray).

Rectifications

En mettant certains de ces interrogatoires en regard des récits fantaisistes que quelques émigrés survivants ont faits plus tard de leur comparution devant les tribunaux militaires, nous opposerons leurs propres paroles à l'audience à celles qu'ils ont prétendu avoir prononcées en face de leurs juges. Si, dans leurs réponses, ils ont apporté des déclarations fausses, ce qui est excusable puisqu'après tout il y allait de leur tête, ils sont infiniment blâmables, lorsque, le danger passé, ils mentent de nouveau, 20 ans après, en imaginant d'écrire le roman de leurs aventures, dans lequel des auteurs modernes ont eu le tort de puiser, à pleines mains, sans contrôle et sans discernement.

Il n'est pas moins intéressant d'examiner les procédés de ces auteurs, dont les apologies outrées détonnent singulièrement avec les faits et avec ce que nous apprennent les documents authentiques. A les entendre, les émigrés, les chouans, représentants d'une cause sacrée, ont tous été des héros; tous ont été admirables de vaillance dans les combats et dans l'adversité; aucun d'eux n'a tremblé, aucun n'a faibli.

Quant aux adversaires, les défenseurs du territoire national, ils ont commis tous les crimes, même celui d'avoir violé une capitulation jurée.

Nous avons vu plus haut ce qu'il faut penser de cette dernière accusation. Voyons maintenant ce qu'il faut croire de l'attitude et des discours qu'on a prêtés à un certain nombre d'émigrés devant les tribunaux militaires.

L'abbé Le Garrec, qui a mis à contribution Nettement (lequel n'a fait que copier Chasle de la Touche) et La Gournerie, qui a glané dans les notes d'Hersart du Buron, ont dépensé beaucoup d'encre pour exalter la contenance des accusés, dans leurs interrogatoires. Malheureusement, les exemples qu'ils ont choisis sont à peu près tous en contradiction flagrante avec les pièces du dossier qui sont conservées.

Laissons de côté Chaumareix, La Roche-Barnaud, Berthier de Grandry, Jacquier de Noyelle et son ami d'Hillerin de Boistissandeau, que nous pourrions soumettre à un examen critique dans un chapitre intitulé : « anecdotiers, romanciers, chroniqueurs, etc. »

Parlons d'abord de l'émigré Henri de Viart, natif de Rochefort (Charente-Inférieure), ex-noble, aspirant de marine.

L'abbé Le Garrec a eu grandement tort de ne pas consulter les procès-verbaux des Commissions militaires. Il se serait épargné d'écrire cette phrase :

« Les juges eux-mêmes étaient très disposés à favoriser leurs mensonges, mais les prisonniers ne voulurent pas se déshonorer par une bassesse et être redevables de la vie à une parole contraire à la vérité... Le jeune Viart, élève de marine, montra la même rigidité de principes. »

Reportons-nous aux cahiers des *Commissions militaires* et voyons l'interrogatoire d'Henri de Viart, signé par lui-même.

Henri de Viart comparaît, une première fois, devant la Commission militaire de Quiberon (présidée par le chef de bataillon Dubois), le 14 thermidor, an III.

Son interrogatoire est court. Il déclare s'appeler Henri Viart, né à Rochefort (Charente-Inférieure), ex-noble et aspirant de marine. Il se dit âgé de 19 ans 1/2 seulement (tandis qu'en réalité, il en a 22, étant né le 21 janvier 1773).

Il a, dit-il, *quitté la France en 1791, son père l'ayant emmené, étant alors âgé de 15 ans 1/2*. Il sert comme volontaire dans le régiment d'Hector.

Pourquoi l'accusé s'est-il ainsi rajeuni de trois ans? évidemment pour pouvoir bénéficier du sursis accordé aux jeunes gens, qui avaient émigré avant l'âge de seize ans (exception spécifiée par l'arrêté du représentant du peuple Blad). Et en effet, les juges prononcèrent *l'ajournement*.

Henri Viart est alors transféré dans la prison d'Auray. Au bout d'un mois de séjour, il est de nouveau déféré au tribunal militaire, qui doit statuer définitivement sur son sort.

Il comparaît devant la Commission militaire d'Auray (Président Lalene), le 11 fructidor, an III. Aux questions qui lui sont faites, il répond qu'il s'appelle: Henri Viart, âgé de 19 ans (cette fois encore il se rajeunit de 3 ans), né à Rochefort, ex-noble, aspirant de marine. Il a quitté la France en 1791. Il a été emmené par son père en Allemagne, où il est resté environ deux ans, et de là est passé en Angleterre, et a pris du service dans le régiment de la marine où il dit *avoir été forcé d'entrer.* Faisait partie du rassemblement de Quiberon. Et il signe : Henri Viart.

Le jugement, qui le condamne à mort, porte « *qu'il est convaincu, d'après sa déclaration, d'émigration et d'avoir porté les armes contre la République française.* »

Loin de nous la pensée de faire un reproche à ce malheureux jeune homme d'avoir, pour sauver sa vie, usé du mensonge; mais nous blâmons les historiographes, qui sont allés précisément chercher cet exemple, pour prouver que les émigrés ont préféré mourir plutôt que de dire « une parole contraire à la vérité et tromper la Commission sur leur âge ».

Charles de Viart, cousin de Henri de Viart, fut condamné et exécuté le même jour que lui. Son nom est omis dans la *liste* du général Lemoine.

La Gournerie le désigne : *Charles-Henri de Viart de la Mothe d'Usseau, né le 11 novembre 1773,* près Chatellerault, *élève de la marine.* Le même auteur écrit ces mots : « Charles de Viart eût pu profiter du sursis, en se rajeunissant de quelques mois. Il ne voulut pas tromper ses juges. »

Cette assertion est démentie par les faits. Charles de Viart avait 22 ans moins 2 mois, lorsqu'il comparut devant ses juges, qui le condamnèrent à mort. Le mois précédent, il avait comparu devant une autre Commission et, n'ayant accusé que 19 ans, il avait obtenu le *sursis*, comme tous ceux qui étaient censés avoir émigré avant 16 ans.

Le procès-verbal de son interrogatoire, le 11 fructidor an III, prouve qu'il s'était rajeuni de 3 ans :

« Charles Viart, fils de.... et de.... Lapertière; âgé *de 19 ans, natif de Husau (sic), district de Chatellerault (Haute-Vienne), ex-noble, aspirant de marine.* »

Interrogé à quelle époque il a quitté la France.

— 349 —

A répondu : qu'il fut *emmené*, en septembre 1791, *par son père* dans le pays autrichien. A passé en Angleterre, où il a pris du service dans le régiment de la marine. Faisait partie du rassemblement de Quiberon. (Auray, 11 fructidor. — Comm. Lalene).

Les deux Viart (cousins) n'ont aucun rapport avec le Henri Wiart, de Lille en Flandre, âgé de 19 ans, qui faisait partie du bataillon du Nord, et fut fait prisonnier par les Autrichiens sur la route de Tournay. Il fut forcé *par la violence et la misère, dans l'espoir de se sauver*, de s'engager dans le régiment de Rohan.

Le 13 fructidor, la Commission de Vannes l'acquitta Il fut renvoyé à son corps.

Salve de Villedieu. A propos de l'émigré Salve de Villedieu, l'abbé Le Garrec le place parmi ceux « auxquels on voulait faire avouer qu'ils n'avaient émigré que par contrainte ; ils protestèrent avec énergie et soutinrent qu'ils avaient servi, par sentiment et par devoir, la cause du roy. » (page 331). Cette phrase est prise à peu près textuellement dans l'ouvrage de La Gournerie.

Rétablissons les faits.

Le jeune Salve (de Villedieu) a comparu, à un mois de distance, devant deux Commissions militaires.

Une première fois, il est interrogé à Quiberon, par la 2e Commission (prés' Dubois), le 14 thermidor an III.

Dans sa déposition, l'accusé déclare en toutes lettres qu'il a été fait prisonnier par les Anglais à Toulon et qu'on *l'a forcé de servir comme volontaire dans le régiment d'Hector*. Il n'est pas sûr d'être noble et nie avoir émigré.

Citons en entier son interrogatoire. Il est signé de lui-même : il fait donc foi. Ses déclarations sont loin d'être celles d'un homme qui sert « par sentiment et par devoir la cause du roy. » Quiberon, 14 thermidor.

« A comparu Hyppolite Salve, âgé de 18 ans, natif de Manosque (Basses-Alpes) ; aspirant de la marine, *croyant son père ci-devant noble.*

Interrogé dans quel temps il avait quitté la France et quels motifs l'y avaient engagé ?

A répondu avoir été pris à Toulon et conduit en Angleterre, où on *l'a forcé de servir* comme volontaire dans le régiment d'Hector.

Interrogé sur quel bâtiment il avait été pris ?

A répondu sur la *Perne* (sic), frégate de 58 canons, où il était aspirant.

Il a ajouté que, lors de son départ, *son père était chef de bataillon de grenadiers des Basses-Alpes.* Lecture faite, a signé : Salve. »

Le jugement porte que Salve a été *ajourné*, ayant quitté la France avant l'âge de 16 ans.

Ceci en réponse à La Gournerie, qui a écrit, à tort : « Il eût pu se sauver en déclarant qu'il avait été enrôlé de force. Il s'y refusa ». La vérité est que Salve obtint *un sursis*, en excipant de son jeune âge et en déclarant qu'il avait été fait prisonnier par les Anglais et forcé de s'enrôler avec les émigrés.

Le 12 fructidor, Salve comparaissait devant la Commission militaire d'Auray (Président Lalene). Nous copions son interrogatoire :

« Hyppolite Salve, fils de Pancrasse...., âgé de 18 ans, natif de Manosque (Basses-Alpes), ex-aspirant de marine.

Interrogé à quelle époque il a quitté le territoire français, a répondu en 1790 ; qu'il s'embarqua à Toulon à bord du *Rossignol* pour aller à Brest, ensuite de retour à Toulon où il *fut pris par les Anglais* et de là conduit en Angleterre, où il fut fait prisonnier et *forcé de s'engager*, ignorant absolument où on le conduisait.

A lui demandé s'il faisait partie du rassemblement de Quiberon.

A répondu : oui, et déclare en outre que son père commandait un bataillon de volontaires, à l'époque de la prise Toulon, en 1793. Lecture faite et a signé : SALVE »

Après cette exhibition des pièces authentiques, l'auteur ne pourra se dispenser de biffer, dans la 2ᵉ édition de son livre, le paragraphe que j'ai cité plus haut.

Poursuivons notre enquête en passant aux deux émigrés Théodore et Pierre **de la Seinie**.

L'abbé Le Garrec met sur le compte de l'un d'eux le fait suivant :

« Pour vous, vous êtes bien jeune, disait le président de la Commission à un jeune émigré, sans doute vous n'avez pas l'âge. » — « Je vois votre intention, répondit l'accusé, mais je ne veux pas acheter ma vie par un mensonge. » (page 130).

Faisons remarquer que l'anecdote est copiée textuellement dans l'ouvrage de Chasle de Latouche. M. de Montbron attribue ces paroles à l'émigré Delage. Quant à La Gournerie il met les paroles dans la bouche du jeune de Penvern. Chaumareix, qui a été le premier en 1795 à rapporter le fait dans les mêmes termes, prête le propos à l'émigré Coatudavel.

Recourons donc aux procès-verbaux authentiques des interrogatoires des deux Lasseinie.

Le premier interrogatoire a été subi à Auray, le 11 thermidor an III, devant la Commission militaire présidée par le commandant Lalene. Les deux frères ont comparu le même jour. Tous les deux ont *dissimulé* leur âge et obtenu le sursis, n'en déplaise à ceux qui ont insinué le contraire.

1ʳᵉ comparution. — 11 thermidor.

« Théodore La Seinie, fils de Joseph et de Neuvy, âgé de 17 ans, natif de Saint-Yriex, département de la Haute-Vienne, étudiant, émigré en 1791 : « A lui demandé s'il était du rassemblement de Quiberon, a répondu : oui. » Lecture faite, a signé : Théodore de la Seinie.

Pierre La Seinie, fils de Joseph et de Valérie Neuvit, âgé de 16 ans, natif de Saint-Yriex, district idem, département de la Haute-Vienne, ex-noble, étudiant, ayant quitté le territoire français en 1792, pour se rendre dans le pays de Liège. A lui demandé s'il était du rassemblement de Quiberon, a répondu : oui, et a signé : Pierre La Seinie.

Les deux frères La Seinie bénéficiaient donc du sursis accordé aux jeunes gens qui déclaraient avoir émigré avant l'âge de 16 ans, le jugement de la Commission porte : « Avons trouvé à propos d'ajourner jusqu'à plus ample information les jugements des nommés Théodore de Lasseny et Pierre de La Seinie. »

Le lendemain, 12 thermidor, la Commission insérait dans son jugement :

« En observant que les nommés Théodore et Pierre de la Seiny, dont les jugements avaient été ajournés dans notre séance d'hier, sont compris dans l'exception de l'article du représentant du peuple, pris à Vannes le 11 courant. »

Un mois après, les deux La Seinie étaient reconduits devant la même Commission. Là ils subissaient un deuxième interrogatoire et étaient cette fois condamnés à mort (11 fructidor an III).

1° Pierre La Seinie, fils de Jean-Baptiste et de Valérie Neuville, âgé de 16 ans, natif de Saint-Yriex, dans la province du ci-devant Limousin ; ex-noble, étudiant et chevalier de Malte.

« Interrogé à quelle époque il a quitté le territoire français, a répondu en 1791, pour aller dans le pays de Liège, conduit par son père, et s'est embarqué à Stade, et a dit de plus *avoir été racolé par des recruteurs anglais* qui les ont mis dans le régiment de Lamark qui était à bord de l'escadre anglaise qui a fait l'expédition de Quiberon, où il a été fait prisonnier.

» Le répondant a observé que leur père fit des démarches infructueuses pour les en,pêcher de servir dans ce corps. — A signé : PIERRE LA SEINY. »

2° Théodore La Seinie, 17 ans, a quitté le territoire français en 1791 ; qu'il fut conduit par son père dans les Pays-Bas ; de là en Hanovre, où il a été *forcé de servir*, et s'est embarqué à Stade, à bord de l'expédition de Quiberon, où il a été fait prisonnier.

Lecture faite de son interrogatoire a dit contenir la vérité et a signé : THÉODORE LE SEINIE. (11 fructidor an III, Auray).

Cette histoire du jeune de La Seinie, refusant de bénéficier du sursis, au prix d'un mensonge, se retrouve dans une brochure de 202 pages, publiée à Vannes, sous la Restauration (Quiberon, 1829, par V... L...); c'est là que La Gournerie aurait pu la cueillir, ainsi que l'anecdote de la page 66, que nous reproduisons textuellement, pour l'édification des lecteurs. — Suivant l'auteur anonyme, le fait a lieu à Quiberon.

« Un jeune émigré, M. de La Seinie, avait refusé de profiter du sursis. Après avoir choisi son bourreau, il lui remit le prix convenu entre eux et le supplia de ne pas le faire souffrir. Celui-ci promit ; mais touché de la jeunesse et du courage du condamné, il entreprit de le sauver, et au lieu de le tirer au cœur, il se contenta de le blesser à la cuisse. L'émigré tombe avec ses malheureux compagnons. Il faisait presque nuit et les soldats se disposaient à se retirer, lorsque ce jeune homme se relève en demandant la mort à grands cris. Il est immolé à l'instant et celui qui avait voulu le soustraire à ce funeste sort, faillit être victime de son humanité. »

A quoi bon réfuter ces romans enfantins ?

Nous avons vu plus haut que le jeune de La Seinie n'a jamais été jugé ni fusillé à Quiberon. Il a comparu une première fois devant la Commission militaire d'Auray, le 11 thermidor, et a profité du sursis, *en dissimulant son âge*. Ce n'est que le mois suivant, 11 fructidor, qu'il a été condamné à mort et fusillé au champ des Martyrs, en qualité d'émigré, pris à Quiberon les armes à la main.

Flamant. La famille Flamant, de vieille et bonne bourgeoisie, était une des plus considérées de Quimper.

Maître Jean-François **Flamant** exerçait la profession d'avocat. Sa clientèle comprenait surtout des maisons de l'aristocratie. En 1792, devenu suspect et averti d'une arrestation prochaine, il se décida à sortir de France, emmenant avec lui un de ses plus jeunes fils, Michel Flamant, qui n'avait que 16 ans, et laissant à Quimper sa femme Catherine (née Barbe) et six autres enfants. Celle-ci, sans ressource, fut obligée de monter elle-même un petit commerce, pour donner du pain aux siens.

Le père et le fils Flamant se rendirent d'abord en Espagne, puis passèrent bientôt en Angleterre. Au moment où l'expédition anglo-émigrée se prépare, ils sont à Jersey. Le jeune Michel, cédant sans doute à des entraînements, s'engagea dans le régiment du Dresnay. A la descente sur les côtes de Carnac, il avait le grade de sergent. Fait prisonnier dans la journée du 3 thermidor, il fut emmené à Auray et détenu jusqu'au moment où les émigrés furent transférés dans les prisons de Vannes.

Dans un premier interrogatoire, Michel Flamant n'avait déclaré que 18 ans. Il fut ajourné, comme ayant émigré avant l'âge de 16 ans.

Le mois suivant, le Comité de salut public ayant décidé que tous les jeunes gens, qui avaient obtenu un sursis seraient mis en jugement, Michel Flamant comparut, le 8 fructidor an III, devant la Commission militaire de Vannes, présidée par le commandant Lohée.

Son interrogatoire fut court.

« Il déclara se nommer Michel-Anne Flamant, fils de Jean-François...... et de Marie Catherine Barbe, natif de Quimper, âgé de 18 ans ; avoir quitté la France en 1792 pour émigrer en Espagne avec son père ; de là être passé en Angleterre, à Falmouth, où il a pris parti dans le régiment de Dresnay, en qualité de sergent. A été pris à Quiberon. » Signé : FLAMANT.

M#^{me} Flamant, une femme vaillante et bien trempée, à l'appel de son fils était accourue de Quimper, apportant des certificats revêtus de signatures, dans l'espoir d'attendrir les juges.

M. Saulnier (dans une notice intitulée : *une victime de Quiberon*, Nantes, 1883), nous a donné quelques lettres du fils et de la mère, qui méritaient d'être sauvées de l'oubli. Elles nous apprennent que Michel Flamant était enfermé à *la Tour*. « J'ai vu avec plaisir, écrit-elle, que les prisonniers sont propres dans leur appartement, qui était arrosé et balayé. On y avait brûlé du papier pour chasser le mauvais air. »

Le jeune de Lantivy était dans la même prison. Mlle de Lantivy et Mme Flamant avaient obtenu la permission de visiter, l'une son frère, et l'autre son fils. — Le 8 fructidor ils furent condamnés à mort et fusillés dans la prairie du Bondon, en qualité d'émigrés, ayant porté les armes contre la République et faits prisonniers à Quiberon.

Qu'il est touchant le récit que fait cette pauvre mère de ses démarches, de ses angoisses et de son désespoir, dans des lettres qu'elle adresse à Quimper !

Après la mort de son malheureux fils, Mme Flamant écrivit une lettre, datée de Vannes, pour raconter les dernières étapes du cruel chemin de croix qu'elle a parcouru ; on la lira, dans l'opuscule de M. Saulnier. Nous en citerons seulement un passage, parce qu'il nous donnera l'occasion d'élucider un point resté obscur pour M. Saulnier.

« De toute la *Tour*, écrit-elle, un seul, qui est le blondin Denebé, a réchappé, et il faut, pour accabler ma pénible existense, qu'il soit logé chez moi. Nous mangeons ensemble. Sa vue me fait en même temps plaisir et peine. Je voudrais lui parler de Michau et mon cœur saigne dès que je veux prononcer son nom. »

M. Saulnier ajoute en note : « le nom est écrit peu lisiblement. Nous ne savons pas quel est cet heureux blondin. »

Nous allons le lui dire.

Le Jeune Michel Dennebey (1), âgé de 19 ans, de Bayens, Calvados, étant de la réquisition, aima mieux servir par mer et fut s'enrôler à Caen et y prendre *une route* pour venir à Brest, au mois d'août 1794. Embarqué sur la *Méduse*, il fut fait prisonnier par les Anglais, au moment où il conduisait une prise faite par la frégate. Jeté en prison, à Falmouth, il fut forcé par un officier anglais de servir comme domestique et fut expédié à Quiberon. N'a jamais été armé. Déclare ne pas savoir signer. (Procès-verbal, Commission militaire, Vannes). 8 fructidor (St-Honoré).

Le jugement porte : « La Commission acquitte les nommés Trope Jobelin et **Michel Dennebey**, faits prisonniers par les Anglais et forcés de prendre du service dans les régiments étrangers, et ce par les mauvais traitements qu'ils recevaient. »

C'est donc à tort que les listes de Rosenzweig, La Gournerie et Le Garrec portent ce Dennebey parmi les condamnés à mort et fusillés.

Le Lart. En s'appuyant sur une lettre de Mme de Kerenor (Mlle de Lantivy) écrite en 1832, La Gournerie a mentionné un jeune Le Lart, de Quimper, âgé de 15 ans, comme une des victimes de Quiberon.

(1) Le 15 thermidor, avait obtenu le sursis, comme Flamant.

Madame de Kerenor raconte, dans cette lettre à Hersart du Buron, qu'elle a vu le jeune Le Lart, à la prison de la *Tour*, lorsqu'elle allait voir son propre frère, René-Joseph de Lantivy.

Nous possédons (aux archives départementales) un *état* du personnel de la *Tour*, dans la 3ᵉ décade de thermidor, an III. Tous les prisonniers, qui ont été condamnés à mort, le 8 fructidor, y sont nommés : Flamant, de Lantivy, Kermoisan, Feret, etc. Le nom de Le Lart n'y figure pas.

Du reste, Mᵐᵉ Flamant dit positivement, dans une de ses lettres, datée de Vannes, le 9 fructidor, que : « c'est à tort qu'on avait dit y être Le Lart. Je m'en suis informée. Ils n'en ont pas entendu parler. »

Ajoutons qu'aucun interrogatoire, aucun jugement ne fait mention de ce jeune *Le Lart*. La liste du général Lemoine ne porte pas ce nom. Il n'est pas davantage inscrit sur le monument de la Chartreuse.

Mˡˡᵉ de Lantivy, dont les souvenirs n'étaient pas sûrs, trente-sept ans après les événements, a peut-être confondu avec le jeune **Louis Velard** : « émigré, qui, effectivement était en prison à la *Tour*, dans la même chambre que Flamant et Lantivy, et a été condamné à mort et fusillé le même jour qu'eux » (8 fructidor, an III).

Interrogatoire de Louis Velard : « fils de Louis et de Marie St-Hilaire, âgé de 17 ans (Il en avait réellement 19), natif de Chaussy, district de Neuville (Loiret). Avant la Révolution était au collège. A quitté la France en novembre 1791. Il s'enfuit en Allemagne. Était dans le régiment de Damas ; servait en qualité de fusilier. » (Vannes, 8 fructidor, an III).

La Gournerie, qui s'apitoie sur le sort de cet « enfant Le Lart, à qui la prison n'avait rien ôté de la gaîté de son âge », n'a pas osé inscrire le nom sur sa liste. Mais l'abbé Le Garrec n'hésite pas à en inscrire deux sur la sienne, augmentant ainsi, sans raison, de deux unités, le nombre des fusillés de Quiberon.

Du reste, il existe, aux archives de Quimper, un dossier qui prouve que, près d'un an après l'affaire de Quiberon, les trois fils de Mme Le Lart étaient encore vivants. Les deux aînés, Charles-René et Armand-Marie Le Lart, étaient émigrés, probablement en Angleterre. Quant au plus jeune, il vivait avec sa mère, à Quimper.

Le 25 messidor an IV, Mme Le Lart réglait son compte avec la République, à *cause de ses deux enfants émigrés* :

« Considérant qu'elle (Armande du Haffond, femme Le Lart, de Quimper) *a deux enfants émigrés* : Charles-René Le Lart et Armand-Marie Le Lart, et un *troisième non émigré*...

» L'administration déclare arrêter la liquidation et fait abandon de la somme de 19.697 fr. à la femme Le Lart ». Signé : ABGRALL, prés. ; ALIZARD, secrét. (Registre d'arrêté de l'administration centrale du Finistère, messidor an IV.)

Un placard imprimé de l'arrêté est aux archives de Vannes, Série Q, 472.

Nous le copions :

« Extrait des registres de l'administration centrale du Finistère. Séance du 15 messidor an IV de la République Française une et indivisible, tenue par les citoyens Abgrall, président par intérim, Meorcec, Fenigant, administrateurs. Présent : le citoyen Le Gvzare, commissaire du Directoire exécutif :

Vu la déclaration faite, en vertu des lois des 9 floréal an III et 20 floréal an IV, par Armande Duhaffond, femme Le Lart, de Quimper, du 5 fructidor an III et les pièces y référées ; un certificat de non émigration pour la pétitionnaire et pour un de ses enfants ; arrêté de la précédente administration du département, du 8 brumaire an IV ;

Considérant qu'il résulte des dites pièces qu'A. Duhaffond, femme Le Lart, *a deux enfants émigrés*, Charles-René Le Lart et Armand-Marie Le Lart, et un troisième *non émigré*.

L'actif de la dite femme Le Lart consiste en ce qui suit (13 articles). Total : 19,697 fr.

D'où il suit qu'il est sans objet d'examiner le chapitre de la déclaration, qui contient le passif de la dite femme Le Lart, puisqu'elle n'a pas les 30,000 fr. mentionnés en l'art. XI de la loi du 7 floréal an IV.

Le commissaire exécutif entendu,

L'administration, au nom de la République, renonce au patrimoine de la dite Armande Duhaffont, épouse Le Lart, de Quimper, mère de Charles-René Le Lart et Armand-Marie Le Lart, les deux émigrés, et fait l'abandon de la dite somme de 19,697 fr. à la dite femme Le Lart, avec décharge de l'hypothèque de la Nation, main-levée de tout séquestre, etc.

La dite Le Lart est quitte avec le trésor public, en *raison de l'émigration* de ses deux fils.

Le présent sera imprimé au nombre de cent exemplaires et affiché. »

Pour expédition, signé : ABGRALL, prés. par intérim, ALIZARD, secrét. en chef.

Tandis que La Gournerie avance sans preuve qu'un jeune Le Lart, âgé de 15 ans, a été fait prisonnier à Quiberon, condamné à mort et fusillé à Vannes le 8 fructidor, il a raison d'ajouter que le père a été jugé et exécuté un mois avant en qualité d'émigré, sous le nom de Lelargue (René-Antoine).

Pour établir le fait, La Gournerie prend le nom d'un *Lelargue* porté à l'état du général Lemoine sous le n° 325, et l'assimile à celui de Le Lart père.

Le procès-verbal des jugements du 13 thermidor (Com. Bedos) mentionne effectivement comme ayant été condamné à mort, un nommé *René-Anne Le Largue, natif de Permel (sic), département du Morbihan, âgé de 55 ans, fils de René-Joseph-Marie... et de Marguerite-Jeanne Balazé, émigré en octobre 1791.*

La faute d'orthographe invoquée par La Gournerie pour expliquer que ce Lelargue n'est autre que Le Lart père, ne pouvait être un argument qu'à une condition, c'est qu'à la date de 1741 sur le registre baptismal de Ploermel, on trouve la mention d'un René Lelart.

Nous avons prié M. le président du tribunal de Ploermel, M. Lemoine, de faire des recherches à ce sujet.

Voici l'extrait qu'il nous a envoyé pris au greffe du tribunal sur le registre de l'état-civil :

« 22 apvril 1741, Ploermel.

» René-Anne Le Lart, fils de... René-Pierre-Joseph et de dame Marguerite-Jeanne-Reine Barazer, sa compagne, né le 22 apvril 1741, a été baptisé par moy, soussigné curé, le 23 du mesme mois et an que devant, et a été tenu sur les saints fonts du baptême par... Charles-René du Bourne et dame Anne-Marie Colas, veuve Tuault, présents les soussignants :

» Anne-Marie Colas, veuve Tuault; Marie-Josèphe Le Gouzrene; Du Bourne; Herpin; Cloarec; Le Lart; Jacques Rosselier, curé. »

Il y a donc toute apparence que La Gournerie ne s'est pas trompé et que ce Le Lart René-Anne est le Lelargue René-Anne qui, 55 ans plus tard a été condamné à mort le 13 thermidor an III, par la Commission militaire de Vannes.

Ce qui nous surprend c'est que dans son instance près de l'administration centrale du Finistère, produite l'année suivante, Mme Le Lart ne se qualifie pas de veuve et ne fait aucune allusion au décès de son mari. Elle ne sait pas sans doute qu'il a été fait prisonnier à Quiberon et exécuté après jugement. Peut-être le croyait-elle toujours à l'étranger avec ses deux fils.

Des documents précédents il résulte donc que Le Lart père a seul été fait prisonnier et condamné à mort, et qu'aucun des trois fils n'a figuré dans les interrogatoires et jugements des Commissions militaires ; dans tous les cas qu'ils étaient vivants tous les trois une année après le désastre de Quiberon.

On ne saurait trop se prémunir contre les renseignements tardifs de personnes qui, après la Restauration, ont cru devoir consigner leurs souvenirs dans des mémoires publiés ou manuscrits. La lettre de Mme de Kerenor est un exemple.

Madame Flamant, qui a en quelque sorte assisté aux derniers moments de son fils, écrit, le lendemain, qu'il « fut exécuté le même jour (8 fructidor) 70 prisonniers ». Ce chiffre est exagéré. Trois Commissions ont fonctionné ce jour-là à Vannes. La Commission Lohée a prononcé 12 condamnations à mort ; la Commission Honoré 18 et la Commission Legrand 24 ; total 54, qui furent fusillés dans la prairie du Bondon. On peut consulter à ce sujet les documents authentiques, représentés par les dossiers des interrogatoires et des jugements des Commissions militaires conservés en entier.

Voici les noms des prisonniers de *la Tour*, qui furent condamnés à mort par la Commission (président Lohée), y compris Michel Flamant :

B. L. H. Boguais (de la Boissière).
Fr. V. Coataudon.
M. A. F. Flamant.
R. A. Bermond.
R. G. M. Kermoysan.

R. J. de Lantivy.
J. L. A. Ferret.
Fr. Vauquelin.
Fr. de Guttere.
L. Fr. Prevost.
Ant. Alex. Javel.
Paul Levaillant.

Jugement : « La Commission, après avoir mûrement délibéré, a condamné et condamne les ci-dessus *à la peine de mort*, et les renvoie devant qui il appartiendra, pour y subir leur jugement.

Fait en la salle des séances, 8 fructidor an III. »

Ecclésiastiques.

Un assez grand nombre d'ecclésiastiques français s'étaient joints aux émigrés et firent partie de l'expédition de Quiberon. Dix-sept furent faits prisonniers. La première Commission militaire d'Auray, qui jugea Sombreuil, le 9 thermidor, en condamna 13 à mort, y compris Mgr de Hercé, évêque de Dol. Beaucoup durent s'échapper, comme le fit l'abbé Péricaud, que recueillit un canot anglais, et l'abbé Poulpiquet, qui devint plus tard évêque de Quimper.

Dans le dossier des Commissions militaires, nous n'avons rencontré que quatre interrogatoires, postérieurs au 9 thermidor, se rapportant à des prêtres.

1° **Poullain** (Jacques-Amable), vicaire d'Esteville (Seine-Inférieure).

Il comparut une première fois, le 15 thermidor, à Vannes, devant la Commission Bouillon.

Il déclare qu'il a quitté la France en 1792, au mois de septembre, conformément à la loi du 26 août 1792, relative aux ecclésiastiques insermentés, muni d'un passeport du district de Rouen, et du visa du Comité de surveillance en date du 5 septembre.

Interrogé s'il a pris service chez les puissances ennemies, ou s'il a cherché à nuire, par quelque moyen, à la prospérité de la République,

A répondu que non.

Interrogé en quelle qualité il a été pris à Quiberon,

A répondu qu'il était prêtre dans *Royal-Louis*.
Signé : POULAIN.

Au-dessous de l'interrogatoire, on lit :

Sursis au jugement comme ayant exécuté la loi de déportation, la Commission croyant devoir surseoir.
Signé : BOUILLON.

9 jours après, le 26 thermidor, le même Poulain, prêtre, comparaissait de nouveau devant la Commission militaire et était cette fois condamné à mort.

C'est probablement par erreur que La Gournerie a écrit, dans une note de renvoi, que cet abbé Poulain était curé d'Hatté en Anjou.

Un autre Poulain, François, dont nous avons l'interrogatoire, s'est déclaré natif d'Hatté, en Anjou, *postillon* de son état. Il a été condamné à mort, par jugement de la Commission militaire de Quiberon, le 10 thermidor an III.

C'est évidemment de l'abbé Poulain, curé d'Esteville, que nous parle Jacquier de Noyelle, dans ses lettres à Hersart du Buron.

L'abbé Poulain est inscrit sous le n° 246, dans l'état imprimé du général Lemoine. (Commiss. milit. Vannes, 15 et 26 thermidor).

Langlois, Pierre-André-Wulfranc (de la Heusse), âgé de 42 ans, né à Neuville (Seine-Inférieure), prêtre déporté, avait été pris avec les autres émigrés sur la plage de Quiberon.

Il comparut d'abord devant la Commission de Quiberon. Voici son interrogatoire qui peut se passer de commentaire :

« Ayant appris par les papiers, en Angleterre, qu'un décret de la Convention donnait toute latitude à la liberté des cultes et des consciences, il avait profité d'un transport qu'on disait destiné pour Jersey et Guernesey ; de là, il avait l'intention de profiter d'une barque de pêcheur pour rentrer en France.

» Le vaisseau marchand sur lequel il était ne contenait pas d'émigrés ; au lieu de le conduire à Jersey il reçut l'ordre de venir sur les côtes de France, où on l'a débarqué *malgré lui et à son grand étonnement.*

» Il a observé qu'étant un jour descendu de son bâtiment à Quiberon et ayant remarqué que l'île était occupée par les émigrés et qu'ils faisaient la guerre aux républicains, il se rembarqua sur-le-champ pour ne pas être compromis et ce n'est *que par force* qu'il a été obligé de descendre la veille de la prise du fort Penthièvre. » Lecture à lui faite, a signé : LANGLOIS.

Le comparant ci-dessus a ajouté de nouveau que lors des attaques du fort par les Français, il aurait pu se rembarquer mais que, plein de confiance dans la générosité de ses concitoyens *qu'il désirait rejoindre*, il a préféré rester et s'est offert au général Valletaux, pour soigner les malades ; qu'il le lui a permis et qu'il ne l'a pas considéré comme prisonnier et même l'a traité avec beaucoup d'égards. (Commis. mil. Quiberon, thermidor.)

Le tribunal ajourna son jugement. L'abbé Langlois fut transféré à Auray.

Il comparaissait le 12 fructidor an III, devant la première Commission militaire (président Lalene.)

Sa déposition est brève : il a été, dit-il, déporté en 1792 ; est resté en Angleterre jusqu'en juillet 1795, puis s'est embarqué à bord d'un vaisseau de transport expédié pour Jersey, mais ce navire changeant de destination vint rejoindre l'escadre qui était à Quiberon, *où il a été mis à terre malgré lui.* Signé : LANGLOIS.

L'abbé Langlois fut condamné à mort en qualité de prêtre déporté, pris dans un rassemblement armé contre la République. (Comm. milit. Auray, 12 fructidor.)

Rolland de Kerloury. A comparu Joseph-Marie-Magdelin **Rolland**, âgé de 33 ans, né à Plougueneil, district de Lannion (Côtes-du-Nord), prêtre et *n'ayant jamais eu aucune charge ecclésiastique.*

Interrogé depuis quand il a quitté la France.

« A répondu : lors du décret pour la déportation des prêtres non-sermentés, et s'est rendu à Jersey.

A lui demandé pourquoi, sachant que les prêtres déportés ne pouvaient rentrer en France, il s'y était présenté. A répondu : qu'ayant appris que la Convention avait décrété la liberté des cultes, croyant d'ailleurs que les ecclésiastiques déportés pouvaient rentrer, il a saisi l'occasion du voyage que l'on avait annoncé pour les côtes de St-Brieuc, où il espérait rentrer et se rendre dans sa famille.

A lui demandé s'il avait une charge parmi les émigrés. A répondu qu'il n'en avait aucune.

A lui demandé pourquoi il s'est trouvé dans un rassemblement d'émigrés armés. A répondu qu'il n'avait que ce moyen pour rentrer en France.

Interrogé de quoi il a vécu en Angleterre. A répondu de secours que l'on donnait aux Français émigrés.

Interpellé si, pour recevoir ce secours en Angleterre, il s'est déclaré émigré. A répondu qu'à Jersey, on lui demanda son nom, son âge, sa qualité et les raisons qui l'avaient fait quitter la France et qu'il avait fait les mêmes réponses que ci-dessus; et que, lorsqu'il n'eut plus de ressources, il s'adressa à l'Evêque chargé des secours aux prêtres de Bretagne. » Lecture faite, a signé : ROLLAND.

Du Largez, Louis-Gabriel, âgé de 47 ans, natif de Louargat, district de Guingamp (Côtes-du-Nord).

Ci-devant prêtre et recteur de la paroisse de Plemeur-Baudou.

Interrogé quand il a quitté la France et pourquoi il l'a quittée. A répondu : le 14 juillet 1791; et qu'ayant refusé le serment et étant remplacé, il avait craint d'être arrêté et s'était retiré à Jersey.

A lui demandé pourquoi, connaissant que les lois de la France lui défendaient de rentrer, il y est revenu avec un rassemblement d'émigrés. A répondu que M. de Dresnay, colonel d'un régiment d'émigrés, l'avait demandé pour être son aumônier et qu'il avait suivi le régiment en France. Lecture faite, a signé : Louis Gabriel DU LARGEZ. (Quiberon, 12 thermidor).

Médecins et Chirurgiens

L'armée anglo-émigrée avait, dans ses cadres, un certain nombre de médecins et de chirurgiens, chargés de pourvoir au traitement des malades et des blessés. Le médecin en chef était le Dr Selle, qui parvint à s'échapper. Mais quelques autres furent faits prisonniers et durent comparaître devant les Commissions militaires. De ce nombre sont les deux Javel, le père et le fils, tous les deux officiers de santé, qui furent jugés, le 9 thermidor, par la Commission de Quiberon, sous la présidence du commandant Dinne.

1° Interrogatoire de Javel, père. — « A comparu un individu qui, interrogé de ses nom, prénoms, âge, lieu de naissance et profession, a répondu se nommer : Antoine Louis Javel, médecin et chirurgien major des armées et anciens hôpitaux militaires de France, âgé de 52 ans, natif de Moidieu, en Dauphiné.

A lui demandé depuis quand il a quitté la France, où il est allé et d'où il est parti. A répondu avoir quitté la France depuis 4 ans 1/2, pour se rendre à

Brunn (sic) en Allemagne, et être parti de Maubeuge.

A lui demandé s'il connaissait le décret qui défend l'émigration. Répond : qu'il n'y en avait pas dans ce temps-là.

A la demande où il était, lors de la dernière évacuation de la Belgique par les Autrichiens. A répondu qu'il était au service de l'Angleterre, dans les uhlans britanniques.

Interrogé sur ce qu'il avait dit avoir parlé à Dumouriez, à Liège, lorsqu'il était à la tête des armées françaises, pourquoi il n'était pas resté avec les Français. A répondu : que Dumouriez le renvoya, sous le prétexte que, dans deux mois, tous les émigrés rentreraient en France.

Ayant déclaré qu'il servait dans le corps des uhlans britanniques, et qu'il en avait le brevet, il lui a été demandé depuis combien de temps. A répondu : qu'il y était resté un an, après avoir quitté le service des Autrichiens. Il a ajouté aux déclarations ci-dessus que Dumouriez, lorsqu'il lui a parlé à Liège, lui avait ordonné de se rendre sur-le-champ à Sytart (sic) et qu'il lui avait donné un passeport à cet effet, et que Sytart est le lieu de sa résidence et de son fils.

Lecture à lui faite du présent interrogatoire et de ses réponses, a signé : JAVEL. »

2° Interrogatoire de Javel, fils. — A comparu ensuite un autre individu qui, sur les interpellations qui lui ont été faites, a répondu se nommer Alexis Javel, âgé de 18 ans 1/2, natif de Lyon, chirurgien et fils du précédent, et avoir quitté la France depuis 4 ans 1/2.

Interrogé pourquoi il a quitté la France. A répondu : qu'il était alors enfant et avait été emmené par son père. N'a eu aucune connaissance de la loi qui rappelle les émigrés en France parce qu'il était occupé à la langue allemande. Lorsqu'il sut l'allemand, il fut pris au service de l'Empereur.

Interrogé s'il ne s'était pas trouvé à Liége, lorsque Dumouriez y était à la tête des armées françaises. A répondu : que c'était le moment où il voulait rentrer ; mais que Dumouriez l'avait renvoyé lui et son père, auquel il avait donné un billet. S'est mis au service des émigrés, *pour gagner du pain*. Alexis JAVEL.

Le lendemain, 10 thermidor, les deux Javel étaient condamnés à mort, comme émigrés, rentrés en France et ayant fait partie d'un rassemblement armé.

Javel, père, fut seul exécuté.

Pour quelle raison Javel fils obtint-il un sursis ? Nous l'ignorons. L'arrêté du représentant Blad, accordant le sursis aux jeunes gens qui avaient émigré avant l'âge de 16 ans, ne fut pris que le 11 thermidor et ne dut parvenir à Quiberon que le lendemain.

Toujours est-il que le jeune chirurgien Alexis Javel était transféré dans les prisons de Vannes, et, au bout d'un mois, comparaissait, le 8 fructidor, devant la Commission, présidée par le capitaine Lohée.

« Est comparu Antoine-Alexis Javel, fils de Louis Javel et de ..... Guyont, natif de Lyon (Rhône), âgé de 18 ans passés, chirurgien, émigré en 1790, avec son père. A été en Allemagne ; a exercé ses fonctions d'aide-chirurgien dans le régiment de Salm, depuis 3 mois. A été pris à Quiberon, avec les émigrés, par l'armée républicaine. Lecture faite, a signé : Antoine-Alexis JAVEL ».

Condamnation à mort. — Alexis Javel était parmi les 54 condamnés qui furent fusillés dans la prairie du Bondon, près de Vannes, le 8 fructidor an III. Cette fusillade donna lieu à un conflit aigu entre les administrations de la Cité et l'autorité militaire. (Voir : exécutions à Vannes en 1795. Bull. Soc. poly. du Morbihan de Closmadeuc, 1897.)

Le tableau du général Lemoine ne porte qu'un *Javel* Alexis. Il y a là évidemment une omission qu'on ne peut attribuer qu'à l'inadvertance des secrétaires, qui ont été chargés de composer la liste ; à moins qu'il n'ait échappé à la mort par une évasion.

Un autre chirurgien, nommé François **Lindorf**, de Coblentz, comparaissait, le 7 fructidor an III, devant la Commission militaire de Vannes, présidée par le commandant Honoré.

Dans son interrogatoire, il déclare qu'il a quitté Coblentz en 1792, pour aller à Louvain ; qu'il passa ensuite en Angleterre, où il fut employé comme chirurgien à l'hôpital Sainte-Hélène. Un an après, il reçut l'ordre de partir pour Gand et de rejoindre le corps du prince de Rohan. Il repassa en Angleterre. On lui dit qu'on allait à Jersey. N'avait aucune connaissance que ce fût pour venir attaquer la France. Lecture faite, a signé : François L<small>INDORF</small>, chirurg.

Le tribunal le condamna à la détention jusqu'à la paix, en qualité de « prisonnier étranger ». (Vannes, 7 fructidor an III.)

Le chirurgien Urbain-Claude **Vimart**, fils de Ant... et de Marie Boisard, âgé de 58 ans, natif de Sedan (Ardennes), avait quitté le territoire français en 1791, pour se rendre à Trèves. Il s'est mis au service des émigrés et a été fait prisonnier à Quiberon. (Commission Auray, 11 thermidor.) Condamné à mort.

Le médecin **Yves Barré**, originaire de Châteauneuf-du-Faou (Finistère), âgé de 45 ans, était, comme les précédents, attaché à l'armée des émigrés.

Marié et père de famille, il exerçait à Hennebont depuis 1785, après avoir navigué en qualité de chirurgien de marine. Dans le courant de 1792, cédant sans doute à des impulsions qui ne furent pas uniquement celles qu'il indiquera plus tard dans son interrogatoire, il quitta sa ville et les siens, accompagné de son jeune beau-frère, le fils Hémon, gagna Paris et ne tarda pas à passer la frontière. Il fut dès lors considéré comme émigré par le district d'Hennebont et traité comme tel. Le séquestre fut mis sur ses biens. Le 23 septembre 1792, un commissaire était nommé pour procéder à l'inventaire du mobilier de *Barré*, *émigré*. Le 10 octobre, Philippe Hémon, le beau-père, maître chirurgien, demeurant rue *du Puits-Ferré*, adressait à l'administration une pétition *tendant à ce qu'avant de procéder à la vente du mobilier d'Yves Barré, veuf de Marguerite Hémon, sa fille, il soit autorisé à prélever, au nom de son petit-fils, la moitié du prix de la vente*. L'autorisation fut accordée.

La vente du mobilier avait lieu le 1er janvier 1793, et avait produit 2,267 fr. 14. En novembre 1792, le même Philippe Hémon réclamait la suspension de la vente des biens, s'offrant de prouver que son gendre n'avait pas émigré.

L'administration attendit vainement cette preuve pendant plusieurs mois. Enfin, le 8 octobre 1793, on procédait à l'adjudication des immeubles d'Yves Barré, au profit de la nation.

La maison, *rue de la Levée*, à Hennebont, fut adjugée à Mlle Barré Laurence-Victoire, au prix de 8.700 fr. Le jardin, *entre les murs et la Levée*, fut adjugé au citoyen Dessaux à 12.900 fr. La métairie de Kervilio, en Plouay, 16.000 fr., au citoyen Laigneau.

En Allemagne et en Angleterre, pendant trois ans d'exil, le chirurgien Barré vécut avec les émigrés, c'est à ce titre qu'il s'engagea comme médecin dans l'armée royaliste, qui descendit à Quiberon. Après la défaite, il fut de ceux qu'on garda enfermés dans l'église. Comme on manquait de chirurgiens, on l'employa pour panser les blessés à l'ambulance républicaine. Cette situation lui donnait l'espoir qu'il serait épargné ; aussi écrivait-il, le 6 thermidor, à son beau-père, l'officier de santé Hémon, d'Hennebont :

« Je vous apprends avec plaisir que je suis employé

dans l'ambulance de l'armée du Morbihan et qu'on me donne l'espoir de vous voir incessamment et d'embrasser la chère Laurence qu'on m'a dit être comme vous. On a accueilli favorablement mon petit mémoire que j'adressais à la municipalité qu'on s'est chargé de présenter et d'appuyer. » Signé : BARRÉ.

P. S. — Adressez-moi de vos nouvelles à l'ambulance à Auray. Pour copie conforme, signé : FERNAN, secrétaire. (L. 761, arch. départ.)

Cinq jours après (9 thermidor), le médecin Barré comparaissait devant ses juges siégeant dans une des chambres du presbytère de Quiberon.

Nous donnerons ici le texte de sa lettre, de son interrogatoire et de son jugement, d'après les pièces originales conservées aux archives du département.

Lettre du docteur Barré aux citoyens administrateurs du district d'Hennebont :

« 9 thermidor an III.

» Citoyens, la loi m'a déjà puni, sans que je puisse faire parvenir jusqu'à ses tribunaux les motifs de ma sortie de France.

A l'époque du 14 décembre 1792, j'étais encore muni de votre passeport et n'en ai pas moins été confondu avec les émigrés et traité comme tel. Malgré les tentatives infructueuses que j'ai faites pour faire parvenir ma justification jusqu'à vous, et plusieurs membres de l'Assemblée nationale, comme aussi aux généraux en chef de l'armée du Nord, le tout malheureusement sans effet, n'ayant reçu aucune réponse.

Permettez, citoyens, que je vous retrace ici le tableau dont j'offre de vous fournir les preuves les plus convaincantes, qui sont entre les mains du citoyen Ponel, président de la ci-devant cour à Vento, ville de Hollande, où j'ai resté deux ans comme médecin de la dite cour.

Comme je l'ai déjà dit, je suis sorti de chez moi,

muni de votre passeport, persuadé qu'il me suffirait, le 14 décembre 1792, pour accompagner un de mes beaux-frères à Paris, pour étudier en médecine. Peu de jours après que j'étais dans la capitale, je fus appelé par un ancien officier de la marine, avec qui j'avais servi, qui faisait une maladie de la plus grande conséquence, compliquée de scorbut. Ses deux médecins ordinaires m'ayant jugé plus familier avec cette maladie, ayant servi 22 ans dans la marine, j'ai concouru avec mes deux confrères à ce traitement, qui eut tout le succès que nous pouvions attendre.

Notre malade parvenu à la convalescence, nous décidâmes de le faire aller prendre les eaux à Spa. Voilà l'époque de mes malheurs, parce que j'eus la faiblesse de céder à ses instances de l'y accompagner, le malade craignant de ne pas bien rendre les différentes progressions de sa maladie aux médecins entre les mains desquels il allait tomber de nouveau. Mon attachement pour cet officier et peut-être, je le confesse, l'intérêt, parce qu'il m'offrait une forte récompense, me fit faire cette démarche indiscrète, persuadé d'ailleurs que mon absence serait de peu de jours.

Mon pupille voulut à toute force m'accompagner et mon premier objet, en arrivant à Spa, fut d'y faire attester ma présence par les personnes commises à cet effet, ce que j'envoyai sur-le-champ à mon beau-père, qui n'a sans doute pas manqué de vous en faire part, et j'en conserve le duplicata.

Disposé, après quelque séjour que je fis dans cette ville, à m'en retourner, j'appris, la veille de mon départ, l'entrée de l'armée triomphante de la France dans le Brabant. Effrayé par ma société, dont la partie était coupable, et par l'arrêt trop juste prononcé par l'Assemblée nationale contre ces derniers, j'eus peur d'être confondu avec eux et, sans peine, ils m'inoculèrent la crainte dont il y en avait plusieurs de justement affectés. J'ai fui donc, sans trop savoir pourquoi, et m'arrêtai à Veule, où, peu de temps après, on me proposa la place de médecin de la cour, avec une pension des États généraux, que j'acceptai, en attendant qu'il se présente un moment favorable de rentrer dans ma patrie, ce que j'ai tenté plusieurs fois, en écrivant aux généraux de l'armée, pour obtenir un *passe* qui me permît de franchir la frontière sans danger.

Mon pupille, plus brave que moi, étant fort jeune, se décida à braver le péril pour aller faire ses offres de services. Je n'en ai reçu aucune nouvelle.

A la fin de 94, je me suis décidé à faire de nouvelles tentatives et me résolus à passer en Angleterre, au grand regret de mes bienfaiteurs. Mais trompé de nouveau dans mon attente et menacé de la plus affreuse misère, dans un pays où j'ignorais la langue, j'acceptai d'accompagner la société à laquelle je me suis réuni, me proposant, à la première terre de France, de les abandonner, ce que j'ai manifesté à la personne chez qui je me suis établi à Quiberon, le jour de mon arrivée, ce qu'il offre d'attester, s'il en est requis.

J'aurais pu fuir encore d'ici, mais ferme dans mes résolutions, quoi qu'il puisse m'en arriver, tenant à ma patrie et à l'humanité souffrante, je me suis rendu auprès des malheureux blessés à qui je suis autorisé à continuer mes soins, jusqu'à ce qu'il vous plaise prononcer sur le sort de votre concitoyen : BARRÉ, Médecin de la Faculté d'Ordewich (Hollande.) (Le 9 termidor an III de la République une et indivisible.) »

Nous avons retrouvé l'original de cette lettre dans une liasse intitulée : *Barré*, qui contient un certain nombre de pièces, toutes relatives à la liquidation de l'émigré : revendications du citoyen Hémon, beau-père ; revendications du fils Barré et d'ex-créanciers de la liquidation. (Série Q B, n° 377).

Une *copie* certifiée conforme, par le secrétaire du district d'Hennebont, est annexée au dossier des Commissions militaires. — L. 761.

Lorsque le médecin Barré fut interrogé, le 10 thermidor, par la 1ʳᵉ Commission militaire de Quiberon, celle-ci avait en main la lettre précédente et probablement des renseignements fournis par les administrateurs du district d'Hennebont, sur les antécédents de Barré.

Interrogatoire de Barré. — « A ensuite comparu Yves Barré, âgé de 45 ans, natif de Châteauneuf-du-Faou (Finistère), chirurgien établi à Hennebont depuis 1785.

A quitté la France en 1792. Ignorait qu'il fût défendu de sortir de France. Est parti pour accompagner un malade aux eaux de Spa. N'était pas au service des émigrés ; mais, étant passé en Hollande, de là en Angleterre, il y fut découvert et forcé de s'embarquer. Il a gagné l'Angleterre, pour trouver plus sûrement des occasions de repasser en France, ayant appris que, pendant son absence, sa femme et son fils étaient morts.

Sachant qu'il était confondu dans la classe des émigrés ; que d'ailleurs ayant écrit, dès 1792, au général Dumouriez et au général Lamarche pour obtenir un passeport, à l'effet de rentrer en France, et n'ayant pas reçu de réponse, il n'avait pas osé pénétrer dans les armées françaises.

A lui observé qu'il existe une contradiction entre une de ses précédentes réponses, où il dit qu'il a été découvert en Angleterre et forcé de s'embarquer, et le passage d'une lettre qu'il a écrite le 9 thermidor aux administrateurs du district d'Hennebont, conçu en ces termes : « Menacé de la plus affreuse misère, dans un pays où j'ignorais la langue, j'acceptai d'accompagner la société à laquelle je me suis réuni ! » A répondu que ne pouvant rester en Angleterre, d'où les Français devaient sortir, il a été obligé alors d'accompagner les émigrés.

Interrogé quelle était cette société ? A répondu que c'étaient les émigrés.

Interrogé pourquoi, lors de sa sortie de France, dans un temps où l'on ne donnait plus de passeport, pour aller à l'étranger, il y est passé, n'en ayant d'autre que celui qui lui avait été donné pour aller à Paris. Répond : qu'on ne lui a jamais demandé de passeport qu'à Valenciennes, où il a montré celui que sa commune lui avait accordé, pour aller à Paris. » Lecture faite, a signé : Yves BARRÉ.

Jugement

La Commission militaire établie à Quiberon..... considérant que les nommés.... Yves Baré (sic).... sont Français; ont été faits prisonniers dans la presqu'île de Quiberon, le 3 thermidor, lorsque l'armée de la République l'a reprise; sont convaincus d'émigration; d'avoir pris les armes ou fait partie d'un rassemblement d'émigrés armés contre leur patrie; et dans le cas des articles 1 et 2 de la section 1ʳᵉ du titre 4 et des articles 7 et 8 du titre 5 de la loi du 25 brumaire an III,

Les condamne à la peine de mort avec confiscation de leurs biens.

Le présent jugement sera mis à exécution militairement dans les 24 heures.

Fait et prononcé en Commission militaire établie à Quiberon, en séance publique, le 12 thermidor an III de la République une et indivisible.

A. DINNE, chef de bataillon, président ; J. FORGEAIS, capitaine; DANGIBAUT, lieutenant; ARTUR, sergent-major; RAVET, caporal-fourrier; MEUNIER, secrét.

Au mois d'avril 1793, des perquisitions avaient sans doute été faites chez le chirurgien Hémon, beau-père de Barré. Une lettre de celui-ci, venue de la Hollande, était tombée entre les mains du Comité révolutionnaire d'Hennebont.

Par cette lettre datée de Venloo (Hollande), très affectueuse dans sa forme, l'exilé demandait des nouvelles du jeune fils Hémon, qui l'avait quitté. Regrettant sa famille et son pays, il laissait percer qu'il était dans l'attente d'un revirement politique pour rentrer en France. C'était précisément l'époque de la trahison de Dumouriez ; les émigrés comptaient sur lui pour disperser la Convention et ramener la monarchie.

Un passage de la lettre de Barré ne pouvait échapper à la clairvoyance ombrageuse des administrateurs républicains d'Hennebont :

« Je n'ai garde de vous parler de nouvelles que vous savez mieux que moi, je veux dire de celles de notre infortunée Patrie, j'ai seulement une grâce à vous demander, qui est celle de me recommander à quelqu'un de vos amis dans notre capitale, qui puisse m'aider pour parvenir jusqu'à vous.

Si les choses paraissent, selon vous, me permettre de me mettre en mouvement, à la fin de ce mois, ce dont je serais sans doute informé par les papiers publics et les nouvelles particulières, je vous serais obligé, au lieu de m'écrire ici, de m'adresser une lettre à Paris, *poste restante*, et de tâcher de m'adresser à quelqu'un qui me sera favorable. Si au contraire le calme ne se rétablit pas, contre mon attente, écrivez-moi à Venloo, à l'adresse de M. Webert, chez M. Bekers, négociant.

Mille amitiés, s'il vous plaît, à Mlle Kerlo et à ma chère Lorence, ainsi qu'à mon frère et me croyez avec le plus sincère attachement,

» Votre affectionné fils, Y. BARRÉ.

» Venloo, le 9 avril 1793. »

(Distr. Hennebont, pol. génér. L. 942).

La lettre de Barré porte en marge une *note* significative, de la main du procureur syndic du district, ou du président du Comité de surveillance :

« Avisé le Comité de surveillance de Paris. Petit
» homme de la taille de 5 pieds au plus, assez bien,
» défiguré, borgne, avec un œil de verre, portant che-
» veux clairs. »

Yves Barré, condamné à mort le 12 thermidor, par la Commission militaire siégeant au presbytère de Quiberon, fut fusillé sur la grève, en même temps que MM. de la Voltais, de la Villaloys, de Royrand, de la Houssaye, Le Gualés de Lanséon, etc.

Un homme qui l'échappa belle fut le chirurgien **Delvigne**, âgé de 28 ans, né à Valenciennes.

Pris à Quiberon, il comparaissait devant la Commission militaire le 11 thermidor an III.

Interrogé, il répond : « Qu'il n'est point émigré, qu'il est une victime de son opinion et de son civisme, qu'il existe des certificats des autorités constituées de sa ville et même des représentants du peuple Briez et Cochon, dont à la vérité il n'est pas porteur.

» Il était chirurgien de Valenciennes, quand cette ville fut prise par les Autrichiens. Emprisonné par eux pour avoir chanté une chanson patriotique près d'un corps de garde, il fut, après deux mois de détention, forcé par les Autrichiens de servir dans leurs hôpitaux.

» A l'approche de l'armée française, il fut envoyé à Mons avec un convoi de malades; là, obligé de s'établir dans une caserne pour soigner les blessés, qui y refluaient après l'affaire de Charleroi, il réclama en vain sa liberté; on le contraignit d'aller en Hollande, à Elbourg, où était un noyau d'émigrés; on l'engagea à soigner les galeux et les vénériens qui se trouvaient dans ce noyau; de là, il fut embarqué à Stade avec le régiment de Périgord pour Quiberon. »

Heureusement pour notre chirurgien, il y avait dans l'armée républicaine de Quiberon un brave capitaine de tirailleurs qui l'avait connu au siège de Valenciennes. Il fut appelé comme témoin et voici ce que note le procès-verbal :

« Le citoyen Legrand, capitaine au 2ᵉ bataillon de tirailleurs, se trouvant présent, a déclaré à la Commission connaître très bien le citoyen Delvigne, qui l'a pansé de deux blessures ; qu'il l'a connu pendant le siège de Valenciennes, où il était enfermé, et atteste que le dit Delvigne a manifesté un patriotisme pur et a rendu les plus grands services aux défenseurs de la patrie qu'il traitait. »

Signé : Le Grand, capitaine.

Le chirurgien Delvigne fut acquitté.

Il n'est pas sans intérêt de citer ici un passage *de la relation* de La Roche-Barnaud à propos de ce chirurgien Delvigne :

« Ces détails (sur l'affaire du 16 juillet, 28 messidor) nous furent donnés par M. Delvigne, jeune homme aussi brave que zélé royaliste, remplissant alors les fonctions de chirurgien-major dans mon régiment (Périgord). Il a constamment servi la cause de la légitimité jusqu'à la Restauration. Il est aujourd'hui chirurgien-major dans le 2ᵉ régiment d'infanterie de la garde royale commandée par le maréchal de Druault. (La Roche-Barnaud, p. 113, 2ᵉ édit.)

Une aventure du même genre arriva à un officier de santé, nommé Louis-François **Goux**, fait prisonnier à Quiberon.

Incarcéré à Auray, il comparut, le 12 thermidor, devant la 1ʳᵉ Commission militaire (Présid. Lalene).

Il déclara se nommer Louis-François Goux, fils d'Antelle..... et de feue Françoise Savarat, âgé de 52 ans, natif de Selse (sic), résidant à Calais, district id., département du Pas-de-Calais, médecin. Il avait, disait-il, été fait prisonnier par un détachement de hussards hongrois, le 13 octobre 1793, en allant de Dunkerque à Lille en Flandre. Il avoue qu'il était du rassemblement de Quiberon.

Les juges prononcèrent *l'ajournement*.

Transféré à Vannes, il comparaît devant la 4ᵉ Commission militaire (Président Desquieux), le 24 thermidor an III.

Après avoir décliné ses nom, prénoms et son âge, comme précédemment, il déclare qu'il est *natif de Nantua*, résidant à Calais, etc. Il répète sa première déposition, à savoir qu'il a été pris par un détachement de hussards entre Dunkerque et Lille.

Cette fois, la Commission militaire *l'acquitte* (25 thermidor); depuis lors, il s'était attaché à l'hôpital de Vannes, qui regorgeait de malades, et y remplissait les fonctions de médecin.

Il y avait cinq mois qu'il était en liberté, quand quelqu'un s'avisa de le dénoncer comme étant un sieur *François Goux, officier de santé*, porté sur la *liste des émigrés* du département de l'Ain, comme ayant son *domicile connu à Belley* (Ain) *et des biens à Carbonod*. (Liste imprimée générale des émigrés.)

L'administration du Morbihan le fit arrêter, le 27 nivôse an IV et écrivit, à son sujet, une lettre au chef de l'Etat-Major. Deux points étaient à éclaircir: 1º François Goux avait-il été réellement acquitté ? 2º Etait-ce le même que le *François Goux, officier de santé, domicile connu Belley, département de l'Ain, ayant des biens à Carbonod*.

La lettre se termine ainsi :

« .... S'il avait été dès lors reconnu pour émigré rentré, la Commission n'eut pas manqué sans doute de lui faire l'application de la loi. Il est important de s'assurer s'il en a imposé aux Commissions qui l'ont d'abord jugé, parce que, dans aucun cas, un émigré ne peut échapper au châtiment qui le poursuit. » Signé : LEFEBVRIER, LAUDREIN, DANET, BAUMARD, FAVEROT.

Le 8 pluviôse an IV, le médecin Goux comparaissait devant la Commission militaire, présidée par le chef de bataillon E. Guidal.

Aux questions qu'on lui pose, il répond « qu'il aurait cru ne devoir plus être interrogé, puisqu'il était porteur de sa mise en liberté, acquitté par la 4ᵉ Commission militaire établie à Vannes, le 24 thermidor ».

En présence de ces déclarations, les juges inscrivent dans le procès-verbal : « Considérant qu'elle ne connaît point le motif qui a donné lieu à son arrestation, le renvoie à sa détention et à de plus amples informations, pour prononcer définitivement sur son compte » (8 pluviôse an IV).

Après plus de deux mois d'incarcération, le médecin Goux fut déféré devant une nouvelle Commission militaire (sous la présidence du chef de bataillon du bas Rhin, le citoyen Strifler).

Le Président de la Commission avait écrit au général Quentin, qu'il lui paraissait inutile de faire comparaître un homme qui avait été acquitté. Le Général écrivit en marge de la lettre : « La Commission le jugera derechef et définitivement. »

Il comparut donc le 8 germinal an IV.

« Où avez vous été fait prisonnier par les troupes de la République ? Il répond : à Quiberon.

Comment vous êtes-vous trouvé parmi les émigrés ? Répond : qu'ayant été pris par un parti ennemi, allant de Calais à Dunkerque et à Lille, il a été emmené en Angleterre, où il a été forcé de prendre du service, en qualité de médecin, parmi les émigrés.

Interrogé s'il n'a pas fait quelques tentatives pour rentrer dans le sein de la République. Répond : avoir été retenu sur un bâtiment anglais, qui servait d'hôpital, et n'être entré à Quiberon que 8 heures avant la prise de ce fort par les républicains.

Interrogé s'il n'a pas été jugé par une Commission. Répond être porteur d'une copie d'un jugement rendu par la 4ᵉ Commission établie à Vannes, qui ordonne sa mise en liberté.

Interrogé s'il n'a jamais porté les armes contre la République. Répond : non. De quoi lecture faite, a signé : Goux.

Les juges avaient fait des recherches et constaté qu'effectivement le prévenu avait été acquitté par la 4ᵉ Commission militaire de Vannes. Ils avaient, en même temps, consulté *le tableau général des émigrés* et y avaient lu : *Louis-François Goux, officier de santé* (Ain). Etait-ce cet émigré qu'ils avaient devant eux ? Ils purent le croire. Dans sa première déposition, il s'était dit natif de Selse (*sic*) ; dans la 2ᵐᵉ de Nantua (Ain), et domicilié à Calais. — Dans ses deux derniers interrogatoires, il ne parle plus que de son domicile à Calais.

Mais le pauvre homme était un médecin, déjà acquitté, qui, depuis sa mise en liberté, s'était dévoué aux malades d'un hôpital, où la contagion faisait chaque jour des victimes. Il venait, en plus, de subir les rigueurs d'une prison préventive de deux mois. Il produisait des certificats de sa commune constatant sa résidence.

Le tribunal n'hésita pas.

« Considérant, dit le jugement, que le nommé Louis-François Le Goux n'a point porté les armes contre la République, et qu'il ne servait les émigrés en qualité de médecin que parce qu'il y a été forcé par les menaces et les mauvais traitements,

Confirme le jugement déjà rendu en sa faveur par la 4ᵉ Commission établie à Vannes.

Ordonne qu'il soit mis en liberté.

N.-B. — Le citoyen Goux ayant reçu des certificats de sa commune, qui constatent sa résidence, il est constant qu'il n'a pas émigré. En conséquence est déchargé de l'accusation d'émigration. » (Comm. milit. Vannes. — 9 germinal an IV).

Un autre chirurgien attaché à l'armée anglo-émigrée, comparaissait le 25 fructidor an III, devant une des Commissions militaires de Vannes.

Son nom était J.-B. **Portebois**, âgé de 47 ans, natif de Neuve-Église, dans les Pays-Bas.

Interrogé comment il s'était trouvé parmi les émigrés à Quiberon, il répondit qu'étant sur la frontière, exposé à recevoir tantôt les Français, tantôt les Impériaux, il s'était déterminé à quitter le pays pour aller chez une sœur qui était à deux lieues plus loin, mais il fut requis par les Impériaux pour travailler au traitement des blessés dans les hôpitaux, n'ayant point été payé, il se décida à prendre parti dans la légion de La Châtre, où il a servi en qualité de chirurgien. Lecture faite, a signé : J.-B. Portebois.

Le chirurgien Portebois, n'étant pas Français, fut acquitté et remis à la disposition du général Lemoine en qualité de prisonnier de guerre, détenu jusqu'à la paix. (Com. milit. Vannes, 25 fructidor.)

Sa femme, Catherine Faveur, âgée de 45 ans, et son fils Dominique, âgé de 13 ans 1/2, avaient accompagné le chirurgien Portebois. Ajournés par la quatrième Commission militaire (26 thermidor, la mère et le fils furent bientôt mis en liberté).

Beguerie. — A la date du 15 brumaire an IV, un nommé Philippe Laffeteur passait devant la Commission militaire de Vannes, et était condamné à mort comme émigré fait prisonnier à Quiberon.

Son histoire est intéressante parce qu'elle se lie à celle d'un officier de santé du nom de Beguerie.

Ce Beguerie, âgé de 30 ans, était chirurgien du 41me, en garnison à Quiberon, lorsque l'armée anglo-émigrée s'empara du fort Penthièvre. Il fut fait prisonnier comme tous ses camarades. On le garda dans la presqu'île pour soigner les malades. Ses relations furent journalières avec M. de Selle, médecin en chef de l'armée royaliste et avec les principaux officiers dont il entendait les conversations.

Dans la matinée du 3 thermidor, le chirurgien du 41e fut repris par les troupes républicaines et réintégré au corps. Il fut chargé de conduire à Lorient un convoi de blessés. Il était accompagné de l'ancien domestique de M. de Selle, nommé Philippe Laffeteur, qu'il avait pris à son service.

L'imprudent Beguerie ne s'était pas fait faute, aussi bien à Hennebont qu'à Lorient, de raconter à tout venant ses aventures de captivité et de donner des détails sur son séjour au milieu des ennemis. Dans les cafés et autres lieux publics, il ne tarissait pas. Suivant lui, les émigrés trois jours après la prise de possession de Quiberon disaient « qu'il fallait se porter sur Port-Louis, étant assurés qu'il n'y avait pas plus de 100 hommes de garnison. Lorient était dans le même cas. Après la déroute du 28 messidor, les ennemis disaient que cela était bien désagréable ayant reçu des nouvelles de Charette, qui annonçait des victoires sur les républicains, que Saint-Malo devait être livré, que Tinteniac venait de les instruire qu'il avait battu six fois les républicains, et que *Tallien*, représentant du peuple, qui se trouvait en ce moment là à Lorient, *y était pour eux*, devant travailler pour les favoriser ; que des émigrés venant d'Angleterre annonçaient qu'à Londres *on faisait beaucoup de cas de Tallien* parce qu'il favorisait le parti royaliste. »

Les bavardages du chirurgien Beguerie parvinrent aux oreilles des représentants du peuple.

Dès le 12 thermidor, le représentant Guermeur

écrivait de Quimperlé aux administrateurs du district d'Hennebont :

« Mon collègue Topsent, à son passage ici, m'informe qu'il a dû être fait devant vous, par l'officier de santé du 41ᵐᵉ, une déclaration relative à la reprise de Quiberon et aux scélérats qui, dans cette affaire, sont tombés au pouvoir de la République, destinés à subir la peine que la loi inflige à des traîtres et à des rebelles. Il est important que rien de semblable ne soit ignoré des représentants du peuple, surtout si, comme on me l'a ajouté, il en est un sur qui la méchanceté cherche à s'exercer. L'arme de la calomnie est la dernière que l'on arrachera aux ennemis, mêmes terrassés, de la République. Celui de nos collègues contre lequel on dit qu'ils la dirigent, dans cette occasion, a droit d'attendre de nous que nous l'instruisions de ce qui peut intéresser sa délicatesse et nous-mêmes nous devons nous faire également instruire de tout ce qui a trait aux événemens politiques. Vous voudrez bien, en conséquence m'envoyer sans délai et par voie sûre une expédition en due forme de la déclaration dont je vous parle et de toute autre de ce genre. » GUERMEUR.

Le 15 thermidor, des commissaires de la Municipalité de Lorient se présentaient au domicile de Beguerie, qui était absent. Mandé à la Mairie, il s'y rendit et s'empressa de donner toutes les explications qu'on lui demandait. Il ne fit du reste aucune difficulté de répéter tous les commérages, dont il s'était fait l'éditeur responsable, sans songer à mal.

Les choses ne devaient pas en rester là. Le représentant du peuple, Guezno, informé à son tour, prenait un arrêté en date du 16 thermidor, daté du Faouet, par lequel il ordonnait l'arrestation de Beguerie et de son domestique. Le 21 du même mois, le procureur-syndic du district d'Hennebont, le citoyen Lapotaire, chargeait l'agent national de

Lorient, le citoyen Dugray, de mettre l'arrêté à exécution. Le citoyen Dugray obéit; mais il écrivit immédiatement au citoyen Lapotaire la lettre suivante :

« Je reçus hier votre lettre du 21 et y inclus l'arrêté du représentant du peuple Guezno. J'ai dû la mettre de suite à exécution, parce que vous m'en chargiez, et je l'ai fait. Mais, comme je considère cet acte comme inique, arbitraire et vexatoire, je crois devoir le dénoncer aux Comités chargés de connaître des abus d'autorité des représentants délégués dans les départements. Salut et fraternité. J. Dugray. »

Le mandat d'amener portait que : « Jean-Marie Beguerie, officier de santé au 41e, était prévenu d'avoir répété publiquement, tant à Hennebont qu'à Lorient, des propos tendant à répandre la défaveur sur un représentant du peuple, honoré de la confiance nationale et chargé d'une mission importante. »

La procédure allait suivre son cours : arrestation, perquisition, interrogatoires, correspondances de toute sorte, etc. Au grief d'avoir trop causé, on en ajoutait d'autres. Ayant pris à son service un émigré, Beguerie avait omis d'en faire la déclaration. De plus, on avait trouvé dans sa chambre des effets qui avaient dû appartenir à des officiers de l'armée ennemie. Le pauvre chirurgien expliqua qu'il n'avait eu aucune mauvaise intention, en répétant ce qu'il avait entendu dire, au camp royaliste. Ayant été dépouillé de toute sa garde-robe et même de sa boîte à médicaments, au moment de la prise du fort Penthièvre, il s'était approprié quelques vêtements d'officiers émigrés morts à l'ambulance, et une boîte d'instruments laissée par le médecin en chef de Selle ; et il l'avait fait avec l'autorisation de l'Etat-Major. S'il avait pris Philippe Laffeteur comme domestique, il n'avait fait que suivre l'exemple d'autres officiers républicains.

Beguerie n'en fut pas moins déféré au *Conseil*

Militaire, qui *l'acquitta* ; ce que nous apprend une lettre du juge de paix de Lorient au citoyen procureur-syndic du district d'Hennebont :

« Lorient, 19 fructidor, an III.

» Vous désirez savoir le jugement dans l'affaire Beguerie et Laffeteur ? Le premier a été acquitté sur les conclusions de l'habile accusateur militaire Lucas et d'après l'éloquente plaidoirie de son officieux défenseur, mon collègue Kerlero, dont les moyens justifiables étaient en même temps très favorables au dit Philippe Laffecteur, qui, occupé dans les Hospices militaires, n'a jamais porté les armes contre sa patrie et a concouru à sauver le dit Beguerie et plusieurs autres citoyens. GEORGELIN. »

En apprenant l'issue du procès, le représentant Guezno dut regretter d'y avoir poussé par son arrêté daté du Faouet. Les mesures prises étaient qualifiées d'*iniques* et de *vexatoires* par l'agent national lui-même. L'accusateur militaire avait sans doute conclu dans le même sens, et l'avocat du prévenu, renchérissant sur le tout, obtenait un véritable succès d'audience par l'acquittement. De ce fait, la personnalité de Tallien, mise en jeu, avait été atteinte doublement ; et, dans l'opinion publique, un doute pouvait planer.

Le plus mortifié fut le citoyen Lapotaire, procureur syndic d'Hennebont, qui avait été un des premiers à dénoncer Beguerie. Il s'en plaignit, dans une lettre au citoyen Georgelin, officier de police militaire à Lorient, et s'attira une riposte de l'avocat Kerlero, que nous avons retrouvée dans les liasses du district d'Hennebont :

« Lorient, 30 fructidor an III.

Le juge de paix du 2ᵉ arrondissement de Lorient au procureur syndic du district d'Hennebont.

Citoyen, qu'un particulier dont la loi, par mon organe, a froissé les intérêts, se permette sur mon compte une opinion désavantageuse, je me retire au fond de ma conscience, et je me contente de me plaindre. Que, confidentiellement, deux amis émettent de moi la même opinion, je dois l'ignorer.

Mais dois-je témoigner la même indifférence, lorsque je me vois inculper, sans motif, dans la correspondance d'un homme public, dont les fonctions importantes sembleraient imprimer au contraire un caractère de vérité à ce qu'il avance?

Un paragraphe de votre lettre au citoyen Georgelin, officier de police militaire, dans cette ville, et relatif au citoyen Beguerie, officier de santé au 41e, semblerait faire douter de *l'intégrité de mon républicanisme* (c'est le sens de vos expressions).

Fonctionnaire public comme vous, j'ai droit à la confiance et, sans avoir vos talents, je crois l'avoir méritée. Comme nous ne sommes pas, d'après votre inculpation, d'accord sur le mot : républicanisme, je vous dois une profession de foi.

Le républicain est l'homme sensible, ami de ses semblables et leur faisant le plus de bien qu'il est en son pouvoir. Cette déclaration comprend tous les devoirs. Toute autre définition est fausse. D'après ce principe sacré et pris dans la nature, que l'exaspération et l'irréflexion seules peuvent rejeter, j'ai dû prendre la défense de l'homme aux prises avec l'infortune et faire valoir, aux yeux de la loi, les moyens qui l'innocentent. Ne serait-il pas même innocent, cette même loi, toujours compatissante, qui craint tant de rencontrer des coupables, n'ordonne-t-elle pas d'accorder et ne nomme-t-elle pas un défenseur à celui qui paraît convaincu ? — J'ai donc rempli un devoir qu'elle prescrit, et qui m'honore d'autant plus que le vil intérêt n'y a aucune part. Jamais je ne lui prostituerai le peu de talent que m'a départi la nature. Je ne m'attendais pas, je vous l'avoue, que vous m'eussiez fait un crime d'une vertu.

Je pensais que cette maxime reconnue et adoptée par l'humanité, qu'il vaut mieux voir échapper cent coupables que voir expirer sous le glaive de la loi un innocent sans défense, je pensais, dis-je, et pense encore que cette maxime ne vous était pas étrangère.

Quelle que soit votre opinion, citoyen, la mienne sera toujours indépendante et des temps et des circonstances. En révolution comme dans les temps les plus calmes, l'amour de mes semblables sera mon guide. Si c'est une erreur en politique, je la préfère à la vérité. C'est la seule ambition qui m'ait tourmenté. Quelques heureux succès l'ont fortifiée. A celle-là se joindra celle d'être à jamais ignoré. Salut et fraternité, Kerlero cadet. »

Le pauvre domestique Laffeteur, que les indiscrétions de son nouveau maître avaient mis dans le cas d'être arrêté, fut transféré dans les prisons de Vannes.

Le 15 brumaire an IV, il comparaissait devant la Commission militaire de Vannes (président Legrand).

Dans son interrogatoire, il déclare « qu'il a 30 ans; qu'il est fils de Pierre... et de Catherine Pacary, né à Saint-Loix-sur-Laizon (sic), district de Coutances (Manche); qu'il était domestique avant la Révolution; qu'il a quitté la France en 1789, époque à laquelle il s'est rendu à Horigny, ensuite à Southampton, en Angleterre et au service du nommé Odeville, ex-noble.

» Il a quitté son maître un mois après et se mit au service d'une femme nommée Thaissebotte (sic), chez laquelle il a été l'espace de 5 ou 6 ans en qualité de cuisinier.

» Le président lui demande quelle était son intention en partant de France, il répond qu'il n'en avait aucune que celle de servir son maître.

» Etiez-vous du nombre des prisonniers de Quiberon ? répond : oui.

» D. Que faisiez vous à Quiberon ?

» R. J'y servais un chirurgien attaché à l'armée. »

Lect. faite, a signé : Philippe LAFFETEUR.

Laffeteur fut condamné à mort comme émigré. (Comm. mil. Vannes, 15 brum. an IV).

Les Émigrés domestiques

Parmi les prisonniers pris à Quiberon, un certain nombre étaient des domestiques de gentilshommes émigrés ou d'ecclésiastiques. Ils avaient suivi leurs maîtres en pays étranger et les accompagnaient dans l'expédition. La plupart de basse extraction et peu instruits, ils déclarèrent, lorsqu'ils furent interrogés, qu'ils avaient pris du service *par besoin;* qu'ils ne connaissaient pas les lois contre les émigrés et qu'en s'embarquant ils ignoraient qu'on les conduisait en France. Simples serviteurs, ils n'étaient pas armés.

Considérés comme émigrés, ils n'en tombaient pas moins sous le coup de la loi du 25 brumaire an III. Toutefois, les Commissions militaires hésitaient à sévir contre eux: on dut en référer au représentant du peuple Blad, qui leur répondit de Vannes, le 13 thermidor :

« Quant à ceux qui se prétendent domestiques, quoique cette dénomination, à supposer qu'elle soit prouvée, ne les disculpe pas entièrement puisqu'ils auraient pu ne pas suivre leurs maîtres dans leur émigration, ou les quitter et revenir dans leur patrie; cependant il est possible à la rigueur qu'il n'ait pas tenu à eux d'agir autrement les uns et les autres. Lorsque le délit ne sera pas notoire, il nous paraît prudent de surseoir à tout jugement. Nous consulterons à cet égard la Convention nationale, qui fera connaître ses intentions. »

Dès lors, les juges réglèrent leur conduite d'après les vues du représentant et accordèrent le sursis aux domestiques. On vit aussitôt plusieurs émigrés, pour échapper à la condamnation, se qualifier de domestiques en donnant de faux noms, en contrefaisant leur écriture ou en déclarant *ne pas savoir signer*.

Tous ne réussirent pas; il en est qui furent reconnus; les autres furent ajournés jusqu'à plus ample information. Le baron d'Autrechaux, qui a publié des mémoires sous la Restauration, a raconté lui-même que, comparaissant le 15 thermidor devant la 1re Commission de Vannes, il se présenta avec le nom, la qualité et le costume qu'il avait empruntés à son domestique laissé à Bruxelles. Grâce à ce déguisement, il fut ajourné et en profita pour s'évader de la prison de Vannes le mois suivant.

Comme nous l'avons fait pour les autres catégories de prisonniers, nous rapporterons les interrogatoires de quelques-uns de ceux qui se sont déclarés domestiques devant les Commissions militaires.

Le domestique de M. de La Houssaye était un nommé Jean **Lendu**, de Saint-Brieuc. La veille de la condamnation de son maître, il comparaissait devant la même Commission. Interrogé pourquoi, étant banni du territoire de la République, il s'était permis d'y rentrer à Quiberon. Il répondit simplement « qu'il avait suivi son maître. » On lui demande s'il avait connaissance de la loi qui interdisait aux émigrés de rentrer en France, Jean Lendu répond : oui, et « qu'il savait que rentré en France, il eut subi la mort. » Signé : Jean LENDU. (Quiberon, 11 thermidor an III, Commiss. Dinne).

Le 15 thermidor, comparaissait devant la Commission d'Auray (présid' Duilhe) un individu, disant se nommer Jean-Baptiste **Houlier**, fils de Pierre..... et de Marie Tuleux, âgé de 28 ans, natif de Tienbronne, district de Boulogne (Pas-de-Calais). Il déclarait avoir quitté la France en 1791 pour se rendre à Luxembourg, avec le citoyen Du Ve ne, en qualité de *domestique*.

Lorsqu'on lui présente la plume, il déclare qu'il *ne sait signer* et fait une croix.

La Gournerie, sur sa liste rectifie : *de Houlier*.

Les juges n'ont-ils vu, dans ce prétendu domestique, qu'un noble émigré ? Cela est d'autant plus admissible qu'ils le condamnèrent à mort, malgré la lettre du représentant Blad, datée du 13 thermidor, qui invitait les Commissions militaires à ajourner le jugement des domestiques.

François **Lairé**, âgé de 41 ans, de Montluçon (Bourbonnais), était le domestique de M. de Puisaye, général en chef de l'armée anglo-émigrée. Il a quitté la France en 1791, pour suivre son maître de Costebald, capitaine de vaisseau. Rentré, il y a 2 ans, pour profiter du droit d'amnistie, il a été arrêté à Boulogne, incarcéré, puis déporté en Angleterre. Il était *sans ressources à Londres*, lorsqu'il se mit au service de M. de Puisaye, *croyant* qu'il allait en Amérique. Signé : Lairé. (Comm. Dinne, Quiberon. 9 thermidor).

Pierre-Marie **Née**, âgé de 25 ans, natif de Villeneuve (Seine-et-Oise), s'étant dit domestique, fut ajourné. Il comparaissait de nouveau, le 16 fructidor an III, devant la Commission de Vannes.

Dans son interrogatoire, il raconte qu'au mois d'octobre 1790, il était au service d'une citoyenne nommée Bourbotte, qui fut prendre les eaux à Aix-la-Chapelle. Quelque temps après elle mourut. La guerre se déclara. Dans l'impossibilité de rentrer en France, il se mit au service d'un officier autrichien, qu'il servit pendant six mois. Après cela il s'attacha à Cologne, à un négociant irlandais, qui allait à Londres pour raison de commerce. Il ne tarda pas à être mis en prison « pour s'être assemblé avec plusieurs Français, qui étaient accusés de troubler l'ordre social. » Se voyant dans les cachots, il s'enrôla dans le régiment d'Hector en qualité de fusilier. Il signe : *Citoyen* Pierre-Marie NÉE.

Jean **Gauthier**, âgé de 43 ans, de la paroisse d'Epignac, district de Dol (Ille-et-Vilaine), domestique de Mgr de Hercé, évêque de Dol, avec lequel il passa à Jersey, en 1792. A signé : GAUTIER. (Vannes, 8 fructidor an III).

Le 8 fructidor an III, comparaissait devant la Commission Honoré, Vannes, un individu qui déclinait ainsi ses noms et qualités (avait obtenu le sursis) :

Jean **Pelletier**, fils de Jean..... et de Jeanne Brenard, natif de La Loyère, district de Châlons (Côte-d'or).

Agé de 40 ans ; *domestique*, servant un officier de Royal-émigrant. Il raconte qu'il a quitté la France, il y a 5 ans, et qu'il servait un officier de Royal-émigrant lorsqu'il a été fait prisonnier à Quiberon. Il déclare qu'il ne sait signer. La Commission le condamna *à mort*.

Il se trouve inscrit sur le monument de la Chartreuse sous le nom de Jean **de Pelleiter**.

La Gournerie, d'après les recherches d'Hersart-du-Buron rectifie : Jean **de Pelletier** (Saône-et-Loire) ; ce qui permet au moins de supposer que l'individu était un noble émigré, s'étant donné, devant ses juges, pour un pauvre diable de domestique, ne sachant même pas signer.

Ne doit pas être confondu avec Jean **Pelletier**, âgé de 30 ans, de Chemillé (Maine-et-Loire), sergent dans le 9ᵉ bataillon du Var, fait prisonnier par les Anglais à Toulon, et acquitté, le 6 fructidor, par la Commission de Vannes (président Legrand).

François **Malherbes**, fils de Jacques..... et Marie Letellier, 36 ans, de Soulancy, district de Caen (Calvados). Cuisinier. A quitté la France en 1789 ; fut exercer son état à Bruxelles, de là à Spa, puis en Angleterre. Son intention était d'aller aux isles de

Jersey ou Guernesey. *Contre son attente, il a été conduit à Quiberon.* Signé : MALHERBES. (14 fructidor. — Auray).

C'est de lui que La Gournerie a dit, dans un passage de son livre, que « cet humble domestique exhortait à la mort ses compagnons de prison, en de tels termes et avec un tel sentiment que les plus indifférents étaient émus et convertis. »

L'année suivante, dans une note de renvoi, La Gournerie rectifie : « Nous avons raconté, d'après Nettement, que cet humble domestique s'était fait l'apôtre des prisonniers... Nous nous sommes assuré que ce qu'on raconte de son apostolat doit s'appliquer à *Brodier.* » Et il cite à l'appui un passage des mémoires de La Roche-Barnaud.

Le 16 thermidor, c'était le tour d'un *domestique*, Antoine Bezet, âgé de 30 ans, de Nesme (Languedoc).

Il déclare qu'il a quitté la France en 1788 pour rejoindre un de ses amis à Liège, où il s'est marié. M. de Lagrange l'avait engagé à servir, lui promettant qu'il aurait la place de vivandier.

Il ajoute qu'il « ignorait la loi et qu'il venait en France. »

La Commission lui accorde le sursis comme domestique et le renvoie en prison avec cette note inscrite au procès-verbal :

« Observant pour ce dernier que Jean Benoît, volontaire au 1er bataillon de l'Allier, prisonnier français dans le régiment de Damas et surveillant au fort Penthièvre, nous a déclaré que le dénommé *n'était pas domestique, mais caporal dans le régiment.* » (Quiberon, 16 thermidor.)

Que devint-il ? Il ne reparaît plus devant les Commissions militaires. Son nom ne se trouve sur aucune liste de condamnation. Il n'est pas davantage sur les registres de décès dans les prisons ou les hôpitaux. Il y a lieu de supposer qu'il s'évada.

Crouillebois (Mathurin), 35 ans, de Châtillon (Mayenne), profession, domestique.

« En 1791, a suivi son maître, lieutenant-colonel au 56ᵉ, et croyant aller aux eaux de Saint-Amand, il fut emmené à Tournai.

» Interrogé pourquoi il n'est pas rentré en France, a répondu que son maître lui devait 95 louis qui faisaient toute sa fortune ; qu'il l'avait suivi alors dans l'espoir d'être payé ; que son maître était mort à Nieuport. Il avait voulu rejoindre les républicains, il s'était couché dans une maison pour ne point être embarqué avec les émigrés, mais on fit une recherche dans la ville ; il fut retrouvé et forcé de partir avec le reste pour l'Angleterre, où, étant sans ressources, il fut obligé de se mettre au service d'un autre nommé Le Charron, lieutenant dans le régiment d'Hervilly, espérant aller à Jersey, d'où il aurait repassé en France.

» Interrogé s'il n'avait pas eu connaissance de la loi qui rappelait les émigrés, a répondu qu'ils avaient soin de détenir cachée cette nouvelle. Les émigrés la traitaient de fable, inventée à dessein pour attirer en France encore plus de victimes de la tyrannie et *qu'on avait soin de débiter mille horreurs* contre ce qui se faisait en France. » A signé. (Interr. 16 thermidor Quiberon.) Obtint le sursis comme *domestique*. Condamné à mort, le mois suivant, Auray, 13 fructidor.

Avril (René), de Lamballe, domestique :

« A quitté la France en 1791, son maître l'ayant fait *renfermer dans sa voiture* pour le forcer à le suivre et ayant été gardé à vue pendant toute la route, et ignorant d'ailleurs où il allait ; qu'il servait un officier de Rohan. Son premier maître lui avait fait croire qu'il compromettrait sa famille s'il lui écrivait. Ayant pris service chez un autre maître, celui-ci l'avait fait *embarquer le même jour, sans savoir qu'il venait en*

France. » A signé : René AVRIL. (Interr. 21 thermidor Quiberon.) (Cond. à mort, 13 fructidor, Auray.)

Etienne **Robert**, âgé de 46 ans, natif de Sauve, en Languedoc; domestique : « A quitté la France en 1790 en qualité de domestique du comte de Noé, dont il ignorait la qualité. Il se disait négociant et de nation américaine. Il est allé à Caen avec lui, puis à Paris, de là à Francfort, Hambourg, Amsterdam et enfin en Angleterre.

» Interrogé comment il s'est trouvé dans le rassemblement de Quiberon, a répondu : son maître lui devait 600 fr., qu'il ne pouvait lui payer étant en prison pour dettes. Il a préféré, au lieu de mendier, prendre un fusil dans un corps français plutôt que de servir dans un corps étranger où l'on recevait de mauvais traitements.

» A lui observé qu'il devait savoir que ce corps était un corps de Français ennemis de la Patrie et d'émigrés; a répondu qu'il savait bien que c'était un corps français, mais qu'il en ignorait la destination; *que ce corps ne se nommait que Loyal,* dont il ignorait la signification et qu'il croyait à la solde de l'Angleterre. Il est dans ce corps depuis 6 ou 7 mois.

» A lui observé qu'il y a six ou sept mois, lorsque les ennemis de la France étaient entre Stritten et Utrecht, il ne devait pas ignorer qu'il prenait parti contre la République française, et a lui demandé pourquoi de préférence il s'est mis dans un corps d'émigrés, a répondu qu'il n'ignorait pas qu'il devait combattre contre la République, *mais que la nécessité l'y a forcé* et que pour être traité plus humainement il avait préféré un corps français où on ne recevait pas de coups de bâton. » Lecture faite, etc. ROBERT. (Quiberon, 12 thermidor. Condamné à mort le 15 thermidor.)

De Masquilier. Un assez grand nombre d'émigrés, interrogés par les Commissions militaires, excipèrent de la qualité d'étrangers pour avoir la vie sauve et être traités comme prisonniers de guerre. Plusieurs y réussirent, mais quelques-uns furent moins heureux. Exemple : l'émigré Louis de Masquilier.

Lorsqu'il comparut, le 16 thermidor, devant la 1re Commission d'Auray (présidée par le commandant Lalene), il déclara qu'il était né à Mons, en Brabant, qu'il n'avait jamais servi ni demeuré en France; qu'il était *piqueur* de profession, et que, connaissant M. de Périgord, il en obtint la place de chargé de l'habillement dans son régiment. (Interrog. 16 thermidor, Auray.)

La Commission ne rendit pas de jugement et décida « qu'il serait détenu provisoirement jusqu'à ce qu'il ait été pris à son sujet de plus amples informations. » Malheureusement pour lui, un nommé Michel Bachelot, âgé de 36 ans, né en Anjou, fait prisonnier à Quiberon, vint se donner comme domestique de M. le comte de Masquilier.

Le mois suivant, l'émigré Louis de Masquilier comparaissait devant la Commission d'Auray, président Lalene (13 fructidor an III.) Comme dans son premier interrogatoire, il se donnait fils de Louis... et de Cécile Marcher, de Mons, en Brabant, district de Jemmapes, profession : *commissionnaire*. Il avait, disait-il, quitté son pays en 1794, pour Bruxelles, où il était resté quelque temps. Il en partit et suivit la troupe ennemie; par suite, il fut avec M. Périgord, qui lui donna la charge de garde-magasin dans son régiment.

Le tribunal, ne croyant pas à l'origine roturière du prétendu *piqueur* et *commissionnaire*, le condamna à mort comme émigré ayant porté les armes contre sa patrie. (Auray, 13 fructidor an III.)

Sombreuil avait pour domestique un Allemand nommé Charles Heinos. Il fut prit en même temps que son maître, à Quiberon. Il comparut devant la 2ᵉ Commission militaire d'Auray (président Duilhe), le 15 thermidor.

Dans son interrogatoire, il se dit âgé de 29 ans, natif de Kalbrou (sic), en pays étranger. A passé en France en 1783 et en est parti en 1788, pour se rendre à Francfort; domestique du général Sombreuil. Faisait partie du rassemblement de Quiberon.

Le jugement porte qu'en qualité d'étranger il est gardé en prison jusqu'à la paix.

Le 16 thermidor, la Commission militaire, siégeant à Quiberon, faisait comparaître devant elle un individu, répondant au nom de Gilles **Delaplanche**, âgé de 44 ans, né à Guipel (Ille-et-Vilaine), *domestique* de M. Du Haffond, major au régiment de Rohan.

Aux questions qui lui sont posées par le Président, il répond qu'il a quitté la Fra... en juillet 1791, pour suivre sa maîtresse, qui d... aller prendre des eaux à Spa. Il ne *connaissait pas la loi qui permettait de rentrer en France et craignait d'être* condamné à mort. Il ajoute « *que* la nécessité l'avait obligé de servir un émigré avec lequel il s'est embarqué *sans savoir s'il venait en France*. Il déclare ne savoir signer. » (Quiberon. Comm. Dubois, 16 therm.)

La Gournerie, toujours bien renseigné sur l'orthographe des noms et des familles, écrit sur sa liste : *De La Planche*.

Les juges regardèrent probablement l'inculpé comme un faux domestique, lui refusèrent le bénéfice du sursis, et, séance tenante, le condamnèrent à mort, tandis qu'ils ajournaient le véritable domestique de M. Duhaffond, Louis Hervet, âgé de ?? ans, de Lantivy, (Côtes-du-Nord).

Un émigré, sur l'identi... ...uel La Gournerie paraît parfaitement fixé, est l'inculpé Maurice-Catherine-Gérard de **Bonnefous**, sous-lieutenant au régiment d'Hervilly, 19 ans, né à Milhau (Aveyron). La Gournerie ajoute : « Il n'avait qu'une sœur. Cette famille paraît éteinte ».

Le 8 fructidor an III, Bonnefous, qui avait obtenu le sursis, reparaissait devant la Commission de Vannes (président Legrand). Cette fois encore, il déclarait se nommer Maurice Bonnefou, âgé de 19 ans, né à Melhau (Aveyron); ayant quitté la France en 1788, entra comme *domestique* chez un négociant anglais, avec lequel il passa à Londres. « Ayant perdu son maître, en mai 1793, il fut recruté par un recruteur anglais, qui lui promettait qu'il le ferait passer dans l'île de La Jamaïque, et qu'au contraire, il l'avait mis dans le régiment d'Hervilly !! »

La Commission le condamne à mort. (Comm. Legrand, Auray, 8 fructidor.)

L'émigré Pierre-Joseph **Besnard**, âgé de 28 ans, originaire de Ligueil (Indre-et-Loire), était maître clerc au Parlement de Paris, à la Révolution de 89. « Se trouvant sans emploi, il a quitté la France pour aider les Belges à conquérir leur liberté ». Il déclare qu'il ne connaissait pas les lois contre les émigrés. « C'était le besoin qui l'avait forcé de se rendre *domestique* de M. La Villers ». Signé : BESNARD. (16 thermidor an III, Quiberon).

Depuis plusieurs jours déjà, les juges avaient la faculté d'accorder le *sursis* à ceux qui se déclaraient domestiques. Joseph Besnard ne parvint pas à les convaincre et fut condamné à mort.

Emmanuel **Suain** comparut une première fois devant la Commission militaire de Quiberon (président Dubois), le 16 thermidor.

Il déclare « qu'il a 29 ans, qu'il est né à Laransart, près Charleroi, dans le Brabant ; qu'il est *domestique* de M. Bourlon ; qu'il n'a jamais habité la France, où il n'est venu *que pour suivre son maître.* »
Il signe : Emmanuelle SUAIN.

Les juges lui accordèrent le *sursis*, comme domestique, en vertu de l'arrêté du représentant Blad.

Le 13 fructidor an III, le même Emmanuel Suain comparaissait devant la Commission Lalene (Auray).

Il déclare qu'il se nomme Emmanuel Suain, fils de François.... et de Marie-Joseph Dupont, — âgé de 29 ans, natif de Lauransal, en Brabant, de sa profession, cloutier et briquier.

Il a quitté la France en novembre 1793 pour aller travailler à Liège, ne trouvant pas d'ouvrage dans son pays. Fut obligé de se mettre au service d'un officier français qui servait dans le régiment de Damas. Il a suivi son maître, qui l'a conduit à Quiberon, où il a été fait prisonnier. Signé : Emmanuelle Suain.

Le jugement porte : « Avons acquitté.... Emmanuel Suain. » Et, comme il était d'origine étrangère, il dut rester en détention jusqu'à la paix, en qualité de prisonnier de guerre.

Un individu sur l'identité duquel nous sommes loin d'être édifié est un nommé Denis **Soain** ou **Souen** qui comparut à Vannes, devant la Commission Bouillon, le 13 thermidor. Nous copions l'interrogatoire : « Interrogé Denis Soui *(sic)*, fils de François... et de Jeanne Espagnole, âgé de 21 ans, né à Rheims. Avant la Révolution il était en Allemagne, dans le Palatinat, *comme voyageur*. Il n'est pas rentré en France depuis ; a pris l'année dernière du service chez les ennemis de la République ; a déclaré qu'il était sorti du territoire français en 1788. Il n'a pas cherché à rentrer en France depuis son départ. A été pris, dans le régiment de Salm, comme enseigne. Lecture faite, a signé : Souen. » (Vannes, 13 thermidor.)

Le mois suivant (9 fructidor), l'émigré comparaissait devant une autre Commission (prést Lohée).

Il déclare qu'il s'appelle Denis Soain, fils de François.... et de Marianne Espagnole, natif de Rheims, âgé de 21 ans. Il déclare *n'être pas noble* et être sorti de France en 1788. N'avait pas eu connaissance de la loi du 28 mars 1793. A servi au premier bataillon du régiment de Salm, en qualité d'enseigne. Lecture faite, a signé : Soain.

La Commission militaire le condamna à mort. (Vannes, 9 fructidor an an III.)

Cet émigré est inscrit sur l'*état* du général Lemoine, sous le nom de *Denis Souin*; 625.

La Gournerie, qui n'a connu ce nom que par l'état du général Lemoine, rectifie ainsi qu'il suit :

« *De Souyn (Antoine-Louis) Des Tournelles*, fils de De Souyn, maréchal de camp. »

Comme La Gournerie ne fait pas la preuve, nous conservons des doutes sur le vrai nom de cet émigré, qui, dans ses interrogatoires, ne s'est jamais appelé *Antoine-Louis* et qui a signé, une première fois : *Souen*, et une deuxième fois : *Soain*.

CHAPITRE V

DÉSERTEURS

Les *déserteurs* composaient la partie la moins intéressante et la moins digne de pitié de l'armée anglo-émigrée, descendue à Quiberon. Anciens soldats ou marins de la République, ils avaient quitté le drapeau pour des motifs peu avouables et s'étaient enrôlés dans les armées ennemies. Un grand nombre parvinrent à s'échapper après la prise de Quiberon et s'en allèrent rejoindre les chouans de l'intérieur. Ceux qui furent retenus prisonniers passèrent devant les Commissions militaires. Leur identité ne fut pas toujours facile à débrouiller au milieu du chaos de leurs déclarations. Plusieurs, payant d'audace, racontèrent avec force détails qu'ils avaient été faits prisonniers par les Autrichiens ou les Anglais et encadrés de force dans les régiments d'émigrés. Faute de preuve contraire, les juges les acquittèrent, à charge d'être immédiatement réintégrés dans les corps de la marine ou de l'armée de terre. Les autres, les déserteurs avérés, ne méritaient aucune indulgence. Plusieurs furent reconnus par d'anciens camarades, qui vinrent leur donner des démentis à l'audience.

Lorsque le président les interroge sur les motifs de leur désertion, ils essaient de se disculper par des réponses et des explications dont il est malaisé de vérifier l'exactitude.

En compulsant les dossiers des Commissions militaires de Quiberon, c'est à peine si on en découvre 90 qui ont été, sous la qualification de *déserteurs*, condamnés à mort. — Le président ne manque jamais de leur demander le motif de leur désertion.

L'un répond qu'il a déserté du corps de la marine « à cause des injustices qu'il a éprouvées de la part de ses chefs ». (Nicolas Allieaume.) — L'autre est forcé d'avouer qu'il a servi la République en 1792, qu'il a abandonné son régiment et que son père a fait des démarches vaines pour le décider à rentrer dans son devoir: il a même eu les moyens de s'évader et n'en a pas profité. (Louis Cintrat.) — Celui-ci est un soldat du 24ᵉ régiment d'infanterie. Il se trouvait à Anvers lorsqu'il fut impliqué dans une mauvaise affaire; pour ne pas être puni ignominieusement, il a déserté. (Gabriel Moulin.) — Ceux-ci désertent parce qu'ils n'ont pas été nommés au grade qu'ils convoitaient. (Ginouvrez; J. Noel.) — Celui-là a déserté après avoir reçu vingt-cinq coups de plat de sabre, sans dire pourquoi on lui a infligé cette punition corporelle. (Furcy-Aubry.) Dans sa déposition, il se vante d'avoir montré aux républicains le parc d'artillerie des émigrés à Quiberon. — Un autre, soldat au 11ᵉ d'infanterie, déserte et passe aux chouans parce qu'on est mal nourri au service de la République, tandis qu'avec les royalistes on mange à son appétit. (Guillaume Malherbe.) — Joseph Hamelin a déserté parce qu'ayant souffleté un chasseur, il a refusé de faire des excuses. — Alexis Duquesne, déserteur du 22ᵉ régiment d'infanterie, explique qu'il a abandonné son drapeau parce qu'*il ne voulait pas faire la guerre*; et quand on lui demande pourquoi alors il s'est enrôlé avec les ennemis de la France, il répond qu'il ne *savait pas que c'était pour faire la guerre*.

Les raisons alléguées par eux sont-elles les vraies? Les Commissions militaires n'ont pas à s'en inquiéter. Elles ne voient en face d'elles que de mauvais soldats qui ont lâchement abandonné leur drapeau pour se vendre à l'étranger et porter les armes contre leur Patrie. Leur châtiment est écrit dans le Code militaire : la mort.

Les Commissions militaires ont eu à condamner près de cent de ces misérables, déserteurs devant l'ennemi. La Restauration n'a pas poussé le courage jusqu'à exclure leurs noms du monument de la Chartreuse, où leurs ossements sont mêlés à ceux des gentilshommes émigrés. Mais il y aura des écrivains qui, pour sauver les apparences et par pudeur, nous aimons à le croire, remplaceront sur leur *liste des victimes* la qualification vraie de *déserteur* par celle d'*émigré* ou de *soldat*. Laissons-leur la responsabilité de l'euphémisme. Quant à nous, nous n'avons en vue que la vérité.

A propos de Joseph *Hamelin*, La Gournerie se contente d'écrire en note : « *Il avait émigré avec son capitaine, M. de Buor.* »

Rétablissons les faits en citant textuellement l'interrogatoire, subi le 27 fructidor an III, devant la 1re Commission militaire de Vannes.

Interrogé déjà une première fois le 7 fructidor, il avait été renvoyé en prison *pour plus ample informé.*

A la séance du 27 fructidor, le président lui demande quels étaient les motifs qui l'avaient engagé à déserter et à passer à l'étranger.

Hamelin répond : « Que, le jour qu'il donna un soufflet à un chasseur, le capitaine Lavalette et le capitaine Faramon voulurent l'obliger de faire des excuses de l'insulte qu'il avait faite au chasseur, et persista à ne pas le faire, à la sollicitation de ses camarades. Il allait en prison de sa propre volonté lorsqu'il rencontra des grenadiers, qui l'obligèrent de boire avec eux, en lui répétant qu'un grenadier ne devait pas faire d'excuse pour un soufflet. » (Comm. Vannes, 27 fructidor.)

Comme on le voit, il n'est nullement question du capitaine *de Buor* dans cet interrogatoire subi par Hamelin, qui s'accuse lui-même d'avoir déserté — et signe son interrogatoire.

Furcy-Aubry est un déserteur du Cambrésis. Il est âgé de 43 ans.

« Interrogé depuis quand il a déserté son corps, il a répondu avoir déserté en septembre 1789 pour avoir reçu vingt-cinq coups de plat de sabre. — Il s'est engagé à Saint-Sébastien, dans les Espagnols. D'Espagne, il est passé en Angleterre et, étant sans ressources, il a pris parti dans les émigrés.

» Interrogé s'il ne savait pas que les émigrés étaient les ennemis de la France, sa patrie, — a répondu qu'il ne le sut que quand il a été engagé. Il a observé qu'à la reprise du fort, il conduisit un officier au parc d'artillerie, lequel lui promit d'avoir soin de lui. » (Comm. de Quiberon, 15 thermidor.)

François *Dugué* (de Seine-et-Oise), soldat du 2ᵉ bataillon de tirailleurs, a déserté « pour passer aux chouans de bonne volonté ».

Il est confronté avec un soldat, nommé Renaud, qui l'accuse d'avoir entraîné Mary en le menaçant d'un coup de fusil s'il ne le suivait pas. (Commission de Vannes, 19 thermidor.)

Dugué et Mary furent condamnés à mort comme déserteurs et pour avoir porté les armes contre la République.

Nicolas, *Joseph-Noel*, 55 ans, natif de Pont-à-Mousson (Lorraine), — ancien militaire et sergent aux gardes-françaises, — a quitté la France en 1791. — à lui demandé pourquoi? — a répondu : était nommé au commandement d'une compagnie de gardes-françaises par un district du faubourg Saint-Germain; il plut aux grenadiers de l'empêcher de jouir de cette nomination; — frustré de cet avancement et ne pouvant plus servir en aucune qualité, n'ayant d'ailleurs aucune autre ressource que l'état militaire, il a été forcé à émigrer. Lecture faite, a signé : NOEL. (1ʳᵉ Comm. mil. Quiberon, 13 thermidor).

Le 17 fructidor an III, comparaissait devant la 6ᵉ Commission militaire de Port-Liberté :

Le nommé *Laurent Mignot*, de Kergroix, en Carnac, âgé de 23 ans, laboureur.

Il était matelot sur le vaisseau *La Cayenne*, de Lorient, lorsqu'il déserta il y a environ un an. S'en est retourné chez lui; a été entraîné par les chouans à Carnac.

On lui demanda où il a mis son fusil. — Il répond qu'il n'en avait pas. On l'employait au débarquement.

Jugement : « et ayant trouvé le nommé Laurent Mignot, d'après son interrogatoire, coupable de désertion, et l'ayant trouvé parmi les rebelles à la prise de la presqu'île de Quiberon, le condamne à la peine de mort et ordonne qu'il sera exécuté dans les 24 heures, etc., etc. » (Commiss. Port-Liberté, 17 fructidor.)

Freville (de), Jean-Pierre, de Pont-Audemer (Eure), ex-noble.

« A servi dans le 3ᵉ régiment de cavalerie; cy devant commissaire général en qualité de fourrier, a *déserté* en novembre 1791 pour se rendre à Tournay et y prendre du service : était à Quiberon caporal au régiment de Rohan. » (Com. Auray, 14 thermidor.)

Louis-Nicolas Allieaume, 19 ans, natif de Gravelines (Dᵗ Nord), horloger, — *déserteur* du ci-devant corps royal de la marine, depuis 4 mois, pour aller rejoindre les chouans.

A lui demandé s'il était du rassemblement de Quiberon, a répondu : oui, en observant qu'il n'a déserté qu'à cause des injustices qu'il a éprouvées dans son corps, soit par son maître de musique, soit par le chef de son corps, et après avoir vu que le représentant du peuple Brue, à qui il a porté ses plaintes, n'a voulu ni lui rendre justice ni l'incorporer dans un autre régiment. — Il offre pour témoin des vexations qu'il a reçues un lieutenant de grenadiers du 67e, *dont il ne se rappelle pas le nom.* — Il observe en outre que sa désertion n'a pas eu des intentions criminelles, mais seulement celle de se soustraire aux mauvais traitements, puisqu'il était estropié avant son départ, et il se flatte que ses camarades du corps dont il faisait partie attesteront la vérité de sa déposition et de la conduite qu'il a tenue; en outre que, depuis qu'il est dans les chouans, il a été un jour commandé pour fusiller le nommé Brohan, chasseur des troupes républicaines; il lui a procuré tous les moyens de s'évader, et appelle à témoin ce républicain, qu'il a soustrait à la fureur de De Silz. A signé : Louis ALLIEAUME.

Le 6 floréal an III, la Municipalité de Vannes écrivait au représentant Brue : « Cet Allieaume, musicien, nous l'avons fait chercher. Il est introuvable. Même il court sur son compte des bruits fâcheux. On dit que cet homme a abandonné lâchement la cause de la liberté. » (Reg. mun. — An III.)

Jugement : Louis Allieaume, convaincu *d'avoir déserté* les troupes républicaines pour se rendre dans celles des rebelles et d'avoir fait partie du rassemblement de Quiberon, en vertu de l'art. 4 de la loi du 30 prairial, sans avoir égard aux motifs qui ont donné lieu à sa désertion, est *condamné à mort*. (Comm. mil. Auray, 16 thermidor.)

Morel (Hyacinthe), né à Fougeray, district de Bain (Ille-et-Vilaine), âgé de 37 ans, *praticien*.

A servi dans les chasseurs de Deux-Ponts depuis 1792 et a *déserté* pour se rendre dans ses foyers en 1794. Ayant été depuis contraint de reprendre du service, il s'est engagé dans le régiment de........, 4ᵉ compagnie, d'où il a encore déserté pour passer aux chouans. A été pris à Quiberon. (Com. m. Auray, 14 fructidor.)

Alexis *Duquesne*, de Béthune (Pas-de-Calais), est un déserteur du 22ᵉ régiment. Il comparaît devant la Commission militaire de Quiberon le 13 thermidor. Il raconte qu'il *a déserté « pour ne pas servir et ne pas faire la guerre »*. Les émigrés, lui *« refusant à manger »*, l'ont forcé à s'engager dans Loyal-Émigrant *« en lui disant que ce n'était pas pour faire la guerre »*. (Quiberon, 13 thermidor.)

Plusieurs prisonniers de Quiberon faisaient partie du bataillon de Saint-Omer et avaient déserté pour s'enrôler dans l'armée des émigrés. Ce sont : *Aniéré* (Marc), 24 ans 1/2; — Pintel (Auguste), 24 ans; — Pintel (Dominique), 26 ans; — Delcroix (Antoine), 20 ans; — Wendome, 26 ans; — Bonge (Henry), 22 ans; — Bonge (Eustache), 25 ans; — Briche (L.-Joseph), 26 ans; — Dusautoir (Florentin), 20 ans; — Peron (P.-L.), 24 ans; — Le Grand (François), 27 ans; Cadart (Jacques), 20 ans; — Clotaire Vasseur, 20 ans, a déserté du 8ᵉ bat. du district de Saint-Pol; — Huchette, 24 ans, est un déserteur du 21ᵉ chasseurs; — Mariotte, 32 ans, est un déserteur du 58ᵉ d'infanterie; — Doco, 24 ans, est un déserteur de la Réquisition.

Pierre *Lagrange*, fils de Guill.... et de Marie Archet, âgé de 19 ans, natif d'Antonne (Dordogne), soldat au 2ᵉ bat. du 67ᵉ régiment, a déserté, il y a environ un mois, pour se réunir aux chouans. A déclaré ne savoir signer et a fait une croix. (Interr. du 12 thermidor. Auray.)

Beaucoup de jeunes gens, pour se soustraire à la Réquisition, rejoignirent les émigrés en Allemagne. Nous en retrouvons quelques-uns parmi les prisonniers de Quiberon.

Exemple : le nommé *Louis Delbeque*, qui comparut devant la 1re Commission de Quiberon et fut condamné à mort le 12 thermidor an III.

« A comparu Constant-Louis-Delbeque, âgé de 20 ans, natif de Bourg, district d'Hazebrouck (Nord).

» Il déclare qu'il a quitté la France depuis 17 mois *pour éviter la réquisition*. Il s'est enrôlé dans Loyal-Émigrant en qualité de soldat et sert depuis 15 mois. A été pris à Quiberon.

» Lecture faite, et attendu qu'il n'entend pas parfaitement le français, explication lui ayant été donnée par le citoyen De Grave, lieutenant au 2e bataillon de tirailleurs. »

A signé : Constantinus-Ludovicus DELBEQUE.
(C. Quiberon, 12 thermidor).

Pendant les premiers jours qui suivirent la fatale journée du 3 thermidor et l'arrivée à Auray des prisonniers de Quiberon, une certaine liberté leur avait été accordée. Ceux surtout qui s'étaient donnés comme *prisonniers français* avaient pu se loger en ville.

Parmi eux s'étaient glissés plusieurs déserteurs des armées républicaines, qui, pour échapper au châtiment, avaient déclaré être des militaires faits prisonniers par l'ennemi et incorporés de force dans les rangs des régiments royalistes.

De ce nombre était un nommé Gabriel Moulin, ex-soldat au 24e d'infanterie. Non content de se prélasser dans les rues de la petite ville, il se livrait à des intrigues ayant pour but de corrompre les militaires par des promesses et de l'argent.

Ses agissements ayant été dénoncés, il fut incarcéré et bientôt expédié à Quiberon pour y être jugé.

Il comparut, le 17 thermidor, devant la 1re Commission militaire de Quiberon. Des témoins furent appelés, qui avaient eu avec lui des relations et l'accusèrent d'être un recruteur pour le compte des émigrés.

Le déserteur Moulin fut démasqué et finit par avouer qu'il avait abandonné son régiment pour s'enrôler dans les bataillons anglo-émigrés.

Il fut condamné à mort.

Nous copions ici les pièces de son dossier.

Première Commission militaire de Quiberon, 17 thermidor.

« A comparu *René Saint-Come*, âgé de 30 ans, né à Mamers (Sarthe), tambour de la 1re compagnie du 1er bataillon du 41e régiment;

» Fait prisonnier lors de la prise du fort Penthièvre, lequel a déposé que, deux jours après son arrivée à Auray avec les prisonniers, il fut accosté par le nommé *Moulin*, soldat dans le régiment d'Hervilly, qui lui demanda s'il voulait s'engager au service des émigrés ; qu'il lui offrit pour lui et son camarade 100 guinées, ajoutant que c'était d'accord avec deux officiers et qu'il trouverait le moyen de pouvoir retourner en Angleterre. Il a, de plus, ajouté que le nommé Moulin faisait l'homme et jouissait d'une entière liberté à Auray. »

A comparu *Philippe Bastien*, âgé de 25 ans, natif de Meaux, en Brie, tambour au 1er bataillon du 41e; prisonnier lors de la prise du fort.

Dépose que, se trouvant à Auray deux jours après l'arrivée des prisonniers, le nommé Moulin l'accosta et lui demanda s'il n'était pas un espion. Il répondit négativement; qu'il le suivit ensuite jusqu'à son logement, voulant absolument y entrer avec eux; mais que, voulant l'éviter, on ferma la porte, et il ne revint plus. Signé : BASTIEN.

Le citoyen *Communaux* se trouvant également à Auray deux jours après l'arrivée des prisonniers, il saisit au nommé Moulin un livre contenant des chansons royalistes, qu'il a déclamées vis-à-vis de lui. Signé : COMMUNAUX.

Audience du 17 thermidor.

A comparu *Gabriel Moulin*, âgé de 37 ans, né à Paris, soldat dans le 41ᵉ régiment.

Interrogé depuis quand il est avec les émigrés;

A répondu qu'étant entré dans le 24ᵉ régiment en 1792, il a eu l'ordre de travailler dans les magasins de l'armée de Lille;

Que, lors du départ de l'armée, il rejoignit son corps pour y continuer son service et le suivit à Anvers, où, *se trouvant compliqué dans une mauvaise affaire* et craignant d'être puni ignominieusement, la discipline étant sévère, il se retira en Hollande le 9 décembre 1792; qu'à cette époque, la France n'était point en guerre avec la Hollande, et se rendit à Rotterdam, et fut conduit chez un individu, qui, après l'avoir tenu 17 jours chez lui, lui promettant une place d'écrivain, le conduisit à l'Amirauté, où on l'envoya à ...., au vaisseau-amiral, où était le dépôt de marine; de là on le mit sur une frégate hollandaise, sur laquelle il resta depuis janvier 1793 jusqu'en février 1795 comme soldat.

Au bout de ce temps, les Français qui étaient sur cette frégate en furent tirés et envoyés en Angleterre, où, sans secours et sans ressource, on lui signifia qu'il n'avait d'autre parti à prendre que celui de servir dans les émigrés français ou de travailler aux mines, ce qui l'obligea d'entrer au service des émigrés, où il fut caporal, cassé ensuite à Carnac et actuellement soldat dans Hervilly.

Interrogé quelle faute a pu l'obliger à déserter de son corps. — A répondu qu'à Oudenarde, étant allé à la paille avec trois de ses camarades, et étant pris de boisson, l'un d'eux demanda une chemise au fermier et lui demanda ensuite de l'argent, et eurent chacun une *couronne impériale*.

Interrogé s'il n'est pas le recruteur des émigrés,

et pourquoi il avait offert 100 guinées au nommé Saint-Come, tambour au 41ᵉ, pour l'engager avec son camarade, Philippe Bastien, au service des émigrés. — A répondu que le fait est faux ; que, d'ailleurs, il ne sortait jamais sans être accompagné du nommé Parvy.

Les témoins René Come, Philippe Bastien et Simon Communaux, lui ayant été confrontés, ont déclaré le reconnaître et ont ajouté qu'il n'était pas accompagné lorsqu'ils l'ont vu à Auray. Lecture à lui faite, a signé : MOULIN.

Gabriel Moulin fut condamné à mort, comme déserteur et émigré, ayant fait partie du rassemblement de Quiberon et porté les armes contre la République. (Quiberon, 17 thermidor.)

Lorsque le gouvernement britannique eut décidé qu'on enrôlerait, dans l'armée émigrée, des prisonniers français, captifs sur les pontons, on trouva d'anciens militaires, la plupart déserteurs, pour faire le métier de recruteurs. Ils s'introduisaient dans les prisons, s'abouchaient avec les détenus et leur promettaient de l'argent et la liberté en retour d'un engagement. Il ne s'agissait, disait-il, que d'aller tenir garnison à Jersey. On se gardait bien de leur parler d'une descente sur les côtes de France, encore moins de porter les armes contre leur patrie.

Au nombre de ces recruteurs s'était distingué un nommé *François Bourguignon*, âgé de 43 ans, de Bourg (département de l'Ain).

Appelé, le 14 fructidor, devant la Commission militaire de Vannes (prést Honoré), il raconte « qu'il a servi jusqu'en 1782 dans Royal-Pologne cavalerie ; qu'il a obtenu un congé et qu'il est passé en Angleterre, où il a résidé jusqu'à ces derniers temps. Il était engagé dans le régiment de Dresnay en qualité de sergent.

Le président lui demande s'il n'a pas été à bord

des bâtiments « pour subtiliser et recruter des prisonniers français, ce dont il est accusé par un enfant de 16 ans », qu'il a racolé. L'accusé avoue le fait et déclare même avoir *recruté trois prisonniers.*

La Commission militaire, suffisamment édifiée, rapporté un jugement qui condamne à mort le nommé François Bourguignon « *comme embaucheur des émigrés, et comme émigré, ayant été repris les armes à la main contre sa patrie* ». (Vannes. 14 fructidor.)

Jean-Ét. *Ginouvez,* dit Latour, était sergent au 62ᵉ régiment des armées de la République.

Il comparaît, le 15 thermidor, devant la Commission de Quiberon. Il déclare qu'il est âgé de 33 ans, né à Clermont (Hérault); qu'il était sergent au 62ᵉ régiment lorsqu'on lui promit une place de sergent-major. Il déserta le 6 avril 1792 parce que la place fut donnée à un autre. Il s'enrôla avec les émigrés et était caporal dans Royal-Emigrant lorsqu'il fut fait prisonnier à Quiberon.

La Commission le condamne à mort. (15 thermidor. Quiberon.)

Mathurin *Kerbelet,* âgé de 20 ans, de Landevant, est un *déserteur* de la marine.

Interrogé pourquoi il a quitté son corps, il répond : pour revenir chez lui, accompagné d'un de ses camarades.

Pourquoi il se trouve avec les émigrés? A répondu : qu'il était venu à Auray et qu'ensuite il s'est engagé dans Royal-Émigrant, à Quiberon. Pourquoi il s'est retiré avec les chouans? A répondu : que tout le monde de la campagne s'en allait du côté des chouans parce qu'on avait peur des Bleus, et que les chouans lui avaient dit de s'en défier, et que c'est cela qui l'a engagé à se réunir à eux.

Le déserteur Kerbelet fut condamné à mort. (Comm. milit. Quiberon. 13 th.)

Jean-François *Chapon*, 21 ans (Seine-et-Oise), est un soldat *déserteur* du 1er régiment d'infanterie de marine, qui a quitté son corps à Brest pour s'enrôler dans les chouans.

Il déclare que ses chefs étaient : Jan-Jan de Melrand, l'Invincible et Sans-Peur, beaux capitaines, qui l'ont conduit à Quiberon. (Comm. d'Auray, 21 thermidor.)

Henri *Biot* (ou Guyot), étudiant, 25 ans, de Peaule (Morbihan), est un *déserteur* du 110e régiment. Il s'est enrôlé avec Brehan, capitaine de chouans; a été fait lieutenant; a été fait prisonnier à Quiberon. (Com. milit. Vannes, 26 thermidor).

Nicolas *Leleu*, 21 ans, natif de Douai (Nord), a servi 2 ans 1/2 dans le 3e bataillon du Nord et dans l'artillerie légère. Il a *déserté* sur la fin de 1794 et s'est enrôlé, avec les émigrés, dans le régiment de Périgord. (Auray, 14 thermidor).

Beaucoup de soldats français, qui avaient déserté leur régiment, s'étaient, comme nous l'avons vu, enrôlés dans les armées coalisées et avaient pris part à l'expédition de Quiberon. Au nombre de ceux-ci, nous devons une mention spéciale à *François Martin*, âgé de 25 ans, natif de Dax (Ariège), se disant étudiant, mais, au demeurant, déserteur du 2e bataillon du 68e régiment.

Son interrogatoire est des plus instructifs. Nous le donnons en entier, malgré sa longueur, pour prouver que les Commissions militaires ne condamnaient pas sans entendre.

Première Commission militaire de Quiberon, 15 thermidor an III.

Interrogé depuis quand il a quitté la France et pourquoi? A répondu : étant dans le régiment de Beauce et revenant de la Martinique à Cherbourg en 1791, son régiment y fut accueilli fraternellement par le 41e régiment, qui mit au revers d'habit de chaque soldat un ruban tricolore; de là, son bataillon vint à Landrecies, où les soldats réclamèrent leur décompte, qu'ils n'avaient pas touché depuis six mois. Ils envoyèrent, en conséquence, un Mémoire à l'Assemblée nationale, parce que leurs officiers s'opposèrent à leur demande; et, comme quelques-uns de leurs camarades et l'adjudant avaient refusé de signer le Mémoire, le bataillon les avait incarcérés de son autorité, ce qui excita une rixe entre les officiers et les soldats. Les officiers dénoncèrent le fait au général Rochambeau, commandant à Valenciennes, qui se rendit à Landrecies, où il voulut faire ôter le ruban tricolore que portaient les soldats à leur boutonnière.

Le comparant et ses camarades déclarèrent qu'ils ne l'ôteraient que sur un décret de l'Assemblée nationale.

En conséquence de cette obstination et de cette querelle, le bataillon fut conduit à la citadelle d'Arras, où il fut désarmé ignominieusement; et on menaça les soldats de les décimer et de licencier le reste. *Ce qui l'obligea de s'enfuir*, en ayant trouvé le moyen avec quelques camarades. Il était passé à Tournay dans l'intention de se rendre en Hollande, où il avait un parent, chirurgien, chez qui il se proposait de rester.

Mais à Tournay, ils ont été rencontrés par des officiers de son corps, émigrés, qui, en les voyant, s'écrièrent : « Voilà des scélérats qu'il faut emprisonner. » Ils le furent effectivement pendant trois jours, pendant lesquels on leur donna à chacun 25 coups de bâton par jour, et on les laissa sans nourriture. Puis ils les forcèrent à un engagement, auquel il se refusa toujours. Les autorités le tinrent dans le quartier du régiment de Clairfard, d'où ils le firent sortir pour aller joindre le dépôt de Londaword (*sic*), en Allemagne. Ensuite il a déserté de ce corps au moment où le dépôt allait rejoindre l'armée, et il est passé à Amsterdam, pour ne pas porter les armes contre sa patrie. De cette ville, il s'était embarqué pour Bilbao, port voisin du lieu de sa naissance, où il espérait aller, surtout l'Espagne n'étant pas encore en guerre avec la France; mais, le bateau qui le portait ayant été obligé de relâcher, à cause du mauvais temps, au port de Chernesth (*sic*), en Angleterre, il apprit que le capitaine du vaisseau les avait vendus pour les îles Fercoop (*sic*), manière usitée chez les Hollandais à l'égard des étrangers.

Les commissaires anglais qui avaient visité le navire les réclamèrent comme Français et le firent partir pour

Londres, où le gouvernement lui fit distribuer un schelling pour sa nourriture. L'Angleterre étant alors en guerre avec la France, il n'avait pu trouver le moyen de repasser chez lui. Il jouit de ce séjour pendant cinq à six mois. Après ce temps, ce secours fut retiré et un ordre du gouvernement britannique le força, ainsi que les autres Français, de s'enrôler dans un corps d'émigrés.

Interrogé quelle était son intention en entrant dans un corps d'émigrés; a répondu que son intention était de chercher une occasion de retourner en France, mais qu'il n'en avait pas trouvé.

A lui observé que Rochambeau était alors au service de l'Etat, et, paraissant patriote et le manifestant, n'avait pu donner des ordres à des soldats de se dépouiller des couleurs nationales, attendu qu'alors on portait la cocarde tricolore; a répondu que Rochambeau avait prétexté qu'il suffirait de porter la cocarde tricolore; qu'il n'était pas permis de porter de distinction aux boutonnières; que cela n'appartenait qu'aux chevaliers de Saint-Louis.

Interrogé pourquoi il avait préféré passer en pays étranger plutôt que de se retirer dans l'intérieur de la France; a répondu que, le bataillon étant menacé d'être décimé et n'ayant pas encore de défenseur assez puissant, il avait craint d'être reconnu et traité comme déserteur.

Interrogé s'il avait été nommé au nombre de ceux que le bataillon désigna pour faire ces diverses demandes et mémoires; a répondu qu'il y avait 6 députés par compagnie; qu'il en était; ce qui lui donnait plus lieu de craindre qu'à tout autre. Lecture faite, a signé : MARTIN.

La Commission militaire, sur cet interrogatoire, n'ayant pas de renseignements suffisants, surseoit au jugement jusqu'à plus ample informé. Saint-Pierre-Quiberon, 15 thermidor an III.

Transféré dans la prison d'Auray, François Martin comparut, pour la deuxième fois, devant la Commission militaire (prés' Lalene): en termes moins prolixes, il répéta qu'à Arras il avait été mis en prison comme commissaire nommé par les soldats du régiment pour porter des réclamations à leurs officiers; et qu'il déserta, passant en pays ennemi, où il avait été forcé de s'engager. Il avouait de nouveau avoir fait partie du rassemblement armé de Quiberon.

La Commission le condamna à mort. (13 fructidor an III. Auray.)

Un individu (*Houet*), sur l'identité duquel la Commission militaire d'Auray ne parvint pas à être édifiée, avait été ajourné le 15 thermidor par la Commission de Quiberon.

Le 14 fructidor, il était interrogé par la Commission d'Auray. Il répondit qu'il se nommait Louis Houet, âgé de 30 ans, natif de Malmedy, cercle de Westphalie.

Il raconta que, dans un voyage qu'il a fait à Cologne et autres lieux, à partir de 1894, il fut racolé par trois individus, qui le conduisirent dans une chambre, où ils lui firent faire usage d'une boisson qui l'incommoda. On amena un prétendu médecin qui lui conseilla une pommade pour faire cesser son incommodité.

A ***, il fut arrêté dans une maison où il fut dépouillé de tout ce qu'il avait sur lui, et par suite acheté pour domestique. A servi en cette qualité jusqu'à Quiberon.

La Commission le garda en prison comme étant de nationalité étrangère; mais on a inscrit en note, en marge de l'interrogatoire : « *retenu comme se disant prisonnier étranger, mais soupçonné Français.* » (Cah. d'Auray, 14 fructidor.)

Il est probable qu'il parvint à prouver ou réussit à faire croire qu'il était étranger, et, de ce fait, qu'il fut traité comme prisonnier de guerre, détenu jusqu'à la paix, car son nom ne figure plus dans les procès-verbaux suivants des Commissions militaires.

Joachim *Faller*, né à Plaudren, canton de Vannes, comparaît, le 15 vendémiaire an IV, devant la Commission militaire de Vannes. Il a été fait prisonnier à Quiberon.

C'est un *déserteur* de la compagnie des canonniers de la Halle-au-Bled.

Interrogé, il répond qu'il a quitté sa commune le 2 juillet 1795, emmené par les chouans à Quiberon. Il avait, dit-il, pour chef La Ronce, dit Coq (Kobbe).

Le président lui demande s'il a servi la République. Il répond carrément : Non.

A la séance du lendemain, on appelle un témoin, le citoyen Jean Charlanne, du 67ᵉ régiment d'infanterie, qui affirme reconnaître l'accusé comme un déserteur des *canonniers*.

La confrontation du témoin avec l'accusé a lieu. Pourquoi, lui dit le président, avez-vous, dans votre interrogatoire d'hier, nié avoir jamais servi la République? Le déserteur répond que c'était par crainte et avoue « qu'il s'enrôla dans la compagnie des canonniers de la Halle-au-Bled au mois de novembre 1793 et qu'étant en garnison à Belle-Ile il a déserté. » (Comm. mil. Vannes, 15 vendémiaire an IV).

Le jugement porte : Vu l'interrogatoire subi par Joachim Falher en date du 15 ......, nous avons fait paraître Jean Charlane, qui avait prêté son interrogatoire devant l'Administration du Morbihan (12 vendémiaire). Ce dernier déclarant que J. Falher était déserteur des canonniers de Belle-Ile. A cet effet, la Commission a fait paraître J. Charlane et J. Falher pour faire la confrontation, et ledit Charlane a prouvé, en présence du prévenu, qu'il lui avait dit être déserteur des canonniers de la Halle-au-Bled, en garnison à Belle-Ile. — Interpellé Falher pourquoi, dans son interrogatoire du 15, il a dit n'avoir jamais servi la République; — a répondu que c'était par crainte. (15 vendém. an IV.)

Rosenweig et La Gournerie, faute d'avoir consulté les procès-verbaux mêmes des interrogatoires et jugements des Commissions militaires, ont augmenté leur liste de deux noms d'individus qui, suivant eux, auraient été condamnés à mort et fusillés le même jour que Joachim Falher, c'est-à-dire le 16 vendémiaire an IV, à Vannes.

Ils désignent ces deux individus : *Jean Charlanne, tailleur*, 25 ans, de Villeneuve (Aveyron), et *Guillaume Pharaon*, jardinier, 24 ans, de Lesneven (Finistère).

1° Jean Charlanne était effectivement parmi les prisonniers de Quiberon, mais il fut reconnu comme *soldat français*, enlevé par les chouans, et *acquitté*.

Il a bien comparu devant la Commission de Vannes du 16 vendémiaire an IV, mais en qualité de témoin, appelé à déposer contre Joachim Falher. Sa déposition est tout au long sur la minute du procès-verbal :

Commission présidée par le capitaine Legrand, 16 vendémiaire an IV. Vannes

« A comparu Jean Charlanne, 25 ans, fils d'Antoine..... et de Jeanne Gaillard, né à Villefranche (Aveyron), tailleur d'habits. En avril 1791, s'engagea dans le 67ᵉ régiment d'infanterie, ci-devant Languedoc, et fut rejoindre son régiment à Tarascon (Provence). Il n'a pas déserté son corps ; il sortait d'Hennebont, muni d'un passeport, pour se rendre à Port-Liberté, où était sa compagnie, lorsqu'il fut arrêté par une troupe dont le chef était *La Vendée*.

» Où avez-vous été mené lorsque vous avez été arrêté ? — Répond : A Plaudren, où il a été gardé l'espace de trois mois et conduit après au château du Nodo, où il resta quelques jours. Lorsque les chouans se portèrent sur Carnac, il fut amené par ces dernier joindre les émigrés, qui étaient débarqués.

» Au bout de trois jours, on lui signifia de prendre les armes, et qu'en cas de refus il serait fusillé.

» Il déclare avoir été réclamé par un capitaine du

67ᵉ régiment, compagnie de chasseurs, qui l'a réclamé au citoyen Laumailler, commandant temporaire de la place de Vannes. Ne sait pas signer. » (Procès-verbal du 16 vend. an IV.)

Dans la séance de l'après-midi du même jour, Joachim Falher fut confronté avec Jean Charlanne. Il reconnut parfaitement Falher, qui avoua qu'effectivement il était déserteur des canonniers de la Halle-au-Bled, en garnison à Belle-Ile.

De ce fait, la Commission militaire condamna Joachim Falher à mort (16 vendém. an IV). Quant à Jean Charlanne, il dut retourner à son régiment.

2º Au nombre des victimes de Quiberon, La Gournerie compte sur sa liste un nommé *Pharaon* (Guillaume), jardinier, Lesneven (Finistère), et un nommé Falhun (Guillaume), jardinier (Finistère). De ces deux noms, le dernier seul est authentique.

Il suffit, pour s'en assurer, de se reporter au procès-verbal de la séance de la Commission militaire (prést Legrand) du 15 vendémiaire an IV :

« A comparu Guillaume Farraon, 24 ans, fils de Farraon et de Marie...., natif de Reoursgat, paroisse de Plouguerne (*sic*), canton de Lesneven (Finistère), jardinier avant la Révolution.

» Interrogé dans quel temps il a quitté son endroit, a répondu : en juillet 1793, époque à laquelle il émigra avec un prêtre nommé Ardy, qui passait à Jersey.

» A lui demandé s'il était domestique de ce prêtre. A répondu : non.

» A lui demandé pourquoi il a émigré. A répondu qu'étant du nombre des contingents qui s'opposèrent à la loi, il préféra s'émigrer pour se soustraire aux poursuites.

» En quel corps s'est-il enrôlé ? — Dans Dresnay, où il a servi comme caporal. » Lecture faite, a signé : Guillaume Falhun.

La signature de l'inculpé, apposée au bas de l'interrogatoire, prouve qu'il s'appelait de son vrai nom : *Falhun*. Le greffier qui a signé sur la minute : *Farraon*, a mal compris et commis une erreur.

Guillaume Falhun a été réellement condamné à mort le 17 vendémiaire an IV, mais aucun émigré du nom de Guillaume Farraon ne l'a été.

En marquant sur sa liste : *Fharaon*, le général Lemoine a altéré le contexte du greffier et aggravé la faute d'orthographe.

Guillaume *Malherbe*, natif de Bicquebec (Manche), était soldat au 41ᵉ de ligne, en cantonnement à Questembert. — Un jour, son détachement est à Theix. On fait l'appel ; il répond : présent. Un instant après, il *déserte*. On le retrouve à Quiberon, revêtu du costume rouge et les armes à la main.

Devant la Commission militaire, Malherbe essaie de faire croire qu'il a été enlevé par les chouans et conduit malgré lui à Quiberon.

On appelle en témoignage le sergent Vignon et les deux caporaux Hervé et Gilles, tous les trois du 41ᵉ régiment. Faits prisonniers par les émigrés quelques jours avant la prise du fort Penthièvre, ils furent tout étonnés de rencontrer Malherbe, déserteur de leur compagnie, pourvu du grade de sous-officier parmi les royalistes. Il se vante devant eux d'avoir déserté. Dans les troupes républicaines, on manquait de vivres ; avec les émigrés, on ne manque de rien. Il est sergent ; il sera bientôt, dit-il, officier. (Dépos. de Jean Vignon.) Le caporal Hervé rapporte des propos beaucoup plus graves : « Après différents propos, ledit Malherbe ajouta qu'il avait vu sur une route le citoyen Laumaillé, commandant de place à Vannes ; qu'il avait tiré un coup de fusil sur lui et l'avait manqué. »

Le déserteur Guillaume Malherbe fut condamné à mort. (Comm. milit. de Quiberon. 19 thermidor.) —

C'est le même que La Gournerie et l'abbé Le Garrec se contentent de désigner sous le nom de : *De Malherbe (G.), militaire*. Pourquoi la particule ?

Un autre Malherbes (François) avait comparu devant la Commission militaire d'Auray le 15 thermidor an III.

Dans son interrogatoire, il s'était dit fils de Jacques... et de Marie Letellier, natif de Soulangy, district de Caen (Calvados), 36 ans; profession : cuisinier. Condamné d'abord à la détention jusqu'à la paix, il comparut de nouveau devant les juges, ayant sans doute été reconnu comme émigré et fut condamné à mort. (Auray, 14 fructidor an III.)

Près de cent soldats déserteurs, dont nous avons eu les interrogatoires sous les yeux, furent condamnés à mort en vertu de la loi du 25 brumaire et de l'article 4 de la loi du 30 prairial, dont le texte porte : « *Les hommes armés, pris dans les rassemblements, s'ils sont déserteurs, seront punis de la peine de mort.* »

Ils se nomment :

Albert Mivel, Hamelin, Aniéré, Arbon, Aloy (A.), Aloy (L.-J), Aubry, Barba, Baudiot, Belisson, Benoit, Betard, Bernard, Bessin, Biot (H.), Biot (P.), Bleu, Bonge (E.), Bonge (H), Bonte, Boulefroy, Brebion, Brehaut, Briche, La Brousse (J.), La Brousse (F.-J), Cadart, Carmouche, Chapon, Chaton, Chatel, Colin, Coureau, Daniel, Dessart, Delcroix, Doco, Duquesne, Dussautoir, Delbecque, Fournier, Freville, Gabeau, Garnier, Garot, Genouvez, Giraud, Du Guegam, Guillemain, Huchette, Houllier, Jacques, Jehanno, Kerbelet, Lefebvre, Legrand, Leleu, Lagrange, Lethiec, Letort, Maillet, Malherbe (G.), Marché, Mariotte, Lamotte, Martin, Mignaux, Morel, Moulin, Mourroux, Noel, Perron, Pintel (A.), Pintel (D.), Sanié, Sourisseau, Thomassin, Vanoche, Vasseur, Vendome, Yot, Zibrant, etc., etc.

La Gournerie et l'abbé Le Garrec, qui ne paraissent

guère avoir une connaissance complète des interrogatoires et des jugements, ont bien marqué, sur leurs *listes des victimes*, les noms précédents; mais ils ont supprimé, presque pour tous, le qualificatif de *déserteur*, et l'ont remplacé par celui de : *soldat, militaire, volontaire, marin, conscrit, insurgé*, ou même simplement *émigré*; de telle façon que les lecteurs non prévenus y seront pris et s'imagineront que les Commissions militaires n'ont eu à juger que des émigrés ou des chefs chouans, qui combattaient la République par conviction politique ou religieuse. Dans l'intérêt de la vérité, nous relevons le fait. L'abbé Le Garrec ne note sur sa liste que deux déserteurs : *Brehaut* et *Brebion*. Sur la nôtre, nous en notons plus de 90; et nous sommes persuadé que ce chiffre est au-dessous du chiffre réel. Plusieurs déserteurs non reconnus ont été condamnés sous de faux noms, avec la qualification d'*émigrés*, ou acquittés avec celle de *prisonniers français* ou de *chouans*.

CHAPITRE VI

CHOUANS

Le nombre des chouans proprement dits, vraiment militants, était très réduit, dans Quiberon, lorsque les émigrés mirent bas les armes. On se rappelle que le gros des bataillons chouans, comprenant plusieurs milliers d'hommes armés et habillés de rouge, avait, quelques jours avant, quitté la presqu'île. Une moitié était descendue à la côte de Sarzeau; l'autre sur celle du Finistère. La première division avait pour chef Tinteniac et en sous-ordre Pontbellanger, Mercier (La Vendée), Georges Cadoudal, d'Allègre, etc., etc. La seconde était commandée par Lantivy et Jan-Jan. On devait (c'est du moins ce qu'a expliqué Puisaye) tenter une diversion sur les derrières de l'armée républicaine, cantonnée à Sainte-Barbe. Le plan échoua. La troupe de Lantivy et de Jan-Jan se dissipa à peine à terre. Celle de Tinteniac, après avoir subi un revers devant Josselin, poussa une pointe vers les Côtes-du-Nord et s'en revint très amoindrie et découragée, dans le Morbihan, après la mort de son chef (Tinteniac). On l'appela *l'armée rouge*.

En fait de soldats chouans, dignes de ce nom, au moment de la reprise de la presqu'île, il n'en restait que quelques centaines, auxquels s'ajoutaient par surcroit 4 ou 5000 paysans, plus ou moins valides, des communes environnantes, qui avaient été conduits de force ou s'étaient enfuis à l'approche des combattants. Un très grand nombre de ces malheureux s'évadèrent, sans qu'on y mît obstacle, dans le trajet de Quiberon à Auray. Les autres allaient subir les rigueurs de la captivité, en attendant qu'ils soient jugés ou renvoyés dans leurs foyers par des acquittements ou en vertu d'arrêtés des représentants du peuple.

Indépendamment de ceux qui avaient été pris à Quiberon même, le nombre des prisonniers s'était accru de 12 ou 1500 individus, que les Anglais abandonnèrent dans la rivière de Vannes le 12 thermidor. D'autres encore avaient été emmenés dans la Manche et débarqués en Normandie. Dans une lettre adressée à l'Administration du Morbihan par la Municipalité de Cherbourg, celle-ci annonce que « des Morbihannais, qui disent avoir été forcés de marcher à Quiberon ont été débarqués par les Anglais sur la côte de Normandie » et sont actuellement dans les prisons de Cherbourg (4 prairial an IV). Ils durent être renvoyés à Vannes sous escorte.

Dans les procès-verbaux des Commissions militaires, c'est à peine si nous avons relevé 120 condamnations à mort, portant sur des chouans. Les chouans les plus notables furent quelques gentilshommes bretons, des bourgeois et artisans d'Auray et des jeunes gens de Vannes, qui eurent le malheur de prendre le parti des émigrés et de faire avec eux la campagne de Quiberon. Les autres étaient des paysans, volontairement engagés dans l'insurrection, la plupart chefs de bandes, pris les armes à la main.

Les interrogatoires des chouans ou prétendus tels ne présentent, dans leur ensemble, qu'un intérêt secondaire. Presque tous sont des cultivateurs, d'intelligence bornée, qui ne parlent que la langue bretonne et ne répondent aux questions que par l'intermédiaire d'un interprète. Ils signent en faisant une croix.

Quelques personnalités seules méritent une mention, en raison de l'attitude qu'elles ont affectée devant les juges. Il en est qui, avant de mourir, ont donné une leçon de courage à ceux qui, n'écoutant que l'instinct de la conservation, allaient avoir recours au mensonge, dans leurs interrogatoires, pour sauver leur vie.

Le premier que nous classerons parmi les braves est un gentilhomme morbihannais, le jeune Paul de *Lantivy-Kerveno*, celui-là même qui, le matin du 3 thermidor, avait adressé à Sombreuil de violents reproches pour s'être rendu sans combattre. (Voir Chasle de Latouche : *Relation du désastre de Quiberon*, p. 205, 1838.)

Il comparaît, le 16 thermidor, devant la deuxième Commission d'Auray (P^t Duilhe). On lui demande ses noms, prénoms et qualités; il répond qu'il se nomme Paul de Lantivy, fils de Jacques..... et de Vincente Lamarche; — natif d'Auray: — ex-noble. Il déclare que, depuis quinze mois, il a pris les armes contre la République en qualité de chef de chouans, faisant arrêter les militaires sur les routes et les désarmant. — Interrogé s'il faisait partie des rassemblements de Quiberon, il répond : oui, et *refuse de signer*. (Auray. 16 thermid. an III.

Son frère, Isidore de Lantivy, fait également prisonnier à Quiberon, s'échappa de la maison de détention d'Auray. Quelques semaines après, il était tué, parmi les chouans, dans un engagement avec un détachement républicain.

De Kerguisiau. Devant la Commission militaire de Vannes, 15 thermidor, a comparu Ch.-Marie Kerguisiau, âgé de 46 ans, natif de Lesneven, ex-lieutenant au 10e régiment de chasseurs à cheval, qu'il a quitté en 1791 (mars).

Interrogé à quelle époque il fut mis en prison de

Saint-Glaud (sic), a répondu : en juin 1794. En est sorti en avril 1795.

Interrogé comment il s'est trouvé à Quiberon : a répondu qu'il fut mené par des chouans ; qu'il y est allé voir s'il y avait des parents et des amis, plusieurs des siens étant émigrés.

Interrogé s'il a cherché à s'évader. — R. N'a pas osé le faire.

Interrogé s'il était armé, s'il avait un emploi chez les émigrés. A répondu qu'il était interprète des chouans et qu'il y était forcé.

Interrogé s'il était noble, a répondu : Oui.

Interrogé sur ce qu'il a fait depuis qu'il a quitté son régiment. A répondu qu'il est resté chez lui, qu'il se rendait utile à la commune en expliquant les lois. Il a été nommé électeur à l'élection de l'Assemblée législative. (Vannes. 15 thermidor.) — Charles-Marie KERGUISIAU.

Il fut condamné à mort par la Commission militaire, qui ne vit dans ses réponses que des réticences. La Gournerie nous apprend, dans une note, que ce Kerguisiau de Kervasdoué, « après avoir émigré, se trouvait à Lyon lors du siège ; qu'il passa ensuite dans la Vendée et devint colonel de cavalerie dans l'armée de Charette. Lors de l'expédition de Quiberon, il commandait un corps de chouans de la division de Lantivy. »

Pierre *Brevelley*, 24 ans, de Sainte-Hélène, canton de Port-Louis (Morbihan), chef de chouans, fait prisonnier à Quiberon.

L'accusation relève des charges graves contre lui. Un témoin, le citoyen Lequiery, après avoir prêté serment, dépose que l'accusé « lui a enlevé ou assassiné sa femme et ses enfants. Il lui a pris ses vêtements et trois barriques de cidre ».

Le président demande à l'accusé « ce qu'il a fait dans sa commune depuis quatre mois ? » A répondu

« qu'il y a cinq semaines, il était allé aux chouans ».

Un deuxième témoin, Louis Lucas, du bourg de Sainte-Hélène, dépose que, « sur les rapports qui lui en ont été souvent faits, l'accusé est un scélérat ; qu'il a fait tondre et enlever plusieurs patriotes ».

Le déposant ajoute « que la tante de Louis Gaillard avait dit à sa cousine que Breveley était venu chez elle, avait fait faire des galettes, avait chanté et tourmenté les deux femmes, lesquelles avaient déclaré qu'il était un scélérat. » (Interrog. du 25 therm. an III. Comm. de Vannes.)

Louis-Joachim *Duguegan*, 22 ans, de Berric (Morbihan). *Déserteur* de la marine de Brest. A été pris parmi les chouans armés à Quiberon.

Devant la Commission militaire de Vannes (Pt Bouillon), il avoue.

On fait comparaître un témoin, Louis Thiers, « qui dépose qu'il a été saisi au col par l'accusé, qui, ayant le sabre nu, l'a menacé de le tuer ; et que l'accusé cria à Breveley, chouan comme lui, de lui lâcher un coup de fusil ».

Un autre témoin, Jacques Cloerec, déclare que l'accusé « est allé, armé de deux pistolets, chez son oncle et sa tante, où il a tout pillé et volé, en disant qu'il avait du pain jusqu'à ce que Louis XVII soit sur le trône. »

Les citoyens Feron, gendarme, et Dury, sergent, déposent en outre que, conduisant Duguegan en prison, celui-ci leur a dit « que Brohan, son capitaine, avait assassiné l'oncle et la tante de Jacques Lecouet et les avait mis dans un caveau ». (Comm. m. Vannes, 26 thermidor.)

Brohan de Peaule, âgé de 40 ans, capitaine de chouans, auquel se rapporte une partie de l'interrogatoire précédent, avoua lui-même avoir commis *des vexations et des vols*. La Commission de Vannes le condamna à mort. (V. 26 thermidor.)

Le Clouarec (J.-Marie), de Pluvigner, clerc de procureur, 17 ans.

Interrogé s'il a porté les armes contre la République à Carnac, a répondu : Oui.

Depuis quand est-il chouan ? Depuis deux mois.

Pourquoi n'a-t-il pas suivi la Municipalité à Auray ? A répondu qu'il est resté volontairement dans la commune et a suivi le parti des chouans lorsqu'ils publièrent à son de caisse de s'enrôler dans l'armée dite catholique.

Interrogé s'il savait les brigandages que commettaient les chouans et s'il ignorait que leurs intentions étaient de marcher contre la République; qu'ils assassinaient journellement sur les routes. A répondu qu'il n'ignorait pas cela. A signé : LE CLOUEREC. (Comm. Bouillon. V. 27 thermidor.)

Malgré les réponses catégoriques de l'accusé, il ne paraît pas que les juges l'aient condamné à mort. L'expédition des jugements qui furent prononcés ce jour-là ne porte pas son nom, qui n'est, du reste, sur aucune liste. Il fut sans doute ajourné en raison de son jeune âge. Il a dû bénéficier de l'arrêté du représentant Mathieu (20 fructidor) et être mis en liberté, à moins qu'il ne se soit évadé. En tout cas, il ne doit pas être confondu avec celui qui suit.

Guillaume *Cloerec*, fils de Michel....., né à Auray, âgé de 27 ans, perruquier. Volontaire au 2ᵉ bataillon de la 17ᵉ demi-brigade. Dit avoir eu une permission de trois jours pour aller chez lui. A avoué qu'étant de retour à Vannes, où était alors l'état-major de son corps, il est parti sans permission. Son corps était à Muzillac. Son intention était de rejoindre. Il fut arrêté par les chouans avant d'arriver à Theix. Il les a suivis de bonne volonté dans les campagnes, ensuite à Carnac et à Quiberon, où il s'est mis au service des émigrés.

Au bas de l'interrogatoire se lit la note suivante :

« Le dénommé est revêtu de l'uniforme des chouans. S'est coupé dans presque toutes ses réponses. » (V. 4ᵉ Com. 27 thermidor.)

Cet inculpé fut ajourné pour plus ample informé. Renvoyé en prison, il contracta bientôt la maladie et y mourut. Le registre des décès de l'état-civil de Vannes porte, à la date du 9 vendémiaire an IV : « *Guillaume Cloerec, d'Auray, chouan, mort en prison* ».

Un autre Cloirec (Joseph), également d'Auray, est mort en prison, le 30 nivôse an IV.

Jean *Leroux*, laboureur, de Séné (Morbihan), 27 ans, chouan.

Subit un premier interrogatoire, le 27 thermidor, devant la Commission de Vannes, présidée par le commandant Desquieux.

Il déclare qu'il a été *emmené de force*; servait dans Hector lors de la prise de Quiberon; avait été blessé par les républicains dans la première sortie. A dit *s'être enrôlé volontairement dans le régiment d'Hector*.

« Soupçonné déserteur de la première réquisition. A feint ne savoir parler français, et cependant a répondu très intelligiblement aux premières questions à lui faites par le président; et a répondu parfaitement, alors qu'après la lecture de sa déposition, le président lui a demandé si elle contenait la vérité. »

Leroux comparaissait, pour la seconde fois, le 8 fructidor, devant la Commission (prés' Legrand) et était condamné à mort.

Le Thiec (Pierre), natif de Marsan, district de Roche-Sauveur, âgé de 31 ans, enrôlé dans les chouans, avait fait la campagne de Quiberon, où il fut fait prisonnier.

Transféré à Auray d'abord, il y avait subi un premier interrogatoire et avait répondu en déguisant son nom. Il avait déclaré s'appeler : *Pierre Guida*, de Mesquer, et la Commission l'avait ajourné. Il fut découvert, comme le constate une lettre du département, du 4 vendémiaire, adressée à la Commission militaire de Vannes, devant laquelle Le Thiec comparaissait le lendemain :

« 4 vendémiaire an IV.

» Le Département à la Commission militaire.

» Nous venons de faire mettre à la maison de justice le nommé Pierre Le Thiec, de la commune de Marzan, l'un des détenus des ci-devant Ursulines, fait prisonnier à Quiberon. Nous joignons ici deux pièces trouvées au camp de Camor, lors de la descente des chouans sur cet endroit. C'est à vous de juger si ces pièces peuvent avoir quelque rapport au prévenu. Vous ne manquerez pas de remarquer qu'elles peuvent servir de conviction contre beaucoup d'autres individus.

» Nous vous observons de plus que Le Thiec a déguisé son nom et sa demeure, lorsqu'il a été interrogé à Auray. Il a dit se nommer Pierre Guida, de Miquer, tandis qu'il se nomme Pierre Le Thiec, de Kergriset. »

Le Thiec fut condamné à mort comme chouan et déserteur. (Comm. milit. Vannes, 6 vendém. an IV, Président Legrand.)

Seveno (Mathurin), laboureur, de Grand Champ, est un capitaine de chouans.

Il a quitté sa commune le 1er juillet, emmené par une colonne de chouans, à Pluvigner, à Landaul et de là à Carnac, où était le rassemblement des émigrés. Etant tombé malade, il fut conduit à l'hôpital de Quiberon. Interrogé ce qu'il faisait à Quiberon ? Répond qu'il fendait du bois. Interrogé s'il n'a pas cherché à s'évader de la prison des Ursulines, le premier jour complémentaire, a répondu : que oui, sachant sa femme prête d'accoucher, il était charmé de la voir avant de mourir. Il craignait qu'on sache qu'il avait été *capitaine*. (Vannes, 6 vendém. an IV).

Michel *Thomazeau*, de Baden, âgé de 60 ans,

maréchal, et son fils Jacques-Thomas Thomazeau, ont quitté leur commune quelques jours avant la Saint-Jean et se sont rendus à Carnac, où était le rassemblement des émigrés.

Ils avouent qu'ils étaient occupés à réparer les armes des chouans. Ils étaient armés, lors de la reprise de Quiberon par les républicains, et ont jeté bas leurs fusils. (Comm. Vannes, 6 vendém. an IV.)

Melle Ougeard, laboureur, 28 ans, de Plandren, chef de chouans. A été pris à Quiberon.

Interrogé ce qu'il a fait du drapeau qu'il a porté de Plaudren à Quiberon ? A répondu qu'il n'en savait rien. A lui demandé de quelle couleur était ce drapeau, a répondu qu'il était blanc. Interr. : n'était-il pas à la tête de 22 chouans pour conduire 4 volontaires au château de Camzon ? Répond : N'en avoir pas de connaissance.

Interrogé si lui-même n'a pas assassiné quatre volontaires à coup de sabre ? Répond : qu'il n'en sait rien. (Comm. milit. Vannes, 15 vendémiaire an IV).

Molgat, Jacques, 19 ans 1/2, né à Theix (Morbihan).

Interr. sur sa profession, avant celle de chouan, répond : tanneur.

Interr. s'il n'a pas pris deux chevaux au Grego (château du), en Surzur, étant avec un autre chouan, le 26 floréal, à 6 h. du soir, et d'y être retourné dans la nuit du 2 au 3 prairial, où il prit encore trois chevaux bouclés d'argent et plusieurs effets, étant armé d'un fusil ? A répondu qu'il fut engagé par Jacques Duchêne et Guillotin et une cinquantaine d'autres chouans. (Com. Bouillon. Vannes, 26 therm.).

Caudon, François, 60 ans, de Sainte-Barbe (Plouharnel), matelot. Répond qu'il a quitté son domicile il y a environ sept semaines, et que des chouans armés le forcèrent de les suivre à Quiberon, où il a été pris.

Le président donne lecture d'une lettre de deux citoyens de Plouharnel, le maire Covas et Pierre Bely. — Lesquels déclarent qu'on a entendu, à différentes reprises, François Caudon crier : Vive le roy ! qu'il a, plusieurs fois, attaqué le curé constitutionnel et attenté à sa vie. Il menaçait les républicains, en leur disant qu'ils n'en avaient pas fini et qu'ils verraient du nouveau dans peu. Il a toujours préféré la société des chouans et des émigrés. (Auray, 24 thermidor.)

Maubert, Mathurin, de Pluvigner, âgé de 42 ans, maréchal, avait déjà subi un premier interrogatoire le 18 thermidor, et avait été condamné à 4 mois de détention, lorsqu'il fut appelé de nouveau, 6 jours après, des charges graves ayant été relevées contre lui. Le 24 thermidor an III, il comparaissait devant la 2ᵉ Commission d'Auray, présidée par le chef de bat. Duilhe.

Interrogé, il déclara qu'il avait « quitté sa commune depuis le jour de la Saint-Pierre 1795, forcé par une troupe armée ». Il accuse deux chouans, qu'il nomme, de l'avoir mené à Carnac, de là à Mendon et à Quiberon.

On appelle un témoin, le citoyen Lemenez, qui dénonce Maubert comme l'ayant fouillé et lui avoir pris 200 livres. Il lui a de plus pris son cheval et une paire de bas.

Maubert commence par nier ; mais le témoin persistant dans sa déposition, l'accusé avoue qu'il a enlevé les assignats, qu'il a jetés sur la route.

La Commission le condamna à mort (Auray, 24 thermidor.)

Rado. Le gendarme de la brigade de la Roche-Sauveur, nommé Joseph Rado, avait été pris par les chouans et entraîné à Quiberon, où on l'avait forcé de combattre dans les rangs des royalistes.

Fait prisonnier, le 3 thermidor, il fut amené à

Vannes, et le 15 du même mois, il était extrait de la prison et conduit devant la Commission militaire (président Bouillon). Âgé de 20 ans, né à Piriac, il déclara qu'il avait été capturé par les chouans, deux mois auparavant ; qu'il n'avait pas pris de service chez les ennemis de la République, et qu'il lui avait été impossible de s'évader.

La Commission prononça son *acquittement* et sa mise en liberté immédiate. (Comm. milit. Vannes, 15 thermidor).

Un nommé *Lescorvacque*, de la commune d'Auray, avait rejoint les chouans à Quiberon. Fait prisonnier, il se trouve à Vannes, au mois de mars 1796, maintenu en détention depuis plus de cinq mois. Les renseignements pris sur son compte étaient mauvais. Il comparut enfin devant la Commission militaire (président Guidal), il fut condamné à mort avec les considérants suivants :

« Considérant qu'il est bien constant qu'il a fait partie du rassemblement d'émigrés à Quiberon : que la prétendue violence par les chouans qui l'ont entraîné est dénuée de toute vraisemblance, et qu'au reste, il n'a point voulu suivre les bons citoyens de sa commune et sa garnison, qui ont évacué à l'approche de l'ennemi. » (Comm. milit. Vannes, 8 ventôse an IV).

Charles-Claude *de Brossard*, âgé de 64 ans, de Pluvigner, ancien commis aux douanes, avait été pris à Quiberon.

Le 14 thermidor, il comparaissait devant la Commission militaire d'Auray (président Lalene). Dans son interrogatoire, il déclare qu'il n'a pas émigré, mais qu'ayant été dépouillé par les bleus, il avait eu peur des menaces qu'on lui avait faites de le fusiller, s'il ne donnait pas 100 livres. On lui a enlevé ses souliers. Il s'est rendu à Landaul, de là à Quiberon, avec Messieurs les émigrés, pour éviter d'être de nouveau maltraité. Il refuse de signer.

Le tribunal ajourna l'accusé, pour plus ample informé. Claude de Brossard fut transféré à Vannes. Ce n'est que cinq mois après, le 24 nivôse an IV, que, comme chef de chouans, il fut condamné à mort par la Commission militaire de Vannes, présidée par le commandant Guidal (V. 24 nivôse an IV).

Le 18 vendémiaire an IV, deux chouans, Auguste *Guillet* et Guillaume *Josse*, comparaissaient devant la Commission militaire de Vannes (président, le capitaine Legrand).

1º Auguste *Guillet*, âgé de 23 ans, de Bourg-Paul-Muzillac. A quitté sa commune il y a vingt mois, époque à laquelle il s'enrôla dans le 110ᵉ infanterie. Au bout de 8 mois, il déserte, pour rejoindre les chouans à Elven. Il assure qu'il n'a pas été à Quiberon avec les émigrés.

On lui demande comment il a pu s'évader des prisons des Ursulines ? Il répond qu'il n'y a jamais été.

On lui demande ce qui l'a engagé à assassiner un maire à coups de couteau ? Il répond que ce n'est pas lui : mais qu'il a entendu dire que c'était un nommé Guillet, qu'il ne connaît pas.

Il a connu les chefs de chouans *Duchemin* et le chevalier *de Silz*. Il n'avait pas d'armes quand il a été arrêté. Il n'avait qu'une balle et de la poudre. Le fusil qu'il a porté ne lui appartenait pas. Ne sait pas signer.

2º Guillaume *Josse*, de Questembert. S'est engagé en 1792 dans la légion germanique jusqu'en 1793. Il était, dans la Vendée, avec son corps : il fut pris par les brigands. Il s'est évadé de la garde, étant ivre, et est revenu à Questembert, puis a mené une vie errante. Interrogé s'il connaît Aug. Guillet, il répond qu'il ne le connaît que depuis quelques jours.

On lui demande s'il n'a pas connaissance que Guillet a assassiné le maire de Lauzach ? Il répond que non ; mais qu'il lui a entendu dire que *c'était son frère.*

La Commission militaire, d'après ces interrogatoires, se déclara incompétente. « Vu que ces deux chouans ne sont pas de notre compétence, *parce qu'ils ne sont pas du nombre des prisonniers de Quiberon,* les renvoie dans la prison pour être jugés par le tribunal civil-criminel. » (Com. mil. Vannes, 18 vendémiaire an IV).

Guillaume Josse fut réintégré dans la maison de détention des *Ursulines,* où il ne tarda pas à contracter la maladie épidémique, dont il mourut. Son décès est inscrit sur le registre de l'état-civil, à la date du 9 frimaire an IV.

Quant à Guillet, nous ignorons ce qu'il devint.

Au mois de janvier 1796, les derniers prisonniers de Quiberon, qui furent condamnés à mort, comparaissaient devant la Commission militaire de Vannes, présidée par le commandant Guidal.

Presque tous étaient des jeunes gens de la campagne, qui, pour se soustraire à la réquisition, s'étaient enrôlés dans les chouans. Aucun ne sait signer. Quelques-uns même ne parlent que breton, ce qui nécessite l'intervention d'un interprète. Au nombre de ceux-ci se trouvait un paysan de Sarzeau, nommé *Pierre Dorset,* âgé de 26 ans. Dans son interrogatoire (24 nivôse an IV), il décline ses nom, prénoms et domicile, par l'organe d'un interprète, le citoyen Millaud, de Vannes. Dorset se déclare *saulnier* de profession. Il a été *forcé,* dit-il, de suivre les chouans. Quand on lui demande pourquoi il s'est dérobé à la réquisition, il répond qu'il est resté dans son pays, parce qu'il *travaillait pour gagner du pain à ses parents.* Il déclare ne savoir signer.

Nous nous en tenions aux termes du procès-verbal, lorsque, dans la liste nécrologique composée par

La Gournerie, nous avons lu que le condamné du 24 nivôse n'était autre qu'un noble gentilhomme, nommé *d'Arragonès d'Orcet, officier de marine, lieutenant dans Hector, né en Auvergne, vers 1769!*

Pour rendre la version de La Gournerie acceptable, il faut nécessairement admettre que le gentilhomme officier de marine a déguisé son identité, en se donnant pour originaire de Sarzeau, saulnier de profession, et chouan par contrainte.

Mais ici surgit une difficulté plus grave. La Gournerie, évidemment, n'a pas connu les interrogatoires. Comment expliquer que ce gentilhomme, qui est Auvergnat, ne parle pas français et ne répond qu'en langue bretonne, par l'intermédiaire d'un Vannetais bretonnant ?

Jusqu'à preuve contraire, nous considèrerons donc la note de La Gournerie comme erronée, et nous continuerons à classer Pierre Dorset comme un simple saulnier, originaire de Sarzeau, et chouan pris à Quiberon, les armes à la main.

Sur la liste du général Lemoine, le nom est marqué : Pierre Dorset, n° 695.

Sur le monument de La Chartreuse, l'inscription porte : Pierre Dorset. De même sur la liste de Rosensweig.

La Gournerie et son copiste Le Garrec sont les seuls à avoir appliqué ce nom, contre toute vraisemblance, à un gentilhomme, émigré, qui pouvait être à Quiberon, mais n'a jamais comparu devant aucune des Commissions militaires.

Joseph *Ollier* (de Plouhinec), âgé de 40 ans, est également un cultivateur. Il reconnaît « qu'il a pris les armes contre la République ».

Interrogé s'il avait été forcé de marcher, il a répondu qu'il aurait pu s'éviter de marcher et d'aller au lieu du rassemblement; mais qu'il y avait été de *bonne volonté*, et a signé : OLLIER. (Comm. d'Auray, 16 thermidor.)

Antoine *Jeannot* est un paysan de Bignan, qui avoue franchement qu'il est enrôlé dans la chouannerie depuis un an, sous les ordres de *Mercier La Vendée*. Il faisait, dit-il, partie de l'expédition contre Auray, qu'ils occupèrent, et de là se dirigèrent sur Ploemel et Carnac. Il n'est resté que deux jours à Quiberon. Il a été débarqué sur la côte de Sarzeau, avec la division de Tinteniac, mais il a abandonné la colonne et a erré dans la campagne jusqu'au moment où il a été arrêté par un détachement républicain. Il était avec un compagnon, qui s'est échappé. Lui, il a été pris les armes à la main. (Comm. milit. d'Auray, 9 fructidor).

Ollier et Jeannot furent condamnés à mort. (5 fruct. Auray).

Le citoyen *Jérome* (Claude-Nicolas) était un riche propriétaire du district d'Hennebont. Il habitait une campagne, dans la commune de Nostang, avec sa femme et ses cinq enfants. Il s'y occupait d'agriculture. Né à Reims, il avait épousé, en 1778, une demoiselle de Kervignac (Thérèse Gardie de la Chapelle). Homme intelligent et actif, il était entré dans le mouvement de 89, mais n'avait pas tardé à se faire de nombreux ennemis politiques. Dénoncé et persécuté sous la Terreur, il fut emprisonné comme suspect le 23 septembre 1793.

Nous avons trouvé, dans une liasse de la police générale (L. 254) un *tableau* rempli par le Comité de surveillance d'Hennebont, qui donne une idée des sentiments que le citoyen Jérome inspirait au Comité dès le mois de floréal an II :

« Claude-Nicolas Jérome, domicilié à Hennebont, âgé de 45 ans; — cinq enfants : un garçon et quatre filles; détenu le 23 septembre 1783, par ordre de la

Commune, *pour cause d'aristocratie marquée.* — Fermier avant la Révolution et après; revenu : 3,000 fr., et, depuis, diminué d'un quart. — Relations avec les ex-nobles et des aristocrates prononcés. D'un caractère rusé, astucieux, ses opinions toujours contraires à la Révolution, et signataire de plusieurs pétitions anticiviques; *chef* du parti des aristocrates les plus prononcés. — Signé : Coeffec, — Vergnet, — J.-L. Callard. 27 floréal an II. (L. 254. Arch. dép.)

Trois mois après son arrestation, il écrit, de sa prison, au Comité de surveillance :

« Encore si j'étais la seule victime que l'on poursuive; mais les coups qu'on me porte frappent également ma femme, mes cinq enfants, ma pupille et ma belle-sœur, qui, tous, ont besoin de mes secours et de mes soins. » (L. 1324.)

Jérome resta sous les verrous depuis le mois de septembre 93 jusqu'en septembre 94. Pendant ces douze mois, la Terreur avait passé sur le district d'Hennebont et encombré les prisons de citoyens réputés suspects.

Après le 9 thermidor et la chute de Robespierre, les Administrations avaient été épurées et s'empressaient de mettre en liberté les victimes du régime précédent. L'élargissement du citoyen Jérome se faisait attendre. Il écrivit une longue lettre au Comité de surveillance pour se plaindre des mesures de rigueur qui continuaient contre lui et demander sa mise en liberté, en vertu de la loi. — Si on ne tient pas compte de sa réclamation, il s'adressera à la Convention et à ses Comités et il démontrera qu'il est depuis longtemps la victime des administrateurs d'Hennebont.

Il finit par être rendu à la liberté et retourna vivre à la campagne avec sa famille. Lorsque, dans le courant de l'année 1795, il fut démontré que le traité de la Mabilais n'était qu'une lettre-morte; que les ennemis de l'intérieur préparaient une nouvelle levée de boucliers et qu'un débarquement d'émigrés était imminent, le citoyen Jérome devint-il un agent de la chouannerie? Ce qui est certain, c'est qu'à l'annonce de la descente des émigrés, le 9 messidor, on le vit marcher vers Carnac et commander un détachement de campagnards armés. Fait prisonnier dans la matinée du 3 thermidor, il resta détenu à Quiberon jusqu'au jour de sa comparution devant la Commission militaire (18 thermidor).

Nous donnerons ici son interrogatoire, copié sur la minute même :

Jérome (Claude-Nicolas), âgé de 47 ans, né à Rheims, domicilié à Nostang, district d'Hennebont (Morbihan), cultivateur et défricheur.

Interrogé comment il s'est trouvé dans le rassemblement de Quiberon. A répondu qu'étant à faire ses foins, il fut emmené par des inconnus, armés de pistolets et de sabres.

Interrogé quel grade il occupait parmi eux. A répondu qu'ils l'avaient fait chef de paroisse de Nostang et de Branderion.

Interrogé quels étaient les autres chefs qui commandaient sous lui. Répond : Les nommés Tesson de Kermorand, Révalland de Rouganet, Jege de Branderion et Le Galudec de Kerpote. Lecture faite, etc., a signé : JÉROME.

Les déclarations et les dénonciations que contient son interrogatoire ne rendirent pas les juges favorables. Jérome fut condamné à mort et fusillé, à quelque distance de Saint-Pierre-Quiberon, en même temps que les quatre officiers de la garde nationale d'Auray, qui avaient marché avec les chouans (Brien, Lesauce, Demotte, Lego) (18 thermidor. Quiberon.)

Rosensweig et La Gournerie, qui n'ont certainement pas eu, comme nous, le loisir de feuilleter minutieusement les procès-verbaux des interrogatoires et des jugements des Commissions militaires, ont marqué sur leur liste un certain nombre de noms d'individus comme condamnés à mort et fusillés, qui, au contraire, ont été acquittés.

Nous en avons déjà fourni des exemples. Nous allons en produire d'autres :

1º Les deux auteurs, que j'ai cités, portent comme fusillé le 9 fructidor, à Auray, le nommé *Jean Lefloch*, marin, âgé de 20 ans, de Port-Navalo (Morbihan).

Voici le procès-verbal qui le concerne :

« Jean Lefloch, fils de Pierre... et de Marie Lehoussec, âgé de 20 ans, a comparu devant la 1ʳᵉ Commission militaire d'Auray (président Lalene). Il déclare « qu'il a quitté son domicile, il y a un mois 1/2 ; qu'il fut pris et armé, chez lui, par les Anglais, qui le conduisirent à Quiberon, où il fit un service actif et fut blessé d'un coup de feu à la jambe, lorsque les républicains les forcèrent à la retraite sur Quiberon. — A dit de plus que, quelqu'effort qu'il ait tenté, il n'a pu réussir à se sauver ». Ne sait pas signer.

De ce fait, la Commission prononce *son acquittement*, en lui infligeant quatre mois de détention. (Comm. Auray, 9 fructidor an III, commiss. Lalene).

2º La Gournerie inscrit également, sur sa liste, un nommé *Esleven*, Nicolas, de Brech, parmi les condamnés à mort. C'est encore une erreur.

A la date du 16 fructidor an III, la Commission militaire d'Auray avait à juger Nicolas Esleven, fils de Yves... et d'Anne Caudon, âgé de 41 ans, natif de Brech.

« Il a, dit-il, quitté son domicile il y a deux mois. *Des hommes armés le forcèrent* d'aller à Quiberon, où il a été contraint de travailler au fort. Ne sait pas signer. »

La Commission prononça son *acquittement* (Voir la minute. Auray, 16 fructidor).

3° *Ezanno*, Pierre, est un paysan d'Erdeven (Morbihan), âgé de 41 ans, qui a comparu, devant la Commission d'Auray (président Lalene), le 16 thermidor. Dans son interrogatoire, il se qualifie fièrement de « *Chef de chouans de sa paroisse, dont le nombre montait à 240. Il les a conduits à Quiberon et est resté leur chef jusqu'à la reprise du Fort Penthièvre.* »

Il signe : Pierre EZANNO.

La Commission le condamna *à mort* (Auray, 16 thermidor an III. Procès-verbal).

La Gournerie, après avoir noté ce Pierre Ezanno sur son tableau des condamnés à mort, en marque un deuxième : Pierre Ezanno, âgé de 24 ans, marin, d'Erdeven, condamné, dit-il, à mort le 17 fructidor an III.

C'est encore une erreur.

Ce deuxième Ezanno n'a pas été condamné à mort. La Commission l'a seulement condamné à quatre mois de détention.

Du reste, voici son interrogatoire, copié sur la minute du 17 fructidor, Auray :

« Pierre *Ezanno*, fils de Pierre... et de Marianne Guesel, âgé de 24 ans, natif d'Erdeven, canton d'Auray, marin.

Interrogé à quelle époque il a quitté son domicile, a répondu : il y a environ deux mois ; qu'ayant été entraîné de la réquisition et étant chez lui, des hommes armés le conduisirent à Quiberon. » Ne sait signer.

Jugement : « L'avons condamné à quatre mois de détention et à une amende égale à la moitié de son revenu. »

En marge de l'interrogatoire est écrit : *acquitté*. (Auray, 17 fructidor, Com. Lalene).

4° Rosensweig et La Gournerie portent, sur leur liste des victimes de Quiberon, fusillées en vertu de jugements, cinq paysans chouans : *Lebian, Bigouen, Marine, Ribochon* et *Berienne*. La Gournerie assigne la date de leur condamnation au 17 fructidor, Auray.

Ces cinq individus ont été interrogés, non le 17, mais le 18 ; et, ce jour-là, la Commission militaire n'a condamné aucun d'eux.

Jean Bigouen, fils de Mathieu et de Perrine Cristo, est âgé de 20 ans, né au Guerne (Pontivy), domicilié à Auray, laboureur. Il déclare qu'il y a deux mois, des hommes armés le conduisirent à Quiberon, où il fut blessé à l'affaire du 28.

Louis Lebian, fils d'Yves et de Berthe Guenedal, âgé de 53 ans, né à Brech, laboureur, déclare qu'il a quitté son domicile il y a deux mois : que deux hommes armés le conduisirent à Quiberon, où il fut blessé à la sortie que firent les chouans et émigrés.

Michel Marine, 30 ans, de Pluvigner ; a quitté son domicile il y a deux mois. Des chouans armés le forcèrent d'aller à Quiberon. Fut blessé à l'affaire près Laudevant.

Jules Ribochon, âgé de 17 ans, de Grand-Champ, laboureur. Il y a deux mois, des hommes armés le conduisirent à Quiberon, où il fut blessé à l'affaire du 28.

Jacques Berienne, 31 ans, de Pluvigner, meunier. Entraîné de force à Quiberon, où il fut blessé.

Ces cinq individus étaient soignés de leurs blessures à l'hôpital. C'est là qu'ils ont subi leur interrogatoire, qui est consigné sur le procès-verbal de la séance du 18 fructidor.

La Commission militaire clôt son procès-verbal par la déclaration suivante :

« Quant aux nommés Louis Lebian, Jean Bigouen, Nicolas Marine, Julien Ribochon, Jacques Berienne, Gilbert d'Apchier et Nicolas Bocquet, qui avaient été entendus à l'hôpital, *étant malades*, la Commission a délibéré qu'elle les entendrait une seconde fois, à leur sortie de l'hôpital ». (Procès-verbal de la Com. d'Auray, 18 fructidor.)

Il est donc démontré que ces sept inculpés n'ont pas subi de condamnation, le 17 fructidor, et pas davantage le 18. La Commission se proposait de les faire comparaître devant elle, après guérison.

Le lendemain, 19, la Commission continue ses travaux et procède à d'autres interrogatoires. C'est sa dernière séance. Sur ces entrefaites, le 20, elle recevait la nouvelle qu'elle était dissoute par un arrêté du représentant du peuple Mathieu. Les Commissions de Vannes étaient également dissoutes. Le représentant les remplaçait toutes par une seule Commission, siégeant à Vannes, sous la présidence du capitaine Legrand.

L'arrêté du représentant Mathieu, du 20 fructidor, accordait l'amnistie et la mise en liberté, sans jugement, de tous les chouans prisonniers, dont le nombre allait monter à près de 3000.

A partir du 20 fructidor, la Commission Legrand, de Vannes, resta seule en fonction. C'est devant elle que devaient être déférés ceux des prisonniers de Quiberon, que l'arrêté du 20 fructidor exceptait de l'amnistie.

Des sept inculpés que la Commission d'Auray, du 18 fructidor, avait interrogés à l'hôpital, deux, suspects d'*émigration*, furent effectivement dirigés sur Vannes, où ils comparaissaient, quinze jours après, devant la Commission Legrand. Ces deux émigrés, *Gilbert d'Apchier* et *Nicolas Bocquet*, étaient condamnés à mort (5º jour complémentaire an III). Ni le procès-verbal de ce jour, ni ceux des jours suivants ne font mention des chouans : *Lebian, Bigouen, Marine, Ribochon* et *Berienne*. Il y a donc de fortes présomptions pour que ces cinq paysans ne soient sortis de l'hôpital d'Auray que pour bénéficier de l'amnistie accordée par l'arrêté du 20 fructidor et recouvrer leur liberté.

Cependant, comment se fait-il que 4 de ces noms soient portés sur l'état du général Lemoine, composé en nivôse an IV, dans les bureaux de l'état-major ?

En examinant avec attention le contexte de la minute authentique des interrogatoires de la Commission militaire d'Auray, séance du 18 fructidor, il est possible de s'expliquer qu'une erreur ait été commise.

Lorsque la Commission Lalene fut dissoute, à Auray, le surlendemain (20 fructidor), en vertu de l'arrêté du représentant Mathieu, les membres qui la composaient furent obligés de partir pour Hennebont, où ils allaient siéger, et juger les prisonniers détenus dans cette ville. Ils emportèrent avec eux les cahiers de procès-verbaux de la Commission d'Auray. Apprenant, quinze jours après, par voie indirecte, que des condamnations à mort avaient été prononcées, à Vannes, contre certains prévenus, évacués de l'hôpital d'Auray, qui avaient été ajournés par la Commission, le 18 fructidor, le caporal Fenols, faisant fonction de greffier, a pu supposer que les sept individus ajournés avaient subi le même sort. Il a donc écrit, de sa main, en marge du procès-verbal, le mot : *Mort*, et au-dessous, les mots : *à revoir* ; ce qui signifie évidemment que ces condamnations n'étaient pas confirmées.

Lorsque, plus tard, en nivôse an IV, tous les cahiers de procès-verbaux des Commissions eurent été centralisés à l'Etat-Major de Vannes, les employés des bureaux se livrèrent à un travail de récapitulation, en vue de la confection de l'*état* du général Lemoine. Naturellement ils se fièrent aux notes marginales du greffier de la Commission d'Auray, et ne tinrent pas compte des mots : *à revoir*. Les noms des sept individus ajournés par la Commission d'Auray furent, de ce fait, inscrits comme condamnés à mort sur le tableau imprimé du général Lemoine.

A partir du 20 fructidor, nous l'avons dit, il n'y a plus de Commission à Auray. Une seule Commission, celle de Vannes, resta en fonction. C'est devant elle que les sept particuliers auraient dû être jugés. Il n'y en eut que deux à comparaître : *Gilbert d'Apchier* et *Nicolas Bocquet,* qui furent condamnés à mort, le 5º jour complémentaire, à Vannes, par la Commission Legrand.

La Commission Legrand a siégé du 28 thermidor an III au 17 brumaire an IV. Ses cahiers de procès-verbaux sont conservés et ne présentent aucune lacune. Dans aucun d'eux, il n'est question de Jean *Lebian*, Jean *Bigouen*, Michel *Marine*, Jules *Ribochon* et Jacques *Berienne*. C'est donc que, loin d'avoir été jugés et condamnés à mort, ils ont été élargis, en vertu de l'arrêté d'amnistie du représentant Mathieu, qui visait les chouans prisonniers. Gilbert d'Apchier et Nicolas Bocquet étaient des émigrés ; à ce titre ils furent retenus, transférés à Vannes et condamnés à mort.

Telle est notre explication. Si on l'admet, il faut en même temps nécessairement admettre que les chouans que nous avons nommés figurent à tort dans l'*état* du général Lemoine et sur les listes nécrologiques de Rosensweig et La Gournerie.

Pour toutes ces raisons, nous ne les portons pas sur notre tableau des *condamnations à mort*.

Les Alréens-Chouans

Lorsque la nouvelle s'était ébruitée, à Auray, de la descente des émigrés à Carnac, la panique avait éclaté. Craignant une marche en avant de la part de l'ennemi et ne se sentant pas en force, le général

Romand avait évacué la ville avec toutes ses troupes. Les autorités constituées, suivies d'un grand nombre de patriotes, s'étaient réfugiées à Hennebont en emportant les caisses et les papiers des Administrations. Les bandes de Bois-Berthelot, de Cadoudal et de Mercier s'étaient emparées d'Auray sans coup férir. Le notaire Glain, commandant de la garde nationale, avait fait battre le rappel. Les gardes nationaux se réunirent sur la place; l'ordre fut donné de partir pour Ploemel; là, il fallut faire cause commune avec les émigrés et prendre part aux opérations militaires. — Le bataillon d'Auray se distingua même dans plusieurs affaires.

Après la défaite de l'armée des émigrés, il se trouva, parmi les prisonniers, des gardes nationaux alréens, entre autres le capitaine Proux, le capitaine Lesauce, le capitaine Demotte et les deux lieutenants Brien et Lego. (Le commandant Glain était parvenu à s'échapper).

Les 17 et 18 thermidor, les quatre derniers furent condamnés à la peine de mort par la Commission militaire siégeant à Keraude. (Comm. mil. Quiberon. 18 thermidor.)

Dans son interrogatoire, Pierre-Marie *Brien* déclare qu'il a 28 ans, né à Auray, marchand.

Interrogé pourquoi il s'est trouvé dans un rassemblement d'émigrés; quels étaient ses chefs, son uniforme et sa cocarde ? A répondu qu'il y a *été forcé* par les nommés Glain et Proux, le premier avocat, l'autre huissier à Auray. Il portait un habit rouge avec parement verdâtre; ses chefs avaient la cocarde blanche. Lui n'en avait pas. Lecture faite, a signé : BRIEN.

Jacques *Lesauce*, âgé de 32 ans, né à Locmariaker, domicilié à Auray, ci-devant capitaine de la garde nationale.

Dans son interrogatoire, l'accusé dit « qu'il était

chargé de la distribution des vivres ». Son uniforme était rouge. Proux, leur chef, portait une cocarde blanche; mais que lui n'en avait pas. Lecture faite, a signé : LESAUCE.

Demolle, 55 ans, tourneur, ci-devant lieutenant de la garde nationale d'Auray, déclare qu'il a été « capitaine de chouans *malgré lui* ».

Légo, Charles, 43 ans, cordonnier, ci-devant sous-lieutenant de la garde nationale d'Auray, sous les ordres du commandant Glain et de Proux, capitaine.

Ces quatre officiers de la garde nationale d'Auray furent condamnés à mort en qualité de chefs de chouans pris à Quiberon. (Comm. mil. 17 et 18 thermidor an III. Quiberon.)

Le citoyen *Proux*, premier capitaine de la garde nationale d'Auray, avait été fait prisonnier à Quiberon dans la journée du 3 thermidor. Huit jours après, il comparaissait devant la Commission militaire présidée par le capitaine Bouillon. Cette Commission ne devait siéger qu'un jour à Auray. Le lendemain, elle devenait la deuxième Commission de Vannes et allait fonctionner jusqu'au 27 thermidor.

Dans cette première séance, la Commission interrogeait dix-huit prisonniers. Le cahier des interrogatoires a été conservé. Mais nous n'avons pas la minute des jugements. Sur ces dix-huit accusés, quatre obtinrent un sursis. Nous savons ce que devinrent les autres, au nombre desquels se trouvait Proux.

Voici son interrogatoire du 11 thermidor (Auray) :

Interrogé Pierre Proux, âgé de 37 ans, né à Auray : quelle est sa profession? A répondu qu'il était huissier il y a trois mois.

Interrogé comment il a été pris à Quiberon? A répondu qu'il s'y est trouvé d'après les ordres que lui a donnés un chef de canton des chouans.

Interrogé s'il avait été pris les armes à la main?

a répondu qu'il les avait déposées lors de l'entrée des républicains.

Interrogé s'il avait eu communication avec les chouans? A répondu que : oui. — Lecture faite, a signé : PROUX.

Plusieurs habitants d'Auray, qui avaient été pris à Quiberon, déclarèrent, dans leurs interrogatoires, que Proux les avait menacés de mort et entraînés de force avec la garde nationale, dont il était le capitaine.

Le nom de Pierre Proux est inscrit en appendice sur le monument de la Chartreuse.

Galène, François-Vincent, âgé de 41 ans, d'Auray, marchand.

Interrogé s'il est à même de produire des certificats de son civisme antérieurement à l'époque de son arrestation; A répondu qu'en nivôse dernier, par ordre des représentants du peuple, il fut nommé un des cinquante citoyens d'Auray qui furent à Vannes; qu'il servit comme lieutenant; qu'il lui fut délivré à Vannes un certificat comme quoi il avait agi en bon républicain, signé : Laumaillé, commandant temporaire, qu'il remit, ainsi qu'un certificat de bonnes vie et mœurs de la garde nationale d'Auray, signé : Lagadec, qu'il remit au citoyen Laurent, administrateur du district d'Auray.

Interrogé si le jour qu'on a battu la générale, c'est-à-dire le 9 messidor, il s'est trouvé au rendez-vous général de la garde nationale? — A répondu : oui; que, vers cinq ou six heures, on en renvoya plusieurs, dont il fut du nombre.

Interrogé pourquoi il n'était pas parti avec le 8ᵉ régiment d'infanterie et les corps constitués lorsqu'ils ont évacué cette ville? — A répondu qu'il n'avait eu nulle connaissance du départ; mais que, dans l'après-midi du même jour, deux chouans le forcèrent de quitter de chez lui, et qu'il abandonna sa maison. Il rencontra plusieurs citoyens de la ville, auxquels il demanda pourquoi tous les citoyens fuyaient. Ils lui répondirent qu'ils allaient tous à Kerbois, en Crach. Étant là, ils y rencontrèrent trois ou quatre cents habitants d'Auray, auxquels il se joignit. Là, on les mit sur deux rangs, par ordre des citoyens Glain aîné et Lesauce, qui étaient nantis d'une cocarde blanche, qui leur donnèrent ordre d'aller à Carnac, où on leur fournit des armes, sans qu'il sût à quoi elles devaient servir. On les fit tous partir pour Quiberon, où, ayant été organisés, il s'est trouvé être de la compagnie de Demotte. Il déclare avoir cherché deux fois à déserter et avoir deux fois été arrêté.

Par jugement, Galène fut condamné à quatre mois de détention et à l'amende de la moitié de son revenu. (Comm. mil. Auray, 16 thermidor an III.)

Dans le même temps, une des Commissions de Quiberon avait à juger un brave habitant d'Auray, nommé César *Coudé*, homme de loi et excellent patriote, qui avait eu la mauvaise chance d'être entraîné à Quiberon par la garde nationale, que commandaient Glain et Proux.

Nous donnons ici son interrogatoire :

César-Louis Coudé, d'Auray, âgé de 40 ans, homme de loi. « Interrogé pourquoi il s'est trouvé du rassemblement de Quiberon, a répondu : que c'était la violence et les menaces des chouans qui l'avaient obligé de quitter Auray, et qu'étant tombé en leur pouvoir, il fut forcé de les suivre à Quiberon.

Interrogé pourquoi, lors de l'approche de l'ennemi, il n'avait pas suivi les corps administratifs et la plupart des bons citoyens d'Auray, qui se sont réfugiés à Lorient, a répondu : qu'ayant été sur la place avec le reste des citoyens composant la garde nationale, jusqu'au soir, il s'était retiré chez lui, vu qu'il n'y avait que 50 gardes nationaux commandés pour passer la nuit ; et a ignoré l'évacuation de la place, qui s'est faite la nuit et le lendemain au matin.

Interrogé sur ce qu'il faisait à Quiberon, a répondu : que, pour ne pas porter les armes contre ses concitoyens, il avait préféré une place dans les magasins.

A lui demandé s'il pouvait procurer des preuves de son civisme antérieurement à sa venue à Quiberon, a répondu : qu'il était assez connu des autorités constituées d'Auray et que même la municipalité l'a nommé commissaire pour la distribution des secours accordés aux parents des défenseurs de la Patrie, outre qu'il est encore membre du bureau de paix du district.... »

Sur ce, la Commission ajourne le jugement jusqu'à plus ample informé.

Le 19 du même mois, la Commission militaire faisait comparaître de nouveau devant elle le citoyen César Coudé. La municipalité et le district d'Auray avaient envoyé des renseignements favorables :

« Nous soussignés, membres du Conseil général de la commune d'Auray, sur la demande, à nous faite, par le citoyen Duramié, employé dans le génie militaire, certifions et reconnaissons Louis-César Coudé, demeurant sur la place, pour honnête homme, bon père et bon mari.

» En foi de quoi nous avons déclaré le présent, pour servir et valoir où besoin sera.

» Maison commune d'Auray, 18 thermidor an III de la République une et indivisible.

» CHEMINANT fils, officier municipal ; BERNARD, id. ; LAITY, id. ; LE BOULEIS, id. ; FOUGERÉ, maire ; BONNARD ; COHELÉACH.

» Vu en directoire du district :

» BOULLAYS, GUILLON, BÉARD. »

Jugement du 19 thermidor an III

« Vu de nouveau l'interrogatoire et les réponses du dit Coudé, traduit à la Commission, pour avoir été trouvé dans la presqu'île de Quiberon, lorsqu'elle a été reprise par l'armée républicaine, le 3 thermidor ; — Vu les attestations favorables qui ont été données en sa faveur, individuellement par le citoyen Danet aîné, administrateur du département, et en outre par les autorités constituées d'Auray ;

» La Commission militaire, considérant qu'il n'est pas constant que le citoyen Coudé ait porté les armes contre sa patrie ; que ce n'est que par force qu'il a suivi les chouans à Quiberon, ayant été pris par eux, à Auray, lorsqu'ils y sont entrés,

» L'acquitte et le met en liberté.

» 19 thermidor an III.

» Signé : Dinne, président ; Arthur, Forgeais, Ravel, Menard, Dangibault ». (L. 761. — Arch. Vannes.)

Ce César Coudé était le frère du brave capitaine de vaisseau Louis Coudé, qui montra tant d'héroïsme, dans un combat contre la flotte anglaise, au mois de mars 1795, et ne se rendit qu'à la dernière extrémité. Il était prisonnier en Angleterre au moment où son frère, plus jeune que lui de trois ans, était menacé de mort comme complice des émigrés. (Voir Biograph. Bretonne, de Levot, art. Coudé.)

Un grand nombre d'habitants d'Auray avaient été forcés de suivre les chouans à Quiberon, où ils furent faits prisonniers. Déférés devant les Commissions militaires, ils racontèrent, tous à peu près dans les mêmes termes, que le citoyen Proux, capitaine de la garde nationale, les avait contraints de marcher, sous peine de mort.

Voici, par exemple, l'interrogatoire de *Guyot*, Pierre-

Antoine-René, fils de Charles... et de Cécile Lemaitre, natif de Pontivy, âgé de 39 ans, domicilié à Auray depuis environ 12 ans, chargé *du bureau des secours publics* :

« Déclare qu'il s'était rendu sur la place, après que la générale fût battue, et n'ayant quitté le poste que fort tard ; le lendemain, 28, il apprit que la ville s'évacuait, que sa nombreuse famille l'empêcha de partir avec les autorités constituées. Il a été forcé par les chouans d'aller à Carnac, s'il ne *voulait pas être égorgé, ainsi que toute sa famille* ».

Lecture faite, a signé : Guyot. (Comm. 15 therm. Auray.)

Le même jour, comparaissait Vincent-Marie *Guillevin*, d'Auray, 24 ans, marchand épicier et drapier. Déclare avoir été *entraîné de force* jusqu'à Quiberon, où il a été fait prisonnier.

Ces deux habitants ne furent condamnés qu'à deux mois de détention.

A la Commission militaire, présidée par le commandant Duilhe, échut la tâche de juger de nombreux habitants d'Auray, qui furent entraînés à Quiberon, avec le bataillon de la garde nationale, commandée par Glain et Proux. Ils furent, en grande majorité, condamnés à 2 ou 4 mois de détention, les autres furent acquittés. Leurs interrogatoires se ressemblent.

Alain Simon, domicilié à Auray, déclare que « le lendemain qu'on battit la générale dans cette ville, environ 12 chouans, étant entrés chez lui, le conduisirent à Querbois, de là à Carnac, où il a été armé et habillé ; ensuite à Quiberon ».

Pierre Laurec, jardinier, « sortait de son verger (le 28 juin). lorsqu'il fut rencontré par trois chouans armés qui le forcèrent de marcher à Querbois ».

Jean Roualec, jardinier, d'Auray, raconte que « le 29 juin, étant dans son jardin à ramasser des cerises. quatre chouans entrent, le prennent et le conduisent à Lomaria, en le menaçant de le fusiller, s'il ne voulait les suivre ; ensuite à Carnac, où il *a été habillé et armé*. Il a abandonné son fusil, s'est sauvé, a été repris et conduit à Quiberon ».

Pierre Le Cloirec, jardinier, « était dans son verger. Neuf chouans le prirent et le conduisirent à Carnac, où il a été habillé et armé et conduit à Quiberon, où il a été employé à secourir les malades ».

Jacques Corvec, poissonnier, « était parti de Vannes, le jour de la Saint-Pierre 1795, avec cinq chevaux de bât, s'est rendu à Erdeven, de là à Quiberon, où il allait pour faire enlever du foin et charger du vin. Rendu là, il a trouvé vin et fourrage pris par l'ennemi. On lui a saisi ses chevaux et retenu pour l'employer au transport des subsistances ».

Joseph Marquelet, fripier. « Le 28 juin, après midi, le nommé Proux s'étant rendu chez lui, le pressa violemment de sortir et de se rendre à Querbois, ce qu'il lui promit, dans l'espoir de le calmer. Proux sortit. Lui sortit un instant après et fut dans son jardin pour s'y cacher. Quatre chouans armés, l'ayant découvert, le forcèrent de marcher, le maltraitant jusqu'au lieu de Guerbois ; ensuite à Carnac, où ils l'enfermèrent dans une chapelle. Le lendemain, il fut présenté à Proux, qui lui fit des menaces sur le retard qu'il avait mis à se rendre ; ensuite fut conduit à Quiberon, où il fut employé à surveiller les subsistances, étant blessé et n'ayant pu prendre les armes. »

François-Joseph Leroi, journalier. « Le 28 juin était infirmier de l'hôpital d'Auray. Après l'évacuation des malades de cet hôpital, étant atteint de fièvre, s'est rendu à son domicile. Dans l'après-midi a été forcé par les chouans de les suivre à Querbois. Dans le chemin de Querbois à Carnac, il s'est esquivé et est revenu à Auray. Le lendemain, il a été repris par des chouans et ramené à Carnac ».

François Bagné, menuisier. « Le 27 juin, après

qu'on eût battu la générale, il s'est rendu sur la place où il a été commandé de service pour les pièces de canon, où il est resté jusqu'au 28, à quatre heures du matin, heure à laquelle il s'est couché. Vers une heure après midi, le nommé Proux, étant entré chez lui, l'a vivement sollicité de partir et de se rendre à Quiberon, ce qu'il a refusé. Etant sorti de chez lui pour se cacher, il a été rencontré par trois chouans, qui l'ont forcé de marcher sur Carnac ».

Des dépositions à peu près identiques sont faites par Jean-Baptiste Largouet, jardinier ; Pierre Guillevic, jardinier, qui déclare que ses chefs étaient Le Sauce et Demotte ; Joseph Lucas, cordonnier ; Jean Plumet, maréchal-ferrant ; Vincent Guillevin, id. ; Joseph Silvain, jardinier : Michel Lincardon, marchand ; Louis Mesnel, cordonnier ; Vincent Quergerot, charpentier ; Philippe Perny, fabricant de savon ; Pierre-Marie Menge, tailleur : Joseph Leverny, marchand ; Vincent Madec, tisserand ; Louis Fravalo, charpentier : Nicolas Aimond, bottier ; Antoine Baudu, maçon ; Joseph Piquel, serrurier. (Comm. Auray, 18 à 21 thermidor.)

Enfin, voici un marchand épicier d'Auray, *Germain Cosique*, âgé de 31 ans, qui dépose :

« Que, le 11 messidor, à dix heures du matin, des chouans armés sont entrés dans sa maison et *l'ont forcé* de les suivre, ou, s'il refusait, ils avaient une cartouche pour lui. Ils l'ont pris au collet et l'ont fait marcher de force ; à Carnac, on l'a obligé de prendre des armes. »

Les notabilités d'Auray ayant témoigné en sa faveur, il ne fut condamné qu'à deux mois de détention. (Comm. Auray, 16 thermidor).

Cet incident, dans la vie de Germain Cosique, eut des conséquences fâcheuses pour lui.

En l'an VII, on procédait, à Auray, à la constitution des cadres de la garde nationale. Cosique fut élu capitaine de sa compagnie. En présence de cette nomination, plusieurs citoyens protestèrent et mirent leur démission, en rappelant que le capitaine élu avait combattu sous le drapeau des chouans et avait, pour ce fait, subi une condamnation. Les Administrations en furent saisies. Une correspondance s'échangea entre le district d'Auray, le département et le ministre de la police, auquel il fallut fournir *un exposé de la vie politique*, depuis 1788, du citoyen Germain Cosique.

Par cet exposé, on informait le département et le ministre que le citoyen Germain Cosique avait été nommé sergent de la garde nationale en 1789, puis adjudant; qu'en 1790, il était sous-lieutenant et *notable* de la première municipalité; en 1793, officier municipal, destitué par Prieur de la Marne, avec toute la municipalité, comme fédéraliste. En mars 1793, lors de l'insurrection des campagnes, il est désigné comme commissaire par le district d'Auray pour accompagner une colonne républicaine de cent hommes dans les communes de Pluneret et Plumergat, désarmer les habitants, descendre les cloches, s'emparer des municipaux et les conduire en prison au chef-lieu.

Pendant la même année, il a fait, sans salaire, le relevé des biens des émigrés dans les communes de Belz, Brech et Memdon. Il fit trois voyages à Rennes comme commandant des troupes qui conduisaient des réquisitionnés aux armées.

En l'an III, il était toujours officier de la garde nationale. Le 9 messidor, il fut toute la soirée sous les armes. Le lendemain, la troupe et une partie des habitants ayant évacué la ville, il se vit forcé de se cacher chez lui, où étaient sa femme et quatre enfants, dont l'aîné n'avait que huit ans. Deux chouans armés arrivèrent à son domicile, le couchèrent en joue et le contraignirent à le suivre jusqu'à Carnac.

Au commencement de l'an IV, il part pour Bellelle, où il s'installe, pendant un an, comme greffier de la justice de paix.

A son retour à Auray, il s'est toujours conduit en bon patriote et a fait le service de la garde nationale jusqu'à son élection au grade de capitaine. (H^te pol. m. — L. 289).

Le Bras. Au nombre des habitants d'Auray, que l'avalanche chouanne avait entraînés à Quiberon, se trouvait un brave marchand, père de famille, nommé Le Bras, fait prisonnier le 3 thermidor. Il était incarcéré depuis plus de deux mois, attendant son jugement.

L'arrêté du représentant Mathieu (du 20 fructidor) ayant fourni aux prisonniers restants le moyen d'obtenir leur libération, Le Bras s'empressa d'adresser au Directoire du district une demande de mise en liberté, qui fut apostillée par quatre habitants d'Auray, qui s'offraient comme caution :

« LIBERTÉ — ÉGALITÉ — FRATERNITÉ — JUSTICE

» Le citoyen Pierre-Vincent Le Bras, marchand à Auray, aux administrateurs du district.

» Représente qu'ayant eu le malheur de rester après le départ des autorités constituées et des amis et frères républicains, il aurait eu le malheur de se voir forcé de partir avec les chouans, ou paysans égarés, pour se transporter à Quiberon, lieu occupé par les ennemis de la Révolution. Mais, hélas! si mes juges et mes concitoyens pouvaient lire dans mon cœur, ils verraient bien de quelle manière je m'y suis rendu et quel est le remords qui me ronge de ne m'avoir pas fait fusiller à ma porte plutôt que d'avoir suivi les pas liberticides de nos ennemis. Il n'est pas, citoyens, que vous ne sachiez comment je me suis comporté depuis le commencement de la Révolution, hors cet instant fatal pour moi et ma famille, où, contre mes sentiments, j'ai été entraîné à faire une démarche qui m'ôte ma tranquillité et mon repos....

» Vous rendrez le plus grand service, non à un seul, mais à un tendre père, une épouse désolée enceinte et à quatre autres enfants. — Salut et fraternité : P. V. LE BRAS. »

La pièce est signée des quatre cautions, les citoyens Jean Goric, François Longin, Philippe Herbin et Le Corollier; et légalisée par la municipalité et le district.

Le Bras fut mis en liberté.

Un jeune homme de Pluvigner, nommé Jean *Mayette*, âgé de 17 ans, avait été entraîné par les chouans jusqu'à Quiberon. Le malheureux reçut à l'affaire du 16 juillet, une blessure grave, qui nécessita l'amputation du bras droit.

Après un long séjour dans les hôpitaux, il comparaissait, le 30 pluviôse an IV (18 février 1796), devant la Commission militaire de Vannes. Dans son interrogatoire, on lui demande où il a perdu le bras droit. Il répond : « A l'affaire du 28 messidor, à la sortie des émigrés, qui venaient pour forcer les lignes des républicains. »

Les juges, « considérant sa grande jeunesse et son peu d'expérience, pour mieux dire son imbécillité », le condamnèrent à la peine de la détention jusqu'à la paix. (Comm. milit. Vannes, 30 pluviôse an IV.)

Le jeune Rémi *Le Métayer* (de la Garde) habitait Auray avec sa mère lorsque les chouans s'emparèrent de la ville. Quand ils la quittèrent, Le Métayer les suivit jusqu'à Carnac et Quiberon, où il fut fait prisonnier le 3 thermidor.

Il comparut, le 17 thermidor, devant la Commission militaire de Quiberon (prés^t Dubois).

Son interrogatoire, signé de lui, est bref. Il déclare s'appeler Rémi Le Métayer, âgé de 19 ans passés, né à l'*Ile-aux-Moines* (Morbihan), demeurant à Auray.

On lui demande d'expliquer comment il s'est trouvé à Quiberon avec les émigrés. — Il répond qu'il a été *forcé* de marcher avec la garde nationale, dont le commandant était Glain.

Pourquoi n'a-t-il pas quitté Auray lorsque les troupes et les républicains l'ont quitté ? — Parce qu'il ne savait pas

Le Tribunal militaire le condamna à mort. (Quiberon, 17 thermidor an III).

A la fin de 1794, René Lemétayer était en prison à Auray, comme le constate un *tableau des détenus du district d'Auray*, daté du 10 nivôse an III :

« Remi Metayer, d'Auray, 18 ans, vivant de son revenu chez sa mère malade ; — ex-noble, sans manifestation de civisme ; désirant servir dans les canonniers à Locmariaker. » (Arch. Morbihan. Police génér. — L. 254. 10 nivôse an III).

On avait arrêté, entre Sainte-Anne et Auray, un nommé Alexandre *Bessard* en qualité de chouan.

Déféré devant la Commission militaire de Vannes le 23 nivôse an IV, il fut renvoyé, sans jugement, en prison par les considérants suivants :

« Considérant qu'il n'a point été pris à Quiberon, la Commission se déclare incompétente à son égard et le renvoie devant le général Lemoine, afin qu'il soit jugé par les *Conseils militaires* établis par la loi du deuxième mois complémentaire dernier. » (Vannes. Comm. milit. 23 nivôse an IV).

Le notaire Christophe *Glain*, commandant de la garde nationale d'Auray, avait entraîné son bataillon vers Carnac et pris une part active aux faits et gestes des émigrés. Les chroniqueurs royalistes ne tarissent pas d'éloges sur la conduite du bataillon de gardes nationaux commandé par Glain. Le jour de la catastrophe, il parvint à s'échapper, plus heureux que ses lieutenants, qui furent faits prisonniers, condamnés à mort et fusillés.

Pendant près d'un an, Glain resta caché. Ses biens furent mis sous séquestre. On le rechercha à l'aide du signalement suivant :

« Christophe Glain, homme de 45 ans; taille 5 pieds 4 pouces, cheveux, sourcils et barbe chataigne (*sic*), nez court, yeux gris foncé, menton relevé, front haut, visage rond et coloré. »

Il ne reparut que l'année suivante, pour bénéficier de la pacification de l'an IV (1796). En messidor il fait *sa rentrée dans le sein de la République et sa soumission aux lois* et demande la levée du séquestre mis sur ses biens. Le 2 thermidor an IV, le département donne *la main-levée*.

Le nom d'un *Jean David* figure sur le monument de la Chartreuse. Il figure également sur les listes des fusillés de Rosensweig et La Gournerie. Ce dernier indique même la date du 29 nivôse an IV, comme celle de la condamnation à mort, par la Commission militaire de Vannes.

Nous avons de fortes raisons de croire qu'il y a là une double erreur.

Un Jean David, laboureur, de Brech, district d'Auray, a, en effet, été pris à Quiberon. Détenu à Auray et tombé malade, il fut soigné et oublié à l'hôpital.

Lorsque le représentant Mathieu eut pris son arrêté du 20 fructidor, qui rendait à la liberté tous les chouans restés dans les prisons, la famille et la commune de Jean David s'empressèrent de réclamer son élargissement. Trois quintaux de blé furent versés, en son nom, dans les greniers de la République, comme le constate l'arrêté suivant, du département :

« Vu la réclamation de la commune de Brech, district d'Auray, tendant à obtenir la délivrance du nommé Jean David, détenu, fait prisonnier à Quiberon, lequel, étant à l'hôpital d'Auray, fut, par oubli, omis sur la liste générale des prisonniers de cette commune ;

» Vu le certificat délivré par Glain Jeune, garde magasin, justifiant la réception de trois quintaux de froment, payés par le dit David ;

» Vu l'avis au pied de l'administration du district d'Auray ;

» *Arrête* qu'en vertu de l'arrêté du représentant du peuple du 20 et 30 fructidor dernier, le nommé *Jean David*, prisonnier, de la commune de Bresch, *sera provisoirement mis en liberté*, en présence d'un officier municipal. » (L. 263. Extr. conforme au registre des délibérations du Directoire du département. — 29 vendémiaire an IV).

Au mois de nivôse an IV, nous trouvons un autre *Jean David*, en prison à Vannes, et comparaissant, le 29 du même mois, devant la Commission militaire présidée par le commandant Guidal.

Son interrogatoire est court :

« Jean David, journalier-travailleur, d'Auray, âgé de 45 ans, fait prisonnier à Quiberon. A été forcé de marcher par des voisins, dont l'un, nommé Goustan Brémond, est encore en liberté. Ils l'ont frappé de coups de sabre et maltraité. Un d'entre eux a même coupé le bras de sa femme. » (Interr. du 29 nivôse.)

Jean David fut renvoyé en prison, pour plus ample informé.

« Quant au dit Jean David, la Commission, considérant qu'il est de la plus grande importance de vérifier les faits par lui avancés, *ordonne*, sans rien préjuger sur son compte, qu'il sera de nouveau incarcéré, pour prendre les informations nécessaires, et ce, à la majorité de 3 voix sur 2. » (Vannes, Comm. milit., 29 nivôse an IV.)

Il est donc certain qu'aucun Jean David n'a été condamné à mort, le 29 nivôse an IV. Le procès-verbal qui est conservé au dossier, en fait foi. Du reste, ce nom ne figure pas sur l'état du général Lemoine.

Qu'est-il devenu depuis ? L'enquête sur les faits, dont il a déposé, lui a-t-elle été favorable, et a-t-il été mis en liberté ? S'est-il évadé, comme tant d'autres, pour aller grossir les rangs de la Chouannerie ? A coup sûr, il n'est pas mort à Vannes ; aucun registre de l'état-civil ne mentionne son décès.

Jusqu'à preuve contraire, il faut donc rayer *Jean David* de la liste des condamnés à mort et fusillés.

Dans son *supplément à la liste du Mausolée*, La Gournerie marque parmi *les victimes un nommé Maise Adam, tisserand, âgé de 35 ans, né en Alsace*, qui aurait été condamné à mort par la Commission de Vannes, le 24 nivôse an IV.

C'est là une erreur manifeste.

Adam *Maise*, pris à Quiberon, comparut, il est vrai, devant la Commission militaire de Vannes, non le 24, mais le 26 nivôse an IV, et fut *acquitté*, comme l'atteste la minute même de l'interrogatoire et du jugement :

« Est comparu un autre individu, qui a été interrogé comme il suit :

Jean-Adam Maise, âgé de 35 ans, né à Pontoutal (Alsace), domicilié depuis environ 4 ans à Auray ; profession, tisserand.

« J'ai été pris par les chouans à Auray ; ils m'ont conduit à Carnac et à Quiberon, *contre mon gré.* »

D. Pourquoi n'avez-vous pas imité les autorités constituées et la force armée, lorsqu'elles ont évacué Auray, après avoir battu la générale ? — R. Je me suis rendu à la générale. J'ai voulu ensuite aller chercher deux chemises ; après quoi je n'ai plus été à temps pour suivre les républicains, qui avaient évacué, parce qu'Auray était déjà entouré par les chouans, qui m'ont pris et forcé de marcher avec eux. J'ai cherché, ainsi que plusieurs de mes camarades, de m'évader au moyen de quelque chaloupe, et les chouans m'en ont toujours empêché.

D. Comprenez-vous bien la langue française ? — R. Un peu, mais pas autant que je le voudrais, pour mon malheur.

Plus n'a été interrogé et déclare ne savoir signer. »

JUGEMENT

« Quant au dit Jean-Adam Maise, la Commission, considérant qu'il a été véritablement surpris, à Auray, par les chouans, au moment où il se disposait à suivre les républicains, qui évacuaient cette place, et que, s'il a été pris à Quiberon, ce n'est qu'après y avoir été entraîné par une force majeure ;

» *Ordonne* sa mise en liberté et le décharge de toute accusation. — Séance levée. » (26 nivôse an IV).

Bien entendu que le nom de *Maise* n'est pas inscrit sur le tableau du général Lemoine, ni sur aucune liste du dossier des Commissions militaires. Il ne figure pas davantage sur le monument de la Chartreuse.

On ne s'explique pas l'erreur commise par Rosenzweig et La Gournerie, qui classent *Adam Maise* parmi les victimes de Quiberon.

Les Vannetais Chouans

Quelque temps avant la descente des émigrés à Quiberon, un certain nombre de jeunes gens de Vannes, entraînés par un nommé Kobbe, maître de danse, avaient quitté leurs familles et rejoint les chouans. Parmi eux était *Charles Geanno*, apprenti apothicaire chez le citoyen Blouet. Il n'était âgé que de 17 ans. Fait prisonnier à Quiberon, il était parvenu, avec quelques autres, à se faufiler au milieu des *prisonniers français*, qu'on avait mis à part. Le stratagème fut dénoncé par le Directoire du département :

« 6 thermidor an III.

» Le Département à la Commission militaire d'Auray,

» Nous venons d'être informés, citoyens, que dans la classification qui a été faite à Auray... les nommés Dondel fils, Jouan, Alliaume, Thomas, Rado du Mats et *Jéhanno*, garçon apothicaire chez Blouet, se sont glissés parmi les prisonniers français, armés de force en Angleterre, et sont détenus avec eux au local de Saint-Gildas. Nous vous prévenons que ces six particuliers sont des habitants de Vannes qui se sont, il y a déjà longtemps, volontairement réunis aux chouans.... Nous croyons devoir ces renseignements à la Commission, afin qu'elle surveille la classification des détenus et qu'on ne puisse pas soustraire au glaive de la loi ceux qu'il doit frapper.... » (L. 256. Arch. dép.).

De ces six prisonniers, quatre devaient être condamnés à mort et fusillés : Jouan de Kervenoael, comme émigré ; Jehanno et Thomas, comme chouans, et Allieaume, comme déserteur. Le gendarme Rado allait être acquitté, ainsi que Dondel.

8 fructidor an III. — Commission Legrand.

A comparu devant nous Charles Geanno, fils de Charles... et de Marie-Vincente Guilloux, natif de Vannes, district id., département du Morbihan.

A lui demandé quelle était sa profession, a répondu : Apothicaire.

A lui demandé en quel temps il a quitté sa commune, a répondu : au mois d'août 1795 (vieux style), et déclare avoir emporté un fusil de calibre.

A lui demandé s'il faisait nombre des prisonniers faits à Quiberon. — R. Oui.

Lecture à lui faite, a déclaré savoir signer, et a signé : Charles GEHANNO.

JUGEMENT

« Nous, membres composant la 1re Commission militaire, établie à Vannes, le 6 fructidor, par le général Lemoine, commandant la 4e division, en vertu de l'arrêté du représentant du peuple Blad, en date du 5 thermidor,

» Avons condamnés à la *peine de mort*, et en vertu d'une lettre du Comité de salut public, envoyée au représentant du peuple Mathieu, en date du 22 thermidor et en conformité de la loi du 25 brumaire, les nommés Vincent Jouanguy, Etienne Tossen, Charles Seveno, *Charles Jehanno*... tous de Vannes.

» Fait et arrêté à notre tribunal, ce soir, 5 heures après-midi, 8 fructidor an III de la République.

» LEGRAND, président, etc., etc. »

On trouvera les interrogatoires de plusieurs prisonniers Vannetais dans le Cahier de la Commission militaire, présidée par le capitaine Legrand, en date du 8 fructidor an III.

Les trois premiers interrogés furent condamnés à mort : Burnolle, Rénégot et Bernard.

1° Claude-Marie *Burnolle*, fils de Blaise...... et d'Yvonne Grivet, âgé de 17 ans 1/2, était natif de Vannes; profession : *écrivain*. Il déclara qu'il avait *porté les armes contre la République depuis la pacification* et combattu à Quiberon.

2° Guill. *Renegot*, âgé de 29 ans, est également natif de Vannes. Il est cordonnier de son état. Il a quitté son domicile, il y a trois mois et demi, *pour rejoindre les chouans à Grandchamp*. Il y fut, dit-il, *employé à faire des souliers et à confectionner des bonnets à poil*. Il reconnaît qu'il était *parti de Vannes avec un fusil*, et qu'à Quiberon les émigrés l'armèrent de nouveau.

3° Jean-Michel *Bernard*, né à Vannes, âgé de 25 ans,

était de son état *faiseur de peignes*. Interrogé à quelle époque il a quitté la ville, a répondu : qu'il l'ignorait. Etait-il à Quiberon ? A-t-il porté les armes contre la République, depuis la pacification ? *Il répond affirmativement.*

Les trois accusés furent condamnés à mort et firent partie des 54 prisonniers qui furent exécutés dans la prairie du Bondon (8 fructidor an III).

Le jeune *Dondel*, qui appartenait à une famille très considérée de Vannes, avait, volontairement, quitté les siens et s'était enrôlé parmi les rebelles le 9 floréal an III. A Quiberon, il fut fait prisonnier.

Le 16 thermidor, il comparaissait, à Auray, devant la Commission militaire (président Lalene). Voici son interrogatoire :

« Jean-Jacques-Hyacinthe Dondel, fils de François... et d'Elisabeth Roger, âgé de 15 ans, natif de Guerande, domicilié à Vannes, ex-noble.

» Interrogé, a répondu qu'ayant été rencontré par un nommé Kobbe, capitaine de la garde nationale à Vannes, il a été *forcé de partir avec lui* pour aller rejoindre les chouans à Grand-Champ, il y a à peu près trois mois, à *l'insu de son père et de sa mère*. A dit de plus avoir été conduit par les chouans à Quiberon, où il a été *obligé de s'engager*, pour pouvoir vivre, dans le régiment d'Hervilly. » A signé : DONDEL.

En marge de l'interrogatoire, on lit : *Élargi le 28 thermidor conformément à l'arrêté du représentant du peuple Blad, du 11 thermidor.*

M. Dondel père, vieillard de 70 ans, habitait, à Vannes, son hôtel, qui existe encore, rue St-Vincent, n° 8. Il n'avait pas émigré, ni fait aucun acte d'hostilité contre le gouvernement de la République.

Hoche, pendant son séjour à Vannes, logeait à l'hôtel Dondel, dont le propriétaire était dans les meilleurs termes avec lui. Est-ce à ces bonnes relations qu'on doit attribuer la mise en liberté de Dondel fils ? La Gournerie le laisse entendre. La chose est possible. C'est donc à tort que M. Lecoq, auteur d'une généalogie des Dondel, le fait condamner *à mort* par la Commission militaire d'Auray. Il obtint le *sursis*.

C'est à tort également que l'auteur parle d'une évasion des prisons de Vannes. Il fut élargi le 28 thermidor, en raison de son jeune âge, et rentra chez son père.

Malheureusement, au bout de quelques mois, le jeune homme quitta de nouveau sa famille et rejoignit les bandes, qui battaient la campagne, dans les districts de Roche-des-Trois et de Roche-Sauveur, sous les ordres du chef de chouans Sol de Grisoles. Il y trouva son compatriote Grignon, fils d'un médecin de Vannes.

Tous les deux furent capturés, au château de Villeneuve, en Rieux, par une colonne mobile du 4e bataillon des Ardennes. On avait pris en même temps un ancien employé des douanes, nommé *Sans Scavoir*, qui servait, disait-on, le parti des rebelles en qualité d'espion.

Les trois prisonniers furent emmenés à la Roche-Sauveur, où ils restèrent dix jours, attendant qu'on statuât sur leur sort.

Dès le lendemain, l'administration du district de Roche-Sauveur écrivait la lettre suivante à *l'adjudant-général chef de brigade, commandant l'arrondissement* :

« Citoyen général, nous voyons avec peine qu'un grand nombre d'individus de cette commune cherchent à soustraire à la vengeance des Loix les deux scélérats Grignon et Dondel, qui ont été arrêtés par la colonne mobile, à Rieux. Tous les vrais patriotes en sont frappés d'indignation et demandent la vengeance du sang républicain qu'ils ont fait couler et des atrocités de tout genre qu'ils ont commises, dans les communes où ils se sont portés.

» Le premier est généralement reconnu pour chef

de rebelles depuis plusieurs années et pour avoir provoqué le meurtre et l'assassinat dans notre malheureux pays et notamment dans cette commune, lorsqu'elle fut envahie par les brigands le 15 mars 1793 (vieux style). C'est ce monstre qui a présidé aux pillages et aux assassinats qui se sont commis dans les communes de Rieux, Beganne, etc. C'est lui qui a commencé les différentes attaques qu'ont essuyées les embarcations qui montaient et descendaient la Vilaine. C'est lui en un mot qui a soufflé le flambeau de la guerre civile dans toutes les communes de notre ressort, sur la rive droite de la Vilaine.

» L'autre (Dondel) est du nombre des révoltés pris à Quiberon. Il fut acquitté par la Commission militaire, attendu son jeune âge. Mais sa conduite ultérieure prouve évidemment qu'il était indigne de ce pardon, puisqu'il n'a pas craint d'embrasser de nouveau la cause des rebelles. Les malveillants emploieront sans doute auprès de vous, citoyen général, tous les moyens imaginables pour démentir ou pallier les crimes dont ces scélérats se sont noircis. Mais interrogez la voie des patriotes. Tous vous retraceront le portrait que nous vous en faisons. Des murmures s'élèvent même aujourd'hui dans le cœur des républicains de ce qu'on laisse errer en public, en plein marché et sans être escortés, des êtres qui devraient être resserrés de plus près et ne communiquer avec personne.

» Nous sommes instruits qu'au moment de la capture, ils se préparaient à former un rassemblement pour aller attaquer le canton d'Allaire. Ils étaient conséquemment bien éloignés de se ranger dans le parti de la République, comme on voudrait le prétendre.

» Nous espérons, citoyen général, que vous prendrez notre lettre en considération et que vous livrerez ces monstres à l'autorité des Loix, qui les condamnent hautement, d'autant plus que la tête de Grignon a été mise à prix par le général Quantin. Nous vous prévenons au surplus que nous instruirons le Gouvernement de cette capture et que nous rendrons compte des attentats dont ils se sont souillés.

» Les administrat. du district de Roche-Sauveur. »

« P.-S. — Nous avons à l'administration des pièces qui caractérisent les forfaits de Grignon. »

Le lendemain, le procureur-syndic du district en informait le commissaire du Directoire près le département :

Roche-Sauveur, 22 prairial an IV.

LIBERTÉ. — ÉGALITÉ. — SURVEILLANCE. — PAIX AUX BONS. HAINE AUX MÉCHANTS. — JUSTICE A TOUS.

« Je vous annonce, citoyen, la capture de trois chouans, faite à Rieux les 19 et 20 de ce mois, par une colonne républicaine de la garnison de Roche-Sauveur. L'un se nomme Grignon, de Vannes, généralement reconnu pour avoir provoqué le pillage, le meurtre et l'assassinat dans diverses communes du ressort et notamment dans celle de Rieux, où il séjournait le plus habituellement.

Un autre se nomme Dondel, aussi de Vannes, qui est un des révoltés pris à Quiberon et que la Commission militaire avait acquitté attendu son jeune âge.

Le troisième, le nommé *Sans Scavoir*, cy-devant employé dans les Douanes et qui servoit, depuis peu de temps, dit-on, le parti des rebelles en qualité d'espion.

Ces trois individus ont été amenés en prison à la Roche-Sauveur où ils sont encore. Ils ont aujourd'hui subi un interrogatoire et je pense qu'ils passeront demain au Conseil militaire.

Grand nombre d'individus de cette commune sollicitent la grâce de Grignon et Dondel et mettent tout en usage pour l'obtenir. Les vrais patriotes en murmurent hautement et sont indignés de ce qu'on s'intéresse à d'aussi grands scélérats. Nous avons donné au général commandant dans notre arrondissement tous les renseignements que nous avions sur leur compte, en l'invitant à ne pas se laisser surprendre par les malveillants qui plaident si fortement leur cause. Je pense qu'il y aura égard et qu'ils subiront le sort dû à leurs atrocités. Je vous en rendrai compte par le prochain courrier.

Salut et fraternité, HALLIER. »

Les appels à la clémence, auxquels l'agent national fait allusion, étaient d'autant plus naturels que le vent soufflait à la pacification. Le général Hoche, approuvé par le gouvernement, avait accueilli la soumission des principaux chefs vendéens et attendait celles des chefs de chouans du Morbihan, qui était imminente. La circulaire du 2 juin 1796 avait été affichée dans les communes. L'amnistie était accordée à tous les chouans qui se soumettaient et rendaient leurs armes. J'ai souvent entendu raconter dans ma famille que mon grand-père fut de ceux qui implorèrent la grâce des deux jeunes gens.

Malheureusement ni Grignon ni Dondel n'avaient fait acte de soumission ; ils tombaient donc sous le coup de la loi. Poursuivis par une colonne mobile, ils avaient été pris, armés. Or, l'article 1ᵉʳ de la circulaire du général Hoche intimait aux autorités militaires l'ordre de faire « *juger par des conseils militaires les chefs de chouans pris les armes à la main.* »

Le général Quantin, se conformant à la prescription, donna ordre de composer un conseil de guerre, à la Roche-Sauveur, et de juger les prisonniers.

Le 29 prairial an IV, la veille du jugement, le commissaire du Directoire exécutif du département écrivait à celui de Pontivy :

« Le fameux Grignon est prisonnier à la Roche-Sauveur depuis le 19, et cette prise, faite dans la commune de Rieux, est due à l'avis que j'avais donné du lieu de retraite de ce scélérat. On l'a cerné trois fois et dans fort peu de temps et de nuit. Fatigué d'être ainsi poursuivi, il s'est retiré dans une maison à lui, où il a été saisi. Avec lui a été pris le fils de l'ex-noble Dondel, de Vannes, qu'une Commission militaire avait eu la bonté d'acquitter, quoique pris les armes à la main à Quiberon. Mais ces messieurs n'en seront pas quittes, cette fois, sans payer de leur personne. » (L. 263, pol. gén. arch. Morbihan).

Le lendemain, 30 prairial, les deux chefs de chouans comparaissaient devant le Conseil militaire dont voici le jugement :

JUGEMENT

Rendu le 30 prairial an IV, par le Conseil militaire établi à Roche-Sauveur, par ordre du général Quantin (conseil militaire du 4e bataillon des Ardennes, institué et convoqué d'après les ordres du général Quantin, commandant la subdivision du Morbihan, à l'effet de juger de suite les nommés Pierre-Marie-Louis Grignon et Jean-Jacques-Hyacinthe Dondel, *chef* de chouans, le dit Grignon, adjudant-général, *chef* de chouans, pris les armes à la main ; le dit Dondel, cavalier chouan, pris également armé.

Considérant que Grignon est convaincu d'être *chef* de chouans, d'avoir été pris les armes à la main dans le château de Villeneuve, en Rieux.

Considérant que Grignon a pris une part très active à l'insurrection qui se manifesta dans le Morbihan, au mois de mars 1793 ; par l'effet de laquelle Vannes, Auray et Pontivy furent attaqués, Roche-Sauveur et Roche-des-Trois tombèrent au pouvoir des brigands : des patriotes y furent égorgés.

Considérant que Grignon était dès lors le plus

actif des chefs des insurgés; que c'est lui qui, au passage d'Auquefer, provoquait les républicains; qu'il est constant qu'il a dit du général Beysser, qui commandait alors, qu'il se baignerait dans son sang: qu'il a continué à servir le parti des révoltés jusqu'au commencement de l'an III.

Considérant que Grignon, effrayé du miroir de la vérité qui reflétait à sa conscience les crimes dont il s'était couvert jusqu'alors, a déserté les drapeaux de la République, après avoir fait, au commencement de l'an III, la déclaration de vouloir aller aux frontières expier, dans le sang ennemi, les forfaits dont il s'est souillé.

Considérant qu'il est allé reprendre les armes du parti qu'il avait feint de quitter, parti dans lequel il se qualifie *d'adjudant-général*.

Considérant que Dondel, cavalier chouan, est convaincu d'avoir été pris les armes à la main à la suite et dans la compagnie de Grignon, au château de Villeneuve, en Rieux.

Considérant en outre que Dondel a été l'un des premiers des jeunes gens de Vannes à embrasser le parti chouan; qu'il s'est réuni aux émigrés à Quiberon; qu'il a été pris les armes à la main; que dès lors, il aurait dû être mis à mort, mais qu'il fut absous; que cette étrange absolution n'est due qu'à l'intrigue dont il agita les méprisables ressorts; qu'après être rentré à Vannes, il alla de nouveau et spontanément grossir le parti qu'il avait forcément abandonné: qu'il y est demeuré jusqu'au moment où il est tombé au pouvoir de la colonne mobile du 4e bataillon des Ardennes.

Condamne à la peine de mort les dits prévenus et ordonne que le présent jugement sera mis sur le champ à exécution et imprimé au nombre de 3000 exemplaires. (Arch. dép. Morbihan. S° Q. Dondel).

Les deux condamnés furent conduits au pré Madec, en Ferel, et fusillés (30 prairial an IV). Quand nous étions enfants, nous faisions un détour pour ne pas traverser cette prairie.

Le même jour, 30 prairial, trois chefs de chouans : Jean-Baptiste Allègre, Louis Sol (de Grisoles) et Saint-Romain faisaient leur soumission à Vannes, juraient *fidélité à la République française une et indivisible*, promettaient de faire *remettre les armes et munitions et de ramener tous leurs compagnons de rebellion*. La pièce existe aux archives du ministère de la guerre avec la signature des trois chefs de chouans. M. Chassin l'a donnée (page 550 de son deuxième volume des pacifications de l'ouest, 1898).

Bien avant la descente des émigrés à Quiberon, la propagande royaliste, nous l'avons vu, avait entraîné plusieurs jeunes gens de Vannes ou du ressort du district qui s'étaient réunis aux chouans, à l'instigation de deux embaucheurs : Kobbe, dit la Ronce, et Trebur, dit Oswald. Le premier était maître de danse à Vannes et capitaine de la garde nationale; le second, musicien, déserteur de son régiment.

Dans une lettre adressée au citoyen Pille, le 1ᵉʳ prairial an III, le général Hoche écrivait :

« Dernièrement quarante jeunes gens de Vannes sont passés avec eux (les chouans) avec leurs armes. » (Lettre au citoyen Pille.)

Quelques-uns de ces jeunes gens furent pris à Quiberon et jugés par les Commissions militaires.

Nous avons donné plus haut des détails sur leurs condamnations, mais le plus grand nombre n'avaient pas été faits prisonniers, soient qu'ils se soient échappés, soit plutôt qu'ils aient fait partie des divisions de Jean-Jan et de Tinteniac, qui quittèrent Quiberon avant l'affaire du 28 messidor.

A la fin de décembre 1795, le district de Vannes faisait le recensement des individus de son ressort qui étaient absents de leurs communes depuis neuf mois. Il en formait un tableau qui était imprimé sous forme de placard et affiché.

Nous en avons trouvé un exemplaire : en voici la copie :

Liste des individus du ressort de Vannes, absents de leur commune, depuis le 1er floréal dernier, pour se réunir aux Chouans.

Allanic Vincent, apprenti fournier.	Vannes.
Brien Paul, journalier.	Avé.
Blouet Benjamin, apothicaire.	Vannes.
Brulon fils Cyr, *chef de chouans*.	Vannes.
Burnole Ollivier, commis	Vannes.
Brohaut fils (réquisition).	Elven.
Cofmat Barnabé, marin.	Baden.
Cofmat Julien, marin.	id.
Cofmat Mathurin, marin.	id.
Crabot, boulanger.	Sarzeau.
Kobbe, maître de danse, chef de brigands.	Vannes.
Conan fils, commis	id.
Carière Yves, greffier de juge de paix.	id.
Chantoux fils, tanneur.	id.
Calonec fils (réquisition).	Elven.
Dano Julien, marchand de draps.	Vannes.
Dufreche, dit Mal-Oreille, menuisier.	id.
Dondel fils aîné, ex-noble	id.
Dréano F.-M., peigneur (tué faisant service aux chouans).	id.
Duclos-Bossard fils, ex-noble.	id.
Erdeven, commis (pris à Quiberon et confié malade à sa mère, de chez laquelle il a fui, le 30 brumaire).	Vannes.
Eyot J.-J., chapelier	id.
Falher, cordonnier.	id.
Guillevic Guillaume, maréchal (tué aux chouans).	id.
Guimarho, tailleur.	id.
Grayot cadet, serrurier	id.
Guérin fils, tailleur	id.
Gayal, ci-devant dans les devoirs.	id.
Gambert Guillaume, *chef de chouans*.	Elven.
Groahé, *déscrteur* et assassin	id.

Gounot fils (réquisition), chef de brigands	
Hourman, élève de l'école navale.	Vannes.
Haydurand aîné, commis, ex-noble.	id.
Haydurand cadet	id.
Hollard Pierre (réquisition)	Elven.
Jolly, tailleur	Vannes.
Keralbaud-Cardelan, L. Guignolé.	Baden.
Kergal.	
Id.	
Lantivy-Trédion.	
Le Vigouroux, maire de Baden	
Le Gal, capitaine de barque	Ile-aux-Moines
Le Goff, ex-juge de paix.	Grand-Champ.
Le Bar, greffier de juge de paix.	Plœrin.
Lescouble Fortuné, ex-noble.	Vannes.
Lucas Barnabé, maréchal.	
Le Guern, marin.	
Les frères Lemasson, laboureurs	Elven.
Luherne fils (réquisition)	id.
Mercier, élève de l'école de Mars.	Vannes.
Mandart, acolyte ci-devant déjà passé au tribunal criminel et condamné à la dégradation civique.	id.
Morin, maçon	Vannes.
Morio, Pierre, cloutier	id.
Nicole, maître d'école.	id.
Nado, fripier	
Ollivier.	
Boulo.	
Pioger François, soldat au 109ᵉ	
Picore, tisserand	
Popeghem fils (réquisition)	
Rouxel (réquisition)	
Sene, terrassier.	
Seveno, jardinier	
Tanguy fils.	
Trebur, dit Oswald, Jean-Marie, *musicien*	
Tossene fils, apprenti drapier.	
Texier (réquisition), *voleur*	
Tréondat fils (réquisition).	

Arrêté en Directoire du district de Vannes, le 7 nivôse an IV. Signé : AUBRY, LE BOURG, JANIN, administrateurs. (Arch. Morbihan, série Q, 546).

La plupart de ceux qui figurent sur cette liste faisaient sans doute partie des bandes qui s'étaient réunies aux émigrés de Quiberon ; la plupart parvinrent à s'échapper. Quelques-uns, comme Lantivy-Trédion, Dondel et Erdeven furent faits prisonniers le 3 thermidor. Le premier fut condamné à mort par une des Commissions militaires de Vannes ; le deuxième fut acquitté à cause de son jeune âge ; le troisième s'évada. Les autres continuèrent de chouanner, en qualité de chefs de rebelles, Kobbe, Trebur, les deux Cofmat, Brulon et Blouet.

Quand au sieur *Cardelan*, il est porté à tort sur la liste de ceux qui passèrent aux chouans. Ceux-ci au contraire l'avaient enlevé et assassiné, comme on l'apprit plus tard par l'enquête provoquée par sa mère, Madame veuve Keralbaud de Cardelan.

M. de Cardelan, quoique noble, n'avait pas émigré et ne s'était montré, en aucune occasion, hostile à la Révolution. Il s'était même rendu acquéreur de biens nationaux. Lorsque les Anglo-émigrés firent leur descente à Carnac, le citoyen Cardelan ne bougea pas. Un mois après la défaite des émigrés à Quiberon, le manoir de Cardelan fut assailli par une bande de chouans dans la nuit du 24 au 25 fructidor an III. La maison fut pillée. En présence de sa domestique, M. de Cardelan fut saisi et entraîné vers la côte. Là, il fut égorgé et jeté à l'eau. Deux émigrés, Roquefeuil et La Houssaye, furent accusés de cet assassinat par la rumeur publique.

Toutes les pièces de l'enquête sont conservées aux Archives du Morbihan (S⁰ Q. — Cardelan).

Mme de Cardelan, à force d'instances, finit par obtenir gain de cause. Le séquestre mis sur ses biens fut levé. Elle reprit possession de ses propriétés, sauf la maison de la rue du Drezen, qui avait été achetée nationalement par le citoyen Lebourg, administrateur du district.

Condamnés à mort par les Conseils militaires

Le général Lemoine a inscrit, à la fin de sa liste imprimée à Vannes en nivôse an IV, dix-sept noms d'individus condamnés à mort : J.-M. Chrétien, Julien Jehanno, P.-J.-Stanislas Marion de la Meuverie, J.-Louis Voirin, Pierre Huby, J.-M. Madec, Florimond Perion, Joseph Tempier, J. Labrousse, Guy Travaillé, M. Audrein, Franç. Aufrey, Louis Letort, François Mailhau, Pierre Guillemain, Ollivier Dargent, Jean-Joseph Salvar.

Ces noms sont portés au tableau gravé sur le monument de la Chartreuse. Tous les auteurs qui ont, plus tard, confectionné des listes les ont comptés au nombre des *victimes de Quiberon*. Aucun n'a pris garde que les dix-sept noms ne figurent nulle part dans les procès-verbaux des Commissions militaires. C'est au point que nous-même nous avions d'abord supposé qu'un cahier d'interrogatoires et de jugements avait été perdu. Cependant nous remarquions bientôt que pas un de ces dix-sept noms n'est mentionné sur les listes partielles composées par les Administrations de Vannes et d'Auray, qui sont conservées aux Archives. Heureusement que nous avons mis la main sur une feuille volante, contenant un tableau à plusieurs colonnes, qui prouve précisément qu'aucun de ces dix-sept condamnés à mort n'a été fait prisonnier à Quiberon. Pris sur différents points du département, ils ont été jugés par de simples *Conseils militaires*, établis dans le lieu de leur incarcération. (Arch. Morb. L. 761).

Noms, Prénoms	Profession	Domicile	Qualité	Condamnation	
Mar. Chrétien	sellier	Vannes	chef de chouans	mort.	pris dans Vannes.
...ien Johanno	volontaire de la 61e 1/2 brigade	Landevant	chouan	id.	pris ds les campagnes.
...rre-Julien-Stanislas ...arion de la Meuverie	avocat	Lille	émigré	id.	id.
...Louis Voirin	brigadier au 14 régt à cheval	Piré (Doubs)	chouan	id.	id.
...rre Huby	Tisserand	Loudéac	id.	id.	id.
...M. Madec	déserteur de la réquisition	Baden	id.	id.	id.
...orimond M. Périon	rentier	Rostrenen	chef de chouans	id.	id.
...oseph Tempier	déserteur de la 1re réquisition	Mohon	chouan	id.	id.
... Labrousse	id.	Frenisay Loudéac	id.	id.	id.
...uy Travaillé	id.	id.	id.	id.	id.
... Andrein	id.	id.	id.	id.	id.
...rançois Aufrey	id.	id.	id.	id.	id.
...ouis Letort	id.	id.	id.	id.	id.
...ranç. Mailhau	id.	Saint-Guillaume Loudéac	id.	id.	id.
...ierre Guillemain	id.	Gravé, Roche des Trois	id.	id.	id.
...Olivier Dargent de Kerbiguet	avocat	Pont-Croix	émigré	id.	id.
...ean-Joseph Salvar	greffier de Berné	Meslan, Faouet	capitne de chouans	id.	id.

Perion (Florimond-Marie), né à Rostrenen en octobre 1761. Porté, sous le n° 703, sur le tableau du général Lemoine, a été à tort compté au nombre des victimes de Quiberon. *Chef* de chouans, il a été pris dans les campagnes du Morbihan et condamné à mort par un *Conseil militaire*.

Nous avons trouvé à son dossier les pièces suivantes :

1° District de Ploermel au Département.

« Nous nous empressons, chers collègues, de vous faire connaître le résultat de la battue qui a été concertée hier entre le citoyen Mailhore et nous. Deux détachements, qui viennent de rentrer à l'instant, nous ont amené, sçavoir : le premier, dix-sept brigands pris dans la commune de Mohon, dont sept pris les armes à la main, rassemblés dans un grenier à foin. Parmi ces monstres est *un chef* nommé *Perion Rosmeur*, dit Florimond, natif de Rostrenen, et armé d'un sabre uniforme pour les jeunes gens de l'École de Mars.

» Signé : Trevedy, Orieux, Le Guevel. »

A ce propos, le représentant Brue écrivait aux administrateurs de Ploermel :

« 24 nivôse an III.

» Si les personnes de Guilliers arrivent, confrontez-les avec Florimond Perion, en prenant toutes les précautions possibles pour qu'il ne puisse pas s'évader. Il faut ensuite beaucoup de discrétion..... Brue. »

Une lettre du citoyen Lenz, capitaine adjudant à l'état-major de Vannes, adressée au Département, est ainsi conçue :

« Nous avons reçu votre lettre contenant des témoignages contre Florimond Perion, chef de brigands. Nous les joignons à la liasse des pièces qui vont être présentées au *Conseil militaire*, qui doit juger ce monstre que nous allons traduire devant lui. »

Perion s'évada-t-il de la prison? Fut-il relâché en

vertu de l'amnistie? Nous l'ignorons. Ce qui est certain, c'est que, vers la fin de l'année 1795, il s'était remis à chouanner. Saisi dans la campagne, il avait été condamné à mort et fusillé.

Le nommé Jean-M. *Chrestien*, sellier de son état, était signalé, à Vannes, comme un agent des contre-révolutionnaires. On savait, par des dénonciations, qu'il entretenait des relations avec les chouans de l'extérieur, auxquels il fabriquait des selles et des fontes de pistolets. Quelque temps avant la descente des émigrés à Quiberon, Chrestien avait quitté Vannes avec plusieurs autres habitants, pour rejoindre la compagnie de Kobbe, dit La Ronce, chef de chouans. Chrestien avait été nommé d'abord sergent, puis lieutenant et même commissaire des Guerres. — Il était accusé de pillages et d'assassinats dans les campagnes.

Capturé, le 29 brumaire, dans une maison de Vannes, il avoua, dans son interrogatoire, qu'il s'était enrôlé dans les chouans et qu'il avait porté les armes contre la République. (Lettre du Départ. au général Lemaire, 30 brumaire an IV. Reg. corr. départ.).

Déféré à un *Conseil de guerre*, il fut condamné à mort et fusillé le 1ᵉʳ frimaire an IV (21 novembre 95), suivant l'accusé de réception de la déclaration faite par le citoyen Guidal, chef du 10ᵉ bataillon du Var, 2 frimaire. (Reg. municip. Vannes).

Le dernier inscrit sur la liste du général Lemoine est un nommé *Salvar*, ancien greffier de la municipalité de Berné, devenu capitaine de chouans.

Dans le courant du mois de thermidor an III, il fut surpris par une colonne mobile et emprisonné au Faouet.

Dans un *tableau* des détenus à la maison d'arrêt du Faouet, il est désigné ainsi :

« Jean-Joseph Salvar, âgé de 28 ans, ayant fait sa physique au collège de Vannes en 1790, greffier et officier public de la municipalité de Berné, en 1794:

s'étant mis parmi les chouans, il y a environ six mois; convaincu, en sa qualité de capitaine de chouans, d'avoir contribué à différents vols et assassinats. Sortie, 14 thermidor. Il est à la citadelle de Port-Louis. » (Faouet. — L. 886. District).

Le 20 thermidor, le représentant Guezno prenait un arrêté, daté du Faouet, pour traduire devant la seconde section du 1er tribunal criminel de l'armée *des côtes de Brest séant à Lorient*, un certain nombre de chouans, entre autres Jean-Joseph Salvar, arrêté par ordre de l'administration du district du Faouet.

Une lettre du district d'Hennebont, adressée au département (19 nivôse an IV) annonce que Salvar et Billannic, chefs de chouans, ont été transférés de Lorient à Vannes, le 1er nivôse, par la gendarmerie. (Police générale, L. 257, Morbihan).

Nous avons trouvé, sur un vieux registre d'écrou de la *Maison de justice*, conservé au greffe de la prison de Vannes, la note suivante : *Jean-Joseph Salvar a été fusillé le 18 nivôse* (16 janvier 96) *par jugement de la Commission militaire du même jour.* (Greffe de la prison de Vannes).

Il s'agit évidemment ici d'une condamnation à mort par *un conseil militaire*, et non par une des Commissions spécialement chargées de juger les prisonniers faits à Quiberon.

Ne doit pas être confondu avec Jean Falvard, prisonnier de Quiberon, qui fut condamné à mort le 9 fructidor, par ... Commission militaire d'Auray.

L'avant-dernier nom du tableau est celui d'un émigré, *Pierre-Ollivier Dargent de Kerbiguet*, qui a joué un rôle assez important dans l'histoire de la chouannerie, pour mériter qu'on esquisse sa biographie :

Né à Pont-Croix (Finistère), et y exerçant la profession d'homme de loi au moment de la Révolution, Dargent émigra au commencement de l'année 1792 :

passa d'abord à Jersey, puis se fit bientôt débarquer à Ostende pour rejoindre l'armée des princes et y faire campagne. Il revint en Angleterre après l'insuccès de la coalition et l'occupation de la Belgique par les armées françaises. De retour à Jersey, il s'enrôla dans les compagnies de Dresnay. En 1795, il est à la solde de l'Angleterre et se prépare, comme tous les émigrés, à la descente projetée sur les côtes de France.

Dargent (de Kerbiguet) est certainement l'auteur du très intéressant *Journal d'Olivier d'Argens, émigré*, publié dans le deuxième volume de la *Correspondance secrète, etc.*, imprimée à Paris en l'an VII. Seulement le titre que l'éditeur a mis en tête est inexact, puisqu'il annonce que le manuscrit a été trouvé *sur lui, après sa mort, dans un des combats qui ont précédé la prise de Charette*.

Nous sommes en mesure de prouver que Dargent ne mourut pas en Vendée, mais bien à Hennebont.

Ollivier Dargent, quoique enrôlé dans l'armée anglo-émigrée, ne fit pas partie des deux premiers convois qui descendirent à Quiberon. Il ne quitta l'Angleterre qu'avec la troisième escadre qui portait le comte d'Artois. On sait qu'après avoir atterri à l'île de Houat, la flotte ennemie finit par faire voile vers l'île d'Yeu. A son départ de l'île, le 26 brumaire an IV, l'escadre anglaise emmena Dargent et le débarqua sur la côte morbihannaise, d'où il se réunit aux chouans de l'intérieur.

Deux mois après, Ollivier Dargent était à la tête d'une bande de chouans qui terrorisaient les campagnes des environs d'Hennebont, lorsqu'il fut surpris la nuit par un détachement de volontaires et conduit dans la prison du district. Les pièces authentiques suivantes que nous avons retrouvées aux archives départementales et dans les registres de la municipalité d'Hennebont, ne peuvent plus laisser aucun doute sur les circonstances de la capture de l'émigré Dargent de Kerbiguet et sur sa fin.

Le cinquième supplément à la liste générale des émigrés (Paris, an VI) porte : *Dargent*, Pierre-Ollivier, surnom : Kerbiguet, homme de loi, Finistère, Pont-Croix, possédant des biens dans Pont-Croix, Tréogal, Pouzevel, Douarnenez. (Dates des arrêtés ou listes du département qui ont constaté l'émigration, 7 pluviôse an III).

Le 25 frimaire an IV, un brave cultivateur s'en venait tranquillement d'Inguinel, avec deux voitures de grains, destinés en partie à payer les contributions d'un citoyen de Port-Liberté, lorsqu'il fut assailli par une bande de chouans armés qui enlevèrent le tout. En même temps, l'administration du district d'Hennebont était avisée que des rassemblements se formaient dans la commune de Lanvaudan. Une expédition fut décidée contre eux, dans la nuit du 25 au 26 ; une colonne de 70 volontaires partit d'Hennebont à sept heures du soir et, le lendemain à dix heures, elle ramenait 8 chouans parmi lesquels se trouvait le fameux Dargent de Kerbiguet, émigré.

Voici en quels termes le district d'Hennebont annonçait la capture à l'administration centrale du département :

« 26 frimaire an IV.

» Capture de 10 chouans, dont 1 émigré.

» Nous vous annonçons avec grand plaisir la capture de 8 fameux chouans dont 1 émigré ; deux autres ont échappé à la faveur de la nuit, mais leurs armes sont restées à nos volontaires.

» Nous fûmes avisés hier de leur rassemblement dans la commune de Lanvaudan et, de concert avec l'administration municipale d'Hennebont, nous demandâmes de la force armée au commandant de place. 70 hommes, conduits par le brave Jean Calvé, cultivateur, riche propriétaire de la commune d'Inzinzac, réfugié ici, et trois citoyens pour guides, partirent à sept heures du soir et, le matin à dix heures, ils étaient de retour avec leur capture. Le rassemblement était sans doute divisé, car ils n'en ont trouvé que 10 dans le même lieu dont 2 leur ont échappé.

» Au nombre des prisonniers se trouve un *sieur Dargent*, avocat à Pont-Croix (Finistère), qui a émigré d'abord en Allemagne, ensuite en Angleterre, et de là est passé avec l'escadre anglaise à l'île d'Yeu, ensuite a débarqué sur la côte de Quiberon ; s'est rendu à Pluvigner, où il lui a été délivré un passeport par le chef *Hercule*, de l'armée catholique, pour passer dans le Finistère. Il se trouve en outre muni de *tous les papiers nécessaires* qui constatent son émigration dont il est convenu.

» Tous étaient bien armés avec des fusils anglais ou de chasse à deux coups, mais beaux fusils ; quarante livres de poudre anglaise, un moule à douze trous ; une provision de balles et de cartouches et un rôle pour recensement enlevé de la commune de Queven.

Tous ont avoué leurs crimes et dénoncé leurs chefs qui déjà nous sont connus sous les noms de : *Bonfils, Sans-Soucy, Pivert, Leveillé, Jan-Jan, Sansonnet, Alexandre*, enfin toute la bande de scélératesse qui, depuis plus d'un an, ne quitte pas ce district.

» Hier matin, cette bande de chouans avait pillé et enlevé deux voitures de grains qui venaient d'Inguinel pour payer en partie les contributions en nature d'un citoyen de Port-Liberté ; la chose est avérée. Ne pensez-vous pas qu'on doive dispenser de paiement ce malheureux cultivateur dont la déclaration a, en quelque sorte, provoqué avec d'autres renseignements la sortie du détachement ?

» Nous venons de demander au général Lavalette un jugement prompt et l'expédition dans cette commune pour faire un exemple. » L. 917. Distr. Hennebont, corresp.).

Les jours suivants, le district était prévenu *par des avis spéciaux*, que Bonfils, à la tête d'un grand nombre de Chouans, se proposait d'attaquer et d'envahir Hennebont, qu'on aurait mise au pillage après avoir délivré les prisonniers. L'expédition n'eut pas lieu et le 29 frimaire, le district en avisait le département par une lettre. (L. 917. Distr. Hennebont).

« 29 frimaire an IV.
» Le district d'Hennebont au département.

» Nous étions prévenus que Bonfils, instruit de la capture faite par un détachement de notre garnison et de quelques citoyens, de sept chouans et de l'émigré *Dargent*, dans la commune de Lanvaudan, avait envoyé partout des émissaires pour faire lever en masse les communes rurales et tomber sur Hennebont avec une force imposante. On avait pris même des renseignements tant sur la force de notre garnison que sur notre artillerie. On fut sur ses gardes toute la nuit. Nous ne croyons pas qu'ils aient été dupes de l'exagération de nos forces. Nous ne vîmes cependant rien. Le temps était très mauvais. Cette attaque projetée pourrait bien avoir pour but la délivrance des prisonniers, surtout de cet émigré, qui peut être pour eux importante. » (L. 917. District d'Hennebont).

Le 8 nivôse an IV, les huit prisonniers comparurent devant le *conseil militaire*, siégeant en l'auditoire d'Hennebont. Dargent fut condamné à mort ; les sept autres co-accusés furent condamnés à plusieurs mois de détention. L'exécution du premier eut lieu le jour même, à 4 heures du soir, à l'extrémité du quai, sur la route d'Hennebont, comme le constate l'extrait de décès, que nous avons pris sur le registre des actes mortuaires de la commune :

Décès de Pierre-Ollivier Dargent de Kerbiguet,
8 nivôse an IV (29 décembre 95).

« Le 8 nivôse an IV de la République Française, le citoyen Pierre-François Keravier Cordier, adjudant-major au 7ᵉ bataillon du Jura-Infanterie, stationné à Hennebont, commandant du même lieu, m'a fait prévenir que Pierre-Ollivier Dargent de Kerbiguet, ci-devant homme de loi, natif de Pont-Croix (Finistère), âgé de 38 ans, en vertu du jugement du conseil militaire tenu le 8 du présent, en l'auditoire de cette commune, et qui l'a condamné, comme émigré, à la peine de mort, a été fusillé le dit jour, environ 4 h. du soir, au quai du dit Hennebont, route du Port-Liberté, par la force armée, conformément aux ordres du commandant de cette place, de l'exécution duquel, je soussigné, administrateur municipal de la commune, m'en suis assuré par mon transport sur le quai susdit, en présence de Julien Le Carel, tisserand, et d'Ant. Hiquello, cordonnier, qui ne signent, quoique interpellés, et ai rapporté le présent acte de décès sous mon seing, les dits jour, mois et an que devant. »

Signé : POULLAIN, admin. munic.

Voici comment le district annonçait l'événement à l'administration centrale du département :

« 19 nivôse an IV.

» Par votre lettre du 1ᵉʳ courant, vous nous marquez que vous vous êtes adressé au général Lemoine pour faire juger promptement les huit chouans que nous avons fait arrêter avec leurs armes et munitions et un moule à balle. Le général Lavalette avait déjà nommé une Commission à cet effet. Le rapporteur avait prononcé la peine de mort contre tous. Mais le jury a commué la peine en plusieurs mois de prison, à *l'exception de l'émigré Dargent*, qui a subi cette *peine et a été fusillé ici.*

» Nous croyons que, si ces chouans ne sont pas envoyés à l'armée d'Italie, sous escorte, après avoir subi le temps de détention, ils recommenceront leur première profession. » (Arch. Morbihan, L. 917.)

Lorsque le Directoire du département apprit que Dargent seul avait été condamné à mort et que ses sept compagnons avaient été seulement condamnés à une détention de quelques mois, il ne put retenir son mécontentement.

Le 13 nivôse an IV, il adressait un rapport au ministre de la justice, pour demander la cassation du jugement. « Des sept, disait-il, un est étranger au département ; deux sont des déserteurs, et deux autres non habitants des villes.... Ce jugement viole les principes et les lois... Le chouan étranger devait être condamné à mort, d'après la loi du 3 prairial dernier... »

Dans une lettre au général Lemoine, l'administration départementale revient sur ce sujet : « Nous avons été étonnés d'un pareil jugement, qui ressemble trop à celui de Cormatin à Paris, et à celui du comte de Lusignan à Nantes. Nous en écrivons au ministre de la justice. » (Lettre du 16 nivôse an IV. — Corresp. générale, Morbihan).

Faute de documents, nous aurions ignoré les noms des sept chouans, qui furent pris avec Dargent et passèrent en jugement en même temps que lui, si, dans un état du personnel de la prison d'Hennebont, nous n'avions trouvé les renseignements que nous cherchions.

Les huit prisonniers qui ont été écroués le 27 frimaire an IV, sont :

Joseph Bellanger ; Julien Danigo; Mathurin Danet ; Jean Le Guen ; Louis Ménard ; Jean Danigo ; Charles Le Maour ; Pierre-Ollivier Dargent.

Les sept premiers sont indiqués, à la colonne de sortie, comme *détenus*.

Quant à Dargent, l'*état* marque : Sortie *8 ventôse an IV* (c'est précisément la date de la condamnation à mort et de l'exécution de l'émigré Dargent de Kerbiguet). (Prisons. A. H. 1301. — Arch. départ.)

Nous avons donc raison de dire et de répéter qu'on a compté à tort, parmi les *victimes de Quiberon*, les dix-sept individus qui terminent l'*état* du général Lemoine, puisqu'ils ont été condamnés à mort, non par les Commissions spéciales chargées de juger les émigrés, mais par des *Conseils militaires*, et pour des faits étrangers à l'affaire de Quiberon.

Paysans entraînés, pris à Quiberon

Restait la masse dite des insurgés faits prisonniers à Quiberon, qui ne comprenait en majorité que des cultivateurs qui avaient été pris de panique ou entraînés de force par les chouans tenant la campagne, et menaçant de mort quiconque refusait de les suivre. Le spectacle du défilé de ces malheureux devant les Commissions militaires est lamentable. Tous, les uns après les autres, viennent déclarer que des troupes de chouans armés ont envahi leur village, qu'on les a saisis chez eux ou dans leurs champs et qu'on les a maltraités et forcés de suivre, sous peine d'être fusillés. Sans aucune expérience des armes, ils ont été occupés à Quiberon aux travaux manuels de débarquement, de déchargement des navires et de confection de retranchements. — Ils n'ont jamais, disent-ils, été armés; ils n'ont jamais monté la garde. Ils ont essayé de se sauver, sans y réussir. Leurs familles, leurs amis, leurs municipalités assiègent les Commissions militaires, implorant la liberté pour eux. Des attestations légalisées s'entassent dans les cartons. Nous avons parcouru page par page et article par article les gros cahiers d'interrogatoires des Commissions d'Auray, de Vannes, de Quiberon, d'Hennebont et de Port-Liberté, qui eurent à juger ces milliers de cultivateurs inoffensifs, arrachés de leurs foyers pour grossir l'armée des rebelles. Leurs réponses se ressemblent toutes.

« Comment t'appelles-tu ? — *Joseph-André*, fils de...., né à Erdeven, âgé de 44 ans, tisserand. — As-tu été fait prisonnier à Quiberon? — Oui. — Qu'as-tu fait de ton arme? — Je n'en avais pas. — Qu'y faisais-tu? — Je travaillais au déchargement des navires. — Combien de fois as-tu monté la garde avec les rebelles? — Jamais. — Qui t'a déterminé à t'enfermer dans Quiberon? — Des chouans armés *me forcèrent* à les suivre. — Connais-tu quelques-uns de ceux qui te forcèrent? — Non. — Quand, pour la première fois, as-tu marché avec les chouans? — Il y a deux mois. — As-tu quelque parent aux chouans? — Non. (Ne sait pas signer.)

Joseph *Daniel* (de Plouharnel), 25 ans, cultivateur, raconte que, lorsque les émigrés sont descendus à Quiberon, il s'est enfui dans la presqu'île, qui était au pouvoir des républicains. Lors de la prise de la presqu'île par l'ennemi, il se tint caché jusqu'au lendemain; fut reconnu, à Saint-Pierre, par un chef de chouans, Hyacinthe Le Doré, et d'autres, qui le menacèrent de le fusiller et le maltraitèrent. Il n'échappa à leur fureur que par l'intercession d'un marin de Sainte-Barbe. Après cela, il essuya beaucoup d'insultes de leur part pour avoir refusé de prendre un fusil et de porter leur cocarde. Il a été pris et confondu avec le reste des prisonniers. A signé : Joseph DANIEL.

Voici le jugement :

« Au nom du peuple français, la Commission établie à Quiberon....;

» Vu l'interrogatoire et les réponses du nommé

Daniel, de Plouharnel, les témoignages donnés en sa faveur, tant par sa Municipalité que par le citoyen Pierre Lemaux, capitaine d'artillerie au service de la République, employé dans la presqu'île;

» Qu'il est constant que le dit Daniel ne s'est retiré dans la presqu'île occupée encore par les troupes françaises que pour éviter de tomber au pouvoir de l'ennemi de sa patrie;

» Considérant que, d'après les témoignages en sa faveur, il ne reste point de doute sur son civisme antérieur; déclare que c'est par erreur que le dit Daniel a été confondu parmi les prisonniers faits à Quiberon;

» L'*acquitte* en conséquence et ordonne sur-le-champ sa mise en liberté. » (Fait et prononcé le 20 thermidor an III. Quiberon.)

Il y a, dans le dossier, un certificat du capitaine d'artillerie, le citoyen Lemaux, en faveur de J. Daniel :

« Je soussigné, capitaine d'artillerie, employé dans la presqu'île de Quiberon avant la descente des Anglais ou émigrés, certifions ne pouvoir que donner les plus grandes louanges au civisme du nommé Jos. Daniel, de la commune de Plouharnel, et à son zèle dans le service de caporal de canonniers de côtes, en réquisition dans la presqu'île avant ce temps.

» Certifions en outre qu'à l'instant du débarquement des Anglais à Carnac, il s'est réfugié à Quiberon, occupé par les troupes françaises, pour se dérober aux ennemis qui le menaçaient depuis longtemps.

» Fait à Quiberon, 20 thermidor an III. Le Maux. »

Jean-Vincent *Madec*, de Plouharnel, âgé de 39 ans, est un menuisier qui fut pris à Quiberon. Il n'a jamais été armé. Les rebelles l'ont laissé libre de travailler de son état chez les habitants, particulièrement « *chez le citoyen Rochonvillé, où est maintenant le quartier général républicain* ».

Riau (Jean-Marie), de Plouharnel, 46 ans, père de cinq enfants, *a été forcé* par des individus habillés en rouge. Il confesse qu'un de ses fils est aux chouans et qu'il est déserteur des armées de la République. (Id.)

Danic (Pierre), laboureur, Carnac. Une armée, vêtue de toutes couleurs, *l'a forcé* d'aller avec eux en lui faisant crier : « Vive le roy! » Ceux qui ne criaient pas *étaient tués*. (Id.)

Riau (Jean), de Plouharnel, a été *entraîné de force* par les chouans, *à coups de crosse de fusil dans les côtés*. (Id.)

Hervé (Pierre), 33 ans, laboureur, Plouharnel. « Lors du passage des rebelles, au nombre de 5000, j'étais à faucher du foin. *Ils me forcèrent, à coups de crosse de fusil*, de me joindre à eux. — As-tu été armé? — Non. J'étais malade chez une parente, à Quiberon. Je crachais le sang. — Connais-tu quelques-uns de ceux qui t'ont forcé à prendre le parti des rebelles? — Non. Le plus grand nombre étaient habillés en rouge. » (Comm. mil. Port-Liberté, 14 fructidor.)

Les 40 accusés qui sont interrogés à cette séance font des réponses analogues. Ce sont tous des laboureurs, qui déclarent avoir été forcés et avoir été occupés à des travaux manuels.

Le Bagousse (Pierre), de la commune de Carnac, laboureur. Était à un quart de lieue de l'endroit où les chouans avaient débarqué, lorsque les chouans, venant d'un autre côté, l'ont forcé de marcher avec eux, faute par lui d'être tué, en lui présentant des pistolets. Il n'a pas été armé, mais occupé à décharger des farines au fort Penthièvre. A Quiberon, celui qui leur distribuait des vivres se nommait Julien Le Gloahec, ci-devant recteur de Carnac.

On lui demande pourquoi, connaissant le pays, il

n'avait pas évité les émigrés et les chouans? Il répond « qu'il n'avait jamais pensé à sortir de chez lui et qu'il ne l'eût pas fait si ce n'eût été la crainte de mourir. »

Il est porteur d'un certificat de la Municipalité, qui atteste qu'il n'a jamais porté les armes ni participé aux rassemblements des chouans. (Comm. mil. Port-Liberté, 13 fructidor an III.)

Le Bagousse (Pierre), 18 ans, laboureur, Carnac. A été forcé de marcher. Sa mère lui avait dit de se cacher dans les blés. Ayant sauté un mur pour y aller, il avait vu à ses côtés deux bons citoyens de son village tués par les chouans. Ces mêmes chouans l'entourèrent et lui dirent que, s'il ne marchait pas, ils lui en feraient autant. (Id.)

Aucun auteur n'a eu l'idée de consulter ces *milliers d'interrogatoires* subis par des paysans devant les Commissions militaires d'Hennebont et de Port-Liberté. Ils sont cependant bien instructifs. Ils réduisent à sa juste valeur le caractère de spontanéité qu'on s'est plu, dans certains livres, à attribuer au mouvement de la chouannerie.

Tous ces *malheureux* défilent devant les Commissaires enquêteurs et déclarent qu'ils ont été entraînés de *force* à Quiberon.

Prenons le cahier de la 6ᵉ Commission de Port-Liberté qui siège à partir du 11 fructidor an III :

Gilles Daniel, de Plouharnel, âgé de 68 ans :

« Je suis allé à Quiberon de peur d'avoir du mal. J'ai un fils qui sert depuis longtemps la République. »

Joseph Madec, d'Erdeven, 37 ans :

« Il a suivi l'armée des rebelles parce qu'il craignait les républicains et même les chouans, après avoir refusé de marcher avec eux. Sa conduite a toujours, dit-il, été *opposée à celle des chouans, ayant toujours été partisan de la Révolution*, ce qu'il a manifesté en protégeant de tout son pouvoir le prêtre assermenté qui avait été substitué au réfractaire. »

Nicolas Kerzero, 51 ans, de Plouharnel : « A l'approche de l'armée républicaine, les chouans se portèrent en foule sur Quiberon et le forcèrent, sous peine de mort, de se joindre à eux. »

Gilles Michel, de Plouharnel, 40 ans : « Fut forcé de suivre les chouans et de prendre les armes, sous peine d'être tué. »

Joachin Madec, de Plouharnel : « Lorsque j'entendis des coups de canon, j'eus peur et je me rendis à Quiberon avec ma femme et mes enfants, sans y être contraint par qui que ce soit. »

Pierre Bernard, Plouharnel, 46 ans : « J'ai été forcé par une bande de plus de mille rebelles, qui me dirent en m'abordant : bougre, il faut que tu nous suives ou nous *t'assassinons.* Je fus contraint de suivre avec ma charrette. »

Bonaventure *Madec,* 30 ans, laboureur : « Des gens armés me forcèrent de les suivre. J'étais à travailler dans un champ de mil. Ils me présentèrent la baïonnette au corps pour m'ôter toute envie de résister à leur volonté. »

Jean *Matelot,* de Landevan, 41 ans : « A été forcé par des gens habillés en rouge, qui lui tirèrent deux coups de fusil, lorsqu'il chercha à s'enfuir. » (Cahier 6ᵉ commission. Port-Liberté, 11 fructidor).

Un René *Cadudal,* fils de François et de Marie-Julienne Lebihan, âgé de 46 ans, natif de Brech, district d'Auray, avait été pris à Quiberon. Il comparut, le 3 fructidor, devant la 1ʳᵉ Commission militaire d'Auray. Il déclara que des hommes armés l'avaient « forcé d'aller avec eux et le conduisirent à Quiberon, où il fut employé à rouler des barriques. » Ne parle que breton, ne sait pas signer.

Acquitté, d'après les renseignements que nous avons eus de son patriotisme. (Com. Auray, 3 fructidor an III.)

Continuons à citer des exemples :

Paul Lesauce, d'Erdeven, âgé de 44 ans : « Un grand nombre de chouans armés et habillés de différentes couleurs me prirent sortant de mon lit et me forcèrent à les suivre. Je ne pensais pas être forcé de marcher, ayant six enfants en bas-âge. Je croyais devoir rester à la maison pour veiller à leur subsistance ».

Jacques Couriaud, laboureur, d'Erdeven, 37 ans : « Des chouans armés et habillés de rouge me forcèrent à les suivre sous prétexte que j'avais mes frères au service de la République. »

Jacques Le Cam, de Mendon, 48 ans, laboureur : « Les mauvais traitements des chouans me forcèrent à me joindre à eux. »

Julien Lorho, d'Erdeven, 60 ans, laboureur : « Je croyais que mon âge aurait empêché de me contraindre ; cependant les chouans me prirent au collet et me forcèrent à les suivre. »

Georges Nicolas, Erdeven, 52 ans, laboureur : « J'ai toujours été bon citoyen, et, si je n'eusse été *forcé*, je n'aurais pas quitté mes foyers. »

Pierre Le Guen, de Belz, 33 ans, laboureur : « Des chouans armés l'ont contraint de marcher, il y a deux mois ; n'a pu s'échapper, les routes n'étant pas libres. »

Mathieu Corilon, d'Erdeven, 17 ans, laboureur : « J'ai été pris à Quiberon. J'ai travaillé avec une charrette pour les rebelles. Le reste du temps j'ai cherché mes repas chez des particuliers de ma connaissance. Un nombre de chouans, habillés de différentes couleurs, me forcèrent à les suivre. Jean Le Gouahec, de ma commune, me força de marcher sous peine de recevoir la mort. Voyant que plusieurs de mes camarades, voulant fuir, furent tués par les chouans, je me décidai de rester à la maison, où je fus forcé de marcher. »

Pierre *Guillas*, de Locoal, 33 ans, laboureur, pris

à Quiberon : « J'y fus deux jours malade, tenu au corps de garde par les rebelles, parce que, lorsqu'ils me forcèrent à les suivre, j'avais tenté de me retirer d'avec eux. J'employai le peu d'argent que j'avais pour me procurer des vivres ; mais n'en ayant plus, je fus contraint de travailler au débarquement des navires.

» Des hommes armés vinrent chez moi et me forcèrent à les suivre, malgré que je me suis caché plusieurs fois. Ils déchirèrent tous mes papiers et registres concernant l'autorité qui m'avait été donnée par la loi. Ils me demandèrent pourquoi je me donnais les pouvoirs qui n'appartenaient qu'aux prêtres non-assermentés. Sur quoi je leur répondis que j'obéissais aux lois de ma patrie, en faisant ce qu'elles ordonnaient et que je n'étais pas si coupable que ceux qui n'attendaient, sur les routes, que le passage des militaires venant des hôpitaux ou autres pour les sacrifier. Je me rappelle d'avoir entendu nommer un chef de chouans *La Vendée.* »

Pierre GUILLAS,
Offic. public de la maison commune de Locoal.

C'est par centaines que ces paysans viennent déclarer qu'ils ne sont pas coupables et qu'ils ont été forcés de marcher.

« J'étais occupé à mon champ de mil, dépose Bonaventure Madec (de Plouharnel) ; les chouans me présentèrent la baïonnette au corps, pour m'ôter toute envie de résister à leur volonté. »

« J'ai été forcé, dit Pierre Bernard (de Carnac), par une bande de plus de mille rebelles, qui me crièrent, en m'abordant : que fais-tu là, bougre, il faut que tu nous suives, où nous t'assassinons. »

Un autre racontait « qu'il était couché ; que des chouans habillés en rouge ont envahi sa demeure : l'ont forcé de se lever, sous peine d'être fusillé, et l'ont entraîné à Carnac et à Quiberon. »

A quoi bon insister ? Ces quelques exemples suffisent pour justifier les milliers d'acquittements et de mises en liberté qui remplissent le dossier de Quiberon. Ils jettent une lumière triste sur les procédés employés par les meneurs de l'émigration et de la chouannerie pour recruter des insurgés et fomenter la guerre civile.

La liasse L. 761 contient une foule de certificats des municipalités de Carnac, Erdeven, Plouharnel, Mendon, etc., etc., qui attestent que les prisonniers de leurs communes sont de *pauvres* laboureurs, dont beaucoup sont pères de famille, qui ont été entraînés de force à Quiberon. « Ils se sont, disent les lettres, toujours comportés en bons citoyens, obéissant aux lois de la République. »

La municipalité de Carnac, en réclamant ses compatriotes, raconte qu'on « faisait courir, dans les campagnes, le bruit que l'armée républicaine ne faisait point de quartier aux hommes, ni aux femmes, ni aux enfants ». (Lettre du 12 fructidor an III.)

Citons quelques-unes de ces lettres, adressées par les municipalités aux Commissions militaires chargées de juger ces cultivateurs :

« La municipalité de Plouharnel, à la Commission militaire de Quiberon, salut.

» Citoyens, nous osons vous interrompre dans votre pénible fonction, au sujet de Gilles Daniel, de Joseph Daniel, son fils, canonnier, réfugié à Quiberon, de Julien Lemaître, de Joseph Collet, de Gilles Levisage, de Julien Richard, ancien canonnier, et de Joseph Bideau, que nous connaissons *paisibles* et *bons républicains*, surpris et forcés, le pistolet à la gorge, d'entrer à Quiberon, desquels nous r   dlo s *sur nos têtes* ; lesquels nous livrerions à l   r des loix, s'ils s'écartaient de la ligne de leurs devoirs par une conduite immorale.

» Daignez, citoyens, nous exaucer et nous croire véridiques.

» A la maison commune de Plouharnel, le 19 thermidor an III de la République.

» Foras, maire; Lebail, ag. nat.; Bagousse, of. mun.»

« Carnac, 12 fructidor an III.

» Les citoyens maire et officiers municipaux de Carnac à la Commission militaire de Port-Liberté.

» Nous vous demandons justice, citoyens, à nos frères égarés de notre commune, qui sont en arrestation dans votre arrondissement, qui se sont rendus après la prise de Quiberon; et que, de fait, la majeure partie de ces citoyens n'ont quitté leurs foyers que par les faux bruits que les malveillants et les fomenteurs des esprits faisaient courir dans nos campagnes, que l'armée républicaine ne faisait pas de quartier ni aux hommes ni aux femmes, ni même aux enfants; et cela était une forte raison pour nos cultivateurs d'abandonner leurs maisons et leurs propriétés, crainte d'être égorgés, comme on les avait menacés.

» Ainsi, à cette saison présente, que la récolte souffre, faute de bras, nous croyons bien faire notre devoir en réclamant auprès de vous nos dits braves cultivateurs, et surtout ceux qui ont été obéissants aux lois et à toutes les réquisitions; mais que dans ce malheureux moment tous les habitants du district et même du département marchaient sur notre commune en masse, pour se sauver devant les républicains. — Et voilà pourquoi les gens s'entraînent les uns les autres, sans nul mauvais instinct de nuire à leurs frères républicains.

» En conséquence, nous vous prions de faire interroger les dits infortunés et les mettre en jugement, pour que le coupable soit puni et l'innocent délivré; ce que nous attendons de votre justice, afin de revoir nos braves cultivateurs rentrer dans leurs chaumières pour n'en plus ressortir.

» Fait en Conseil général de la commune de Carnac, le 12 fructidor an III. — Signé : MAHÉE, maire; RIO et DANIE, officiers municipaux.

» Vu au Directoire d'Auray : BOULLAYS, GUILLON, LAURENT aîné, LECOMTE. » (Arch. Morbihan. L. 761).

« 7 fructidor an III. Carnac.

« Nous, maire et officiers municipaux de la commune de Carnac, certifions et attestons que Joseph Lenezet, âgé de 55 ans, tisserand, domicilié au village de Kerlescant, *n'a jamais été aux chouans*, et qu'il n'a quitté cette commune que pour se rendre à Quiberon à tort, fort épouvanté en entendant tout le monde dire que l'armée de la République arrivait *et qu'elle égorgeait tous, tant grands que petits* ; et voilà pourquoi nous lui avons délivré ce présent pour valoir ce que de raison.

» MAHEO, maire; RIO, off. mun.; CORILON, id. » Légalisé par le District d'Auray.

« 12 fructidor. Mendon.

» Nous soussignés, maire et officiers municipaux de la commune de Mendon, certifions que Guillaume Dolet, laboureur au village du Menec, s'est toujours comporté en brave et bon citoyen, obéissant aux lois de la République; qu'il a même toujours été l'ennemi des chouans; que ces derniers, en masse, l'ont conduit de force et plusieurs autres de la commune à Quiberon. LE PEVEDIC, officier municipal: BELEY. »

Les Commissions militaires siégeant à Hennebont et à Port-Liberté, qui fonctionnèrent durant le mois de fructidor an III, ne prononcèrent pas moins de 800 acquittements de chouans, qui furent immédiatement mis en liberté.

Les jugements sont ainsi conçus :

« Après les avoir entendus, chacun dans leurs

moyens de défense, ne les ayant point trouvés convaincus du délit dont ils étaient prévenus, puisque, abandonnés à eux-mêmes, ils ont été contraints, et de force et avec menaces, par les chouans et émigrés, de se joindre à eux à l'époque de la descente de ces derniers sur le territoire français ; et comme ni la loi du 25 brumaire ni celle du 30 prairial, 3º an. rép., n'ont pas prévu le cas, *elle les acquitte.* » (47 acc.) (22 fructidor. Hennebont.)

Voici les considérants d'un jugement d'une Commission militaire de Vannes :

« Considérant que les dits Julien Jaillais, Guil. Morot, d'Arzal, etc., etc., ont été entraînés de force par un grand nombre de chouans armés ; et qu'il est prouvé par des attestations légales qu'ils ont sauvé la vie à plusieurs républicains et que leur *conduite* antécédente est irréprochable......, *acquitte.* » (Cahier de la Comm. Vannes, ventôse an IV.)

Arrêté de libération du 20 fructidor

Vers la fin du mois d'août, plusieurs milliers de paysans étaient encore détenus. Il y avait six semaines que ces malheureux, le plus grand nombre laboureurs, étaient entassés dans les prisons, en proie à toutes les misères de la captivité et décimés par la maladie. Les administrations civiles ne cessaient d'implorer la pitié pour eux. Une mesure de mise en liberté s'imposait. Le 20 fructidor, à la suite d'une conférence avec les administrateurs, le représentant du peuple Mathieu prenait enfin un arrêté qui renvoyait dans leurs foyers tous ces paysans des communes morbihannaises qui avaient été entraînés par la violence dans le mouvement de Quiberon.

Les conditions de la mise en liberté étaient celles-ci :

Réclamation expresse et officielle de leurs communes respectives; dépôt des armes et des munitions; remise, pour chacun des individus détenus, d'une amende égale au tiers du revenu de chacun d'eux. Cette amende ne pouvait être payée qu'en grain ou fourrage. Ceux qui n'avaient ni revenus ni propriétés pouvaient être redîmés par un propriétaire ou fermier et sous sa caution, moyennant trois quintaux de froment ou la même valeur en seigle ou en fourrage.

Étaient exceptés des dispositions de l'arrêté : 1º les individus étrangers au département du Morbihan et qui n'y avaient point d'habitation fixe avant le débarquement des émigrés à Quiberon; 2º ceux des habitants des villes qui ont été volontairement se joindre à l'ennemi; 3º ceux des jeunes gens de la première réquisition, connus pour chefs ou instigateurs des troubles, et devaient être jugés conformément à la loi. Étaient exceptés également tous ceux qui, dans les rassemblements armés de chouans, ont eu le grade de capitaine ou tout autre grade supérieur. L'Administration départementale était chargée d'assurer l'exécution de l'arrêté. (Vannes, 20 fructidor an III. Mathieu, représentant du peuple.)

A partir du jour où le représentant Mathieu avait promulgué son arrêté libérateur, le Département et les Districts s'étaient empressés de l'appliquer. Les derniers jours du mois de fructidor et la première quinzaine de vendémiaire furent employés à vider les prisons. Le 22 vendémiaire, le Département pouvait adresser au représentant Mathieu un *état* des mises en liberté, réparties par district, ainsi que des livraisons de fusils et de grains, destinés aux magasins de la République.

Des volumes ont été consacrés à la glorification des émigrés, dont on s'est plu à faire des héros et des martyrs. Toutes les opinions sont respectables lorsqu'elles sont exprimées avec mesure et bonne foi. Mais il nous semble qu'il eût été plus juste de réserver la meilleure part de sympathie et de pitié pour les milliers d'innocents, cultivateurs de nos campagnes bretonnes, qui furent entraînés par force ou par peur et faits prisonniers sur les sables de Quiberon. Parqués, comme des troupeaux, dans des locaux de détention improvisés, ils endurèrent des souffrances inouïes. Ceux qui ne moururent pas de privations ou du typhus s'en revinrent, acquittés, dans leurs foyers. Mais ils trouvèrent leurs champs en friche, leurs chaumières incendiées ou pillées, leurs crèches et leurs greniers vides, leur famille dispersée et, en perspective, la famine et de nouveaux dangers à courir. Les nobles émigrés échappés aux condamnations des Commissions militaires (c'était le plus grand nombre) avaient trouvé un refuge assuré sur la flotte anglaise. Cette ressource manquait aux pauvres paysans et on se rappelle que, le 12 thermidor, les embarcations anglaises en avaient jeté 1500 à la côte, dont on se débarrassait comme bouches inutiles. Quand on songe que le chiffre de ces malheureux, incarcérés à Auray, Vannes, Hennebont, Port-Liberté, monta à 6000 au moins, on est tenté de s'écrier : « **Les vraies victimes de Quiberon, les voilà!** »

CHAPITRE VII

PRISONNIERS FRANÇAIS

On sait que le gouvernement britannique avait enrôlé, dans le cadre de l'armée des émigrés, près de 3000 soldats et marins français, prisonniers de guerre, qui croupissaient dans les geôles et sur les pontons. Presque tous n'avaient accepté que pour échapper aux misères de la captivité.

A Quiberon même, lorsque le général d'Hervilly eut pris possession du fort Penthièvre et fait prisonnière la garnison, composée de 450 hommes, une partie fut envoyée dans les prisons d'Angleterre; l'autre fut incorporée dans les régiments d'émigrés.

Chasle de Latouche, qui paraît bien renseigné, nous apprend que les prisonniers français étaient encadrés ainsi qu'il suit : régiment d'Hervilly, 1200; régiment de Dresnay, 500; régiment d'Hector, 300; artillerie, 600. — Au total : 2600. — Ce chiffre, lorsqu'on y ajoute celui des soldats de la garnison du fort Penthièvre, se rapporte assez exactement au chiffre de 2848, prisonniers français acquittés, inscrit sur l'*état* du général Lemoine.

L'enrôlement des prisonniers d'Angleterre fut une grande faute; c'est en partie à elle qu'est due la piteuse issue de l'expédition. Le général d'Hervilly, qui, à défaut de génie, avait au moins l'expérience d'un homme de guerre, s'y était opposé de toutes ses forces. Il fut obligé d'obéir aux injonctions du cabinet anglais.

On revêtit d'uniformes rouges ces prisonniers, auxquels on donna pour chefs des gentilshommes émigrés. On leur cacha qu'ils étaient destinés à combattre leurs anciens frères d'armes. En se voyant sur les côtes de France, ils n'eurent plus qu'une pensée : rejoindre le drapeau et aider l'armée républicaine à repousser les Anglais et leurs complices de notre territoire. Et, en effet, aussitôt débarqués, ils saisissent toutes les occasions de communiquer avec nos troupes. Chaque jour, quelques-uns d'eux gagnent le camp de Sainte-Barbe. Le 2 thermidor, le général Hoche écrivait au général Cherin : « *Les républicains enrôlés de force, dans les prisons d'Angleterre, viennent en foule pour voir leurs amis ; nous en avons reçu, cette nuit, trente-trois.* » — Par eux, on est tenu au courant de ce qui se passe dans la presqu'île. Grâce à leur concours, le fort Penthièvre fut escaladé par les grenadiers de Mesnage.

Les prisonniers français furent, comme les autres, mis en détention à Auray, Vannes, Hennebont et Port-Liberté, en attendant que les Commissions militaires aient statué sur leur sort.

On ne lit pas, sans une impression de tristesse, les interrogatoires de ces malheureux, que la misère et la faim avaient forcés de s'enrôler avec les émigrés. Soldats faits prisonniers en combattant ou marins capturés sur mer, ils racontent les privations et les tortures qu'ils ont endurées dans les prisons anglaises. Pour les décider, on a employé tous les moyens de persuasion ou d'intimidation. Des émigrés s'étaient introduits dans les prisons et faisaient l'office de recruteurs. On distribuait des promesses et de l'argent; aux uns 30 livres, aux autres 6 seulement. Du reste, il n'était pas question d'aller combattre les

Français; on ne les embarquait, disait-on, que pour Jersey ou Guernesey. Ceux qui hésitaient étaient menacés d'être privés de vivres ou envoyés aux mines et même d'être pendus. Lorsqu'ils comparaissent devant les Commissions militaires et qu'on leur demande pourquoi, se voyant à Quiberon, ils ne sont pas venus rejoindre les républicains, ils répondent, ou qu'ils l'ont tenté sans y réussir, ou qu'ils ont craint de subir le sort de plusieurs de leurs camarades, qui ont été fusillés pour ce fait.

Il faut bien reconnaître que les moins coupables et les plus dignes de pitié, parmi ceux qui avaient été pris à Quiberon, étaient les *prisonniers français*. Embrigadés par ruse ou de force dans les troupes royalistes, ils avaient été englobés dans le désastre. Après avoir souffert pour la République et souhaité son triomphe, ils se voyaient de nouveau plongés dans la captivité. Les patriotes demandaient à grands cris leur élargissement, d'accord en cela avec l'armée.

Se faisant l'écho de l'opinion, le Directoire du département s'adressait au général Lemoine et le suppliait de renvoyer au service de la nation « *le très grand nombre de braves militaires faits prisonniers à Quiberon.* » — « *Ils sont, disait-il, confondus avec les lâches qui ont livré Toulon et trahi la patrie.... Punition sévère aux traîtres, mais justice et générosité aux défenseurs de la République.* » (Reg. corresp. — 18 therm. an III.)

Plusieurs émigrés, devant les tribunaux militaires, pour sauver leur vie, n'hésitèrent pas à se faire passer pour des prisonniers français. Quelques-uns, dénoncés ou reconnus, furent pris en flagrant délit de mensonge, comme nous le verrons plus loin. Mais d'autres parvinrent à donner le change et furent acquittés. La condition de ces acquittements était l'incorporation dans les armées de la République. On vit dès lors des gentilshommes émigrés, qui avaient surpris la crédulité ou la complaisance de leurs juges, se réfugier dans les régiments français. Quelques-uns firent sans doute leur devoir, mais il en est qui, à la première occasion, désertèrent et rejoignirent les chouans.

Le chiffre des interrogatoires de ceux qui furent acquittés sous la qualification de *prisonniers français* dépasse 3000, car plusieurs furent interrogés deux et trois fois. Nous avons eu la patience de dépouiller un à un tous ces interrogatoires. Le cadre de notre travail ne nous permet d'en citer que quelques-uns. Ils suffiront pour caractériser le rôle joué par *les prisonniers français* dans l'expédition de Quiberon.

Tous, ils furent acquittés et remis à la disposition des autorités militaires pour être incorporés dans les régiments de l'armée républicaine ou dans la marine.

Les jugements sont conçus à peu près dans les mêmes termes :

« D'après les interrogatoires ci-dessus subis par les prisonniers sus-dénommés......; attendu qu'ils ont été forcés de prendre les armes contre leur patrie par la misère et les mauvais traitements qu'ils ont essuyés en Angleterre pendant le temps de leur détention; qu'il résulte de plus qu'ils se trouvent classés dans l'exception portée par l'article 3 de l'arrêté des représentants du peuple Blad et Tallien, en date du 5 thermidor, qui dit que les matelots seront remis entre les mains du citoyen Bouron, chef des classes de la marine, pour être conduits de suite à Lorient, et conformément à un autre arrêté du même jour, les soldats seront remis entre les mains du citoyen La Chaussée, chef de brigade, commandant la force armée à Hennebont, à l'effet de les envoyer à l'armée des Pyrénées......, la Commission militaire prononce leur acquittement et les met à la disposition du général. » (4e Comm. Hennebont. 30 thermidor an III.)

A titre d'exemples, nous donnerons donc quelques-uns des interrogatoires subis par ces prisonniers devant les Commissions militaires; ce qui nous permettra, chemin faisant, de relever un certain nombre d'erreurs et, en même temps, de raconter quelques incidents d'audience, qui ne manquent pas d'être intéressants. Ceux-ci sont précisément relatifs à des émigrés qui, devant les juges militaires, ont dissimulé leurs qualités et se sont faussement qualifiés *prisonniers français.*

Jean Claveau, âgé de 29 ans, né dans le départetement de la Côte-d'Or, était canonnier sur *Le Vengeur*. Il sert depuis huit ans. Fait prisonnier par les Anglais, il était détenu sur les pontons depuis sept mois et demi. *La misère et la faim l'ont forcé* de prendre les armes contre la République. Le président lui demande s'il ne connaît pas, parmi les prisonniers, des émigrés, des nobles et des prêtres. Il répond qu'il n'en connaît pas. La Commission l'acquitte. (Hennebont, 30 thermidor)

A comparu Mathieu *Lainé*, 26 ans, natif de Lausnodé, près Treguier (Finistère), ci-devant apprenti apothicaire, volontaire du 2ᵉ bataillon de l'Allier (12 therm., Quiberon).

Interr. comment il a été fait prisonnier, a répondu qu'il avait été fait prisonnier à Tournay, par les Anglais, il y a un an.

A lui demandé les noms de ses commandant et capitaine, a répondu que le premier s'appelait Masson, commandant de la 2ᵉ demi-brigade, dans laquelle se trouve encore le 2ᵉ bataillon de l'Allier, et son capitaine se nommait Cyr.

A lui demandé combien il fut de temps au service de la République avant d'avoir été fait prisonnier, a répondu : un an, et qu'il avait deux frères dans la marine.

Interr. où il avait été depuis l'instant où il fut

pris, a répondu qu'il a été livré aux émigrés, qu'il a été conduit dans la Belgique, dans l'Allemagne et de là en Hollande, où *il était dans la plus grande misère* ; que sa liberté lui fut rendue, il y a environ 5 mois ; qu'on lui proposa de porter les armes, ce qu'il refusa constamment ; *mais que pour recouvrer sa liberté et trouver une occasion de rentrer dans sa patrie et de la servir*, il avait accepté de servir le nommé Bar, capitaine au régiment de Rohan, émigré, lequel Bar est resté en Angleterre ; que le *désir de revoir sa patrie* le fit rester à bord ; qu'il débarqua deux jours après la reprise du fort, mais qu'il ne porta jamais les armes, et se retira chez la veuve Varch', habitante de la presqu'île, qu'il connaissait.

Lecture faite, a signé : LAINÉ.

Thomas *Lepage*, natif de Saint-Michel (Seine-Inférieure), âgé de 21 ans, marchand, lequel a déclaré être marin de la réquisition, fait prisonnier sur la frégate la *Révolution* ; conduit dans les prisons d'Angleterre, à Falmouth, après être resté huit mois, les *émigrés l'ont sollicité* avec instance de prendre parti avec eux dans le régiment de Royal-Louis. Il s'y est décidé *dans l'espoir de déserter d'Angleterre* ; que même vers le mois de mai dernier, il avait cherché les moyens de son évasion, en s'abouchant avec un Français. N'ayant pas réussi, est venu jusqu'à Quiberon, où il trouva les moyens de déserter, desquels il a profité la nuit de la prise du fort, est venu rejoindre notre colonne de gauche.

Lequel a déclaré que c'était tout ce qu'il avait à nous dire, et a signé : LEPAGE. (Com. mil. Vannes, 25 thermidor.)

C'est sans doute ce Lepage qui, au dire de Jacquier de Noyelle et de Le Grand, était chargé, à Vannes, de tenir note des prisonniers français acquittés par les tribunaux militaires, et qui devaient être incorporés.

François *Dauphin*, âgé de 30 ans, natif des Bouches-du-Rhône. A servi dans le 39ᵉ régiment de Paris, depuis 1784 ; a été pris à Toulon. Des officiers émigrés lui ont demandé s'il voulait servir. Il a répondu qu'il ne *voulait pas se battre contre la Patrie* ; que ces officiers lui ont répondu qu'il *crèverait dans cette prison*. A répondu que cela lui était égal. Au bout de quelque temps, il revint des officiers qui lui redemandèrent comme la première fois : il répondit encore : non. Au bout de trois semaines, on les fit sortir pour leur faire faire le service dans le fort. N'ayant pas voulu bivouaquer, on les mit à bord du *Robuste*, vaisseau anglais, où ils faisaient la manœuvre. A *été forcé par la misère* de prendre parti dans le régiment d'Hervilly. (Comm. de Vannes (président Lohée), 12 fructidor.)

Antoine *Brocard*, 21 ans, natif de Castin (?) (Gers), volontaire dans le régiment ci-devant Royal-Marine, en 1791. A été fait prisonnier, il y a environ cinq mois, par les chouans, ensuite conduit à Quiberon. Le déclarant observe qu'il avait fait un complot, lui 17ᵉ, d'abandonner les traîtres émigrés et chouans, pour *venir rejoindre ses frères les républicains*. (Auray, 13 fructidor.)

Jacques *Pernos*, 29 ans, du département du Var. Est resté 14 ans à Marseille, où il travaillait de son état de boulanger. Il partit de là, étant requis pour aller à Toulon, deux mois avant que cette ville fût livrée aux Anglais. Embarqué à bord de la *Perle*, il fut fait prisonnier, mené en Angleterre, et employé comme conducteur de chevaux et de pièces de canon. Il fut reconduit en France où il faisait partie du rassemblement de Quiberon. A déclaré que, revenant en France, *son intention était de se réunir avec ses frères les républicains*. Ne sait pas signer. (Auray, 5 fructidor.)

J.-Bapt. *Parmentier*, 24 ans, de Lille (Nord). S'engagea dans le régiment de Prié. Fut fait prisonnier à Courtray et conduit à Tournay, où il est resté 14 mois dans les prisons, où il a été souvent sollicité de prendre du service dans un régiment d'émigrés, ce qu'il a toujours refusé, jusqu'à l'époque où les Français reprirent cette ville. Alors *l'ennemi lui faisant éprouver des traitements si rigoureux et des menaces suivies de coups*, il fut *forcé* de s'engager. (Comm. de V., 13 fructidor.)

Le 7 fructidor an III, la Commission militaire de Vannes (président Honoré) faisait comparaître devant elle un individu, répondant au nom d'*Étienne Baulieu*, fils d'Ant.... et Marguerite......, âgé de 38 ans, natif de Frontignan (Haute-Saône). Il raconte qu'étant laboureur, il s'embarqua, il y a environ deux ans, à Cette, sur un bâtiment de transport, chargé de vivres pour la Corse. Une frégate anglaise les fit prisonniers. Conduits d'abord à Gibraltar, ils furent bientôt dirigés sur Portsmouth (Angleterre) et mis en prison. Là, il s'engagea *de préférence dans les canonniers, parce que ses camarades lui dirent que la solde était plus forte*. Il sert depuis neuf mois dans ce corps.

Au bas de l'interrogatoire, on lit : « Vu la déposition vague et incertaine du ci-dessus dénommé, il a été envoyé à l'église du Mené pour en faire plus ample information. »

Le jugement porte : « Nous avons renvoyé le nommé Étienne Baulieu pour être réinterrogé, ayant trouvé du *louche* dans son interrogatoire. » (Vannes, 4 fructidor.)

Charles *Coulont*, âgé de 29 ans, natif de Tournay, en Hainaut, domicilié en Suisse depuis l'âge de seize ans, horloger. « Étant à travailler de son état à Cellen (sic), dans le Hanovre, le 12 avril 1795, l'armée émigrée, étant dans ce pays, répandit le bruit qu'elle allait s'embarquer pour passer aux Iles, colonies anglaises. Il en fut instruit et, désirant depuis longtemps passer dans ce pays, voulant profiter de cet embarquement, fut trouver, avec un de ses camarades, le colonel de Béon, pour le prier de vouloir bien lui permettre d'embarquer avec sa troupe, ce qu'il leur accorda en leur disant qu'il fallait qu'ils se fissent enregistrer comme soldats, et qu'il leur promettait qu'au débarquement ils s'en iraient à leur gré.

« *A déclaré avoir été trompé,* ayant été *forcé de venir descendre à Quiberon,* lui ayant fait prendre *de force* du service dans Béon en qualité de fusilier. » Lecture faite, a signé : COULONT. (Vannes, 18 fructidor.)

François de *Jaune-Ocourt,* fils de feu Ferdinand.... et Caroline Mag-Dernote, natif de Dublin, en Irlande. Passé en France à l'âge de six ans; élevé par M. Mag-Dernote; placé à Paris à l'hôtel des Invalides, où il a appris la chirurgie; placé par M. Poissonnier dans le port de la marine, au département de Brest; a été fait prisonnier à la Jamaïque en 1793; a été échangé au Cap français et parti sur l'*Écluse* pour l'Inde, où il est resté trois ans; repris sur la côte de Malabar par une frégate anglaise, la *Leda,* en décembre 1793; montant la *Sophie,* vaisseau marchand, commandé par le capitaine Janson.

A lui demandé s'il était du rassemblement de Quiberon? A répondu : oui, comme tous les autres prisonniers français, *que l'Angleterre avait forcés de servir.* Et a signé : DE JONE-OCOURT.

Le jugement porte : « *acquitté* du crime d'émigration et, dans le cas de nos prisonniers, forcés à servir contre leur patrie. »

Thomas-Jean *Barguet,* matelot, de Dieppe, 27 ans, fait prisonnier à bord du corsaire le *Sans-Culotte,* de Dunkerque, il y a environ trente mois. A été *forcé* de prendre les armes contre la République. *On le menaçait de cent coups de fouet* s'il ne s'enrôlait pas, et il ne l'a fait que dans l'espoir de pouvoir se sauver.

Jean *Carlart*, calfat-charpentier, de Rochefort (Charente-Inférieure), 25 ans. A été fait prisonnier à bord d'une prise faite par le *Sans-Culotte*, de Bordeaux, il y a environ vingt-huit mois. A déserté trois fois et a été mis au cachot pour ce fait. *Trois émigrés lui ont dit* qu'ils voulaient le sauver et l'ont conduit au régiment. (Auray, 24 thermidor.)

Jean-Baptiste *Matha*, âgé de 40 ans, natif du Doubs. A servi pendant seize ans dans le 19ᵉ régiment.

Interrogé comment il s'est trouvé à Quiberon. A répondu qu'il a débarqué à Toulon pour aller en détachement, du côté d'Avignon, repousser de prétendus brigands; que, quand ils arrivèrent sur la hauteur, ils aperçurent une armée qui avait pour étendard un drapeau tricolore; que, dès que cette armée se vit à portée de faire feu sur les divers détachements qui sortaient de Toulon, elle tira quatre ou cinq coups de canon. Alors, les premiers dirent à leur commandant qu'ils ne voulaient pas se battre contre le drapeau national: ils se replièrent sur Toulon. L'ouverture des portes de cette place leur fut refusée pendant quelques instants. Cependant ils parvinrent à entrer et, le lendemain, la Municipalité et la garde nationale les désarmèrent. Il fut transféré au fort Lamalgue et forcé de s'enrôler parmi les ennemis. Dès que les troupes républicaines reprirent Toulon, on le fit embarquer sur un vaisseau et conduire de suite à Southampton. Là, on organisa plusieurs régiments. *Il fut mis de force* dans celui de Royal-Louis, où il occupa la place de caporal.

Interrogé s'il n'a pas cherché l'occasion de rentrer en France. A répondu qu'étant à Quiberon, il ne le pouvait, puisque les chouans occupaient les avant-postes. — Signé : *Matha*. (Vannes, 6 fructidor an III.)

Joseph *Luard*, né à Grenoble, âgé de 44 ans, tourneur dans la marine de Toulon, sur le *Commerce*, de

Marseille; conduit prisonnier sur le même bord, en Angleterre, à Portsmouth.

D'après la proclamation du gouvernement anglais, il prit parti dans le corps de l'artillerie en qualité de sergent des canonniers. A servi dans le même corps jusqu'à Quiberon et refusa de servir dans Dresnay ou Hector. A observé en outre qu'il avait été fait prisonnier étant sous les armes, à la porte de l'arsenal de Toulon. Il dit qu'il n'était pas d'avis que les Anglais entrassent dans Toulon et qu'on livrât une place de cette importance; qu'il était né Français et que son intention n'était pas de mourir Anglais; a dit de plus qu'il connaissait les Anglais pour les ennemis jurés de la France. Alors il y avait plusieurs personnes qui l'écoutaient et le dénoncèrent. Il fut mis en prison à bord du *Thémistocle* et, après l'entrée des Anglais, mis comme sergent à bord du *Commerce*, de Marseille. (Comm. Vannes, 27 thermidor an III).

Lorsque Toulon fut livré aux Anglais, ceux-ci emmenèrent un assez grand nombre de Français prisonniers, la plupart appartenant à la marine. On les tira des pontons de Portsmouth et de Portchester pour les enrôler de force dans l'armée des émigrés. — Leurs interrogatoires, qui sont conservés, donnent une triste idée de la façon dont le recrutement s'opérait. Nous prendrons des exemples dans le Cahier de la Commission militaire, présidée par le commandant Honoré (11 et 12 fructidor an III).

Charles Papes, âgé de 50 ans, natif de Grenoble, s'était engagé en 1771 dans le régiment de Vieille-Marine. Il fut pris à Toulon par les Anglais et conduit à Portsmouth, où on le força de s'enrôler dans l'artillerie des émigrés.

Joseph Cherc, 30 ans, de Spire, en Allemagne, fait prisonnier à Toulon, détenu pendant six mois à Portsmouth, *arraché par la violence des émigrés et enrôlé dans le régiment de Royal-Louis*. — Il déclare

« qu'à Quiberon il avait fait un complot pour déserter et que deux de ses camarades, ayant voulu l'effectuer, furent arrêtés et eurent la tête cassée ».

Georges Wagh, 25 ans, de Charleville (Alsace), s'est engagé en 1793 dans la 7ᵐᵉ des fédérés: a été fait prisonnier à Landrecies par les Autrichiens. Forcé de servir dans leurs rangs, il a déserté. En Hollande, a été contraint de s'enrôler dans le régiment Périgord. Il déclare « *y avoir été maltraité et avoir reçu plusieurs fois des coups de bâton.* »

Joseph Tirase, 18 ans, de Malmort-Carpentras (Vaucluse), servait dans le 4ᵉ bataillon de Vaucluse en 1793. Vint à Toulon avec son bataillon, fut fait prisonnier et conduit dans les prisons d'Angleterre. « *Forcé, par les menaces réitérées et la misère, de s'enrôler dans Royal-Louis, ayant voulu déserter à Quiberon avec plusieurs camarades, les chouans s'en aperçurent et firent une décharge sur eux. L'un d'eux fut arrêté et fusillé sur-le-champ.* »

Bonnard, marin, 19 ans, de Marseille, embarqué sur le *Pompée*, fut pris par les Anglais à Toulon. A Portsmouth, on lui dit « *que, s'il ne voulait pas prendre parti avec les émigrés, il n'aurait rien à manger* ». Fut forcé de s'enrôler dans l'artillerie des émigrés.

Paul Le Blanc, 18 ans, de Toulon, marin, fait prisonnier par les Anglais. « *La grande quantité de coups de bâton qu'il recevait le força de s'enrôler dans Royal-Louis.* »

Lorsqu'on leur demande s'ils n'ont pas essayé de déserter à Quiberon, ils répondent que si, mais qu'ils n'en ont pas trouvé l'occasion, les émigrés ayant eu soin de placer des compagnies de chouans aux avant-postes. Tous ces prisonniers furent acquittés et incorporés dans les cadres de la marine ou dans l'armée de terre. Nous retrouvons leurs noms sur les listes manuscrites conservées dans le dossier de Quiberon.

Bonnet. — Le citoyen auquel se rapportent les pièces suivantes fut sans doute acquitté et mis en liberté, bien que nous n'ayions pas trouvé le jugement.

Lettre du citoyen Bonnet père au représentant du peuple Doulcet (de Pontécoulant) :

« Citoyen représentant, j'espère que vous voudrez bien permettre que je vous adresse les pièces justificatives de mon fils, qui, prisonnier en Angleterre, se trouve au nombre de ceux de Quiberon. Ces pièces prouveront incontestablement qu'il ne peut pas être en prison dans le nombre des émigrés qui ont pris les armes contre la République. Je vous prie, citoyen représentant, de les mettre sous les yeux du Comité de Salut public, et de vous intéresser au sort d'un malheureux père qui aime et chérit sa patrie. Pardonnez, je vous prie, si je m'adresse à vous. Je le fais comme étant du même pays et ne connaissant personne au Comité de Salut public, et j'espère que vous voudrez bien prendre la défense de mon fils, comme vous l'avez fait de tant d'autres innocents. Signé : BONNET père. » (Mortagne, le 20 thermidor, l'an III.)

Aussitôt la réception de cette lettre, le représentant du peuple Doulcet (de Pontécoulant) envoyait les pièces à la Commission militaire de Vannes avec la lettre suivante :

« 24 thermidor an III. A l'accusateur public près la Commission militaire à Vannes.

» Je vous fais passer ci-joint, citoyen, la réclamation du citoyen Bonnet et les pièces qui constatent que son fils, actuellement détenu à Auray, a servi dans le temps la République et a été fait prisonnier par les Anglais. Je ne doute pas de l'exactitude scrupuleuse avec laquelle vous examinerez les différents prévenus, et j'ai répondu au citoyen Bonnet qu'il pouvait être tranquille sur le sort de son fils s'il ne s'était enrôlé dans le corps des émigrés que pour se procurer les moyens de sortir des prisons d'Angleterre et de pouvoir encore servir sa patrie. — Signé : DOULCET. »

Nous n'avons pas retrouvé les pièces auxquelles les deux lettres font allusion, mais simplement une note (sur feuille volante) qui les résume :

« Le citoyen Achille-Victor-Henri-Alexandre Bonnet a été d'abord embarqué sur la canonnière la *Pauline*, armée au Havre, le 5 septembre 1793, en qualité de novice, et y est resté jusqu'au 14 germinal de l'an II.

» L'époque à laquelle il a été embarqué en qualité de matelot à 27 ans sur la corvette l'*Inconnue*, capitaine Durand, qui a été du Havre à Brest, d'où il est sorti le 27 floréal suivant, ce qui est prouvé par les certificats du bureau des classes de la marine et des colonies, où l'on peut s'assurer de la prise de l'*Inconnue* par les Anglais.

» Le citoyen Achille Bonnet est dans ce moment dans les prisons d'Auray avec les autres prisonniers faits par les Anglais. » (Quiberon. L. 711. Arch. dép.)

Annexé : un certificat du chef des bureaux civils de la marine, constatant que le citoyen Achille Bonnet est entré en qualité de matelot sur la corvette l'*Inconnue*. — Brest, 12 messidor an II.

Autre certificat de la Commission de la marine, constatant l'embarquement sur la même corvette. — 9 germinal an III.

Jean *Simon* est un jeune soldat du 3e bataillon de la Nièvre, âgé seulement de 19 ans, né à Lanuelle, district de Dezire-le-Rocher (Nièvre). Il a comparu, le 30 thermidor, devant la Commission militaire d'Hennebont (prést capit. Huguet).

Il raconte, dans son interrogatoire, qu'étant de garde au fort de Penerf, il revenait de conduire la ronde d'officiers à Keroyal. Il remit son fusil et sa giberne à ses deux camarades en leur disant qu'il allait voir chez le fournier s'il pouvait acheter du pain. On lui avait répondu qu'il n'y en avait pas. A peine était-il sorti de la maison que la femme du fournier le rappela et lui servit quatre pains. Immédiatement, quatre hommes se jetèrent sur lui en lui disant : « Sacré bleu, te voilà pris! » Ils le conduisirent à Kerfily (Elven), où il fut enfermé dans une chambre. Le lendemain, un chef de chouans, nommé le chevalier Desilz, lui fit subir un interrogatoire : Était-il de la réquisition? — Il répondit : oui, quoiqu'il n'en fût pas. Le chef chouan lui annonça que les Anglais débarqueraient bientôt. Trois jours après qu'on eut appris le débarquement, des chouans armés vinrent le prendre au château de Kerfily et l'emmenèrent à Carnac. Là, on lui donna à choisir, ou d'être expédié prisonnier en Angleterre, ou de s'engager dans le régiment d'Hector, ce qu'il fit « avec l'intention de se sauver de leurs mains: ce qu'il n'avait pu faire ». (Comm. Hennebont, 30 therm.)

Le nommé Pierre *Balut*, Auvergnat, âgé de 36 ans, comparaît devant la Commission de Vannes, présidée par le commandant Lohée, le 16 fructidor.

Il se dit *chaudronnier* de son état. Il est sorti de France en 1785 pour s'établir à Amsterdam, en Hollande, où il a obtenu des lettres de bourgeoisie. Il s'y est marié en 1787; fut pris dans une auberge, où il était logé, par des recruteurs émigrés, qui le forcèrent de s'engager dans le régiment de Périgord. Il déserta au bout de huit jours, après avoir aidé à la rentrée en France de deux hussards. Mais, comme on gardait sa femme et son enfant, il fut obligé de retourner au corps huit jours après, et on le menaçait de lui donner 160 coups de martinet. A été pris à Quiberon. — Lecture faite, déclare ne savoir signer.

La Commission le renvoya en prison, avec cette note en marge : à examiner. Peu de temps après, il était acquitté et incorporé dans le 11ᵉ bataillon d'Orléans.

Jean-Baptiste *Bonte*, âgé de 17 ans, natif de Linselle (*sic*), district de Lille (Nord), boulanger.

Déclare qu'il a été pris par les Autrichiens dans son village et envoyé dans les prisons de Courtray et de Tournay, où il est resté trois mois prisonnier; au bout de ce temps, a *été enrôlé de force* par un recruteur émigré, qui le fit servir dans le régiment de Rohan en qualité de tambour jusqu'au moment où il a été pris dans Quiberon par l'armée républicaine. A signé. (Vannes, 16 fructidor an III.)

Ce Bonte fut incorporé dans un régiment de la République, mais ne tarda pas à déserter pour rejoindre les chouans.

Dans la nuit du 24 au 25 février an V, il fut arrêté, avec d'autres chouans, dans la commune de Rumengol. (Le procᵣ synd. Pontivy au départᵗ. — 26 frimaire an V. L. 269.)

Jean-François *Macan*, 21 ans, né à Liège; profession : cordonnier; déclare :

« En 1792, était domestique d'un marchand de drap, qui lui dit qu'il allait faire un voyage à Londres, et qu'ensuite il devait venir en France. Il resta deux ans à Londres, toujours attaché au même maître. Celui-ci, ayant été mis en prison par ordre du gouvernement anglais, Macan, se voyant abandonné et sans ressource, demanda un passeport pour retourner chez lui. Les Anglais lui dirent que l'on ne délivrait pas de passeport *à des gueux d'étrangers* comme luy: il fut *forcé* de s'enrôler au régiment de Dresnay, où il a servi sept mois comme fusilier. Il a cherché à s'évader, mais a été rattrappé par les chouans et a reçu, à cet effet, trente coups de plat de sabre. » — Ne sait signer. (Comm. milit. Vannes, 9 fructidor.)

A comparu Étienne *Micholan*, âgé de 50 ans, natif de Gap, *cuisinier* avant la Révolution.

L'inculpé raconte qu'il est parti de Paris le 12 août 1780 avec le nommé Lerosse, Anglais, pour se rendre à Londres, où il est resté jusqu'à l'époque de la descente des émigrés à Quiberon.

Ayant fait la rencontre d'un émigré, officier d'artillerie, il se décida à le suivre, dans l'espoir de trouver l'occasion de rentrer en France et de rejoindre sa famille. On leur avait laissé croire qu'ils n'allaient qu'à Jersey ou Guernesey.

Le président lui demande *s'il ne connaissait pas encore quelques nobles ou émigrés qui pourraient être dans le nombre des prisonniers qui sont au Père Éternel.*

Il répond qu'autant qu'il en avait connus, *il les avait dénoncés au général Lemoine ;* — que lui, troisième, avait découvert l'horrible complot que plusieurs prisonniers avaient fait d'égorger les sentinelles et la garde, et ensuite s'évader.

Il déclare être dans le cas de donner des preuves de sa déposition et ajoute qu'il a toujours servi en qualité de domestique et n'a jamais pris les armes contre la République. *Deux de ses enfants sont au service de la République.* (Comm. milit. — Vannes, 8 fructidor.)

En marge : *à examiner*. A dû être mis en liberté, car son nom ne figure dans aucun procès-verbal postérieur.

La 1re Commission militaire, siégeant à Auray le 15 thermidor, avait fait comparaître devant elle beaucoup de *prisonniers français*, enrôlés par force dans l'armée des émigrés, entre autres des soldats républicains qui faisaient partie de la garnison du fort Penthièvre, lorsqu'il capitula. Les officiers et un grand nombre de soldats furent embarqués pour l'Angleterre et incarcérés. Les autres, pour échapper aux pontons anglais, avaient accepté de servir dans les régiments royalistes. Ils appartenaient au 41e d'infanterie, à la 2ᵉ compagnie des canonniers de la Halle-au-Blé et au bataillon des Antibes.

Voici les noms : Jean-B. Legras, 25 ans, de Metz, sergent à la 2ᵉ compagnie de la Halle-au-Blé; Joseph Poincelier, 21 ans, sergent id.; François David, 21 ans, Paris, id.; Pierre Philippe, 30 ans, de Caen, caporal, id.; Antoine Villeneuve, 22 ans, de Valbevin (Soissons), id.; Pierre Lagogné, 25 ans, district de Fougères (Ille-et-Vilaine), id. : Jacques Gibers, 20 ans, d'Auty (Caen); Michel Turpin, 23 ans, de Touché (Mortain); Pierre Samson, 22 ans, de Cassy (Caen); Jean Debor, 30 ans (Dordogne); Nicolas Malle, 50 ans, de Basouge (Ille-et-Vilaine); Jean Lebrere, 20 ans, de Nerat (Lot-et-Garonne); Pierre-Michel Lansy, 32 ans, caporal au 41ᵉ (fait prisonnier par les Anglais, allant de Lorient à Belle-Ile); Charles Rouvel, 33 ans, de Pont-Audemer (Eure), tambour-major au 41ᵉ.

Tous ces individus furent acquittés et renvoyés à leur corps comme *non convaincus d'émigration, faits prisonniers à la prise du fort par les Anglais.*

Le 17 thermidor, la même Commission militaire faisait comparaître devant elle 52 prisonniers, ayant appartenu à la garnison de Quiberon et capturés par les émigrés lorsqu'ils prirent possession du fort Penthièvre. Tous faisaient partie du bataillon des Antilles. Parmi eux se trouvaient le sous-lieutenant Nicolas Édouard, 32 ans, né à la Martinique; le caporal Filbert Boité, de Lyon, 30 ans, et le maître armurier Charles Gueniset, de Saône-et-Loire, âgé de 36 ans. Les autres étaient des volontaires, originaires des Antilles. Dans leurs dépositions, ils se contentent de déclarer « qu'ils faisaient partie de la garnison du fort lorsque les émigrés s'en emparèrent. Ils ont été forcés de servir dans les régiments royalistes et se sont empressés de rejoindre les républicains après avoir mis bas les armes ». Malheureusement, ils ne donnent aucun détail sur les moyens qu'ont employés les émigrés pour obtenir que la garnison capitulât.

Le 15 fructidor an III, comparaissait, devant la Commission militaire de Vannes (présid' Legrand), un individu répondant au nom de *Xavier Verne*, fils d'Honoré..... et Marguerite Coquille, âgé de 36 ans, natif du district de Saint-Maximin (Var).

Aux questions faites par le président, il répond qu'il était *oratorien*, qu'il s'était engagé et servait la République depuis le mois de septembre 1792, dans le 8e bataillon du Var, en qualité de lieutenant. Il était embarqué sur le vaisseau *Le Pompée*. Il y fut fait prisonnier par les Anglais quand ils entrèrent à Toulon. Lorsqu'ils évacuèrent le port, il fut conduit à Portsmouth, où il fut contraint, par les menaces, de prendre parti dans Royal-Louis, où il a servi en qualité de sous-lieutenant. — Lecture faite, a signé : VERNE.

Le jugement porte qu'il est *acquitté* et renvoyé au général Lemoine pour pourvoir à sa destination.

Sur le monument de la Chartreuse est inscrit un *Verne*; Rosenzweig et La Gournerie marquent sur leur liste un Verne et un De Verne, sans autre qualification, comme ayant été tués dans le combat du 16.

Nous serions assez disposé à croire qu'il y a erreur et que, pour l'un d'eux au moins, il s'agit de *Xavier Verne*, l'ancien oratorien, *acquitté* comme prisonnier français par jugement du 15 fructidor an III.

Prétendus condamnés à mort

Le nom de *Joseph Cognet*, que La Gournerie appelle *de* Cognet, émigré, est gravé sur le monument de la Chartreuse. Or, non seulement il n'a pas été condamné à mort, mais il a été acquitté sous la qualification de *prisonnier français* et incorporé dans l'armée républicaine. — (Vannes. Commission. Président Bouillon. 15 thermidor).

« A comparu Joseph Cognet, fils de Benoît et de Marie Cognet, âgé de 38 ans, né à Monistrol (Languedoc).

Interr. sur sa profession avant la Révolution. — A répondu qu'il a servi dans la marine en qualité de sergent jusqu'à l'époque où il fut pris par les Anglais.

Interrog. quand il a quitté la France. — A répondu : Ce n'est qu'à l'instant où les Anglais l'ont arraché de prison, à laquelle il avait été conduit comme ne voulant pas se prêter aux manœuvres criminelles des ennemis de l'État, qui livrèrent Toulon aux Anglais.

Interr. s'il a pris les armes contre la République. — A répondu qu'il y fut forcé par les Anglais, malgré le refus formel qu'il fit plusieurs fois, et pour se soustraire, n'ayant pas de subsistance. » — Signé : COGNET.

Au bas de l'interrogatoire : *sursis au jugement comme prisonnier français et s'étant dit forcé par les Anglais.*

Le 9 fructidor, l'émigré Cognet comparaissait de nouveau, cette fois devant la Commission présidée par le com⁺ Lohée. Son interrogatoire est beaucoup plus explicite que le premier.

« A comparu Joseph Cognet, fils de feu Benoît... et feue Marie Cognet, né à Monistrol (Puy-de-Dôme), âgé de 37 ans, *n'étant pas noble.* A servi dans la marine à Toulon, depuis 1777, où il a été dix ans caporal et ensuite sergent. A déclaré être embarqué à l'armement du vaisseau *Le Trihouessant* (sic) : s'étant trouvé de ceux qui ont voulu empêcher les Anglais d'entrer à Toulon, a été mis en prison. Le cinquième jour, on le fit sortir, en lui donnant l'ordre d'aller avec 50 hommes armer le fort Sainte-Catherine, ce qu'il a formellement refusé, en disant qu'il préférait la mort plutôt que de se battre contre ses frères. Il

fut remis alors au pouvoir des Anglais, qui le mirent à bord de la frégate *La Saucière* (sic), et fut conduit à Portsmouth, où il resta quatre mois en rade, et *fut forcé par la faim et les menaces* à prendre parti dans le régiment d'Hervilly en qualité de sergent. A déserté et a été pris par une patrouille des émigrés. A ajouté avoir été *un des premiers à mettre bas les armes* et à se joindre aux républicains lors de la prise du fort de Quiberon. » Lecture faite, a signé :
COGNET.

Le jugement, longuement motivé, fut rendu en sa faveur. Il fut *acquitté* comme prisonnier des Anglais ayant été forcé par eux de s'enrôler avec les émigrés et de prendre les armes contre la République. Deux jours après, Joseph Cognet était incorporé dans un bataillon d'Orléans, comme nous le verrons plus loin.

Le nom de Cognet n'en est pas moins gravé sur le monument de la Chartreuse et inscrit sur les listes de Rosenweig et de la Gournerie au nombre *des victimes de Quiberon*.

La Gournerie le qualifie de Cognet, *lieutenant du régiment d'Hervilly*, ce qui laisse au moins soupçonner que ses déclarations devant les juges ont été mensongères. — Joseph Cognet, acquitté comme prisonnier français et incorporé dans un bataillon d'Orléans, n'en a pas moins eu sa légende. On a raconté qu'il fut « *fusillé, laissé trois jours sur le terrain, et qu'il mourut de faim.* » (*Chartrier français*. Orléans. Paul Masson. Ann. 1870 et 1871, page 182-200.) — Le nom de Cognet n'est pas porté sur le tableau du général Lemoine.

Deux autres noms sont inscrits à tort sur le monument de la Chartreuse : *Michel Barret* et *de Traissac*. Ils sont également portés à tort sur les listes des victimes de Rosenzweig, la Gournerie et Le Garrec.

Nous ferons tout d'abord remarquer que ces deux noms sont absents de l'*état* officiel du général Lemoine et qu'ils ne se rapportent à aucun des jugements de condamnation à mort des Commissions militaires. Les tableaux manuscrits du district de Vannes n'en font pas la moindre mention. Ce qui est certain, c'est que Barret et de Traissac ont comparu une première fois, le 13 thermidor, à Vannes, devant la Commission militaire, présidée par le capitaine du 2me bataillon de tirailleurs, *Bouillon*. Dans leur interrogatoire, ils excipèrent, tous les deux, de leur qualité d'anciens officiers de l'armée républicaine, faits prisonniers à Toulon lors de la prise de la ville par les Anglais, et *forcés* de s'enrôler dans les cadres des émigrés.

En marge, le secrétaire a écrit : *sursis au jugement jusqu'à nouvel éclaircissement.*

Voici leur interrogatoire, copié *in extenso* sur la minute même :

Séance du 13 thermidor, 5ᵉ année républicaine. — (Président : Bouillon, capitaine au 2ᵉ bat. tirailleurs.) — Étant réunis dans la salle d'audience du tribunal séant au Club de ladite commune, à six heures de relevée.

« Interrogé Michel *Barret*, fils de Jacques Barret et de Marie Chanel, âgé de 26 ans, né à Tarascon (Bouches-du-Rhône).

Int. Ce qu'il faisait avant la Révolution? — A répondu qu'il était fabricant d'eau-de-vie.

Int. A quelle époque il a quitté la France? — A répondu qu'il avait été fait prisonnier par les Anglais sur *Le Puissant*, et qu'il était lieutenant, en décembre 1793, dans les grenadiers des Bouches-du-Rhône.

Int. Comment et s'il a pris les armes au service de l'Angleterre? — A répondu que oui, mais qu'il a été *forcé* par le gouvernement.

Interrogé s'il était noble? — *A répondu : non.*

Int. S'il faisait partie des troupes prises à Quiberon par les Français? — A répondu qu'il s'y est rendu. — A signé : Barret fils.

(En marge : « sursis au jugement jusqu'à nouvel éclaircissement. »

Int. François *Traissac*, fils de Jean-Louis et Marguerite Lami, âgé de 22 ans, né à Nismes.

Int. Sa profession avant la Révolution? — A répondu qu'il était chez son père.

Int. S'il a servi dans les armées de la République? — A répondu qu'il était capitaine dans le 1er bat. de grenadiers des Bouches-du-Rhône. Déclare s'être embarqué sur *Le Puissant* en juin 1792, formant la garnison du vaisseau, sur lequel il déclare avoir été fait prisonnier en décembre 1793, à Toulon.

Int. S'il avait été emmené de force par les Anglais? — A répondu que oui.

Int. s'il avait pris du service chez l'Angleterre? — A répondu que oui, parce qu'il y fut *contraint* par le gouvernement.

Int. S'il était à Quiberon lors de la reprise? — A répondu : oui.

Interrogé s'il y a eu des moyens de s'évader? — A répondu : non.

Int. S'il fut pris les armes à la main? — A répondu qu'il les a déposées lors de l'entrée des Français.

(En marge : sursis au jugement.) — A signé : TRAISSAC.

Le lendemain de cet interrogatoire, les deux amis et compatriotes, réintégrés dans leur prison, adressaient une lettre au président de la Commission militaire. Cette lettre est épinglée sur la page du cahier-minute; elle est ainsi libellée :

« Au Président de la Commission militaire, à Vannes. De notre prison, à Vannes, le 15 thermidor de la République française.

» Citoyen président, l'interrogation que vous nous avez faite hier ne nous paraissant pas suffisante pour nous justifier, nous prenons la liberté de vous assurer que nous n'avons *jamais cessé d'être républiquains*, malgré que les circonstances paraissent déposer le contraire. Nous sommes en état de vous prouver que nous n'avons servi en France que la République; *que nous ne sommes point nobles* et que nous n'avons pas attendu les évènemens pour nous déclarer en sa faveur, par les prisonniers de notre pays, pris à Toulon comme nous et qui sont à Auray. D'ailleurs, nous pouvons le mieux prouver encore en faisant venir de nos Municipalités respectives toutes attestations que vous jugerez à propos.

» Nous nous flattons, citoyen président, que, prenant nos raisons en considération, vous les ferez entrer pour quelque chose dans le jugement que vous porterez contre nous.

» Nous sommes, avec les sentiments d'un bon républicain, votre très humble serviteur : TRAISSAC, BARRET fils. »

Comme l'indique la note en marge, les juges leur accordèrent « *le sursis jusqu'à nouvel éclaircissement* ».

Et, en effet, la Commission militaire, prés[t] Bouillon, le 15 et le 16 thermidor, prononçait 52 condamnations à mort, sans y comprendre Barret et Traissac.

Le 26 thermidor, la même Commission condamnait à mort 9 prisonniers de Quiberon. Ni Barret ni Traissac ne sont sur la liste. Le lendemain, les quatre Commissions de Vannes étaient dissoutes par le général Lemoine.

Trois semaines après, nouvelle comparution devant une autre Commission militaire, siégeant à Vannes, le 9 fructidor an III, sous la présidence du capitaine du 2e bat. de la 67e demi-brigade.

1° « Est comparu François Traissac, fils de Jean-Louis..... et Marguerite Lamy, natif de Nismes, âgé de 22 ans.

» A déclaré *n'être pas noble*; capitaine du 1er bat. des Bouches-du-Rhône depuis le mois d'août 1792; embarqué le 11 juin 1793 pour former la garnison du vaisseau *Le Puissant;* pris à Toulon lors de la descente des Anglais; a été conduit à Portsmouth, où il est resté trois mois en prison; a été forcé par la misère et violenté par le gouvernement à prendre parti dans le régiment d'Hervilly, où il était chargé de l'habillement; a cherché à déserter plusieurs fois à Quiberon; mais, étant gardé à vue, il n'a pu y réussir. A ajouté que les soldats du 41ᵉ peuvent justifier de sa conduite. » — Lecture faite, a signé : TRAISSAC.

2º « Est comparu Michel Barret, fils de Jacques et de Marie Chanel, natif de Tarascon (Bouches-du-Rhône), âgé de 26 ans; lieutenant des grenadiers du 1ᵉʳ bat. des Bouches-du-Rhône; embarqué en juin 1793, pour composer la cargaison du *Puissant;* a été pris à Toulon lors de la descente des Anglais; conduit sur le même vaisseau à Portsmouth, où il est resté trois mois, en rade, comme prisonnier; forcé par le gouvernement anglais à prendre du service comme sous-lieutenant dans *Hervilly ;* a dit avoir été un des premiers à se joindre aux républicains lors de la prise de Quiberon; a déclaré avoir précédemment cherché à déserter, ce qui peut être attesté par différentes personnes, et notamment par un nommé Virais, de la 1ʳᵉ compagnie de chasseurs du 1ᵉʳ bat. d'Hervilly. » — Lecture faite, a signé : BARRET fils.

JUGEMENT

« Avons procédé à la lecture des interrogatoires des ci-après dénommés, faits prisonniers à la presqu'île de Quiberon :

» Jean-Pierre Gondon, Achille Belon, *François Traissac, Michel Barret,* Pierre Bayle, *Pierre-Joseph Cognet.*

» Desquels, après avoir comparu et interrogé, ont, en partie, signé leurs réponses; desquelles réponses il résulte *qu'il n'y a pas lieu à accusation* contre les ci-dessus dénommés, attendu qu'ils ont tous été forcés de porter les armes contre la République par la misère et les mauvais traitements qu'ils ont essuyés en Angleterre; convaincus qu'ils n'ont opposé aucune résistance lors de l'entrée des troupes républicaines à Quiberon.

» Vu l'arrêté des représentants du peuple......; après avoir mûrement discuté les interrogatoires et réponses,

» La Commission déclare qu'elle *acquitte* les ci-dessus dénommés et qu'ils seront renvoyés devant qui il appartiendra pour être employés au service de la République.

» Fait et prononcé le 9 fructidor an III. »

Signé par tous les membres de la Commission.

Deux jours après, Barret, Traissac et Cognet étaient incorporés dans le 11ᵐᵉ bat. d'Orléans, comme le témoigne la pièce ci-contre :

Noms des hommes entrés au 11ᵐᵉ bataillon d'Orléans, savoir :

. . . .
. . . .

Michel Barret,
Joseph Cognet,   } partis avec le bataillon
François Traissac,   le 11 fructidor.

. . . .

Certifié véritable par moi, capitaine commandant le détachement : HONORÉ.

Vannes, le 25 fructidor. (Arch. Morb 4761).

La liste comprend 115 noms.

A la fin du Registre de contrôle du 11ᵉ bataillon des gardes nationales volontaires de la formation d'Orléans, sont inscrits les *incorporés* du 9 fructidor an III. Les noms de Traissac, Barret et Cognet se trouvent en tête de la 4ᵉ compagnie. Il est même spécifié que les deux premiers (Traissac et Barret) furent congédiés le 5 vendémiaire de l'an IV. (Arch. de la Guerre.)

Donc, pas de doute possible. Michel Barret, François Traissac et Joseph Cognet, s'étant dits prisonniers des Anglais, armés *de force* contre la République, *et non nobles*, ont été *acquittés* par jugement de la Commission militaire de Vannes, en date du 9 fructidor an III, et incorporés dans le 11ᵉ bataillon des volontaires de la formation d'Orléans.

Comment se fait-il que ces trois noms (qu'aucun procès-verbal authentique ne compte parmi les condamnations à mort, et qui sont absents de *l'état* officiel du général Lemoine) soient néanmoins inscrits sur le monument de la Chartreuse et sur toutes les listes confectionnées postérieurement, comme celles de La Roche-Barnaud, Rosenzweig, La Gournerie et Le Garrec?

Le fait est au moins étrange. Une explication se présente naturellement à l'esprit.

Ces trois individus, officiers dans le régiment d'Hervilly, étaient bien des émigrés qui en ont imposé à leurs juges. *Acquittés*, en qualité de *prisonniers français*, ils ont été incorporés dans les armées de la République.

Que sont devenus de Traissac et Barret une fois encadrés dans le bataillon d'Orléans et congédiés le mois suivant? Qu'est devenu Joseph Cognet? Est-il mort sous les drapeaux de la République?

Plus tard, à la Restauration, lorsqu'on s'occupa de composer une liste des victimes de Quiberon, en vue du monument qu'on allait élever, il ne serait pas impossible que certaines familles aient donné des renseignements fautifs et déclaré, comme condamnés à mort et fusillés, des parents ou des amis, qui avaient été assez heureux pour se soustraire aux rigueurs de la loi. Cognet, Barret et Traissac sont-ils dans ce cas?

Dans l'incertitude où nous met l'absence de tout document, nous aimerions mieux croire qu'ils étaient réellement des *prisonniers français* et que la Commission militaire, en les acquittant, a bien jugé. Dans cette dernière hypothèse, l'inscription de leurs noms sur le monument expiatoire est un faux, en même temps qu'une injure à l'adresse de ceux qui sont réellement morts pour la cause royaliste.

Les listes modernes des victimes de Quiberon, copiées en partie sur le tableau inexact du monument de la Chartreuse, sont surchargées de quelques autres noms de prétendues victimes, qui se rapportent à des individus que les Commissions militaires ont acquittés. Nous avons donné les preuves pour de Cognet, de Traissac, Michel Barret. Nous allons les donner pour Jean Jamin, pour Dietrich, Julien Chable, Charles-N. Gohier, et Pierre Thevenon, classés à tort parmi les fusillés de 1795.

1° Jean *Jamin*, fait prisonnier à Quiberon, a comparu, le 15 thermidor, devant la Commission militaire d'Auray (présid. Duilhe).

Il résulte de son interrogatoire qu'il est fils de Jean.... et Jeanne Grosset, né à Saint-Florent (Loire-Inférieure) (*sic*), et qu'il est âgé de 16 ans révolus. Il était marin. Il s'est embarqué, il y a huit mois, à Lorient, sur un brick français, commandé par le capitaine Esdellé. Il a été pris par les Anglais à Port-Navalo il y a un mois et mis à terre à Quiberon.

Il fut acquitté, le 19 fructidor, comme *prisonnier français* et incorporé dans le 11º bataillon d'Orléans (suivant attestation du commandant Honoré en date du 25 fructidor an III. L. 761. Liste de 115 incorporés).

2° Joseph *Dietrich*, natif d'Aubernay, près Schlestadt (dist. du Bas-Rhin), comparaît le même jour devant la Commission d'Auray, 15 therm. — Dans la minute, le secrétaire écrit : *Joseph Didry*.

Il déclare être tailleur de pierres, âgé de 39 ans.

Il a servi quinze ans dans les hussards de Lauzun et, depuis, dans le 14° chasseurs à cheval depuis deux ans et demi. Il a été pris par les chouans à Châteaulin au commencement de prairial et a *été forcé de marcher avec eux.*

Il signe son interrogatoire : *Josap* Dietrÿ (?)

La Gournerie, dans sa liste, cite Jean Jamin comme ayant été *tué dans le combat du 16.* Rosenzweig le marque comme *fusillé.*

Quant à Dietrich, il est noté comme ayant été condamné à mort à Auray et fusillé le 15 thermidor.

Or, la minute des jugements, à cette date, porte positivement que ces deux individus *sont acquittés* en qualité de *prisonniers français, enrôlés forcément par les Anglais et les émigrés et sont mis en liberté.*

Du reste, le nom de Joseph Dietrich, pas plus que celui de Jamin, ne figure sur le tableau du général Lemoine, et c'est en vain que nous l'avions cherché en compulsant avec soin toutes les condamnations à mort des Commissions militaires.

Nos pressentiments ne nous trompaient pas. En feuilletant le cahier des interrogatoires et jugements de la Commission militaire de Vannes (président Legrand), du 8 fructidor, nous avons trouvé ce que nous cherchions : le jugement qui acquitte définitivement Joseph Dietry en qualité de *prisonnier français.*

« A comparu Joseph *Didray (sic),* âgé de 39 ans, fils de Jacob......, né à Obernay, district de Colmar.

» Déclare qu'il a servi 15 ans dans le régiment de Lauzun (hussards), tant en France qu'en Amérique, et, à son retour, fut contraint d'entrer dans le 14° régiment de chasseurs à cheval, en 1791, époque où il fut fait prisonnier par un rassemblement de chouans en escortant la poudre de Châteaulin au Faou, à trois lieues de Landernau. Ils l'ont tenu dans les prisons jusqu'à ce qu'ils l'ont fait marcher avec eux pour se rendre à Quiberon. » — Lecture faite, a signé : Jasseph DIETRY (sic).

Le jugement porte : *acquitté et mis en liberté.*

Un Charles-Nicolas *Gohier* est inscrit sur le monument de la Chartreuse.

Rosenweig le porte, sur sa liste, parmi les *fusillés.* Quant à La Gournerie, qui n'a aucune preuve de la condamnation à mort, il se contente de le noter comme *ajourné*, le 11 thermidor.

Le dossier de ce Gohier est conservé. Les procès-verbaux des Commissions militaires prouvent qu'il n'a jamais été condamné à mort. Sa première comparution a eu lieu le 12 thermidor devant la Commission d'Auray (P¹ Lalene). Dans son interrogatoire, il se nomme « Gohier, Charles-Nicolas, fils de Nicolas... et de Charlotte de Rossel, natif de S¹ Jean du Gast (sic), district de Vire (Calvados), âgé de 28 ans ; sert dans le régiment de Béon. Il déclare qu'il a été fait prisonnier par les Anglais dans la traversée de Port-au-Prince, pour revenir en France, montant un bâtiment américain, *La Félicité* ; fut conduit à Portsmouth, en octobre 1793, où il est resté 6 mois prisonnier ; et ensuite *fut forcé de servir*, chez les Anglais, dans le susdit corps de Béon, et pris dans le fort de Quiberon. » Lecture faite, a signé : GOHIER.

Par jugement du même jour (12 th.), Nic. Gohier fut *ajourné* pour *plus ample informé.* » (Auray, 12 th. an III).

Nicolas Gohier fut retenu en prison et comparut, le mois suivant (12 fructidor), devant la même Commission.

Là, il répète qu'il a quitté la France en 1787 pour se rendre à Saint-Domingue en qualité d'économe; qu'il s'embarqua, en 1793, sur le bâtiment marchand *La Félicité* ; fut fait prisonnier par les Anglais et *forcé* de s'engager dans le régiment de Béon. Il déclare avoir été à Quiberon *sans le savoir*.

Il signe : *Gohier Dugast*.

Il est de nouveau ajourné (12 fructidor), puis acquitté, d'après la note marginale de son interrogatoire : *acquitté le 18 fructidor*.

Après son acquittement comme prisonnier français, Gohier fut sans doute mis en liberté ; peut-être fut-il incorporé dans un régiment ?

Ce qui est certain, c'est qu'il n'a pas été condamné à mort et qu'il n'a aucun droit d'être inscrit sur la liste des *fusillés de Quiberon*.

L'erreur provient sans doute d'une confusion du nom de Gohier du Gast avec celui de *Ducasse* ou *Dugastre*, porté en double emploi sous les n°ˢ 637 et 679 de l'*état* du général Lemoine.

Pour se rendre compte de la confusion, il est nécessaire de recourir aux deux interrogatoires et au jugement de ce dernier personnage, consignés tout au long dans les procès-verbaux de la Commission militaire de Vannes (président Legrand).

A comparu devant nous François *Ducasse*, fils de François...... et de Jeanne Vernus, natif d'Amolin, district de l'Isle, département de la Haute-Garonne, âgé de 30 ans.

A lui demandé quelle était sa profession avant la Révolution ? — A répondu être *perruquier*. Il a quitté son pays en 1786, s'en fut à Chambéry, en Savoie, et de là en Suisse et en Allemagne, où il est resté jusqu'en 1795 ; il fut à Stad, où il s'est embarqué sur un vaisseau de transport anglais.

A lui demandé pourquoi il n'était pas rentré en France depuis la Révolution ? — A répondu qu'il n'avait pu obtenir de passeport.

Interrogé s'il avait pris du service dans quelque corps ennemi ? — A répondu : non. Qu'étant embarqué sur le vaisseau *Biscope* (sic), son dessein était de passer en Angleterre pour travailler de son métier ; mais qu'ayant mouillé six jours dans la rade de

Portsmouth, l'Anglais l'a *emmené avec les émigrés* dans l'île de Quiberon.

Les juges, n'étant pas suffisamment informés, prononcèrent *l'ajournement*. (Com. mil. Vannes. 7 fruct.)

Le 21 fructidor, François *Ducast* comparaissait de nouveau devant la même Commission.

Le procès-verbal mentionne que, « vu l'interrogatoire subi par le dénommé ci-dessus, le 6 fructidor, ayant sursis à son jugement pour plus ample information ».

« Interpellé de nouveau le prévenu. — Pourquoi n'avait-il pas profité du décret qui permettait aux individus de l'un ou l'autre sexe de rentrer en France? A répondu qu'il n'avait pas eu connaissance de cette loi.

» Interrogé pourquoi il n'avait pas cherché à rentrer en France? A répondu qu'il ne l'avait pu, attendu qu'on ne délivrait point de passeport. » A déclaré ne savoir signer.

Le jugement spécifie que *François Dugastre* est *condamné à mort* comme émigré, ayant fait partie d'un rassemblement armé contre la République. — (Com. mil. Vannes, 21 fructidor an III.)

Comme on le voit par les procès-verbaux précédents, le même individu est nommé *Ducasse*, *Ducast* et *Dugastre*.

C'est ce qui a trompé les secrétaires du général Lemoine, dont la liste imprimée porte un François *Ducasse*, n° 657, et un François *Dugastre*, n° 679.

Sur le monument de la Chartreuse, on lit : Franç. *Du Caste*; M. Rosenzweig écrit : *Ducaste*, et La Gournerie : Du-Caste.

En condamnant à mort ce Ducaste, qui se donne comme perruquier et déclare ne pas savoir signer, les juges ont bien pu avoir la conviction qu'ils avaient affaire à un gentilhomme émigré.

Faisons maintenant une autre rectification à propos d'un *Pierre Thevenon*, marqué comme condamné à mort par Rosenzweig et La Gournerie, qui ont pris le nom sur le monument de la Chartreuse.

Il a comparu devant la Commission militaire d'Auray le 14 thermidor. Il déclare qu'il a 27 ans; qu'il est né à Frogé (Isère), cultivateur; qu'il servait, depuis 1787, dans la marine, à Toulon. Fait prisonnier par les Anglais lors de la reprise de la ville, il a été conduit en Angleterre et enrôlé dans Béon.

La Commission militaire, par son jugement du même jour, « *ordonne la mise en liberté du nommé Jean Thevenon.* » (Comm. Auray, 16 th.).

Bien entendu, le nom de Thevenon ne figure pas au tableau du général Lemoine ni sur aucun des tableaux manuscrits qui font partie du dossier.

Une erreur du même genre doit être relevée à propos de Julien *Chable* et de L. A. *D'Arnaud.*

Le nom de J. *Chable* est inscrit sur le monument de la Chartreuse. Il l'est également sur la liste des *victimes de Quiberon*, de Rosenzweig et de La Gournerie.

Julien *Chable*, fils de Julien.... et de Marie Segonin, natif de Saint-Martin-d'Yger, district de Belleyme (Orne), âgé de 60 ans, a comparu une première fois devant la Commission d'Auray (président Duilhe) le 15 thermidor an III.

Il a déclaré qu'il était *domestique*, volontaire du 1ᵉʳ bataillon de l'Orne, fait prisonnier par les Anglais aux environs d'Hondschoote, conduit en Angleterre, où il a été détenu, et est sorti des prisons pour servir un émigré français, qui l'a emmené à Quiberon.

Le tribunal *l'acquitte* comme prisonnier français. La Gournerie, qui connaît cet acquittement, mais qui a lu le nom de Chable sur le marbre de la Chartreuse, l'inscrit néanmoins sur sa liste nécrologique avec cette note : *Il aura été condamné plus tard!*

Or, Julien Chable a effectivement comparu de nouveau, à Vannes, devant la Commission présidée par le capitaine Legrand, le 20 fructidor an III. La minute du jugement existe. Chable, qui se dit cette fois âgé de 65 ans, est reconnu définitivement prisonnier des Anglais et *acquitté*. (Com. mil. Vannes, 20 fruct. an III.)

C'est donc à tort que Julien Chable a été porté comme ayant été condamné à mort et fusillé.

Du reste, il ne figure pas dans *l'état* du général Lemoine ni sur aucun des tableaux manuscrits du district de Vannes et du département.

Arnaud Louis-Auguste. Sur toutes les listes des victimes de Quiberon, on lit le nom d'un Louis-Auguste *D'Arnaud*. Nous l'avons retrouvé, le 16 thermidor, devant la Commission militaire de Vannes (présid. Bouillon), en qualité de *prisonnier français*.

« A comparu Louis-Auguste-Arnaud, fils de Jacques... et de Marie-Arsène Grec; âgé de 26 ans, né à Constantinople, est en France depuis 1777; était volontaire de la marine à Toulon; fut fait prisonnier par les Anglais, chez lesquels il fut forcé de prendre du service. Ajoute qu'il fut emmené de force à Quiberon, dans le régiment d'Hervilly. » Lecture faite, à signé : ARNAUD.

Le tribunal prononça *le sursis au jugement comme étranger forcé au service de l'Angleterre, sortant de celui de la République.*

Le 22 fructidor, Louis-Auguste Arnaud comparaissait, en même temps que d'autres prisonniers, devant la Commission de Vannes (présid. Lohée). Il répétait sa déposition; et le tribunal déclarait :

« Il n'y a pas lieu à accusation contre les dénommés; attendu qu'ils ont été forcés de porter les armes contre la République, soit par la misère et les mauvais traitements qu'ils essuyaient en Angleterre et en Autriche; qu'ils n'ont opposé aucune résistance, lors de l'entrée des troupes républicaines. — Déclare qu'il acquitte les sus-nommés. » (22 fructidor. Vannes).

L'erreur de La Gournerie a pour point de départ l'inscription fautive du monument de la Chartreuse.

Les faux prisonniers français et faux prisonniers de guerre

Dans sa relation, faite le lendemain de la victoire, au Directoire départemental, le général Hoche n'annonçait que 1632 *prisonniers français*, enrôlés de force par les Anglais, et 492 Toulonnais. Total : 2124.

Or, d'après le général Lemoine, 2848 prisonniers français, pris à Quiberon, furent jugés et acquittés (*état* du général Lemoine du 26 nivôse an IV).

L'écart est donc de 724, chiffre qui s'explique en partie par ce fait que le dénombrement de la première heure a dû être très incomplet; et en partie aussi par cet autre fait qu'un grand nombre d'émigrés et chouans, lorsqu'ils se présentèrent devant les Commissions militaires, se firent passer pour des prisonniers, extraits des pontons d'Angleterre et forcés de s'enrôler dans les cadres royalistes. Ils obtinrent, comme les autres, le bénéfice de l'acquittement. De ces faux prisonniers français, les uns entrèrent dans les bataillons de la République. D'autres s'échappèrent avant d'être incorporés; d'autres, enfin, imitèrent l'émigré Desmier de Cheron, qui, après avoir été incorporé dans un régiment républicain et gagné des grades, finit par déserter et rejoindre les chouans. Quelques-uns, à l'exemple de Jacquier de Noyelle et de D'Hillerin, désertèrent même avant leur incorporation.

Sur près de 3000 interrogatoires de prévenus qualifiés *prisonniers français*, qui remplissent les Cahiers des Commissions militaires, il en est un bon nombre qui justifient les soupçons par leurs déclarations ambiguës. Pour beaucoup, la preuve a été difficile, car ils dissimulaient ou estropiaient leur nom, en même temps que l'âge et le lieu de naissance. Plusieurs ont été moins heureux et n'ont pu désarmer les juges par leurs faux témoignages.

Il en est cependant quelques-uns qui, ayant évité la condamnation à mort par ce stratagème, ont avoué plus tard qu'ils avaient menti. Ex. : J. de Noyelle.

Jacquier de Noyelle était le fils d'un ancien officier d'infanterie, d'origine canadienne. Il avait émigré dès l'âge de 16 ans et était entré comme volontaire au Chasseur-Noble, dans la légion de Damas. Avec elle, il avait suivi la campagne de 1794 en Hollande et se trouvait à Stade lorsqu'il fut embarqué pour l'Angleterre, puis de là à Quiberon, où il fut fait prisonnier.

Après avoir séjourné une huitaine de jours dans la prison d'Auray, il fit partie du convoi qu'on évacua sur Vannes, après la condamnation de Sombreuil.

Le surlendemain, 13 thermidor, Jacquier comparaît devant la Commission militaire (présid. Bedos).

Le procès-verbal de la séance existe. En voici la teneur :

« Conformément à l'arrêté du représentant du peuple Blad, du 11 de ce mois, la Commission ne met point en jugement et réincarcère, jusqu'à plus ample information, les nommés.......... *Jean Jacquier*, âgé de 18 ans, natif de Loches, départ^t d'Indre-et-Loire, fils de Mathieu........ et de Madeleine Noyer, prisonnier par les Anglais, sur *Le Duras*, à la fin de 1793. »

Le procès-verbal est signé : *Jacquier*.

Jean Jacquier obtint le sursis, en même temps que vingt-trois jeunes autres émigrés. Rentré en prison, il ne tarda pas à contracter l'épidémie, dont il guérit. Ce ne fut que six semaines après qu'il put comparaître de nouveau pour être jugé définitivement. Son interrogatoire et son jugement sont du 27 fructidor an III, devant la Commission militaire de Vannes :

« Est comparu le nommé Jean Jacquaire (*sic*), âgé de 18 ans, fils de Mathieu...... et de Madeleine Voulle (*sic*), natif de Loche, canton d'idem, départ.

d'Indre-et-Loire. Interrogé en quel temps il a quitté sa commune ? — A répondu : au mois d'avril 1790, époque à laquelle il s'embarqua sur *Le Duras*, bâtiment bordelais, dans l'intention d'aller chez ses parents, qui étaient à la Guadeloupe. — Interrogé dans quel régiment il servait ? — A répondu : dans le régiment de Damas-Émigré.

» Interrogé quel grade il occupait dans ce corps ? — A répondu : fusilier.

» Interrogé s'il avait des passeports pour passer à la Guadeloupe ? — A répondu qu'il en avait un pour aller à Bordeaux et que, là, s'étant embarqué avec un de ses oncles et étant arrivé à la Guadeloupe au mois de juin de la même année, il y resta jusqu'au mois de mai 1794, et, au bout de ce temps, s'embarqua pour la Martinique. Ensuite, il s'embarqua sur *Les Trois-Sœurs* pour revenir en France et fut pris par les Anglais et conduit à Bristol, où il resta prisonnier environ onze mois.

» A lui demandé pourquoi il a pris du service dans le corps des émigrés ? — A répondu qu'il avait été *forcé*, joint à la misère. » (Lecture faite, a signé : *Jacquier*.

Toutes ces réponses n'étaient que des fables, inventées pour se soustraire à une condamnation.

Jacquier de Noyelle l'a déclaré, dans des Mémoires posthumes, où le roman tient trop souvent lieu de l'histoire.

Les juges ne lui firent même pas remarquer que, dans ses premières réponses, il s'était dit embarqué sur *Le Duras* lorsqu'il fut pris par les Anglais, et qu'aujourd'hui il déclarait avoir été fait prisonnier sur *Les Trois-Sœurs*.

Il fut *acquitté* comme prisonnier français, forcé de s'enrôler parmi les émigrés. Le jugement spécifie qu'on le remet « *à la disposition du général Lemoine pour le faire parvenir à sa destination* ». (Vannes, le 27 fructidor an III).

L'ami de Jacquier de Noyelle, l'émigré D'Hillerin de Boistissandeau, gentilhomme vendéen, devait employer les mêmes moyens et réussir comme lui.

D'Hillerin avait comparu une première fois, le 13 thermidor, devant la Commission Bedos, sous le nom de Charles *Guillerain*, des Herbiers, en Vendée, *noble émigré* en 1792, auquel, en raison de l'âge qu'il accusait, on accorda le *sursis*.

Le mois suivant, 10 fructidor, il comparaissait devant la 3ᵉ Commission militaire de Vannes. Son interrogatoire fait le pendant de celui de son ami Jacquier.

C'est une leçon apprise.

« Est comparu François Dillerin, fils de Philippe et de Catherine....., natif de Saint-Fulgent (Vendée), âgé de 19 ans, *tailleur* de son état ; volontaire au 1ᵉʳ bataillon de la Gironde, première réquisition ; — a été pris du côté de Worms, vers le 20 août 1794, par l'armée prussienne ; de là a été conduit du côté d'Hambourg, où il est resté six mois prisonnier ; a été *forcé par la misère* de prendre parti dans les Prussiens, où ils étaient une vingtaine de Français. Ayant rencontré un recruteur anglais, qui les a embauchés dans le régiment de Périgord, où il a été engagé comme tailleur, en leur disant qu'ils seraient bien mieux dans un corps français, et a reçu *deux louis* d'engagement. A été pris à Quiberon lors de l'entrée des troupes républicaines dans la presqu'île. » Lecture faite, a signé : *Dillerin*.

Les juges, n'étant pas suffisamment édifiés, ajournèrent le jugement. D'Hillerin fut ramené en prison.

Le 27 fructidor, il reparaissait devant la Commission Legrand. Nous lisons à son sujet dans le procès-verbal :

« Vu l'interrogatoire subi en date du 10 fructidor,

devant la 3ᵉ Commission, qui avait sursis à son jugement définitif jusqu'à plus ample informé, la 1ʳᵉ Commission, ayant fait les recherches convenables à cet égard et n'ayant pu trouver d'autres renseignements, a été obligée de s'en référer à son premier interrogatoire. » Et plus loin : « En vertu des mêmes pouvoirs, nous avons mis en liberté les dénommés ci-après........ *François Dillerin*, et nous les avons remis à la disposition du général Lemoine. » (Vannes, 27 fructidor an III.)

Le lendemain, 28, la même Commission, après avoir condamné à mort deux émigrés (Palais d'Antresse et Du Buat), ajoutait : « En vertu des mêmes pouvoirs, nous avons mis en liberté les nommés *Jean Jacquier* et *François D'Hillerin*, et nous les avons remis à la disposition du général Lemoine pour les faire parvenir à leur destination. » (Vannes, en séance publique, le 28 fructidor, 3ᵉ an. républ. Legrand, président.)

Cet acquittement avait pour conséquence l'incorporation dans les armées de la République. Une fois sortis de prison, les deux amis, qui sont à la disposition de l'autorité militaire, se promènent dans la ville, ayant feint d'accepter la mission d'espionner les personnes suspectes, et particulièrement les *femmes chouanes*. Et ils s'en vont « de porte en porte, mais pour prévenir d'être prudent, d'être circonspect ». Il faut lire tout cela dans les récits qu'a composés Jean Jacquier près de quarante ans après les événements, mais il ne faut pas pousser la crédulité jusqu'à les considérer tous comme véridiques.

En vertu de leur jugement, Jacquier et D'Hillerin devaient, d'un moment à l'autre, être encadrés dans les régiments de la République, comme tous ceux qui avaient été acquittés en qualité de *prisonniers français*. Grâce à la connivence « *d'une dame qui connaissait un employé de l'État-Major* », ils se procurent une feuille de passeport en blanc, sur laquelle ils inscrivent leurs noms. Au moyen de ce subterfuge, ils obtiennent de la Municipalité qu'elle contresigne le passeport qui leur permet de s'esquiver. Ils partent pour Nantes, et l'un d'eux ne tarde pas à rejoindre les troupes insurgées de Sapinaud, dans l'Anjou.

En apprenant la fuite des deux personnages, le général Lemoine écrivit une lettre de reproches à la Municipalité. La Municipalité répondit qu'elle avait usé de son droit et que « *les reproches du général étaient aussi mal fondés que durement exprimés.* (Reg. corresp. Municipalité. Vannes, 8 vendémiaire an IV.) Elle avait, disait-elle, effectivement signé quatre passeports, « *dont un à Jean Jacquier, de Loches, et l'autre à François Dillerin, domicilié de Tours, et y demeurant* ». Mais elle avait fait sur présentation de pièces qui lui avaient paru en règle. Les administrateurs ne savaient pas qu'une de ces pièces était un faux fabriqué par Jacquier et son ami D'Hillerin.

Desmier de Cheron, lui aussi, a joué son rôle jusqu'au bout. Sous le nom de Philippe Destranches, il a été acquitté comme *prisonnier français* et forcé de s'enrôler dans les cadres royalistes. Incorporé dans l'armée républicaine sous son faux nom, il devint caporal, puis déserta, passa aux chouans, fut repris et incarcéré, puis mis en liberté, grâce à des protections. C'est lui-même qui, plus tard, s'est chargé de fournir ces renseignements. Nous avons copié ses interrogatoires au chapitre IV (page 300).

Quelques-uns ne réussirent pas à donner le change. Exemple : Pierre *Pennequin* et Gilbert *d'Apchier*.

Le premier, Pierre *Pennequin*, comparut, le 15 thermidor, devant la Commission d'Auray. — Il déclara s'appeler *Pierre-François Pennequin*, bûcheron, né à L'Écluse, près Douai (Nord), âgé de 35 ans. Il raconta qu'il avait été fait prisonnier chez un de ses oncles.

à Vanavauguy (*sic*), en 1792; qu'il avait été conduit dans les prisons de Tournay, où il fut détenu pendant trois mois, et qu'il *s'est enrôlé* par sollicitation avec les émigrés.

La Commission militaire l'acquitta (15 thermidor). — Reconnu sans doute postérieurement et dénoncé comme en ayant imposé à ses juges, il fut réintégré en prison et passa une deuxième fois devant la même Commission, qui le condamnait *à mort* (le 13 fructidor an III. Auray).

Sa déposition du 13 fructidor est à peu près la même que celle du 15 thermidor, sauf que les prénoms diffèrent. Quant aux deux signatures, elles sont absolument différentes au point de vue de l'écriture, l'une étant le déguisement de l'autre.

La même Commission d'Auray (15 thermidor) interrogeait un émigré nommé Gilbert *d'Apchier*.

Il déclara se nommer Gilbert Dapchier, fils de François et d'A. Maillard, natif de Ternau (Puy-de-Dôme), âgé de 24 ans et 3 mois; il avait, disait-il, quitté le territoire français en 1788 pour se rendre à Mons en qualité de *marchand;* il fut enrôlé de force dans un régiment autrichien. Il en a déserté pour s'engager dans le régiment de Rohan, avec lequel il était à Quiberon. — Et a signé.

L'étude de la signature est curieuse. L'inculpé écrit d'abord : *D'a;* puis, se ravisant, il barbouille les deux lettres et l'apostrophe et écrit couramment : *Dapchier.*

La Commission *ordonne sa mise en liberté comme fait prisonnier par les armées ennemies, tant sur terre que sur mer, et enrôlé de force par les Anglais et les émigrés.*

Après son acquittement, il tomba malade et entra à l'hôpital. Il paraît qu'il s'éleva des doutes sur son identité. Peut-être même fut-il dénoncé par des prisonniers qui avaient servi avec lui.

Le 18 fructidor, il était rappelé par la Commission

d'Auray (près. Lalene). — Il répéta, pour la deuxième fois, qu'il n'avait quitté la France en 1788 que *pour faire le commerce* et qu'il avait été fait prisonnier par les Autrichiens.

Les juges ajournèrent leur jugement en spécifiant que, *l'ayant entendu à l'hôpital étant malade, ils l'entendraient une seconde fois à sa sortie.*

Deux jours après, la Commission d'Auray cessait ses fonctions, en vertu de l'arrêté du représentant du peuple Mathieu (20 fructidor).

A sa sortie de l'hôpital, D'Apchier fut transféré à Vannes. Il comparaissait, le cinquième jour complémentaire de l'an III, devant la Commission militaire (président Legrand). Après avoir décliné ses nom, prénoms et qualités, etc., etc., Gilbert d'Apchier déclara qu'il était *marchand colporteur* avant la Révolution; qu'il avait quitté la France en mai 1878 pour passer dans les Pays-Bas autrichiens; s'étant trouvé à Hal, près Bruxelles, il fut *recruté de force par le régiment de Muret* (sic), transféré à Luxembourg, où il resta six ans, et, ayant été escorter un convoi à Mousse (sic) en avril 1794, il déserta de son corps, dans l'intention de repasser en France. Il fut rencontré par un *recruteur émigré*, qui l'enrôla dans Rohan, où il a servi en qualité de fusilier jusqu'à la reprise de Quiberon.

Interrogé pourquoi il n'a pas cherché à rentrer en France? — A répondu qu'il ne l'a pu.

La Commission, convaincue qu'elle n'avait affaire qu'à un émigré ayant porté les armes contre la République et fait prisonnier à Quiberon, le condamna *à mort*, en vertu de la loi du 25 brumaire an III. — (Vannes. Comm. milit., 5e j. compl. an III.)

La Gournerie commet une erreur de date et de lieu en marquant sur sa liste que Gilbert d'Apchier a été condamné à mort à Auray et fusillé le 17 fructidor. A cette date, il était malade à l'hôpital, et c'est le lendemain, 18, qu'il fut interrogé et son jugement ajourné. Transféré à Vannes après sa sortie de l'hôpital, Gilbert d'Apchier ne fut réellement condamné que dix-sept jours plus tard.

Autre erreur : La Gournerie porte, comme ayant été condamné à mort le 5ᵉ jour complémentaire, un deuxième *D'Apchier (A.-M.)*, qui aurait comparu, à cette même date, devant la Commission militaire de Vannes. Il n'y a pas trace de cet *A.-M. D'Apchier* dans le procès-verbal des interrogatoires et des jugements. Seul, Gilbert d'Apchier a comparu et a été condamné ce jour-là.

Rosenzweig avait aussi, lui, noté deux D'Apchier dans sa liste, s'en rapportant sans doute aux indications erronées du monument de la Chartreuse, qui porte un *A.-M. d'Apchier* et un *Gᵗ D'Apchier*.

Si maintenant on s'en réfère à l'*état* du général Lemoine, qui est la pièce officielle par excellence, on n'y voit figurer qu'un *Gilbert Dapchier* sous le nᵒ 80. Quant au *Gilbert Dupecher* inscrit sous le nᵒ 635, il est évident que c'est le même que le précédent et qu'il y a là un double emploi.

Jean Lequin, né à Champigneul (Aube), 18 ans, raconte qu'il « a servi dans le 4ᵉ bat. de Seine-Inférieure à partir de 1792; a été pris en 1794 par les hussards prussiens à l'affaire de Quezerland (*sic*). Conduit à l'hôpital, fut mis dans une cour, couché sur des planches; fut forcé, par la misère et la faim et l'espoir de se sauver en France, de prendre parti dans Périgord en qualité de fusilier; a déclaré avoir été en faction, au pavillon du fort Penthièvre, avec un de ses camarades, *à qui il recommanda de ne rien dire* en voyant venir la colonne des grenadiers républicains; qu'alors il chercha à se sauver en sautant par-dessus les palissades, mais que, son pied s'étant trouvé engagé, il fut blessé par les émigrés, qui tuèrent son camarade. » Ne sait pas signer.

Il y a lieu de supposer que les juges, bien informés sur les antécédents de Jean Lequin, ex-soldat républicain, ne furent pas dupes de ses déclarations, puisqu'ils le condamnèrent à mort. (8 fructid. an III. Commiss. militaire de Vannes).

Comme on l'a vu par les exemples précédemment donnés, la qualité de *prisonniers français*, que s'attribuaient certains prévenus, ne réussit donc pas toujours à les sauver d'une condamnation à mort. Plusieurs furent démasqués à l'audience.

Un nommé *Boucher* (François-Guillaume), se disant matelot et né à Dieppe, âgé de 32 ans, avait comparu devant une des Commissions militaires d'Auray, le 12 thermidor an III, et été mis en liberté comme prisonnier *français*. Il avait, disait-il, été fait prisonnier par les Anglais et conduit à Elsey, où il était resté 12 mois.

Ce personnage était celui qui, sur les pontons anglais, se chargeait de frapper à coups de corde ses compatriotes prisonniers. Il paraît qu'il s'acquittait de la besogne avec une barbarie inouïe. On allait jusqu'à l'accuser d'exécuter la flagellation avec *des cordes qu'il trempait dans du vinaigre*. Il fut repris et de nouveau déféré au tribunal militaire.

Dans un premier interrogatoire, il avait déclaré qu'il n'y avait qu'un an qu'il était prisonnier de guerre chez les Anglais. A sa deuxième comparution, il raconta « que, matelot sur le vaisseau *Le Juste*, il avait été pris par les Anglais dans la Manche et conduit à Lize (Leeds), de là à Porchester, où il resta 18 mois, et fut enrôlé dans les troupes émigrées depuis 10 mois; fait caporal au Royal-Louis ». (Il y avait donc 28 mois et non 12, comme il l'avait dit d'abord, qu'il était prisonnier en Angleterre.)

« Interrogé pourquoi il était celui qui frappait les prisonniers français? A répondu qu'il était forcé par le commandant en chef. — A lui demandé s'il était vrai qu'il se fît relever pour frapper? A répondu que : Oui, il le fit une fois. » On lui fait observer qu'il « est convaincu d'émigration, pour avoir dit qu'il n'y avait qu'un an qu'il était prisonnier, et qu'il se trouve 28 mois; en outre, pour avoir été le persécuteur de ses camarades. »

Lecture faite, a persisté et fait une croix. (Comm. milit. Vannes, 27 thermidor an III.)

Boucher fut condamné à mort.

Parmi les émigrés qui, grâce à des déclarations fausses, sont parvenus à échapper aux condamnations des Commissions militaires, nous devons citer un quartier-maître du régiment de Dresnay, nommé Legrand, de Morlaix.

Il a lui-même fait plus tard le récit de ses avatars. La Gournerie a pris plaisir à y puiser, n'oubliant qu'une chose, l'interrogatoire de Legrand devant la Commission militaire, document authentique qui prouve qu'il s'est sauvé par le mensonge. Il racontera lui-même qu'il est devenu déserteur peu de temps après.

Le premier interrogatoire subi par Legrand est du 15 thermidor (Commission Bouillon). Il déclare qu'il est *âgé de 42 ans, né en Espagne, dans la ville de Mexico*. Le jugement porte qu'il est ajourné *comme étranger, conformément à l'arrêté du représentant du peuple Blad et aux lois générales de la République*.

Legrand a comparu de nouveau, le 10 fructidor, devant la Commission militaire de Vannes (président Lohée).

Il déclare se nommer Louis-Ignace-Jean-Joseph Legrand, fils de Louis Legrand et de Marie-Josèphe-Barbe-Antoinette-Michel de Laustrine, natif de la ville de Mariqui (sic), aux Grandes-Indes, le 25 décembre 1753; qu'il était attaché à l'armée anglaise en qualité de commis aux vivres et qu'il a été pris à Quiberon. Il devait se rembarquer le matin du jour que le fort fut pris. — La déposition est signée LEGRAND.

Le tribunal l'acquitta en qualité de *prisonnier de guerre*, originaire d'un pays étranger, sous la condition de rester en détention jusqu'à la fin des hostilités. (10 fructidor. Commiss. milit.)

Legrand fut renfermé dans une des tours de la Maison-de-Justice. Une vieille servante avait fait le voyage de Morlaix à Vannes à sa recherche. Pris d'un violent désir de liberté, le prisonnier écrit à l'État-Major et demande à être incorporé dans les armées de la République. Sa demande est accueillie. Il troque son habit rouge d'Anglo-émigré pour celui des Bleus, qui deviennent ses meilleurs amis. Le voilà *au petit camp*, que commande, dit-il, le républicain Lepage, un ancien sous-officier d'Hector, dont il reçoit mille politesses. Il dîne avec lui et la citoyenne Pellegrin, femme du sous-chef des classes à Vannes, « *qui fut sur le point de le reconnaître, et il trinque avec le général en chef Lemoine,* » sans doute à la santé de la République et à l'extermination des émigrés et des chouans.

Nous copions La Gournerie : « L'épreuve fut rude ; mais enfin, le soir venu, il put, au lieu d'aller au camp, se glisser dans une des maisons *chouanes*, dont Lepage allait, huit jours après, donner la surveillance à l'émigré Jacquier de Noyelle ; de là à la flotte anglaise, on finissait toujours par trouver le chemin. » Le voilà bel et bien déserteur.

Par son premier jugement, Legrand avait été acquitté comme prisonnier de guerre. Il s'était de son plein gré enrôlé dans les compagnies républicaines. S'il avait été repris, avant de se réfugier à la flotte anglaise ou plus tard, il n'eût pas manqué d'être passé par les armes comme déserteur, et personne n'aurait été en droit de le plaindre.

Un de *Montlezun*, émigré, était resté mêlé aux *prisonniers français*. Il donna un nom qui n'était pas le sien et fut ajourné. C'est de lui que parle La Roche-

Barnaud : « Plusieurs de nos camarades, dans l'espoir de sauver leur vie, étaient restés dans les églises. Montlezun aîné, pour sauver la sienne, était resté mêlé aux soldats. Il obtint le *sursis* à la faveur des rapports supposés qu'il fit sur son compte à la Commission et sous lesquels il cacha son état et sa naissance. »

M. *De La Garde* se sauva de la même façon. « M. de la Garde, que nous n'avions pas rencontré dans la prison, se trouvait parmi eu... (les soldats français). Sa petite taille l'avait fait passer pour tambour. Tous les soldats gardèrent scrupuleusement le secret ; et c'est à la faveur de cette mesure qu'il put sauver sa vie, qu'il conserve encore au moment où j'écris. » (La Roche-Barnaud. 1824.)

Le gendarme *Rado*, acquitté le 15 thermidor, comme ayant été pris par les chouans et entraîné de force à Quiberon, s'est glorifié, plus tard, d'avoir déserté volontairement sa brigade en résidence à la Roche-Sauveur et d'avoir fait une déclaration fausse devant les juges. Nous aimons mieux croire que la vérité est dans le procès-verbal de la Commission militaire. Il existe, aux archives départementales, une lettre de l'agent national du district de Roche-Sauveur, datée du 6 floréal an III, qui informe le Directoire que le gendarme (Rado) a été enlevé *la veille*, avec son cheval, par les chouans, après avoir essuyé plusieurs coups de feu (S. L. 1151).

Tout en établissant une grande différence entre les émigrés qui ont été francs et braves devant les tribunaux militaires et ceux qui, par des déclarations mensongères, ont racheté leur vie, nous n'avons nullement la pensée d'incriminer ces derniers ; mais nous sommes loin de les admirer lorsque, postérieurement, se faisant un titre d'avoir menti, ils annoncent qu'ils ont été condamnés à mort, comme Berthier de Grandry, D'Autrechaux, Harscouët et Jacquier de Noyelle, tandis qu'aucun d'eux n'a subi de condamnation. La cause qu'ils servaient n'a rien à gagner à ces entorses tardives faites à la vérité. Elles ne peuvent que grossir le chapitre des faiblesses humaines.

*.

Lorsque nous avons eu dépouillé, aussi scrupuleusement que possible, les cahiers minutes qui contiennent près de 3,000 interrogatoires et acquittements de *prisonniers français*, nous avons, plus d'une fois, senti notre cœur se serrer. Voici de malheureux soldats ou marins, qui ont servi leur pays sous le drapeau national. Faits prisonniers par l'ennemi, ils sont transportés en Angleterre et enfouis dans des cachots, où on les maltraite, avec la perspective de mourir de misère et de faim. Vient le jour où le gouvernement britannique, d'accord avec les chefs de l'émigration, les enrôle de force ou par ruse dans ses régiments, sans leur dire qu'il s'agit de fomenter la guerre civile en France. On les débarque sur la côte de Bretagne et il leur est commandé de tirer sur leurs anciens compagnons d'armes. Pour eux, cependant, la Patrie n'avait pas cessé d'être là où les Français luttaient contre l'étranger. L'armée des Anglo-émigrés est vaincue sur la falaise de Quiberon. Les voilà englobés dans le désastre. Incarcérés de nouveau, ils vont expier, pendant de longs jours, la honte, si honte il y a, d'avoir marché, vêtus de rouge, dans les rangs des envahisseurs, sous un drapeau qu'ils détestaient. Est-ce que ce seul fait n'imprime pas à l'expédition de Quiberon une tache indélébile?

S'il est vrai que, dès le mois de mai, le comte d'Hervilly avait averti le gouvernement anglais du danger de l'incorporation des *prisonniers français* dans les troupes royales; s'il écrivit même que « c'était introduire l'ennemi dans les rangs », on a lieu de s'étonner que, le mois suivant, il ait accepté, dans ces conditions, le commandement d'une expédition condamnée d'avance au pire des insuccès.

CHAPITRE VIII

DOSSIER DES COMMISSIONS MILITAIRES
PROCÈS-VERBAUX — LISTES

Le dossier des Commissions militaires instituées pour juger les prisonniers de Quiberon est conservé au Dépôt des Archives départementales du Morbihan, hôtel de la Préfecture, à Vannes.

Ce *dossier* comprend cinq grosses liasses, rangées dans la série L, du N° 761 au N° 765, inclusivement.

La première liasse a pour titre : *Commissions militaires. — Quiberon. — Tableaux généraux.* (L. 761). 125 pièces. — La deuxième : *Auray. — Hennebont.* (L. 762). 18 pièces. — La troisième : *Quiberon. — Port-Liberté.* (L. 773). 41 pièces. — La quatrième et la cinquième : *Vannes.* (L. 764-765). 31 pièces.

Les quatre liasses, de 762 à 765, renferment une soixantaine de Cahiers, in-f° et in-4°, sur gros papier de couleur blanc-jaune ou verdâtre : ce sont les minutes mêmes des interrogatoires et des jugements.

Cette partie du dossier (les Cahiers) est la plus volumineuse et la plus importante. Nous en avons donné de nombreux extraits dans les chapitres précédents. Elle ne comprend pas moins de 1,500 rôles, soit 3,000 pages, presque toutes in-f°.

De tout temps, les greffiers et les secrétaires, imitant en cela les écoliers, ont eu l'habitude de griffonner, sur la couverture de leurs registres, ou des citations ou des élucubrations personnelles en prose et en vers, même des croquis et des caricatures, qui jurent avec la gravité du contenu. Les Cahiers des Commissions militaires n'ont pas échappé à ces souillures.

Sur le dos d'un Cahier, nous lisons :

« O rus quando te aspiciam! »

―――

« Pour rendre votre cause bonne, disputez bien ;
Encore ne vaudra-t-elle rien.
Qu'il demande ce qu'il voudra. »

Sur un Cahier d'une des deux Commissions militaires d'Auray, on lit :

« Il fut un temps, madame, où mon âme charmée,
Écoutant, sans rougir, des sentiments trop chers,
Se fit une vertu de languir dans vos fers ;
Je croyais être aimé..... »

Et plus bas :

« Quelle tempête affreuse, à mon repos fatale,
S'élève !
De mes feux mal éteints, qui ranime l'ardeur ?
Amour, cruel amour, renais-tu dans mon cœur ?
Hélas ! je me trompais ; j'aime et je brûle encore.
O mon cher et fatal Abélard, je t'adore ! »

Le greffier, qui transcrivait des arrêts de mort, avait lu Colardeau.

Sur la première page d'un Cahier de la Commission militaire siégeant à Keraude (Quiberon), le scribe, qui est un philosophe épicurien, bon enfant, a écrit de sa plus noire encre :

Bibendo quiescit animus
Amando fit inquietus.

Au dos d'un Cahier contenant « *la liste des émigrés, etc., etc., faits prisonniers à l'affaire de Quiberon et condamnés à mort par les Commissions et Conseils militaires* », le copiste a écrit :

Pauvre peuple, que vous êtes dupe !

(Arch. de la Municipalité de Vannes. Registre des décès. An IV.) — (1795-96).

Ces quelques exemples suffisent pour prouver que la nature humaine est partout la même, féconde en contrastes et mêlant la note gaie à la note lugubre.

Les Cahiers-Minutes

Les *Cahiers* des Commissions militaires contiennent les minutes des interrogatoires et des jugements. Chaque Commission a son Cahier particulier. On trouve également, dans le dossier, un certain nombre d'expéditions et d'extraits. On a choisi la plus belle main, parmi les sous-officiers, caporaux ou quartiers-maîtres, pour le rôle de secrétaire. Quelques-uns de ces procès-verbaux se distinguent par une écriture remarquablement soignée ; exemple : ceux des Commissions militaires de Quiberon. Le procès-verbal de chaque séance débute par la formule de nomination des membres composant la Commission, avec l'indication de leurs titres et de leurs grades. L'interrogatoire est signé par l'accusé. Quand celui-ci ne sait pas signer, il fait une croix. C'est ce qui arrive pour les chouans, qui parlent breton et ne répondent que par l'entremise d'un interprète. Les jugements portent la signature de tous les juges, depuis le chef de bataillon, président, jusqu'au caporal, y compris le capitaine, le lieutenant, le sous-lieutenant et le sergent.

Ordinairement, deux séances avaient lieu par jour,

La première commençait à huit heures du matin, parfois à six heures en été; la seconde s'ouvrait à une ou deux heures de l'après-midi. Toutes les deux se prolongeaient pendant plusieurs heures, la dernière empiétant même sur la nuit.

Indépendamment de la rédaction des procès-verbaux, au fur et à mesure des comparutions, les Commissions étaient tenues de préparer des expéditions dûment légalisées, qui devaient être adressées à l'État-Major, aux représentants du peuple et aux Districts. Cette dernière partie de la besogne était souvent négligée ou laissée en retard. Une lettre de rappel arrivait bientôt. Ainsi, le 18 thermidor, l'adjudant Évrard réclame, avec instance, de la Commission militaire de Quiberon, « les extraits des jugements rendus ». Le président, chef de bataillon Dinne, écrit de sa main au bas de la lettre :

« Le chef d'État-Major n'ignore pas que la Commission militaire, fatiguée d'un travail pénible, n'a point d'écrivains; qu'obligée de travailler bien avant dans la nuit, elle n'a pas même pu obtenir des Commissaires des Guerres, qui disent ne pas y être autorisés, un verre de vin pour se restaurer. »

Quatre jours avant, le même président avait répondu au général Lemoine :

« La Commission militaire, privée des moyens de se procurer des écrivains, ne peut ponctuellement remplir les intentions des représentants du peuple. » (Lettre du 14 thermidor).

Quelques jours après, c'est l'un des membres de la Commission qui écrit sur une feuille volante :

« Le bataillon d'Arras ayant reçu l'ordre de partir le 19 thermidor, de ce moment la 2ᵉ Commission a cessé ses fonctions, n'ayant plus de président ni secrétaire. Conséquemment, tout a resté là, et, faute d'écrivains, on n'a pu satisfaire à la demande des représentants du peuple, tendant à donner copie, jour par jour, des séances, ny à celle du procureur-syndic du district d'Auray. »

Signé : Courtois.

Dès le 17 thermidor, le District d'Auray réclame l'envoi, après chaque séance, des noms des condamnés à mort :

« Je vous observe que la liste que vous m'avez adressée ne date que du 11, quoique la Commission ait commencé, le 9, par les jugements de Sombreuil, l'évêque de Dol et autres, dont la liste me manque. » (Auray. Corr. agent national).

Le 4 fructidor, c'est le Directoire du département qui écrit au général, chef de l'État-Major de Vannes, pour l'informer qu'une des Commissions militaires d'Auray, composée de membres pris dans le bataillon des 83 départements, se trouve dissoute par le départ dudit bataillon. Ils sont partis sans laisser de papiers. « *Malgré les observations du greffier, le président s'est obstiné à les emporter pour les remettre au représentant Blad.* » (Lettre du 4 fructidor an III.) Il s'agit de la Commission présidée par le chef de bataillon Duilhe, des 83 départements.

Un peu plus tard, le Directoire départemental annonce au District d'Auray qu'on a écrit au général Lemoine pour que tous les papiers des Commissions militaires soient remis au District, pour être ensuite remis au Greffe du tribunal criminel. (Lettre du 14 fructidor an III.) — On comprend que ces déménagements successifs n'aient pas été effectués sans nuire à la conservation intégrale des pièces. Que sont devenues les correspondances et la plupart des notes qui arrivaient journellement aux présidents des Commissions? Égarées ou détruites, sans doute. Mais la partie fondamentale a été sauvée, à savoir les minutes des interrogatoires et des jugements, qui forment un tout complet, d'un intérêt majeur pour l'étude raisonnée des opérations des Commissions militaires, qui ont eu la tâche de juger les prisonniers faits à Quiberon.

L'État du général Lemoine

De tous les tableaux des condamnations, le premier en date et le plus authentique est assurément celui qui a été composé dans les bureaux de l'État-Major, sous la signature du général Lemoine. — Ce tableau a été imprimé à Vannes, en janvier 1796, format in-f°, sur un mauvais papier. Un exemplaire très mutilé, à couverture cartonnée, existe aux Archives du département du Morbihan. (L. 761.). — Un autre exemplaire plus intact se trouve dans les papiers du représentant du peuple Guezno. (Arch. de Kernus).

La pièce porte en tête une dédicace au général en chef Hoche.

« Vannes, 26 nivôse an IV républicain.

» Mon cher général, conformément à votre désir, je vous envoie la liste des émigrés pris à Quiberon et qui ont été fusillés......

» Les malveillants diront peut-être que le nombre des fusillés est trop ou n'est pas assez grand. Peu importe aux amis des Loix!.... Il serait à désirer que tous nos ennemis fussent aussi bien détruits que les émigrés qui ont échoué à Quiberon. — LEMOINE. »

Le titre de la brochure est ainsi conçu :

État nominatif des prisonniers émigrés et chouans faits dans la presqu'île de Quiberon par l'armée républicaine, le 3 thermidor IIIe année, et jugés par les Commissions et Conseils militaires établis, par ordre du général Lemoine, commandant la 7e division de l'armée des côtes de Brest, en vertu de la loi du 1er vendémiaire an IV.

La liste du général Lemoine n'est pas alphabétique. Les noms des condamnés d'Auray viennent d'abord, puis ceux de Quiberon et, en dernier lieu, ceux de Vannes.

Comme la liste a été close le 24 nivôse an IV, on doit y ajouter les condamnations à mort qui ont été prononcées, après cette date, par la dernière Commission militaire, qui a siégé les 26, 27, 28 et 29 nivôse; puis les 8 et 30 pluviôse et 8 ventôse an IV; en tout 48 condamnations à mort.

En confrontant la liste du général Lemoine avec les minutes et les expéditions des jugements qui forment le dossier, nous avions remarqué que les dix-sept noms qui la terminent ne se retrouvent pas dans les *procès-verbaux* authentiques des interrogatoires et des jugements. Nous étions d'abord disposé à croire qu'un Cahier avait disparu. Il n'en est rien. Nous avons découvert l'explication du fait sur une feuille volante, qui contient précisément, dans un tableau, les dix-sept noms, avec cette annotation que les dix-sept individus ont été « *pris à Vannes et dans les campagnes* » et qu'ils ont été condamnés, non par les Commissions militaires établies pour juger les émigrés faits prisonniers à Quiberon, mais par les *Conseils militaires* attachés aux colonnes de l'armée. La note nous apprend que sur ces dix-sept condamnés à mort, onze étaient des déserteurs de la réquisition, arrêtés sur différents points du Morbihan, où ils faisaient le métier de chouans. Ainsi l'émigré Dargent, pris dans la commune de Lanvaudan, a été condamné et fusillé à Hennebont. Rigoureusement parlant, les dix-sept individus ne devraient pas figurer sur l'*état*. En les ajoutant, sans plus d'explication, le général Lemoine a créé une confusion fâcheuse, qui a induit en erreur tous ceux qui ont publié des listes de victimes de Quiberon (voir plus haut, p. 476).

L'*état* du général Lemoine comprend cinq feuilles

in-f°, sur dix colonnes : le numéro d'ordre: les *noms et prénoms;* les *qualités;* la *commune;* le *district;* le *département; émigrés; chouans; mort; observations.*

Les premiers noms sont ceux des seize prisonniers d'Auray qui ont été condamnés le 9 thermidor (Sombreuil, Monseig' de Hercé, etc., etc., etc.). Les dix-sept derniers de la liste sont les déserteurs et les chouans, qui ont été jugés, non par les Commissions militaires de Quiberon, comme nous l'avons fait remarquer, mais par des *Conseils militaires* siégeant sur différents points du département.

La liste, arrêtée en nivôse an IV, se résume par le total suivant :

Fusillés	713
Chouans condamnés à une détention de quelques mois.	184
Acquittés et incorporés dans divers bataillons de l'armée et de la marine	2.848
Mis en liberté par arrêtés des représentants du peuple	2.000
Morts dans les prisons et hôpitaux.	400
Vieillards, femmes, enfants, mis en liberté à l'entrée de l'armée dans la presqu'île de Quiberon	3.000
	9.145

Un défaut de l'*état,* c'est la mauvaise orthographe des noms. Les greffiers des tribunaux militaires les écrivaient comme on les prononçait ou comme ils croyaient les avoir entendus de la bouche des prévenus, après eux. Les bureaucrates de l'État-Major les ont copiés tels quels. Beaucoup de qualifications sont fautives. « Mais ici, remarque La Gournerie, la faute, s'il y a faute, vient des condamnés. » Plusieurs gentilshommes émigrés se déclarèrent roturiers, ou marchands, ou artisans, ou laboureurs, ou domestiques. D'autres, qui étaient officiers dans l'armée royaliste, se présenteront comme simples soldats. Nous avons cité de nombreux exemples aux chapitres précédents.

Nous devons donc être reconnaissant à La Gournerie de nous avoir donné une liste des noms, rectifiée et explicative, composée avec soin, et qui devient par ce fait la partie essentielle de son travail.

Le total des *fusillés* de l'*état* du général Lemoine monte au chiffre de 713. Mais il doit être réduit à 708.

En effet, trois noms sont en double emploi : *Nicolas Bocquet*, porté au n° 81 et au n° 634; *François Ducasse*, porté au n° 637, qui est le même que *François Dugastre*, inscrit sous le n° 676, et Gilbert Dapchier (80), répété au n° 635 sous le nom de Gilbert Duperchier.

Maintenant, il est certain que deux condamnés, portés comme ayant été fusillés, ne l'ont pas été : *Lamour Lanjégu* et *Fournier d'Oyron*. Tous les deux se sont échappés et ont reparu plusieurs années plus tard. Ce qui ramène le chiffre à 708.

Enfin, si on supprime les dix-sept derniers noms de la liste du général Lemoine, qui s'appliquent à des individus non faits prisonniers à Quiberon et ayant été condamnés pour des actes de chouannerie par des *Conseils militaires*, sur différents points du département, le chiffre total se trouve réduit à 691.

Le chiffre de 691 est même réduit à 687 si, comme nous le croyons, on doit en défalquer les 4 chouans : Le Bian, Marine, Ribochon et Bérienne. (N°s 76, 77, 78, 79.)

La liste publiée par Michel, à Brest, en 1814, n'est que la reproduction de l'état du général Lemoine, sauf que ces noms sont inscrits par ordre alphabétique et qu'une astérique distingue les émigrés des chouans. La liste de la Roche-Barnaud est la copie des deux précédentes, avec quelques additions.

Quant à la liste des noms inscrits sur le mausolée de la Chartreuse, elle fut publiée à Vannes en 1829, dans un opuscule de circonstance, sans nom d'auteur, intitulé : *Quiberon. — Nouvelle morbihannaise.* La moins complète de toutes et la plus fautive, elle comprend non seulement les noms de ceux qui furent condamnés à mort par les Commissions militaires, mais, en plus, ceux des émigrés qui, d'après la tradition, furent tués dans les combats antérieurs.

Théodore Muret (à la fin de son 4ᵉ volume des guerres de l'Ouest) a donné à son tour une liste des victimes de Quiberon. Nous sommes absolument de l'avis de La Gournerie, lorsqu'il critique les *additions* de Muret comme manquant de preuves et par conséquent d'autorité.

En 1863, Rosensweig, archiviste du Morbihan, a composé, aussi lui, sa liste, avec les noms des condamnés à mort et ceux des émigrés tués dans les combats (La Chartreuse d'Auray et le monument de Quiberon-Vannes, 1863). L'auteur a eu le tort de suivre les errements des écrivains précédents, sans les contrôler par une étude suffisamment approfondie des procès-verbaux des Commissions militaires, qu'il devait avoir à sa disposition. Ainsi il est regrettable de voir figurer parmi les *fusillés* : *Lamour Lanjegu, Fournier d'Oyron, Joseph Cognet, Michel Barrel, François de Traissac, Jean Chable, Michel Denneby, Joseph Dietrich, Jean David, Jean Jamin, Mareau de la Bonnetière, Charlane, P. Ezanno, J. Lefloch, Esleven, de Mesillac, A. M. Dapchier, Gohier Dugast, Pierre Thévenon, D'Arnaud.*

De ces vingt individus, trois se sont évadés, (Lanjegu, d'Oyron, de la Bonnetière). A. M. Dapchier n'est qu'une répétition de Gilbert d'Apchier qui, seul, a comparu et a été condamné à mort. Les seize autres ont été acquittés par les Commissions militaires. Il en est probablement de même de *Louis Lebian, Jean Bigouen, Michel Marine, Jules Ribochon* et *Jacques Berrienne,* sur la condamnation desquels nous avons les plus grands doutes, comme nous l'avons expliqué au chapitre : *Chouans*.

La liste de La Gournerie, publiée onze ans après celle de Rosensweig, est la plus documentée de toutes les listes alphabétiques ; elle indique les noms, les âges, les lieux de naissance, les professions, la date et le lieu des condamnations, etc., etc. Elle contient en outre de précieuses notices biographiques. Nous y relevons toutefois des erreurs du même genre que celles que nous reprochons à la liste de Rosensweig ; vingt et quelques noms sont portés à tort sur le tableau nécrologique des victimes.

La Gournerie nous apprend que, pour son travail, il s'est aidé du *Répertoire du greffe*, sans nous dire où il a trouvé et où est conservé ce document. A coup sûr, il ne fait pas partie du dossier de Quiberon, aux archives de Vannes. La liste, publiée par l'abbé Le Garrec, à la fin de son livre, n'est que la copie abrégée de celle de La Gournerie. Tous les deux l'intitulent : *Liste des victimes de Quiberon*, et y comprennent les noms des *tués* dans les combats et des *fusillés* par suite de jugement. La Gournerie, il est vrai, a pris soin de distinguer par une croix ceux qui ont été condamnés à mort, mais son copiste ne les différencie pas. Il va même, malgré les avertissements de La Gournerie, jusqu'à porter, comme *victimes de Quiberon*, le comte De Silz, dont le décès, à Grandchamp, est antérieur de deux mois à la défaite des émigrés, et Lamour Lanjegu, qui n'est mort que trois ans après (16 mai 1798).

L'expression de *victimes*, appliquée aux émigrés, faits prisonniers à Quiberon et condamnés à mort par les cours martiales, se comprend et se justifie, jusqu'à un certain point, dans la bouche et sous la plume des apologistes de l'émigration. Elle ne se conçoit plus, lorsqu'on l'applique aux officiers et aux soldats royalistes, qui sont tombés, les armes à la main, sur les champs de bataille, en même temps et au même titre que les officiers et les soldats de l'armée républicaine.

Le titre adopté par Rosensweig est seul acceptable : *Liste des émigrés qui périrent à Quiberon les armes à la main ou furent condamnés à mort par les Commissions militaires.*

En 1870-71, paraissait dans le *Chartrier français* (Orléans, Paul-Masson), un *rapport à l'amirauté par le capitaine Keath et le commodore John Waren, des 30 août et 27 septembre 1795*, donnant la liste des *officiers nobles, sous-officiers et soldats... manquant aux appels des 22 juillet et 18 août, d'après les rapports des officiers réfugiés à la suite de l'affaire du 21 juillet 1795.*

La Gournerie, qui fait une analyse critique du document, a raison d'en suspecter l'authenticité. Fabriquée probablement à une date postérieure, à l'aide de l'état du général Lemoine et peut-être de quelques feuilles d'appel extraites des papiers de Puisaye, et des souvenirs très contestables d'émigrés survivants, cette pièce est farcie d'erreurs et de légendes. La discussion, à laquelle s'est livré La Gournerie, à propos de ce document apocryphe, nous dispense d'insister ; nous y renvoyons nos lecteurs (Débris de Quiberon, 1886, p. 281 et suivantes).

Certes, nous sommes de ceux qui trouveront toujours que le nombre des victimes de nos guerres civiles n'a été que trop grand. Mais nous blâmons les écrivains qui, pour des raisons qui nous échappent et au moyen d'hypothèses, essaient encore de grossir ce nombre, et nous croyons devoir signaler, dans le livre de l'abbé Le Garrec, le passage suivant :

« Le Répertoire du greffe donne une liste de 172 victimes pour Quiberon et 204 pour Auray : d'autre part, Duchatellier *affirme* que l'on avait compté à Vannes *avant le 8 août, plus de 500 exécutions*. Mais les Commissions militaires fonctionnèrent beaucoup plus longtemps. Malheureusement ces procès-verbaux ont été mal tenus... » (p. 305-306).

L'accusation de mauvaise tenue des procès-verbaux, insinuée déjà par Nettement, qui ne les a jamais consultés, est toute gratuite, les cahiers sont conservés au dépôt des archives départementales; nous les avons dépouillés et étudiés à fond. C'est une attestation contraire que nous apportons ici. En ce qui concerne l'affirmation qu'*avant le 8 août* on avait compté, à Vannes seulement, *plus de 500 exécutions*, il est vraiment fâcheux que l'assertion soit appuyée sur une citation inexacte.

Du Chatellier n'a rien *affirmé*.

« Nous apprenons, dit-il, par une lettre adressée à Brue, que *peu de jours après* le 21 thermidor (8 août), on comptait déjà, dans la seule ville de Vannes, 500 émigrés ou chouans, qui avaient subi la peine de mort ». (Hist. Révol. Bret., p. 159, 5e vol.).

Le correspondant de Brue, que Du Chatellier ne nomme pas, a seul la responsabilité de ce renseignement exagéré. Nous avons retrouvé, dans les papiers de Kernus, la lettre qui fait l'objet de la discussion. Elle est datée du 25 thermidor (12 août) et adressée à Guezno par Guermeur, qui attribue le propos au citoyen Coroller, d'Hennebont, écrivant à Brue. Ce n'est donc là qu'un racontar à distance, émané de Coroller, passant successivement par Brue, Guermeur et Guezno, sans autre garantie que celle d'une simple nouvelle en l'air, démentie par les faits.

Le District d'Hennebont avait bien raison de mander à celui d'Auray : « Nous sommes ici sans nouvelles de ce qui se passe chez vous. On parle d'émigrés et traîtres fusillés. On divague sur les faits, sur les noms et qualités. » (Lettre du 15 thermidor. Corr. du District.)

Pourquoi, maintenant, l'abbé Le Garrec écrit-il :

« *plus de 500 avant le 8 août* » quand Du Chatellier dit positivement : « *peu de jours après* » ? Pourquoi ajoute il : « *plus de 500* » quand Du Chatellier dit : « *500* » ? La vérité est qu'avant le 8 août (21 thermidor), il n'y avait encore eu à Vannes que 174 condamnations à mort. En y ajoutant les 16 émigrés, condamnés à Auray le 9 et exécutés le lendemain à Vannes, on a le chiffre de 190 exécutions (et non pas 500).

En additionnant toutes les condamnations capitales prononcées par les Commissions militaires de Vannes, depuis leur création jusqu'à la cessation de leurs fonctions, c'est-à-dire depuis le 12 thermidor jusqu'au 8 ventôse an IV, date de la dernière condamnation à mort, on n'arrive qu'au total de 357.

Le même auteur, au sujet de la liste du général Lemoine, a écrit cette phrase : « Cet *état* fut dressé en nivôse; il ne pouvait donc comprendre le nombre de ceux qui furent condamnés dans le courant de ce mois et pendant les mois suivants, et même pendant les jours complémentaires. » (Page 305.)

Il y a dans ce passage une première erreur. L'*état* du général Lemoine comprend toutes les condamnations *du courant* de nivôse, sauf celles des quatre derniers jours (26, 27, 28, 29).

Quant à celles *des jours complémentaires*, nous ignorons à quels jours complémentaires l'auteur fait allusion. Est-ce qu'il commettrait la faute de croire que le mois de ventôse an IV a été suivi de *jours complémentaires* ? Les jours complémentaires de l'an IV se rapportent aux 17 septembre et suivants de l'année 1796. A cette époque, il y avait plus de six mois que les prisonniers de Quiberon étaient jugés et que les Commissions militaires étaient dissoutes.

Personne n'osera prétendre que le général Lemoine, en composant son tableau, s'est préoccupé d'en diminuer les chiffres. Tous les documents nous le montrent, au contraire, acharné à la condamnation des émigrés et se faisant gloire de les avoir détruits. Dans sa lettre à Hoche, il laisse assez deviner qu'il regrette que le nombre des fusillés n'ait pas été plus grand. Il grossit même sa liste de dix-sept noms, qui ne devraient pas y figurer, les individus n'ayant pas été pris à Quiberon et n'ayant pas été jugés par les Commissions militaires instituées spécialement par arrêtés des représentants Blad et Tallien.

On verra, par notre tableau des condamnations à mort, composé sur les procès-verbaux des jugements, que nos chiffres dépassent de 38 seulement ceux du général Lemoine, par suite des rectifications et des additions que nous avons indiquées plus haut.

Il n'y a donc pas à tenir compte de l'allégation de Nettement, qui, sans la moindre preuve, s'exprime ainsi : « *Il est évident que les exécutions......* ont atteint un chiffre très supérieur à celui indiqué par Lemoine (713) et même à celui des noms portés sur le monument (952). » (*Quiberon*. Nettement, p. 345). — Avec cette façon d'écrire l'histoire, on arrive vite aux « *Quatre mille massacrés contre le droit des gens* », de M. Lambelin, conseiller municipal de Paris.

Tableaux manuscrits

Il ne faudrait pas croire qu'avant la publication de La Gournerie, il n'existait aucune liste spécifiant l'âge, la profession, les titres, le domicile, ainsi que la date et le lieu de la condamnation de chaque accusé. Ces tableaux existent, à l'état de manuscrits, aux Archives départementales du Morbihan. Le tout était de les trouver.

En dépouillant la liasse 761, nous avons mis la main sur un certain nombre de feuilles volantes (25), double in-f°. Dispersées et comme perdues au milieu des autres pièces du dossier. Elles nous parurent, de prime-abord, n'être que des brouillons de statistique, incomplets et dépareillés; nous les avons réunies et mises en ordre. Ce n'était rien moins qu'un *état soigneusement fait des condamnations* (à mort ou à la détention) prononcées par les Commissions militaires. Ce travail de statistique, qui a précédé probablement la publication du général Lemoine, est, il est vrai, inachevé, puisqu'il commence au 9 thermidor et s'arrête au 28 pour les condamnations capitales, et au 4 fructidor pour les *condamnations à la détention*; mais, entre ces deux limites, le tableau ne présente pas de lacunes. Il est composé d'après l'ordre alphabétique, à plusieurs colonnes, contenant le nom, le prénom, le surnom, la profession, le domicile, la commune, le district, le département, le nom de la Commission qui a jugé, le lieu, la date de la condamnation.

Dans la même liasse 761, se trouvent des cahiers composés de feuilles cousues ensemble, qui méritent une attention spéciale.

L'un de ces cahiers est la répétition des tableaux (en feuilles volantes) précédents, avec cette seule modification que l'ordre alphabétique est plus rigoureux. Sur les *feuilles volantes*, les noms qui ont la même lettre initiale sont mêlés, tandis que, sur les pages du *cahier*, les noms se suivent comme dans un dictionnaire. C'est évidemment la mise au net du premier travail. Malheureusement, l'*état* nominal s'arrête à la lettre K. A ce cahier, il n'y a ni en-tête ni signature. Le dernier nom marqué sur la liste est *Kergosien*.

En plus des documents qui précèdent, la liasse 761 contient trois autres cahiers.

Le premier est : un *état des noms, prénoms, profession et domicile des individus condamnés à la peine de mort ou autre, emportant confiscation des biens, par* les Commissions militaires de Vannes, en vertu de l'arrêté du représentant du peuple.

Cet *état*, qui comprend 75 jugements de la Commission Bouillon, commence au 12 thermidor.

Sur la couverture du cahier, on lit : « *Ce cannevas est dépouillé sur la liste des condamnés, arrêtée par le Département.* »

Ici, les noms n'affectent pas l'ordre alphabétique, mais bien l'ordre de date des jugements à partir du 12 thermidor.

Les deux autres cahiers, sous le titre de : *District d'Auray,* comprennent le tableau, par ordre de date, des condamnations prononcées par les Commissions militaires siégeant à Auray et à Quiberon.

La liste commence le 11 thermidor et s'arrête au 5 fructidor an III; au total 426 jugements, dont 293 condamnations à mort, 124 à la détention et 9 acquittés.

Au bas de la dernière page écrite, on lit :

« Certifié conforme aux notices fournies à l'Administration par les Commissions militaires établies dans son ressort. Au Directoire du district d'Auray, le 9 fructidor an III. — Les administrateurs : *Boullays, Guillevin, Béard, Laurent.* »

Ces états nominatifs partiels sont donc l'œuvre, d'une part, de l'administration du district de Vannes, d'autre part, de celle du district d'Auray.

En compulsant les registres mortuaires des communes de Vannes, Auray et Quiberon (1795-1796), nous avons constaté que les décès des émigrés fusillés n'étaient pas mentionnés. Mais à la fin du registre de Vannes de 1796, se trouve un cahier séparé, formé de plusieurs feuilles in-f° portant en tête de la couverture le titre suivant : *Liste des émigrés, etc., etc., faits prisonniers à l'affaire de Quiberon et condamnés à mort par les Commissions et conseils militaires.* C'est tout simplement l'*état* du général Lemoine, mis par ordre alphabétique, sur trois colonnes, nom et prénom, et n° correspondant.

Ce cahier, annexé au registre municipal, comble la lacune qui existait dans l'enregistrement des décès. Disons enfin que les noms des fusillés figurent dans la *table décennale*, qui fut confectionnée plus tard, dont un exemplaire est aux archives de l'Hôtel-de-Ville de Vannes.

Le dossier des Commissions militaires renferme, entre autres pièces détachées, une vingtaine de listes de noms de *prisonniers français*, qui furent incorporés, après acquittement, dans les armées de la République.

Ainsi, nous y voyons, le 11 fructidor, 115 incorporations dans le 11e bataillon de la formation d'Orléans et 25 dans l'artillerie des côtes du Nord.

Le 12 et le 25 fructidor, 180 sont envoyés dans la marine à Lorient et 8 dans le 5e bataillon d'Ille-et-Vilaine.

Le 14, 16 dans le bataillon de la Nièvre.

Le 24, 25 dans une compagnie de canonniers de la 81e demi-brigade.

Le 25, 20 dans le bataillon de Loir-et-Cher, 150 dans le 1er bataillon d'infanterie de Nantes et 101 destinés à la marine, etc., etc.

On trouve sur ces listes un millier de noms, qui peuvent être intéressants à connaître, pour les familles (4.761, arch. Morb.).

Résumé

Nous résumerons maintenant par des chiffres les résultats que nous a fournis l'examen minutieux de toutes les pièces du dossier des Commissions militaires, chargées de juger les prisonniers de Quiberon.

Vingt et une Commissions ont siégé successivement ou simultanément à Quiberon, Auray, Vannes, Port-Liberté et Hennebont, depuis le 9 thermidor, an III (27 juillet 1795), jusqu'en germinal an IV (29 mars 1796).

Les deux Commissions qui ont opéré à Quiberon ont prononcé 170 condamnations à mort	170
Les quatre Commissions d'Auray	223
Les neuf Commissions de Vannes	357
Les deux Commissions de Port-Liberté	1
Les quatre Commissions d'Hennebont	0
	751

Sur ce nombre (751), 116 condamnations à mort portent sur des chefs et soldats chouans	108
Sur des domestiques d'émigrés	54
Sur des déserteurs	98
Sur des non-nobles, bourgeois, artisans, journaliers, etc.	104
Sur des ecclésiastiques	18
Sur des médecins et chirurgiens	5
	387

Reste 364 condamnations afférentes à des gentilshommes titrés, pourvus ou non de grades, dans l'armée royaliste 364

Défalcation faite des noms de Javel fils, qui a été condamné deux fois, et de Lamour-Lanjegu et Fo..nier d'Oyron, qui se sont évadés, l'un après le jugement, l'autre pendant l'exécution, le nombre des prisonniers qui ont été fusillés se trouve réduit à . . . 748

Ces chiffres rectifient quelque peu ceux que nous avons donnés à la page 245.

Toutefois il est supposable que le chiffre de 364, attribué aux émigrés ci-devant nobles, est inférieur à la réalité, plusieurs ayant, dans leurs interrogatoires, dissimulé leurs qualités et même leur nom véritable, et quelques-uns ayant été condamnés sous des noms roturiers.

Par contre, les Commissions militaires ont prononcé l'acquittement pur et simple d'environ douze cents chouans 1.200

Elles ont en outre acquitté 2.900 *prisonniers français*, extraits des prisons anglaises. . . 2.900

Environ 200 chouans furent condamnés à une détention de deux à quatre mois. . . 200

Une soixantaine d'individus, réputés de nationalité étrangère, ont été maintenus en prison jusqu'à la paix 60

D'autre part, le 13 thermidor, en vertu d'un arrêté du représentant Blad, 527 paysans, provenant de la flotte anglaise, ont été élargis à Vannes. 527

id., à Auray, le 20 thermidor 141

Par ses arrêtés des 20 et 30 fructidor, le Représentant Mathieu a fait mettre en liberté 2.500 prisonniers, le plus grand nombre, détenus aux couvents des Ursulines et du Père Eternel 2.500

Le chiffre des prisonniers chouans, morts pendant leur détention, à Vannes, Auray, Port-Liberté, Hennebont, monte à 500 environ, d'après les relevés des registres de l'Etat-Civil 500

200 jeunes gens de la réquisition ont été incorporés d'office dans les armées de la République 200

8.228

Ce qui, en ajoutant les 751 condamnés à mort, forme un total général de près de 9.000 prisonniers, qui furent incarcérés, après la défaite du 3 thermidor.

Bien entendu, nous ne comprenons pas dans ce

chiffre celui d'environ 3.000 vieillards, femmes et enfants, que la poussée des combattants avait refoulés jusqu'au fond de la presqu'île, et que les Représentants Blad et Tallien s'empressèrent de relâcher, à Sainte-Barbe et à Plouharnel, dans l'après-midi du jour de la reddition des émigrés.

Notre tableau général des condamnations à mort

Pour la confection de notre liste des condamnations à mort, nous nous en sommes rapporté, avant tout, aux procès-verbaux manuscrits des interrogatoires et des jugements des Commissions militaires. Quant à l'orthographe des noms, nous savions qu'il fallait se défier du libellé des greffiers. Les rectifications de Hersart du Buron, publiées par La Gournerie, nous ont été précieuses. Mais nous avons tenu en même temps, toutes les fois que la chose a été possible, à contrôler l'orthographe des noms propres, par la comparaison des signatures que les inculpés apposaient au pied du procès-verbal. Cette comparaison, appliquée à l'*état* du général Lemoine, donne une idée de la difficulté des recherches auxquelles a dû se livrer Hersart du Buron, qui n'avait pas à sa disposition le dossier qui est aujourd'hui réuni aux Archives du département du Morbihan.

Les employés de l'État-Major qui, en 1796, ont composé la liste officielle, ne s'étaient nullement préoccupés des signatures. Ils se contentaient de copier les noms tels que les greffiers des Commissions militaires les avaient inscrits sur les minutes des procès-verbaux. — Il n'est pas inutile de citer quelques exemples de ces incorrections du tableau du général Lemoine :

265. Couet	au lieu de	Couhé de Lusignan.
635. Duperchier	—	D'Apchier.
650. Botherat	—	de Botherel.
528. Duhoussay	—	du Ponsay.
533. Gouliane	—	de Goulaine.
653. Guchenau.	—	de Gueheneuc.
293. Le Cul.	—	Le Cun.
450. Lescusio.	—	de Kerguisiau.
325. Lelargue.	—	Le Lart.
670. Lefletteur	—	Lafeteur.
400. Leronder	—	de Larondel.
350. Sales	—	de Jallays.
347. Molena	—	de Monlezun.
278. Roiron	—	de Royraud.
388. Gochet.	—	Le Gauche.
667. Draju	—	Drouyn.
420. Chevreuse.	—	de Chevreux.
448. Chevrier	—	de Chevière.
641. Seveur	—	Seveno.
132. Vir	—	Vimart.
362. Vauclin	—	de Vauquelin.
408. Folle de Ventor. .	—	Faulte-de-Vanteaux.
655. Veraison	—	Villeneuve de Verayon.
118. Salouet	—	de Talhouet.
247. Duguet	—	Du Jay.
243. Pharaon.	—	Falhun.

D'une façon générale, on peut dire que les 700 et quelques noms de *l'état* du général Lemoine ont été tous plus ou moins estropiés. Plusieurs, sous la plume des commis, sont devenus méconnaissables. Ainsi, nous avons eu toutes les peines du monde à deviner que les noms de *Magloire* et *Fortuné* (n°⁸ 437 et 438 de *l'état*) correspondaient à ceux des deux émigrés : de Coetlosquet, de Morlaix, et que Le Necheveux du n° 439 était Meherenc de Saint-Pierre.

Les inscriptions de la Chartreuse méritent le même reproche. Seule, la liste de La Gournerie, composée d'après les indications d'Hersart du Buron, est une œuvre sérieuse et *intéressante* par les détails biographiques qu'elle contient.

Lorsque, sous la Restauration, on eut l'idée de

confectionner une liste des victimes de Quiberon, en vue du monument expiatoire qu'on projetait d'édifier à la Chartreuse d'Auray, on n'avait, pour se guider, que l'*état* imprimé du général Lemoine, sur lequel les souvenirs de famille allaient pouvoir se donner libre carrière. L'orthographe de beaucoup de noms était altérée. On en profita pour opérer de prétendues rectifications en faveur de personnalités qui n'avaient jamais été condamnées à mort. Les parents tenaient à honneur que leur nom figurât sur le marbre du mausolée. Il n'est pas sûr que, dans ses recherches, Hersart du Buron ait toujours échappé à cette tendance contagieuse en attribuant la qualité de victimes à des personnalités qui n'y avaient aucun droit.

Dans le cours de notre travail, nous avons fourni plus d'un exemple. En voici d'autres :

1º Le 10 thermidor, devant la Commission militaire de Quiberon, comparaissait un prisonnier répondant au nom de *Felex* (Antoine-Joseph). Il est marqué : *Felix* sur l'*état* du général Lemoine (nº 78). Ceux qui ont confectionné le tableau de la Chartreuse ont fait graver : de *Feletz*. La Gournerie répète : *de Feletz*. Or, si on se reporte au procès-verbal de la Commission, on constate que l'inculpé a signé très distinctement : *Felex*, et non *Feletz*.

Nous sommes donc autorisé, jusqu'à preuve contraire, à croire que l'inscription du monument est contestable, et nous maintiendrons sur notre liste le nom de *Felex*, qui est celui de la signature.

2º Le 14 thermidor, la Commission militaire d'Auray, présidée par le chef de bataillon Duilhe, appelait devant elle un prisonnier qui déclarait se nommer *Devenne*, Jean-Baptiste, fils de Bernard..... et de Marie Thereze Cary, natif d'Estaires, district d'Hasbrouck (Nord), âgé de 32 ans 1/2. Il a quitté, dit-il, le territoire français, le 8 mars 1793, pour se rendre à l'étranger, et s'est enrôlé dans Loyal-Émigrant.

Après lecture faite, il déclare qu'il *ne sait pas signer*.

Dans l'*état* du général Lemoine, le nom est inscrit *Devenu*. Sur les deux tableaux manuscrits, conservés au dossier, on lit *Devame*.

Sur le monument de la Chartreuse, le nom prend une physionomie nobiliaire : *De Vence*. Rosensweig et La Gournerie acceptent cette lecture. Mais ce dernier a soin de mettre en note qu'en présence de ces variantes, « rien ne semble indiquer que cette victime appartient à la grande famille provençale de Villeneuve-Vence. »

A notre tour, nous sommes loin d'être convaincu et nous inscrirons, sur notre liste, *Devenne*, Jean-Baptiste, sans la particule, conformément au procès-verbal, l'individu déclarant ne pas savoir signer.

3º Encore une autre rectification. Dans le tableau du général Lemoine, nous voyons figurer, sous le nº 78, un nommé *Viclar* (Henry). Sur les listes manuscrites du dossier, nous lisons : Viellard. Le monument de la Chartreuse porte : Vichart. Rosensweig et La Gournerie adoptent cette orthographe. Ici, La Gournerie hésite parce qu'il a vu, sur le *Répertoire du Greffe*, que ce Vichart était né à *Schelestadt* (*Aveyron*). Or, Schelestadt est en Alsace.

Nous, qui avons la minute sous les yeux, nous y lisons : Henry *Viélard, de Salvetat* (*Aveyron*): *ignore le nom de ses père et mère; noble; ci-devant officier dans La Châtre, infanterie; émigré en 1791.* (Com. Vannes, 13 th.) En orthographiant : *de Vielard*, nous croyons être dans le vrai.

Une observation analogue à propos du nommé *Bernay*, Jean (nº 459 de l'*état* du général Lemoine), le *Berney* du monument de la Chartreuse, ainsi que des listes de La Gournerie. Ce prisonnier a été jugé par la Commission militaire de Vannes (président

Bouillon) le 16 thermidor. Au bas de son interrogatoire, qui existe, il a signé très lisiblement : *Béarné*. (Vannes, 16 thermidor).

Nous conserverons donc l'orthographe de *Felex*, *Devenne*, *Vielard* et *Bearné*.

Dans la composition de notre liste, nous avons suivi l'ordre chronologique du fonctionnement des Commissions militaires, ce qui nous a paru plus rationnel et plus instructif qu'une liste alphabétique générale.

Nota : Les abréviations correspondent aux diverses catégories de condamnés à mort : 1º Em. N. (Emigrés nobles). 2º E. (Emigrés non nobles, bourgeois, artisans laboureurs, etc., etc.). 3º Désert. (Soldats déserteurs des armées républicaines). 4º Domest. (Domestiques d'émigrés). 5º Ecclésiastiques. 6º Médecins et Chirurgiens. 7º Ch. (Chefs de Chouans ou Chouans).

TABLEAU DES CONDAMNATIONS A MORT
prononcées par les Commissions militaires

Auray. — Commission Barbaron
(16 condamnations)

	Boulard, Nicolas	Prêtre.
	Bréheret, Pierre-François	Prêtre.
	Castin de la Madeleine, Dominique	Chanoine.
	Frottin, François	Prêtre.
	Gauthier, Julien-Pierre	Prêtre.
	Gaignet, Jean-Baptiste	Prêtre.
	Gérard, Jean	Prêtre.
9 thermidor an III (27 juillet 1795)	Gilart de Larchantel, René-Vincent	Chanoine.
	Gourau, Jacques-Pierre	Prêtre.
	De Hercé, François	Gr. vicaire de Dol.
	De Hercé, Urbain	Evêque de Dol.
	De La Landelle René, lieutenant d'Hervilly	Em. N.
	Legall, Louis-René-P.	Prêtre.
	Petit-Guyot, François	Emigré.
	De Rieussec, Franç.-Pierre	Vicaire général.
	Sombreuil (Vireaux de) Charles. E. G.	Em. N.

Auray. — Commission Bouillon
(14 condamnations)

	De Bertin, Louis	Em. N.
11 thermidor an III (29 juillet 1795)	Brumault de Beauregard, Thomas	Em. N.
	De Cafarelli, Philippe	Em. N.
	De Cardaillac, J.-François	Em. N.
	Cintrat, Louis	Désert.
	De Colleville, Th.-Franç.	Em. N.

11 thermidor (suite)	Dabur, Charles	E.
	De Kerret de Keravel, G.-Yves	Em. N.
	Lecomte (de Ste Suzanne), Jean-Bapt.	Em. N.
	Ledu, Charles	Capit. garde-côtes.
	De Mellenger, Jos.-René	Em. N.
	Pigace, François	E.
	Proux, Pierre	Chef chouan.
	Valois (de la Mariere), J.-Louis	Em. N.

Auray. — Commission Lalène
(164 condamnations)

11 thermidor an III (29 juillet 1795)	De Baupte, L. Charles	Em. N.
	Du Bois-Tesselin, Jac.-René	Em. N.
	Du Bois-Tesselin, Vict.-A.	Em. N.
	De Bonhore, Jul.	Em. N.
	Le Cauchois, Jacques	E.
	De Campreignac (Martin), Yriex	Em. N.
	Cunier, Charles	Etudiant.
	Delaunay, Jean	Domest.
	Dessat, Jean	Désert.
	Dorigné, Charles	Etudiant.
	Dufério, François	Praticien.
	Dutertry, Joseph	Cultivateur.
	Faure, Bertrand	E.
	Gras, Dominique	Domest.
	Guichetau, Jean-D.	Avocat.
	De La Haye, Jean-Louis	Em. N.
	Lefèvre, Jacques	Désert.
	Legris, Jean-Nic.	E.
	Martin, Joseph	E.
	Morisson de la Bassetière, Charles	Em. N.
	De Moucheron, Claude-H^{ri}	Em. N.
	De Moucheron, Jean-Marie	Em. N.
	Pic de la Mirandole, Guill.	Em. N.
	Poultier de Montenant, P^l.	Em. N.
	Robert de Boisfossé, Henri	Em. N.
	De Roquefeuille, Pierre F^{ra}	Em. N.
	De Savignac, Joseph	Em. N.
	Solanet, Raymond	Praticien.

11 thermidor (suite)	Tessier, Jacques.	Menuisier.
	Vaillant, Hubert.	Verrier.
	de Vasconcelles, Louis	Em. N.
	de Vignaux (jeune), L.-Jos.	Em. N.
	Vimart, Urbain-Claude	Chirurgien.
	de Vissel, Pierre-Nicolas	Em. N.
	Wolf, Jean-Nicolas	Domest.
12 thermidor (30 juillet 1795)	Bachelot, Mathurin	Laboureur, ch.
	Baudiot, Joseph.	Désert.
	Carmouche, Léon.	Désert.
	de La Chapelle, Jos.-Franç^s	Em. N.
	Chardon, J.-Baptiste	Rentier.
	Collet, François.	Domest.
	Courchon (ou de Courson), François	Em. N.
	Delebarre, Antoine	Tisserand.
	Duroché, Gabriel	Contrebandier.
	Fournier, Jean	Désert.
	Guenvert, Jean	Ch.
	Hémery, Geoffroy.	Domest.
	Hochin, François	Laboureur.
	Jégu, Louis.	Domest.
	Lagrange, Pierre	Désert.
	Lamour de Lanjégu, Franc.	Em. N.
	Lecun, Guill.	Chantre.
	Maret, Félix.	Domest.
	Omnès, Yves-M.	Maître d'école.
	de Robecq, Guy-M.-C.	Em. N.
	Robin, Joseph.	Tailleur, ch.
	Wiboux, Honoré	Laboureur.
14 et 15 thermidor (1er et 2 août 1795)	d'Anceau, Jean-Th.	Em. N.
	de la Barthe de Thermes, Joseph	Em. N.
	de la Barthe de Thermes, François-L.	Em. N.
	Baudot de Sainneville, Nicolas-A.	Em. N.
	du Breuil, André-C.	Em. N.
	de Brossart de Ste-Croix, Louis-A.	Em. N.
	des Brulys, Franç.-P.	Em. N.
	de Buissy, Ch.-Max.	Em. N.
	de Colombet, Joseph	Em. N.
	de Corday, Charles.	Em. N.
	du Drézy de Penfuntum, H.-Ch.	Em. N.

Closmadeuc. — 37.

13 et 14 thermidor (suite)	de Faydll, Maurice	Em. N.
	de Flayelle, Jean	Em. N.
	de Foucault, Armand	Em. N.
	de Goulaine, Anne-M.	Em. N.
	de Grimonville, Charles	Em. N.
	de Guéroust, Jean-L.	Em. N.
	d'Heize, Louis-F.	Em. N.
	l'Huillier de Rouvenac, Jacª	Em. N.
	du Jay, Frédér.-Joseph	Em. N.
	de Maillet, J.-Baptiste	Em. N.
	Marché, Julien	Désert.
	Paillot de Grandpré, A.-Jean-L.	Em. N.
	Paris de Soulange, Claude-R.	Em. N.
	de Paty de Luriès, Léonard	Em. N.
	de Rossel, Christophe-C.	Em. N.
	de Vaux (Jourda), Jean-Lª	Em. N.
	du Verne de Lanty, Jean-F.-G.-A.	Em. N.
	de Violaine, Jean-A.-Y.	Em N.
	Zibrant, Jean-Bapt.	Désert. du 74ᵉ.
15 thermidor (3 août 1795)	Béghin, Emmanuel	Domest.
	Boucheron de Russey, Pierre.	Em. N.
	de Cluzel, Antoine-R.	Em. N.
	de Gimel, Jacques	Em. N.
	du Moutier, Antoine-J.	Em. N.
	de Passac, Pierre-A.	Em. N.
	Rogon de Carcaradec, Lᵉ-M.	Em. N.
16 thermidor (4 août 1795)	Allieaume, Louis-Nicolas	Désert.
20 thermidor (8 août 1795)	Guy dit Petit, M.-Charles.	Em. N.
	Régnier de Lambrunière, François	Em. N.
21 thermidor (9 août 1795)	Chapon, J.-F.	Désert.
24 thermidor (13 août 1795)	Maubert, Mathurin	Chef Ch.
25 thermidor (14 août 1795)	Candou, Fançois	Ch.
26 thermidor (15 août 1795)	Letouze, Mathurin	Désert.

3 fructidor (20 août 1795)	Guénédal, Jean	Ch.
	Pujoly, Louis	Laboureur.
9 fructidor (26 août 1795)	Guillas, G.	Ch.
	Jeannot, A.	Ch.
11 fructidor (28 août 1795)	d'Assérac (Cte de Rieux), Louis-Ch.-M.	Ém. N.
	Bauvais, Étienne	Marchand.
	du Bouetiez de Kérorguen, Joseph	Ém. N.
	de Chenu, Charles	Ém. N.
	le Clerc, Louis	É.
	Dury, Louis	É.
	de Feuardent, Cyprien	Ém. N.
	de la Féraudière, Louis-J.	Ém. N.
	Hébert, Alexis	Gantier.
	Noel, Jean	Armurier.
	Puniet, Charles	É.
	Raoul du Soulier, Joseph-H.	Ém. N.
	de la Roussille, Jacques	Ém. N.
	la Seinie (Gareau de), Pierre	Ém. N.
	la Seinie (Gareau de), Théodore	Ém. N.
	Sevestre, Pierre	É.
	de Vaucassel, Louis	Ém. N.
	de Viart, Henri	Ém. N.
	de Viart, Charles	Ém. N.
12 fructidor (29 août 1795)	d'Anglars, Charles	Ém. N.
	Bourdon de Grammont, Claude-A.	Ém. N.
	Comparot de Langsois, François	Ém. N.
	des Forges, Guy	Ém. N.
	Duplessis, Pierre	Désert. du 72e.
	Gaune de Cazaux, Charles-A.	Ém. N.
	de la Guarigue de la Tournerie, Jean-S.	Ém. N.
	de Guerry, Charles	Ém. N.
	de Guerry, Gilbert	Ém. N.
	Langlois de la Heuse, P.-A.-Wulfranc	Prêtre.
	Lelièvre, René	É. Maître d'école.

— 580 —

12 fructidor (suite)	le Normand de Garat, René..............	Ém. N.
	de Parfourru, Louis . . .	Ém. N.
	le Prince, A.-Simon . . .	É.
	Reynard, Ch.........	É.
	de Réville, René-M. . . .	Ém. N.
	du Rocher du Rouvre, Y.-C-F............	Ém. N.
	de Salvard, Jean	Ém. N.
	de Salve de Villedieu, J.-Bapt.-Pierre........	Ém. N.
13 fructidor (30 août 1795)	Avril, René.........	Domest.
	de Berthou, H.-J......	Ém. N.
	Billouard de Kerlerec, Gab.	Ém. N.
	Bonnard, L.-N.......	Désert. de réq.
	Faget, Const.........	Domest.
	Fougeret, Antoine.....	Déserteur.
	Delorne, Joseph.......	Domest.
	Martin, François	Désert.
	de Masquilier, Louis . . .	Ém. N.
	Pennequin, P.-Jos......	É.
	Thomas, Jean-Bapt. . . .	Domest.
	Vassal de Bellegarde, J.-François..........	Ém. N.
	Visdelou de Bédé, Hercule.	Ém. N.
14 fructidor (31 août 1795)	Arbon, Philippe.......	Désert.
	Arnoult, Pierre	Praticien.
	Bonneville, Raph......	Horloger.
	Cornillebois, Math.....	Désert.
	Gothereau de Grandchamp, A.-Gabriel.........	Ém. N.
	Malherbes, François . . .	Domest.
15 fructidor	Blaise, Louis........	Ch.
18 fructidor	Élec, Noël..........	Ch.

Auray. — Commission Duilhe

(29 condamnations)

14 thermidor an III (1ᵉʳ août 1795)	Berthelot, Jean-M.....	Ch.
	Bréard de Boisanger, Thomas............	Ém. N.
	Clabeau, Félix	Désert.

— 581 —

14 thermidor (suite)	Costinic, François	Ch.
	de Fréville, Jean-P	Désert.
	Glais du Gage, Joseph	Ém. N.
	Leleu, Nicolas	Désert.
	de Meynard, J.-Ant	Ém. N.
	du Montel de Malusses, François	Ém. N.
	Morel, Hyacinthe	Désert.
	Devenne (?), J.-B	É.
15 et 16 thermidor	Breaut, François	Désert.
	Brébion, François	Désert.
	Brodier, Ch.-Georges	Domest.
	Collibeaux, Théodore-H.-J.	É
	Diserdille, Louis	Domest.
	Doudement, Jean-Nic.	Domest.
	Duvale, Tranquille	Domest.
	Ezano, Pierre	Chef ch.
	Houllier, Jean-Bapt.	Domest
	Laity, Louis	Chef ch.
	de Lantivy Kervéno, Paul	Chef ch.
	le Merdy de Quillien, Jean-L	Ém. N.
	Ollier, Joseph	Ch.
	Payen de Chavoy, Raoul	Ém. N.
	Pessel, Joseph	Ch.
	de Portzamparc, Louis-H.-M	Ém. N.
	Rémy, J.-Baptiste	Domest.
	Le Vassort, Étienne	Domest.

Quiberon. — 1ʳᵉ Commission Dinne

(SAINT-PIERRE)

(114 condamnations)

9 et 10 thermidor an III (27 juillet 1795)	de Béchillon, Ch.-Sylv.	Ém. N.
	Bétard, Pierre	É.
	Bignon du Fresne, R.-Barbe	Ém. N.
	Boilleteau, J.	Désert.
	de Brie, J.-M. M	Ém. N.
	de Buissy, Louis-F.-B.	Ém. N.
	de Chapiteau, Salomon	Ém. N.
	Delaistre, L.-Florentin	Praticien.

	Dubocquet, Athanase...	Praticien.
	Felex, Antoine-J.....	Bourgeois.
	Fesselier, J.-F......	Étudiant.
	Fiolet, J.-J.	Désert
	Grenier, Nic........	Domest.
	Huchette, Fs	Désert.
	Javel, Antoine-L.....	Chirurg.
	Javel, Alexis	Chirurg.
	Lairet, François.....	Domest.
	Lallemand, Pierre	Domest.
	Lamy, Franç........	Domest.
	Legrand, François	Désert.
9 et 10 thermidor	Lemoyne dit Adolphe, Jean-D.	Domest.
(suite)	Mariotte, Nicolas	Désert.
	Le Moiton, René	Palefrenier déser.
	Mondion, Pierre	Domest.
	Moreau, Toussaint	É.
	Paris, Jacques	Domest.
	Poulain, François.....	Postillon désert.
	Priez, Jean-Bapt......	Ouvrier.
	De Quincarnon, Armand .	Ém. N.
	Pinel de la Ville Robert François-J........	Ém. N.
	Sico, François.......	Domest.
	le Vaillant (dit Glatigny), Charles	Ouv. verrier, E
	de Varin. Louis-Guill. ...	Ém. N.
	Aniéré, Marc	Désert.
	Bonje, Henri	Désert.
	Bonje, Eustache......	Désert.
	Briche, Louis-J......	Désert.
	Coupet, Pierre	Journalier.
	Delcroix, Antoine.....	Désert.
	Doco, A.-J.........	Désert.
10 thermidor	Dusautoir, Florentin ...	Désert.
	Hélin, Ferdinand	Cordonnier, désert.
	Gouy, Auguste	Linier, désert.
	Lagroy de Croutte, Nicolas	Étudiant.
	Péron, P.-L.	Désert.
	Pintel, Dominique	Désert.
	Pintel, Augustin	Désert.
	Vasseur, Clotaire-F. ...	Désert.
	Wandome, François ...	Désert.

11 thermidor	le Barbier de la Bourdonnière, Jean-Jacques...	Ém. N.
	Barré, Yves............	Chirurgien.
	Cadart, Jacques.........	Désert.
	le Goalès de Lanséon, Charles-M.........	Em. N.
	du Largez, Louis-Gabriel.	Prêtre.
	Lendu, Jean............	Domest.
	Maurice, Nicolas........	Domest.
	Périgaux, Mathurin.....	Domest.
	Réchin, Louis..........	Domest.
12 thermidor	de Barandin, Louis......	Ém. N.
	Bultelle, Jacques........	Domest.
	de Courteville, Daniel...	Ém. N.
	d'Elbèque, Cons.-L......	Désert.
	de la Houssaye, Jean-Bapt.	Ch.
	Hugon, Claude.........	Ém. N.
	Jouan de Kervenoael, Bernard............	Ém. N.
	de Lage de Volude, Henri.	Ém. N.
	de Mauvise, Antoine....	Ém. N.
	de Paty de Luriès, Adrien-R.	Ém. N.
	Pyniot de la Girardière, Clair.............	Ém. N.
	Rolland de Kerloury, René-M.	Prêtre.
	de Royrand, Ch.-César..	Ém. N.
	Sarret (de Crozon ?), J...	Bourgeois.
	de la Villeloays, Louis..	Ém. N.
	de la Voitais (Prévost), Louis-M............	Ém. N.
13 au 15 thermidor	Alys, Joachin..........	Maçon.
	Aubry, Furcy..........	Désert.
	Ballet de la Chenardière, Nicolas-J...........	Ém. N.
	de Beaucorps, J.-J......	Ém. N.
	Berthelot, Augustin.....	Étudiant.
	Bombart, André........	Négociant en fil.
	de Boussineau, Pierre-Syl.	Bourgeois.
	Breton, J.-François.....	Instituteur.
	de Bray, L.-Max........	Bourgeois.
	de Chasteigner, P.-Alex..	Ém. N.
	de Courson de Knescop, Charlemagne........	Ém. N.

	Duquesne, Alexis.	Désert.
	des Fontaines, Hilarion . .	Ém. N.
	Fontaine, Louis.	Maréchal ferr.
	du Fresnoy, J.-B	Ém. N.
	du Plessis, Claude	Ém. N.
	du Plessis, Theod	Ém. N.
	Gynouvez dit Latour, Jean-Et.	Désert.
	Hochenac, Auguste	Maçon
	Imbert de Thoumouard, Thomas	Ém. N.
	Kerbelet, Mathurin	Désert.
	Labrousse, Pierre-J. . . .	É.
13 au 15 thermidor (suite)	Lalande, Adrien	Verrier, É.
	de Lamberterie, Pierre . .	Ém. N.
	Larcher, Louis-J.	Négociant.
	Lefebvre, Flor.	Désert.
	Leroy de Méricourt, F.-M..	Ém. N.
	de Lustrac, Jean-J.	Ém. N.
	Maffre de Cruzel, P.-M.-F.	Ém. N.
	Mello de la Méterie, Césaire	Ém. N.
	Noël, Const.-Nicol.-J. . . .	Désert.
	Nourry, J.-B.-P.	Domest.
	Robert, Etienne.	Domest.
	de la Roche de Loriac, J°-Philippe	Ém. N.
	de Salignac-Fénélon, André-Em.	Ém. N.
	Tertbrughe, Louis	Étudiant.
16 thermidor	d'Audebart, Pierre	Ém. N.
19 thermidor	de Jouenne, François . . .	Ém. N.
	Malherbe, Guill.	Désert.
	Moulin, Gabriel	Désert.

Quiberon. — 2me Commission Dubois

(KÉRAUDE)

(56 condamnations)

14 et 15 thermidor an III (1er et 2 août 1895)	de la Barre, François-R . .	Ém. N.
	de Borrasol, Joachin . . .	Ém. N.
	Bouhier de Maubert, Joseph-A. . . . . ,	Ém. N.
	de Boulon, Jean	Ém. N.

	de Brie, J.-M.-M. . . .	Ém. N.
	Burgault de Montfort, Pierre-P.	Ém. N.
	Cardon de Vidampierre, Jean-Jos.	Ém. N.
	Chasteignier de la Grange, Jean-P.-Alex.	Ém. N.
	de Christon (Marchant), L.-François	Ém. N.
	du Crozet de la Régnaude, J.-B.	Ém. N.
	Fournier d'Oyron, P.-Aug.	Ém. N.
	de Génot, Edmé	Ém. N.
	Gorrin du Ponsay, Jérôme.	Ém. N.
	Ch[er] de Goulaine, Henri .	Ém. N.
	du Haffont, J.-M.-G. . . .	Ém. N.
	de Harscouet, Casim.-J.-M.	Ém. N.
	de Lamoignon, M.-Ch.-G.	Ém. N.
14 et 15 thermidor (suite)	de Lostende, Othon-B. . .	Ém. N.
	du Parc de Locmaria, Gabriel.	Ém. N.
	de Pressac, Thomas . . .	Ém. N.
	de la Roche-Villeneuve, François	Ém. N.
	de la Roche-Villeneuve, J.-L.-Alex.	Ém. N.
	du Rocher de Quengo, J.-Bapt.-L.	Ém. N.
	Rogon de Carcaradec, Armand	Ém. N.
	de Rouault (dit Genhaut), Charles-C.-F.	Ém. N.
	de Savignac, Joseph . . .	Ém. N.
	Tardivet, Jean-Bapt. . . .	Ém. N.
	Treton de Vaujuas, Jér.-F.	Ém. N.
	Vaudin, François	Domest.
	de la Villéon de Villevalio, Toussaint-L	Ém. N.
	Bachelot, Michel	Domest.
	de Beaupoil Saint-Hilaire, Marc-Ant.	Ém. N.
	Besnard, P.-J.	Maitre clerc. É.
16 thermidor	le Bihannic de Guiquerneau, Anne-Claude . . .	Ém. N.
	de Caqueray, François . .	Ém. N.
	Chadayne, Jean.	Désert.
	Cottinet, J.-Bapt	Domest.

	Froger de la Clisse, Ch.-A.	Èm. N.
	Guenguené, François...	Èm N.
	Hervet, Louis......	Domest.
	de la Haye Montbault, Gabriel.....	Èm. N.
	de Lamotte de la Guyomarais, Joseph-F.....	Èm. N.
16 thermidor (suite)	Milon de la Touche au Prou, Pierre-H.....	Èm. N.
	Delaplanche, Gilles....	Domest.
	de Quincarnon, Armand .	Èm. N.
	Thépault du Breignou, H.-J.-G.......	Èm. N.
	Thorel de la Toupelinière, Nicolas.........	Èm. N.
	le Vicomte de la Villegourio, Joseph.......	Èm. N.
	Bailleul de Croissanville, T............	Èm. N.
	le Boutouillic de Guergelin, René-M......	Èm. N.
	Brien, Pierre-M......	Chef ch.
17 et 18 thermidor	Demotte, Jean-P......	Chef ch.
	Jérôme, Claude-N.....	Chef ch.
	Légo, Charles......	Chef ch.
	Lesausse, Jacques	Chef ch.
	le Métayer de la Garde, Remy...........	Chef ch.

Vannes. — 1re Commission Bouillon

(60 condamnations)

	de Baumont (Ducheron), Joseph-P.........	Èm. N.
	Bolinard des Roches, Pier. J.............	Èm. N.
15 thermidor	de Bourdon de Ris, Josep.	Èm. N.
an III	Chadeau de la Clocheterie, Louis.........	Èm. N.
(3 août 1795)	de Cholet, J.-B......	Èm. N.
	Couhé de Lusignan, Louis.	Èm. N.
	de Courson (de la Ville-Hello), François-August.	Èm. N.
	Damoiseau de la Barre, F.-J.	Èm. N.

— 587 —

15 thermidor (suite)	Ch^{ier} Dombideau de Crouseilhes, Jean-B.	Ém. N.
	Daurout, Jean-Ant.	É.
	de Fonterouger, Jean	Ém. N.
	de Froger de l'Éguille, L^{is}.	Ér. N.
	de Froger de l'Éguille, H^{ri}.	Ér. N.
	de Gréhier de Concise, Charle-A.	Ém. N.
	Hellouin de Courcy, Paul-P.-P.	Ém. N.
	de Kergariou Lomaria, Théobald-R.	Ém. N.
	Laporte, Jean-B.	É.
	Lenglé de Moriencourt, François-E.	Ém. N.
	Marie, Joseph.	Déserteur.
	Ch^{ier} Mauroy, Jean-M.	Ém. N.
	de Maucourt, François	Ém. N.
	Moureville de la Funelière, Hippolyte-A.-R.	Ém. N.
	le Mouton de Néhou, J.	Ém. N.
	de Navailles, Charles.	Ém. N.
	d'Orvillers (Guillouet), Fr.	Ém. N.
	du Portal, Jean L.	Ém. N.
	Prigent de Quérebars, Jean-Nic.-A	Ém. N.
	Rouche, Pierre	É.
	Royrand de Roussière, Charles-A.	Ém. N.
	de Tassy, Auguste	Ém. N.
	de Tartulle de la Baume, Joseph-Ant.	Ém. N.
	Testat de Folmont, Antoin.	Ém. N.
	Vidaud de la Barre, Franç.	Ém. N.
16 thermidor	Baulavon, Gabriel.	Séminariste.
	de Beaufort (de Goyon), Joseph-M.-J.	Ém. N.
	Bearné, Jean	É.
	Beuquet d'Arblade, Jean-L.	Ém. N.
	le Boucher de Martigny, Louis-E.	Ém. N.
	de Béziade d'Avaray, Armand-L.Th.	Ém. N.
	de la Chevière, Benjamin-R.-M.	Ém. N.
	de la Chevière, Jean-Bapt.-G.	Ém. N.

16 thermidor (suite)	de Cillart de la Villeneuve, Etienne-J.-M.	Ém. N.
	le Fauconnier de la Bonneville, H.-J.	Ém. N.
	d'Hudebert, Jacques-F.	Ém. N.
	de Kerguisiau de Kervasdoué, Ch.-Marie	Chef ch.
	de Malbec de Briges, Joseph-Ch.	Ém. N.
	de Pécholier, Antoine	Ém. N.
	de Perdreauville, Jean-D.	Ém. N.
	de la Reyranglade, H.-Pascal	Ém. N.
	de Vassal de Saint-Gély, Armand-A.	Ém. N.
	de Vassy, Alexandre	Ém. N.
26 thermidor	Blot, Pierre	Désert.
	Blot, Henri	Désert.
	Brévelley, Pierre	Ch.
	Brohan, Jean	Chef ch.
	Dugué, F.-R.	Désert.
	Duguégan, L.-Joachin	Désert.
	Guillemot dit le Bouche, Pierre	Chef ch.
	Molgat, Jacques	Ch.
	Poulain, Jacques-Aimé	Prêtre.

Vannes. — Commission Bedos

(127 *condamnations*)

13 thermidor an III (30 juillet 1795)	d'Albert Mivel, Charles	Désert.
	Aloy, Antoine	Désert.
	Aloy, Louis-J.	Désert.
	Aubin de Bolconard, J.-A.	Ém N.
	Bahuno de Kérolain, Paul-F.	Ém. N.
	le Baillif de Portsaluden, Jean-P.-R.	Ém. N.
	Barba, Jean-J.	Désert.
	de Beauvillié, J.	Ém. N.
	Belisson, Louis	Désert.
	Benoit, C.-J.	Désert.
	Bessin, Guillaume	Désert.
	Biard, Jacques-C.-A.	É.
	Boulé, Jacques	Désert.

	Boulefroy, Claude	Désert.
	Bouvier, Jacques	Ch.
	de Broglie, Auguste-L.-J.	Ém. N.
	Cabon de Kérandraon, Joseph-M.	Ém. N.
	Carpentier, Ignace-Joseph.	É.
	Chatel, Louis.	Désert.
	Cibour, P.-Louis	É.
	Coiffeteau, Laurent.	Chirurgien.
	Colin, Pierre	Désert.
	de Cotelle, Sathurnin-R.	Ém. N.
	Coureau, Alexandre	Désert.
	Daniel, L.	Désert.
	Dethort, Emmanuel.	É.
	Duplécy, Louis-F⁵	Ém. N.
	Dutertre, Pierre.	É.
	d'Espiart, François	Ém. N.
	Evrard, Pierre.	É.
	de Fauville, Antoine	Ém. N.
	de Fouchier de Pontmoreau, François-P.	Ém. N.
	Garro, Pierre	Désert.
13 thermidor (suite)	Gontier, Jacques	É.
	Jacques, Louis	Désert.
	de Jallays, Louis	Ém. N.
	de Jallays, Auguste.	Ém. N.
	de Jallays, Victor.	Ém. N.
	Joubert de la Cour-Goronière, Jacq.	Ém. N.
	de la Jumelière, M.-F.	Ém. N.
	Leblanc, Joseph.	É.
	Lefort, Marie-Louis.	Désert.
	Legauche, L.-Henri	É.
	Lelargue (ou Le Lart), René-Ant.	É.
	Leleu, Pierre-Ant.	Désert.
	Letat, René	Tonnelier.
	le Maître d'Annoville, Franç.	Ém. N.
	de Many, Paul	Ém. N.
	Mené, Charles	É.
	de Montarnal, François.	Ém. N.
	de Montlézun, Henri	Ém. N.
	de la Mothe, Prosper.	Ém. N.
	la Motte, Pierre.	Désert.
	de Neuville, Alexandre-A.	Ém. N.
	Palespont, J.-B	É.

	Pascal de Château Laurent, Joseph	Ém. N.
	Pérenno de Penvern, Jean-Fs	Ém. N.
	Pétit, René	Désert.
	du Pont, Pierre-Fs	Ém. N.
	de Prévost, L.-Frédéric	Ém. N.
	de Puyferré, Gabriel	Ém. N.
	de la Rochefoucault, René-Cl.	Ém. N.
	de Rouxeville, René-Ch.	Ém. N.
	le Royer, R.-François	Ém. N.
	de Saint-Sauveur, Jean-Bapt.	Ém. N.
13 thermidor (suite)	de Saint-Luc, Ange-Marie	Ém. N.
	San-é, Louis	Désert.
	de Sanzillon, Jean	Désert.
	Vanoche, Guill.	Désert.
	Varin, Louis-G.	É.
	de Vauquelin, Paulin	Ém. N.
	de Vauquelin, Gabriel-F.	Ém. N.
	de Vielard, Henry	Ém. N.
	Villavicienso, Charles-Jos.	Ém. N.
	Villemer, Pierre	Désert.
	de Villeneuve Flammolens, Henri	Ém. N.
	Yot, Pierre	Désert.
	d'Aiguillon, Joseph	Ém. N.
	d'Amboix, Charles	Ém. N.
	d'Amboix, Pierre-J.	Ém. N.
	du Bac de la Chapelle, P.-J.	Ém. N.
	de Baudrand, Louis-Ch.	Ém. N.
	Banquet de Grandval, Guillaume	Ém. N.
	Bernardeau de Salvert, Joseph-M.	Ém. N.
	de Boissendes, Eudes	Ém. N.
14 thermidor	de Chevreux, Jean-M.	Ém. N.
	de Colardin, M.-Claude	Ém. N.
	Collard de Ville, A.-Jean	Ém. N.
	de Corday, P.-Jean	Ém. N.
	Faulte de Vanteaux, Mathieu	Ém. N.
	Gigault de Bellefonds, J.-François	Ém. N.
	le chevalier de la Houssaye, Augustin-J.-M.	Ém. N.
	Hue de Lerondel, André-M.	Ém. N.
	de Langle, L.-M.-Vincent	Ém. N.

	Lebreton, Guillaume-R. .	É.
	Lemaire de Charmois, Louis-Ch.	Ém. N.
	de Lombard, L.-A.-J. . . .	Ém. N.
	chʳ de Masson, René . . .	Ém. N.
	de Panthon, Guill.-M. . .	Ém. N.
	de Pélissier, J.-Louis . . .	Ém. N.
	de Percy, René-Ch.	Ém. N.
	Poulain du Chesnay, Paul.-P.	Ém. N.
14 thermidor (suite)	de la Roche Aymon de la Roussie, Jacques	Ém. N.
	du Rocher du Quengo, Gabriel-P.	Ém. N.
	Rogon de Carcaradec, Hyacinthe-F.	Ém. N.
	de Roquefeuille, Charles-B.	Ém. N.
	Tapinois de Cazal, Jean-C.	Ém. N.
	Testut d'Elguo, Jean-J. . .	Ém. N.
	Thibault-Marais, Aimé-Fr.	Ém. N.
	de Trédern de Lézerec, Guillaume-M.	Ém. N.
	de Trévou, Joseph-J.-M. . .	Ém. N.
	de Tronjoly, François-U. .	Ém. N.
	de la Carrière, F.-S.	Ém. N.
	de Cheffontaine de Penfuntenio, Alex.-M.	Ém. N.
	de Coetlosquet, Franç.-M.	Ém. N.
	de Coetlosquet, Louis-M. Joseph	Ém. N.
	Cramezel de Kerrué, Jacques-M.	Ém. N.
	de Derval, J.-J.	Ém. N.
	Dubois de Beauregard, F.-A.-M.	Ém. N.
15 thermidor	le Forestier de Boiséon, Jac.-Nic.	Ém. N.
	Gouyanet de Bouazel, Armand-J.	Ém. N.
	Jocquet, L.-M.-J.	É.
	du Largez, Pierre-F. . . .	Ém. N.
	Meherenc de St-Pierre, A.-M.-H.	Ém. N.
	Normand de Garat, René .	Ém. N.
	le Ny de Coetudavel, Louis-E.	Ém. N
	le vicomte de la Villevolette Jean-Bapt.	Ém. N.

Vannes. — Commission Levieux

(4 condamnations)

25 thermidor
an III
(12 août 1795)

- Boucher, F.-Guillaume . . Désert.
- Hamon, Joseph . . . . . . Domest.
- Lemaguet, Nicolas . . . . Ch.
- Poche, Yves. . . . . Domest.

Vannes. — Commission Honoré

(26 condamnations)

8 fructidor
an III
(25 août 1895)

- Bernard, J.-M. . . . . Ch.
- Bertrand, François . . . . É.
- Burnole, Claude-M. . . . . Ch.
- de Clinchamp, Jacques-R. Ém. N.
- Coustin de Masnadau, Jean-F. Ém. N.
- Dano, Isidore . . . . Ch.
- Guillerot, Joseph . . . . . Ch.
- Lahergue, François . . . . Ch.
- du Laurent de la Barre, Florentin . . . . Ém. N.
- Lefranc, Mathurin. . . . . Domest.
- Levêque, Jean. . . . . . . Domest.
- de Pélissier, J.-M. . . . . Domest.
- Pelletier, Jean. . . . . . . Domest.
- Queinec, Jean. . . . . . . Domest.
- Renégot, Guillaume. . . . Ch.
- Rion, Yves . . . . Domest.
- de Rossel, L.-C. . . . . . . Ém. N.
- de Vélard, Louis-F. . . . . Ém. N.

14 fructidor — Bourguignon, François. . Désert.

16 fructidor — Née, Pierre-M. . . . . . . Domest.

17 fructidor
- de la Bassetière, Louis-F.-H. Ém. N.
- le Chauff de Lehellec, Fidèle. Ém. N.
- du Pontiche de Royg, Joseph Ém. N.

18 fructidor — Sourisseau, Joseph . . . . Désert.

19 fructidor — Noel, Jean. . . . . É.

20 fructidor — Chopes, J.-B. . . . . Domest.

Vannes. — Commission Legrand

(59 condamnations)

	du Bois-Hue (Guéheneuc), A.-C.-M.	Ém. N.
	de Botherel, H.-François	Ém. N.
	Chevé, François	Ch.
	Colin de la Biochaie, Séraph.	Ém. N.
	de Cotte, A.	Ém. N.
	Florentin, Pierre	Domest.
	Gauthier, J.	Domest.
	Géhanno, Charles	Ch.
	de Gouyon de Beaufort, Casimir	Ém. N.
	Gréla, Joseph	Ch.
	Grignard de Champsavoy, Guy-F.	Ém. N.
8 fructidor an III (25 août 1795)	Jouanguy, Vincent	Ch.
	de Lanoue, César-G.	Ém. N.
	Lanjamet de Vaucouleurs, Alex.-Jean-J.	Ém. N.
	du Laurent de la B..., Florentin-G.	Ém. N.
	Lequin, René	Domest.
	Leroux, Jean	Ch.
	Lublin, Jean	Ch.
	Perrault, Vincent	Ch.
	Savatte de Genouillé, Pierre-A.	Ém. N.
	Savatte de Genouillé cadet, Louis-M.	Ém. N.
	Séveno, Pierre	Ch.
	Tossène, Etienne	Ch.
	Verayon de Villeneuve, Jean-Bapt.	Ém. N.
9 fructidor	Bernard, Charles	Désert.
10 fructidor	de Bonnefon, Maurice-C.	Ém. N.
	Gesril du Papeu, Joseph-F.	Ém. N.
	Panou Deurbrouck, Jacques-M.	?
	de Talhouet, Claud.	Ém. N.
19 fructidor	Tissot, François	É.

Closmadeuc. — 38.

20 fructidor	Bans, Pierre............	Boucher. É.
	Caron, A.-M.-J.........	Domest.
	Jouvain, Jul.	É.
	Maigrot, Jean.........	Domest.
	Martin, Antoine........	É.
21 fructidor	Dugastre (le même que Ducasse), François.....	É.
25 fructidor	Giraud, Alexis	Désert.
	Wamelle d'Enneval, Jean-François..........	É.
26 fructidor	Rafler, Jacob	Boucher.
27 fructidor	Hamelin, Joseph	Désert.
28 fructidor	Du Buat, François	Ém. N.
	Pallet d'Antraize, Jean-B..	Ém. N.
5ᵉ jour complémentaire (21 sept. 1895)	d'Apchier, Gilbert......	Ém N.
	Bocquet, Nicolas	Jardinier.
	du Val de Beaumetz, Charlᵉˢ	Ém. N.
5 et 6 vendémiaire an IV	Bodicq, Michel	Ch.
	Lancien, Jean.........	Ch.
	Séveno, Mⁱᵉ..........	Chef ch.
	Le Thiec, Pierre	Désert.
	Thomazeau, Michel....	Ch.
	Thomazeau, Jacques ...	Ch.
15 vendémiaire	Duret, Charles	Marchand.
16 vendémiaire	Ougean, M..........	Ch.
	Falhun (au lieu de Pharaon) Guillaume.........	Ch.
	Falher, Joachin.......	Déserteur.
29 vendémiaire	Drouin, François.....	É.
	de la Ferté (se disant Mannes), Antoine	Ém. N.
15 brumaire	Allanic, Alex.........	Ch.
	Lafeteur, Philippe.....	Domest.

Vannes. — Commission Lohée

(19 condamnations)

	Basson, François	É.
	Béon de la Guttère, Franç.	Em. N.
	de Bermond, Raymond	Em. N.
	Boguais de la Boissière, Louis-H.	Em. N.
	de Charbonneau, Henri	Em. N.
	de Chevière, Joseph	Em. N.
	de Courtaudon, F.-Vincent	Em. N.
	Ferret, J.-Louis-A.	Étudiant.
	Flamant, Michel-A.	Étudiant.
8 et 9 fructidor an III (25 août 1895)	Guyot de St-Michel, Vinc.	Em. N.
	Javel, Alex.	Chirurgien.
	de Kermoiseau, Rolland-G.	Em. N.
	Lainé, Michel	Tapissier.
	de Lantivy Trédion, René-J.	Chef ch.
	de Lisle de la Ferté, Paul-L.	Em. N.
	de Prévost Largeur, Louis-A.	Em. N.
	Soain, Denis	Voyageur.
	le Vaillant (de la Férière), Paul	Em. N.
	de Vauquelin, François	Em. N.

Vannes. — Commission Guidal

(62 condamnations)

	Benizet, Henri	Ch.
	de Brossard, Charles-Cl.	Ch.
	Daniel, François	Ch.
	Dorset, Pierre	Ch.
	Gallet, Gilles	Ch
	Garnier, Joseph	Désert.
23 nivôse an IV (12 janvier 1796)	Keroider, J.-F.	Perruquier.
	Lebeau, Sébastien	Ch.
	Moulais, Nicolas	É.
	Perron, J.	Toulonais.
	Riguidel, B.-M.	Désert.
	Rio, Jean-P.	Ch.
	Sainter, Jacques	Ch.
	Thomassin, Jean	Désert.

26 nivôse	Dufour, Cl.-Frs.	Désert.
	Mahé, J.	Ch.
	Pellerin, M.	Ch. réfract.
	Thomas, J.-Bapt.	Désert.
27 nivôse	Bluherne, Joseph	Ch.
	Le Breton, M.	Ch.
	Caudal, J.	Ch.
	Chevalier, Fr.	Ch.
	Enainf, Joseph	Ch. réfract.
	Henriot, Yves	Ch. réfract.
	Lorvol, F.	Ch. réfract.
	Michel, N.	Ch.
	Ridant, Jean-M.	Ch. réfract.
	Tré, Mathurin	Ch.
28 nivôse	Danic, Etienne	Ch.
	Flau, Mathurin	Ch. réfract.
	Le Galidec, Joseph	Ch.
	Gourdet, J.	Ch. réfract.
	Hains, J.	Ch. réfract.
	Jeannot, François	Ch. réfract.
	Landrein, Jean	Ch. réfract.
	Lebail, Julien	Ch. réfract.
	Lubert, Jean	Ch.
	Santes, Jean	Ch. réfract.
29 nivôse	Croëler, Vincent	Ch. réfract.
	Dagord, Jacques	Ch. réfract.
	Flouris, Louis	Ch. réfract.
	Gué.an, J.	Ch. réfract.
	Horrant, Alexandre	Ch
	Jéanno, Joseph	Ch. réfract.
	Quélard, N.	Ch.
	Landrein, Yves	Ch. réfract.
	Loyer, Louis	Ch. réfract.
	Loyer, Jean	Ch.
	Stévant, François	Ch. réfract.
8 pluviôse	Boitrouse, Pierre	Ch. réfract.
	Chisy, J.	Ch. réfract.
	Gercioque, Mathurin	Ch. réfract.
	Gillet, Pierre	Ch. réfract.
	Guillerot, Jean	Ch.
	Madec, Pierre	Ch. réfract.
	Quarnaque, J.	Ch. réfract.

— 597 —

30 pluviôse	Bossenote, Guillaume	Ch. réfract.
	Dano, L.	Ch. refract.
	Guérit, Michel	Ch. réfract.
	Loriot, Mathurin	Ch. réfract.
	Priot, Pierre	Ch. réfract.
8 ventôse	Lescorvay, Pierre	Ch. réfract.

Port-Liberté. — 5me Commission Toupest

(1 condamnation)

17 fructidor an III (3 sept. 1795)	Mignaux, Laurent	Déport.

FIN

TABLE DES MATIÈRES

CHAPITRE PREMIER

DESCENTE DES ÉMIGRÉS A QUIBERON. — DÉFAITE

(1)

Avant la descente des Emigrés. — Le débarquement. — Descente à Carnac (4). — L'armée des Emigrés et l'armée de Hoche. — Premières opérations (10). — Reddition du fort Penthièvre (16). — Entrée du général Josnet à Auray et du général Chabot à Lorient. — Refoulement des Emigrés et des chouans vers la côte. — Le général Hoche à St^e-Barbe. — Affaire du 28 messidor (16 juillet 95). — Campement et retranchement de l'armée républicaine. — Plan de Hoche (31). — Les Emigrés attaquent les retranchements républicains de Ste-Barbe (37). — Arrivée des représentants du peuple Blad et Tallien. — La victoire du 3 thermidor (44). — Le procureur syndic du Département. — Les représentants du peuple Guermeur et Guezno (51). — Après la victoire (61). — Pacquetean, volontaire de la légion Nantaise (53). — Le quartier général de Hoche (58). — La prétendue capitulation (67). — Lettres de Sombreuil (79). — L'action de Gesril du Papeu (95).

CHAPITRE II

PRISONNIERS, DISTRICTS, MUNICIPALITÉ, DÉPARTEMENT
(103)

Les prisonniers (103). — Les administrateurs du département (111). — Les Anglais débarquent 1200 chouans (114). — Les Emigrés à Houat (116). — Le district et la municipalité d'Auray (118). — Pierre Boullée, procureur général, syndic du département (123). — Communication des rebelles avec la flotte Anglaise (131). — Complot du *Père Eternel* (132). — Encombrement. — Epidémie. — Maladie des chouans (141).

CHAPITRE III

LES COMMISSIONS MILITAIRES
(150)

Conseil des chouans (158). — Diverses catégories de prisonniers. — Lieu des séances des Commissions militaires (160). — Les prisonniers (162). — Première Commission d'Auray (164). — Jugement de Sombreuil (167). — Transfert des condamnés à Vannes (171). — La première Commission militaire et le représentant Blad (179). — Ceux qui ont parlé de la capitulation dans leurs interrogatoires (195). — Protestation de Blad et de Hoche (205). — Un projet de jugement (207). — Interprétation de la loi, à propos des chouans et domestiques (210). — Commission Bouillon, Auray (211). — Loi de Brumaire et loi de Prairial (216). — Conflit, dissolution des Commissions par le général Lemoine (221). — Les Commissions recommencent à fonctionner. — Fin du sursis (227). — Arrêté du représentant Mathieu (20 fructidor). — Mise en liberté des prisonniers, dissolution des Commissions, remplacées par une seule (président Legrand) (232). — Fin des Commissions militaires. — Départ du général Lemoine (240). — Conclusions (244). — Tableau des Commissions militaires (249).

CHAPITRE IV

INTERROGATOIRES ET JUGEMENTS DES ÉMIGRÉS

(254)

Les Émigrés (257). — Les forts (258) : de Lahoussaye. — de Lostende. — de Ponsay. — de la Haye Mont-Bault. — de Christon. — de Vidampière. — de Genot. — du Rocher du Quengo. — Berthelot. — de Paty. — de Courson. — de Méricourt. — de Kergariou. — de la Roche-Loriac. — de Roquefeuille. — de Boisanger. — de la Funelière. — D'Anceau. — Bourdon de Riz. — de la Voltais. — de Portzamparc. — de Savignac. — l'Huilier. — de la Baume (258 à 268). — Dabur. — Brumault de Beauregard. — du Mellenger. — de Caffarelli. — de Cardaillac. — Proux. — de Keravel. — Le Prince. — Le Duc. — Pigace. — de Bertin. — Cintrat. — Le Comte — Berthier (de Grandry). — Cavalier. — Drouyn. — Valois (268-272). — de Clinchamp. — de Navaille. — du Crozet. — Chasteigner. — de Soulange. — Gueheneuc. — de Lusignan. — de Fonterouget. — de la Chevière. — de Quincarnon (272-278).

Les Faibles : de Mauvise. — Betard. — de Lanséon. — Tardivet. — S. de Fenelon. — de Goulaine. — de Gueroust. — Pyniot. — de Frassac. — de Lustrac. — de Villaloays. — de Croissanville. — de la Barre. — de Beaucorps. — de Kvenoael. — de la Chenardière. — de Caqueray. — de Froger. — de la Ville Léon. — Du Parc. — Beuquet d'Arblade. — de la Motte Guyomarais. — de Russey. — de Grehier. — de la Roussière. — Hugon-Bombart. — Breton. — de Bray. — Guenvert. — Vaudin. — Sarret de Crozon. — Desfontaines. — de la Roche-Villeneuve de Courson. — de Thorel. — Leclercq. — Wamelle. — de Cruzel. — de la Bassetière. — de la Ferté (Marne). — Pallet d'Antraize. — de Paty, R. — de Rouault. — de Jouenne. — Bans. — de Lage de Volude (278 à 322).

Arrêtés de sursis : de la Chevière. — Louet. — de Cazau. — de la Feraudière. — de Berthou. — Dury. — de Borrasol. — Raoul. — du Bonesties. — de la Roche-Villeneuve. — de Bellegarde. — Beauguais de la Boissière. — de Prevost. — Visdelou de Bedé. — de Gucheneue.

— de Beaumetz. — de Bermont. — de Vaucassel. — de Comparot. — de Parfouru. — du Plessis. — Laguarigue. — Terbrughe. — Mesillac. — J. Noel. — Panou Dembrouck. — Bourcier. — du Masnadau. — Billouart. — Beauvais. — Puniet (322-345).

Rectifications : de Viart. — Salve de Villedieu. — de La Seinie. — Flamant. — Le Lart. — Denneby (345-362).

Ecclésiastiques : Poullain. — Langlois. — Rolland de Kerloury. — Du Largez.

Médecins et Chirurgiens : Javel, père. — Javel, fils. — Lindorf. — Vimart. — Barré. — Delvigne. — Goux. — Portebois. — Beguerie. (362-389).

Les émigrés domestiques : Lendu. — Lairé. — Née. — Gauthier. — Pelletier. — Malherbes. — Hezet. — Crouillebois. — Avril. — Robert. — de Masquilier. — Heinos. — Besnard. — Suain. — Souen (389-400), etc., etc.

CHAPITRE V

INTERROGATOIRES ET JUGEMENTS DES DÉSERTEURS

(401)

Hamelin. — Aubry. — Dugué. — Noel. — Mignaux. — Freville. — Allieaume. — Morel. — Duquesne. — Lagrange. — Delebeque. — Moulin. — Bourguignon. — Ginouvez. — Kerbelet. — Biot. — Leleu. — Martin. — Houet. — Falher. — Charlane. — Falhun. — Malherbe, etc., etc. (400-422).

CHAPITRE VI

INTERROGATOIRES ET JUGEMENTS DES CHOUANS

(428)

De Lantivy-Kerveno. — de Kerguisiau. — Breveley. — Leguegan.

— Brohan. — Clouarec. — Cloerec. — Le Thiec. — Thomazeau. — Ougeard. — Molgat. — Caudon. — Maubert. — Rado. — Lescorvaque. — de Brossart. — Guillet-Josse. — Dorset. — Ollier. — Jeannot. — Jérôme. — Lefloch. — Esleven. — Eranno. — Le Bian. — Bigouen. — Marine. — Ribochon. — Berienne.

Les Alréens chouans : Brien. — Lesauce. — Demotte. — Lego. — Proux. — Galène (423-448). — Coudé (449). — Guyot. — Guillevin. — Simon. — Laurec. — Cloirec. — Corvec. — Marquetet. — Leroi. — Bagné. — Cosique. — Le Bras. — Mayette. — Le Metayer. — Glain. — David. — Maise (449-462).

Les Vannetais chouans : Geanno. — Burnole. — Renegot. — Bernard. — Dondel. — Grignon (462-472), etc., etc.

Liste des individus absents de la Commune. — Cardelan, etc., etc., (475). — Liste des dix-sept condamnations à mort par les Conseils militaires. — Perion. — Chrestien. — Salvar. — Dargent, etc., etc.

Paysans pris à Quiberon (487-500).

CHAPITRE VII

PRISONNIERS FRANÇAIS

Prisonniers français (501) : Claveau. — Lainé. — Lepage. — Dauphin. — Brocard. — Pernos. — Parmentier. — Coulont. — Jone. — Ocourt. — Barguet. — Matha. — Luard. — Papes. — Cherc. — Bonnet. — Simon. — Bonte. — Macan (516), etc., etc.

Prétendus condamnés à mort (519) : Cognet. — de Trainac. — Barret (519-528). — Jamin. — Dictrich. — Chable. — Gohier. — Thévenon.

Les faux prisonniers français et prisonniers de guerre (535) : Jacquier de Noyelle. D'hillerin. — Desmier de Cheron. — Pennequin. — D'Apchier. — Lequin. — Boucher. — Legrand. — de la Garde. — de Montlezun (535-549), etc., etc.

CHAPITRE VIII

DOSSIER DES COMMISSIONS MILITAIRES (549)

Les cahiers minutes (549-554). — L'état du général Lemoine (554 et s.). — Listes du monument de la Chartreuse ; de Rosenwerg. — de La Gournerie, etc., etc. — Tableaux manuscrits (563). — Résumé (566). — Notre tableau général des condamnations à mort (569-573).

FIN DE LA TABLE

LILLE. — IMP. LE BIGOT FRÈRES

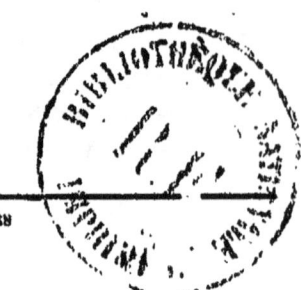

À LA MÊME SOCIÉTÉ D'ÉDITIONS LITTÉRAIRES

AYMÉ (Vict.), conducteur des Ponts et Chaussées, architecte voyer de Cercle de Berville. — L'Afrique française et le Transsaharien. 1 volume in-8. Prix ... 7 fr. 50

BARTHE DE SANDFORT (D.) — Une Campagne en Macédoine 1903-1904. Le Service Médical dans les Travaux de Construction. In-8 raisin de 228 pages, avec planches et graphiques ... 7 fr. 50

BINGER (Capitaine). — Esclavage, Islamisme et christianisme. In-8 de 112 pages. Prix ... 2 fr. 50

BOULANGIER (Edgar). — Voyage en Sibérie. — Le chemin de fer Transsibérien. (Convient pour les distributions de prix et revues, etc.) Ouvrage honoré de la souscription du ministère de l'instruction publique. 1 magnifique vol. in-4 Jésus, de 400 pages, avec 100 gravures sur bois, cartes et plans. Broché ... 7 fr. 50. Relié 10 fr. — Sur japon des manufactures impériales: 20 fr.

BOULANGIER (Commandant). — Nouvelle méthode de cartographie et les origines de la Méditerranée. Ouvrage orné de nombreuses gravures et plans. In-8 de 220 pages ... 10 fr.

CAPPER (J.). — Au bout de l'Europe. In-18 de 316 p. ... 3 fr.

COUTAYE (D. Henri). — Trois semaines en pays scandinaves. 1 volume in-18 ... 2 fr. 50

D'ENJOY (Paul). — La Colonisation de la Cochinchine (Manuel du Colon). (Souscription du ministère de l'instruction publique.) Un vol. in-12 de 300 pages et une carte ... 3 fr. 50

DESCHAMPS (Émile), chargé de mission scientifique par le ministre de l'instruction publique. — Au pays des Veddas, Ceylan (Carnet d'un voyageur). In-8 de 400 pages avec 116 figures, d'après les croquis et photographies de l'auteur et une carte ... 10 fr. Ouvrage honoré de souscriptions par les Ministères de l'instruction publique et du Commerce.

DORN (Alexander). — Les ports du monde entier (traduction française), 15 livraisons de 32 pages avec nombreuses figures en noir. Chaque livraison ... 1 fr. 25

GIRARD (Jules), secrétaire adjoint de la société de Géographie. — La Géographie littorale, un volume in-8 raisin de 232 pages, avec 81 fig. ou cartes dans le texte. 6 fr.

GUYARD (Étienne), ancien professeur à l'École Impériale des officiers du Japon, un volume in-8 raisin, sur papier rose, avec gravures, tableaux et le planisphère de Schrader, de 700 p. Prix: 7 fr. 50

HARMAND (Jules). — L'Inde, du Japon au cachet, préface et traduction de Jules Harmand, ministre plénipotentiaire. In-8° avec carte en couleurs ... 10 fr.

LABONNE (le Dr Henry), chargé de mission. L'Islande et l'archipel des Feroës (3e édition), 55 fig. ... 4 fr.

LUTAUD (Le Dr Auguste). — Aux États-Unis. Un volume in-8 de 300 pages ... 5 fr.

MEYNARD (Charles). — Le second empire en Indo-Chine (Siam, Cambodge, Annam), précédé d'une préface par M. Develle, ancien ministre des affaires étrangères. Un beau volume in-8, illustré de 22 gravures hors texte. Pr. 7 fr. 50

MOSER (Henri). — L'irrigation en Asie Centrale, étude géographique et économique. In-8° de 300 p., avec une carte en couleurs. 5 fr.

PIOT (Le Dr A.), médecin-major. Trois saisons à Plombières-les-Bains. In-8° de 172 pages, orné de 10 gravures dans le texte ... 4 fr.

POLYDORE (R.). — La région de l'Or de l'Awa. Notice Française. Brochure in-18 de 50 pages ... 0 fr. 75

RANÇON (Le Dr André), médecin des troupes coloniales, ancien chef de la Mission du Soudan. — Dans la Haute-Gambie, voyage d'exploration scientifique. 1 vol. in-4° de 600 pages, avec 12 cartes ou graphiques et 46 photogravures hors texte ... 30 fr.

REGAMEY. — La presqu'île tombée, l'Odyssée du Toro-Shogo. Texte et aquarelles. Petit in-4 carré, cartonnage spécial ... 7 fr. 50

SABATIER (Camille), ancien député de l'Algérie. — Touat, Sahara et Soudan. Étude géographique, politique, économique et militaire, avec une carte en cinq couleurs. Un volume in-8 raisin ... 8 fr.

THOULET, professeur à la Faculté des Sciences de Nancy. — Introduction à l'étude de l'océanographie. Un volume in-8 de 300 pages ... 7 fr. 50

VIAULT (François). — Un roman, sensations d'Amérique, Antilles, Vénézuéla — Panama — Pérou — Cordillères — Équateur. Un vol. in-12 de 350 pages. Prix ... 4 fr. 50

www.ingramcontent.com/pod-product-compliance
Lightning Source LLC
Chambersburg PA
CBHW060300230426
43663CB00009B/1532